HUNAN ZIRAN ZIYUAN

湖南自然资源年鉴 NIANJIAN 2023

湖南省自然资源厅 编

湖南地图出版社

图书在版编目（C I P）数据

湖南自然资源年鉴.2023 / 湖南省自然资源厅编. --长沙：湖南地图出版社，2023.11

ISBN 978-7-5530-1473-9

Ⅰ. ①湖… Ⅱ. ①湖… Ⅲ. ①自然资源-资源管理-湖南-2023-年鉴 Ⅳ. ①F124.5-54

中国国家版本馆CIP数据核字(2023)第245481号

湖南自然资源年鉴（2023）

HUNAN ZIRAN ZIYUAN NIANJIAN（2023）

编　　者　湖南省自然资源厅
责任编辑　曾　展
装帧设计　杨发凯　陈艳玲

出版发行　湖南地图出版社
地　　址　长沙市芙蓉南路四段158号
邮　　编　410118

印　　刷　湖南地图出版社
版　　次　2023年11月第1版
印　　次　2023年11月第1次印刷
印　　数　900册

开　　本　889×1194　1/16
印　　张　29.5
字　　数　1060千字
书　　号　ISBN 978-7-5530-1473-9
定　　价　398.00元

《湖南自然资源年鉴（2023）》编纂委员会

刘文伟　娄底市自然资源和规划局党组书记、局长、一级调研员
隆立新　湘西州自然资源和规划局党组书记、局长

邹国清　湖南省自然资源厅办公室主任
艾林书　湖南省自然资源厅综合规划处处长
梁建东　湖南省自然资源厅法规处处长
张琳琳　湖南省自然资源厅自然资源调查监测处处长
黄运茂　湖南省自然资源厅自然资源确权登记局局长
王　群　湖南省自然资源厅自然资源所有者权益处处长
贺　正　湖南省自然资源厅自然资源开发利用处处长
黎文君　湖南省自然资源厅国土空间规划局局长
罗铁军　湖南省自然资源厅国土空间用途管制处处长
董振亚　湖南省自然资源厅国土空间生态修复处处长
李建国　湖南省自然资源厅耕地保护监督处处长
谭译林　湖南省自然资源厅地质勘查管理处处长
刘细红　湖南省自然资源厅矿业权管理处处长
刘　豪　湖南省自然资源厅矿产资源保护监督处处长
宋　琤　湖南省自然资源厅国土测绘处处长
罗　虹　湖南省自然资源厅地理信息管理处处长
姚　专　湖南省自然资源厅自然资源督察办公室（自然资源督察一处）主任（处长）
刘先刚　湖南省自然资源厅执法局（自然资源督察二处）局长（处长）
黄远峰　湖南省自然资源厅自然资源督察三处处长
陈亚赞　湖南省自然资源厅自然资源督察四处副处长（主持工作）
贺龙泉　湖南省自然资源厅改革发展与科技处处长
苏向荣　湖南省自然资源厅财务与资金运用处处长
向　艳　湖南省自然资源厅人事处处长
谢潇波　湖南省自然资源厅政务服务处处长
申小军　湖南省自然资源厅机关党委常务副书记、机关纪委书记
张予蓉　湖南省自然资源厅离退休人员管理服务处处长
杨　帆　湖南省自然资源厅机关后勤服务中心主任

龙　军　　湖南省自然资源事务中心党委书记、主任
雷宇斌　　湖南省第一测绘院党委副书记、院长
陈　新　　湖南省第一测绘院党委书记
谢优平　　湖南省第二测绘院党委副书记、院长
王本礼　　湖南省第二测绘院党委书记、副院长
赵　强　　湖南省第三测绘院党委副书记、院长
蒋星祥　　湖南省第三测绘院党委书记、副院长
文　宁　　湖南省国土资源规划院党委书记、院长
罗　瑜　　湖南省不动产登记中心主任
何　庆　　湖南省测绘科技研究所所长
张　涛　　湖南省土地综合整治局局长
李　倩　　湖南省地质博物馆馆长
文　锋　　湖南省测绘局大院管理所所长

《湖南自然资源年鉴》编辑部

主　　编：谢　文

执行主编：邹国清　吕永清

执行副主编：曾振华　邱业惠

编辑部主任：罗　健

编　　辑：周昌琪　郑　菲　彭小云　刘泉子　罗文清　刘　艳　张　芳

美术编辑：杨发凯

《湖南自然资源年鉴（2023）》撰稿（供稿）人

王　波　王　奥　王　磊　王知敏　王欣瑜　王金顺　王政伟　王科珍　毛振铎
仇　俊　文圣博　文亚晴　文雪飞　尹建英　尹俊博　邓　坚　邓　敏　邓云恺
邓长方　邓新忠　左进府　石心航　石超义　龙　华　龙运姣　龙启程　申海建
田　粒　田沙沙　田曼媛　田毅龙　成于思　成雨芊　吕　琳　吕军峰　回现波
朱　弘　乔艳军　任文劼　全　磊　刘　云　刘　沪　刘　佩　刘　祥　刘　辉
刘大荣　刘巧红　刘许生　刘运程　刘丽湘　刘学军　刘宝健　刘晨翅　刘敬焕
江祖平　孙　雄　孙清宇　阳自立　李　华　李　宇　李　桃　李元菊　李龙奇
李佳蔚　李泽年　李树林　李轲敏　李倩妮　李润巧　李溪阳　李疑松　李燕飞
杨　明　杨　威　杨　逍　杨　琼　杨小熠　杨宏宁　杨灵骁　杨茂林　杨雨梁
杨春阳　杨晓琼　杨清辉　肖　佳　肖崇宏　肖睿智　时梦瑶　吴海波　吴梦琪
吴强生　何　坤　何　瑶　何欣洁　佘瑞霖　余春婷　谷文昌　谷忠秋　邹　甜
邹文艺　邹连喜　邹新赞　汪齐松　沈　阳　沈静妍　宋立志　宋建会　宋艳秋
张　欢　张　芳　张　丽　张　弦　张茂峰　张金同　张盛雄　张婉凌　张联秀
张紫羚　陈　坤　陈　念　陈　蓉　陈　韬　陈东妮　陈闪闪　陈江华　陈红勇
陈志佳　陈保斌　陈惟漪　陈曙光　林　晨　欧　婷　欧阳小全　欧阳开
欧阳云　欧阳志威　欧阳芳辉　欧阳雄　欧宏建　易小波　易政南　罗卫忠
罗筱茉　周　杨　周　畅　周永平　周思慧　周益旋　庞　听　单群惠　赵群荟
胡　丹　胡　杰　胡　艳　胡　婷　胡子娇　柏尔斯　钟　宏　娄　喁　姚川石
姚新涛　贺　平　夏　云　夏　菁　夏映华　倪　凌　徐　炜　郭姝静　唐少刚
唐永红　唐伟建　唐高峰　唐家新　唐熙清　涂　婷　教　勇　黄　辉　黄文飞
曹　阳　龚广军　麻　俊　彭　杰　彭　斌　彭琛峰　董　力　蒋　婷　蒋五洲
蒋师汉　舒　曼　童　坤　童　欣　曾　丰　曾　佳　曾　森　曾旷遥　谢　理
谢伟莉　鄢驿霁　雷　军　雷雪城　满江威　廖　鹏　廖玉姣　廖虎雄　漆怡璐
谭　巧　谭　颖　谭震伟　熊立成　黎　炜　黎小渝　黎焕文　颜成龙　薛惠芬
戴　杰　戴爱文　魏　黎

编　辑　说　明

一、《湖南自然资源年鉴》是湖南省自然资源厅主办的按年度向省内外发布全省自然资源现状、利用、管理情况及成果的行业年鉴，发挥了独特的存史、资政、育人功能。2023卷为机构改革后的第四卷（总第十卷）。记述内容时限为2022年1月1日至12月31日。

二、《湖南自然资源年鉴》以马克思列宁主义、毛泽东思想、邓小平理论、“三个代表”重要思想、科学发展观、习近平新时代中国特色社会主义思想为指导，坚持辩证唯物主义和历史唯物主义的立场、观点和方法，遵循年鉴编纂原则和体例，比较系统地记载了2022年湖南省自然资源管理工作的基本情况。

三、《湖南自然资源年鉴（2023）》根据2022年全省自然资源系统实际情况，全书设置10个类目，依次是：领导讲话，大事记，自然资源行政管理，市州、县市区自然资源工作，湖南省自然资源厅直属单位工作，地质勘查行业工作，研究委员会 学会 协会，自然资源统计，政策 法规 规范性文件选登，附录。

四、《湖南自然资源年鉴（2023）》采用分类编辑法。主体内容按栏目、分目、条目的编辑体例，以条目为表现内容的基本形式，以不同字体、字号等版式设计来区分不同层次。

五、为方便读者查阅，《湖南自然资源年鉴》配备双重检索系统，书前刊有目录，书后配有主题索引。

六、《湖南自然资源年鉴（2023）》所刊登的稿件、数据、图文资料均由厅机关各处室局，厅直属单位，各市州、县市区自然资源主管部门和各单位撰稿人提供，并经供稿单位审核、领导确认。由于稿件来源不同、统计时间节点不同，书中有的数字与统计资料不尽一致。统计数据采用法定计量单位，领导讲话遵从原稿。按照年鉴《编纂大纲》和《条目编写规范》的有关要求，凡不符合年鉴编纂要求的表述，编辑做了修改和删减。

七、湖南自然资源年鉴编辑部负责全书资料的收集、整理、编辑和校核。

·领导关怀·

▲ 2022年6月10日，湖南省委常委、省人民政府副省长、省防指副指挥长张迎春到省自然资源厅检查督导地质灾害防治工作。省自然资源厅党组书记、厅长，省自然资源总督察陈仲伯参加

▲ 2022年1月20日，湖南省人民政府副省长王一鸥到省自然资源厅调研。省自然资源厅党组书记、厅长，省自然资源总督察陈仲伯汇报全省自然资源工作情况

▲ 2022年2月7日，湖南省人民政府副省长王一鸥到省地质院调研

▲ 2022年8月27日，“寸土寸心 忠诚奉献——原国测九队驻湘60周年主题活动暨《寸土寸心》新书发布会”在湖南地理信息产业园总部基地举行，自然资源部总规划师武文忠参观国家测绘总局第九地形测量队展厅

▲2022年1月12日，省自然资源厅党组书记、厅长，省自然资源总督察陈仲伯在宁乡市调研园区用地保障工作

▲2022年1月29日，2021年度省自然资源厅总结表彰暨领导班子民主生活会情况通报会议召开

▲ 2022年2月11日，省自然资源厅党组成员、副厅长李全胜率队到株洲调研园区节约集约用地和规划建设等工作

▲ 2022年2月19日，省人民政府在长沙召开全省自然资源工作会议

▲2022年3月3日至4日，省自然资源厅党组成员、副厅长覃佐彦一行在常德市桃源县热市镇龙家嘴村调研村庄规划工作

▲2022年4月7日，省人民政府召开2022年全省地质灾害防治工作电视电话会议

▲ 2022年4月25日，省自然资源厅总规划师申志军在株洲市渌口区调研耕地保护和地质灾害防治工作

▲ 2022年5月15日，由湖南省自然资源厅、益阳市人民政府共同主办的“生命至上”2022年湖南省地质灾害避险演练在益阳市第十六中学举行。省地质灾害防治工作领导小组副组长，省自然资源厅党组书记、厅长，省自然资源总督察陈仲伯担任演练总指挥长，中共益阳市委副书记、市长陈竞出席活动

▲ 2022年5月25日，省自然资源厅党组书记、厅长，省自然资源总督察陈仲伯到长沙市政务服务大厅不动产登记窗口开展“走流程 解难题 优服务”行动

▲ 2022年6月30日上午，省自然资源厅党组书记、厅长，省自然资源总督察陈仲伯讲授“七一”专题党课

▲ 2022年7月5日，省妇联举行“致敬三八红旗手·送奖到基层”授奖仪式。省妇联副主席卢妹香，省自然资源厅党组副书记、副厅长张皓出席

▲2022年7月12日，省自然资源厅党组成员、副厅长谢文一行到宁乡市调研耕地恢复工作

▲2022年7月13日，省自然资源厅党组成员、副厅长邓建华主持召开全省国土空间生态修复业务专题培训班

▲2022年8月27日，省自然资源厅党组书记、厅长，省自然资源总督察陈仲伯参观以“实景三维绿心”、实景三维创新服务张家界首届湖南旅游发展大会等为代表的湖南实景三维成果展厅

▲ 9月14日上午，省人民政府新闻办公室在长沙召开湖南省全面推行田长制新闻发布会

▲2022年10月13日，省自然资源厅党组成员、省自然资源副总督察林目轩在衡南县督导耕地保护工作

▲ 2022年11月9日，省纪委省监委驻湖南省自然资源厅纪检监察组组长、省自然资源厅党组成员路卫华在省政务服务大厅自然资源政务窗口调研，了解业务工作开展及“清廉窗口”建设等情况

▲ 2022年11月19—20日，省自然资源厅党组书记、厅长，省自然资源总督察陈仲伯到张家界市参加首届湖南旅游发展大会。图为大会期间，陈仲伯一行深入碧桂园凤凰酒店、大庸古城、冰雪世界、梓山漫居等文旅项目观摩点，实地调研”实景三维张家界“项目（一期）服务首届湖南旅游发展大会相关情况

湖南省第53个世界地球日暨第十届“爱地球·看我的”公益活动

▲ 2022年4月22日上午，湖南省第53个世界地球日暨第十届“爱地球·看我的”公益活动，在岳阳市君山区“守护好一江碧水”首倡地展陈馆举行。图为活动现场

▲ 省自然资源厅党组书记、厅长，省自然资源总督察陈仲伯宣布“爱地球·看我的”公益活动启动。启动仪式注入湘、资、沅、澧四水，汇入洞庭湖

▲ 赠书仪式——赠送《洞庭湖志》（重印版）

▲ 湖南省岳阳市君山区岳西中学学生在活动现场朗诵《洞庭湖志》节选

▲ 启动仪式后，来自岳阳市的跑步爱好者共同参加4.22公里趣味公益跑活动

湖南省第六届地质灾害防治宣传红背包公益行动在浏阳举行

▲ 2022年5月12日是第14个全国防灾减灾日，湖南省第六届地质灾害防治宣传红背包公益行动在浏阳举行

◀ 省自然资源厅二级巡视员汪泽秋为参与公益行动的志愿者授旗

▲ 小记者跟随地质灾害专家公益宣讲团走进浏阳杨家弄村、西环村等地质灾害防治点

▲ 向受灾群众赠送红背包和防灾减灾宣传手册

第14个“世界海洋日”和第15个“全国海洋宣传日”主题宣传

▲ 2022年6月8日是第14个“世界海洋日”和第15个“全国海洋宣传日”，“十四五”期间海洋日的主题为“保护海洋生态系统 人与自然和谐共生”。6月8日上午，省自然资源厅在省地质博物馆开展海洋主题宣传活动，工作人员与来馆参观的小朋友们进行互动交流

▲ 活动现场，宣传展板集中展示了海洋日的由来、海洋环境与资源保护、海洋动物保护等相关科普知识，展播了湖南自然资源科普视频《椒哥说法：保护海洋生态系统 人与自然和谐共生》

湖南第32个全国土地日活动

▲ 2022年6月25日，第32个全国土地日暨湖南省全面推行“田长制”宣传活动在全省“田长制”首倡地——湖南郴州北湖区举行。图为主场活动现场

◀ 省自然资源厅党组副书记、副厅长张皓出席活动

▶ 省自然资源厅党组成员、副厅长谢文发表主旨讲话

▲ “田长有话说”环节

▲ 昆剧表演《巡田记》

▲ 2022年6月24日，湖南省土地管理“一法一条例一办法”知识竞赛在湖南省青少年活动中心举行

▲ 2022年6月24日，第32个“全国土地日”暨“6·25全国土地日”耕地保护论坛在长沙举行

2022年湖南省“8·29测绘法宣传日主场活动在常德举行

◀ 8月29日，2022年湖南省“8·29”测绘法宣传日主场活动在常德举行

▲ 参观新型测绘技术装备

▲ 参观常德市测绘地理信息成果展

▲ 省第三测绘院发布湖南省新版标准地图，并向部分学校、社区、媒体及单位、区县、企业等代表赠送地图

目录

领导讲话

大事记

自然资源行政管理

市州、县市区自然资源工作

湖南省自然资源厅直属单位工作

地质勘查行业工作

研究委员会　学会　协会

自然资源统计

政策 法规 规范性文件选登

附 录

索 引

专题专页

领导讲话

在全省自然资源工作会议上的讲话

湖南省人民政府副省长　王一鸥

（2022年2月19日）

同志们：

今天会议的主要任务是深入学习贯彻习近平总书记关于自然资源管理重要指示批示精神，认真落实党中央、国务院、自然资源部以及省委、省政府决策部署，总结并部署工作，奋力推进自然资源事业高质量发展，以优异成绩迎接党的二十大胜利召开。刚才，仲伯厅长作了工作报告，总结了2021年工作，部署了2022年工作，我都赞成。长沙市政府就国土空间规划、郴州市政府就严格耕地保护、常德市政府就督察执法、浏阳市政府就园区节约集约用地作了交流发言，各有侧重、特点鲜明、值得借鉴。

几年前，我曾与全省自然资源系统的同志们一起并肩奋战，亲历了“两统一”等重大改革，见证了自然资源部门的挂牌成立，推进了一些重大工作。在岳阳市期间，我也经常关注自然资源工作。这次到省政府工作以来，我深刻地感受到，这些年，自然资源工作发生了重要变化，取得了长足进步，呈现了新的气象。特别是过去一年，全省自然资源系统坚持以习近平新时代中国特色社会主义思想为指导，坚决落实省委、省政府决策部署，认真履行“两统一”职责，统筹保护与发展，为全省经济社会发展大局作出了重要贡献。省委常委会、省委深改委会、省政府常务会多次研究自然资源工作，庆伟书记、伟明省长多次作出指示批示，陆昊部长高度肯定我省规划工作。总的来看，主要有以下特点。一是坚持政治统领，充分彰显了政治机关属性。把党的政治建设摆在首位，忠诚捍卫“两个确立”，坚决做到“两个维护”，注重在常学常新、常学常悟、常学常用上下功夫，创造性开展“三红一实”特色活动，党建与业务目标同向、部署同步、工作同力，干部队伍凝心聚魂、担当作为蔚然成风。二是坚持统筹发展与安全，保障高质量发展坚强有力。围绕“三高四新”“五好”园区、乡村振兴、财源建设等战略部署，第一时间出台政策措施，重大项目用地同比增长了18.64%，闲置土地和批而未供土地处置率连续两年稳居全国前列。全力维护粮食安全，强化耕地全程一体化保护，违法用地连续两年下降50%以上，资源利用秩序明显好转。三是坚持生态优先，生态文明建设扎实推进。牢记生态文明建设主责担当，高位推动空间规划，“多规合一”加快实现，“三生”格局不断优化，产权制度改革稳步推进，生态保护修复统筹实施，矿业绿色高质量发展迈出新步伐。四是坚持民本情怀，用实际行动践行了初心使命。通过集中化解行动，为74.23万户购房群众解决了困扰多年的办证难题。易地扶贫搬迁发证率达到100%，因地质灾害死亡人数创历史新低，弹性供地为企业降低用地成本35.4亿元。五是坚持改革创新，自然资源治理能力全面提升。“1+N”调查监测向纵深拓展，卫星应用体系建设走在全国前列，“智慧自然”2.0版全面开启，“数字政府”试点成效初显，月清“三地两矿”行之有效，狠抓落实的机制不断健全、氛围更加浓厚。六是坚持协同发力，自然资源重点工作越来越形成共识。各级各部门对耕地保护、国土空间规划、“三线”划定、督察执法反馈问题整改等工作的站位越来越高，措施越来越实，形成了高位推动、齐抓共管的良好态势。

这些成绩来之不易，是习近平生态文明思想科学指引、省委、省政府坚强领导、自然资源部和武汉督察局关心指导、各级党委、政府和相关部门大力支持的结果，也是全省自然资源系统干部职工砥砺奋进、担当作为的结果。当然，对照“习近平总书记重要指示批示落实得怎么样、国家和省各项考核结果怎么样、老百姓实际评价怎么样”三条金标准，我们也要清醒地看到，很多工作仍然存在一些短板弱项，面临不少矛盾困难，我等会会提到。下面，我讲三点意见。

一、深学笃行习近平总书记关于自然资源工作重要论述精神，全面落实党中央、国务院和省委、省政府决策部署，牢牢把握自

然资源事业发展的正确方向

（一）深刻领会习近平总书记关于自然资源工作重要论述精神。党的十八大以来，习近平总书记对自然资源工作作出了系列重要指示批示，这是做好自然资源工作的根本遵循。我们要认真学习领会，抓好贯彻落实。关于耕地保护，习近平总书记强调“18亿亩耕地必须实至名归，农田就是农田，而且必须是良田”；“要压实地方各级党委和政府责任，实行党政同责，从严查处各类违法违规占用耕地或改变耕地用途行为，遏制耕地‘非农化’、严格管控‘非粮化’”；“要采取‘长牙齿’的硬措施，落实最严格的耕地保护制度。对有令不行、有禁不止、失职渎职的，要严肃追究责任”。关于国土空间规划，习近平总书记强调“规划科学是最大的效益，规划失误是最大的浪费，规划折腾是最大的忌讳”；“将主体功能区规划、土地利用规划、城乡规划等空间规划融合为统一的国土空间规划，实现‘多规合一’，是党中央作出的重大决策部署。要科学布局生产空间、生活空间、生态空间，体现战略性、提高科学性、加强协调性，强化规划权威，改进规划审批，健全用途管制，监督规划实施，强化国土空间规划对各专项规划的指导约束作用”；“要强化规划权威性和刚性约束，形成严密的规划落实责任体系。要加大检查督导力度，坚决防止和克服形式主义、官僚主义。要一张蓝图干到底，不要‘翻烧饼’。对工作推进不力、落实不好的，要严肃追责问责”。关于节约集约用地，习近平总书记强调“现在，到很多地方去看，都是大马路、大广场、大绿地、大园区，土地利用率很低。这不是强壮，而是虚胖，得了虚胖症，看着体积很大，实际上外强中干、真阳不足、脾气虚弱”；“要坚持节约集约，合理确定新增建设用地规模，提高土地开发利用效率。要继续推动城乡存量建设用地开发利用，完善政府引导市场参与的城镇低效用地再开发政策体系。要强化土地使用标准和节约集约用地评价，大力推广节地模式”。关于生态保护修复，习近平总书记强调“山水林田湖草沙是不可分割的生态系统。要提升生态系统质量和稳定性，坚持系统观念，从生态系统整体性出发，推进山水林田湖草沙一体化保护和修复，更加注重综合治理、系统治理、源头治理”；“最糟糕的就是采石。毁掉一座山，就永远少了这样一座山。全中国、全世界就这么个宝贝，千万不要破坏。再滥采乱挖不仅要问责，还要依法追究刑事责任”。关于矿产资源保障，习近平总书记强调“加大勘查力度，实施新一轮找矿突破战略行动，提高矿产资源开发保护水平”。

（二）准确把握党中央、国务院和省委、省政府决策部署。站在“两个一百年”历史交汇点，党中央立足百年奋斗重大成就和历史经验，对开启全面建设社会主义现代化国家新征程作出了系列重大部署。党的十九届六中全会全面总结了党的百年奋斗重大成就和历史经验，明确了“两个确立”，对推动全党统一思想、统一意志、统一行动具有重大而深远影响。强调要“必须坚持绿水青山就是金山银山的理念，坚持山水林田湖草沙一体化保护和系统治理，像保护眼睛一样保护生态环境，像对待生命一样对待生态环境，更加自觉地推进绿色发展、循环发展、低碳发展，坚持走生产发展、生活富裕、生态良好的文明发展道路”。中央经济工作会议指出我国经济发展面临需求收缩、供给冲击、预期转弱三重压力，总结了四大规律性认识，并从七大政策领域与五个正确认识等方面勾勒出做好2022年经济工作的路线图，为推动经济高质量发展指明了方向。强调要“稳字当头、稳中求进”，积极推出有利于经济稳定的政策；推进资源全面节约、集约、循环利用；加大勘查力度，实施新一轮找矿突破战略行动，提高矿产资源开发保护水平；把提高农业综合生产能力放在更加突出的位置，绝不能在吃饭这一基本生存问题上让别人卡住我们的脖子。我省相继召开了省第十二次党代会、省委经济工作会议、省两会、省委农村工作会议，强调要全面落实“三高四新”战略定位和使命任务，大力推动高质量发展；强化国土空间规划和用途管控，科学划定“三线”，合理确定开发强度，推动生产、生活、生态空间深度融合、相生相长；推进村庄规划编制；实施强省会战略；完善土地管理制度，完善园区“以亩均效益论英雄”评价激励机制；落实耕地保护硬措施，推动建立“田长制”，编制耕地保护专项规划，加强耕地用途管制，坚决遏制耕地“非农化”、防止“非粮化”；推进山水林田湖草沙系统保护修复，推进矿山绿色发展和有色行业高质量发展，建设全域美丽大花园；以数字化转型整体驱动生产方式、生活方式和治理方式变革。

（三）全面推进中央大政方针和省委省政府决策部署在自然资源领域落地见效。抓好习近平总书记关于自然资源工作重要论述精神以及党中央、国务院和省委、省政府决策部署的贯彻落实，要着重把握以下三个方面：一是全面对标对表，善于从党中央决策部署中明方向、定政策、找差距、抓落实。要着力提高政治判断力、政治领悟力和政治执行力，深刻体悟以习近平同志为核心的党中央在关心什么、强调什么，善于从政治上分析和把握规律大势、工作重点、政策取向和短板不足，把“两个维护”体现到贯彻落实党的路线方针政策的实际行动上，体现到推动高质量发展的实际行动上，体现到维护粮食安全、生态安全、国土安全、能源安全、发展安全的实际行动上。二是树牢系统观念，注重前瞻性思考、全局性谋划、战略性布局、整体性推进。坚持系统观念，就是应用系统思维分析事物的本质和内在联系，从整体上把握事物发展规律。要完整、准确、全面贯彻新发展理念，统筹保护与保障、发展与安全、生态与民生，谋划推进工作注重整体性、系统性和协调性，防止局部合理叠加造成整体负面效应。比如国土空间规划要注重战略引领，全面对接国省发展战略，优化生产生活生态空间布局，统筹各类规划的空间需要。耕地保护要加强规划管控、用途管制、动态监测、督察执法等全程一体化管控，不是自然资源部门一家能够抓好的，需要各级党委政府以及农业农村、生态环境、住建、乡村振兴等部门协同联动、齐抓共管，也离不开全社会的共同参与、全面监督。生态保护修复要坚持山水林田湖草沙是生命共同体，注重一体保护、系统治理，不能头痛医头、脚痛医脚。矿业发展要坚持保护优先、绿色发展，从绿色转型和高质量发展角度统筹推进，更加注重资源效益、生态效益、经济效益和社会效益的统一。三是全力守底线、保民生、促发展，切实扛牢一域责任，服务全省改革发展大局。要自觉把自然资源工作融入党和国家事业大局，全力服务“三高四新”战略定位和使命任务，做到既为一域争光，更为全局添彩。守底线就是要强化底线思维，着重守住耕地、生态、国土、能源、地灾防治、廉洁从政等安全底线。自然资源工作涉及千家万户，关系国计民生。保民生就是要坚持以人民为中心的发展思想，着重办好助企纾困、“交房即交证”、优化政务服务等民生实事。促发展就是要落实“稳字当头、稳中求进”，主动作为，靠前发力，为全省高质量发展提供坚实的空间规划和资源要素保障。

二、紧紧围绕服务“三高四新”战略定位和使命任务，全力抓好自然资源领域重点工作

省委、省政府高度重视自然资源工作，省第十二次党代会报告明确由省自然资源厅牵头负责事项4个、分工负责事项23个，省政府工作报告明确省自然资源厅牵头负责事项7个、分工负责事项18个；在全省学习贯彻党的十九届六中全会精神专题读书班举办期间，庆伟书记专题听取了自然资源工作汇报，对耕地保护、自然资源资产管理、园区节约集约用地、村庄规划、长株潭绿心中央公园等五项工作提出了明确要求；伟明省长多次对自然资源工作作出指示批示，我们要逐条对照，深刻领会，不折不扣抓好落实。关于2022年工作，仲伯同志作了具体安排部署，这里，我重点强调六个方面。

*（一）严格落实耕地保护党政同责、终身追责、刚性考核、一票否决。*客观地看，全省耕地保护形势非常严峻，根据“三调”结果，全省耕地相比“二调”减少较多，虽有调查规程等因素影响，但确实表明我省耕地“非农化”“非粮化”问题是比较突出的。长期以来，由于耕地底数不清，考核刚性约束不够，追责问责存在“宽松软”现象。但现在，“三调”成果已经发布，各地耕地家底一清二楚，国家明确对耕地保护实行党政同责、终身追责、刚性考核、一票否决。各级各有关部门一定要清醒认识耕地保护的严峻形势和最新要求，以更坚决的态度、更有力的举措落实最严格的耕地保护制度。一要层层签订耕地保护目标责任书，严格落实党政同责。省级将根据各地现状耕地测算耕地保有量底线目标，足额带位置逐级分解到各级党委政府，并签订责任书。这个底线目标一旦明确，就是今后考核各级党委政府和相关部门的“硬杠杠”，少一亩都将受到严厉追责问责。各地要积极出台耕地保护责任追究办法，把责任传导落实到位。二要抓紧制定恢复耕地方案，逐步补齐责任目标缺口。国家明确，本轮新的耕地保有量与上轮规划目标（须核减政策调整、调查规则变化等因素）存在责任目标缺口的省份，必须尽快制定逐步恢复耕地方案，不能恢复补齐缺口的，要进行经济补偿。目前国家暂未明确具体核减数量，我省将按照底线目标与上轮规划目标差值下达各地耕地保护责任目标缺口，待国家政策明确后相应进行调整。省自然资源厅要加强与自然资源部的对接，科学确定我省核减数量，同时要按照“十四五”恢复耕地目标任务，逐年分解下达各地恢复任务。省林业局要配合省自然资源厅，落实对恢复属性地类单独管理，不规划为林地，为补齐责任目标缺口、落实耕地“进出平衡”留出空间。各地要充分考虑经济社会发展条件、群众意愿、种植作物市场状况等因素，有计划、有节奏提出恢复补齐方案，稳妥实施恢复，绝

不搞“运动式”“一刀切”。三要全面推行“田长制”，坚决遏制耕地“非农化”、防止“非粮化”。推行“田长制”已经写入省实施土地管理法办法和省政府工作报告，省级正在制定实施意见，各地要高度重视，不要坐等，可以先行探索推行，真正将“田长制”作为全面加强耕地保护的总抓手，确保耕地数量和粮食播种面积不减少。自然资源部门要牵头做好规划用途管制、耕地占补平衡和“进出平衡”、遏制耕地“非农化”“田长制”考核等工作。农业农村部门要牵头做好高标准农田建设、耕地利用和管护、防止耕地“非粮化”等工作。四要提升督察执法权威，保持和巩固“严紧实”高压态势。强化对地方党委政府的自然资源督察，对新增乱占耕地建房、乱占耕地挖湖造景、超标准建设绿化带、耕地转为林地园地等问题开展专项整治。强化月度卫片执法，对新增违法“零容忍”，发现一起、严惩一起，先处罚再整改，决不以整改代替处罚。查处、移交、通报一批追究刑事责任的典型案件，重大违法案件及时纳入省政府督查范围，有关问题线索及时移送纪委监委，切实发挥震慑作用。

（二）加快构建国土空间开发保护新格局。本轮国土空间规划管到2035年，关乎长远、关系重大。根据国家要求，今年要全面完成省市县国土空间总体规划编审工作。但目前我省仅20%的县级城市完成初步成果，仍有13721个村庄规划未完成编制，国土空间规划编制任务非常繁重，政策法规和技术标准体系相对滞后，规划人才队伍支撑也存在不少薄弱环节。各级各部门要本着对历史、对人民、对子孙后代高度负责的态度，坚决打好打赢国土空间规划攻坚战。一要加快推进“三线”划定和总规编制。要按照2021年12月23日全省统筹划定“三线”工作会议的部署，加强工作力量，加快工作进度，确保今年年底前基本完成“三线”划定和省市县国土空间总体规划编审工作。二要坚决落实“多规合一”。国土空间规划“一张图”是唯一底图，要在统一底图上协调各类矛盾冲突，土地、城乡、林业、矿业、生态环境等相关专项规划必须遵循国土空间总体规划，强化与“一张图”的衔接核对，坚决消除空间冲突。三要全力服务强省会战略。科学编制长株潭都市圈国土空间规划，按照国家特大城市发展目标，支持长沙壮大城市发展能级，提高省会首位度。加大耕地保有量和永久基本农田保护目标省级统筹力度，新增建设用地计划向长沙市倾斜。四要高标准规划建设长株潭绿心中央公园。要认真落实庆伟书记“注重保护生态、提升价值”等指示要求，做优做实奥体小镇、花博园、科创小镇、湖大新校区、省规划馆、省图书馆等重点片区规划。长株潭三市以及自然资源、发改、住建、体育、林业、交通等相关部门要加强协调，形成合力，加快推进一批标志性工程建设。五要务实推进村庄规划。结合耕地保护、乡村振兴，科学编制村庄规划，解决好不优不实问题，打通落地“最后一公里”。鼓励采取单独编制、详规统筹编制、镇村一体编制、片区编制等模式，因地制宜分类推进村庄规划编制，确保年底前基本实现全覆盖。同时，要全面启动乡镇国土空间规划编制。

（三）切实强化稳增长资源要素保障。为有效应对需求收缩、供给冲击、预期转弱三重压力，各级各部门要认真落实伟明省长“全力保障和服务稳增长”要求，结合职能职责，积极推出稳增长支持政策。在这方面，省自然资源厅想在前、干在前，率先制定服务稳增长的若干措施，值得充分肯定。一要强化土地要素保障。优化政务服务，对纳入“金芙蓉”跃升计划的企业新建项目建立“绿色通道”，主动向前一步，实行专班服务，全面、高效保障建设项目合理用地需求。坚持规划引领，完善周转地、标准地政策，推动要素向实体集聚、项目向园区集中，进一步优化用地结构，提高土地利用效率。二要支持“五好”园区建设。按照庆伟书记“必须落细落小”批示要求，科学编制园区规划，支持园区调区扩区，拓展产业发展空间，增强园区承载能力。开展园区土地利用专项普查和园区闲置土地清理整治专项行动，持续推进批而未供和闲置土地处置，建立以“亩均效益论英雄”为导向的园区节约用地评价办法，对重点企业用地实行“穿透式”监管。三要强化矿产资源保障。着眼提升“万千百”工程产业链供应链安全水平，实施新一轮找矿突破战略行动，加强基础地质调查特别是战略性矿产找矿力度，提高矿产资源开发保护水平。落实“净矿”出让，加快绿色矿山建设，推动矿业绿色高质量发展。

（四）加强生态整体保护和系统修复。这些年，我们完成了湘江流域和洞庭湖生态保护修复工程试点及长江经济带545座废弃露天矿山生态修复任务，建立了协调机制，积累了一定经验，但我省生态修复历史欠账多、问题积累多、现实矛盾多，在理论研究、制度规范、技术标准、资金投入、平台建设等方面还存在不少短板。各级各部门要牢固树立系统观念，坚持自然恢复为主，注重人工恢复实效，加强统筹协调，完善长效机制，形成整体合力。一要优化生态保护和建设格局。坚持“宜耕则耕、宜林则林、宜草则草、宜湿则湿、宜荒则荒、宜沙则沙”的原则，合理安排生态建设布局，纳入各级国土空间规划并严格实施。结合全国分省到县的适宜造林绿化空间的图斑，通盘安排未来生态退耕、国土绿化等生态建设，科学确定并带位置下达新的绿化任务。二要大力推进历史遗留矿山生态修复。坚决抓好第二轮中央生态环境保护督察和长江经济带生态环境警示片反馈问题整改，完善月清“三地两矿”机制，将历史遗留矿山生态修复纳入污染防治攻坚战，确保“十四五”期间完成全省60%以上的历史遗留矿山生态修复任务。三要拓展生态修复资金来源。既要积极争取国家山水项目和历史遗留废弃矿山生态修复示范工程项目，也要鼓励支持社会资本参与生态修复，探索建立导向明确、路径清晰、投入持久、回报稳定的商业化运行模式，保障社会资本合法权益，充分调动市场主体的积极性。四要深化自然资源资产产权制度改革。要按照庆伟书记指示，全面摸清全民所有自然资源资产家底，积极推进全民所有自然资源资产所有权委托代理机制改革试点与自然资源资产清查和平衡表编制试点，认真做好自然资源资产离任审计、国有自然资源资产管理情况报告等工作。

（五）切实提升空间数字化治理能力。积极拥抱数字化时代，以建设湖南智慧自然资源系统为统揽，加快推进自然资源治理数字化转型。一要注重系统集成。全面清理、整合和优化存量系统，重点推进“九合一”建设，着力化零为整归一，建设全省统一、业务全覆盖的工作平台，把制度体系、管理职能、目标任务集成到平台之上，实现平台之外无工作、平台之内全监管。二要注重开放共享。着力打破行政壁垒、信息鸿沟、数据孤岛，推动对上、对下、对内、对外数据共享、平台互通、系统互联，形成跨领域、跨部门、跨层级的网状协同体系，切实提升治理效能。三要注重安全底线。要严格按照国家安全和保密有关要求，推进关键设备的国产化，数据生产和系统建设同步开展安全保密设计，强化关键数据资源的保护和管理，筑牢数字安全屏障，确保国家安全和系统应用安全。

（六）用心办好自然资源领域民生实事。一是全面加强地质灾害防治。落实各级政府主体责任，健全自然资源、应急、气象等部门工作协调机制。坚持“人防+技防”，不断完善群测群防体系，布设一批普适型监测预警装备。交通、水利、住建、教育、旅游等部门要按照“谁主管谁负责、谁引发谁负责”的原则，加强地灾隐患排查和风险防控，全力保障人民群众生命财产安全。二是优化不动产登记服务。认真落实庆伟书记“解决存量问题、防止新的增量产生”的批示要求，深入推进房地产办证历史遗留问题化解，全面开展“交房即交证”改革，构建破解房地产“办证难”问题的长效机制。三是不断优化营商环境。深入落实“放管服”改革要求，持续推进简政放权，不断优化政务服务水平。落实减税降费政策，完善弹性供地政策，降低企业要素成本，提高助企纾困实效。

三、坚持以政治建设为统领，切实把“两个确立”“两个维护”落实到作风上、行动上、效果上

（一）要在讲政治上有更高要求。坚持旗帜鲜明讲政治，始终把习近平生态文明思想和习近平总书记关于自然资源工作的重要论述作为行动指南和根本遵循，忠诚捍卫“两个确立”、坚决做到“两个维护”。不断提高政治判断力、政治领悟力、政治执行力，对“国之大者”心中有数，对“18亿亩耕地必须实至名归”“统筹山水林田湖草沙系统治理”“以水定城、以水定地”等要求领悟到位，积极观大势、把大局、谋大事、抓落实，确保党中央和省委、省政府各项决策部署在自然资源系统不折不扣落实到位。

（二）要在强担当上有更新作为。强化担当意识，发扬“闯、创、干”精神，在服务保障高质量发展、服务生态文明建设上奋发有为、真抓实干，特别是面对耕地保护、“三线”划定、历史遗留矿山生态修复、督察执法等难啃的“硬骨头”，要直面矛盾问题、坚定信心决心、狠抓落实落地。提升担当能力，加大培养人才、引进人才、留住人才、用好人才工作力度，提高专业素养和专业能力，推动政策精准有效落地。完善担当机制，把严格管理干部和热情关心干部结合起来，让广大干部心情舒畅、充满信心，积极作为、敢于担当。

（三）要在抓落实上有更实举措。一分部署，九分落实。加强领导抓落实，各级政府主要领导要定期研究自然资源工作，对耕地保护、国土空间规划、生态保护修复、督察执法等重点工作要亲自挂帅、亲自研究、亲自部署、亲自推动，在人才、经费、政策等方面大力支持，全面压实责任，推动各级真正把心思用在推动发展上、把精力放在狠抓落实上。全面系统抓落实，强化系统观念、战

略思维，在服务“三高四新”战略定位和使命任务的大局中、在履行“两统一”职责的视角下谋划推进各项工作。精准精细抓落实，掌握内在规律，完善内控机制，实行台账管理，做到跟踪问效、一抓到底。较真碰硬抓落实，勇于斗争、敢于亮剑，遇到矛盾问题不推不躲、迎难而上，坚决完成工作任务，绝不辜负省委、省政府的信任和人民群众的期待。

（四）要在守纪律上有更严标准。严守政治纪律和政治规矩，确保政令畅通，确保权力在正确轨道上运行。拧紧党风廉政建设责任链条，敢于自我革命，坚持刀刃向内，全面排查、坚决堵住用地用矿审批、项目资金安排、督察执法等重点领域廉政风险点。从严管理干部，持续开展警示教育，抓早抓小、防微杜渐，切实筑牢党员干部廉洁防线。严格落实中央八项规定及其实施细则精神，持续纠治“四风”，大力整治文山会海等突出问题，不断充盈求真务实、清正廉洁的新风正气。

同志们，春光无限好，奋进正当时。在新的一年里，希望大家以开局即决战、起步即冲刺的劲头和姿态，聚焦重点要点、锚定难点堵点，奋勇攻坚、务实担当，奋力谱写湖南高质量发展的自然资源新篇章，以优异成绩迎接党的二十大胜利召开！

在全省自然资源工作会议上的报告

湖南省自然资源厅党组书记、厅长，省自然资源总督察　陈仲伯

（2022年2月19日）

今天，省政府召开全省自然资源工作会议，主要任务是：以习近平新时代中国特色社会主义思想为指导，全面贯彻党的十九大和十九届历次全会精神，认真落实中央经济工作会议、中央农村工作会议、全国自然资源工作会议和省第十二次党代会、省委经济工作会议、省两会精神，特别是贯彻落实庆伟书记、伟明省长指示批示要求，总结2021年工作，部署2022年工作。等会，一鸥副省长将作重要讲话，请大家认真抓好落实。下面，我报告三个方面的情况。

一、2021年工作回顾

2021年是党和国家历史上具有里程碑意义的一年。在省委、省政府坚强领导和自然资源部、国家自然资源督察武汉局关心指导下，全省系统旗帜鲜明讲政治，忠诚捍卫“两个确立”、坚决做到“两个维护”，弘扬伟大建党精神，攻坚克难、真抓实干，各项工作取得明显成效。庆伟书记、伟明省长、陆昊部长等省部领导作出肯定性批示29次，耕地一体化保护、调查监测、生态保护修复、地质灾害防治、督察执法、“多测合一”改革等工作在全国系统推介，省地质院改革取得重要阶段性成果。

我们主要做了以下工作：

（一）全力服务全省高质量发展大局。及时出台服务“三高四新”10项措施、服务乡村振兴18项措施、服务“五好”园区18项措施、服务财源建设15项措施、落实省第十二次党代会精神31项措施，将省委、省政府决策部署转化为任务清单和政策举措。着力保重点。对重大项目实行点对点专班服务，做到提前介入、全程跟进。全省批准用地21.37万亩，其中，重大项目用地10.89万亩，同比增长18.64%，长沙机场改扩建、醴娄高速扩容、茶常高速、椒花水库等重大项目及时落地，长沙、株洲、岳阳、衡阳、永州、湘西等地提供了有力支撑。着力调结构。引导土地要素向实体经济集聚。全省供应工业用地10.99万亩，同比增长15.6%，为用地紧张的19个园区调扩区8.1万亩。严格落实“增存挂钩”机制，全省处置闲置土地12.24万亩、批而未供土地14.87万亩，处置率排全国第一、第四。浏阳市闲置土地、汨罗市批而未供土地处置面积和处置率，综合排名全省第一。全省供应土地44.1万亩，土地供应增量和存量占比由2017年高峰时的7∶3逐步接近5∶5。着力稳收益。不断完善城乡土地市场、健全地价体系、扩大有偿使用范围，土地有偿出让比例从2016年的29.7%提升至50.3%，出让收入首次突破3000亿大关，两年平均增长14.52%，总额和增速排中部六省第一。出台省属国有企业原划拨土地作价出资（入股）办法，盘活省属土地资产27亿元。省本级征收矿业权出让收益8.73亿元，同比增长139%。着力优服务。大力推行“平台之外无审批”和非要件容缺受理、预约延时服务，用地报批资料精简30余项，环节减少1/3。已清理的255个重大项目用地历史遗留问题基本解决。政务服务窗口荣获“全国青年文明号”。

（二）高位推动国土空间规划体系建设。坚决落实习近平总书记关于“优化国土空间格局”重要指示精神，省市县成立国土空间规划委员会，高位推动“四级三类”国土空间规划体系建设。“三线”划定统筹推进。按照“先农田、再生态、后城镇”优先序，组织长沙、益阳开展“三线”划定试点。完成生态保护红线评估调整，调出冲突图斑8590平方千米。部署开展永久基本农田核实整改补足和6轮城镇开发边界模拟划定。总体规划编制稳步推进。省级总规和长沙市总规向社会公示，其他13个市州形成初步成果。整合现有各级各类空间规划，基本建成省级规划“一张图”系统。强化过渡期规划服务，为773个重大建设项目提供了规划支撑。湘潭市建立了专项规划审查核对、协同审批机制。村庄规划服务乡村振兴成效初显。强化省级技术保障支撑，选派500名精干力量组成综合服务团，基本完成乡村振兴示范村、帮扶村村庄规划编制。开展村庄规划“一师两员”试点。长沙市镇村

一体推进村庄规划编制，花垣县十八洞村村庄规划入选自然资源部优秀案例。绿心中央公园高起点规划。坚持“湖湘特色、国内领先、世界影响”，开展设计方案国际竞赛，完成绿心中央公园设计要点和交通、林相、生态价值等重大专题研究，奥体中心、花博园、科创走廊完成规划选址，绿心“芙蓉”含苞待放。

（三）扎实推进耕地全程一体化保护。坚决落实习近平总书记关于严格耕地保护系列重要指示精神，推动“田长制”写入土地管理法实施办法和省政府工作报告，首次将耕地保护工作纳入省政府真抓实干督查激励和绩效评估内容，出台耕地全程一体化保护政策措施，“严紧实”的态势基本形成。耕地保护专项规划率先启动。在“三调”基础上，完成耕地质量、耕地后备资源、恢复属性地类分类调查。基本形成全省耕地保护一张图，统筹耕地、永久基本农田、永久基本农田储备区、恢复属性地类、耕地后备资源“上图入库”，着力解决“在哪占、在哪补、在哪提升”等重大问题。“两个耕地占补平衡”全面推行。严格落实“先补后占、占一补一、占水田补水田”，每月通过卫星遥感动态监测耕地变化情况，对耕地流失的，一律冻扣耕地指标，倒逼责任落实。强化预审把关和比例限制，全省批准建设占用耕地同比减少22%。督察执法形成高压态势。建立“五抓五早五协同”机制，分4个片区召开执法推进会，厅领导带队对7个市州开展例行督察并向当地党委、政府反馈督察意见。常态化开展自然资源领域扫黑除恶斗争。国家和省级督察发现问题整改率分别为95%、91%，郴州、常德、湘潭、邵阳、长沙、岳阳6市整改率排全省前六。全省查处土地违法案件1636宗，追究刑事责任51人，违法用地同比下降55.12%，违法占用耕地同比下降61.29%，违法占用耕地占新增建设占用耕地比例下降至3.62%。益阳市建立市政府自然资源管理督查组。部分县市出台了责任追究办法。芙蓉区、浏阳市，炎陵县，韶山市，雁峰区、南岳区、衡阳县，武陵区、澧县、津市市，苏仙区、桂东县、资兴市，双牌县、新田县，靖州县等16个县市区2021年土地“零违法”。

（四）落实“两统一”职责取得积极进展。产权制度改革进展顺利。系统谋划和推进全民所有自然资源资产所有权委托代理机制试点，指导常德市开展全民所有自然资源资产清查试点，首次向省人大常委会报告国有自然资源资产管理情况，启动重点区域自然资源统一确权登记工作，较好履行了全民所有自然资源资产所有者职责。稳步推进三级土地储备体系建设，全年新增入储土地6.29万亩，同比增长77.7%。生态保护修复系统推进。牵头督办的生态环境突出问题按时整改销号，在全省生态环境保护工作会上做典型发言。发布全国首个省级“十四五”生态保护修复规划。出台利用市场化方式推进生态修复实施办法。首创矿山生态保护修复年度验收制度。有序推进全域土地综合整治试点。开展历史遗留矿山核查。完成湘江流域和洞庭湖生态保护修复工程试点及长江干流和湘江两岸10公里范围内545个废弃露天矿山生态修复任务。矿业发展向绿色高质量转型。指导“一市、两县、一园区、两企业”完成矿业绿色转型试点。砂石土矿专项整治三年行动计划圆满收官，90%以上的关闭退出矿山做到了矿权注销、设施拆除、生态修复“三到位”。邵阳县一个半月依法关闭砂石土矿35家，复垦复绿1300余亩。完成矿产资源国情调查和第四轮省级矿规、县级砂石土矿专项规划编制。全省采矿权数量2412宗，大中型矿山比例提升至23.5%，砂石土矿从整治前的3631宗减少至1156宗。建成绿色矿山248家，其中2021年建成133家，排中部六省第一。

（五）用心用情办实事解难事。围绕保障和改善民生，大力解决群众急难愁盼问题。“办证难”问题得到有效化解。集中摸排办证问题楼盘2564个，累计化解2412个，化解率94.07%，为74.23万户购房群众解决了困扰多年的办证难题。娄底市、永州市、常德市化解率排全省前三。建成全省不动产登记“一窗办事”平台，实现主要高频事项“一网通办、跨省通办”，办结时限缩减80%。基本完成宅基地和集体建设用地调查，办理确权登记1023万宗，易地扶贫搬迁发证率100%。各市州、县市区均开展了新建商品房“交房即交证”试点。郴州市首推“测验登一体化、首转登同步化、预转本自动化、上下游集成化”四化模式。地质灾害防治扎实有效。在全国率先开展1∶1万地质灾害调查和风险评价，推动“人防+技防”“隐患点+风险区”双防双控机制建设。创新开展农村切坡建房地质灾害风险管控，推进切坡建房隐患识别到户、告知到户、宣传到户、预警到户、责任到户，全省顶住了24轮强降雨压力，因灾死亡人数降至历史新低。为民解忧为企纾困成效明显。联合省高院成立全省首家“自然资源资产行政争议协调化解中心”，建立领导接访包案制度，整体上调征地补偿标准，办理行政复议案件124宗，接待群众来访472批973人次。株洲、湘潭、张家界、永州4市信访交办件办结率排全省前四。落实减税降费政策，省本级退付政策性关闭矿山矿业权价款5585万元，减免相关费用859万元，通过弹性供地降低企业用地成本35.4亿元。

（六）数字赋能提升自然资源治理能力。调查监测成果深化应用。经过层层汇交、审核，第三次国土调查省级成果对外公布，10个市州、31个县市区完成公布，查清了全省2万余个地块的利用现状，形成了全省统一的底图底数。与铁塔公司签订战略协议，更大力度统筹多源影像数据，实现1米分辨率影像季度覆盖、0.5米分辨率影像年度覆盖、重点区域视频监测覆盖。“1+N”监测应用从耕地保护、违法行为发现等领域，向河湖长制、粮食种植、绿心保护拓展深化，成为履行“两统一”职责的基础保障。湖南智慧自然资源系统建设全面开启。整合现有信息系统，整理存量数据，按照“六化目标”“九大内容”“十个模块”重构“智慧自然”建设，数据处理效率提升6倍。以“数字政府”建设为统领，系统推进“五减一提升”和“三集中三到位”改革，行政审批和便民服务优化率超50%。测绘地理信息转型升级。完成全省1：1万基础信息第8轮更新、城镇范围1：500地形图更新。完成130座基准站北斗兼容升级，“问北位置”日均访问量达到127万次。发布地理空间数据交换共享目录。云遥系统2.0版入选全省第一批卫星应用示范案例，“天地图·湖南”有力支撑了平安湖南、疫情防控等工作。建成全省统一的信息平台，“多测合一”改革从竣工验收阶段扩展到工程项目全过程。株洲市获批国家新型基础测绘体系建设试点城市。科技创新支撑能力不断增强。南方丘陵区自然资源监测监管实验室成功获批首家部级重点实验室，卫星应用体系建设走在全国前列，五大部省科技创新平台和科研（标准）项目成果丰硕。月清“三地两矿”纵深推进。建立调查监测服务土地全生命周期管理制度，聚焦“三地两矿”突出问题，全省系统每月调度、每月督办、月清月结，重大问题提交党委、政府研究解决，砂石土矿整治纳入“夏季攻势”，累计下达任务5148宗，形成上下联动工作机制，成为全省系统抓落实的亮丽名片。湘潭、岳阳、郴州3市分别通过政府督查、纪委监委巡视整改、“市长督办令”等形式推动整改落实。省厅聚焦“四重”“五要”，强化内控管理，督查督办经验做法在全省推介。

（七）推动党建工作与业务工作深度融合。把抓好党建作为最大政绩，党建与业务同谋划、同部署、同推进、同考核。理论学习持续跟进。坚持第一议题制度，规范支部“同主题同步学”，及时跟进学习习近平总书记重要讲话精神，印发《贯彻落实习近平总书记关于自然资源管理系列重要讲话精神的责任分工方案》，着力在常学常新上下功夫、在常学常悟上见真章、在常学常用上求实效。党史学习教育走深走实。创新开展“绘红图、爱红土、守红线、办实事”特色活动，深入开展“学史明理、学史增信、学史崇德、学史力行”专题学习研讨。以创新之举编发《湖南党史学习教育地图》《湖南红色旅游地图》，向1400多个基层党支部赠送红图5万余份，广泛开展“一张红图学党史”活动。举办庆祝建党100周年系列活动，刊发91篇高质量的“四微”调研成果。通过党史学习教育，进一步锤炼了政治意识、增进了历史自信、树牢了为民情怀、汲取了奋进力量。作为省直单位代表向中央指导组专题汇报。干部队伍建设不断加强。突出政治标准选人用人。联合省委编办下发通知，整合基层自然资源执法职能和执法队伍，加强自然资源执法队伍建设，优化基层自然资源所设置。举办上海、北京（雄安）高质量发展培训班，省委党校专题研讨班，基层干部研修班等培训班33期，全省系统8726人参训。首次承接土地测绘高级职称评审，172人获评高级职称，实现通过率由20%提升到60%。举办测绘和不动产登记职业技能竞赛，省第三测绘院蔡德文同志、张家界市局邓开朗同志荣获“湖南省五一劳动奖章”。正风肃纪驰而不息。坚持严的主基调不动摇，落实全面从严治党主体责任，持续纠“四风”树新风，自觉接受纪检监察组监督。扎实推进清廉机关建设，加强对“一把手”和领导班子监督，强化制度约束、技术支撑和文化引导，开展廉政风险隐患排查整治、违规领取评审费专项整治，对厅直属单位开展巡察和政治建设考察，形成了风清气正的政治生态。配合纪检监察机关严肃查处问责19例顶风违建别墅项目问题，追责问责108人，其中给予党纪政务处分49人，省委办公厅对崀山太阳谷生态园等5起涉经营类顶风违建别墅问题典型案例进行了通报。

过去一年，省市县自然资源主管部门知责于心、担责于身、履责于行，展现了新担当新作为，形成了新经验新典型，湘潭市、岳阳市、益阳市、邵阳市、浏阳市、北湖区、武陵区、洪江区、岳阳县等4市5县市区耕地保护成效明显，郴州市、永州市、常德市、长沙市、汨罗市、宜章县、江永县、渌口区、溆浦县、澧县、天心区、沅江市、洞口县、耒阳市等4市10县市区自然资源管理成效明显，获省政府真抓实干表扬激励。一大批机关处室、市县局、技术支撑单位获评考核优秀单位，一大批业绩突出的干部得到提拔重用和表彰，一大批社会组织、学术团体围绕自然资源重点工作作出了突出贡献，全系统的精气神、业效绩、形象和地位都有全新提升。

这些成绩的取得，得益于习近平新时代中国特色社会主义思想的科学指引，得益于省委、省政府的坚强领导，得益于自然资源部、国家自然资源督察武汉局的关心指导和省直各部门、地方党委、政府的大力支持，凝聚了全省系统干部职工的智慧力量和辛勤汗水。在此，我代表厅党组表示衷心感谢，致以崇高敬意！

同志们，我们也要清醒地看到，工作中还存在一些短板和弱项：国土空间规划和“三线”划定工作任务繁重，要啃的“硬骨头”还很多；土地批而未供、供而未用、用而低效等问题比较突出；耕地保护形势比较严峻，面临补齐缺口和守住现有耕地一亩不少双重考验，耕地“非农化”“非粮化”及违法占用耕地问题尚未从根本上解决；生态修复任务艰巨，主体责任压得不够实，矿业绿色高质量发展任重道远；国土空间规划、智慧管理、“双碳”核算等专业人才比较缺乏；换届之后，领导骨干业务素质有待提升；基层执法力量、国土空间规划力量薄弱；政策执行“最后一公里”没有完全打通，执行效力有待提升；自然资源领域廉政风险隐患仍然较多，违纪违法案件时有发生。

回顾总结过去一年工作，我们深刻体会到：对标对表是党性立场。务必把捍卫“两个确立”、做到“两个维护”，落实在不折不扣贯彻习近平总书记关于自然资源工作重要指示精神上，落实在不折不扣贯彻党中央、国务院和省委、省政府决策部署上，落实在见事早、行动快、措施实、效果好上。求新求实是奋斗姿态。把思想认识从躺平守成中激活出来，从思维定式中解放出来，以“闯”的精神挑重担、以“创”的劲头开新局、以“干”的作风求实效，永葆“奋进者”“奔跑者”“开拓者”“奉献者”本色。从严从紧是底线思维。必须牢牢守住耕地保护红线，保障国家粮食安全；必须牢牢守住自然生态安全边界，从讲政治高度抓好生态环境突出问题整改；必须牢牢守住清正廉洁底线，把法律的戒尺、纪律的戒尺、制度的戒尺、规矩的戒尺、道德的戒尺牢记于心、谨遵于行。寸土寸心是系统情怀。把红色基因融入血脉、把锦绣潇湘珍藏心田，用心丈量每一寸土地、呵护每一寸土地、用好每一寸土地、回馈每一寸土地，敬畏历史、敬畏文化、敬畏生态，慎重决策、慎重用权，做大自然的忠诚卫士。

二、2022年工作部署

今年是党的二十大召开之年，也是落实省第十二次党代会精神开局之年，做好今年的工作意义重大、责任重大。总体要求是：以习近平新时代中国特色社会主义思想为指导，全面贯彻党的十九大和十九届历次全会精神，深入落实中央和省委、省政府决策部署，全力服务“三高四新”战略定位和使命任务，弘扬伟大建党精神，坚持稳中求进工作总基调，完整、准确、全面贯彻新发展理念，强化系统观念，统筹发展与安全，以推动高质量发展为主题，以严格耕地保护为主线，以国土空间规划为引领，以贯彻落实土地管理“一法一条例一办法”为抓手，全面深化自然资源领域改革创新，全力稳增长、强保障、优服务、攻难关、补短板、抓落实，以优异成绩迎接党的二十大胜利召开。

按照“干在实处、走在前列”总要求，今年主要预期目标为：耕地保有量和永久基本农田保护目标不低于国家下达数，牢牢守住5431.7万亩现状耕地底线，恢复耕地50万亩以上，新增建设占用耕地明显减少。土地供应增量和存量按各占50%左右控制。省市县国土空间规划编制全面完成。稳增长重点项目用地应保尽保。违法用地面积和违法占用耕地面积同比减少。园区2020年以来产生的闲置土地处置率达到90%以上。新设矿业权100宗以上。新建绿色矿山200家以上。开展一批未来乡村建设试点。湖南智慧自然资源系统建成使用。存量土地处置、调查监测、确权登记、督察执法、地质灾害防治、数字化转型等工作争取走在全国前列。

完成好今年的工作，必须全面准确把握我国经济发展已由高速增长阶段转向高质量发展阶段的新特点，始终把人民放在心中最高位置，坚持质量第一、效益优先，高站位谋划、高起点规划、高质量推进自然资源事业全面发展。必须全面准确把握“绿水青山就是金山银山”理念，在坚持山水林田湖草沙一体化保护和系统治理方面积极谋划、主动作为，为建设锦绣潇湘、大美湖南做好空间规划、策划重大项目、解决突出问题、建立长效机制。必须全面准确把握新时代统筹发展与安全的总体要求，在服务粮食安全、能源安全、生态安全、经济安全，防范和化解政府债务风险中，把困难估计得更充分一些，把风险思考得更深入一些，注重堵漏洞、强弱项，下好先手棋、打好主动仗。必须全面准确把握“稳中求进”工作总基调，把服务稳增长作为最大民生实事来抓，积极推出有利于经济稳定的政策，政策发力适当靠前、主动作为、彰显担当，全面落实“三高四新”战略定位和使命任务。必须全面准确把握绿色发展、低碳发展、系统治理、智慧管理的新趋势，坚持节约优先、保护优先、自然恢复为主，加快构建节约资源和保护环境的空间格局、产业结构、生产方式、生活方式；坚持数字赋能，加快“空天地网”综合监测体系和湖南智慧自然资源系统建设，推进治理能力现代化。必须全面准确把握强化政治引领、激发内生动力、提高治理能力这个根本保障，突显政治机关属性，最大限度发挥全省系统干部队伍积极性，最大限度调动系统内外积极因素，最大限度发挥科技支撑作用，营造干事创业的浓厚氛围。

今年重点抓好以下工作。

（一）坚持稳字当头、稳中求进，全力服务发展这个最大实事。积极推出和落实促进经济稳定的支持政策，保持政策预期稳定，做好优化服务文章。

全力保障重大项目用地。对省政府确定的十大基础设施项目、十大产业项目、十大技术攻关项目、十大民生实事等重大项目，全面保障新增建设用地计划，在国家下达计划指标前，按2021年计划执行数的60%预先安排。对交通、能源、水安全、物流、信息“五张网”建设项目，逐行业组建省市县联合工作专班，在项目策划生成阶段提前介入、深度参与，综合应用信息科技手段优化用地预审与选址服务。去年在服务交通等基础设施建设方面取得了较好成效，今年要在服务抽水蓄能等新项目上再发力、再立新功。强力推进用地审批制度改革，持续推进“多审合一、多证合一”改革，落实用地用林用草联动审批，提高审批效率。省市县三级要建立常态化对接机制，科学合理确定城镇和园区重大项目用地规模、结构与时序。市县要把好项目策划生成、选址论证、节约集约用地“第一道关口”，对不符合产业政策的“两高”项目，从源头上控制准入。

切实提高矿产资源保障服务水平。加快实施第四轮矿产资源规划，进一步提升矿产资源开发保护的科学化、绿色化、规模化、产业化水平。实施新一轮找矿突破战略行动，推进战略性矿种、有色金属等传统优势矿种勘查，开展金腰带、南岭等重要成矿带后备资源找矿，部署新兴产业所需的铌、钽、锂、铍等稀有矿种找矿。有序投放一批紧缺型矿种采矿权。建立全省统一的矿产资源管理平台，推进证照“电子化”和“跨省通办”。省市县要成立工作专班，向前一步对矿山企业加强服务、加强监督。市县要抢抓新一轮矿产资源规划实施机遇，抓紧论证一批地质找矿项目、投放一批条件成熟的采矿权、培育一批规模开采企业、打造一批优势产业链，把我省矿业做大做强。

大力支持“五好”园区建设。在城镇开发边界中优先划定园区范围，按照不少于城镇建设用地的25%保障发展空间。支持符合条件的园区依法依规调区扩区，强化产城、产教、产金融合的规划用地保障，支持打造产业综合体。完善周转用地、标准地和弹性供地政策，降低园区和企业用地成本。在自贸试验区实行重点产业链多宗土地整体供地。支持园区优先编制土地征收成片开发方案。各园区要坚决落实庆伟书记批示精神，把节约集约用地作为重要要求抓紧抓好。

全力服务乡村振兴战略。耕地是财富，粮食是底气，田园是美景，乡愁是永不褪色的时尚，城市和乡村都是自然资源工作的主战场。要强化县乡统筹、乡村一体规划，加快构建绿色优质的农业空间，筑牢山清水秀的生态空间，营造诗意美丽的乡村空间，塑造湖湘特色的景观空间。推进乡村振兴示范村、帮扶村以及各类特色村规划全覆盖，全面推行“一师两员”制度，启动一批村庄规划、耕地保护、乡村建设“三位一体”的未来乡村建设试点。将村民建房农用地转用审批省级权限下放至县级人民政府。积极服务农村一二三产业融合发展。市县要打通政策落地“最后一公里”，落实好规划“留白”、过渡期规划保障、用途分区管控、多种方式灵活供地、农村存量土地盘活等各项支持政策。

服务地方政府债务风险化解。深化土地要素市场化配置改革，进一步扩大有偿使用范围，稳定市场预期和土地出让收入。用好用活省属国有企业原划拨土地作价出资（入股）政策，显化土地资产价值，支持政府功能性平台进行资源性开发利用，支持省属行政事业单位盘活土地资产，助力国有企业改革发展。规范市县土地储备项目管理。市县要加强形势预判，合理盘活存量土地，释放沉淀资本；坚决防止贱卖土地招商、化债，遏制利用土地虚假增收和违规举债。

（二）坚持高水平规划引领高质量发展，推动“四级三类”国土空间规划体系落地见效。深入实施主体功能区战略，积极对接融入国家战略，加快构建集约高效、宜居适度、山清水秀、安全和谐、富有竞争力和可持续发展的空间蓝图。

统筹划定“三线”。科学确定并落实耕地和永久基本农田、建设用地规模等约束性控制指标，按照耕地和永久基本农田、生态保护红线、城镇开发边界的顺序，精准精细推进“三线”划定，5月底前基本完成市县“三线”划定，成果提交省级审核。结合“三区三线”划定，会同林业部门在国土空间总体规划中统筹确定规划造林绿化空间和位置，6月底前形成成果，落实到同级国土空间规划“一张图”，实行精准化管理。坚持国土空间的唯一性，在国土空间规划“一张图”上协调各类矛盾冲突，实现“多规合一”，做到三线“数、线、图”一致。

开展国土空间规划攻坚行动。推进湘江流域、长株潭都市圈、洞庭湖生态经济区等区域性专项规划编制。加快推进省市县国土空间总体规划，年底前基本完成编制审批工作。围绕服务强省会战略，按照特大城市发展目标，拓展长沙市发展空间，提高省会首位度。高标准规划绿心中央公园，持续更新绿心实景三维模型，完成总体城市设计和启动区详细规划，打造长株潭一体化发展标志性工程。以园区节约集约用地专项整治为契机，开展园区控制性详细规划实施评估，统筹园区绿地规模和布局，合理确定工业项目容积率底线、绿地率上限，禁止过度建设花园式厂区。

全面提升规划管理效能。6月底前，各市县基本建成国土空间规划“一张图”系统，形成可分层、可叠加、可视化的国土空间“底图”“底数”；年底前基本建成国土空间规划实施监督系统，建立实施监测预警机制。创建用途管制数据规范实施示范省，探索实现重要管控边界、区域指标的动态监测和自动预警。建立常态化城市体检评估机制，加强城市更新和风貌管控，坚决防止城市更新中造成“破坏性”建设问题。优化规划许可审批流程，推进规划许可“清单化”管理。

*（三）采取“长牙齿”的硬措施，坚决落实最严格的耕地保护制度。*保障粮食安全必须坚决守住耕地保护红线。

统筹落实耕地保护三大目标。一是坚决守住底线目标。根据国家要求，现状耕地扣减6种合理情形后，作为新的耕地保有量，足额带位置逐级下达，这是耕地保护底线目标。省与市州签订耕地保护目标责任书，制定考核问责细则，市县乡也要层层签订责任书。全省严格落实党政同责、刚性考核、终身追责、一票否决。二是科学确定责任目标。根据国家要求，上一轮耕地保有量扣减政策调整、调查规则变化等合理因素后，明确各地耕地保有量责任目标，整个规划期不变。由于国家尚未明确扣减的具体情形及数量，各市县责任目标继续沿用上一轮规划确定的耕地保有量，待国家明确我省扣减数量后再进行调整。三是逐步补齐责任缺口。国家明确，“三调”现状耕地与责任目标存在缺口的，必须尽快制定恢复方案逐步恢复。“十四五”规划明确，全省恢复耕地任务为340万亩，将根据各市州责任缺口占比按年度进行任务分解，实行年度验收核查，不能恢复到位的逐年落实经济补偿。每年恢复的耕地不计入、不增加底线目标，全部用于补齐责任目标缺口。剩余的责任目标缺口，逐步恢复到位。存在责任目标缺口且没有完成年度恢复任务的，不允许卖出补充耕地指标和增减挂钩节余指标。跨市域买卖补充耕地指标和增减挂钩节余指标的，底线目标和责任目标相应调整。这次下达了年度耕地保护目标和恢复耕地任务，各地要作为刚性任务，不折不扣抓好落实。

切实用好“田长制”这个总抓手。出台全面推行“田长制”严格耕地保护的意见，建立省市县乡村组户七级“田长制”。2022年，所有市州和县市区要出台“田长制”实施文件，层层压实责任，形成网格化、全覆盖的耕地保护组织体系和责任体系，推进耕地数量、质量、生态“三位一体”保护。各地要结合本地实际尽快将“田长制”落到实处，执行情况纳入耕地保护责任目标考核、真抓实干督查激励、绩效评估、领导干部考核和自然资源资产离任（任中）审计的重要内容。加大土地管理“一法一条例一办法”宣传力度，联合省人大举办延伸到乡镇一级的专题培训班。这段时间，庆伟书记亲自部署，省委宣传部牵头推进，省内主流媒体正在集中开展耕地保护宣传，各地要借力借势，充分调动各方面力量，上下联动营造耕地保护浓厚氛围。

严格耕地用途管制。出台耕地用途管制实施细则，坚决遏制耕地“非农化”、防止“非粮化”。完成省市县耕地保护专项规划编制，带位置落实好耕地、永久基本农田、耕地后备资源。落实永久基本农田“六个不准”和“四个严禁”管理规定，开展永久基本农田核实整改补足。改进和规范耕地占补平衡，从严从紧控制建设占用耕地，在预可研阶段严格审查占用耕地及永久基本农田情况，尽量不占耕地；对重大建设项目选址确实难以避让的，严格实行占用耕地比例限制，严格落实“先补后占、占一补一、占水田补水田”。建立“占一补一备一种一管一”制度，实行带成熟作物和承包合同验收，确保新增耕地一亩不假，保持在库耕地指标安全水平。鼓励有实力的企业集中开发、种植、管护新增耕地，逐步推动由新开垦耕地向土地综合整治转变。严格落实耕地“进出平衡”，一般耕地转为林地、草地、园地等其他农用地及农业设施建设用地的，应当通过统筹林地、草地、园地等其他农用地及农业设施建设用地整治为耕地等方式，补足同等数量质量、可以长期稳定利用的耕地。我省将出台管理办法，建立“进出平衡”指标库。市县要制定年度耕地“进出平衡”总体方案，乡镇要提出落实意见并纳入县级方案。

持续强化督察执法高压态势。充分用好卫星遥感、铁塔视频等监测手段，全天候、全覆盖看紧每一块耕地，对监测发现的耕地“非农化”“非粮化”问题第一时间推送至乡镇、村，做到“早发现、早制止、早整改”。建立“五抓五早五协同”工作机制，完善“1+N”自然资源督察执法保障体系和联合惩戒制度。抓好国家督察反馈问题整改，开展省级年度例行督察，推动突出问题整改纳入省政府重点督查内容。实施违法用地存量清零、增量零增长“双零”行动，对达标市县通报表扬，并作为真抓实干激励的重要依据。深入推进农村乱占耕地建房和违规占用永久基本农田发展林果业、挖塘养鱼、挖湖造景等专项整治，对新增农村乱占耕地建房“零容忍”，坚持“既查事又查人”，严肃查处、通报、曝光一批典型案件。探索建立耕地保护党政同责、刚性考核、终身追责、一票否决机制，对耕地减少和违法用地进行底线管控、督导问责。以6月30日和12月31日为考核时间节点，对下列三种情形启动督导、约谈、问责、追责程序：一是违法占用耕地面积占新增建设占用耕地面积比例超过15%的；二是市州违法用地面积超过2000亩、县市区超过500亩的；三是耕地数量较年度耕地保护目标减少千分之一以上的。

（四）坚持生态优先、绿色发展，切实发挥生态文明建设主力军作用。牢固树立“绿水青山就是金山银山”理念，着力彰显绿色发展之美、绿色生态之美、绿色制度之美。

加快矿业绿色高质量发展。推进省地质院深化改革、做强主业、增强能力、服务发展。完成绿色矿山建设三年行动任务，组织市县遴选一批国家级绿色矿山。新建矿山100%达到绿色矿山标准，对已建成的绿色矿山开展“回头看”。全面梳理完善矿政管理政策，规范矿业权审批登记，健全“净矿”出让机制，对历史遗留问题，按照“完善政策、有序解决、逐步销号、规范运行”要求，依法依规处置。加强对资源采损、储量、产业发展等情况的“穿透式”监管，市县要依法严肃查处无证开采、越界开采、破坏生态和资源等违法违规行为。持续巩固砂石土矿专项整治三年行动成效，市县要确保关闭退出矿山做到矿权注销到位、设施拆除到位、生态修复到位。深化矿业转型绿色发展改革。出台绿色矿山资金奖励和税费优惠等支持政策。

推进生态系统保护修复。加快出台省级国土空间生态修复规划（2021—2035年），各市州及生态功能重点县要基本完成本级规划编制工作。坚决完成第二轮中央生态环境保护督察和长江经济带生态环境警示片反馈问题的整改，配合推动花垣县“锰三角”矿业污染综合整治。推动历史遗留矿山生态修复纳入“污染防治攻坚战”。全力争取洞庭湖区域山水林田湖草沙一体化保护修复国家项目，规划建设洞庭湖生态环境监测中心等一批重大标志性工程，相关市县要做好积极配合工作。各市县要坚决完成历史遗留矿山生态修复年度任务，扎实做好历史遗留矿山核查工作，形成核查结果省、市、县一本台账。省市县同步编制出台历史遗留矿山生态修复实施方案，组织申报国家示范工程，鼓励支持社会资本参与生态修复。持续推进全域土地综合整治国家试点，相关市县要在资金、政策等方面给予大力支持。出台自然资源领域碳达峰碳中和实施方案，组建湖南省自然生态系统碳汇监测研究室，统一开展碳汇调查监测评价测算。

加强土地全过程节约集约利用。完善用地定额标准体系。强化单独选址重大项目策划生成阶段节约集约用地刚性约束，坚决核减不合理用地；对圈内批次用地，用好土地征收成片开发政策工具，对批而未供、闲置土地不达标的市县，不予审批土地征收成片开发方案。继续大力盘活存量，分阶段分季度下达批而未供、闲置土地处置任务，确保全省批而未供、闲置土地处置率分别达到35%、60%以上。出台园区“亩均效益论英雄”节约用地评价办法，定期发布园区开发率、建成率、投产率、亩均税收等用地效能指标。对重点工业企业和典型房地产企业用地实行“穿透式”监管。对土地开发率低于60%的园区和低效用地重点企业开展督导监管。各市县要扎实开展园区土地利用专项普查和闲置低效用地清理整治专项行动，确保园区批而未供土地处置率、闲置土地处置率、空闲土地盘活率分别达到35%、90%、35%以上。节约集约用地水平较低、亩均效益排名靠后的园区，不得调区扩区。

深化自然资源资产产权制度改革。扎实做好省直管土地资产，岳阳市、常德市湿地资源，衡阳市、郴州市矿产草地资源，南山、南滩国家草原自然公园全民所有自然资源资产所有权委托代理机制试点，明确所有权行使模式。完善委托代理配套制度，编制自然资源清单并明确委托人和代理人权责，研究探索不同资源种类的委托管理目标和工作重点。编制自然资源负债表，配合开展领导干部自然资源资产离任审计。向省人大常委会专项报告国有自然资源资产管理情况。

（五）聚焦数字化转型，深入推进自然资源管理方式变革。按照高效管理、智慧决策、便捷服务、开放共享总体要求，加快推进自然资源管理技术融合、业务融合、数据融合。

建设全省统一的湖南智慧自然资源系统。充分运用区块链技术、元宇宙架构，在即时数据应用、人工智能监管、多元应用场景、全时空监控、快速反应处置等方面，全方位发力、全系统参与、全过程改善。统筹抓好一库一图一平台、一云一网一中心、一厅一园一体系“九合一”建设，完成自然资源与地理空间数据库、国土空间信息平台建设，完成自然资源数字化指挥调度中心、政务平台、网上和掌上大厅建设，对各类空间逐一赋码，实现一码管地、一码管矿、一码管空间。清理整合存量应用系统，全面做好对部、对省、对下、对外的数据共享和系统对接，加快推进土地供应数据的部省联建。6月底前建成运行湖南智慧自然资源系统，省级300余个行政事项流程优化再造50%以上，机关运转效率全面提升。

打造监测保护体系升级版。构建“空天地网”综合监测体系，实时动态、全面精准掌握全省自然资源变化。组建自然资源监测保护“1+5+30”创新联盟，加强与相关单位战略合作，加大遥感影像智能化提取、多源数据一体化处理技术攻关，持续优化云遥系统，拓展自然生态系统碳汇、城镇国土空间规划、重点园区土地节约集约利用等专项监测，为生态文明建设和自然资源管理提供基础支撑。强化“三调”成果共享应用。出台落实科技创新政策措施，设立自然资源联合基金，做强监测监管、卫星应用等部省科技创新平台，深化科技成果应用。

提升测绘地理信息保障能力。加快建设新型基础测绘体系。制定全省统一的数据标准规范，建强实景三维建设与应用工程技术创新中心，逐步建成“三湘尽览、物联感知、智能调度”的实景三维湖南。实施“推进北斗应用，精准服务三湘”三年行动计划（2022—2024年），实施基准站搬迁暨北斗化升级与应用工程，启动似大地水准面精化提升工程，建立北斗高精度应用省外省内双联盟，构建“北斗+”规模化应用生态圈。深化“多测合一”改革。构建联动协作机制，切实提升应急测绘保障能力。加强地理信息数据管理，提升安全防控水平。推动新一代“天地图•湖南”由单一地理信息服务向综合地理信息服务转型升级。开发运行便捷、易懂、好用的农村宅基地测绘服务平台。

（六）坚持人民至上，切实办好自然资源领域民生实事。始终把实现好、维护好、发展好广大人民根本利益作为一切工作的出发点和落脚点，用实际行动践行初心使命。

巩固深化“三红一实”活动。在全系统深入开展“绘红图、爱红土、守红线、办实事”活动，持续深化进老区、进山区、进园区、进矿区“四进”活动，做好结合文章，凸显行业特色，形成办实事工作品牌。开展政务窗口标准化建设，服务企业“纾困增效”，认真落实减税降费政策，建立为“专精特新”中小企业办实事清单。

实施不动产登记提质增效行动。深入推进房地产办证遗留问题化解，力争年底前化解率达到98%以上。推动市州本级7月1日起、县市区12月31日起所有新供地的新建商品房项目全部实现“交房即交证”。加快建设全省统一的不动产登记平台，启动市县存量数据清理规范和迁移入库，实现主要高频事项“一网通办”覆盖率提升30%以上，市县要按照省厅的统一部署推进落实，杜绝各自为政、重复建设。全面启动湘资沅澧“四水”干流自然资源确权登记，逐步实现重点区域全覆盖。加快推进统一登记向农村延伸，全面完成农村房地一体确权登记发证和成果汇交。

筑牢地质灾害防治生命防线。加快推进“两库两预警两提升”工程，加快推进1∶1万地质灾害调查和风险评价，6月底前配合完成全国第一次自然灾害风险普查，新安装900处普适型监测预警设备，深化86万户的农村切坡建房地质灾害隐患“识别、告知、宣传、预警、责任”五到户。督促指导相关部门开展铁路、公路干线、工程建设等重点区域地质灾害防治。各市县要严格落实属地管理责任，毫不松懈做好汛期地质灾害综合防治，加强“人防+技防”，完善“隐患点+风险区”管控，不断提高全省地质灾害防治能力。

保障住宅用地多元化需求。完善以需定供、精准调控的房地产用地政策。“一城一策”提高房地产供地储备计划调控能力，以满足刚性需求为重点，加强长租房和保障性住房用地保障。鼓励各地探索建立地价房价合理联动、商住配比合理调整、去化周期合理预期等房地产用地政策，更好满足合理购房需求。争取在长株潭三市开展城市建设用地节约集约利用详细评价试点，出台城市更新和低效用地再开发支持政策。加强住宅用地项目开竣工管理服务，有效提高开竣工履约率，及时办理登记，形成有效供应。坚持和完善住宅用地信息公开制度，充分披露重要关联地块信息，加强预期引导。

三、全面落实党对自然资源工作集中统一领导，以更高站位、更实作风、更强保障推动各项重点工作落实落地

（一）坚持党的政治建设统领。深学笃用习近平新时代中国特色社会主义思想，忠诚捍卫“两个确立”，坚决做到“两个维护”，善于从政治高度谋划和推动自然资源工作，不折不扣落实中央和省委、省政府关于生态文明建设、国土空间规划、耕地保护等决策部署。巩固拓展党史学习教育成果，推进党史学习教育常态化长效化。全省系统要从百年党史中深刻认识“土地改革是胜利之本、土地政策是富民之基、土地市场是繁荣之要”的历史规律，在新征程上持续深化土地管理改革，为全省高质量发展提高基础保障。坚持以文明标兵单位创建为总抓手，统筹“三表率一模范”机关、“四强”党支部建设以及各类党群活动，推进党的建设、文明创建、平安建设、业务工作深度融合。着力打造具有自然资源行业特色的党建工作品牌、党建服务品牌、机关文化建设品牌。全省自然资源人不仅要有深耕大地的黄牛精神，还要有仰望星空的追梦情怀，更要有虎啸平川的无畏勇气，真正把维护核心、守住初心、服务中心、贴近民心体现到自然资源工作全过程。

（二）落实全面从严治党主体责任。以省委巡视为契机，坚定不移、一以贯之推进全面从严治党。组织召开全省系统党风廉政建设工作会议，层层落实全面从严治党主体责任。用好湖南智慧自然资源系统，把制度嵌入技术平台，切实规范权力运行，做到制度之外无权力、平台之外无审批。全面深入排查自然资源领域风险隐患点，制定务实管用的防范措施，运用好“四种形态”，查处和纠治违规违纪违法行为。积极配合做好“洞庭清波”专项行动、涉煤涉矿涉砂问题专项治理。贯彻落实省委办公厅《关于5起顶风违建别墅问题典型案例的通报》精神，推动清查整治工作不断巩固深化。坚决纠治形式主义、官僚主义，深入整治享乐主义、奢靡之风，坚决查处乱作为、不作为问题，严肃惩治顶风违纪收送红包礼金、违规吃喝等顽疾，把班子成员严重违规和失职追责情形纳入评先考核的负面清单。广泛开展廉政文化建设，建设清廉机关，让以清为美、以廉为荣在自然资源系统蔚然成风。

（三）加强自然资源依法行政。深入学习贯彻习近平法治思想，落实党政主要负责人推进法治建设第一责任人责任。抓好土地管理“一法一条例一办法”学习宣传贯彻。及时清理调整自然资源领域政务服务事项，制定年度重大行政决策目录清单，严格规范性文件审核把关。实施信访减量行动，探索开展征地拆迁信访问题专项整治，做好应复应诉工作，依法稳妥化解行政纠纷。持续推进自然资源领域扫黑除恶斗争，开展以打击“沙霸”“矿霸”为重点的专项整治行动。加强财源建设，严格财务管理，出台内部审计实施办法，加强对资金使用情况的监督检查和绩效考核。抓好常态化疫情防控，坚决守住安全生产、意识形态、国家安全、消防安全、机要保密等安全底线。

（四）着力打造忠诚干净担当的高素质干部队伍。深入推进干部素质培养、知事识人、选拔任用、从严管理、正向激励体系建设。坚持好干部标准，从实践中、从实干中、从赛马场上，选用一批堪担重任的干部，加大年轻干部培养选拔力度。出台加强人才队伍建设实施意见，编制自然资源人才发展规划。市州、县市区要在新型测绘、规划建设、地质勘查、行政执法等领域制定人才工作计划。今年，厅直系统将引进30名博士、落实40名特殊人才薪酬待遇、培养评选50名青年科技之星。自然资源工作政策性、专业性、战略性强，各级领导不能搞“武大郎开店”，要以期许之心育才、宽容之心用才、开放之心引才。要提高干部培训的实效性，全面提升干部专业素养。加快推进基层自然资源行政执法改革，加强执法保障，建强督察执法队伍，6月底前完成“局队合一”改革。用心用情关心关爱基层干部，聚焦解决层层检查、重复填报、文山会海等突出问题，用深入调查研究确保政策更加贴近基层实际，用精细管理下准下少整改任务，用数字赋能帮助减少工作量，把机关干部、基层干部从烦琐事务中解脱出来，把更多心思和精力放在狠抓落实上。

同志们，未来已来，时不我待。让我们紧密团结在以习近平同志为核心的党中央周围，在省委、省政府坚强领导下，发扬“起步就加速、开局就抢拼”的冬奥会精神，牢记嘱托、不负使命，干在实处、走在前列，奋力推进自然资源事业高质量发展，以优异成绩迎接党的二十大胜利召开！

全面推行田长制新闻发布会发布词

湖南省自然资源厅党组书记、厅长，省自然资源总督察　陈仲伯

（2022年9月14日）

各位记者朋友，女士们、先生们：

大家好！首先，我代表省自然资源厅和省田长制办公室，向长期以来关心支持自然资源工作的各界朋友表示衷心感谢！根据本次发布会安排，由我介绍三个方面情况。

一、关于耕地保护的新要求

党的十八大以来，党中央、国务院和省委、省政府立足新发展阶段，就耕地保护作出了新部署、提出了新要求。一是耕地保护是事关粮食安全的“国之大者”。习近平总书记对耕地保护一直念兹在兹，强调“中国人的饭碗任何时候都要牢牢端在自己手中，饭碗主要装中国粮”，“耕地是粮食生产的命根子”，“18亿亩耕地必须实至名归，农田就是农田，而且必须是良田”。我们必须始终牢记耕地保护“国之大者”，坚决守住耕地保护红线和粮食安全底线。二是耕地保护在国土空间布局中处于优先位置。在“三区三线”划定中优先落实耕地和永久基本农田，并足额带位置分解下达目标任务。将耕地保护优先落实到具体地块，做到数、图、地相一致，确保能落地、可考核、可追责。三是坚决遏制耕地“非农化”、防止“非粮化”。非农业建设尽量不占或少占耕地，确需占用的必须严格落实占补平衡。严控耕地转为林地、园地等其他农用地，确需转出的必须严格落实进出平衡，补足同等数量、质量的耕地。一般耕地主要用于粮食和棉、油、糖、蔬菜等农产品及饲草饲料生产，永久基本农田重点用于粮食生产，禁止占用永久基本农田发展林果业和挖塘养鱼。对于非法占用土地的，我省每亩最高可处罚66.7万元。四是党政同责要真正见效。习近平总书记强调，保证粮食安全，大家都有责任，党政同责要真正见效。今年中央一号文件和省委一号文件要求，实行耕地保护“党政同责、严格考核、一票否决、终身追责”。耕地保护是粮食安全责任制考核中唯一的“一票否决”事项，也纳入了真抓实干督查激励和绩效评估范围，树立了“长牙齿”“严起来”的鲜明导向。

二、关于省委、省政府全面推行田长制严格耕地保护的意见

省委、省政府高度重视田长制工作，庆伟书记、伟明省长分别主持召开省委深改委会议、省政府常务会议专题研究。8月30日，省委、省政府正式印发《关于全面推行田长制严格耕地保护的意见》，明确了推行田长制的总体要求、组织体系、主要任务、保障措施等内容，明晰了省田长制责任单位的工作职责，标志着我省正式全面推行田长制。这里，我重点介绍三方面内容：一是出台背景。习近平总书记2020年考察湖南时强调，湖南省作为重要的粮食输出省份，做好耕地保护是全省义不容辞的政治任务。我省实施土地管理法办法、2022年省委一号文件和省政府工作报告都明确要求推行田长制。黑龙江等省已有成功经验借鉴，我省市县已先行先试，实践证明，推行田长制是落实耕地保护党政同责的有效抓手。二是组织体系。可概括为“5+1”。“5”即省、市、县、乡、村五级田长，“1”即由村“两委”成员、小组长担任的网格田长。省级田长由省委、省政府主要领导担任；副田长由省委负责农业农村工作，省政府分管自然资源、农业农村工作的省领导担任；21个省田长制责任单位协同推进落实；省田长制办公室设在省自然资源厅。市、县级田长对本地耕地保有量、永久基本农田保护、耕地占补平衡和进出平衡、粮食生产等负总责。乡级田长负责组织实施耕地和永久基本农田保护利用工作。村级田长主要负责及时发现、制止、报告违法占用耕地行为，开展劝耕促耕行动。三是主要任务。主要有六项：一是坚决落实耕地保护目标责任，把保护任务足额带位置逐级分解下达，纳入耕地保护“一张图”管控；二是扎实提升耕地质量，实施新一轮高标准农田建设规划，高标准农田建设和农田水利建设要确保耕地总量平衡；三是坚决制止耕地“非农化”、防止耕地“非

粮化”，加强耕地抛荒监管，全面清理并重新核定粮食补助面积，完善耕地承包经营合同管理；四是严格规范耕地占补平衡和进出平衡，耕地开垦后备资源和耕地恢复后备资源不得规划为林地等其他农用地，加强新增耕地认定、验收、种植管护等工作；五是严肃查处违法乱占耕地行为，对耕地数量低于年度耕地保护目标任务或违法占用耕地较多的市县党政主要负责人按规定进行问责；六是全面实行线上线下耕地“云保护”，建立全省统一的耕地保护田长制信息管理平台、田长制APP和耕地保护“一张图”，构建卫星遥感、铁塔视频、动态巡查“空天地网”一体化综合监测体系，实现全程监测监管。

三、关于我省耕地保护主要成效和措施

近年来，在省委、省政府坚强领导下，我们扎实推进耕地全程一体化保护，坚决遏制耕地“非农化”、防止“非粮化”，保障了粮食总产量稳定在600亿斤以上。特别是今年来卫星监测耕地净增加2.48万亩，迎来了耕地数量“进大于出”的历史性拐点。主要采取了“五个一”措施。一是一个目标守到底。带位置下达2022年耕地、永久基本农田保护目标以及恢复耕地任务，纳入粮食安全责任制考核、真抓实干督查激励和绩效评估范围，作为刚性指标实行党政同责、严格考核、一票否决、终身追责。二是一张蓝图落到底。按照“先农田、再生态、后城镇”顺序划定“三区三线”，严格落实耕地和永久基本农田约束性指标，在全国率先编制耕地保护专项规划，将耕地和永久基本农田保护目标细化到图斑地块。三是一个标准严到底。在农转用审批环节严格节约集约用地标准，尽量不占或少占耕地。今年来，全省核减建设占用耕地5205亩，建设占用耕地同比减少17.81%。安化抽水蓄能项目通过优化选址节地887亩，减少占用耕地116亩。供地环节坚持“亩均效益论英雄”，开展产业园区用地专项清理整治。今年来，全省处置批而未供土地6.49万亩、闲置土地5.33万亩。四是一张大网管到底。依托80余颗遥感卫星、1万多个铁塔视频以及无人机航拍、人工核查等手段，构建“空天地网”一体化综合监测体系，通过月清“三地两矿”机制，采取“图斑快递、现场告知、立行立改”等措施，推动“早预警、早制止、早整改”，今年1-8月违法占用耕地同比下降67%。五是一套制度保到底。修订湖南省实施土地管理法办法，细化耕地保护有关规定。全域推行田长制，目前已有13个市、117个县市区实施田长制，预计在9月底前实现全省全覆盖。规范耕地占补平衡，在全国率先建立耕地进出平衡制度和监管系统。出台耕地保护责任追究移送办法，明确10类移交司法和纪检监察机关追责情形，有的地方党委、政府以及纪检监察机关相应出台了责任追究办法。

我就介绍这些，谢谢大家！

大 事 记

2022年湖南省自然资源工作大事记

1月

4日

◇郴州市在全省率先推行“田长制”，被列入省政府2021年重点工作综合大督查发现的40项典型经验做法。

6日

◇省自然资源厅召开全省产业园用地情况总调查工作推进视频会议。

7日

◇2021年省自然资源例行督察永州市反馈会议在永州市召开。

◇省自然资源厅在长沙举办全省自然资源调查监测业务培训班。

11日

◇2021年省自然资源例行督察衡阳市反馈会议在衡阳市召开。

12日

◇省自然资源厅党组书记、厅长，省自然资源总督察陈仲伯赴宁乡市调研园区用地保障工作。

◇2021年省自然资源例行督察娄底市反馈会议在娄底市召开。

◇2021年省自然资源例行督察湘西州反馈会议在湘西高新区召开。

13日

◇省自然资源厅驻政务服务大厅窗口全国“青年文明号”挂牌。

◇2021年省自然资源例行督察张家界市反馈会议在张家界市召开。

◇2021年省自然资源例行督察怀化市反馈会议在怀化市召开。

◇省自然资源厅印发《湖南省探索利用市场化方式推进历史遗留矿山生态修复实施办法》（湘自资规〔2021〕8号）。

14—18日

◇省自然资源厅组织水工环、生态、林业、土整、工程造价及财务管理等方面的专家，对冷水江锑煤矿区山水林田湖草生态保护修复项目开展省级总体验收。

18日

◇株洲市自然资源和规划局与省第一测绘院在株洲举行“局院合作”签约仪式，联手共建国家新型基础测绘株洲试点。

19日

◇湖南省十三届人大五次会议表决通过《湖南省实施〈中华人民共和国土地管理法〉办法》，该办法自2022年3月1日起施行。

20日

◇省人民政府副省长王一鸥到省自然资源厅调研。

21日

◇省发展和改革委员会、省自然资源厅联合召开全省产业园区土地利用清理专项行动视频会议，安排部署全省产业园土地利用清理专项行动。

29日

◇省自然资源厅召开2021年度总结表彰暨领导班子民主生活会情况通报会议。

30日

◇中国科协公布2021—2025年度第一批全国科普教育基地认定名单，湖南省地质博物馆获得中国科协认定命名，有效期至2025年。

2月

7日

◇省自然资源厅在长沙举办湖南2021年度国土变更调查省级核查技术培训班。

10日

◇省自然资源厅在长沙召开湖南省自然生态系统碳汇监测研讨会。

10—11日

◇省自然资源厅牵头，联合省住房和城乡建设厅、省林业局组成调研督导组，赴邵阳和株洲两市工业园区进行实地踏勘调研，了解两市工业园区节约集约用地相关情况。

14日

◇由省委宣传部主办的耕地保护新闻媒体专题讲座在湖南日报社新湖南大厦举行。

16日

◇省自然资源厅与湖南科技大学洽商战略合作框架协议，基本达成智库建设、创新平台等多方面合作意向。

19日

◇湖南省人民政府召开全省自然资源工作会议，省人民政府副省长王一鸥出席会议并讲话。

21日

◇省自然资源厅与省气象局在长沙联合召开2022年地质灾害风险预警趋势会商会。

23日

◇省自然资源厅党组书记、厅长，省自然资源总督察陈仲伯与湖南大学党委书记邓卫、湖南大学校长段献忠会商湖南大学新校区规划选址工作。

27日

◇自然资源部开发利用司司长郑凌志率队一行在株洲调研土地节约集约利用情况，实地考察株洲市渌口区华新（株洲）产业园。

27—28日

◇长株潭绿心中央公园总体城市设计方案征集第一阶段方案评审会在长沙举行。省人大常委会副主任陈文浩，省人民政府副省长王一鸥出席。

3月

2日

◇省人民政府副省长王一鸥赴省第二测绘院调研卫星监测工作。

3日

◇省自然资源厅在长沙召开2022年全省自然资源系统党风廉政建设工作视频会议。

3—4日

◇省自然资源厅党组成员、副厅长覃佐彦一行赴桃源县调研村庄规划编制和抽水蓄能项目规划选址工作。

4日

◇省自然资源厅在长沙召开全省自然资源铁塔视频监测工作部署会。

◇省自然资源厅在长沙召开全省耕地保护工作视频会议。

7日

◇省自然资源厅印发《自然资源行政处罚裁量权办法》。

8日

◇新建长沙至赣州铁路（湖南段）项目用地预审获自然资源部批复。

9—11日

◇省自然资源厅党组书记、厅长，省自然资源总督察陈仲伯赴怀化市、湘西州保靖县调研自然资源相关工作。

11日

◇省自然资源厅党组成员、省自然资源副总督察林目轩一行赴宁乡市调研指导自然资源督察执法工作。

14日

◇省自然资源厅出台《全力服务稳增长

二十二条措施》。

16日

◇省自然资源厅党组书记、厅长，省自然资源总督察陈仲伯与湖南建工集团党委书记、董事长蔡典维会商自然资源和乡村振兴等工作。

◇省自然资源厅党组成员、省自然资源副总督察林目轩带队赴邵阳市调研督导自然资源和规划工作。

17日

◇省自然资源厅在长沙召开全省房地产用地情况咨询研讨会。

18日

◇省地质灾害防治工作领导小组办公室在长沙召开湖南省2022年汛期地质灾害防治视频培训会。

21日

◇省自然资源厅携手5G智慧电台创作的中国首档耕保普法广播情景剧《土地的馈赠》，在湖南省各级融媒体中心、41.27万只“村村响”大喇叭、学习强国和芒果动听平台上线播出。

29日

◇省自然资源厅党组书记、厅长，省自然资源总督察陈仲伯赴张家界市调研自然资源和规划工作。

4月

1日

◇天地图·湖南推出湖南省疫情防控“三区”（封控区、管控区和防范区）图专题，为疫情精准防控工作提供地理信息服务支撑。

7日

◇省人民政府召开2022年全省地质灾害防治工作电视电话会议。副省长、省地质灾害防治工作领导小组组长王一鸥出席会议并讲话。

8日

◇省人民政府副省长何报翔调研湖南图书馆新馆拟选址地块。

13日

◇省人民政府副省长王一鸥带队考察长沙规划展示馆并调研长沙城市规划建设工作。

◇省自然资源厅在长沙召开全省建设用地审查报批启用“三调”成果暨相关业务工作部署视频会。

20日

◇省气象局党组成员、副局长胡爱军一行到省自然资源厅调研。

21日

◇省自然资源厅党组书记、厅长，省自然资源总督察陈仲伯赴岳阳市平江县寒牛洞、石坳村、新建村，实地调研违法用地整治、地质灾害防治、平益高速建设等工作。

22日

◇第53个世界地球日暨湖南省第10届“爱地球·看我的”公益活动在“守护好一江碧水”首倡地——岳阳君山华龙码头举行。

◇第53个世界地球日湘江毅行活动在湘江之滨开跑。活动现场，全国首部“守护好一江碧水”主题微电影举行开机仪式。

24日

◇省自然资源厅党组书记、厅长，省自然资源总督察陈仲伯与湘潭市委书记刘志仁会商自然资源工作。

25日

◇省自然资源厅党组书记、厅长，省自然资源总督察陈仲伯与省体育局局长罗双全会商工作。

◇省自然资源厅总规划师申志军一行赴株洲市调研耕地保护等工作。

◇湖南省地理信息公共服务平台（天地图·湖南）推出2022年长沙市内六区公办小学学区图。

25—29日

◇省自然资源厅分组赴株洲、岳阳、永州三地开展坑塘水面占用耕地行为和图斑督察督导工作。

26日

◇省自然资源厅党组成员、副厅长邓建华一行赴醴陵市调研耕地保护工作。

26—27日

◇省自然资源厅党组成员、省自然资源副总督察林目轩一行赴怀化市麻阳县，就耕地保护、春耕播种、村庄规划、人居环境整治、地质灾害防治、土地执法遗留问题等工作进行调研督导。

27—28日

◇省自然资源厅党组成员、副总督察林目轩率队深入湘西州保靖县、古丈县、永顺县，就耕地保护责任、农村建房、地质灾害防治、村庄规划、督察执法等工作进行调研督导。

28日

◇省人民政府新闻办召开新闻发布会，省自然资源厅党组副书记、副厅长张皓发布《湖南省2022年度地质灾害防治方案》有关情况，省自然资源厅总规划师申志军出席发布会并回答记者提问。

◇湖南省第一批7宗省级出让采矿权全部出让成功，成交价格共36.65亿元，单宗采矿权竞得价最高为11.32亿元。

29日

◇省自然资源厅直系统开展以“展寸土寸心情怀，做自然资源卫士”为主题的庆祝建团100周年系列活动，举办“守护耕地 担当有我”主题演讲比赛决赛暨青年座谈会。

5月

5日

◇省自然资源厅召开全省统筹划定“三条控制线”工作视频会议。

9日

◇湖南省首个“点状用地”改革试点何家界阿巴砦红色文化旅游项目在张家界市桑植县动工。

10日

◇省自然资源厅在长沙召开集体土地所有权确权登记成果更新汇交工作研讨会。

12日

◇以“减轻灾害风险 守护美好家园”为主题的第14个“5·12”全国防灾减灾日活动暨湖南省第六届地质灾害防治红背包宣传公益行动在浏阳举行。省自然资源厅二级巡视员汪泽秋致辞并为参与公益行动的志愿者授旗。

◇省自然资源厅在长沙召开湖南省土地督察发现问题整改工作座谈会。

13日

◇省自然资源厅党组书记、厅长，省自然资源总督察陈仲伯赴株洲调研。

◇省自然资源厅在长沙召开全省不动产登记重点工作推进视频会议。

15日

◇省自然资源厅、益阳市人民政府共同主办“生命至上”2022年湖南省地质灾害避险演练。

18日

◇省自然资源厅党组成员、副厅长谢文率队深入浏阳市就长沙机场改扩建占用耕地耕作层剥离再利用、浏阳市耕地整改恢复等工作进行调研督导。

19日

◇省自然资源厅党组成员、副厅长邓建华一行调研洞庭湖区生态环境遥感监测湖南省重点实验室。

◇省自然资源厅党组成员、副厅长谢文率队赴衡南县调研耕地保护工作。

20日

◇省人民政府召开全省“三区三线”划定工作电视电话会议。

24日

◇省自然资源厅党组书记、厅长，省自然资源总督察陈仲伯与衡阳市委书记秦国文会商自然资源工作。

◇省自然资源厅党组书记、厅长，省自然资源总督察陈仲伯赴望城区调研督导配合自建房安全专项整治工作。

◇省自然资源厅在长沙举办全省自然资源宣传工作培训班。

25日

◇省自然资源厅党组书记、厅长，省自然资源总督察陈仲伯到长沙市政务服务大厅不动产登记窗口调研。

29日

◇省自然资源厅党组成员、副总督察林目轩到道县，就违法用地“双零”行动、节约集约用地、重点工程用地保障等工作进行调研督导。

30日

◇省自然资源厅党组成员、副厅长李全胜到省政务服务大厅，分别以办事群众和窗口工作人员两种角色，线上线下体验办事全流程。

◇省自然资源厅在浏阳召开全省补充耕地项目整改专项攻坚现场推进会。

◇省自然资源厅党组成员、副厅长覃佐彦一行赴怀化调研自然资源和规划工作。

6月

1日

◇省自然资源厅党组书记、厅长，省自然资源总督察陈仲伯与岳阳市委副书记、市长李挚会商自然资源工作。

8日

◇省人民政府新闻办公室召开新闻发布会，通报防汛抗灾有关情况。省自然资源厅总规划师申志军出席并回答记者提问。

9日

◇自然资源部南方丘陵区自然资源监测监管重点实验室揭牌授牌仪式在长沙举行，重点实验室学术委员会同期成立。

9—10日

◇省纪委省监委驻省自然资源厅纪检监察组组长、厅党组成员唐新民率领省级工作组赴娄底市督导“洞庭清波”专项行动、地质灾害防治、耕地保护突出问题整改等自然资源重点工作。

◇省自然资源厅党组成员、副厅长邓建华带队赴邵阳市开展突出生态环境问题整改实地督导工作。

10日

◇省委常委、省人民政府副省长、省防汛抗旱指挥部副指挥长张迎春到省自然资源厅检查督导地灾防治工作。

10—21日

◇自然资源部派出专家组对湖南省2022年度地质灾害监测预警实验工作开展实地调研指导。

16日

◇省自然资源厅党组书记、厅长，省自然资源总督察陈仲伯赴湘潭调研“三区三线”划定和长株潭绿心中央公园昭山仰天湖片区规划建设工作。

16—17日

◇省自然资源厅在长沙举办全省不动产登记业务培训班。

20日

◇省自然资源厅在韶山干部学院举办为期5天的厅直系统年轻干部培训班暨青年理论武装提升班。

◇湖南省北斗卫星导航定位高精度应用服务联盟成立大会在长沙举行。

22日

◇省自然资源厅党组成员、副厅长谢文率队赴宁远县专题调研督导补充耕地项目整改攻坚工作。

◇省自然资源厅党组成员、省自然资源副总督察林目轩率队赴新宁县督察耕地保护暨耕地恢复工作。

24日

◇湖南省土地管理“一法一条例一办法”知识竞赛在长沙举行。

◇省自然资源厅开展的第32个全国“土地日”耕地保护论坛在长沙举行。

25日

◇湖南省纪念第32个全国土地日活动暨湖南省全面推行“田长制”公开宣传活动在湖南田长制首倡地——湖南郴州北湖区举行。

27日

◇省自然资源厅党组书记、厅长，省自然资源总督察陈仲伯与省地质院党委书记谈文胜会商工作。

28日

◇省自然资源厅党组成员、省自然资源副总督察林目轩一行到宁乡市就耕地保护和自然资源督察执法工作进行专题授课。

30日

◇省自然资源厅举办“巩固脱贫攻坚 服务乡村振兴”自然资源青年说暨厅乡村振兴服务团出征仪式。

◇省自然资源厅举行庆祝中国共产党成立101周年表彰大会。

7月

4—6日

◇湖南省第一届职业技能大赛在株洲举行。省自然资源厅代表队获行业代表团优秀团体奖。

9日

◇湖南省落实耕地保护责任 确保粮食安全视频会议召开。省委常委、副省长张迎春出席会议并讲话。

11日

◇省自然资源厅在长沙举办湖南省2022年第一期注册城乡规划师继续教育培训班。

12日

◇省自然资源厅党组成员、副厅长谢文一行赴宁乡调研耕地恢复工作。

12—15日

◇自然资源部地质勘查司副司长熊自力、中国气象局减灾司副司长王亚伟带队，对湖南省级、益阳市级、岳阳临湘市地质灾害气象风险预警工作开展调研。

13日

◇省自然资源厅在长沙召开市州自然资源重点工作半年分析调度会议。

13—14日

◇省自然资源厅在长沙举办湖南省国土空间生态修复业务培训班。

14日

◇省自然资源厅召开新任省纪委省监委驻省自然资源厅纪检监察组组长任职见面会。

15日

◇省自然资源厅党组成员、副厅长，厅生态文明建设领导小组办公室主任邓建华带队，赴张家界市开展第二轮中央生态环境保护督察交办的张家界市采石制砂企业突出生态环境问题整改实地督导工作。

20日

◇省委书记、省人大常委会主任、省委全面深化改革委员会主任张庆伟主持召开省委全面深化改革委员会第十七次会议，审议通过《关于全面推行田长制严格耕地保护的实施意见》。

◇部际联席会议调研组到湖南省调研打击“洗洞”盗采金矿专项整治工作。

◇省自然资源厅党组成员、副厅长李全胜一行赴湘潭经开区，就全力服务稳增长、保障国省重点项目落地、盘活存量土地、耕地保护、信息化建设等工作推进情况进行调研。

22日

◇空间规划背景下新型城镇化发展论坛在长沙举行。

25日

◇省自然资源厅党组书记、厅长，省自然资源总督察陈仲伯与益阳市委常委、常务副市长贺辉会商自然资源工作。

◇省自然资源厅党组副书记、副厅长张皓一行赴株洲市开展耕地保护专项督导。

26日

◇省纪委省监委驻省自然资源厅纪检监察组召开厅直系统纪检监察工作会议。

26—29日

◇省自然资源厅在韶山干部学院举办厅直系统党务干部和入党积极分子培训班。

27日

◇省人民政府召开湖南长江经济带重点生态区洞庭湖区域山水林田湖草沙一体化保护和修复工程项目协调推进会。

◇全省增减挂钩节余指标跨省域调剂工作推进会在湘西州召开。

◇省自然资源厅在长沙举办湖南省不动产查核

业务培训班。

8月

1—20日

◇省自然资源厅在湖南师范大学举办全省自然资源系统基层管理干部和技术骨干综合研修班。

8日

◇湖南省自建房安全专项整治第一阶段考评工作见面会在岳阳市召开。

11日

◇省自然资源厅党组成员、副厅长邓建华带队赴花垣县调研指导“锰三角”矿业综合整治工作。

◇自然资源部确权登记局副局长申胜利一行赴株洲市调研指导清理规范林权确权登记历史遗留问题试点工作。

15日

◇省人民政府省长毛伟明主持召开省政府常务会议，学习贯彻中央有关会议精神，落实中央政策部署，研究“三区三线”划定、完善土地出让收入使用、推进农村产权流转交易市场体系建设等工作。

22日

◇省自然资源厅在湖南工程职业技术学院举办湖南省自然资源执法素质提升培训班。

23日

◇省自然资源厅在长沙举办湖南省节约集约用地工作座谈会暨土地批后监管培训班。

23—26日

第七届全国测绘地理信息行业职业技能竞赛在广东省广州市举办。省第一测绘院与省第三测绘院联合组成的湖南代表队获得团体二等奖。

24日

◇共青团湖南省自然资源厅直属机关第一次代表大会召开。会议选举产生共青团湖南省自然资源厅直属机关第一届委员会。

◇湖南省园地、林地、草地分等定级工作动员暨技术培训会在长沙召开。

26日

◇省委常委、省人民政府副省长张迎春主持召开长株潭绿心中央公园总体城市设计成果与湘江科学城概念规划重点内容专题研究会。

27日

◇由省自然资源厅主办、省第一测绘院承办的“寸土寸心　忠诚奉献——原国测九队驻湘60周年主题活动暨《寸土寸心》新书发布会”在湖南地理信息产业园总部基地举行。

8月28日—9月1日

◇自然资源部国土空间规划研究中心副主任门晓莹带队到湖南开展自然资源领域安全生产管理综合督导检查。

29日

◇湖南省“8•29”测绘法宣传日主场活动在常德举行。

30日

◇中共湖南省委、省人民政府正式印发《关于全面推行田长制严格耕地保护的意见》，标志着湖南正式全面推行田长制。

9月

1—4日

◇2022湖南（国际）通用航空产业博览会在长沙举行。

2—3日

◇以“喜迎二十大、奋进新征程”为主题的湖南省自然资源系统第二届“自然资源·绿色发展杯”羽毛球比赛在衡阳市举行。岳阳代表队获得男女混合团体赛一等奖，省自然资源厅张皓、耿思成获得双打比赛一等奖。

5—7日

◇第二届湖南省地质灾害调查员职业技能竞赛暨全国地质勘查行业第二届地质调查员（地质灾害方向）职业技能竞赛湖南省选拔赛在长沙举办。

6日

◇省自然资源厅党组书记、厅长，省自然资源总督察陈仲伯赴永州市调研。

◇省自然资源厅党组成员、副厅长谢文带队赴娄底市双峰县督导耕地保护工作。

◇省自然资源厅党组成员、总工程师欧阳志军带队赴新邵县实地调研耕地保护工作。

9日

◇湖南旅游发展大会组委会新闻发布会上，省自然资源厅党组成员、副厅长李全胜对《中共湖南省委 湖南省人民政府关于加快建设世界旅游目的地的意见》中旅游用地相关政策进行解读。

11—13日

◇省自然资源厅与益阳市自然资源和规划局联合策划制作，反映新时代“山乡巨变”耕地保护主题的微电影《铜锣新声》在益阳开机拍摄。

14日

◇省人民政府新闻办公室在长沙召开湖南省全面推行田长制新闻发布会。省自然资源厅党组书记、厅长，省自然资源总督察，省田长办副主任陈仲伯发布新闻。

◇省自然资源厅 省生态环境厅联合印发《湖南省矿山生态修复基金管理办法》。

16日

◇省自然资源厅党组书记、厅长，省自然资源总督察，省田长办副主任陈仲伯带队赴湘江新区开展巡田活动。

19–20日

◇省自然资源厅在长沙举办依法行政能力提升培训班。

21日

◇湖南省打击“洗洞”盗采金矿等矿产资源领域违法违规行为专项整治行动厅际联席会议召开。

◇省自然资源厅党组书记、厅长，省自然资源总督察陈仲伯与邵阳市委副书记、市长华学健会商自然资源工作。

26日

◇湖南省耕地“零违法”卫片执法工作座谈会在常德召开。

28日

◇中国标准地层剖面实物地质资料中心及湖南省实物地质资料库建设项目奠基仪式在长沙举行。

30日

◇全省重点建设项目用地要素保障工作推进视频会议在长沙召开。

◇省自然资源厅党组成员、副厅长邓建华一行赴株洲市调研绿心区历史遗留矿山生态修复项目进展情况。

10月

9日

◇省人大常委会副主任杨维刚率省人大常委会农业与农村委员会有关同志走访省自然资源厅，就湖南省在实施乡村振兴战略中涉及农业用地方面的情况开展座谈调研。

14日

◇省自然资源厅党组书记、厅长，省自然资源总督察陈仲伯与省人民政府副秘书长、办公厅党组成员季心诠，省委宣传部副部长，省文旅厅党组书记、厅长李爱武会商工作。

◇《湖南省国土空间总体规划（2021—2035）年》通过评审专家组评审。

18日

◇省自然资源厅党组书记、厅长，省自然资源总督察陈仲伯带队赴长株潭绿心中央公园奥体片区调研。

◇省自然资源厅党组成员、省自然资源副总督察林目轩一行到祁阳市，开展国家自然资源督察反馈问题整改专项督导。

11月

3日

◇省人大常委会党组书记、副主任刘莲玉一行到省自然资源厅指导全省国土空间总体规划编制工作。

8日

◇省自然资源厅党组成员、省自然资源副总督察林目轩带队赴张家界市调研矿产资源管理和执法工作。

9日

◇省人大常委会副主任陈文浩率队到益阳市调研督导国土空间规划编制工作。省人大常委会环资委副主任委员谷本华，省自然资源厅党组成员、副厅长覃佐彦参加调研。

◇省自然资源厅与省公安厅签署信息共享合作协议。

◇省纪委省监委驻省自然资源厅纪检监察组组长、厅党组成员路卫华赴省政务服务大厅自然资源政务窗口调研，了解业务工作开展及“清廉窗口”建设情况。

◇经湖南省人民政府批准，省自然资源厅出台《湖南省国土空间生态修复规划（2021—2035年）》。

18日

◇省自然资源厅党组书记、厅长，省自然资源总督察陈仲伯与怀化市委书记许忠建会商自然资源工作。

25日

◇省自然资源厅印发《关于进一步加强临时用地管理有关问题的通知》。

◇省自然资源厅总规划师申志军到宁乡调研指导1∶10000地质灾害调查和风险评价工作。

12月

1日

◇省自然资源厅党组书记、厅长，省自然资源总督察陈仲伯主持召开全省自然资源系统安全生产与地灾防治工作推进视频会议。

◇省自然资源厅党组书记、厅长，省自然资源总督察陈仲伯一行赴长沙市自然资源和规划局开展调研。

2日

◇省自然资源厅召开2022年度自然资源科技创新人才大会。

5—9日

◇省自然资源厅举办厅直系统学习贯彻党的二十大精神专题读书班。

7日

◇湖南6个集体入选第三次全国国土调查先进集体名单，6名个人入选第三次全国国土调查先进工作者名单。

9日

◇省财政厅党组副书记、副厅长庄大力率省财源办调研组一行，到省自然资源厅开展自然资源领域财源建设工作调研。

12日

◇省自然资源厅在长沙召开自然资源重点工作通气会。

◇湖南省2022年自然资源例行督察进驻株洲工作对接会举行。

14—16日

◇省自然资源厅总规划师申志军一行赴株洲市炎陵县、攸县和醴陵市检查1∶10000地质灾害调查和风险评价工作。

15日

◇省自然资源厅在桃江县高桥镇罗溪村举行全国地质文化村授牌仪式。

19日

◇省自然资源厅召开全省不动产登记队伍专题警示教育暨作风和素质提升专项行动视频会。

24日

◇省自然资源厅在湖南工程职业技术学院举办全省首次国土空间规划专业中初级职称考试。

27日

◇省自然资源厅、省公共资源交易中心联合印发《湖南省城乡建设用地增减挂钩节余指标交易管理办法》。

30日

◇省自然资源厅印发《湖南省矿产资源总体规划（2021—2025年）》。

自然资源行政管理

2022年湖南省自然资源工作综述

2022年，湖南省自然资源系统牢记嘱托、不负使命，干在实处、走在前列，政治上对标对表、工作上求新求实、作风上从严从紧，体现寸土寸心的情怀，呈现“稳进高新”的态势。田长制实现全省覆盖，耕地保护取得“进大于出”的突破性成效；重点项目用地应保尽保，砂石保供有力有效；“三区三线”规划成果正式启用，绿心中央公园和湘江科学城规划体现了高站位、高标准；成功申报实施两个生态修复国家项目；地灾防治由“守点”向“稳点扩面”拓展；自然资源违法行为持续下降；管理手段逐步走向智慧化。全年获省委书记张庆伟、省长毛伟明等省领导肯定性批示26次，耕地进出平衡、存量土地处置、“天空地网”综合监测、“交房即交证”等工作走在全国前列。

一、服务稳经济大盘高效有力。超常规、成体系、递进式出台服务稳增长22条、稳经济大盘10条、用地要素保障42条和强省会若干措施，分行业组建12个专班，为910个重点项目逐一配备服务专员，全省批准用地10775.43公顷，供地21600公顷，77个已投放基金项目全部保障到位，株洲等地实行“项目管理、专班跟进、每周调度、上门服务”等工作机制。省级以上园区范围核增26666.67公顷，为“五好”园区建设保障空间。全省处置存量土地15600公顷，处置率居全国前列。清理园区低效用地12953.33公顷，处置7746.67公顷。19个县市区获评全国自然资源节约集约示范县（市），长沙市、娄底市、郴州市、湘潭市以及浏阳市、渌口区、新田县、津市市、溆浦县、临武县、韶山市、洞口县、平江县、衡山县在资源节约高效利用方面获省政府真抓实干督查激励。资源收益稳中有进，全省土地出让收入2321亿元，省级矿业权出让收益29.34亿元，同比增长236.23%。资源六税收入889.14亿元，同比增长3.58%。园区亩均税收提升至22.65万元，同比增长14.22%。盘活显化省直管国有土地资产近300亿元。帮助11个原深度贫困县跨省流转增减挂钩指标收益30亿元。办理不动产抵押登记80.5万笔，金额1.55万亿元，同比增长36.3%。

二、国土空间规划体系总体建立。全省“三区三线”规划成果正式启用，在落实耕地保护和生态红线的前提下，为9311个省市县重大项目预留空间。省级总体规划上报国务院。32个省级专项规划有序推进。完成1.8万余个村庄规划编制。高起点规划长株潭绿心中央公园和湘江科学城。各地积极探索详细规划编制管理改革，常德市、益阳市开展服务城市更新详规编制试点。省市县空间规划“一张图”实施监督系统全面建成。城乡规划学会、国土空间学会全面融合，规划行业资质和队伍管理体制一新、格局一新、面貌一新。

三、耕地一体化保护取得突破性成效。省委、省政府印发全面推行田长制意见，田长制实现全省覆盖，联合宣传部门开展集中宣传。带位置下达责任目标，牢牢守住362.11万公顷耕地和320.8万公顷永久基本农田责任目标，恢复耕地39333.33公顷。除补齐上年度流出缺口外，卫星监测耕地净增加8886.67公顷，迎来“进大于出”的历史性突破，湘西州耕地净增加面积排全省第一，怀化市等地党政主要领导“双挂帅”聚力攻坚，衡阳市实施“平埂增地”行动。在全国率先编制耕地保护专项规划。严格实行耕地占补平衡和进出平衡。强化预审把关和节地评价，核减用地规模1600公顷、少占耕地466.67公顷。省级自然资源督察制度在地方性法规中予以强化，督察反馈问题整改扎实推进。实施违法用地“双零”行动，耕地“非农化”“非粮化”面积同比减少35%，违法占用耕地面积同比减少71%，48个县市区违法占用耕地零新增。常德市、岳阳市、益阳市、怀化市以及东安县、澧县、汨罗市、桑植县、长沙县、南县、永顺县、北湖区、冷水江市、石峰区在耕地保护方面获省政府真抓实干督查激励。

四、矿业绿色发展和生态修复成果丰硕。第四轮省级矿产资源规划印发实施。强化矿产资源开发全程监管，开展“洗洞”盗采等专项整治，2305处废弃矿井（硐）全部封堵。启动新一轮战略性矿产找矿行动。谋划“源头管控，以省为主”，推进锂矿绿色开发利用。开展砂石保供行动，新成交和正挂网出让采矿权106宗，收益130亿元，居中部六省第一。张家界市“三净五统”保障砂石平稳供应。新建绿色矿山210家，排全国第二。全省生态修复规划印发实施，申报实施洞庭湖山水项目、邵怀生态修复项目两个国家项目，获中央财政支持23亿元。牵头负责的5个生态环境突出问题完成整改。

五、改革创新工作亮点纷呈。委托代理机制、资产清查和平衡表编制、全域全要素用途管制、数字政府建设等试点进展顺利。以卫星遥感、铁塔视频为重点的“天空地网”综合监测全国领先。在全国率先推进年度变更调查向日常变更调查转变。新型基础测绘体系建设步伐加快，“实景三维张家界”服务旅发大会获得好评。地理空间数据实行“一家建、大家用”，节约财政资金超60亿元。房地产办证遗留问题处置率超98%，全省703个新建商品房实现“交房即交证”，成为全国首倡并全域推行的省份，王广华部长在全国工作会上对湖南“交房即交证”“交地即开工”等给予肯定。四水干流确权登记、不动产“一库一平台”加快推进，永州市在全省率先建成。科研平台、团队、基金和成果取得新突破，荣获一批科技进步奖和国家专利，发布一批地方标准。月清“三地两矿”机制成为共抓落实的重要品牌。

六、安全稳定责任扛牢抓实。地灾防治由“守点”向“稳点扩面”转变，创新实施递进式监测预警，建立“631”叫应和半小时再呼应机制。主汛期间，全系统和基层同志精心组织、精准施策，科学处险、及时转移，有效应对了16轮强降雨。全年发灾2884起，成功避让149起，紧急转移16.33万人，避险搬迁1441户，工程治理96处，排危除险409处。临湘市羊楼司镇探索使用雨量计精准监测、精准转移。在抗旱中开展了打井找水、火灾预警、应急测绘等工作，联合地质部门打井228口。全系统配合开展自建房安全整治并建立长效机制。扎实推进“治重访、化积案”集中攻坚，信访总量、重复信访同比减少9%、27%。依法办理了一批应复应诉案件。

七、党建与业务实现双融双促。建立贯彻落实党的二十大精神任务清单，奋力在耕地保护等六个方面见实效。严格落实“第一议题”制度，实行支部“同主题同步学”。制定全面从严治党责任清单，与驻厅纪检组定期会商。省市县三级一体推进巡视反馈问题整改。深入开展损害营商环境、违规收送红包礼金礼品、违规政府采购、惠民惠农“一卡通”等专项整治。巩固深化“三红一实”活动，编制廉洁文化地图，重印《洞庭湖志》，深化“四微”调研，实施人才工作“一意见一规划一工程”，选派12个乡村振兴服务团，举办土地管理“一法一条例一办法”等培训班，全系统学习机关、效能机关、清廉机关、文明机关建设成效明显。

全面从严治党工作

【政治建设】2022年，省自然资源厅党组召开党组会议34次、组织厅党组理论学习中心组学习11次。贯彻落实习近平总书记关于自然资源管理、湖南工作等系列重要讲话精神责任分工和工作机制；中央有关要求、省委省政府部署事项转化为政策措施和任务清单机制；重要批示、文件、决议等“四重”工作、“五要”事项及月清“三地两矿”和问题反馈机制，确保党中央决策部署和省委省政府工作要求落地见效。对2个处室局和2家厅直属单位开展政治考察，组织开展违规公款吃喝、违规发放津补贴和违规变相配备使用公车等问题专项整治；深化整治领导干部违规收送红包礼金问题；开展损害营商环境突出问题专项整治行动。坚持问题导向，不折不扣落实巡视整改任务，巡视反馈的57个问题，38个完成，15个基本完成，4个长期整改。选人用人和机构编制专项检查、落实意识形态工作责任制专项检查反馈问题全部完成整改。

【思想建设】2022年，省自然资源厅制定2022年度学习计划，实行党支部与厅党组理论学习中心组“同主题同步学习”机制，27次党组会落实第一议题制度。围绕习近平《论人与自然和谐共生》、《习近平谈治国理政》（第四卷）、《习近平生态文明思想纲要》等内容，开展厅党组理论学习中心组学习11次，专题学习研讨6次，编印学习资料6期，举办专题辅导5次，专题研究意识形态工作4次，开展意识形态工作专题学习1次。研究制定学习宣传贯彻党的二十大精神工作方案，明确“6个学、4个宣讲”等具体贯彻措施。邀请省委宣讲团成员宣讲，主会场和各分会场共540余名党员参加。厅党组书记、厅长陈仲伯带头到省自然资源事务中心宣讲，讲授专题党课。厅领导带头，组织全体党员干部撰写心得体会。举办专题读书班，厅领导带头交流心得体会。在厅门户网站、微信公众号开辟学习宣传贯彻党的二十大专栏，推动党的二十大精神在厅直系统落地生根。

【组织建设】2022年，省自然资源厅党组严格落实《厅领导基层党建工作联系点制度》，落实基层检查调研党建、发展、改革、意识形态、全面从严治党“五必问”机制。全面推广“三有五个一”党支部工作法，编印《使命愿景、文化理念、议事规则》，推动形成“工作有亮点、支部有品牌、一支部一品牌”的基层党建工作局面。抽调4名年轻党员干部下沉一线帮助疫情防控工作。加强党务干部队伍建设，在韶山干部学院举办厅直系统党务干部和入党积极分子培训班。组织开展厅直系统“两优一先”评选推荐工作，评选表彰厅直优秀共产党员240名，厅直优秀党务工作者33名，厅直先进基层党组织28个。完善党支部动态达标创优机制，构建与省直示范党支部相衔接的“四强”党支部、厅直示范党支部评选制度，厅督察办党支部获评“省直示范党支部”。组织开展基层党组织整建提质专项行动和党务工作有关问题清查整治专项行动。印发年度党建工作要点，下发11次党建工作提示，开展2次党建工作督查，组织抓基层党建工作述职评议考核，做到以考促建、以评促改。聚焦“忠诚、书香、活力、清廉、生态、智慧”6大机关建设，推进文明创建工作，获评2022届湖南省文明单位。组织参加省直单位职工运动会，厅系统工会联合会获评“优秀组织奖”。举办“守护耕地 担当有我”“我在基层的日子”2期自然资源青年说，完成厅直属机关团委换届，组织评选厅直系统“自然资源好青年”“五四红旗团支部（总支）”“优秀共青团干部”“优秀共青团员”，不断增强团组织活力。省地质博物馆获评“第22届湖南省青年文明号”，省第二测绘院团总支获评“湖南省五四红旗团支部（团总支）”。完成厅机关妇委会换届，省第三测绘院数据应用部荣获“省巾帼文明岗”，厅直系统女同志先后获评“省三八红旗手”、全省最美家庭、全省家庭工作先进个人。

【作风建设】2022年，省自然资源厅党组开展违反中央八项规定精神专项整治。以巡视立行立改为契机，组织开展违规公款吃喝、违规发放津补贴和违规变相配备使用公车等问题专项整治，通过整治实现 “思想认识到位、问题整改到位、追责问责到位、制度建立到位”。深化整治领导干部违规收送红包礼金问题。厅直系统210个党组织召开专题会议，将整治任务、目标传达到每个支部每个党员，187名副处级以上领导干部签署“承诺书”，实现“应承诺尽承诺”。开展损害营商环境突出问题专项整治行动。制定工作方案，组织全省自然资源各级主管部门，对照损害营商环境的“行政审批、监管执法、不动产登记、工作作风、党风廉政建设”五个方面问题深入开展自查自纠。

【纪律建设】2022年，省自然资源厅党组推进“清廉自然”建设，获评2022年度清廉湖南建设考核优秀单位。构建“不敢腐”的惩戒机制。厅机关纪委共收到9件信访举报，立案1件，调查核实1件，转办2件，移交5件，全部处理到位。加强制约和监督，构建“不能腐”的制度机制。开展廉政风险排查工作，制定防控措施466条。结合政治建设考察，对2家直属单位开展巡察。加强教育和引导，构建“不想腐”的自律机制。联合省纪委监委、党史研究院编制廉洁文化地图。组织召开2次警示教育大会，通报全省系统2018—2021年违纪违法问题情况。

【制度建设】2022年，省自然资源厅党组坚持依规治党，加强党内法规制度建设。出台《落实意识形态工作责任制实施方案》《自然资源舆情监测和应对处置办法》《关于加强对“一把手”和领导班子监督的实施方案》《关于推进清廉自然建设的实施方案》《关于加强新时代廉洁文化建设的实施方案》《中共湖南省自然资源厅党组落实全面从严治党主体责任清单》《厅党组班子成员履行全面从严治党责任清单》《关于进一步贯彻落实中央八项规定及其实施细则精神的若干措施及责任分工》《湖南省自然资源领域损害营商环境突出问题专项整治行动实施方案》《开展违规公款吃喝、违规发放津补贴和违规变相配备使用公车等问题专项整治工作的实施方案》《关于深化整治领导干部违规收送红包礼金问题工作方案》《厅领导基层党建工作联系点制度》《关于进一步规范谈心谈话制度的通知》等党建工作制度。

（撰稿　唐伟建）

办公室工作

【政治建设】2022年，省自然资源厅办公室制定具体方案，每名党员分内容领学，并把党的二十大精神融入文稿里、落实在服务上、呈现在宣传中。跟进学习习近平总书记最新重要讲话精神，制定学习方案，严格落实“第一议题”“同主题同步学”。把抓落实作为讲政治的重要标准，将重大部署形成清单、纳入内控、每周督导、每月调度，经验做法获省政府督查室全省推介。

【服务工作】2022年，省自然资源厅办公室制定重点任务清单600余项，其中省领导批示200余件，同比增长50%。办结省委、省政府督办件98件。出台首个集成性、系统性指导文件《月清“三地两矿”工作指南（2022年版）》。起草重要文稿400余篇，获省领导肯定性批示13次。发文错情率下降10%。分办来文9477件。服务厅领导参加外部会议2100余人次、党组会34次。办理建议提案222件，同比增长21%。深入开展党的二十大专题宣传。联合省委宣传部开展“耕地保护 湖南行动”“中国粮 湖南饭 田长说”集中宣传，刊发报道1500余篇，点击超2亿人次。评选耕地保护十大典型案例。“地球日”“土地日”等主题宣传反响较好。湖南自然资源公众号影响力稳居全国系统和省直经济部门“双第一”。平安建设连续多年获全省先进，资源领域安全获国安办充分肯定。网络安全、机要保密没有发生意外，会同后勤中心做好疫情防控服务。牵头负责的国务院真抓实干督查激励、平安建设、督查督办、建议提案办理、政务信息、国家安全等均获先进。

（撰稿　倪　凌）

综合行政工作

【自然资源统计分析及宣传】2022年7月，湖南省自然资源厅和江西省自然资源厅综合处，就中部六省统计分析和管理经验共享机制进行座谈交流。研究出台《2022年一季度全省房地产土地市场形势研判》。整理全省自然资源系统调研文集，出版《见微知著》并在全省系统印发。5月，召开“四微”调研活动表彰暨《见微知著》新书分享交流会。

【规划统领】2022年8月26日，中共湖南省委常委、副省长张迎春专题听取湘江科学城概念规划，8月30日，省委副书记、省长毛伟明专题研究湘江科学城概念规划重点内容，9月30日，省委副书记、省长毛伟明召开湘江科学城规划工作专题研究会，审议并通过《湘江科学城概念规划》重点内容，并获得高度肯定。省自然资源厅会同湖南湘江新区组织编制《湖南湘江新区国土空间总体规划（含湘江科学城）编制工作方案》，并获得省委、省政府审定通过。12月，省自然资源厅与湖南湘江新区协调对接，完善《湘江科学城规划建设推进协调工作机制》，协调推进湘江科学城规划的实施监管工作。中共湖南省委、省人民政府将规划建设绿心中央公园，列入省第十二次党代会决议、强省会战略、省政府工作报告、长株潭一体化标志工程等重要内容。省委书记张庆伟在植树节活动中对绿心中央公园规划建设提出明确要求。省长毛伟明多次实地调研和专题听取有关情况。常务副省长李殿勋、常委副省长张迎春、副省长王一鸥等多次研究和调度。省人大、省政协领导多次视察绿心。11月9日，省长毛伟明主持召开的省国土空间规划委员会2022年第一次全体会议审议通过《长株潭绿心中央公园总体设计》成果。建立绿心中央公园规划建设协调机制，并对长株潭绿心中央公园规划建设协调机制进行局部修改。省自然资源厅统筹推进绿心中央公园“三区三线”划定工作。召开长株潭绿心中央公园规划管理专家座谈会。制定形成《长株潭绿心中央公园重点项目建议清单（第一批）》《长株潭绿心中央公园四大片区重大项目任务清单》。

【信访工作】2022年，湖南省涉自然资源信访总量同比减少9.02%，重复信访量同比下降27.2%。厅本级接待群众来信来访共1633件次，比去年同期减少28.16%。获评5年1次的全省信访工作先进集体，并在省直单位信访工作考核中被评定为优秀等次。厅主要领导开展“走流程、解难题、优服务”活动接访群众，其他厅领导也带案下访，指导督办重点信访事项。同时全机关内部齐抓共管、系统上下形成合力、兄弟部门整体联动，持续推进重点信访事项、重访积案的化解。化解房地产办证突出信访问题主要做法被中央媒体《法治日报》宣传。贯彻落实《信访工作条例》。把重点信访事项办理纳入自然资源督察、内控管理以及对市县自然资源真抓实干督查激励考核，全省自然资源信访工作质效得到提升。

（撰稿　姚新涛）

法治建设工作

【法治政府建设与依法行政】2022年，省自然资源厅抓住“关键少数”，落实党组中心组学法和党委支部“同主题同步学”，推进党员领导干部学法用法走在前。主要负责人切实履行法治建设第一责任人职责，多次听取法治建设情况汇报，厅主要领导组织研究立法、执法和普法工作。将普法宣传纳入市州、县市区真抓实干督查激励。落实行政负责人出庭应诉，举办依法行政能力提升培训。向省委、省政府和自然资源部报告年度法治政府建设情况，并通过厅门户网站向社会公开。贯彻法治建设“一规划两纲要”和“一规划两方案”，研究出台《湖南省自然资源厅关于印发〈关于加强全省自然资源系统法治建设实施意见〉的通知》。抓好中央依法治国办督察反馈问题整改清零。建立并公开厅年度重大决策事项目录清单，推进依法依程序决策，以程序正当确保决策科学。做好规范性文件“立改废释”，开展年度清查和专项清理，落实“三统一”，实现合法性审核、公平竞争审查及政策解读全覆盖。全年印发规范性文件5件、修订1件、废止10件。将土地估价行业、涉密地理信息成果保密检查等5个涉企事项纳入“双随机、一公开”抽查，促进行业规范管理和健康发展。推进中介服务标准化建设，审核通过1200多家企业入驻省网上中介服务超市。发挥法律顾问、公职律师合法性审核审查、决策咨询和政策解答作用，出具法制审核意见500余份（件）。

【立法工作】2022年，省自然资源厅配合省人大常委会做好《湖南省实施〈中华人民共和国土地管理法〉办法》立法，参与调研论证、代表答疑、政策解读、学习培训和普法宣传等工作。完善土地管理制度体系，研究出台12项配套政策措施。继续开展《湖南省测绘地理信息条例》（原《湖南省实施〈中华人民共和国测绘法〉办法》）立法调研，修改完善草稿，提请省人民政府纳入2023年立法出台项目。持续组织《湖南省不动产登记条例》立法调研论证。

【规范执法工作】2022年，省自然资源厅结合行政处罚法、土地管理法等法律法规修改，修订完善《自然资源行政处罚裁量权办法》。研究制定贯彻《湖南省居民自建房安全管理若干规定》的实施意见。出台矿产资源破坏价值鉴定办法，保障矿产资源国家所有者权益。推进基层自然资源执法改革，强化执法保障，分四期组织全省系统1000名执法人员轮训，常态化开展行政处罚案卷评查。

【行政复议和应诉】2022年，省自然资源厅做好行政应复、行政应诉工作，推进行政争议实质性化解。共办理行政应复案件191起，同比增加44.69%，其中确认违法7起，撤销1起；办理行政诉讼案件55起，同比减少47.6%，共结案41起，胜诉40起，胜诉率97.5%，案件主要聚焦信息公开、行政不作为和举报投诉处理等类型。开展自然资源案件分析，精选29个典型案例形成汇编读本，下发全省自然资源系统学习参考。调度全省14个市州本级涉及自然资源复议案件情况，开展不利行政行为分析，对影响自然资源依法行政的顽瘴痼疾，提出针对性改进建议。

【法制宣传教育】2022年，省自然资源厅配合省委宣传部联合省内主流媒体先后开展两轮耕地保护宣传。实施“八五”普法规划，制定年度普法计划并监督实施，全面压实“谁执法谁普法”责任。以《湖南省实施〈中华人民共和国土地管理法〉办法》出台为契机，集中开展土地管理“一法一条例一办法”学习、培训和宣传。全省13个市、65个县级党委、政府或人大常委会，以及各级自然资源主管部门以不同形式组织学习培训，各市州、县市区自然资源主管部门及厅机关、厅直单位均组织法律法规知识考试和竞赛，在第32个“全国土地日”举办“一法一条例一办法”省级决赛。编印《湖南省自然资源法规手册（2021年）》，清理规范厅门户网站法律法规公开栏目内容。通过微信公众号“湖南自然资源”“七点资讯”栏目发布法律法规条文300多条。组织“4·22”“6·25”“8·29”及“12·4”等主题日普法宣传。省自然资源厅被评为“2021年度省直国家机关和中央在湘有关单位‘谁执法谁普法’考评优秀单位”。

（撰稿　江祖平）

自然资源调查监测工作

【自然资源调查】2022年，省自然资源厅开展变化图斑实地调查、数据库更新、成果自查等，全面反映全省2021年度国土利用变化情况。组织实施耕地流出问题排查整改，对全省122个县市区耕地流出图斑逐一分析，逐县制定耕地整改任务清单，成立“排查整改技术帮扶团”，对整改工作重点和难点进行培训和指导。省2021年度国土变更调查全省耕地净增加7.26万亩（4840　公顷）。建立日常变更调查工作机制，纳入国家首批试点。出台《湖南省国土变更调查日常变更调查实施方案》和《湖南省国土变更调查举证细则》，搭建基于自然资源综合监测的日常变更工作平台。以三调成果为底板，依据2020年度变更调查数据，协调林地与耕地后备资源矛盾，全面查清全省耕地后备资源潜力。与省林业局共同完成油茶种植细化调查，全面精准掌握全省油茶种植面积和分布，编制成果分析报告。

【自然资源监测】2022年，省自然资源厅研发“图斑快递”系统，第一时间将卫星监测发现的变化图斑直接推送至乡镇、村组负责人。拓展监测内容，专题监测增至“1+14”，为月清“三地两矿”、日常变更调查和田长制落实提供支撑。全年实施月度监测8次、季度监测4次，提取监测图斑132.33万个，推送监测图斑22.98万个，形成任务清单12期，任务清单图斑数量9.12万个，其中耕地图斑数量15019个。长株潭绿心区及20个县市区推进铁塔视频监测先行先试，在全省全面建设站点10000个。攻克典型问题自动识别、提取和下发，视频信息智能定位等关键技术，研发全省统一的铁塔视频监测系统（“铁塔哨兵”），建立“看得清、快识别、能预警、全处理”的铁塔视频监测业务化运行体系。全省铁塔视频监测共提取“山水林田湖草沙”、交通、应急、重大工程建设等各类管理信息20多万条，发现问题线索1万余条，其中耕地“非农化”“非粮化”问题1317个。10月份至12月份，在铁塔视频覆盖范围内共智能识别提取重大山体明火信息105条，第一时间上报应急部门。构建“天空地网”一体化综合监测体系，推进卫星遥感监测和铁塔视频监测融合应用。持续推进调查监测“智慧大脑”建设，不断汇集大数据、人工智能、云计算和物联网等前沿技术，不断集成“卫星云遥”“图斑快递”“国土调查云”“铁塔哨兵”“田长制”等核心业务数据，实行专班运行，实现数据互联互通、资源共建共享、业务高效协同，在全省自然资源调查监测业务化运行中的调度指挥、管理决策、统计分析、宣传推介、科普教育等方面的作用日益凸显。对全省水稻种植开展专项监测，为省委、省政府及时掌握粮食种植情况和财政部门发放粮食补助提供依据；开展油菜专题监测，采用全生命周期多特征综合监测法，形成油菜种植监测成果。对14条省级河湖及144条市级河湖“四乱”问题和影响河湖防洪安全和生态安全行为开展监测，开发“图斑快递（水利版）”，将所有监测发现问题及时下发至市县河长办；在洞庭湖区水域及湘江干流，开展重要河湖“蓝藻水华”监测。推进长株潭绿心区碳汇监测试点和洞庭湖山水工程碳汇监测，探索研究基于自然资源调查监测体系协同构建碳汇监测体系，在国内率先开展生态修复工程碳汇监测成效评估，取得阶段性成果，自然资源部将省碳汇监测列为国家自然资源调查监测第二批技术体系试点。完成长沙、株洲、湘潭、衡阳四个规划国批城市的国土空间监测任务，推进地理国情监测工作由农村进入城市。开展长株潭绿心监测，每月形成任务清单，交省长株潭一体化发展事务中心，下发相关区县人民政府整改落实，此外，向省政府提交《长株潭生态绿心综合监测报告》。

【自然资源分析评价】2022年，省自然资源厅分析2020年变更调查、部下发农转用建设项目等数据，测算补齐全省耕地缺口各县市区任务量，将耕地保护底线目标足额带位置分解下达至乡镇、村组，落实到地块和具体责任单位。分析全省耕地后备资源潜力，评价标注“恢复属性”地类恢复潜力，协调林地与耕地后备资源矛盾，确定恢复时序，为落实耕地“两个平衡”，编制耕地保护专项规划等工作提供坚实基础。分析耕地现状基数、已批建设用地、自然保护地、不稳定耕地、污染耕地等数据，为“三区三线”的划定提供准确的参考。分析全省已备案临时用地，提交临时用地调查分析报告，支撑临时用地管理。对2019年全省砂石土矿专项整治以来关闭的2477个砂石土矿采矿活动所涉及区域的生态修复情况、是否存在厂房建筑以及是否存在设施未拆除情况进行逐图斑分析，形成分析结果，为第二轮中央生态环境保护督察反馈的矿产资源领域生态环境突出问题整改提供基础数据。

就粮食种植任务、规模发展农业种植、早晚稻种植情况、耕地撂荒及其原因形成分析报告。以油茶调查为基础，综合分析后备资源和恢复属性数据，从耕地保护和油茶发展的双重角度，提出退种还耕和扩大油茶种植的时序安排建议，为科学发展油茶和保障粮食安全提供决策参考。开展耕地后备资源、恢复地类与国土绿化空间的分析评价，重点分析涉林地类的管理边界、开发时序等，为协调林地与耕地矛盾提供优选方案。结合习近平总书记在“《湿地公约》第十四届缔约方大会”重要精神，分析评价湖南省履行国际湿地公约情况，湿地规划、湿地现状等相关情况。

【自然资源能力建设】2022年，省自然资源厅联合省人社厅、省总工会、团省委、省妇联举办为期5年的调查监测劳动技能竞赛。9月，5家单位联合下发《“十四五”湖南省自然资源调查监测劳动和技能竞赛总体方案》，明确对竞赛优胜者给予“湖南省五一劳动奖章”“湖南省青年岗位能手”“湖南省巾帼建功标兵”等荣誉。随后，下发年度实施方案，确定2022竞赛科目。通过竞赛，促进解决一批技术上的重点难点问题，培养一支高素质技术技能人才队伍，集中攻克一批技术难关，共同推进省自然资源调查监测工作，与国防科技大学、武汉大学、北京空间机电研究所等60多家高校、科研院所，共同组建湖南省自然资源调查监测技术联盟。围绕自然资源调查综合监测技术体系建设，聚焦多源数据获取处理、自然资源智能监测和生态系统碳汇监测等方面的关键核心技术，向武汉大学、湖南省气象科学研究所等联盟单位开放《大范围遥感影像增强及匀色方法研究》《多源融合数据下的长株潭植被碳汇估算研究》等二十多个研究课题。

【科创平台及技术试点】2022年，省自然资源厅推进“南方丘陵区自然资源监测监管重点实验室”“自然资源调查与监测工程技术研究中心”“湖南省自然生态系统碳汇监测研究室”等科技创新平台建设。推进多个国家级试点示范工程，完成全国自然资源调查监测技术体系建设首批试点，形成系列具有应用推广价值的技术成果和工作经验，得到部调查监测总体技术组肯定。开展自然资源调查监测数据评价指标验证与完善试点示范。推进南方丘陵区典型农作物种植监测试点，探索水稻、油菜、玉米、烟叶等多种典型农作物识别监测的技术路径。实施国土空间规划实施监测预警技术研究试点，探索监测指标体系、技术路线和工作机制。推动自然生态系统碳汇监测试点，探索推进依托自然资源调查监测体系的碳汇监测体系建设，赋能湖南“双碳”目标实现。

（撰稿　唐少刚）

自然资源确权登记工作

【化解房地产办证信访突出问题】2022年，省自然资源厅在厅门户网站开设房地产办证难“线索征集”专栏。压实属地工作责任，对未化解项目较多的重点地区、重点项目深入开展问题梳理、分析研究和案例指导，印发《关于做好房地产办证信访突出问题化解的补充指导意见》，进一步指导地方做好涉及消防验收、涉法涉诉涉押等两类突出问题化解，加快存量问题攻坚扫尾。2021年底前摸排问题楼盘2567个，已累计化解2526个，化解率98.4%。2022年新增摸排办证问题楼盘721个，已化解491个，化解率68.1%。

【新建商品房“交房即交证”改革】2022年，湖南省在全国率先全域实施“交房即交证”改革，市州本级从7月1日起，县市区从12月31日起，所有城镇规划范围内新取得国有建设用地使用权的预售商品房项目必须实施“交房即交证”。加强与住建、财政、税务等部门推进平台协同、信息共享，建立交房与交证“集成联办”联动机制，实行“多规合一、多测合一、多验合一”，确保工程竣工验收后交房即可办证。截至12月底，全省共703个新建商品房项目“交房即交证”。《人民日报》、《法治日报》、《中国自然资源报》、学习强国网、新湖南、红网、省政府《政务要情与交流》等推介湖南“交房即交证”改革。

【农村“房地一体”确权登记】2022年，省自然资源厅全域完成农村宅基地和集体建设用地“房地一体”确权登记工作，覆盖全省的1：2000大比例尺测绘成果得以全面应用，“房地一体”成果实现三维立体成图。截至12月，宅基地已调查1347.39万宗，符合登记条件的为1022.15万宗，已登记1018.74万宗，登记率为99.66%；集体建设用地已调查13.72万宗，符合登记条件的为9.30万宗，已登记9.12万宗，登记率为98.06%。全省易地扶贫搬迁安置住房不动产登记187299套，100%完成登记任务。省自然资源厅“房地一体”确权登记工作获自然资源部肯定，《中国自然资源报》刊发省厅经验做法，同步排查切坡建房管控地质灾害做法获自然资源部肯定并发文推介。

【“互联网+不动产登记”和“一库一平台”建设】2022年，省自然资源厅围绕“减事项、减时限、减环节、减资料、减次数”制定《湖南省不动产登记业务标准》（试用版），对接省政务服务局，将不动产登记业务共性要素逐项规范，已在全省所有市县“一件事一次办”平台使用。全面推行不动产登记、交易和纳税“一窗受理、并行办理”，实现群众“进一扇门、交一套资料、一次性缴费、领一次证”。实现主要高频事项“一网通办”“跨省通办”，全面建成湘鄂赣三省“跨省通办”机制。全面启用不动产电子证照，全省所有市县全部启用和签发不动产电子证照，并实时汇聚至省电子政务服务平台。推进全省不动产登记“一库一平台”建设，完成项目前置审查、概算审查、财政评审和招投标，在试点地区永州、益阳开展全业务测试，并正式上线运行，协调省政务服务和大数据中心获取大量云资源。全省开放线上银行网点3323个、开发商或中介网点5662个，颁发不动产权证书453.22万本、证明150.34万本，一般登记和抵押登记办结时间全部压缩至5个工作日内。

【自然资源统一确权登记】2022年，省自然资源厅研究制定全国首个自然资源确权登记地方标准《湖南省自然资源确权登记技术规范（自然保护地）》，制定《湖南省2023—2025年自然资源确权登记工作计划》。开展湘资沅澧“四水”干流自然资源确权登记工作，在13个市州和63个县市区全面开展确权登记工作，与“四水”干流交叉重叠的47

个自然保护地、以“四水”干流为主体建设的35座大中型水库一并开展确权登记。

【不动产登记队伍作风建设】2022年，省自然资源厅在全国率先将自然资源确权登记纳入自然资源工程职称评定序列。开展不动产登记业务流程及廉政风险点相关问题排查整治工作，开展“以案为鉴”警示教育活动。部署推进全省不动产登记队伍作风常态化建设，组织开展不动产登记队伍作风和素质提升专项行动。

（撰稿　吕军峰　廖虎雄）

自然资源资产所有者权益管理工作

【委托代理机制试点工作】2022年，省自然资源厅继续推进全民所有自然资源资产所有权委托代理机制试点工作，进一步梳理各试点地区自然资源清单，探索研究清单动态管理机制，通过自然资源清单压实试点地区政府的“所有者”职责，逐步强化以自然资源清单为载体的中央与地方政府所有权委托代理合同制管理模式。深入开展重点资源门类行权履职实践。在2022年基本建立全民所有自然资源资产管理框架的基础上，以健全省直管国有土地全链条管理模式、完善矿产资源资产管理机制、探索湿地资源和国家公园委托代理实现方式为重点，深入推进省本级和四市两园的委托代理机制试点工作，形成实践经验。

【储备工作】2022年，省自然资源厅落实扩大内需战略，建立全民所有土地资产管理体系，探索开展城镇土地保护和利用工作。按照自然资源部统一部署，将原土地储备监测监管系统全面提升为全民所有土地资产管理信息系统，将所有以国家所有权形态存在的国有土地全口径纳入储备管理。同时，升级后的系统将出让土地改变使用条件办理出让的，纳入系统管理，实现对各类全民所有土地资产的监管。

【自然资源资产清查试点】2022年，省自然资源厅配合自然资源部建立国家级资产清查价格体系，完成省国有农用地、建设用地、矿产资源、森林、草原的省级资产清查价格体系建设。完成常德市2020年度土地、矿产、森林、草原、湿地等实物量清查和经济价值估算，并形成清查试点成果。开展以常德市2020年度年初和年末土地、矿产、森林、草原、湿地、水等实物量和价值量为基础的资产平衡表编制。探索开展全省全民所有自然资源资产摸底清查，完成全省2020年度土地、矿产、森林、草原、湿地的实物量摸底清查，适用省级价格体系初步估算全省国有自然资源资产经济价值。

【服务企事业单位改革】2022年，省自然资源厅精准分类处置存量土地资产，采取出让、作价出资入股、保留划拨等方式，为省机关事务管理局等20家单位、34宗土地资产向省政府报告并办理批复，盘活土地310.2公顷约40亿元。为155宗525.53公顷土地开展作价出资入股工作，支持中国铁路广州局集团有限公司在我省境内的划拨土地以授权经营方式处置，全年累计盘活宗地数较往年提高近3倍，盘活显化省直管国有土地资产近300亿元。

【自然资源资产报告工作】2022年，省自然资源厅完成2022年国资报告编制、审议及审议意见落实，编制2021年度国有自然资源资产报告，将国有自然资源资产管理情况纳入2021年全省国有资产管理情况综合报告，由省人民政府向省十三届人大33次会议进行专题报告。

（撰稿　刘大荣）

自然资源开发利用管理工作

【土地供应监测数据】2022年，湖南省供应土地16685宗，供应面积39.58万亩（2.64万公顷），比上年下降10.3%；土地出让价款2321亿元，下降15.2%。落实“稳地价、稳房价、稳预期”的总体要求，保障房地产市场和土地市场稳定运行，房地产用地供应面积6073.33公顷，下降16.23%；全省工矿仓储用地供应5653.33公顷，下降22.8%。房地产用地出让均价3845.9元/平方米，上涨0.5%；工矿仓储用地出让均价399.5元/平方米，下跌2.3%。

【完善土地节约集约利用政策】2022年，湖南省推进节约集约示范县（市）创建，组织开展全省节约集约示范县申报工作，向自然资源部推荐长沙县、宁乡市、浏阳市等16个土地类示范县（市）区，石门县、苏仙区、桂阳县、宁远县4个矿产类示范县（市）区，完善全省节约集约利用评价指标体系，推进全省县市创建工作。联合省发展改革委开展产业园区批而未供、闲置土地、低效用地清理整改，"一园一策"制定整改方案，对邵阳中电彩虹厂、株洲园区道路等开展专题督导，将园区三类低效利用问题较为突出的36个项目列入省政府重点督办事项，盘活处置园区三类低效土地7746.67公顷（占全省存量土地盘活总量的32%）。清理整顿后，全省产业园区土地开发率达到76.85%，已开发土地供应率达到93.72%、已供应土地建成率达到87.67%。亩均税收22.65万元，比上年提升14.22%。重新发布全省139个省级及以上产业园区边界面积10.77万公顷及"四至"范围目录，并印制全省产业园区范围边界图集。出台省级及以上产业园区扩区等用地审核工作规范、化工园区认定和复核工作流程、省级及以上产业园区发展方向区审核要点等文件，推进化工园区认定和复核、产业园区扩区升级、发展方向区划定、示范物流园审核、高科技园区推荐、135奖补资金督查等工作。支持宁乡高新区升国家级高新区，郴州综合保税区完成海关总署总体验收，长沙综合保税区核减部分面积。支持桃江经开区等10个产业园区升级省级高新区。审核岳阳绿色化工高新技术产业开发区、衡阳市高新技术产业开发区、湘阴高新技术产业开发区、湖南衡东经济开发区、溆浦产业开发区等扩区，增加园区发展空间2100公顷。复核10个化工园区用地，支持衡阳松木经开区、湖南衡东经开区完成化工园区申报。

【土地要素市场化配置改革】2022年，湖南省闲置土地处置工作排名全国第三，批而未供处置工作全国排名第七。严格"净地"供应。对市县备案的"净地"材料进行审查。全省106个城市完成城镇基准地价成果更新，全面开展集体建设用地和农用地基准地价制定，77个市县制定集体建设用地基准地价，推进城乡一体的土地市场地价体系建设。工业用地弹性供应制度更加惠企。全省范围内推行"弹性年期出让""先租后让"和"租让结合"等工业用地供应体系改革，改善营商环境，降低企业用地成本，保障重大招商项目快速落地，供应"三高四新"产业用地5653.33公顷，弹性出让1326.67公顷，为企业减负26.3亿元。

【构建房地产用地市场长效机制】2022年，湖南省住宅用地供应计划3966.67公顷，其中三类住宅用地2780公顷，保障刚需群体住房需求。强化企业用地监管，严控无序外延式扩展，对全省150家典型企业集团及其4万家子公司，调查用地2146宗、13933.33公顷。对开发建设低于70%的典型企业，启动约谈工作。以分类调控促房地产健康发展，湖南省自然资源厅联合省有关厅局将住宅土地供应与房地产去化周期联动，推动82个县市房地产用地规模和供应结构时序得到优化，5个市县房地产用地去化周期达标，提升邵东、桂阳、澧县、新化、汉寿5个县市住宅用地单宗出让规模。

【规范公示地价体系建设和管理】2022年，湖南省做好公示地价体系建设和管理、规范土地估价机构备案、规范公示地价成果审查验收。启动全省园、林、草地分等定级工作，成立省级工作专班、专家咨询组、技术指导组，制定印发省级工作实施方案、技术方案，完成园、林、草地分等定级工作，为进一步完善自然资源资产分等定级价格评估制度夯实了基础。

（撰稿　郭　宏）

国土空间规划工作

【国土空间规划编制体系】2022年，省自然资源厅完成全省"三区三线"统筹划定工作，得到自然资源部和省委省政府领导肯定。带位置落实5373.96万亩（358.26万公顷）耕地和4804.72万亩（320.31万公顷）永久基本农田保护目标。深入修改完善省级国土空间规划，通过省政府常务会议和省人大常委会议审议，已上报国务院审批。在全国率先出台省级国土空间专项规划目录清单和编制审批通则，联合省直有关部门编制32个省级层面专项规划，确保"多规合一"，确保国土空间规划对专项规划的指导约束作用。如联合省林业局编制省自然保护地、林草湿国土空间专项规划，联合省文化和旅游厅编制省文旅用地国土空间专项规划，会同省水利厅编制江河湖库和江河湖岸线专项规划，牵头编制长株潭都市圈、洞庭湖生态经济圈国土空间专项规划。全面启动乡镇国土空间总体规划编制，建立编制任务台账，全省启动1435个乡镇级国土空间规划编制工作。组织编制1.8万余个村庄规划并形成初步成果，全省村庄规划覆盖率达80%。在全国率先出版《湖南省村庄规划工作实务》，系统总结近年来湖南省村庄规划探索与实践经验，宣传推介一批典型案例，是"多规合一"改革后全国首个由省级自然资源管理部门出版的正式刊物。开展未来乡村试点，选定长株潭生态绿心范围内及邻近区域条件较好的柏铃村等7个村庄开展试点，并制定到2025年的分年度推进计划。持续开展村庄规划综合服务团工作，持续推进"一师两员"制度，在

19个试点地区共341个乡镇完成“一师两员”全覆盖。开展《湖南省城镇开发边界内详细规划编制导则》等技术标准编制工作，已形成课题成果。在常德市、益阳市开展详细规划编制试点，重点研究城市更新地区、产业园区的详细规划编制，结合地方实际探索老工业区、历史文化街区等其他功能区详细规划编制。组织市县开展城镇开发边界内控制性详细规划实施评估工作，突出自建房管控的五大重点区域安全性评估。

【补齐基础设施和公共服务短板】2022年，省自然资源厅优化过渡期规划修改政策，解决圈外项目落地、城乡规划和土地利用总体规划协同等重大问题。全年批复16批次247个省级权限土地利用总体规划修改方案，涉及民生发展、基础设施建设、产业发展、乡村振兴、红色旅游等项目621个，助推全省各级重大建设项目加快落地。对建设项目涉及“三区三线”划定成果中生态保护红线内允许有限人为活动的情形及重大项目占用生态保护红线不可避让性论证按程序进行审查。按照“三区三线”划定成果严格规范各地项目实施，形成《关于规范生态保护红线有限人为活动管理的通知（试行）》（征求意见稿）。全年经省人民政府批准后共办理G107岳阳市改线提质工程（汨罗京古塘—青山铺段）、湘鄂川黔革命根据地旧址至张花高速芙蓉镇东互通连接公路、资水犬木塘水库等10个省级重大项目占用生态保护红线的不可避让论证。共完成保靖县县城供水水源点茶园河巴科水库、宁夏—湖南±800千伏特高压直流输电工程等12个项目属于生态保护红线内允许有限人为活动的认定。落实省委书记、省人大常委会主任张庆伟指示，确保高校、职业院校宿舍、食堂用地。指导长沙市自然资源和规划局开展农大农科院片区、林科院片区等控制性详细规划修改工作，推动岳麓山实验室、湘雅医院国家医学中心等重大项目建设。落实省委重大决策部署，与省发改委、省教育厅建立工作专班，协调解决高校学生宿舍和食堂建设难点堵点问题，不需新增建设用地、不涉及国家规划审批权限的项目，可同步进行可研、规划修改等前期手续，通过视频会、座谈会等方式，定期调度市州自然资源主管部门工作进度，已取得发改委可研批复的项目，基本都已核发规划许可。通过视频会议、电话、工作联系函等方式，督促市县核发国家基金项目规划许可，确保项目在如期开工的同时，依法依规履行基本建设程序。

【国土空间规划 “一张图”】2022年，国土空间规划“一张图”系统实现省市县三级联通共享，国土空间规划实施监管有突破。依托省国土空间基础信息平台，按照省级独立建设、市县统分结合的建设模式，省级国土空间规划“一张图”实施监督信息系统于2020年12月启动建设，截至2022年底，系统功能已基本建设完成，形成数据资源、分析评价、成果审查、协同审批、实施监督、体检评估、大数据分析、指标模型、公众服务九大应用模块。长株潭衡4个国批城市国土空间规划“一张图”信息系统通过自然资源部审核评定。全省14个市州国土空间规划“一张图”系统初步评定。完成全省已编已批的控规入库，并持续开展控规数据的动态更新。将省级国土空间规划一张图实施监督系统与全省用地报批系统、土地批后监管系统信息共联共享，确保“批供一致”。基于“一张图”正在开发规划许可管理模块，与省工改平台联通，全省规划许可统一配号、信息归集。

【国土空间规划行业管理和人才培养】2022年5月，湖南省国土空间规划学会和湖南省城乡规划学会正式合并办公，这是全国范围内第一家合并运行的省级规划学会，合并后的学会及下属专（工）委2022年共举办各种大型学术活动53场次，线下线上参加总人数超过5000人次。直接取消“城乡规划编制单位丙级资质认定”涉企经营许可事项审批，不再进行延续、变更和重新核定等。优化“城乡规划编制单位乙级资质认定”审批服务。对“城乡规划编制单位乙级资质认定”实行告知承诺，提升城乡规划编制单位资质认定审批效率。受自然资源部委托办理甲级城乡规划编制单位资质审批事项26个。受理省内新申报城乡规划乙级资质资料89家，乙级资质延续资料22家，办结完成乙级城乡规划编制单位资质审批事项69个。牵头成功推荐申报自然资源部高层次科技创新人才工程项目，省国土资源规划院和省建筑设计院入选科技创新团队和青年科技人才名单。联合湖大开展同等学力硕士培养，在全省开展城乡规划专业硕士培养，鼓励政府机关、规划院、科研机构等单位人员提升学历，提高专业素养。

（撰稿　刘　祥）

国土空间用途管制工作

【土地利用计划管理】2022年，湖南省在计划来源上，实行增存挂钩，以当年存量土地处置规模为基础核算计划指标。湖南省该项计划指标10252.93

公顷，另有国家奖励计划133.33公顷、脱贫县专项计划1600公顷，合计11986.26公顷。在计划管理上，除单列安排部分专项计划外，剩余计划指标全部作为省级预留计划，强化省级用地调控能力。在计划配置上，落实限期供地承诺，对国家重大项目、单独选址省级重大项目申请使用国家计划，对其他单独选址项目用地和城镇村批次用地配置本省计划。同时，要求除工业用地外的经营性用地必须使用增减挂钩指标报批。2022年全省共使用新增建设用地计划7364.53 公顷，其中使用国家预留计划2318.53公顷，使用本省计划5045.00公顷。另使用增减挂钩指标1684.27公顷。

【增减挂钩】2022年，省自然资源厅批复增减挂钩项目40个，拆旧复垦面积1332.22公顷。验收确认项目48个，验收确认面积1531.23公顷。省内协议流转节余指标188.8公顷，为脱贫县带来收益3.46亿元。与广东省签订跨省域调剂合作协议，湖南省调出增减挂钩节余指标10000亩（666.67公顷），调剂资金总额30亿元。开展历年增减挂钩项目回头看，针对增减挂钩拆旧地块内疑似“非农化”“非粮化”问题，共计冻结节余建设用地指标2757.31公顷、节余耕地指标2193.15公顷。制订《湖南省城乡建设用地增减挂钩节余指标交易管理办法》，将增减挂钩节余指标交易纳入省公共资源交易平台，实行公开竞争性转让，严格限制协议交易。

【规范临时用地管理】2022年，省自然资源厅出台《湖南省自然资源厅关于进一步加强临时用地管理有关问题的通知》。组织市县开展临时用地信息填报，建立面向临时用地全过程管理的备案机制。落实厅党组自建房安全整治百日攻坚部署安排，组织开展全省临时用地与临时建设排查整治。共排查临时用地1595宗，面积5206.11公顷；临时建设1795个，面积335.83万平方米。排查出存在安全隐患的临时用地379宗、临时建设66个，已督促指导市县基本整治到位。

【保障农村村民住宅建设合理用地】2022年，省自然资源厅从规划符合性、建设用地指标、耕地占补平衡、审批、测绘服务等方面提供全方位要素保障。下发工作提示，督促市县做好农村村民住宅用地保障服务工作。召开视频培训会议，面向市县自然资源部门和乡镇人民政府有关工作人员，解读农民建房政策法规，讲解演示“湖南省农村住房规划建设管理信息平台”操作使用。开展平台应用攻坚行动，全省所有乡镇已在平台进行用户注册，并至少完成一宗宅基地审批。

（撰稿　左进府）

国土空间生态修复工作

【国土空间生态修复体系建设】2022年11月，经省政府同意印发《湖南省国土空间生态修复规划（2021—2035年）》，系统提出规划期内全省生态保护修复目标任务、空间布局、重大工程和政策措施，构建全省生态保护修复工作的一盘棋和路线图。

【申报实施第二批山水工程项目】2022年，省自然资源厅协调省财政、生态环境、水利、住建、农业农村、林业部门和岳阳、常德、益阳三市，构建“7+3”统筹机制，牵头组织编制《湖南长江经济带重点生态区洞庭湖区域山水林田湖草沙一体化保护和修复工程项目实施方案》。先后5次提请省政府专题研究项目申报。6月，获批20亿元中央财政支持。7月，提请省政府组织召开山水项目推进电视电话会，构建由各级指挥部及相关行业专项小组组成的实施体系。起草并以七个厅局名义印发《湖南长江经济带重点生态区洞庭湖区域山水林田湖草沙一体化保护和修复工程项目实施指导意见》。加快实施矿山生态修复，部署开展山水工程全过程、全要素监管。

【申报实施历史遗留矿山生态修复示范工程项目】2022年，省自然资源厅组织研究申报区域、实施范围、特色亮点，指导编制《湘桂岩溶地湖南沅江、资江上游历史遗留废弃矿山生态修复示范工程（2022—2024年）实施方案》。三次组织对项目陈述答辩词、PPT进行修改完善。6月，获得3亿元中央财政支持。10月，联合省财政厅批复实施方案，推动项目实施。

【完成湘江流域和洞庭湖生态保护修复工程试点】2022年9月，省自然资源厅完成工程试点省级验收，国家下达的绩效目标全部实现。带动贫困山区30万人民脱贫致富，解决6.8万人生活饮水困难。12月，冷水江锑煤矿区生态修复项目入选《中国生态修复典型案例集》，在联合国《生物多样性公约》第十五次缔约方大会（COP15）上发布。

【矿山生态保护和修复】2022年，湖南省全面完成历史遗留矿山核查。掌握全省历史遗留矿山的空间分布、损毁面积、土地权属和存在问题。全省历史遗留矿山未治理面积10917公顷。编制《湖南省历史遗留矿山生态修复实施方案（2022—2025年）》。下达“十四五”期末全省完成7000公顷历史遗留矿山生态修复任务。推动岳阳市、常德市、益阳市、邵阳市、怀化市历史遗留矿山生态修复纳入中央财政支持的山水工程和矿山示范工程予以解决。协调省级财政2022年安排1.86亿元，完成包括长株潭绿心在内的1242公顷历史遗留矿山生态修复，并纳入湖南省深入打好污染防治攻坚战考核范围。开展2023年历史遗留矿山生态修复项目储备。7—9月，会同省财政厅组织竞争性审查，确定25个项目纳入2023年省级财政支持范围。推动14个市州完成40%以上有责任主体废弃矿山生态修复。印发《湖南省探索利用市场化方式推进历史遗留矿山生态修复实施办法》。推广桂阳市场化运作、科学化治理的矿山生态修复新模式。印发《湖南省历史遗留矿山生态修复项目和资金管理办法》《湖南省级历史遗留矿山生态修复项目验收指导意见》。对历史遗留矿山生态修复项目进行全生命周期监管，规范项目实施、验收和资金管理。严格落实生产矿山生态修复监管责任。组织开展矿山生态修复 “双随机、一公开”监管抽查，推动做好矿山生态修复年度验收和分期验收。会同省生环厅修订《湖南省矿山生态修复基金管理办法》。将“矿山地质环境治理恢复基金”更名为“矿山生态修复基金”，明确基金账户统一实行三方监管，生态修复验收合格后采矿权人才能划转基金。组织编制《矿山生态保护修复方案编制规范》（DB43/T2298-2022）、《矿山生态保护修复工程质量验收规范》（DB43/T2299-2022）。

【土地综合整治试点】2022年，省自然资源厅通过强化组织保障、加强政策引导、制定规范标准、加强培训调度，推进湖南省20个全域土地综合整治试点工作。组织编印试点实施办法、资源潜力调查实施方案、永久基本农田调整方案编制指南以及市、县、乡国土空间规划和村庄规划编制指南。10个涉及永久基本农田调整的试点已有6个完成审查，12个试点完成新增耕地选址实地复核，4个试点实施方案完成省级审核，其中浏阳市永安镇于2022年11月完成报部备案，是全国第4个完成备案的试点。

【强化宣传引导】2022年7月，省自然资源厅组织全省国土空间生态修复业务培训。与湖南经视联合推出《废弃矿山的绿色蝶变》系列报道。12月9日，《中国自然资源报》头版头条刊登湖南省推进历史遗留矿山生态修复纪略，集中推介全省矿山生态修复重大成就、典型案例，进一步加强公众生态保护修复意识，同时得到自然资源部党组书记、部长王广华肯定性批示。

（撰稿　孙　雄）

耕地保护监督工作

【推行田长制】2022年，省自然资源厅将田长制写入湖南省土地管理法实施办法，纳入省委改革事项和省政府工作报告。14个市州、122个县市区均出台田长制文件。8月30日，省委、省政府印发《关于全面推行田长制严格耕地保护的意见》，明确建立“5+1”（省、市、县、乡、村和网格田长）田长制工作体系，田长制实现全省覆盖。省政府召开田长制新闻发布会。运行湖南省田长制一平台三终端（全省耕地保护田长制信息管理平台、田长管理端、网格田长端、群众监督端），通过信息化手段一码管地。指导市县科学划定田长制网格，全省注册网格田长105072个。省政府明确2022年5431.71万亩（362.11万公顷）耕地保护目标、4812万亩（320.8万公顷）永久基本农田保护目标和50万亩年度恢复耕地计划并分解至市州。对耕地保护底线目标未落实的，实行一票否决。

【划定“三区三线”】2022年，省自然资源厅编制耕地保护专项规划。严格按照耕地和永久基本农田、生态保护红线、城镇开发边界的顺序，统筹划定落实三条控制线，带位置落实耕地保护任务5373.96万亩（358.26万公顷），落实永久基本农田保护任务4804.72万亩（320.31万公顷），“三区三线”正式启用。为9311个省市县交通、水利、能源、产业等重大项目预留空间。省级总规全面实现“多规合一”，优化“三生”空间，成果已上报国务院。在全国率先开展耕地保护专项规划编制。明确耕地保护目标、永久基本农田保护面积、永久基本农田储备区规模、耕地后备资源等指标，统筹好耕地、林地、农业生产用地空间布局，将59.2万公顷可恢复耕地资源划定为恢复耕地空间，合理划定40万公顷耕地后备资源。专项规划已征求市州和相关部门意见。

【推进节约集约用地】2022年，省自然资源厅通过严把准入关、严把审批关、严把用地关，强化土地节约集约利用，严格审批节地1600公顷，核减建设占用耕地466.67公顷。全省建设占用耕地4326.67公顷，同比减少17.81%，占补平衡管理全面落实。处置盘活批而未供、闲置土地11146.67公顷，处置率位居全国前列。对确需占用的耕地应保尽保。核定省级及以上园区四至范围107680公顷（较原核准面积增加26733.33公顷），组建12个行业用地服务专班、为910个重点项目逐一配备服务专员，批地10773.33公顷（重点项目占51.5%）。保障新新高速、大唐华银、犬木塘水库等重大项目建设耕地数量1040公顷、水田规模740公顷、粮食产能829万公斤。将长沙黄花机场改扩建工程42万立方米耕作层全部剥离，用于浏阳市永安镇丰裕村低产田提质改造，建设优等耕地113.33公顷。开展补充耕地整改攻坚专项行动，耕地数量、水田规模、粮食产能为负的县分别减少18个、8个、11个，三项指标皆为负的减少14个。

【耕地用途管制】2022年，省自然资源厅落实耕地进出平衡。明确耕地和永久基本农田利用优先序。安装高清铁塔摄像头5000余个，运用铁塔视频、卫星等手段，对粮食种植、油菜种植开展专项监测。完成粮食播栽面积7148万亩（476.53万公顷），超省定任务8666.67公顷。全面实施耕地进出平衡，制定耕地进出平衡正负面清单，通过进出平衡优化耕地布局，工作获自然资源部肯定推介。7月9日，省委常委、副省长张迎春组织召开全省落实耕地保护责任确保粮食安全视频会。恢复耕地40060公顷，完成比例120%，未发生负面舆情。2022年耕地净增加5413.33公顷。2022年全省实施耕地恢复工程59万亩（39333.33公顷），2021年度国土变更调查耕地净增加1606.67公顷，成为全国10个耕地净增加省份之一，耕地长期减少的局面得到历史性扭转。

【耕地保护宣传】2022年2月，省自然资源厅会同省委宣传部统筹协调中央驻湘和省市县媒体，运用报纸、广播、电视、网络、客户端、户外屏等载体，集中开展《耕地保护　湖南行动》主题宣传，累计刊播报道稿件1300余篇，点击量2200万次。9月，联合宣传部门集中深入开展耕地保护“中国粮、湖南饭、田长说”集中宣传。同时，充分利用土地日等节点，举行“牢记国之大者、严守耕地红线”为主题的“田长制”公开宣传活动，评选包括长沙黄花机场改扩建工程耕作层剥离再利用的全省耕地保护十大典型案例。

【督察执法考核】2022年，省自然资源厅构建空天地网监测体系，建立“五抓五早五协同”督察执法机制，持续开展月清“三地两矿”，运用好图斑快递机制督促立行立改。开展违法用地“双零”行动。抓好国家督察反馈问题整改，开展耕地保护突出问题、坑塘水面占用耕地、农村乱占耕地建房、“大棚房”问题等清理整治，查处一批典型案例。提请省政府集中整治255个省重点工程违法用地问题，梳理86个违法用地和土地利用率较低的典型问题并纳入省政府专项督查。“非农化”“非粮化”同比减少35.32%。完成耕地保护真抓实干、粮食安全责任制和乡村振兴考核。2022年新增违法用地和新增违法占用耕地双下降，分别下降44.75%和59%。

（撰稿　曾旷遥）

地质勘查管理工作

【地灾防治】2022年，湖南省共发生地质灾害2884起（较2021年同期增加600%），死亡失踪13人（省地质灾害致死失踪率为4.5‰，近10年，湖南省致死失踪率平均为7.4‰，全国致死失踪率平均为35.6‰），直接经济损失3.41亿元。省人民政府年初召开全省地质灾害防治工作电视电话会议，召开新闻发布会，发布《湖南省2022年地质灾害防治方案》。与省气象部门多次联合召开地质灾害风险预警趋势会商会，共联合发布39期短期预警产品、25期中短期预警产品，发出短时预警信息156批次，通过12379平台发布7499批短临预警产品。4月15日前，完成900处普适型监测预警实验点建设和并网运行，共部署监测设备3974台套、设备平均在线率97.59%。全省派出工作组18029次，安排工作人员55025人次巡排查隐患点70648点次，处置隐患点4181点次，紧急转移16.33万人，成功避让地质灾害149起，涉及可能伤亡1631人。

【分类分级管控精准转移试点】2022年，在临湘市羊楼司镇开展分类分级管控精准转移试点，解决“转移谁、谁组织、何时转、转到哪、如何管”的问题。在1∶10000地质灾害调查和风险区划野外调查工作完成的基础上，将临湘市羊楼司镇划分成高中低风险区，逐村将自建房按风险程度划分成四类，以村组为单位编制转移方案，通过在村部布设雨量计与土壤水饱和监测仪，村组获取降雨量等监测信息，一旦达到相应预警值，村组组织实施精准分类转移。加密全省以地质灾害高中风险重点村镇为网格单元的降雨量自动监测网络，提升监测覆盖面和精准度。

【地质灾害递进式预警】2022年，省自然资源厅联合省气象局创新预警信息的发布方式和种类，构建国家、省、市多级联动的多尺度区域地质灾害气象预警模型，联合确定预警区域，根据1—3小时降雨实况制作临灾预警信息，并通过12379预警平台及时推送至相关市州、县市区气象局，相关市州、县市区气象局立即与同级自然资源主管部门以视频连线、电话或当面等形式会商确认临近预警信息对外产品，快速向预警区域所有手机用户发送预警短信，从空域上、时间上开展递进式预警，预警区域逐步精确到乡镇。7月，自然资源部地勘司和中国气象局减灾司联合对湖南省递进式预警开展调研并给予肯定。

【地质灾害调查与评价】2022年，省自然资源厅推进1∶10000地质灾害调查和风险评价项目实施。研究制定《试点成果图件编图方案》，组织开展野外质量检查，并组织对野外调查验收技术标准开展研究，基本完成野外调查工作。对454个疑似地质灾害隐患遥感影像图斑进行核查，最终核查确定为隐患点76处，识别准确率16.74%。全省所有县市区全面开展地质灾害风险普查，是全国唯一一个全省域推进地质灾害风险普查省份。6月底全面完成普查任务，省、市、县成果全部汇交省普查办，省级成果最先汇交至自然资源部，成果均一次性通过审核。

【增配地质灾害防治应急保障用车】2022年，省自然资源厅联合省机关事务局对部分市州、县市区进行实地调研，形成《市县地质灾害防治应急保障用车增配建议方案》。经省机关事务局批准，给6个市州、81个县市区增配地质灾害处突车辆91台，专门用于自然资源系统的地质灾害防治工作。

【开展演练、宣传和技能大赛】2022年5月15日，省自然资源厅与益阳市人民政府联合开展全省地质灾害防治避险演练。5月12日，省自然资源厅在浏阳组织开展第14个“5·12”全国防灾减灾日活动暨湖南省第六届地质灾害防治红背包公益行动。在《中国自然资源报》、湖南都市频道和网络媒体等多渠道宣传报道湖南省近年地质灾害防治工作的主要做法、成功经验和取得的成绩。与省人社厅、团省委、省总工会、省科技协会联合开展地质调查员（地质灾害方向）技能大赛。9月举办第二届全省地质灾害调查员职业技能竞赛暨全国地质勘查行业第二届地质调查员（地质灾害方向）职业技能竞赛湖南省选拔赛。

【地质勘查管理】2022年，省自然资源厅研究印发《关于贯彻落实习近平总书记给山东省地矿局第六地质大队重要回信精神的实施方案》，严格落实省委、省政府关于战略性矿产找矿突破行动和加快锂矿资源绿色开发利用服务全省高质量发展的有关要求。深挖先进典型。组织省地质院、省自然资源事务中心对全省近年地质工作中涌现出来的先进人物，每周表彰宣传一批。推动实施找矿突破战略行动。组织研究编写《湖南省战略性矿产找矿突破行动实施方案(2021—2025年)》，明确湖南省21个重点找矿矿种，已报省人民政府。

【推动战略找矿突破行动】2022年，省自然资源厅开展涉锂资源摸底调查。完成全省涉锂尾矿库摸底调查，共发现共伴生锂矿尾矿库10处，经验证宜章县界牌岭多金属矿含锂尾矿库品位与预估资源量达到相关要求。对4处涉锂工作区开展基础调查，已初步选定4个可供商业勘查的靶区，还有9个区块在做进一步论证是否可设为勘查靶区。谋划对12处涉锂靶区开展锂矿资源调查。组织编制《湖南省有色金属矿产勘查实施方案（2021—2025年）（征求意见稿）》。

【研究完善地质勘查相关政策】2022年，省自然资源厅多次分别与财政厅资环处、地质院探讨成立勘查基金相关事宜，对基金管理设想形成初稿并多次组织研讨。落实砂石保供专项行动。分三批集中批复149个砂石矿勘查，研究完善市县财政出资开展地质勘查项目相关政策。

（撰稿　唐高峰）

矿业权管理工作

【砂石保供专项行动】2022年，省自然资源厅制定印发《湖南省2022 年“砂石保供”专项行动工作方案》，明确出让100宗左右的目标，建立省市县矿权出让工作协同机制。编制《露天开采砂石土矿采矿权公开出让技术报告编制要求（试行）》《露采砂石土矿等采矿权公开出让技术报告编审补充要求（试行）》等采矿权出让前期工作技术指南，组织市州开展培训，提升出让效率，除勘查外前期工作由以往的6个月压缩到3个月。全年全省公告挂牌出让采矿权106个（省级49个，市级57个），投放砂石等可采资源共27.12亿吨（砂石骨料类22.06亿吨，水泥制灰用灰岩等5.06亿吨），新增砂石年产规模为1.77亿吨（其中砂石骨料1.53亿吨，水泥用制灰用等0.24亿吨），年底前已成交63个（省级29个，市级34个），成交价为88.07亿元（省级78.39亿元，市级9.68亿元）。另有30个（省级6个，市级24个）已完成出让前期工作。

【矿业权审批登记】2022年，省自然资源厅累计办理采矿权划定矿区范围2宗、新立13宗、延续60宗、变更23宗、注销13宗（其中公告注销8宗），办理探矿权保留12宗、延续变更61宗、注销30宗。加强对资源处置、价款缴纳、违法查处、生态修复等重点内容的监管，累计审核市州局配号104宗，通过96宗，提出意见280余条。配合部级发证矿业权核查21宗。协助法院完成22宗司法查封冻结，参与涉及矿业权来信来访10余件次。会同财务处制定助企纾困方案和厅领导对口帮扶企业名单，开展助企纾困行动，点对点帮扶湖南有色、紫金矿业等企业。牵头起草《湖南省人民政府办公厅关于切实提高矿产资源保障能力，深入推进矿业绿色高质量发展的若干意见（代拟稿）》。

【重点矿区矿种整治整合】2022年，省自然资源厅巩固提升砂石土矿专项整治成效，推进砂石土矿“三个清单”动态管理。督促2607个关闭矿山矿权注销、设施拆除、生态修复“三到位”，砂石土矿数量优化至974个。推进平江万古金矿矿区整合。按照“一个矿床一个开发主体”原则，完成万古矿区6宗采矿权和1宗探矿权整合。组织开展矿山突出生态环境问题整改。对标对表开展第二轮中央生态环保督察和长江经济带矿山突出生态环境4个问题整改、现场核查和销号工作，组织成立8个小组严格对14个市州销号督导核查。

【日常开发利用监管】2022年，省自然资源厅组织完成2021年全省1864个矿山矿产资源开发利用统计。上半年完成全省钨矿开采13788.50吨，稀土矿开采1026.42吨。会同省工信厅开展全省稀土行业整治实地核查。开展非法采矿卫星监测，全年非法采矿卫星监测累计发现48个疑似非法采矿图斑。

【开展打击洗洞盗采金矿专项整治】2022年，省自然资源厅制定印发《打击“洗洞”盗采金矿等矿产资源领域违法违规行为专项整治行动实施方案》的通知，开展湖南省打击“洗洞”盗采金矿专项整治行动，组织全面封堵废弃矿硐。报请省政府成立联席会议制度，组织召开厅际联席会议，制定专门方案，共排查历史遗留废弃矿硐2305个，全部完成封堵处置，成立7个督导检查组分片区开展实地督导抽查，通过部专题调研督导和省级交叉互检。

【开展自然资源领域安全生产工作】2022年，省自然资源厅全面排查整治安全生产隐患。开展安全生产“百日攻坚”等行动和“安全生产月”等活动，组织全面开展自然资源领域安全隐患排查治理。强化安全生产执法和督导检查。坚持按季度开展“强执法防事故”评价排名通报，组织开展“打非治违”行动，由厅领导带队开展安全生产重点联系督导，开展事故调查和典型事件通报等工作。出台《湖南省矿山安全生产事故涉及自然资源领域失职渎职追责问责机制》，制定防范遏制重特大事故任务分工和清单、安全生产督导清单。

（撰稿　彭　杰）

矿产资源保护监督工作

【突出矿产资源规划引领】2022年，省自然资源厅引导全省勘查开采区块合理布局，科学编制省级矿产资源总体规划。省级矿产资源总体规划及规划环评通过自然资源部和生态环境部审查，12月经省人民政府同意后发布实施。落实省矿业转型绿色发展战略，加强各项规划衔接协同，组织对全省14个市级矿产资源总体规划进行审查把关，以促进产业发展和确保勘查开发项目落地为重点，科学布局一批保障“三高四新”战略实施和民生初级产品需求的矿业权。落实省人民政府县级普通建筑材料用砂石土矿专项规划专题会议精神，坚持县级砂石土矿专项规划审批与全省推进砂石土矿专项整治工作深度结合，对符合条件的94个县市区的砂石土矿专项规划予以批复。加快规划实施监督，制定规划管控规则，从三区三线、开采规模等方面严格把关。

【绿色矿山建设】2022年，省自然资源厅深入推进全省矿业转型绿色发展，推动全省生产矿山加快建成绿色矿山。至年底，全省已建成绿色矿山449家，其中2022年新建成绿色矿山210家，排全国第二。

【维护矿产资源国家权益】2022年，省自然资源厅共完成矿产资源储量报告审查242个（其中备案158个），同比增加144%，组织对其中34个大中型规模的开展实地抽查，占备案总数的21.5%。按照“权责对等”原则，明确新设小型砂石土矿储量报告评审由市州自然资源主管部门负责。建立储量报告编制质量评价体系，按季度向全省通报编制质量情况。开展全省储量报告评审质量抽查检查，督促市州提高报告评审质量。通过公开招标选取6家有资质矿业权评估机构，采取随机抽取形式确定单个项目评估单位，组织对81个矿业权出让收益评估报告进行审查，评估价值88.78亿元。

【推进锂矿勘查开发】2022年，省自然资源厅牵头开展省锂矿勘查开发调研，并向省政府提交调研报告，获省委省政府主要领导批示。牵头编制省重点矿区涉锂资源开发整合方案，与省财政厅、财信金控、有色产业集团等单位充分沟通协调，初步制定锂矿勘查开采专项基金设立方案。

【推进“穿透式”监管】2022年，省自然资源厅优化工作流程，完善矿业权人勘查开采信息公示、储量报告评审、建设项目压覆重要矿产资源审批等工作制度。初步与省税务局、省应急管理厅、省电力公司等单位建立数据共享机制，通过2021年度矿山企业纳税信息、用电数据、安全生产许可情况等，综合研判矿山生产状态。对170家矿业权人勘查开采信息公示情况进行实地核查，将核查中发现问题的32个矿业权人纳入勘查开采信息公示异常名录管理。

【加快推行“不见面”审批】2022年，省自然资源厅全面开通建设项目压覆重要矿产资源网上自助查询，建设单位不跑一次，可查询项目压覆资源情况，并可在线自助打印未压覆重要矿产资源证明。完成1939个建设项目压覆矿产查询，其中网上自助查询890个。对确有压覆重要矿产资源的重大建设项目，也全部采取网上申请、网上办理、网上批复。全年共批复压覆矿产资源建设项目14宗，其中不作压覆处理的7宗。

（撰稿　蒋五洲）

国土测绘工作

【新型基础测绘体系】2022年，湖南省制订省市一体的《湖南省基础地理实体数据规范》《湖南省基础地理实体生产规程》等标准，开展9项关键技术研究，筹建省市逻辑统一的新型基础测绘数据库和数据管理服务平台，为市县开展相应工作提供技术支撑和省级数据供给。推进新型基础测绘体系建设试点，国家新型基础测绘建设株洲试点实施方案获自然资源部审查通过，郴州面向“城区、社区”“园区、示范区”“红区、景区”，开展智慧规划、实景旅游、园区管理、网格治理、耕地保护、三维地籍等试点应用建设。

【实景三维湖南建设】2022年，湖南省建成首版覆盖省域21.18万平方千米的地形级实景三维场景，汇聚全省存量城市级三维模型3900平方千米，完成长沙市、郴州市1：10000基础地理信息要素数据转换生产基础地理实体数据。打造“三湘尽览、物联感知、智能调度”的实景三维湖南厅，汇聚全省地形级和市县城市级三维建设成果，展现新型基础测绘和实景三维湖南最新成果和示范应用。制定《实景三维湖南建设实施方案（2023—2025年）》，三年逐步建成首版实景三维湖南。

【测绘基准服务】2022年，湖南省利用北斗卫星芯片维护测量标志，实现现代化管理测绘基准，对损毁测量标志进行恢复重建和有效维护，按照国家最新规范要求重构测量标志数据库，完成全省3400个测量标志入库工作。开展似大地水准面精化提升工程，项目涉及水准路线246条，联测大地控制点1821个，观测距离超过2万千米，通过一、二等精密水准测量，与国家最新高程控制网联测，实现测绘基准动态维持更新。基于国家最新水准复测成果进一步实施高程基准精化，精化后的似大地水准面模型通过卫星导航定位基准站网向全省各行业提供高精度高程数据服务，替代传统三、四等水准测量，并将湖南省的高程基准综合精度从3.7厘米提升到2厘米。

【HNCORS平台优化升级】2022年，湖南省完成全国首个卫星导航定位基准站布局国土空间专项规划编制工作，构建统筹集约、共享协同、安全可控的基准站建设与应用新格局。组建省内北斗高精度应用服务联盟，和9省联盟形成省际省内双联盟，构建北斗高精度规模化应用生态圈。组织研发“易测”APP，将移动终端定位精度从5米—10米提升到0.4米—2.6米，实现测绘服务由专业化向普适化转变，全国首创应用于村民住房规划建设“三到场”环节，用户达到6300多个。持续为全省提供优质北斗卫星高精度导航定位服务，卫星定位连续运行基准站（HNCORS）平台累计注册单位774家，同比增长16%；累计注册账号3552个，同比增长29.7%；用户日均访问量146万次，同比增长15%；累计转换坐标1032万个点，同比增长17.6%。

【测绘行业发展】2022年，省自然资源厅完成年度测绘资质巡查与测绘地理信息质量监督抽检工作，完成46家资质单位的资质巡查和46个项目的成果质量检验工作。对全省超600家测绘资质单位开展信用信息的征集、评价、发布和管理，强化信用信息评级成果应用，促进测绘单位诚信自律，维护公平有序的测绘市场环境。完成新一轮测绘资质单位复审换证工作，至年底全省测绘资质单位共计622家（其中甲、乙级资质单位数量分别为70家和552家）；8月27日，举办纪念原国测九队驻湘60周年主题活动暨《寸土寸心》新书发布会，弘扬测绘精神；启动组织完成全省测绘资质单位安全生产大检查；组队参加第七届全国测绘地理信息行业职业技能竞赛，获团体二等奖，其中第一测绘院王星星获得个人赛亚军。

【“多测合一”改革】2022年，省自然资源厅全面对接“工改”系统，将涉改工程建设项目的各个行政审批环节与“多测合一”各阶段测绘事项进行在线关联，“多测合一”信息平台累计入驻机构741家/次，同比增长30%，累计办理项目19845个，同比增长106%。做好“交房即交证”相关数据支撑，建立市、县、区不动产登记用户账号，在线推送用于权籍登记的测绘成果，全省各级不动产登记机构已在线获取成果4573宗/次。加强对“多测合一”成果质量的监管，制作多测合一成果管理与共享系统操作视频，指导市县开展大比例基础测绘成果联动更新，确保“一测多用”。联合省住建厅、省人防办印发《湖南省“多测合一”技术规定》，开展湖南省“多测合一”规范化生产试点，推进业务流程、技术方法、成果质量标准“三统一”。相关改革工作经验入选国家工程建设项目审批制度改革工作领导小组办公室《工程建设项目审批制度改革2022年8月工作简报》，在全国范围内推介。

【基础测绘生产更新】2022年，省自然资源厅完成年度1：10000基础地理信息更新，督导市县利用“多测合一”成果联动更新1：500地形图101.8平方千米，节省市县财政资金1000万元，利用市县汇交的1：500地形图缩编生产1：2000地形图1388平方千米。建立省级统筹、分级实施、上下联动、协同更新的基础测绘生产机制，形成1：10000、1：2000、1：500等不同比例尺的系列成果。至12月底，共对外提供成果73.5万幅，总价值约8.82亿元，用于全省水利基础设施空间布局规划、长吉高速公路、京港澳高速勘察设计等重点项目。

【测量标志管护】2022年，湖南省构建主体明确、制度完善、经费有保障的“省、市、县、乡、村、标志保管员”六级保护网络，3400余位委托管护人实现对3420座测量标志保护的全覆盖；把测量标志保护纳入用地前置审批，打造“一码举报”微信公众号，测量标志保护完好率从2019年的76.6%提升至97.2%；完成全省测量标志资料的收集整理和信息核实，并录入全国测量标志管理信息系统；完成18个重点保护测量标志拆迁和建设，打造测量标志科普沉浸式体验场所，建设6座集观赏、宣传与保护于一体的科普景观型测量标志。

【《湖南省测绘地理信息条例》修订】2022年，省自然资源厅基于上位法，聚焦北斗导航、新型基础测绘、地理信息产业等新形势新政策下产生的新需求，推进《湖南省测绘地理信息条例》的立法修订工作。会同省人大常委会、省司法厅组建立法调研工作专班，省际、省内调研后形成调研论证报告及立法建议稿等相关立法材料，立法工作获得省人大常委会法工委专家高度肯定，纳入省人大常委会2023年立法出台项目。

【资产管理综合评价】2022年，自然资源部发布资产管理综合评价结果，测绘和地理信息总分7分，湖南省获得6.39分，相当于百分制91.2分，排名全国第3。

【“实景三维张家界”服务旅发大会】2022年，省自然资源厅派驻技术骨干100余人，日夜工作100余天，全力推进“实景三维张家界”项目建设，建成张家界全域9516平方千米地形级三维场景和51处核心景点精细三维模型，形成8个技术创新成果和4个国内纪录，为服务首届旅发大会提供支撑。张家界市委为此专门给省自然资源厅发来感谢信，省委常委、副省长张迎春对此批示“充分发挥作用，全力服务发展”、副省长秦国文批示“省自然资源厅发挥自身优势、主动作为，以三维实景呈现、宣传推介张家界美景，助力全省首届旅发大会，效果明显，值得肯定！可在省内推广运用”。自然资源部将湖南省的做法推荐至“学习强国”学习平台进行宣传报道，有关宣传视频平台点击量超1000万次。《部内要情》对“实景三维张家界”做法予以刊登，自然资源部党组成员、副部长刘国洪作出肯定性批示。

【省北斗卫星导航定位高精度应用服务联盟成立】 2022年6月20日，湖南省北斗卫星导航定位高精度应用服务联盟成立大会在长沙举行。联盟是由省测绘科技研究所发起，联合41家高校、科研院所及企事业单位组建而成的非营利性社会团体，是贯彻落实年初省厅出台的《推进北斗应用，精准服务三湘三年行动计划(2022—2024年)》的重要举措。

（撰稿　王　磊）

地理信息管理工作

【数据基础建设】 2022年，省自然资源厅初步建成湖南省“数字政府”基础数据库之一的自然资源与地理空间数据库，将自然资源与地理空间成果数据从3大类26中类50个小类的离散型数据扩展为5个门类、12个大类、68个中类、223个小类、23亿个要素的规范型数据资源体系，为全省政务管理和服务提供统一的集“空间、时间、属性”三个维度于一体的数据底座。初步建成自然资源与地理空间“一张图”，发布共享服务700余项。建成“省政务云”自然资源节点“云中心”，部署206台服务器、2PB存储空间，实现3D数字孪生模拟可视化智能运维，未来可扩展至12PB。建成包括专网、政务内网、政务外网、互联网在内的自然资源网络体系。

【数据管理服务】 2022年，省自然资源厅落实《湖南省地理空间数据管理办法》，编制印发《湖南省自然资源厅地理空间数据全流程管理工作规则》，不断丰富并治理数据，有序推进全省各单位地理空间数据汇交，接收各类数据123.16TB，累计完成全省20多个行业厅局、100多家单位、700多TB的地理空间数据汇集。在国土空间基础信息平台及时更新并发布各类最新数据量7G。全面推进数据共享，在传统离线拷贝基础上，升级专线对接、终端前置、查询反馈等方式，新增与林业局、公安厅达成数据共享合作。为各部门和单位无偿提供数据成果280卷，图幅数量73.5万幅，数据量约117.7TB，总价值约8.82亿元。

【数据安全保密】 2022年，省自然资源厅筹备申报地理信息安全与应用湖南省工程研究中心，推动地理信息政务数据分类分级，初步选型脱密脱敏技术。严格依法开展涉密地理信息数据审批、监测、检查和违规行为执法，强化涉密数据违规联网监测和数据安全问题整改，按不低于30%的抽取比例完成85个单位涉密基础测绘成果安全“双随机　一公开”检查抽查，并完成岳麓山、衡山、韶山、崀山等重要高程地理信息发布核实整改。常态化开展网络安全监测预警、攻防演练和整改加固，基本建成全网态势智能感知、网络异常实时处置的网络动态防御体系，保障信息系统安全稳定运行。

【遥感影像统筹】 2022年，省自然资源厅落实全省遥感影像统筹，按照采集一景、处理一景、推送一景原则，接入气象数据优化采集时机，完成0.3米、0.5米、1米、2米、10米等分辨率影像采集、生产和发布，扩展超高分辨率影像覆盖范围，整理入库2009—2018年全省整版镶嵌图影像，为各行业累计推送原始卫片263963景、正射影像产品176133幅，数据价值约39.61亿元。同时，推进遥感影像定制化应用，根据相关厅局临时需求，联动部国土卫星遥感应用中心、部国家卫星海洋应用中心，调度光学、夜光等多颗卫星资源，完成洞庭湖区、怀化地灾、永州山火等即时影像采集。持续升级卫星云遥系统，规范影像生产标准，拓宽应用场景，常态化保障财政、水利、交通、农业、商务、文旅、林业等十多个领域20余个系统，助力社区“访街串户、敲门行动”，日均服务访问请求量突破200万次，应用请求数6.11亿次。

【应急测绘保障】 2022年，省自然资源厅完成全省各类地质灾害与事故救援保障任务，编制下发《湖南省自然资源厅应急测绘保障预案》，规范响应流程，累计为“4·29”望城区自建房坍塌、怀化麻阳山体滑坡、雨花区道路垮塌等突发事件提供应急测绘保障19次，出动应急测绘人员197人次，为应急指挥和处置提供灾前、灾后应急测绘地理信息成果约280GB。首次派遣工作组保障大面积森林防灭火现场数据需求，创新应急测绘地形级实景三维成果运用，有效助力森林防灭火指挥决策。加强“平战结合”，针对边坡建房、地质灾害与森林山火同发，首次引入社会力量联合作业，完成省市县应急测绘综合保障联动演练。

【“天地图”建设】2022年，省自然资源厅完成天地图·湖南全省12万平方千米优于1米的影像更新，上线2017—2020年多时相影像，完成33万余条地名地址以及全省范围矢量数据融合更新，为省公安厅、省政务服务和大数据中心等各类用户提供24小时不间断“一站式”地理信息公共服务；开展新一代平台试点建设，推进省市县一体化建设，更新发布湖南省疫情防控三区图、学区划分图等特色专题服务，持续打造地理信息公共服务平台，累计服务20多个厅（局）部门50余个应用系统，年度用户访问量约70万次，成效得到中国新闻网、《中国自然资源报》、新湖南、《长沙晚报》、芒果都市等媒体的好评，在全国2022年地理信息公共服务平台综合评估中获“五星”好评。

【地图管理服务】2022年，省自然资源厅为领导调研、事故救援、疫情防控、防洪备汛等领导政务需求和应急决策提供“快、准、新”政务（应急）地图保障78次，涉及地图产品76种，共计单张地图390幅。为各行业免费扩展发布JPG、EPS、TIF、PDF四种格式的省市县三级标准地图，年度浏览下载量突破10.5万次，推出湖南生态建设地图、湖南省旅游地图、省水系流域图、省产业园区分布图等一系列专题、公益地图产品。开展地图审核和“问题地图”监管，技术审查地图194批次，退回整改59批次，其中电子地图数据量约100TB，图集、插图约3000页，发放审图号176个，图幅共计3219幅；全时监测996个省内网站，检定静态图片7791张，收集问题地图举报线索17条，督促整改涉及“问题地图”网站近80个、图片约300张。

【地理信息宣传教育】2022年，省自然资源厅开展地理信息宣传教育推广，在遥感影像统筹、应急测绘保障、测绘法宣传、地理信息应用等方面发表《3年节省51亿！湖南卫星遥感影像这样“统”效益》《算天算地算人 超级计算机“算”入我们的生活》《省厅首次采用地形级实景三维助力森林火灾应急救援》《应急测绘“擦亮”灾区上空的眼睛》《抗疫一线|卫星云遥足迹到户 疫情防控一图全览——省自然资源厅下沉一线党员干部创新工作模式赋能社区“现代化治理”》等新闻报道。其中《地形级实景三维助力森林火灾应急救援》在自然资源部官网发表，《湖南：遥感影像统筹3年节约财政资金51亿元》在自然资源报刊发，配以“做好统筹文章，释放数据红利”短评，并得到新华网、湖南日报、新湖南、红网时刻、湖南卫视、湖南经视等共同推介。同时，在全省各市州联动开展湖南省第19个全国测绘法宣传日暨国家版图意识宣传活动，以“规范使用地图，一点都不能错”为主题，推进版图意识宣传教育进单位、进社区、进学校、进媒体，其中常德主场活动现场直播得到40万人次的关注点赞。

【产业发展】2022年，省自然资源厅推动产业发展，编制出台《湖南省大数据（地理空间信息）交易监督管理实施细则（试行）》，建立产业监测机制，推进测绘地理信息企业拖欠账款清欠，促进行业交流，引导产业发展，举办“2022湖南（国际）通用航空产业博览会”自然资源展会及“通航空间地理信息产业发展论坛”，空军副司令、省长、相关院士等领导专家莅临现场，参观人数6万余人，获评博览会“最佳组织奖”“最佳设计奖”并获组委会感谢信。一年来，湖南省地理信息产业从业单位增加至4322家，增长率约21%，年度产值超370亿元，其中湖南地理信息产业园入驻各类企事业单位200余家，全国百强企业10余家，年度产值约120亿元。

（撰稿　田毅龙）

自然资源督察工作

【国家督察反馈问题整改】2022年，省自然资源厅做好2020年国家土地例行督察反馈问题整改工作，全省共下发1926个问题，已完成整改1743个，因主观原因未整改到位122个，整改到位率90.50%；做好2021年国家矿产资源督察发现问题整改工作，全省共下发409个问题，已整改345个，整改率84.35%。其中典型问题包含3个方面共37个，已整改到位37个，整改到位率100%；做好2021年耕地保护督察反馈问题整改工作，全省共下发3377个问题，已整改863个，整改率25.56%，其中典型问题59个、已整改27个、整改率45.76%。

【省级督察反馈问题整改】2022年，省自然资源厅做好2020年省级例行督察发现问题整改销号工作，全省共下发问题6129个，已整改5920个（含持续整改2016个），未整改209个，整改率96.59%；已销号

3904个，销号率63.7%。做好2021年省级例行督察发现问题整改销号工作，7个市州共下发问题1972个，已整改1319个（含持续整改408个），未整改653个，整改率66.89%；已销号911个，销号率46.2%。

【生态廊道占用耕地专项整治】2022年，省自然资源厅主动到省林业局对接湖南省生态廊道占用耕地问题，会商开展全省专项整治工作，起草《湖南省生态廊道占用耕地专项整治工作方案》，到国家自然资源督察武汉局汇报对接整改工作及有关数据信息。10月中下旬，与省林业局联合开展生态廊道建设占用耕地问题整改专项实地督导，督促各地问题整改。

【配合开展违建豪宅处置情况“回头看”工作】2022年8月，省纪委监委下发省管干部和非省管干部自建房清单，要求省自然资源厅对清单涉及的自建房是否违建、是否属于豪宅进行认定，并对违法违规建房提出处置意见。省自然资源厅党组成员、省自然资源副总督察林目轩组织四个督察执法处室局召开部署会，强调核实内容，统一认定标准，研究处置方式，明确完成时限，各督察处室局开展核实工作，并按照“一房一档”原则，形成复核报告。

【违建别墅问题清查整治专项行动】2022年，省自然资源厅向14个市县下发《关于贯彻落实〈中共湖南省委办公厅关于5起顶风违建别墅问题典型案例的通报〉的通知》。与省林业局、衡阳市局召开专题会议研究，与省纪委对接有关情况。配合部际协调机制核查组到岳阳市、衡阳市、邵阳市、长沙市开展抽查核查，针对核查组发现的问题，印发《关于进一步做好深化巩固违建别墅问题清查整治专项行动有关工作的通知》，对全省按拆除和没收处置的违建别墅问题再一次开展省级“回头看”。

【重大问题专项督查】2022年5月，省自然资源厅商请省政府督查室将长期未整改到位或仅靠部门力量难以解决的违法用地问题，以及产业园区土地节约集约利用效率较低问题纳入省政府专项督查范围，编写违法用地督查工作指南，并与省政府督查室共同牵头联合有关省直部门到相关市县开展专项督查，每月定期向省政府汇报整改进展，推动重大问题整改。

【耕地保护突出问题专项整治】2022年，省自然资源厅向市县两级人民政府印发《湖南省耕地保护突出问题专项整治行动工作方案》，集中解决耕地保有量、恢复耕地、违法占用耕地、耕地“非农化”“非粮化”等突出问题。同时，按照落实耕地保护党政同责、终身追责的要求，研究有关耕地保护责任追究条款和制度。

【防止耕地“非粮化”调研】2022年，省自然资源厅督察办到炎陵县中村瑶族乡和湘阴县文星镇等地区，采取现场踏勘和组织乡党委、村支部、种植大户座谈的形式，分别就典型黄桃产业种植和挖塘养鱼养虾等耕地“非粮化”问题进行深入调研，并形成调研报告。

【督察信息化建设】2022年，省自然资源厅不断优化完善省自然资源督察工作管理信息系统和开发移动办公APP相关功能，推进督察系统移动办公APP运行，通过电脑端和移动端无缝对接、信息共享，提升工作效率。持续推进督察指挥中心建设，研究督察执法一体化信息化建设阶段性成果。

（撰稿　孙清宇）

自然资源执法工作

【完善制度】2022年，省自然资源厅健全完善“五抓五早五协同”工作机制（“五抓”即抓宣传贯彻、抓责任分级、抓源头严控、抓问题苗头、抓精准服务，“五早”即早巡查、早发现、早预警、早制止、早整改，“五协同”即党政协同、部门协同、社会协同、奖惩协同、疏堵协同），修订出台《湖南省规范自然资源行政处罚裁量权办法》，印发《关于做好全省自然资源执法查处案卷评查工作的通知》《湖南省自然资源厅非法采矿、破坏性采矿造成矿产资源破坏储量（价值）鉴定办法（试行）》，制定《卫片执法技术支撑工作细则》，起草《湖南省耕地损害程度鉴定技术规程》和《湖南省耕地损害程度鉴定办法》。与省检察院联合印发《关于进一步加强土地执法查处领域非诉执行监督协作有关事项的通知》，对问题线索移送、联席联动、日常宣传等事项进一步明确要求。

【组织开展部卫片执法工作】2022年，自然资源部下发湖南省土地卫片图斑62417个，其中违法2662宗，落实罚款7618.18万元，没收违法建筑物92.12万平方米，拆除违法建筑物63.14万平方米；下发矿产卫片图斑1075个，其中存在违法行为171个、立案124宗，处没收违法所得326.79万元，已落实没收违法所得322.74万元，没收矿产品12.20万吨，非立案处理47宗。全省14个市州均已下发“双零”（存量违法用地全清零、新增违法用地零增长）工作方案并全力开展专项整治，全省有30个县市区无新增违法用地问题，48个县市区无新增违法占用耕地问题。

【月清“三地两矿”工作】2022年，省自然资源厅严格规范卫片执法工作，加大重大典型案件查办力度，坚决遏制耕地“非农化”，严控耕地“非粮化”。下发违法用地整治任务1786宗，应月清到位1464宗，已月清到位1430宗，其中宗数月清率97.68%，面积月清率98.49%；应查处到位1207宗，已查处到位1106宗，宗数查处到位率91.63%，面积查处到位率91.28%。全省“非农化”“非粮化”面积同比减少35%，违法占用耕地面积同比减少71%。

【整治乱占耕地建房工作】2022年，省自然资源厅将新增农民建房线索同步推送给省农业农村厅，每月将新增问题线索下发市州专项整治工作机构核实并分类处置。印发《湖南省农村乱占耕地建房专项整治试点实施方案》、社会稳定风险评估应对方案，有序推进株洲醴陵市、益阳市赫山区、湘西州保靖县等试点地区专项整治工作。召开全省农村乱占耕地建房非住宅类补充摸排视频培训会，指导各地区开展补充摸排工作，应纳尽纳。2022年以来每月各地上报违反“八不准”通知新增问题共计57宗。

【专项工作】2022年，省自然资源厅深入开展自建房安全整治，按照“不漏一户、不错一栋、不留空白、不留死角”的要求，全面摸排自建房用地、规划、登记、地灾隐患情况。向省专班移送1000余条“经营性自建房安全隐患线索”和“临时建筑隐患排查结果线索”。印发《进一步加快自建房安全整治百日攻坚并建立长效机制的若干措施》，提出23条具体措施。印发《关于做好居民自建房不动产登记管理的通知》《关于在村庄规划中强化居民点选址安全的通知》。重点研究五类重点区域、三类重点情形的经营性自建房安全专项整治工作和合法合规性分类处置工作，形成《自建房建设合法合规性问题整治的政策措施（征求意见稿）》，向六个省直相关单位征求意见。构建农村村民建房信息化管理系统，将自建房申请、审批、监管功能整合在同一个平台运行。全面推进耕地保护突出问题整改。部下发全省耕地流向建设用地任务57856宗、面积4713.29公顷，省厅全面完成排查工作，并向部上报《关于2021年违法违规占用耕地重点问题核实整改情况的报告》。全力开展坑塘水面专项整治。全省共下发2021年月度监测坑塘水面占用耕地线索图斑3773个，经核实属2021年以来纳入整治图斑2633个，涉及耕地656.43公顷，占用永久基本农田484.73公顷，已整治到位1954个，整改率74.21%。开展耕地保护突出问题专项整治。联合省林业局到联系片区开展全省生态廊道建设占用耕地问题整改专项督导。制定《湖南省耕地保护突出问题专项整治行动工作方案》，集中解决耕地保有量、恢复耕地、违法占用耕地、耕地“非农化”“非粮化”等突出问题。

【扫黑除恶工作】2022年，省自然资源厅出台《2022年度自然资源领域常态化扫黑除恶斗争工作要点》，将学习宣传贯彻实施《反有组织犯罪法》、打击整治“沙霸”“矿霸”、严查非法采矿、全面加强行业监管等重点工作进行统筹部署；将行业整治工作纳入湖南省自然资源真抓实干激励考核和厅直系统绩效考核重要内容。

【服务大局】2022年，省自然资源厅执法局召开全省耕地“零违法”卫片执法工作座谈会，下发《违法用地“零新增”县市区情况通报》。印发《关于做好违法用地存量问题处置的工作提示》，为市县利用当前的政策窗口期加快处置违法用地存量问题提供政策指导。政府主体、市场主体违法面积同比分别下降79.86%、65.01%；重点工程违法面积同比下降84.94%。

【协同联动】2022年，省自然资源厅按照落实耕地保护党政同责、终身追责的要求，出台《湖南省耕地保护责任追究移送办法》。与省检察院联合印发《关于进一步加强土地执法查处领域非诉执行监督协作有关事项的通知》，对问题线索移送、联席联动、日常宣传等事项进一步明确要求。

【执法基础】2022年，省自然资源厅与省委编办联合印发《关于推进基层自然资源行政执法改革的通知》，明确整合县市区自然资源行政执法队伍，实行“局队合一”体制；与省财政厅对接，解决88个市州、县市区、园区自然资源特种专业技术用车新增编制配置需求问题；举办为期26天的自然资源执法素质提升培训班，对全省执法系统领导干部和业务骨干共1064人分4期开展轮训；基本建成统一平台操作、省市县三级联通、远程指挥调度、自动预警提醒、高效搜索查询等功能的督察执法调度中心。

【荣誉档案】2022年，省自然资源厅执法局被湖南省生态环境损害赔偿制度改革工作领导小组评为生态损害赔偿工作先进单位。安化县自然资源局办理的安化县亿安木业违法占地案被自然资源部评为2022年案卷评查优秀案卷。

（撰稿　乔艳军）

自然资源督察三处工作

【耕地保护】2022年，省自然资源厅督察三处做好耕地保护工作。全面推行“田长制”，坚持“五抓五早五协同”，建立周调度、月通报、季问责、年考核机制，狠抓存量违法用地整改，创新开展“一码管田”、铁塔监控、领导带头巡查等日常监管，全面遏制新增违法用地行为。宣讲法律法规和政策，5月起，分成2个宣传小组先后到益阳市、邵阳市及其县市区开展8余次耕地保护和自然资源督察及“一法一条例一办法”宣讲活动。开展耕地保护责任追究移送。7月研究出台《湖南省耕地保护责任追究移送办法》，并于8月4日在《中国自然资源报》第1103期头版头条进行专题报道。结合各地报送的2021年以来落实耕地保护责任不力移送追责的领导干部、工作人员、违法主体情况以及违法占用耕地情节严重、造成恶劣影响的案例情况，在全省通报7起典型案例。配合耕保处开展耕地保护专项督导工作，并开展防止耕地“非粮化”问题调研。7月到张家界、岳阳开展耕地保护专项实地督导工作。到衡阳常宁市开展耕地“非粮化”问题调研；到张家界市桑植县芙蓉桥白族乡合群村，采取现场踏勘和组织乡党委、村支部、种植大户座谈的形式，针对合群村占用耕地发展林果业的“非粮化”问题整改成效，对张家界市推行的“三结合四精准五个一批”的“精准耕保”模式进行深入调研，并向省政府提交实地调研报告。

【违法用地“双零”行动】2022年，省自然资源厅督察三处推进违法用地“双零”行动，负责汇总形成全省各类存量违法用地问题及2022年以来新增违法用地问题清单，形成《湖南省违法用地“双零”行动进展情况分析报告》，向全省通报。

【查办案件】2022年，省自然资源厅督察三处查处首例违法测绘案件。对湖南省煤田地质局第一勘探队检查源江山煤矿巷道密闭不负责以及编制的《源江山煤矿巷道测量鉴定报告》与真实情况严重不符等问题涉嫌违反《中华人民共和国测绘法》行为进行依法查处。历时两月，全面查清省煤田地质局第一勘探队在此次重大事故中存在的测绘成果严重失实违法行为，并于4月15日对湖南省煤田地质局第一勘探队的测绘违法行为作出行政处罚，坚决落实“11·29”事故调查组和省安委会关于对责任单位作出行政处罚的要求。行政处罚结果获得国家煤监局的认可。

【全省自建房安全专项整治工作及百日攻坚行动】2022年，省自然资源厅督察三处配合参与全省自建房安全专项整治工作及百日攻坚行动。派出业务骨干配合“4·29”事故调查组开展为期一个月的工作。参加省政府第6督查组对衡阳市自建房进行的专项督导检查，配合相关处室全面梳理居民自建房规划、土地执法相关规定，并参与制定全过程监管机制。完成岳阳市华容县、君山区和长沙市芙蓉区、长沙县自建房安全专项整治工作考评任务。

【督察问题整改】2022年，省自然资源厅督察三处抓好督察反馈问题整改工作。通过月调度和抓重点的方式，对衡阳市、邵阳市、郴州市、娄底市2021年国家耕地保护督察反馈问题、国家督察反馈历年以来整改不到位问题、2021年国家矿产资源开发利用秩序监管问题、2020年省级自然资源例行督察反馈问题、2021年省级自然资源例行督察反馈问题整改情况进行督促。2021年国家耕地保护督察反馈问题衡阳市305个、邵阳市511个、郴州市175个、娄底市162个，整改率分别为74.43%、96.48%、89.71%、96.91%；国家督察反馈历年以来整改不到位问题衡阳市112个、邵阳市120个、郴州市133个、娄底市65个，整改率分别为58.04%、89.17%、91.73%、87.69%；2021年国家矿产资源开发利用秩序监管问题衡阳市16个、邵阳市16个、郴州市32个、娄底市16个，整改率均为100%；2020年省级自然资源例行督察反馈问题衡阳市413个、邵阳市1072个、郴州市395个、娄底市562个，整改率分别为96.12%、94.3%、98.23%、91.45%；2021年省级自然资源例行督察反馈问题衡阳市362个、娄底市590个，整改率分别为74.03%、96.27%。

【生态廊道占用耕地专项整治工作】2022年，省自然资源厅督察三处做好生态廊道占用耕地专项整治工作。按照《湖南省生态廊道占用耕地专项整治工作方案》要求，严肃查处违法违规占用耕地行为，并会同省林业局到衡阳市、郴州市和娄底市开展实地督导，确保年底前全部整改到位。

【耕地保护突出问题专项整治行动】2022年，省自然资源厅督察三处配合驻厅纪检监察组开展耕地保护突出问题专项整治行动相关工作，并制定《关于印发〈省纪委监委驻省自然资源厅纪检监察组2022年“耕地保护突出问题专项整治行动”专项监督工作方案〉的通知》，梳理全省耕地保护突出问题，形成问题清单。

【舆情处置】2022年，省自然资源厅督察三处办理各大网络平台及领导交办的舆情事项。完成省委网信办通报《人民日报》“读者来信”反映城步县西岩建材有限公司非法占地问题，《国内动态》清样（第2851期）、《舆情专刊》（第950期）反映湖南郴州市汝城县卢阳镇规划办原主任何文宇在任职期间非法占用土地问题，网络举报隆回县永丰置业有限公司存在违规开发建设学府名苑项目问题，《湖南日报》第45期反映洞口县一起“惊天大违建”天坤溪园等项目违法建设等25起问题的处置，针对以上线索，均到现场进行实地核查，形成调查报告，并向相关部门进行答复。

【重大问题专项督查】2022年，省自然资源厅督察三处联合省政府督查室开展重大问题专项督查。商请省政府督查室将长期未整改到位或仅靠部门力量难以解决的违法用地问题，以及产业园区土地节约集约利用效率较低问题纳入省政府专项督查范围。5月17－27日，按照省政府督查室分工，对娄底市等六个市州进行专项督查，牵头负责娄底、邵阳两市督查工作，并纳入省督察工作管理信息系统，构建反馈问题线上整改举证和审核的工作机制。

【矿山开发生态环境问题】2022年，省自然资源厅督察三处做好第二轮中央生态环境保护督察反馈的矿山开发生态环境问题相关工作。会同省生态环境厅（省整改办）、省林业局等督导单位对邵阳市、衡阳市、娄底市的矿山开发生态环境问题整改完成情况开展实地核查。共核查27座矿山，实地督导3次，完成部执法局下发的邵阳县30个重点砂石矿图斑的核查任务。

【配合开展违建豪宅处置情况“回头看”工作】2022年，省自然资源厅督察三处配合党的十八大以来全省受刑事处罚领导干部违建豪宅处置情况“回头看”工作。根据省纪委监委下发领导干部人员清单线索，向相关人员的户籍或以前工作所在县市区的自然资源主管部门下发交办函，相关县市区通过内业资料收集、外业实地核实、走访当地村干部，形成核实报告。8月，省纪委监委下发29个省管干部和10个非省管干部自建房清单，要求省自然资源厅对人员清单涉及的自建房是否违建、是否属于豪宅进行认定，并对违法违规建房提出处置意见。负责片区共下发10个任务清单，处领导牵头组织三个核查组分别到衡阳市、郴州市、娄底市进行实地督导核查，并按照“一房一档”原则，形成10个复核报告。

【党建业务融合】2022年，省自然资源厅督察三处加强党建与业务的深度融合，推动“四强”党支部建设。运用支部“三会一课”、党员轮流领学讲课制度、主题党日活动，创新开展“日学、周报、月联、季调研、年总结”的支部学习制度，坚持每日一学，创建微信学习交流群，与省第一测绘院技术支撑团队创立《每日一学》和《学习周报》专栏，将“温习语”作为长期经常性功课。共集中学习48次，党员大会8次，主题党日12次，党课3次，组织生活会1次，多人次谈心谈话，1次民主评议党员，1次基层党组织换届，1次支部书记改选。到娄底市开展“瞻仰红军虎将，深入基层调研，交流乡村振兴之道，倡导清廉之风”主题党日活动暨廉政专题学习会，支部书记讲《坚守底线不越红线》廉政专题党课，广泛宣传乡村振兴、一法一条例一办法、耕地保护相关的法律法规政策。到宜章县红色教育基地——湘南年关暴动指挥部旧址纪念馆，实地接受革命传统教育。每月与省第一测绘院督察与政务部党支部开展基层共建活动。开展4次廉政警示教育专题学习，紧紧围绕督察重点工作任务开展廉政风险点排查，并结合自然资源领域损害营商环境突出问题专项整治行动内容，细化作风建设、纪律建设相关规定。

【荣誉档案】2022年，省自然资源厅督察三处在2022年厅直系统“两优一先” 评选表彰工作中获评先进基层党组织。

（撰稿　沈　阳）

自然资源督察四处工作

【巡视整改工作】2022年，省自然资源厅督察四处组织支部党员集中学习省委第一巡视组动员会议精神，及时传达厅党组关于省委巡视工作部署和要求，要求支部党员全力配合省委巡视组工作。省委巡视期间，累计完成省委第一巡视组巡视期间反馈涉及四处联系的湘潭市、常德市、怀化市、湘西州4个批次23个信访举报线索调查核实工作，并提交调查报告和相关材料。针对省委巡视组反馈的支部建设工作存在的问题，召开支部专题会议进行研究，按照即知即改、立行立改，逐条进行分析，制定整改方案，明确整改责任人、目标、时限和要求，及时报告整改落实情况。

【违法用地存量问题处置】2022年，省自然资源厅督察四处牵头拟定土地违法存量问题处置工作办法。从3月以来，经过多次调研，结合在长沙市雨花区、怀化市辰溪县开展存量问题“清零”试点工作，在报厅领导同意后，印发《关于做好违法用地存量问题处置的工作提示》。《工作提示》下发以来，有力推动全省土地违法存量问题处置工作，基础设施、公共管理服务设施、民生工程、扶贫及重大产业项目等“四类”项目存量违法用地处置宗数大幅增加。

【督察反馈问题整改】2022年，省自然资源厅督察四处对各类督察反馈问题的整改督导工作实行一月一调度，一月一分析。对典型问题，实行一案一策，明确责任领导、具体措施、时间节点。至11月，2021年国家耕地保护督察反馈问题，怀化市、常德市的整改率排名全省前列，所联系市州典型问题全部整改到位，2021年矿产资源督察反馈问题整改率超过90%。

【突出问题专题调研】2022年3月，省自然资源厅督察四处对国土变更调查数据统计中全省耕地净流出排名靠前的澧县、安乡、汉寿、临澧四个县耕地净流出情况进行督导调研，形成《关于常德市四县耕地净流出督导调研情况报告》。10月，结合国家自然资源督察反馈问题整改专项督导，对2021年国家耕地保护督察反馈常德市生态廊道建设占用耕地及永久基本农田问题进行调研及现场核实，形成《关于常德市生态廊道建设占用耕地问题情况汇报》。

【舆情处置】2022年，省自然资源厅督察四处做好舆情处置工作。针对网络舆情反馈湘潭市监委委员陈志奇占用耕地兴建豪华别墅问题，三次到湘潭县进行调查核实，向相关当事人了解情况，形成调查报告，协助省纪委监委、湘潭市纪委监委处置。省第十二次党代会期间，省委党史学习教育领导小组办公室转办湘潭县花石镇耕地保护问题，湖南新澧化工有限公司采矿破坏耕地、损害房屋问题，第一时间组织力量到现场调研核实，及时提交调查报告，督促处置整改落实。

【督察执法协同机制】2022年，省自然资源厅督察四处按照省政府《部分重点问题整改情况“回头看”专项督查方案》安排部署，牵头对衡阳、怀化部分重点问题整改情况开展“回头看”专项督查。对湘潭市、常德市开展2022年省级自然资源例行督察；配合武汉局开展2022年国家耕地保护和矿产资源督察。选派同志参与全省居民自建房安全隐患排查整治工作专项督导检查百日攻坚行动和阶段考评工作。牵头对湘西自治州、怀化市开展中央第二轮环保督察反馈问题省级核查工作。在湘西州本级及所属县（市、区）开展“一法一条例一办法”宣讲。

【党建统领业务】2022年，省自然资源厅督察四处完成支部换届工作。聚焦推进国家、省自然资源督察反馈问题整改工作的难点堵点问题，推进自然资源督察执法工作进行学习研讨，共开展12次专题学习研讨。传达学习全省自然资源系统党风廉政建设会议精神和厅党组工作部署，排查廉政风险点，开展红包礼金专项整治。11月18日，支部结合基层联建，与湘潭市自然资源和规划局第七党支部、省第二测绘院执法督察监测部党支部在湘潭市岳塘区七星村党员活动中心联合开展“深入学习党的二十大精神，推进自然资源督察执法工作”主题党日活动。

（撰稿　雷　军）

自然资源科技发展工作

【概况】2022年，省自然资源厅推进全省自然资源科技创新工作，实现“六个首次”的新突破：首次开展自然资源“科技之星”评选，评选出“专家之星”5名，“骨干之星”10名，“青年科技之星”35名；首次举办自然资源科技创新人才大会，表彰“科技之星”等创新人才；首次设立自然科学基金部门联合基金，引导和整合社会资源投入自然资源领域关键技术攻关和先进技术推广应用；首次获评部级工程技术创新中心和创新团队，湖南省自然资源系统首家部级工程技术创新中心——自然资源部洞庭湖流域生态保护修复工程技术创新中心获批，湖南省国土资源规划院麻战洪为首席专家的“国土空间规划智慧决策科技创新团队”首次入选自然资源部2022年高层次科技创新人才工程（国土空间规划行业）科技创新团队；首次设立重大科技项目，集中力量开展自然资源重点领域科技攻关；首次设立青年科技项目，对于获评自然资源“科技之星”的45岁以下青年科技人员鼓励自主选题申报青年项目。

【科技经费保障】2022年，省自然资源厅投入科研（标准）项目经费1185万元，明确在自然资源科学、自然资源管理以及自然资源标准等3个领域，对国土空间规划、生态保护修复、矿产和地质灾害防治、测绘地理信息等6大方向88个一般项目（含地方标准）和5个重大项目予以支持；投入730万元配套支持洞庭湖区生态环境遥感监测湖南省重点实验室、自然资源部南方丘陵区监测监管重点实验室、自然资源湖南省卫星应用技术体系等科技创新平台及部省重大项目建设；厅直属单位自筹研发经费4674万元，自筹经费较2021年有较大幅度增长。

【科技成果与奖励】2022年，省自然资源领域获省级科学技术奖三等奖2项，部级行业科技成果奖励9项，其中一等奖1项、二等奖7项、三等奖1项；发布《矿山生态保护修复工程质量验收规范》《矿山生态保护修复方案编制规范》《舜珑玉鉴定》3个省级地方标准。湖南省地质测试研究院《贫锰矿资源化利用关键技术开发与应用》项目与原煤炭地质勘查院《石煤综合勘查关键技术与应用》获评省科学技术进步奖三等奖；湖南省第一测绘院《湖南省1∶10000基础地理信息数据库年度更新（2020年）》项目获中国测绘学会全国优秀测绘工程奖金奖，《数字（智慧）郴州市县一体化地理信息公共服务平台及四县（临武、安仁、桂阳、宜章）地理信息工程建设项目》获中国测绘学会全国优秀测绘工程奖银奖；湖南省自然资源事务中心《基于多源时空地理数据的洞庭湖百年演变与国土空间生态监管》项目获中国地理信息产业协会地理信息科技进步奖二等奖；湖南省自然资源事务中心、湖南省国土资源规划院《洞庭湖区近现代江湖格局演化与国土空间生态遥感监管》获中国测绘学会科学技术奖二等奖；湖南省自然资源事务中心、湖南省地质博物馆《东北—华北地区矿山开发状况遥感调查》获中国测绘学会优秀测绘工程奖银奖；湖南省第二测绘院《湖南省水利工程管理与保护范围线图上标绘及现场核实勘定（邵阳、怀化、娄底、永州）》获中国地理信息产业协会优秀工程银奖，《中部地区自然资源监测卫星云遥系统建设及应用》获中国地理信息产业协会科技进步二等奖，《自然资源卫星遥感监测关键技术与应用研究》获中国测绘学会科技进步二等奖。

【科技创新平台建设】2022年，洞庭湖区生态环境遥感监测湖南省重点实验室在综合分析2014年以来洞庭湖生态经济区地理国情监测成果的基础上，通过补充解译和统计，完成党的十八大以来洞庭湖通江湖泊和垸内湖泊水面面积、潜在污染源、欧美黑杨、芦苇等水资源、水环境、水生态要素相关信息提取和分析工作，完成《洞庭湖区生态环境综合整治成效遥感评估报告（2012—2022）》的编制工作，并组织开展洞庭湖区地表形变监测和水土质量反演等关键技术攻关。自然资源部南方丘陵区自然资源监测监管重点实验室按照自然资源禀赋理论深化+监测技术创新+自然资源监管行业应用深度融合的思路，联动中南大学、中国科学院、武汉大学等顶尖高校以及市州自然资源卫星应用技术中心，开展重点课题、区域联合基金、人才培养等工作，科研人员结构得到进一步补充与优化，通过开展重点技术攻关（自主可控高性能地理信息系统关键技术与应用），系统解决GIS并行架构的理论和技术挑战，自主设计和研制性能领先、安全可靠的高性能地理信息系统，在地理时空大数据管理和可视化效率等方面超过同期国际同类系统。承担国家国防科技工业局高分观测办公室“高分辨率对地观测系统重大专项政府综合治理应用与规模化产业化示范项目”以及工信部“湖南省遥感大数据平台建设及产业化示范”等省部级以上科研专项2项。国土资源评价与利用湖南省重点实验室承担的“智慧湖南国土空间规划关键技术研究与示范”湖南省重点研发计划项目通过验收，推进承担的“村镇自然调查关键技术研究”国家重点研发计划项目子课题。

【自然资源科普工作】2022年，省自然资源厅持续开展自然资源“送科普进老区”，形成全省联动的常态化科普体系，以志愿服务助推乡村振兴；组建湖南省自然资源青年科普专家宣讲团，以“与青少年对话——讲好自然资源的故事”为主题，将湖南省自然资源管理和科技创新的重要成果对全省广大青少年进行宣传；组织策划“人间最美是稻田”湖南省优质耕地样本征集活动，助力耕地保护政策宣传；举办“湖南省科普讲解大赛”和“湖南省青少年天文科学大赛”省级赛事，并获评湖南省科普讲解大赛一等奖和优秀组织奖；立足“全国科普日”“世界水日”“世界地球日”等重要科普宣传节点，依托“科普大讲堂”等线下科普项目，让科普走近大众，融入群众生活。通过线上线下同频共振，多渠道、多途径、多形式进行自然资源科普宣传；以湖南省地质博物馆为主阵地，构建媒体矩阵，合力打造网红地标，微信公众号粉丝数突破60万，2022年微信推文图文阅读量近114万次，多次居湖南省自然资源政务微信排行榜第一；与红网合作打造一系列主题宣传活动，省内各大主流媒体发稿近300篇，全媒体覆盖人数3亿人。

（撰稿　杨　琼）

财务管理工作

【资金保障】2022年，省自然资源厅做好部门预算管理工作，共争取和下达财政资金24.78亿元，其中中央资金5.02亿元、省级财政资金19.76亿元，支持用于厅机关和事业单位运转、长江经济带重点生态区洞庭湖区域山水林田湖草沙一体化保护和修复、湘桂岩溶地湖南沅江资江上游历史遗留废弃矿山生态修复示范工程、湖南省历史遗留矿山图斑核查、地质灾害防治、耕地保护、矿产资源保护与监督管理、大数据与测绘地理信息服务、自然资源科技创新发展及标准化建设、国土空间自然资源利用规划体系建设及用途管制、自然资源资产清查、调查评价监测及确权登记、自然资源督察执法、张家界旅发大会补助等项目。

【财源建设】2022年，省自然资源厅征收自然资源六税889.14亿元，同比增加30.73亿元，增长3.58%；采矿业税收总计46.41亿元，同比增加4.07亿元，增长9.6%；省财源办财源建设情况通报，采矿业为全省4个实现税收占行业增加值比重增长的行业之一。

【非税收入征管】2022年，省自然资源厅执收自然资源规费57.75亿元，与2021年同比上升24.43%，其中征收新增建设用地有偿使用费12.72亿元，同比下降25.84%；征收耕地开垦费15.25亿元，同比下降25.74%；征收探矿权采矿权出让收益和占用费收入29.78亿元，同比上升241.12%；协征水利建设基金1.29亿元，同比下降25.59%；协征耕地占用税15.39亿元，同比下降29.18%。

【落实减负】2022年，省自然资源厅根据相对人申请，免收中小学校校舍建设耕地开垦费3631.34万元，涉及校舍建设项目175个。免征养老机构耕地开垦费178.05万元，涉及养老机构建设项目15个。免征医疗机构耕地开垦费399.11万元，涉及医疗机构建设项目23个。免征易地扶贫搬迁项目耕地开垦费610.32万元，涉及易地扶贫搬迁项目17个。免征重点电网项目耕地开垦费40.67万元，涉及电网项目20个。省级退付政策性关闭煤矿采矿权价款5647.58万元，涉及矿山29家。

【资金监管与外部审计】2022年，省自然资源厅对厅机关、11个直属事业单位和6个学会的2021年度财政财务收支开展内部审计，审计内容涉及被审计单位财经法纪和贯彻落实中央八项规定精神情况、2021年度财政财务收支、预算管理、财务管理、政府采购、资产管理、内控制度健全和执行的有效性、党费收支管理、工会经费收支管理情况等多个方面；对湖南省第三测绘院、湖南省土地综合整治局、湖南省地质博物馆、湖南省测绘科技研究所开展离任经责审计等工作；配合省审计厅开展对省厅系统的2021年度预算执行大数据审计疑点工作。

【预决算管理】2022年，省自然资源厅制定出台《湖南省国土空间生态保护修复项目预算编制指导意见（暂行）》和《湖南省历史遗留矿山生态修复项目和资金管理办法》。根据行业特点，明确项目预算结构和各项取费标准，统一工程计价定额采用标准，逐步建立生态修复类项目的预算编制标准体系。2022年厅机关和厅直属单位可用预算指标11.82亿元，实际执行10.96亿元，全厅预算执行率92.70%。

【绩效评价】2022年，省自然资源厅完成2021年特大型地质灾害防治资金绩效评价、2021年度部门整体支出、2019—2021年度国土空间生态保护修复和地质灾害防治专项资金、2022年度绩效运行监控等5项绩效评价。配合省财政厅开展2019—2021年度自然资源保护和利用专项资金、2021年度政府购买服务项目资金第三方绩效评价。

【改革创新】2022年，省自然资源厅支出全口径统筹安排，盘活存量资金。统筹盘活省自然资源事务中心单位资金7800万元，用于“中国标准地层剖面实物地质资料中心及湖南省实物地质资料库”建设，保障事业发展需要。印发《关于做好省级专项资金项目储备工作的通知》，明确项目储备是项目执行的基础,坚持“资金跟着项目走”，未入库项目原则上不予安排资金支持。结合国家、省委、省政府和厅党组重点工作，统筹谋划入库项目布局，有针对性地加强项目储备，提高对重点任务的支撑。进入储备库项目有效期原则上为3年，3年未执行的在库项目将自动出库，形成“进入一批、执行一批、退出一批、充实一批”的滚动管理体系。

【荣誉档案】2022年，省自然资源厅获评2021年部门预算管理先进单位，省财政厅评比并奖励资金300万元；2021年度省直部门预算管理绩效评价考核先进单位；全省行政事业性国有资产报告工作先进单位等。在全省2022年财政工作会议上代表省直厅局作典型发言；在省人大举办的全省贯彻落实《预算监督管理条例》会议上代表省直厅局作典型发言。

湖南省自然资源厅2022年度收入支出总表

（厅机关及直属单位）

金额单位：万元

项目	总计	行政单位	事业单位
一、上年结转和结余	10,594.36	1,456.81	9,137.55
二、本年收入	161,379.27	34,168.34	127,210.94
其中：财政拨款收入	104,840.86	34,164.06	70,676.80
事业收入	46,999.01	0	46,999.01
经营收入	8,797.69	0	8,797.69
其他收入	741.71	4.28	737.43
三、本年支出	161,280.56	32,528.45	128,752.11
其中：基本支出	53,320.20	9,810.23	43,509.97
项目支出	99,162.67	22,718.22	76,444.45
经营支出	8,797.69	0	8,797.69

湖南省自然资源厅2022年度资产负债表

（厅机关及直属单位）

金额单位：万元

项目	总计	行政单位	事业单位
一、资产	203,392.97	4,781.96	198,611.01
其中：固定资产净值	89,584.84	1,084.29	88,500.55
二、负债	12,278.65	690.15	11,588.50
三、净资产	191,114.33	4,091.81	187,022.52

（撰稿　钟　宏）

人事教育工作

【政治建设】2022年，省自然资源厅坚持正确的选人用人导向，落实新时代党的组织路线和习近平新时代人才工作重要思想。深化拓展政治建设考察工作，首次对厅机关处室局开展政治建设考察。对省土地综合整治局、省第一测绘院、厅地勘处、厅执法局开展政治建设考察，并抓好反馈问题整改督导。完成省委巡视整改工作。开展选人用人问题自查自纠，建立健全选人用人和机构编制长效责任机制，出台干部选拔任用、激励干部担当作为等系列文件。

【干部选任】2022年，省自然资源厅任免干部128人次，其中职务职级晋升58名，提拔副厅级领导干部1名，晋升二级巡视员2名，提拔正处级领导职务干部9名。注重统筹兼顾，坚持人岗相适，交流干部61名。规范干部选拔任用工作，出台《湖南省自然资源厅干部选拔任用工作实施办法》。2022年度，干部选拔任用工作好评率99%，干部全方位管理和经常性监督工作好评率99%，新提拔干部工作好评率97.6%，均排在省直机关单位第一档次。实施年轻干部“墩苗”“铸魂”“赋能”“优配”行动，开展年轻干部调研，储备100名处级、科级优秀年轻干部，加强年轻干部多岗位历练，连续三年每年选派15名左右年轻干部组建乡村振兴服务团，被《中国自然资源报》推介。

【人才工作】2022年，省自然资源厅加快建设德才兼备的高素质人才队伍。推进人才体制机制改革创新，健全人才工作机制，全面加强人才引育用留全链条管理。开展人才工作调研，组织编制《厅直系统人才工作规划（2022—2026年）》，组织直属各单位编制本单位《人才工作规划（2022—2026年）》，出台《关于进一步加强人才工作的实施意见》，实施“30、40、50人才工程”。年内新进人员90名，其中高层次人才36名，含博士及博士后15名。创新实行特殊薪酬制度，评选表彰40名享受特殊薪酬人才。评选50名“科技之星”，定向培养，统筹实施领军人才、创新团队、高技能人才、青年人才培养工程。持续推动自然资源职称深化改革，健全自然资源工程专业职称评审制度体系，在全国率先新增自然资源确权登记职称序列，将城乡规划专业改为国土空间规划专业。开展全省自然资源工程专业高级职称评审，613人申报，332人通过，整体通过率54.1%，128名民企人员通过评审，基层人员通过率60.71%。首次召开自然资源科技创新人才大会。

【教育培训】2022年，省自然资源厅制定出台年度干部教育培训整体计划并按时推进，在疫情频发的影响下，适时完成举办11期培训班，共计3164人次63.5天。完成省委组织部各层级调训计划和网络教育培训任务，分期分批组织好系统内各层次干部培训。举办全省系统主要负责人贯彻党的十九届六中全会精神培训班、市县自然资源局主要负责人《湖南省实施〈中华人民共和国土地管理法〉办法》专题培训班，首次在韶山举办厅直系统优秀年轻干部培训班。在湖南师大举办全省自然资源系统基层管理干部和技术骨干综合研修班，涌现自然资源系统见义勇为好青年。

【绩效评估】2022年，省自然资源厅做好绩效评估工作，连续两年获评优秀等次。成立厅绩效考核工作专班，牵头调度省委、省政府对省自然资源厅绩效考核有关情况。以保持优秀为目标，制定关于做好2022年省委省政府对省自然资源厅绩效评估工作方案，分解任务目标，压实工作责任，细化工作措施，督促完成指标任务。完善厅机关内部和直属单位绩效考核方式和考核指标体系，印发《2022年度厅机关处室局绩效考核方案》《2022年度厅直属单位绩效考核方案》。做好平时考核，强化年度考核结果运用，对连续三年考核优秀的干部优先晋升职级。

【监督管理】2022年，省自然资源厅坚持严管和厚爱相结合、激励与约束并重，严格落实个人有关事项报告、领导干部出国（境）管理、领导干部廉政档案等制度，对四级调研员以上干部提任落实干部选拔任用纪实。年度累计对78名领导干部个人有关事项进行核查。组织完成干部档案专项审核424人。出台《关于从严规范厅机关借调人员和编外人员管理的通知》，同时对厅直系统违规借调人员、干部兼职、超职数配备干部等问题进行清理和规范。

【基层基础改革】2022年，省自然资源厅进一步加强基层自然资源行政执法队伍建设，构建权责统一、协同高效的自然资源执法体制。联合省委编办推进县市区自然资源执法队伍改革，实行局队合一执法体制，经验做法被《中国自然资源报》推介。加大对基层业务骨干，特别是执法工作人员培训力度。出台《关于进一步规范厅直属事业单位机构编制管理的通知》。

（撰稿　周　杨）

政务服务工作

【用地审批概况】2022年，湖南省共批准用地总面积10775.43公顷，其中批准建设用地总面积9113.40公顷，批准使用增减挂钩指标用地总面积1662.03公顷，对全省经济社会发展各类合理用地应保尽保。获国务院批准单独选址项目26宗，用地总面积3788.88公顷，其中农用地3662.60公顷，耕地1282公顷；省级人民政府批准用地1658宗，用地面积6986.57公顷，其中农用地6281.51公顷，耕地2658.01公顷。在省级批准用地中，工矿仓储用地2304.98公顷，占比32.99%；公共管理与公共服务用地1744公顷，占比24.96%；交通运输用地1549.95公顷，占比22.18%；住宅用地935.66公顷，占比13.39%；商服用地298.52公顷，占比4.27%；水利设施用地78.25公顷，占比1.12%；特殊用地75.21公顷，占比1.08%。

【用地预审与选址】2022年，湖南省核发省级以上重点项目用地预审与选址意见书165宗，用地面积4780公顷，长赣铁路、湘阴虞公港、安化抽水蓄能电站等22个重点项目取得自然资源部用地预审批复。

【重大项目用地保障】2022年，湖南省经国务院批准重点项目建设用地总面积3788.88公顷，保障常益长高铁、犬木塘水库枢纽工程、新化至新宁高速公路、华容铁水联运等国家重点建设项目用地。G60金醴高速用4个工作日取得自然资源部先行用地批复，刷新先行用地报批速度。推出系列超常规、递进式用地保障政策，聚焦交通、能源、水利、文旅、园区等12个重点领域逐一组建服务专班，采取“一个项目、一名专员、一跟到底”模式，为910个省级重点项目逐一配备服务专员，突出重点、精准施策；针对基金项目建立“项目日调度、情况日分析、信息日报送”机制，确保77个国家投放基金项目及时落地开工；推动产业转型升级，批准园区用地1633.33公顷，为己内酰胺、三一重卡等重大产业项目提供用地要素保障。

【用地审批改革】2022年，湖南省以智能组卷、智慧选址信息模块建设应用为主线，推进用地审批工作标准化、规范化、平台化。通过智慧选址，引导重大项目减少占用耕地466.67公顷，新批预审选址项目、成片开发方案的耕地占比分别由2021年的38%、36%下降至21%、27%。批准建设占用耕地3940公顷，较2021年减少873.33公顷。促进土地节约集约利用，累计核减用地规模1600公顷。建立省市县三级会商机制，通过点对点沟通、视频会商对接等方式，不断提升基层业务水平，全省系统用地报批一次性通过率从2021年的30.5%提高到75%。全面推行用地审批日清周结制度，共召开用地报批联审会41次，审查项目2434个，案卷从受理到反馈意见平均用时5.1天，为2021年同期的30%。

（撰稿　汪齐松）

【政府信息公开做法】2022年，省自然资源厅在门户网站醒目位置设立政府信息依申请公开服务专栏，并公布办事指南及咨询电话。在湖南省政务服务大厅设立省自然资源厅依申请公开现场受理窗口，聘请专业律师坐班服务，政务公开能力进一步加强。重新拟定出台《湖南省自然资源厅政府信息公开工作规范》。省自然资源厅政务服务处作为厅机关政府信息公开工作的牵头处室，负责政府信息依申请公开事项的统一受理登记、督办协调、归口对外送达等工作。厅办公室负责拟分转送和文档校核；厅各相关处室局按照职责分工负责依申请公开的承办工作，具体负责根据申请公开事项提供相应资料，起草并形成答复意见。省自然资源事务中心档案资料部负责配合相关处室局，协助提供依申请公开所涉归档文件，并负责相关案卷的查询工作。

【做好政府信息公开工作】2022年，省自然资源厅做好政府信息主动公开，在门户网站发布全省征地拆迁信息共1487条，通过厅门户网站发布政务新闻类信息3007条、公告类信息299条、法律法规142条、热点专题917条、交易信息公告67条、审批结果2209条。通过网上咨询、厅长信箱等互动平台办理回复737件。做好政府信息依申请公开，共受理政府信息依申请公开773件（含窗口现场申请254件），全部依法依规办结，无超期答复现象。

【做好各类规划主动公开】2022年，省自然资源厅通过厅门户网站，及时发布省级国土空间总体规划、长株潭绿心中央公园规划、湘江科学城概念规划等其他重大专项规划，并做好宣传解读。指导市、县自然资源部门主动公开本地区空间规划和重大专项规划等，加强数据互联互通工作，方便企业群众查询应用。

【开展“一件事一次办”改革政策发布解读】2022年，省自然资源厅出台自然资源政务服务窗口管理标准体系，并指导各市州、县市区自然资源主管部门聚焦便民、便捷、质优、创新，打造自然资源政务服务品牌。及时发布解读打造“一件事一次办”自然资源政务服务相关政策举措。

【优化政策解读回应】2022年，省自然资源厅利用门户网站、微信公众号和其它自媒体方式，围绕企业群众关心的实际问题，以解决问题的具体举措实质性回应社会关切。加强和规范全省各级自然资源系统政策解读工作，设置专门政策咨询电子邮箱，通过视频会议等方式定期开展政策答疑会议，形成省市县自然资源系统协同联动、对接共享的政策问答体系，为企业群众提供政策咨询服务。

【重点政务信息集中统一公开】2022年，省自然资源厅持续落实“三统一”规定，建立健全门户网站“文件库”，在门户网站“文件库”专栏集中统一公开规章、规范性文件，做好立改废和简政放权情况及时动态调整的工作。

【加强信息公开平台建设】2022年，省自然资源厅组建“1+N”政务信息工作专班，明确1名负责同志抓总，对口三办（省委办公厅、省政府办公厅、自然资源部办公厅），全流程把关信息选题、收集资料、写作修改、报送反馈等工作，2名负责同志实行AB岗，负责具体编辑起草、通联组稿、审核完善、每日报送等工作。共报送政务信息483条（省委201条、省政府198条、自然资源部84条），采用160条（省委43条、省政府72条、自然资源部45条）。建立以厅微信公众号加厅门户网、微博、抖音号和9家厅直属单位政务新媒体、14个市州局政务新媒体及新华网、红网、新湖南等若干合作媒体的“1+X”融媒体矩阵。微信公众号共发稿1553篇，门户网发稿1789篇，微博发稿1816篇，抖音发稿39条。近两年，厅微信公众号实现全国自然资源系统发文数、赞阅率、关注度“三个全国第一”，多次获评湖南政务新媒体“最具传播力”“最佳影响力”奖，相关经验被自然资源部、湖南省政务服务局推介。围绕耕地保护“国之大者”，分别于3月、9月联合湖南省委宣传部开展“耕地保护 湖南行动”和“中国粮 湖南饭 田长说”两次大型媒体集中宣传，一次覆盖全省14市州122个县市区的67位“田长有话说”大型采访活动，累计刊发系列报道1500余篇，全媒体转发超2200万次，点击、赞阅、评论超2.1亿人次。开展政策解读，举办2022年地质灾害防治方案新闻发布会、全面推行田长制新闻发布会两场发布会，以及贯彻落实省第十二次党代会精神服务全省高质量发展、“稳住经济大盘政策措施‘金十条’”和“严格落实耕地进出平衡政策”、湘江科学城规划工作三场通气会。

（撰稿　教　勇）

离退休人员管理与服务工作

【服务工作】2022年，省自然资源厅对离休干部和重病、贫困退休人员实行“一人一策”，并发放“一对一”服务卡，建立台账、及时汇总、定期调度、服务到家。共走访慰问老党员、困难和住院老同志262人次，生日慰问252人，协助10位去世老同志家属做好后事料理。全面落实两项待遇，坚持“每月一通报、每季一专报、半年一汇报”。定期邀请知名医学专家讲座和义诊，协调康复医院开辟就医绿色通道，提高医疗保健服务能力。应对疫情，将老同志健康码纳入厅监控平台统一管理，第一时间多方协调急需药品分发给老同志，组建志愿服务队为封控区老同志给予心理疏导。完成厅256位退休人员养老保险待遇领取资格自助认证工作。建成厅离退休人员人事管理信息系统，对老同志相关信息适时更新、动态管理。深入人社、民政、财政、医保、卫健等涉老部门走访调研。

【文化建设】2022年，省自然资源厅完成省府二院“美在金秋”老党员之家建设。对其他3个片区的宣传栏更新完善，添置学习活动场所的软硬件设施。就近开设音乐、舞蹈、太极拳等兴趣班，开展线上线下融合教学。参加省委老干部局“金秋颂党恩、启航新征程”“喜迎二十大　奋进新征程”等多项比赛，获得合唱、绘画、棋牌类多项荣誉。离退休总支组织开展“初心始如磐　红心永向党”主题党日活动，为2名新入党老同志举行入党宣誓仪式，组织离退休女同志到益阳市赫山区参观周立波故居和红军长征根雕文化馆，开展“诠释长征伟大精神，牢记先辈丰功伟绩”活动。组织8个支部、170多名老干部到地信大厦开展“见证新发展　奋进新征程”主题党日活动。

【党建工作】2022年，省自然资源厅离退休党总支落实与厅党组“同主题同步学”，组织引导厅离退休老同志及时领会学习《习近平谈治国理政》系列丛书和党的二十大精神，党中央、省委重大决策部署。指导各支部采取集中学习+居家自学、网络+书籍、上门送学等形式，依托三湘老干部e家、离退休干部工作、自然资源部桑榆园地、湖南自然资源等网络平台，拓宽学习形式。邀请省委老干部局领导作中办《关于加强新时代离退休干部党的建设工作的意见》导读。组织126位老同志参加省委老干局的党建知识线上竞答，105位获得满分；做好党的二十大精神的学习宣贯，组织老同志收看开幕会直播，并撰写心得体会，多篇心得感言在老干局微信公众号上发表。在厅公众号、湖南机关党建网、自然资源部网络客户端等多家媒体发表近40篇新闻报道。离退休第一支部与工程职业技术学院自然资源学院党总支开展“美在金秋　乐在自然”校地党建联建活动，老同志向自然资源学院师生宣讲党课，其做法入选省老干部局2022年度党建工作优秀创新案例。

【荣誉档案】2022年，省自然资源厅离退休党总支和离退休服务处党支部在厅直系统2022年“两优一先”评选表彰中，获评优秀基层党组织。离退休处在2022年获得厅机关绩效考核嘉奖和文明处室，在五年一次的全省老干部工作“双先”评选中获评先进单位。《党建引领聚合力，校地联建谱新篇》《以高水平党建工作引领新时代老干部工作高质量发展》的两篇调研报告获评2022年度重点课题调研工作三等奖。厅近60名老同志参与“那些日子——湖南自然资源口述史”活动视频访谈录，精选的视频在厅公众号发布后，被自然资源部官方微博、学习强国和省内媒体多次转载。

（撰稿　黎小渝）

机关后勤服务工作

【后勤服务保障】2022年，省自然资源厅后勤服务中心完成厅数字调度中心建设，完成乒乓球室改造、办公楼厕所排风系统改造及部分厕所改造，均通过竣工验收并交付使用。完成固定资产采购102万元，易耗用品111万元，工程报账171万元，印刷费用78万元，严格按照采购标准执行，保证及时供应到位。加强机关车辆管理，实行网上派车，规范公务车的使用。收发室共收发信件约4万件，均无差错。对办公楼卫生加强监督检查，保证办公楼的卫生清洁干净；配合机关中心工作，保障重要会议召开，开展大扫除，加强对自悦庭绿植的养护。共发放办公室小桶水约9500桶，入户大桶水约34600桶。配合省政府食堂做好“家乡的味道”菜品推介，协调团队做好服务。

【综合治理】2022年，省自然资源厅坚持统筹发展与安全，多次专题研究部署，推进平安建设工作；起草“两会一节”平安建设消防安全、二十大期间安全潜在风险隐患排查整治行动实施方案；定期对机关处室（局）和直属单位开展平安建设工作检查，推进问题整改，将平安建设工作成效纳入年度考核；强化协调联动。加强与省委政法委、省平安办、省直机关工委、省政府办公厅、省公安厅等单位的汇报衔接，落实相关工作要求；加强与省政府办公厅保卫处、大院武警中队、天心公安治安二大队等驻地单位的沟通衔接，开展“八一”慰问驻地基层武警活动，组织地理信息产业园总部基地14家单位开展消防演练，构建问题联治、工作联动、平安联建局面；多次召开平安建设协调会，组织学习平安建设工作相关文件和消防安全培训，推进动员部署、督促检查、问题整改等工作；加强人防物防技防建设。落实重大节假日、重大活动、防汛期间厅领导带班、处级领导24小时带班、值班员24小时值班制度，节假日结束后向省政府总值班室报送值班简报。安排安保人员定期对办公大楼进行安全检查，全面落实24小时值守制和夜间巡逻制；组织专业人员定期对报警系统、喷淋系统、消防泵房、地下车库防排烟系统、机要档案房七氟丙烷系统、楼栋走道干粉灭火器、视频监控系统等重点部位进行安全检查；对办公楼内的各办公室、配电强弱井、网络机房加装灭火安全猫和悬挂式超细干粉灭火器，地下车库重新安装车辆道闸等安全设施。

【节能降耗】2022年，省自然资源厅后勤服务中心开展能源资源计量、统计、汇总、分析等工作。厅直所有单位均纳入国管局公共机构能源资源消费统计系统，建立账号，明确专人负责，后勤中心指导各单位开展能耗统计工作；年初做好厅机关2021年度能源资源消费统计汇总报送工作并通过省机关事务局审核；10月底汇总厅直单位前三个季度能耗数据，及时上报省机关事务管理局进行预审；根据省机关事务局《关于推进全省公共机构分布式光伏发电项目建设的实施意见》填报本系统光伏项目实施情况。全年能源资源消耗总量约150吨标准煤，其中电80万千瓦时，汽油31000升，人均能耗332千克标准煤（按450人计算）；用水总量7000立方米，较2021年下降3000多立方米。全年气温偏高，空调使用程度高，大数据指挥中心投入使用导致用电量增加；出差使用公务车辆比2021年度增加，油耗增加，单车油耗达到2580升。用电、用油总量较2021年有所增加，但单位能耗仍在可控制范围内。推进行为节约、绿色办公。开展节能降耗工作，抓好水、电、油和办公耗材节约工作。严格执行空调设置温度，定期组织物业人员对各办公室进行检查督查，及时做好办公楼节水器具的检查维修。实施绿色采购，采购空调、硒鼓、纸张等优选绿色、节能、环保、可再生产品，公务用车更换优先采购新能源车辆1台，并实行公务用车单车油耗核算；做好垃圾分类工作，推动垃圾从源头减量，停止使用不可降解一次性塑料制品。厅机关申请机关事务局安排专项资金10万元，采购可降解塑料制品等，更换所有办公室二分类垃圾桶150个，回收可回收物约8吨，回收旧硒鼓660个，实行以旧换新。配合机关食堂开展“光盘行动”，整治“舌尖上的浪费”，配合省政府办公厅做好食堂督导监管工作；开展节约能源资源宣传。结合全国节能宣传周、全国低碳日、中国水周开展绿色低碳宣传活动，同时组织厅直系统开展节能降碳、垃圾分类、限塑禁塑等知识讲座，在厅机关干部职工中开展绿植兑换活动。后勤中心组织党员干部参加线上国管局公共机构绿色低碳讲堂，收看中国发展改革报社副社长、中央广播电视总台特约评论员杨禹解读党的二十大精神。

【疫情防控】2022年12月7日，疫情全面解封前，省自然资源厅后勤服务中心严格落实“外防输入、内防反弹”总要求和动态清零总方针，与省政府AI大数据疫情防控平台数据共享，坚持每日统计、报送厅系统职工“两码”情况，第一时间排查和管控红码、黄码人员。在办公楼设置场所码，做到进出机关刷场所码、查核酸检测证明、测体温，对办公楼进出人员进行全覆盖管理。建立节假日出省人员台账，主动掌握人员流动信息。参加食堂值班，维持就餐秩序，做好人员集中场所、大型会议防控措施；根据厅疫情防控领导小组安排，常态化做好疫苗接种、核酸检测、防疫物资准备、疫情日报告、公共卫生消杀等服务保障工作。新冠疫苗接种做到“应接尽接”，接种率为94.76%，完全接种率为

94.53%，加强针接种率为96.04%。60岁以上老年人接种覆盖率为86.09%，全程接种率为85.32%，加强针接种比例为92.71%(排名第36)。3－11月，共完成全员核酸检测72次，约2万人次，根据疫情形势开展一周三检。

【荣誉档案】2022年10月，省自然资源厅被国家机关事务管理局、中共中央直属机关事务管理局、国家发展和改革委、财政部授予“节约型机关”称号。

（撰稿　董　力）

自然资源信息化建设

【湖南省自然资源政务平台】2022年，湖南省第三测绘院推进自然资源政务平台建设工作。从全院抽调70名业务骨干，专职保障自然资源政务平台建设工作。建立全院支撑省自然资源厅信息化工作的保障机制。编制《湖南省“十四五”自然资源信息化建设总体规划》，推进自然资源信息化和“数字政府”相关标准制定。支撑审批事项优化改革，推进“五减一提升”，对省级业务事项和流程进行全面优化。支撑省厅开展“走流程、解难题、优服务”行动。自然资源政务平台建设工作取得实质进展，平台采用省市区共建的模式，基本统一门户和用户。完成事务等五个模块的主要功能研发和数据迁移，并进行调试前的准备工作。“一库一图”建设初步完成。开发智能选址和智能组卷功能，构建项目评价模型；重构用地审批数字化组卷流程，提升审查报批效率和一次性通过率。建成湖南省第一批采用自主可控路线的自然资源“云中心”，实现“云中心”3D数字孪生模拟可视化智能运维。建成自然资源数字调度中心，实现全省自然资源工作一图全览、一屏分析、一键调度，在接待湖南省领导和其他厅局到湖南省自然资源厅考察调研等重大活动中发挥作用。

【支撑用地要素保障】2022年，湖南省第三测绘院开发工程建设项目智慧选址信息模块，为用地预审与选址提供技术保障。组建工作专班，全流程跟踪服务国、省重点项目用地审批。新新高速、黄花国际机场中轴大道互通、沪昆高速金醴扩容等项目用地审批刷新纪录，获得湖南省政府门户网站推荐。保障涉及交通、水安全等147个省级重点项目用地服务工作，支撑完成33个国、省重点项目用地预审、报部审批工作，涉及用地面积5006.67公顷。

【支撑省自然资源政务服务窗口工作】2022年，湖南省第三测绘院专设一个部门，支撑湖南省自然资源厅政务服务窗口。年内，窗口获评2022年湖南省政务服务中心优秀入驻单位，湖南省政务服务中心“红旗窗口”2次。工作人员获评湖南省政务服务中心优秀工作人员7人，“党员示范岗”“政务服务”之星8人次，收到锦旗16面，企业群众现场办事满意度100%。

【支撑国土空间规划】2022年，湖南省第三测绘院为“三区三线”划定提供数据保障，支撑规划审批数据日常动态更新上图，为全省国土空间规划编制提供数据保障、安全监管服务及相关市州国土空间规划现状基数检查和认定。

【支撑“五好”园区建设】2022年，湖南省第三测绘院建立园区三类低效土地矢量数据库，将处置任务落实到每一宗地块，实现动态监测跟踪管理，推动盘活处置工作，提升全省园区土地节约集约利用水平，助力省“五好”园区建设。年内，全省产业园区三类低效土地处置完成7746.67公顷。

【支撑违法用地监管】2022年，湖南省第三测绘院支撑省自然资源厅开展违法用地“双零”行动，为全省农村乱占耕地建房专项整治提供技术支撑。协助开展长沙、益阳、张家界等地日常督察和居民自建房安全专项整治工作。

【支撑不动产登记】2022年，湖南省统一不动产登记平台初步成型，并在永州、益阳、郴州等多地开展试点运行。湖南省网上“一窗办事”平台拓展15个高频事项，推进与各部门业务协同和数据共享，推动“一网通办”“全程网办”。

【助力全省疫情防控】2022年，湖南省第三测绘院研发上线“疫情防控大数据平台”，制作全省14个市州电子指挥用图，为湖南省新冠肺炎疫情防控指挥部提供邵阳市疫情指挥用图等，助力全省疫情防控。派出两名年轻党员下沉一线协助社区做好疫情防控工作。

【支撑省厅基础设施运维和网络信息安全管理】2022年，湖南省第三测绘院建成包括电子政务内网、电子政务外网、自然资源业务网在内的纵向贯通部省市县乡镇，横向联通公安、司法等8个厅局的自然资源“一面网”。常态化开展网络安全监测预警、攻防演练和整改加固，基本建成全网态势智能感知、网络异常实时处置的动态防御体系，保障信息系统安全稳定运行。支撑省自然资源厅开展安全保密工作，对终端设备违规外联情况实时动态监管，加强自然资源大数据的日常监管，推进信创工作。全年网络安全和数据安全事件零发生。

【支撑省厅业务系统运维】2022年，湖南省第三测绘院做好湖南省自然资源厅各业务系统运维。月清“三地两矿”系统，累计下达撤批土地预警569个、面积2893.33公顷；下发新增闲置土地1038宗、面积3046.67公顷。厅办公内控系统新增办公参阅资料库、线上智能核稿等功能，运行案卷114503条。建设用地审批系统受理用地审批项目1177宗、用地预审与选址意见书1009宗、成片开发方案审批项目278宗。省第三测绘院组建专班支撑省自然资源建设用地批后监管，全省批而未供和闲置土地处置持续保持全国领先。做好省自然资源厅183场次重要会议保障工作，其中省部级会议118场。

【内部合作】2022年，湖南省第三测绘院与省第一测绘院、省第二测绘院、省国土资源规划院、省测绘科技研究所、省自然资源厅事务中心等单位进行系统对接与建设协作。为省自然资源厅直属各单位做好数据服务，支撑全省“三区三线”划定、田长制体系建设等工作。推进网络安全防护和数据安全管理方面的工作协同。依托省自然资源厅云中心做好资源保障的同时，协调省政务云资源和长沙超算中心资源做好补充，支撑不动产一库一平台、田长制等系统的资源需求。

（撰稿　胡　婷）

市州、县市区
自然资源工作

长沙市自然资源和规划工作

长沙市自然资源和规划局

党组书记、局长　段　宁（2022.01—　）
党组副书记、副局长　程展鹏
总规划师　解　成
党组成员、副局长　罗国良
党组成员、市纪委市监委驻局纪检组组长　侯求求
党组成员、副局长　寻　文（2022.07起任党组成员，2022.09起任副局长）
总工程师　李　畅（2022.02—　）
党组成员　王锦魁（2022.11—　）
党组书记、局长　冯意刚（　—2022.01）
党组成员、副局长　张　斌（2022年6月到龄，但未发退休文）
党组成员、副局长　王慧芳（2022.11卸任党组成员）
党组成员　黎小宇（　—2022.07）

【概况】长沙市自然资源和规划局是市政府工作部门，为正处级，统一领导和管理市林业局。长沙市自然资源和规划局分别在芙蓉、天心、岳麓（拟划转至湘江新区）、开福、雨花、望城6个城区派驻了分局。另辖长沙市规划勘测设计研究院、长沙市自然资源和规划行政执法支队、长沙市土地整理中心、长沙市不动产登记中心、长沙市土地储备中心、长沙市自然资源交易事务中心、长沙市地质灾害监测评价中心、长沙市城市规划研究室、长沙规划展示馆、长沙市规划信息服务中心、长沙市土地信息中心等11个直属单位。2022年末，市自然资源和规划局机关实际在编干部95名。领导职数为：局长1名，副局长4名，总工程师1名，总规划师1名；处长（主任，乡科级正职）领导职数32名（含机关党委专职副书记、离退休人员管理服务处处长各1名，市政府征地办公室专职副主任、市土地管理委员会办公室专职副主任、市城乡规划委员会办公室专职副主任各1名），副处长（副主任，乡科级副职）领导职数31名。市自然资源规划局机关后勤服务全额拨款事业编制8名。

【国土空间规划编制】2022年，长沙市自然资源和规划局完成国土空间总体规划编制并上报国务院，推动“三区三线”划定成果正式启用。配合推进长株潭空间战略规划、轨道交通规划编制，有序引导非省会核心功能与设施向周边延伸布局。统筹推进“十个重大城市片区”规划提升，滨江金融、金阳新城、国际会展、南部融城等片区规划体系日益成熟。推进南部片区和北部片区规划，奥体中心公园、国家区域医疗中心、花博园等规划有序落地。分批次、分类型推进省政府周边片区、省级以上产业园区、绿心及周边地区、高校及周边区域控规评估与修编。持续完善总体城市设计、历史文化名城保护规划编制。会同交通、城管、消防等部门，共同推进综合交通、电网、排水、燃气、消防等领域专项规划编制。支持“五好”园区建设，合理划定全市工业用地控制线。建成国土空间总体规划“一张图”实施监督系统。基本实现801个村庄规划编制全覆盖。

【耕地保护利用】2022年，长沙市自然资源和规划局全面落实最严格的耕地保护制度，推进建立五级田长体系，配备各级田长7797名。开展国土空间总体规划“一张图”实施监督系统和耕地保护专项规划编制，确定全市耕地保护目标19.73万公顷，永久基本农田保护目标16.93万公顷。全年恢复耕地4113.33公顷，省级目标任务完成率154%。创新开展长沙机场改扩建工程范围内146.67公顷、45万方优质耕地耕作层“搬家”，成为全国耕地耕作层剥离再利用典型案例，获自然资源部肯定并被列为严格耕地用途管制专题研究班现场教学点。落实耕地保护“党政同责、刚性考核、一票否决、终身追责”，将耕地保护工作纳入市政府真抓实干督查激励和绩效评估内容。以“零容忍”态度坚决遏制农村乱占耕地建房问题。2021年耕地保护督察重点督办典型问题2个，已整改到位；其他问题167个，已整改158个，整改率94.61%。

【要素保障】2022年，长沙市自然资源和规划局制定实施“强省会20条”，获批建设用地261宗、面积1482.83公顷。实施集体土地征拆项目743个、腾地2208.78公顷，保障“五好”园区建设和岳麓山实验室农科院片区、新韶山南路、大泽湖海归人才科创园配套、暮坪湘江特大桥、轨道七号线等省市

重点项目落地。实施5批次集中供地，成交74宗、金额513.84亿元。全市土地收入924.26亿元（缴入国库1056.72亿元），约占全省40%；与发改、住建、行政审批等部门协作，承接强省会战略2项省级审批权限，完成“630攻坚”智慧电网三年建设行动年度任务。挂牌出让全省首宗空白区新设的“净矿”采矿权。

【自然资源督查执法】2022年，长沙市自然资源和规划局推进月清“三地两矿”。推动国家督察反馈问题纳入市政府督查范围。2021年国家自然资源例行督察整改率97.60%，全省排名第二。出台《关于进一步加强建设工程批后监管坚决遏制违法建设的通知》。推进“双零”行动，全市违法用地立行立改率90%以上。开展违建别墅和“大棚房”问题清理整治“回头看”、坑塘水面问题专项整治。园区低效土地处置量980 公顷、存量批而未供土地处置量2373.33公顷、A类地区单位GDP建设用地考核等在全省排名第一。

【安全生产与隐患防治】2022年，长沙市自然资源和规划局开展资规领域安全隐患大排查大整治，发布资规领域安全底线“一张图”。开展自建房安全专项整治，牵头推进建设合法合规性整治。推进芙蓉区农科家园安置房“四原”拆除重建、涉外学院周边整片拆迁提质。望城区率先试点将自建房审批纳入基本建设程序管理。开展临时建设、临时用地、违法违规厂房、物流仓储场、加油加气站、危化品整治及高层建筑火灾隐患排查等专项行动。严厉打击“洗洞”盗采金矿等矿产资源领域违法违规行为，全市砂石土矿整治“三到位”完成率100%，连续22个月实现非法采矿“零新增”。完成地质灾害风险普查，建成30处普适型地质灾害监测预警点，累计建设214处地质灾害监测预警点，完成821处地质灾害隐患点及95159户农村临坡切坡建房地质灾害风险数据建库，组织地质灾害紧急避险转移5021人次，实现地质灾害“零伤亡”。

【生态保护和修复】2022年，长沙市自然资源和规划局编制长沙市国土空间生态修复专项规划、矿山地质环境保护规划、第四轮矿产资源总体规划，全面落实第二轮中央生态环境保护督察反馈问题整改销号、2022年度历史遗留矿山生态修复任务。开展打击“洗洞”盗采金矿等矿产资源领域违法违规行为专项整治行动，关闭注销砂石土矿173家，关闭退出非煤矿山144家，全市砂石土矿整治“三到位”完成率100%。绿色矿山建设三年行动圆满收官，建成国家级、省级绿色矿山27家，全市生产矿山100%达到绿色矿山标准。

【优化营商环境】2022年，长沙市自然资源和规划局开展工程建设项目行政审批事项梳理优化，取消报建图审批环节。核发《用地预审与选址意见书》155份，《建设用地规划许可证》219个，用地面积975.30万平方米，核发总平面图167份，《建设工程规划许可证》522个，用地面积1495.62万平方米，管线长度125.76千米。纵深推进“多测合一”改革，实现长沙城镇开发边界1∶500地形图免费提供，市本级和各区县（市）测绘业务线上运行率达100%，业务审批在线关联率98%。编制城市商业和商务用地布局专项规划，研究拟出让和已出让商住用地“商改住”规划修改实施细则。开展“走流程、解难题、优服务”活动。召开促进房地产市场平稳健康发展企业座谈会。

【民生保障】2022年，长沙市自然资源和规划局落实长沙市居住公共服务设施配置规定，审批中小学用地100.67万平方米、建筑面积92.45万平方米，幼儿园建筑面积9.85万平方米，社区用房建筑面积7.12万平方米。落实“四增两减”公共政策，在规划修改项目中增加公共服务设施用地41.3万平方米、道路用地20万平方米、市政设施用地25.5万平方米、公共绿地27.1万平方米。实施新一轮儿童友好城市三年行动计划，入选全国第一批建设国家儿童友好城市。推进“互联网+不动产登记”，实现“同城通办、跨域通办”、省社保信息一键核验，“云抵押”便民服务点增至46个。上报市政府出台“交房即交证”改革实施细则，“交房即交证”改革全面落地。化解房产办证难题，全市累计完成化解项目286个，涉及91696户，办证67484本。推进房地一体确权登记，全市完成权籍调查89.37万宗，调查率100%，登记发证107.96万本。

【景观风貌】2022年，长沙市自然资源和规划局重点谋划“一江一河”两岸空间形态及天际线，打造“湘江百里画廊”，引导国家方志馆中国近代人物分馆等一批重大公共服务设施沿江沿河集中布局。在总体城市设计中对全市域风貌进行统筹设计，编制《长沙市乡村风貌管控导则》。严格建筑方案分级审查，强化八大要素24条管控要求。严控古城风貌区和岳麓山周边建筑风貌和高度，保护天心阁到岳麓山之间的扇形视线廊道。严格把关黄花机场T3

航站楼、湘雅医院国家医学中心等一批引领示范作用明显的标志性建筑。

【数字化建设】2022年，长沙市自然资源和规划局以省市县自然资源智慧平台共建为抓手，重构以业务标准化为核心、数据规范化为基础、应用融合化为保障的“三位一体”智慧资规管理体系，打造“一图一舱十大板块”应用体系。围绕自然资源真抓实干核心业务，深化国土空间规划“一张图”、安全底线“一张图”、执法子系统、“多测合一”、城市景观风貌管控等一批智慧化、精准化、专业化的特色业务应用。

【信访工作】2022年，长沙市自然资源和规划局受理12345热线、市长信箱、局长信箱、问政湖南工单12561件，办结率100%，回访满意率均在98%以上。规范办理依申请公开529件。受理信访件1142件，按期答复率、参评满意率均高于市直单位平均水平。配合做好省委巡视组和市委巡察组交办信访。年内，省自然资源厅转省委第一巡视组交办信访事项总计82件，已全部办结。获评全省自然资源信访工作业绩突出单位。

【宣传工作】2022年，长沙市自然资源和规划局在中央、省、市各类媒体发布新闻报道740篇，获评2022年度全省自然资源系统新闻宣传先进单位、政务信息先进单位。充分发挥长沙规划展示馆宣传和公众参与平台作用，完成三次大规模内容更新，举办《长沙市国土空间总体规划（2021—2035）》专题展览、“非凡十年·长沙印记”线上线下影展、“城市+”公开课、“行走长沙”等特色活动，开展 99场线上线下公众参与活动，参与人次近10万。

【党的建设】2022年，长沙市自然资源和规划局加强领导班子建设，组织中心组学习9次，召开局党组会53次。统筹推进“三表率一模范”机关、“五化”党支部建设，系统开展主题党日活动300余次。培优干部队伍，全年3名局领导履新，提拔重用科级干部19名，轮岗交流科级干部27名，制定人员招聘管理办法，公开招聘11批次、录用37人。抓严纪律作风，深入开展违规吃喝、违规收受红包礼金和打牌赌博、损害营商环境突出问题专项整治，建设“云上”监督系统，培育基层单元示范点，全力打造“清廉资规”。局系统党纪政务处分12人，诫勉谈话11人。意识形态领域保持安全平稳。获评2022年度全省政务信息先进单位和全市党委信息工作优秀单位。

（撰稿　赵群荟）

芙蓉区自然资源和规划工作

长沙市自然资源和规划局芙蓉区分局

党组书记、局长	朱　光
党组成员、副局长	刘勇军
党组成员、副局长	刘学彬
党组成员、副局长	罗教论
党组成员、副局长	刘少峰

【概况】长沙市自然资源和规划局芙蓉区分局为长沙市自然资源和规划局正科级派出机构。内设办公室、党建监察科、自然资源保护利用科、空间规划和项目审批科、征地拆迁和法规科、财务科六个科室，设中心管理所、东岸管理所两个基层管理所。管理长沙市自然资源和规划行政执法支队芙蓉区大队、征地拆迁事务所。至2022年末，在职工作人员共62名。

【自建房摸排工作】2022年，长沙市自然资源和规划局芙蓉区分局对辖区内建筑安全风险隐患开展排查，摸排自建房8157处，其中经营性自建房5797处，非经营性自建房2360处，发放不动产权登记证书34514本。经核实，涉及违法占地经营性自建房7处，非经营性自建房6处；涉及违反规划的经营性自建房2011处，非经营性自建房898处。

【过期临建清理】芙蓉区1997年以来共审批临时建设285宗，其中过期临时建设未处置到位151宗。长沙市自然资源和规划局芙蓉区分局逐一进行实地勘查，分析研判，制定处置方案。已处置到位44宗（拆除38宗，转正式建筑6宗）。待处置107宗，其中已立案查处102个，完成调查55个，依法下达责令限期拆除决定书42份。

【自然资源保护工作】2022年，长沙市自然资源和规划局芙蓉区分局开展自然资源保护工作。出台《芙蓉区全面推行田长制严格耕地保护的工作实施方案》，建立全区田长及网格田长体系。充分利用电视、网络、报刊及张贴标语等多种媒介，开展多层次、多形式的耕地保护宣传活动。芙蓉区2022年

“恢复类”耕地恢复任务2公顷，变更调查净减少耕地恢复任务5.93公顷，共计7.93公顷。与相关街道及地块业主单位对接，恢复耕地7.22公顷，均已上传至省自然资源厅进出平衡系统，并全部通过省级验收入库，完成耕地恢复任务。

【地灾防治】2022年，长沙市自然资源和规划局芙蓉区分局严格落实24小时值班制度，制定地质灾害防汛值班表，印发芙蓉区2022年度地质灾害防治方案，开展地质灾害巡查工作，对山体滑坡隐患点周边厂房、企业及街道办事处和社区送达两卡。开展动态巡查1105次，地质灾害巡查96次，未发生地质灾害事件。

【规划编制】2022年，长沙市自然资源和规划局芙蓉区分局参与隆平片区控规修编工作，与芙蓉区政府及长沙市自然资源和规划局“十大片区”规划专班沟通协调，先后十余次协调区政府进行专题调度，完成起步区的划定工作，控规修编评估报告已通过专家评审。

【行政审批】2022年，长沙市自然资源和规划局芙蓉区分局核发建设工程规划许可证24项，其中临时建设许可6项，审批面积7172.64平方米。公房及私房翻建许可18项，审批面积25047.8平方米。完成既有多层住宅增设电梯备案218台，完成市级目标任务。

【征地拆迁】2022年，芙蓉区共实施拆迁项目7个，其中远大路三期项目9户实现全面清零，腾地1.952公顷；其他6个扫尾项目共计腾地0.84公顷，拆除合法房屋3栋，面积520平方米，动迁人口17人。开展拆迁项目财务资金结转清零工作，多次召开专题会议研究调度，已完成49个项目的结转清零工作，结转资金36324.31万元。

【信访工作】2022年，长沙市自然资源和规划局芙蓉区分局登记并回复来信来访案件17件，其中当面接访答复7件，办理市、区转办8件，办结信访系统案件2件；办理政府信息公开29件；12345市民热线回复129件；办理区政府行政复议案件2件；征地拆迁和行政管理等各类行政诉讼案件22宗，行政复议案件3宗。

【批而未供土地处置】2022年，芙蓉区2009—2018年批而未供土地任务清单21宗，任务基数面积141公顷。至年末，已处置面积58.2公顷，处置率41.27%。

【闲置土地处置】2022年，芙蓉区增存挂钩闲置土地1宗，为长沙京湘康融置业有限公司，面积0.41公顷。该公司因债权问题，已申请破产清算并进入司法查封状态，根据司法优先的原则，清算完成处置。

【违法用地整改】2022年，芙蓉区违法用地、违法占用耕地“零新增”。存量违法土地方面，辖区内存量违法用地共计7宗（重复2宗，实际5宗），面积6.97公顷，其中占耕地面积2.71亩。已销号3宗，2宗阶段性整改到位（已出具违法用地处置证明，完善审批手续已进窗）。

【党的建设】2022年，长沙市自然资源和规划局芙蓉区分局把学习习近平总书记重要讲话和重要指示批示精神作为党组“第一议题”，全年落实“第一议题”11次。开展支部书记上党课、电影党课、专题片教育、红色现场教学、党的二十大报告专题解读等各类政治理论学习20余次，推动政治机关意识教育向各科室延伸。与驻地街道、社区开展共驻共建，下沉社区开展文明城市创建、疫情防控志愿服务等工作。全年未发生违规违纪事件。

（撰稿　庞　听）

天心区自然资源和规划工作

长沙市自然资源和规划局天心区分局

党组书记、局长　　康哲新
党组成员、副局长　　李定平（　—2022.06）
党组成员、副局长　　张　杰
党组成员、副局长　　邓智亮
党组成员、副局长　　胡　敏
党组成员、副局长　　姚　文
党组成员、副局长　　朱振宏
长沙市自然资源和规划行政执法支队天心区大队
李炜路（2022.09—　）
长沙市自然资源和规划行政执法支队天心区大队
刘朝晖（　—2022.09）

【概况】长沙市自然资源和规划局天心区分局是长沙市自然资源和规划局的派出机构，为正科级。内设办公室、党建监察科、自然资源保护利用科、空间规划和项目审批科、征地拆迁和法规科、财务科6个科室；设大托（中心）管理所、暮云管理所2个基层管理所；管理长沙市自然资源和规划行政执法支队天心区大队、征地拆迁事务所。截至年末，在职工作人员132名。

【空间规划布局】2022年，长沙市自然资源和规划局天心区分局推动国土空间规划成果落地实施，按照划定规则，优化天心区“三区三线”方案，对接长沙市自然资源和规划局，整体谋划全区国土空间开发保护格局。统筹城市建设与管理，加强重点片区、重要地段、关键节点的规划修编和城市设计。加快城镇开发边界外乡村规划编制。按照“镇村一体化”模式加快推进全区村庄规划编制全覆盖，并启动国土空间总体规划编制工作和“多规合一”村庄规划编制工作，已完成暮云新村、许兴村、莲华村、沿江村、滨洲新村、牛角塘村6个村庄规划编制全覆盖。要求新建农村住宅选址应避开地质灾害隐患点和临坡、切坡避让区。根据《长沙市村庄规划编制技术导则（试行）》文件，提出天心区综合防灾减灾的目标，预防和排除各类灾害危害的措施，重点督促各街道在规划中落实消防等规划相关要求。

【自然资源管理】2022年，长沙市自然资源和规划局天心区分局严守耕地保护红线，夯实粮食安全根基。南托街道滨州新村抛荒林地整治恢复工作获省自然资源厅耕地保护专项督导组认可，中国自然资源报、湖南日报、湖南卫视、湖南红网等省、市媒体进行专题报道，此项工作获得2022年市政府真抓实干督查激励。推进统筹发展，加快矿业转型绿色发展。全面完成湖南省自然资源厅下达的非煤矿山整治任务。提前完成南托街道杨桥、暮云新城砖厂关闭退出工作，按照“三不留一毁闭”（不留人员、不留设备、不留建筑物、毁闭井硐）标准拆除到位，强化渣土消纳场地管理，加强巡查，消除安全隐患，杜绝安全事故发生。

【自建房排查整治】2022年，长沙市自然资源和规划局天心区分局开展自建房安全整治工作，成立领导小组，制定居民自建房大排查大整治工作方案和落实自建房安全整治“百日攻坚”专项行动方案。班子成员分片负责，组织审批、执法和基层资规所工作人员会同街道、社区开展自建房摸排。对1997年以来自建房（含城市个人私房、农民安置房和村民建房）审批、登记情况逐一核查，建立摸排、审批、登记“三本账”。对全区摸排自建房的用地许可、规划许可、产权登记、违法占地和建设情况以及地质灾害隐患情况进行全面核查，共摸排房屋18155栋。编制《天心区居民自建房手续办理指引》，印发《天心区高等院校及周边区域控规评估及修编工作方案》，并启动对高等院校的控规评估及修编工作。参与指导城南路街道里仁坡2、3、4 号等D 级危房处理，按照统一规划、统一建设、纳入基本建设程序等措施，采取“四原”方式进行拆除重建。

【办证信访化解】2022年，长沙市自然资源和规划局天心区分局对各街道进行摸排梳理，深入群众、深入社区，解决好购房群众产权登记难的问题，超额达成2022年新增房地产办证突出信访问题化解率45%的考核目标。配合做好“交房即交证”工作。

【土地执法监管】2022年，长沙市自然资源和规划局天心区分局加强协调沟通，推动批而未供处置。协调沟通各平台公司和用地单位，加强协调和争取支持，完成天心区2009—2018年批而未供土地处置率35%以上的任务目标。严格土地执法，坚持动态巡查制度，实行早巡查、早发现、早预警、早制止、早整改的“五早”工作方法，深化国土信息员、国土巡查员、执法队员“三员”联动的工作机制，实现全年耕地零违法。压实责任目标，推进闲置土地处置。明确责任主体，推进天心区自然资源部增存挂钩闲置土地和省厅例行督察反馈闲置土地处置工作。天心区构建土地盘活的大系统，成立全省首个存量土地资源盘活工作指挥部，搭建全省首个存量土地信息平台，全区2133公顷存量土地“一图尽览”，土地要素实现精准配置。天心区资规分局闲置土地处置工作多次在天心区存量（闲置）土地资源盘活工作指挥部考核中评为一类。闲置土地处置考核达到省厅下达的目标任务。

【规划批后管理】2022年，天心区提高建筑外立面质量，提升城市品质。围绕建设现代化新长沙，以品质规划为引领，指导建设单位开展建筑外立面设计。制定高层建筑风险防控工作方案，全面摸清底数，建立建筑底数台账和问题隐患清单，排查潜在的消防安全风险，做到立行立改。开展高等院校及周边区域控规评估编制工作，提升高校及周边区域城市功能、配套服务、交通组织、景观风貌。全面整合片区发展诉求，巩固城镇开发边界初步划定成果，助力城市品质升级。全面排查物流仓储和过期临建整治。根据全市“4·29”的工作要求，全面开展物流仓储企业大排查大整治大管控及过期临时建设分类处置工作，逐宗逐地明确整改措施，坚决消除违法状态，深入企业，做到“拆除一批、整改一批、销号一批”，全面维护全区涉土涉规开发利用秩序。

【**依法征拆助推项目**】2022年，天心区实施征拆的项目共77个，其中新启动19个项目；共拆迁腾地约69.4公顷，完成私房补偿207栋，拆除合法房屋面积约4.7万平方米，拆除集体企业9家。发布各类公告50余个；完成法院强制执行2件，行政诉讼43件，已开庭41件，行政复议24件，已答复24件。通过积极协调沟通，发挥各方优势，确保人民法院快速审结案件，裁定准予强制执行，为司法强制腾地扫除障碍。

【**办好民生实事**】2022年，长沙市自然资源和规划局天心区推进人居环境再提升。围绕“菜食住行购、教科文卫体、老幼站厕园”等民生问题，办理既有多层住宅加装电梯备案193台，参与老旧小区改造方案研讨30余次。开展突出信访矛盾治理，聚焦群众合理合法诉求，千方百计为群众排忧解难。有效化解信访矛盾工作。主动联系群众，配合帮助解决群众急难愁盼问题，共处理各级交办的信访件11起、处理重复件6件、积案4件、配合接访及参加各类协调会50余次，均做到按时答复、及时上报，无超时件。处理提案建议及群众诉求。共处理12345市长热线电话及群众诉求电话236件，办结率达100%，回访满意率达95%；办理依申请政府信息公开47宗；承办市、区两级人大建议、政协提案，区人大代表发言49件（主办12件），均按照时间节点和工作要求落实完成。

（撰稿　谭　巧）

开福区自然资源和规划工作

长沙市自然资源和规划局开福区分局

党组书记、局长	丁旭明
党组成员、副局长	贺念虎
党组成员、副局长	黄　宏
党组成员、副局长	尹　忠
党组成员、副局长	张伏根

【**概况**】长沙市自然资源和规划局开福区分局为长沙市自然资源和规划局的派出机构（正科级），内设办公室、党建监察科、自然资源保护利用科、空间规划和项目审批科、征地拆迁和法规科、财务科，中心、捞刀河和青竹湖自然资源和规划所，征地拆迁事务所，执法监察大队。截至年末，在职工作人员共118名。

【**自建房摸排工作**】2022年，长沙市自然资源和规划局开福区分局针对266宗过期临建，全部立案查处，形成以拆除为惯例、不拆除为特例的处置模式，并有效推进长沙学院周边专项整治行动、浏阳河街道铁路沿线安全隐患整治行动，拆除违法建筑面积3700平方米，红网时刻、掌上长沙、潇湘晨报、新湖南等多家媒体进行了专题报道。针对省专班交办的30宗过期临时建筑逐宗核实现状，已全部立案查处到位，已全部报送区政府采取分类处置措施实现有效处置。

【**自然资源保护工作**】2022年9月13日，长沙市自然资源和规划局开福区分局出台《开福区全面推行田长制严格耕地保护的工作实施方案》，实行书记、区长担任“双总田长”，构建区、镇（街道）、村（社区）、网格四级田长体系，明确确保耕地数量不减少和粮食播种面积稳定作为刚性指标实行严格考核、一票否决、终身追责。在上轮规划耕地保有量达标和耕地后备资源严重缺乏的背景下，市级下达区2022年耕地恢复任务68公顷（省级下发49.47公顷，市级追加18.53公顷）。耕地恢复工作已全面完成，已通过省级审核。完成耕地恢复任务71.4公顷。

【**地灾防治**】2022年，长沙市自然资源和规划局开福区分局对全区“房地一体”调查中确定为切坡临坡建房的2455户进行入户摸排调查，已全部完成上户调查，其中高风险3户、中风险229户、低风险2044户、无风险179户。街道、社区在自建房摸排中共上报151户疑似存在地质灾害隐患房屋，调查核实后，其中40户不存在地质灾害隐患、111户属于切坡建房，均已纳入切坡建房台账。

【**规划编制**】2022年，长沙市自然资源和规划局开福区分局划定“三区三线”，实现耕地保有量和永久基本农田应保尽保，重点保障金霞新城、重点片区用地诉求。谋划推进苏托垸片区整体高品质开发的规划实施，编制村庄规划。

【**行政审批**】2022年，长沙市自然资源和规划局开福区分局核发建设工程规划许可证41项，其中审批个人住宅29项、审批临建11项、农民安置房1项。

【**征地拆迁**】2022年，开福区共有在拆项目95个，其中新启动拆迁项目39个（需征地面积65.55公顷，需拆迁房屋61栋，需动迁人口198人），包含28个按新程序启动的项目和11个按老程序启动的项目，已发布二公告的项目有39个，已发布三公告的项目有7个。往年续拆扫尾项目56个，包含35个按新程序启动的项目和21个按老程序启动的项目。

【**房地产办证遗留项目化解**】2022年，长沙市自然资源和规划局开福区分局将45个项目纳入房产办证遗留问题化解，涉及212栋、8934户。

【**批而未供土地处置**】2022年，长沙市自然资源和规划局开福区分局印发《开福区批而未供土地处置三年行动计划工作方案》，成立以区长为组长的区批而未供土地处置工作领导小组，明确批而未供处置35%以上的目标任务，完成省厅35%的处置任务要求。

【**闲置土地处置**】2022年，长沙市自然资源和规划局开福区分局2017年以来持续开展闲置土地“支帮促”工作，盘活金马美食城、中南国家数字出版基地马栏山园区、枫树湾路、马栏山加油站等开发项目，盘活面积约156.67公顷。

【**违法用地整改**】2022年，长沙市自然资源和规划局开福区分局出台《开福区集体土地违法使用管控方案》《开福区集体土地违法使用管控工作责任追究办法》以及《开福区2022年违法用地“双零”行动工作方案》，保持违法用地“零新增”态势。统筹安排各涉农街道组织动态巡查3493次，与城管、农业农村等部门联动协同，配合街道全程参与配合制止、处置，将日常发现的20多起违法用地苗头遏制在萌芽状态。自然资源部、省自然资源厅下发卫片图斑1298宗，监测面积1042.41公顷，耕地面积317.36公顷，无违法图斑。推进去化存量。历年国家、省级例行督察反馈问题整改率均在全市排名前一、前二，存量化解有望明年一季度实现清零。

【**党的建设**】2022年，长沙市自然资源和规划局开福区分局组织开展中心组学习12次，组织全体党员集中学习15次，进行党课学习活动4次，支部书记上党课2次。开展“奋斗新征程，喜迎二十大”系列主题活动，邀请专家上党课、开展道德讲堂、“微宣讲”比赛、“俭以养德，廉洁深植”《每周一语》等活动。

（撰稿　张紫羚）

雨花区自然资源和规划工作

长沙市自然资源和规划局雨花区分局

党组书记、局长　周远宏
党组成员、副局长　杨凌云
党组成员、副局长　汤　菁
党组成员、副局长　邓　勇

【**概况**】长沙市自然资源和规划局雨花区分局为长沙市自然资源和规划局正科级派出机构，办公地点在雨花区香莲路69号。内设办公室、党建监察科、财务科、空间规划和项目审批科、征地拆迁和法规科、自然资源保护利用科等6个科室；直属单位：长沙市自然资源和规划局雨花区分局征地拆迁事务所；派出机构：中心管理所、黎托管理所、洞井管理所和跳马管理所。有干部职工137人（含聘用人员74人），在职人员114人，退休人员23人。

【**国土空间规划**】2022年，长沙市自然资源和规划局雨花区分局完善全区国土空间规划校核反馈，解决中心城区约11平方千米的城镇建设用地规划增量认定问题。24个“十四五”规划省市重大项目纳入市级国土空间总体规划，面积3879.74公顷。实行多规合一，为城市建设和项目发展释放有效空间，为片区的科学发展擘画蓝图，特别是岳麓山实验室林大林科院片区项目、金屏生态新城、绿心公园及花卉园艺博览园项目规划定位，为全区高质量发展奠定基础。按照“先农田、再生态、后城镇”优先顺序，形成“三区三线”划定成果。拓展城镇建设空间16.86平方千米，争取划定黄兴南绿心邻园片区15平方千米，调出永久基本农田221.33公顷，发展空间得以拓展。耕保目标任务的实现双核减，耕地保有量核减比例为64.32%，永久基本农田核减比例为70.61%。生态保护红线划定得以最大限度的优化，省森林植物园、省林科院片区均未纳入生态保护红线，减轻生态红线保护压力，规划指标进一步优化。

【**自然资源执法**】2022年，长沙市自然资源和规划局雨花区分局推进违法用地管控。全年自然资源部和省自然资源厅下发卫片690宗，全年新增违法用地2宗，无违法占用耕地行为，雨花区为省自然资源厅表彰的无违法占用耕地区县之一。开展存量违法用地清零试点工作。全区存量违法用地40宗，整改到位31宗，针对存量违法用地逐宗研究、分类施策，为省自然资源厅出台存量违法用地处置意见提供经验做法。2021年部下发“增存挂钩”闲置土地任务处置清单中，涉及全区37宗，面积141.26公顷，20宗处置到位，处置面积111.6公顷，处置面积内五区排名第一。省自然资源厅下发“月清三地”闲置土地处置任务涉及雨花区4宗，面积65.34公顷，已处置到位1宗，面积48.97公顷。全年批而未供完成处置59.43公顷，处置率39.91%。

【项目批后监管】2022年，长沙市自然资源和规划局雨花区分局严格项目日常监管制度，放线49次，正负零验线检查14次，规划条件核实56次，各个环节的检查到位率均为100%。落实规划公示规定要求，共计实施控规修改、总图批前、报建图变更等现场公示121次。对巡查中发现的、投诉举报的违法建设行为及时核实、移送或上报，全年向区城管执法部门移送违法建设案件41件，责令停止建设4起，责令限期整改6起。联合城管、街镇推进拆违控工作，对城管部门及各街镇出具违法鉴定复函96个，提供拆除违法建设的法律文书支撑。

【服务经济发展】2022年，长沙市自然资源和规划局雨花区分局铺排集体土地征拆项目111个，实现按期腾地60.87公顷，拆除合法房屋220栋，拆除房屋面积45985平方米，动拆人口1015.5人。确保莲湖中学，雅塘冲路，绿心中央公园首开区，团头互通等一批省市重点工程项目按照时间节点推进。争取用地指标，化解项目难题，服务用地报批，全年代拟征收土地预公告35个，涉及用地面积 83.8741公顷。开展存量土地资源摸底，摸排全区存量建设用地，建立存量用地台账，推动低效用地转型升级。拟定土地出让和储备计划，全程服务和推进土地出让，全区土地出让17宗（含在挂3宗，终止3宗），面积63.52公顷。严格临时建设规划管理和审批，办理临时建筑工程规划许可证8宗。

【自然资源保护】2022年，长沙市自然资源和规划局雨花区分局全面实施田长制，建立区、镇（街道）、村、网格四级田长制体系。将耕地保护目标带位置落实到街镇、村组、网格，层层签订耕地保护责任书。结合耕地保护专项规划的编制，将全区现状耕地、恢复属性耕地、耕地后备资源，落实到街镇、村组和网格。选定恢复耕地图斑300公顷，恢复耕地工作取得进展。2022年度耕地保护目标1493.33公顷、永久基本农田保护目标1093.33公顷，实现完成整改补足。坚持生态优先、保护优先，打好矿山生态修复攻坚战，完成10类矿山生态修复7个，20类矿山生态修复2个。

【安全生产工作】2022年，长沙市自然资源和规划局雨花区分局开展安全生产“百日攻坚”行动。摸排自建房安全隐患，建立和完善自建房用地手续、规划许可手续和不动产登记手续台账，摸排自建房总量23355栋、认定违法占地和违法建设9795栋，判定建设合法合规性隐患2153栋。面对过期临时建筑处置的“安全考题”，执行执法程序，督促自拆，全区457处处置任务，立案查处数117处，履职数197个，销号数193个，销号率42.23%，内四区排名第一。其中同升街道同超物流园配套用房、同力家园售楼部、湘林仓库和洞井街道桃花村物流临时配套用房等共约34000平方米过期临建得以自拆，相关做法被央媒、省市宣传报道。组织开展“强执法防事故和打非治违行动”，全年专题部署安全生产工作32次，开展动态巡查4207次，发现并整改完成重大隐患7处，连续三个季度“强执法防事故”排名第一。常态化开展“风险自知、安全自查、隐患自改”活动，严查打击非法采矿、盗采等行为，加大废弃矿山生态修复和安全防护。夯实地质灾害防治基础，完成全区灾害点普查和切坡建房风险管控，突出抓好汛期地质灾害防治，开展地质灾害科普培训和地质灾害应急演练活动，安全生产持续向好。

【党的建设】2022年，长沙市自然资源和规划局雨花区分局组织中心组学习9次，召开支委会24次，党员大会7次，党课4次，主题党日活动12次。各支部组织学习讨论活动8次，领导班子辅导讲党课4次，撰写学习心得体会50多篇。落实市委巡察问题反馈整改，整改问题4个，组织全局干部职工召开4次党风廉政建设工作会议，召开“迎双节，话清廉”主题谈心谈话会，开展廉政谈话10次、集体约谈4次，谈话358人次。签订《廉政责任状》12份，签订深化作风建设严防“四风”问题回潮变异承诺书119份。深入开展“以案促改，以案为鉴”和“清廉资规、你我共建”活动，观看警示影片，听党课，演讲讨论、参观廉政警示基地。建立干部廉政档案，按照三定方案制定权力清单，列出廉政风险点。对工作效能、在岗状况进行日常内部检查22次。

（撰稿　周永平）

望城区自然资源和规划工作

长沙市自然资源和规划局望城分局

党组书记、副局长	张宏彬
党组副书记、局长	舒志清
党组成员、副局长	张建林
党组成员、副局长	陈舸夫
党组成员、副局长	李园红
党组成员、副局长	李　华
党组成员、副局长	肖新苗
党组成员、副局长	廖运华
党组成员、执法大队长	李再军

【概况】长沙市自然资源和规划局望城分局是长沙市自然资源和规划局的派出机构，为正科级，内设综合办公室、人事政工科、财务管理科、政策法规科、权籍管理科、权益管理科、规划科、用途管制科、自然资源保护科、测绘地理信息科、造林绿化科、监督管理科、行政审批科、征地拆迁科等14个科室，设机关纪委和机关党委。下设执法监察大队、土地储备中心、征地拆迁事务所、不动产登记中心、生态修复中心、矿产资源开发服务中心、市场服务中心、信息服务中心、规划展示馆9个二级机构和12个自然资源所。

【用地保障】2022年，长沙市自然资源和规划局望城分局划定国土空间总体规划“三区三线”，优化完善“一江两岸”发展规划和滨水新城核心区控制性详规，精心编制大泽湖片区城市设计。启动望城区耕地保护规划编制，靖港古镇历史文化名镇保护规划形成初步成果，完成区“十四五”国土空间发展规划正式成果。办理用地蓝线29个，规划条件24个，核发建设项目用地预审和选址意见书24本。开展乔口等4镇国土空间总体规划和73个村庄规划编制工作，助力乡村振兴。实施年度报批计划，优化用地预审与选址服务，获批建设用地120余公顷，为全区项目建设提供用地保障。编制土地征收成片开发方案，规范征地程序，严格补偿标准，依法稳妥高效完成盘树湾安全整治、大泽湖海归小镇腾飞路至永通大道地块等70个项目533.33余公顷拆迁腾地，常益长铁路项目创造了征拆工作“望城速度”，获省自然资源事务中心通报表彰。严格落实月清“三地两矿”工作要求，处置批而未供土地533.33余公顷。盘活闲置土地93公顷，完成年初目标任务（53.33公顷）的174.3%。以“三资”工作为契机，完善周转用地、标准地和弹性供地政策，供应土地765.4公顷，其中，成交经营性土地229.7公顷，完成入库国土基金收入165亿元，完成年初目标任务（90亿元）的183.3%。

【资源保护】2022年，长沙市自然资源和规划局望城分局落实最严格的耕地保护制度，出台田长制实施方案，建立区镇村“三级+”田长制体系，实现耕地保有量不少于18453.33公顷目标。恢复耕地746.67余公顷。落实耕地占补平衡，为35个建设项目补充耕地71.93公顷。推进林长制工作，完善林长制“一长三员”组织体系，划分83个管护网格，实现森林覆盖率34.22%，森林蓄积量增长3.8%，林木采伐量控制在全年限额的40%以内，完成小微湿地建设4公顷，新造森林生物防火林带10千米、抚育补植9千米、改造5千米。《湖南日报》以《全面推行“田长制”守护耕地“生命线”》《以“林长制”促“林长治”打造生态望城亮丽名片》为题，对区田长制和林长制工作成效进行专版报道。加强矿政管理，引导4家制砖企业转型升级和退出，组织实地排查已关停砖厂及矿山46处。持续推进生态保护修复，完成历史遗留矿山生态修复6.48公顷，完成年初目标任务的237.4%，人民日报、湖南日报、长沙要情等媒体进行宣传报道。油茶产业建设成效显著，完成种植面积166.67公顷，《中国自然资源报》以《长沙望城：激活乡村振兴的“绿色引擎”》为题进行宣传推介，长沙新闻频道作专题采访。建立健全自然资源巡查控违和建设用地批后监管工作机制，查处土地、林业、矿产违法用地95宗，其中移送公安机关1宗，整改卫片图斑959宗。完成违法违规建设专业咨询函复76份，函告街镇和城管部门累计111次。

【民生保障】2022年，长沙市自然资源和规划局望城分局完成第三次国土调查工作，受到省人民政府办公厅通报表扬。农村宅基地和集体建设用地房地一体确权登记发证工作进行全面“回头看”。年度国土变更调查成果已通过国家、省级核查。完成铁塔视频建设并正式运营，实现自然资源保护全天候、无死角动态视频监测。全面完成“多测合一”管理目标，房产测绘数据与不动产登记、商品房网签实现数据共享。优化营商环境，开展“走流程、解难题、优服务”行动。完善“互联网+政务服务”一体化平台，编制“一件事一次办”指南，开辟企业绿色窗口。不动产登记全年受理业务14.8

万件，5个工作日办结率99%。全面推行“交房即交证”改革，牵头制定《长沙市望城区推进新建商品房“交房即交证”改革实施细则》。化解房地产“办证难”问题项目29个，成功化解23398户业主办证难问题。健全居民自建房审批管理长效机制，创新“五类审批”模式获全省经验推广。审批建设项目总图及外立面方案53个，办理人大建议27件、政协提案27件。做好法治政府建设和信访维稳工作，全年答辩诉讼、复议案件97件，办理政府信息公开申请144件，办理来信来访来电2047件，答复率、办结率均为100%，获评全省自然资源信访业务工作突出单位。举办《长沙市国土空间总体规划（2021—2035年）》公示版专题展览和“探秘自然资源、守护美丽乡村”暑假实践活动，全年接待参观人数3万余人。全面排查自然资源领域安全风险隐患，开展地灾应急测绘和处险演练3次，核实地灾隐患点58处，处置险情72起，排查临坡切坡建房10500户，发放风险告知书2.2万份，完成治理项目省级立项，全年未发生一起地灾事故。

【实施田长制】2022年9月8日，望城区委、区政府印发《关于全面推行田长制严格耕地保护的实施方案》，11月17日组织区直相关部门、街镇、村（社区）召开全区田长制工作部署会议，全面建立区、街镇、村（社区）“三级+”田长制体系。将全区划分街镇级网格11个，村级网格97个，村级以下网格1896个，共设置网格田长2281个，已全部完成“湖南田长”APP注册，将2022年度全区耕地保护底线目标带位置分解至街镇、村（社区），区委、区政府与各街镇签订2022年耕地保护目标责任书，压实党政职责。申请成为全省二十个建立铁塔视频先行县之一，安装61个高清摄像头，耕地覆盖率90%，以铁塔视频实时监控预警为抓手，结合省自然资源厅月度卫星监测及街镇、资规所、田长全面巡查，实现“人巡+技巡”全方位巡查。

【推行林长制】2022年，长沙市自然资源和规划局望城分局完善林长制“一长三员”组织体系，落实区镇村三级林长责任分区。全区11个街镇62个管护网格配齐监管员、执法员、林业科技员及专职护林员，为桥驿、茶亭2个重点街镇护林员配备巡林专业摩托车28台，设置管护网格、林长公示牌169块。印发2022年工作要点、重点工作任务分工、考核方案等。试点实施松材线虫病疫木除治无害化处理资源化利用新模式等。林长制工作在湖南卫视新闻联播、央视网、央广网、央视新闻等主流媒体宣传推广4次。组织开展为期3天“四员”集中业务培训，开展森林防灭火技能考核，并在省林业局网站推介。全面修复废弃露天矿山及周边山体水体93.33公顷，有效改善湘江两岸10公里范围内生态环境，被评为“全省国土空间生态修复十佳范例”，并在《湖南日报》专题报道。

【完善自建房管理机制】2022年，长沙市自然资源和规划局望城分局联合区住建局出台《关于明确五类居民自建房审批事项的通知》。出台《长沙市望城区自建房帮代办及手续办理降费减负实施方案》。从结构安全鉴定、测绘、地勘、设计、图审、报建、监理、专业施工等方面全面减轻自建房建设前期费用。出台《长沙市望城区自建房行政审批效能监督办法（试行）》。针对进入自建房合法合规性专项整治隐患库的房屋，分类挂牌，拟定初步处置方案。至12月30日，有自建房数据103656条，已核实合法合规性自建房隐患数据69148条，进入整治清单17612条，进入整治库17281条（另331条数据待其他部门核实后进入整治库），已整治销号69户（不计入整治库数据）。已办理建房设计要求告知函24份，核发建设用地规划许可证24本、国有建设用地批准书23本、建设工程规划许可证40本。自建房审批纳入基本建设程序管理试点工作，省自然资源厅下发全系统学习《关于转发〈长沙市自然资源和规划局望城分局 长沙市望城区住房和城乡建设局关于明确五类居民自建房审批事项的通知〉的通知》。

【队伍建设】2022年，长沙市自然资源和规划局望城分局优化设置党支部10个，以深入实施基层党建“书记工程”为抓手，推动党史学习教育常态化长效化，召开党组（扩大）会33次，党组理论学习中心组集中学习9次，举办“资规大讲坛”4期，委托湖南大学专题业务培训50余人次，依托区委党校和省干部网络学院线上线下培训党员干部320余人次，开展党建活动26次，志愿服务活动16次。离退休党支部获评2022年“市示范离退休干部党支部”“区基层党建示范点”。开展“六大纪律大赶考”“山水林田湖草沙、清廉资规伴我行”知识竞赛、曾国藩廉政文化学习等活动。

【荣誉档案】2022年，长沙市自然资源和规划局望城分局第三次国土调查工作得到省政府办公厅通报表扬。获评湖南省2021—2022年度松材线虫病疫情防控成效评估优秀单位，2022年全省自然资源信访工作业绩突出单位，2022年长沙市政府耕地保护真抓实干督查激励、区财税、招商引资、优化营商环境、征地拆迁和信访工作先进单位。

（撰稿　李　宇）

长沙县自然资源工作

长沙县自然资源局

党组书记、局长　周　创

党组副书记、副局长　戴定安

（2022.07任党组副书记）

党组成员、副局长　陶　权

（2022.07免党组成员、2022.08免副局长）

党组成员、副局长　石碧娟

党组成员、副局长　张　宇

（2022.07免党组成员、2022.08免副局长）

党组成员、副局长　宋　闯

（2022.07任党组成员、2022.08任副局长）

【**耕地保护**】2022年，长沙县自然资源局推行田长制，在春华镇、路口镇、果园镇开展田长制试点，全县已建立县级田长制工作委员会为主导，38个镇级田长、154个村级田长、458个网格田长为支撑的“3+1”级田长制体系。建立耕地优质表层收储落地、储备回报、台账管理、资源再造体系，长沙县“耕作层银行”获得湖南省耕地保护十大典型案例，经验做法在全省推广。多样化开展耕地保护宣传工作，拓展耕地保护宣传渠道，利用各类媒体、网站、“村村通”、屋场会等宣传阵地，先后创作推出“种好初心田，践行为民情”“为耕地保护代言”等诗歌、微电影、视频、动画等多类型耕地保护宣传作品10余个，在学习强国、红网等平台广泛宣传，受到省市主管部门领导高度肯定，其中长沙县自然资源局原创微电影《命脉》被自然资源部宣传推介。

【**服务民生**】2022年，长沙县自然资源局推进数字化窗口政务服务改革，落实数字化、无纸化审批，提高依申请类政务服务事项及标准化业务办理项的“引用率”和“实施清单发布率”，提升政务服务事项网办率，拟定“三集中三到位”改革方案和集中授权方案。开展“走流程、解难题、优服务”行动，组织全体领导班子和重点事项科室负责人以办事群众和工作人员两种身份，走进政务大厅，登录办事平台，体验办事流程。制定《长沙县自然资源局“项目建设提速年”行动方案》，落实领导调度、专项推进、督察督办等工作制度，推行容缺办理、并联审批、告知承诺制、重点合规项目绿色通道审批等新举措。优化流程，取消预实测、规划竣工测量通知单，规划条件核实和建设用地检查核验“二合一”，工规证资料精简为9项。“多测合一”改革实效居全省首列。压缩时限，推进“三个前置”，总图审批压缩时限60天、建设工程规划许可证核发压缩15个工作日、用地预审与选址意见书审批压缩3个工作日。核发建设用地规划许可证（房建类）74件，总用地面积231.61公顷。核发建设用地规划条件通知单（房建类）80件，总用地面积185.50公顷。完成总图批复建设项目73个，核发建设工程规划许可证73本，总建筑面积约为355万平方米。办理20个市政道路规划设计要点。

【**用地保障**】2022年，长沙县自然资源局获批建设用地435宗，涉及76个项目，总面积398.38公顷，其中国有用地403宗，面积368.68公顷，集体用地32宗，面积29.7公顷，保障毛塘铺工业园污水处理厂、比亚迪汽车零部件、湘府东路等一大批重点项目落地建设。成片开发方案编制方面，对接长沙经开区、自贸会展区、自贸临空区等片区，牵头组织编制长沙县2022年度两批土地征收成片开发方案。参与工程机械二手设备出口基地等项目选址论证工作。牵头起草《长沙县集体建设用地管理办法》。会同县发改局建立重大项目用地要素保障协调会商机制，成立重点项目用地保障服务专班，对水利、松雅生态新城重大项目建设进行会商，破解项目用地工作存在的各项难题。开展“我想有个家，最好在星沙”品牌推介活动，完成供地816.8公顷，其中挂牌成交207.61公顷、盘活批而未供用地377.21公顷。

【**空间规划**】2022年，长沙县自然资源局划定“三区三线”，规划成果于9月30日获得自然资源部批准使用。规划划定耕地保护面积336.24平方千米（50.43万亩）；划定永久基本农田保护面积280.20平方千米（42.03万亩），占耕地比例为83.34%。划定生态保护红线面积46.35平方千米，相比2017版生态保护红线面积15.71平方千米，新增30.64平方千米。与长沙市总规成果充分融合，逐步完善主体成果文本、图集，数据库搭建同步更新。严格倒排规划审查报批时间计划，12月完成规划成果同级部门意见征求工作，并同步形成规划成果公示稿，推进规划公示相关工作。启动《长沙县村庄分类与布局规划（2019—2025年）》修订工作，对村庄功能分类、规划编制期限、规划指标体系等内容进行修改完善。加快镇村规划编制进度，全县开展村庄规划编制的村社区达到129个。20个专项规划均已形成初步成果，与在编国土空间规划进行有效衔接，为实现“多规合一”奠定坚实基础。开展多个片区控规编制及提升工作，其中，《临空经济核心区控规》已通过市政府批复。《黄花综合保税区控规修编》《黄花机场片控规》已通过市政府批复实施。组织开展《开元中片 长沙经开区片控规评估及修编》《黄兴市场群片区控规》《㮾梨街道机场高速以南片控规评估及修编》《松雅湖环湖片控规》工作。配合经开区开展经开区东四路以东片、星沙产业基地西片、干杉北片等多个片区的控规编制工作，为县区重要项目建设提供法定实施依据。推动规划审查，共组织专家评审会17次，审查项目34个。提请并组织召开副县长专题审查会14次，审查项目74个。提请召开规委会全体委员会议7次，审议通过《松雅湖生态新城总体规划》《自贸临空区风貌规划控制导则》及73个项目的规划建筑方案。

【不动产登记】2022年，长沙县自然资源局加快“互联网+不动产登记”改革，启用“一窗办事”平台，实现水电气联动过户。联合星沙农商行开展不动产智慧抵押试点，抵押、注销、登记全程“不见面、无纸化”，最快“3分钟”办结。试点“交房即交证”，对219栋房屋进行交房、交证期限管控工作，21个商品房项目的7837户群众享受“交房即交证”改革红利。

【批后监管】2022年，长沙县自然资源局推进违法用地“双零”行动，连续8个月实现新增违法“零增长”，存量违法大幅消减，整改率位居全省前列。强化土地供后监管和闲置盘活力度，全力构建“全链条”监管体系、细化“全周期”监管举措、优化“全流程”政务服务、探索“全方位”联动惩戒，全年闲置土地控新增成效明显，开竣工违约率控制在9%，居全市前列。督促已供地项目动工开建93个，盘活闲置土地11.64公顷，盘活中国邮政闲置土地项目经验获省自然资源厅推介。

【宜居城市建设】2022年，长沙县自然资源局推进“创文巩卫”，实施“六制一公开”，推进“百街千巷”环境综合整治，主次干道“增花添彩”18万平方米，61条街巷焕颜升级。建成人行天桥3座。地铁6号线正式运营。启动梨江大道西延线等基础设施建设。铺开松雅湖生态新城建设。金安大道西延线竣工验收。推进金安大道东延线、捞刀河北路建设。开展产城融合项目拆迁。出台《长沙县规划建筑方案分级审查管理制度》。配合制定并落实《长沙县户外广告和招牌设置管理工作方案》《长沙县夜景亮化管理工作方案》。建立从规划设计、项目审批到项目验收全流程管理。对空港城片区、松雅湖片区、㮾梨—陶公庙片区、榨山港片区及星沙核心区等重点片区及重大项目，严格实施建筑方案分级审查管理报市审。对建设项目规划建筑方案实行局规划联席会（专家评审会）、副县长专题会及县规委会三级审查后再按程序进行审批。引入专家参与方案审查，通过专家咨询、会议审查等形式发挥专家技术引领、参谋作用。对重大项目制作三维视频，作为论证必备材料。

【地灾防治】2022年，长沙县对全县57处在册隐患点，按“一点一策”要求编制防灾预案表，设立警示标牌，填写发放“两卡”，明确防灾责任主体和监测责任人，并与监测员签订目标责任书。完善县、镇（街）、村（社区）和监测员四级群测群防网格体系，对4100余处重点切坡临坡建房户纳入隐患库进行动态管理，上门入户进行风险隐患告知，发放地质灾害防范宣传手册，实行“房监测、村组织、镇管理、县统筹”的风险管控机制。强化“人防+技防”能力建设，2022年对县内8处在册隐患点布设普适化监测设备，对9个镇（街）加密安装10台雨量计。落实“631”预警叫应响应机制，通过短信平台对群测群防人员、隐患点受威胁对象和切坡临坡建房户等共发布预警信息40多万条，微信工作群转发各类预警防范信息800多条；同时加强气象部门密切配合，在强降雨期间通过12379平台联合发送短临预警信息，对部分特殊人群及时安排村组干部上门入户提醒，发现险情果断撤离。组织地质灾害隐患点受威胁群众和重点农村切坡建房户进行避险转移，共转移群众6批32户78人次，实现地质灾害防治人员零伤亡。推进地质灾害治理，投入400多万元开展江背镇江背社区五七组地质灾害勘查和治理设计、春华镇春华山双狮组重大滑坡地质灾害治理、果园镇田汉社区蔡家山重大滑坡地质灾害治理和12处突发地质灾害应急处置等，并对达到地质灾害隐患销号标准的115处在册隐患点进行核销处理。

【信息化建设】2022年，长沙县自然资源局突出信息化赋能，开启智慧自资新时代，依托国土空间基础信息平台，以第三次全国国土调查数据为底图，叠合各级各类国土空间规划，常态化年度更新推进1∶500数字化地形图数据成果，实现“一张图”管自然资源，为国土调查、规划编审、用途管制、执法督察等全面赋能。其中乡镇版“一张图APP”，可共享基础地理、规划类、现状类、审批类、卫片等9大类111项自然资源信息。

【荣誉档案】2022年，长沙县获省农村房地一体确权登记工作表扬激励市县；长沙县入围自然资源部拟认定自然资源节约集约示范县（市）名单；长沙县打造“耕作层银行”探索耕作层再利用新模式获全省耕地保护十大典型案例；长沙县自然资源局获省砂石土矿专项整治工作成绩突出单位；长沙县春华镇入选中组部、自然资源部严格耕地用途管制研究班现场教学点；长沙县获评省政府真抓实干督查激励奖励（耕地保护）；长沙县获评全省农村房地一体确权登记工作表扬激励县；长沙县获市政府2022年真抓实干督查激励奖励（自然资源管理）；长沙县自然资源局获“卫片执法工作先进单位”称号。

（撰稿　王知敏）

浏阳市自然资源工作

浏阳市自然资源局

党组副书记、局长（主持全面工作）　李　锋
党组书记、副局长　刘学辉
党组成员、副局长　王艺辉（　—2022.12）
党组成员、副局长　李人泰（2022.05—　）
党组成员　戴仲和（　—2022.01）
党组成员、副局长　尹振国
党组成员、总工程师　焦旭辉
党组成员（挂职）、土地储备中心支部书记　寻果林

【要素保障】2022年，浏阳市自然资源局推进金阳大道三期、南横线、浏阳大道改扩建、浏阳市生活垃圾焚烧发电项目、永和通用机场项目、椒花水库工程供水管线和长赣铁路站场临时用地等重点项目用地报批工作，批回建设用地74批次224.87公顷。完成土地出让155宗、面积518.88公顷、成交价款99.33亿元。完成腾地426.13公顷、拆迁388户，实现84个项目征拆“清零”。通过利用“定量不定点”规划、用地政策，为48家花炮企业、55宗地块、约52.67公顷土地办理用地预审与规划选址意见书、并申请办理农用地转为建设用地审批手续。

【规划编制】2022年，浏阳市自然资源局推进市国土空间总体规划、“多规合一”实用性村庄规划编制，优化“三区三线”划定，落实耕地保护任务57140公顷、永久基本农田保护任务50773.33公顷，划定生态保护红线602.06平方千米、城镇开发边界142.55平方千米。提级包装上报省级项目195个，调出原永久基本农田2433.33公顷，划定城镇开发边界142.55平方千米，新增开发空间47.58平方千米，“三区三线”划定成果已通过自然资源部质检并正式启用，作为建设项目报批用地依据。“一师两员”乡村规划师试点工作经验在全省专项工作交流座谈会上获典型推介，村庄规划编制经验在长沙市专项工作交流会上作典型发言，村庄规划编制和“一师两员”制度经验获《中国自然资源报》宣传报道。

【耕地保护】2022年，浏阳市自然资源局全面推行田长制，完善市、镇、村三级田长和网格田长体系，确保管护到田、责任到人。加快补齐耕地保护目标责任缺口，通过推进草皮清理整治专项行动、探索花卉苗木转型退出模式、发放粮食补贴等方式，整改恢复耕地953.33公顷。落实月清“三地两矿”要求，处置存量批而未供土地224.73公顷，全面完成“增存挂钩”闲置土地处置任务。开展违法用地“双零”行动，核实处置卫片图斑11772宗、2253.33公顷，对没有用地手续、构成疑似非农化和非粮化图斑，投入2000余万元，整改面积1000公顷，确保连续30个月实现违法用地“零新增”。

【审批服务】2022年，浏阳市自然资源局深化“放管服”改革，全面梳理市本级和省直管县下放的行政许可事项，完善办事程序和指南。进一步扩大基层办事权限，将土地审批、规划许可、不动产登记等相关审批事项的受理、审批权限下放至各自然资源所和各园区。支持经开区园区开展相对集中行政许可权和处罚权改革，赋予园区更大的审批服务自主权。规范优化行政审批工作自然资源综合窗口实行窗口统一受理、后台线上分类审批、窗口统一出件工作模式，通过优化审批流程，将审批事项提速至5个工作日办结。推行并联审批制度，建立审批服务“容缺审批”“承诺审批”事项正面清单制

度，提升审批效率。

【不动产登记】2022年，浏阳市自然资源局共发放不动产权证书34898本、证明29955本。共办理网上查询并出具证明27733次，办理不动产在线抵押业务22349笔。全面完成综合窗口改革，任一窗口可办不同类型的登记业务。加大登记系统与税务系统对接开发力度，基本实现存量房交易缴税登记一体化。完成常态化“交房即交证”项目4个，户数近1000套。化解房地产办证遗留问题，一期14个项目全部化解，化解率100%。二期6个项目完成3个，化解率50%。与江西省铜鼓县、奉新县、袁州区、万载县等签订“跨省通办”合作协议，通过系统对接，可受理江西省铜鼓县、奉新县等地的不动产登记业务。

【执法监察】2022年，浏阳市自然资源局开展执法工作三大行动(违法用地“双零”行动、执法监察“早发现”行动、违法案件“严查处”行动)，持续推进“月调度、季讲评、年评价”违法用地整治机制，强化部门联合惩戒，坚决遏制耕地“非农化”“非粮化”。实现全年违法用地“零新增”、耕地“零违法”。受省厅表彰为违法用地“零新增”县（市区），执法工作经验在省厅“月清三地两矿”有关情况通报中获得典型推介。

【矿山管理】2022年，浏阳市自然资源局巩固整治成果，对依法关闭和退出的矿山，落实“三到位”要求，实现关闭注销率、设施拆除率、生态修复率三个100%。抓好矿产资源要素保障，推进矿业转型绿色发展。浏阳葛家六股岭砂石矿以11.32亿元成交价成功出让，成为全省首宗净矿出让的空白区新设采矿权，让企业“拎包入住”，净矿出让经验获《中国自然资源报》宣传推介。统筹考虑资源保障，上报4宗砂石矿纳入2022年度省自然资源厅“砂石保供”出让计划，开展4个砂石矿采矿权出让前期工作，已具备采矿权出让的基础条件。推动绿色矿山建设，14家生产矿山全部达到省级绿色矿山标准，实现生产矿山绿色矿山全覆盖。规范矿业权人信用管理，做好矿业权人勘查开采信息公示，公示率达到100%。落实矿产资源有偿使用制度，收缴采矿权出让收益17346.22万元。

【生态修复】2022年，浏阳市自然资源局组织各乡镇（街道）对全市310处在册地质灾害隐患点、18701户切坡建房户进行逐点实地排查，发放“两卡一案”等文书，更新完善地质灾害群测群防体系，为全市675名地质灾害群测群防员配齐防汛物资，切实落实防灾责任和监测责任。加快推进1∶10000地质灾害调查评价和全国自然灾害（地质灾害）第一次风险普查工作，全面提升地质灾害调查评价工作的深度、广度和精度。投资建设61处自动化地质灾害监测点，为1310名受威胁住户提供安全技术保障手段。严格落实汛期24小时值班值守、险情通报速报、“三查”工作机制，做好强降雨期间防汛应对工作，确保地质灾害事故“零伤亡”。5月12日，第14个“5·12”全国防灾减灾日活动暨湖南省第六届地质灾害防治红背包公益行动在浏阳举行。加强矿山地质环境治理，在全省率先推行矿山地质环境治理恢复基金三方监管机制，全市68家矿山企业开设基金账户，存缴矿山地质环境治理恢复基金1.26亿元。开展有责任主体和无责任主体历史遗留矿山生态修复，完成修复面积24.38公顷。

【宣传报道】2022年，浏阳市推行“田长制”强化全覆盖的耕地保护工作获得湖南新闻联播典型推介。“智慧长沙”平台就浏阳“田长制”工作经验的推行进行全市推广报道。湘声网就市自然资源高质量助力乡村振兴典型推介报道。《中国自然资源报》以“耕保有田长　新年新希望”专题专版报道浏阳市的耕地保护工作。浏阳市“纾困增效·千企帮扶”工作专报第3期通报表扬浏阳市自然资源局试点推选“标准地+承诺制”和“用地清单制+告知承诺制”工作试点。《湖南日报》报道田长制工作——《让每一寸耕地都成为丰收沃土》。因浏阳田长制工作的经验推行试点突出，被湖南经社频道邀请专题访谈《守住耕地这条红线“田长”是什么“长”　田地生金最擅长》。湖南日报头版报道《“田管家”巧管“饭碗田”——浏阳市全省率先探索实施耕地保护田长制》工作。湖南卫视—新闻联播报道《备春耕　湖南探索七级“田长制”守住耕地保护红线》。湖南日报专题报道《亩产论英雄，寸土生寸金　——湖南大力推进土地节约集约高效利用》。湖南卫视报道我市经开区节约集约用地工作《湖南：亩产论英雄　推进土地节约集约高效利用》。《中国自然资源报》报道市节约集约用地工作《惜地如金尽其用一垄一亩守沃土——浏阳不断推进节约集约用地，牢牢守住耕地红线》。湖南日报·华声在线专题报道《126轮竞价，溢价6.9亿元　湖南首宗新设采矿权“净矿”出让》。湖南卫视午间新闻以《守护耕地红线　湖南试点“耕作层剥离再利用”》专题报道浏阳试点耕作层剥离再利用工作。湖南不动产专题报道浏阳市不动产登记中心为民服务办实事纪实。浏阳市推进线上抵押登记在湖南不动产专题报道。

【荣誉档案】2022年，浏阳市自然资源局获湖南省自然资源厅2021年度耕地“零违法”地区先进单位。因在湖南省人民政府真抓实干督查激励措施工作当中成绩突出，获评耕地保护制度和高标准农田建设任务成效明显的县市，排名第一，获100万元奖励。因耕地保护、土地节约集约利用、国土空间规划等方面成效明显，获省自然资源厅2021年度自然资源真抓实干督查激励。获浏阳市委办、政府办联合发文件表彰为2021年度全市平安建设工作红旗单位。经开区（高新区）分局获长沙市2021年度长沙市社会信用体系建设优秀单位。浏阳市获省自然资源厅关于全省农村房地一体确权登记工作表扬激励，县市里排名第一。湖南省城乡规划学会颁发浏阳市规划设计院编制的《浏阳永安示范片创新型乡村振兴规划》获2021年湖南省优秀城市规划设计二等奖。农村集体经营性建设用地入市改革试点工作《唤醒沉睡土地　助力乡村振兴——浏阳市农村集体经营性建设用地入市改革的探索实践》入选全省干部教育培训“三百工程”攻坚克难典型案例。省政府办公厅关于第三次国土调查与农房一体确权登记工作浏阳市工作突出获得通报表扬。浏阳市耕地保护恢复耕地项目探索耕作层剥离再利用试点工作获湖南省耕地保护十大典型案例。省自然资源厅关于湖南省2021年度开发区土地集约利用全面评价情况的通报，浏阳市工业园区因成绩突出获得全省国家级园区第二名，获得全省表彰通报，获得省自然资源厅新增建设用地计划指标奖励（可用于经营性用地报批）浏阳经开区7.33公顷、浏阳高新区4公顷。盘活低效用地工作获省自然资源厅月清“三地两矿”通报表扬。违法用地管理工作获省自然资源厅通报表扬。浏阳市国土空间规划信息平台及自然资源一站式管理服务平台建设项目获湖南省地理信息产业协会颁发的湖南省地理信息产业优秀工程奖银奖。浏阳市疏堵结合整治违法用地获省自然资源厅月清“三地两矿”通报推荐。浏阳市规划设计院编制的《浏阳永安示范片创新型乡村振兴规划》荣获2021年湖南省优秀城市规划设计二等奖。浏阳市自然资源局获评湖南省第三批国土调查先进集体。12月，2022年度省政府真抓实干督查激励拟推荐（浏阳市获自然资源节约高效利用县市排名第一）。

（撰稿　李佳蔚）

宁乡市自然资源工作

宁乡市自然资源局

党组副书记、局长	彭海华
党组书记	李命文
党组副书记、副局长	汤照武
党组成员、副局长	朱洪波
市纪委市监委驻局纪检监察组组长、党组成员	罗文斌
党组成员、副局长	邓志强
党组成员、副局长	黄志雄
党组成员、副局长	潘　冠

【规划编制】2022年，宁乡市落实耕地保有量111.21万亩（74140公顷）、永久基本农田98.36万亩（65573.33公顷），划定生态保护红线76.29平方千米，城镇开发边界135.35平方千米，“三区三线”划定成果首批获自然资源部批准。采取“全市统筹、三级联动、多向协同”模式推进国土空间总体规划编制工作，初步完成“1+10+25+25+245+1”的规划成果体系，即1个总规主体成果、10个专题研究、25个专项规划、25个乡镇国土空间规划和245个村庄规划初步方案、1个国土空间规划“一张图”实施监督信息系统的建设。初步完成金洲新城战略规划提升研究、起步区（含核心区）选址论证和范围划定，启动编制核心区城市设计。

【规划管理】2022年，宁乡市自然资源局做好过渡期内的空间规划实施管理，完成4个批次、22个项目土地利用规划修改，5个批次、29个项目出具纳入国土空间规划的承诺。坚持“四精五有”品质宁乡建设要求，高标准做好规划项目审批，每个项目均从城市天际线、项目容积率、建筑密度、绿地率、建筑风格、立面、色彩、高度、亮化等多角度严把项目审批关，全年共下达规划条件113宗、总图批复52宗、工程规划许可证33宗、竣工验收合格证67宗。

【耕地保护】2022年，宁乡市市政府常务会议、市委常委会会议审议通过《全面推行耕地保护田长制的实施方案》，建立“3+1”田长制体系，划定田长2261个，层层签订耕地保护目标责任书，研究制定《关于深化耕地全程一体化保护的实施方案》《2022年违法用地“双零”行动工作方案》《关于加强城乡规划监察和执法工作的通知》恢复耕地1.66万亩（1106.67公顷），完成长沙市下达年度恢复任务的123.1%，在全省首批完成验收举证。落实“两平衡一冻结”制度，推进补充耕地项目“回头看”整改，耕地总量迎来“进大于出”的历史性拐点。开展违法用地“双零”行动，建立“日通报、周调度、月讲评”工作机制，执行长沙市首例破坏耕地入刑案件，违法用地、违法占用耕地面积同比分别下降55.85%、63.85%，连续7个月实现违法“零新增”， 2021年省级例行督察整改率92.87%、居长沙市第一。

【要素保障】2022年，宁乡市修订完善《宁乡市自然资源管理委员会章程》，落实土地“批供合一”，全年实施征拆项目25个、腾地170.67公顷，获批建设用地407.47公顷，有效保障全市重点项目落地，用地报批一次性通过率居长沙市第一。创新闲置土地置换处置模式，处置批而未供土地478.13公顷、闲置土地182.6公顷，获评全国首批节约集约示范县（市）。提请市资委会、规委会跟进审定优质地块供应，出让土地613.87公顷。鸟鸣矿区采矿权挂网出让。自然资源管理工作获长沙市政府真抓实干督查激励。

【地灾防治】2022年，宁乡市自然资源局落实值班值守、巡查排查、预警预报等工作制度，排查地质灾害隐患点359处，建立农村村民切坡建房地质灾害隐患数据库15000余户，竖立警示牌800余块，发送预警短信67000余人次，临时避险搬迁群众3566余人次。安装13个雨量计，7处专业监测仪，对全市1000余处疑似存在地质灾害隐患的村民自建房进行逐一现场核实并提出整改意见。举办大型宣传活动4次，编印《地灾防治宣传画册》8万册；研究制定《宁乡市地质灾害隐患点搬迁避让实施方案》《地质灾害隐患点群测群防监测员考核管理办法》，核销在册地质灾害隐患点20处，全面筑牢地灾防治“生命工程”，实现地灾“零伤亡”。

【不动产登记】2022年，宁乡市自然资源局推进“放管服”和“一件事一次办”改革，全年办理业务42586笔，颁发权证22233本、证明26858份，生成电子证书132977本、电子证明39434份，平均登记办结时限压缩至1个工作日。携手农商银行、长沙三湘银行推出“不动产抵押登记进银行”便民服务模式，推动抵押注销登记全程网办。新设驻法院不动产执行联动点，实现司法查询、法院查解封足不出户，牵头推进新建商品房“交房即交证”改革，翡翠年华、美的院子等8个新建楼盘实现“交房即交证”。化解遗留问题楼盘38个。

【矿产管理和生态修复】2022年，宁乡市建成绿色矿山14家，其中1家入选国家级绿色矿山名录，居长沙市第一，工作成效获省自然资源厅通报表扬。规范生产矿山年度验收工作，进一步压实矿山企业的修复责任主体。实施历史遗留矿山生态修复10处、13.6公顷，通过省自然资源厅“夏季攻势”验收并销号，办结生态环境损害赔偿案件2件。

【建议提案办理和信访工作】2022年，宁乡市自然资源局承办长沙市、宁乡市两级人大代表和政协委员的建议提案55件，建议提案按时办复率、答复函规范化率、走访代表委员率、代表委员满意率100%。受理信访89宗，办结率100%、满意度98.9%。受理12345市民热线336条，办结率100%、满意度99%；受理和调解群众纠纷12起，和解12起，调解成功率100%。

【调研考察】2022年1月12日，省自然资源厅党组书记、厅长，省自然资源总督察陈仲伯一行到宁乡市调研指导园区用地保障工作。3月11日，省自然资源厅党组成员、省自然资源副总督察林目轩一行到宁乡市调研指导自然资源督察执法工作。5月25日，省委常委、长沙市委书记吴桂英一行到宁乡调研指导地质灾害防治工作。6月28日，省自然资源厅党组成员、省自然资源副总督察林目轩一行到宁乡市就耕地保护和自然资源督察执法工作进行专题授课。7月12日，省自然资源厅党组成员、副厅长谢文一行到宁乡调研指导耕地恢复工作。11月25日，省自然资源厅总规划师申志军到宁乡调研指导1：10000地质灾害调查和风险评价工作。

【党建工作】2022年，宁乡市自然资源局建立党支部与党组理论学习中心组“同主题同步学”制度，坚持党建与业务同谋划、同部署、同推进、同考核，建立党组成员联系支部和支部书记定期报告党建工作制度，每月排查意识形态风险隐患，召开局党组会24次。加强“清廉宁资”建设，排查防范廉政风险，开展廉政教育4次、发布督查通报4期，处理人员52人次。

（撰稿　廖　鹏）

湖南湘江新区自然资源和规划工作

湖南湘江新区管理委员会自然资源和规划局

三区合并前：

湘江新区国土规划局局长	唐子可
湘江新区国土规划局副局长	陈拥军
长沙高新区自然资源和规划局局长	欧阳胜
长沙高新区自然资源和规划局副县职干部、党支部书记	王永康
湘江新区国土规划局二级调研员	唐志友
湖南湘江新区土地储备中心副主任	王　虹
长沙市自然资源和规划局岳麓区分局党组书记、局长	刘振宇
湘江新区国土规划局二级调研员	张铁炎
湘江新区国土规划局四级调研员	邓大勇
长沙市自然资源和规划局岳麓区分局四级调研员	卢泽洪
长沙市自然资源和规划局岳麓区分局四级调研员	张志伶
长沙市自然资源和规划局岳麓区分局党组成员、副局长、四级调研员	张　翔

三区合并后：

党组书记、局长	唐子可
党组成员、副局长、三级调研员	陈拥军
党组成员、副局长	欧阳胜
党组成员、副县职干部、三级调研员	王永康
党组成员、二级调研员	唐志友
党组成员、新区土地储备中心主任	王　虹
党组成员	刘振宇
二级调研员	张铁炎
四级调研员	邓大勇
四级调研员	卢泽洪
四级调研员	张志伶
四级调研员	张　翔

【资源管理】2022年，湖南湘江新区管理委员会自然资源和规划局立足项目用地需求，强化资源要素管护。推进用地报批，坚持土地要素跟着项目走，做到应保尽保。获批土地442.73公顷，足量完成6.67公顷集体建设用地任务。规范临时用地管理，强化前置审查，优化复垦方案，提高审批效率。办理17个项目38.98公顷临时用地手续，其中8个已获批。稳步推进国有建设用地供应，实现供地面积717.93公顷，其中划拨土地458.8公顷，出让土地259.13公顷，成交价款226.68亿元。加快推进手续办理，全力保障项目建设，办理建设用地规划许可证99本。优化土地评估，加快建设项目落地，开展国有建设用地使用权价款委托评估项目49个，其中修改土地利用条件类型29个，国有土地协议出让类型18个，划拨地补办协议出让项目1个，其他土地有偿使用（工业地产挂牌）项目1个。推进林地审批，办理长期占用林地审核案卷31宗，涉及林地98.88公顷，森林植被恢复费用1984.80万元，办理临时使用林地9宗，涉及林地15.50公顷，森林植被恢复费用307.60万元，核发林木采伐证57本，蓄积10888立方米，保障长沙坪塘通用机场（临时起降点）项目、大王山水质净化厂项目、湘江智能网联产业园等重点项目用地。强化节约集约用地，以月清“三地”工作为抓手，定期调度、定点督促、审监联动，超额完成省厅下达任务指标。其中，对2009—2018年存量批而未供142宗、430.1262公顷任务，处置率达44.88%。实现2022年存量闲置土地处置率达79.95%。对部增存挂钩闲置土地53宗（含望城3宗）、260.02公顷任务，处置面积占比75.21%。全面梳理园区已出让工业用地的利用情况，开展土地定级和基准地价更新工作，确保白箬铺镇、金山桥和黄金园街道151.76平方千米土地与市区基准地价在同一地价体系。

【规划编制】2022年，湖南湘江新区管理委员会自然资源和规划局优化区域空间格局，构建新区高质量国土空间体系。开展和完成新区国土空间总体规划编制，并以“打造中国式现代化湘江样板”为总体目标，建立“多规合一”的高质量国土空间格局，并获省自然资源厅认可。打造湖南科创新地标。延续长株潭城市群规划，总体谋划湘江西岸百里科创走廊空间及产业结构，提出湘江科学城规划方案，并通过省政府专题会议审议，构建区域科创发展新格局和湖南科创新地标。谋划打造新区“3+2+5”十大功能片区，推进区域一体化和产城融合发展。推进梅溪湖国际新城、湘江智谷片区等区域规划总控机制建设，推行项目责任规划师制度，推动片区高品质、高标准、高能级建设。开展7所高等院校及周边区域控规评估及修编，做好湖南大学新校区、省儿童医院、湖南钢铁集团智慧科学城等重大项目选址服务；加强城市设计和风貌管控。建立“总体—片区—街区”地块三级城市设计体系，从源头管控地块的规划建设品质。实现新区全域三维粗模全覆盖，梅溪湖、金融中心、洋湖等重点片区390平方千米三维仿真现状及城市设计精模覆盖，同步构建新区风貌管控体系。实行细化风貌分级审查，严格把控岳麓山风景名胜区及周边地区景观风貌，开展湘江西岸（洋湖区段、大王山区段）城市天际线优化研究工作，提升新区建筑风貌品质和城市形象。

【征地拆迁】2022年，湖南湘江新区管理委员会自然资源和规划局启动集体土地拆迁项目71个，面积789.2公顷，启动国有土地征收项目9个27.27公顷，已基本完成腾地。推行“二审提前介入一审，二、三轮合并联合会审”流程，牵头组织优化征地拆迁安置模式课题研究组，提出优化安置模式思路和方法，已形成初步成果。提高政治站位，推进征拆机制改革。全面统筹调度，实地调研原岳麓区、原高新区征地拆迁实施机构，制定出台《关于进一步完善拆迁工作机制的通知》等规范性文件，参与三区征收征拆机构合并工作，整合工作力量，明晰职责职能，简化审批程序。

【执法监管】2022年，湖南湘江新区管理委员会自然资源和规划局建立健全田长制网格体系，划分431个管护网格，贯彻落实最严格的耕地保护制度，工作成效获长沙市2022年度真抓实干督查激励。恢复耕地401.67公顷（含水田284.24公顷、旱地117.43公顷），超额完成年度恢复耕地任务。组织编制全区耕地“进出平衡”总体方案，对部、省下发的耕地流出图斑均按要求进行整改或实现耕地“进出平衡”，确保全区耕地不减少。按照“一地一策、分类整改”原则对各类违法用地制定整改方案，压紧压实街镇属地管理责任。通过督办调度、通报查处，实现新区2020—2021年国家、省级例行督察反馈问题整改率达100%，“双零行动”恢复类图斑87宗全部拆除。核查卫片图斑4269个，全面完成武汉督察局2022年耕地保护督察和矿产资源督察154个图斑的举证工作。启动关停废弃矿山企业风险隐患排查整治行动，严格落实“三不留一毁闭”，完成辖区10.02公顷2022年度历史遗留矿山生态修复任务。

【安全生产】2022年，湖南湘江新区管理委员会自然资源和规划局对发现的451处一般隐患，完成整改451处，下达责令停止违法行为通知书191份。完成临建核查291处，核查率100%，下达限期自行拆除通知书132份。严格落实汛期值班值守、险情巡查、灾情速报、应急调查和信息报送等制度，联合各街道、村对地灾孕灾点和隐患易发点跟踪监管巡查，逐点落实地灾防治工作。排查地质灾害隐患点35处，通过精心策划，组织93户265人地质灾害避险转移，布设50余处地质灾害宣传展板，对1.1万余户切坡建房户发放避险宣传手册。

【民生实事】2022年，湖南湘江新区管理委员会自然资源和规划局强化项目建设事中监管，优化验收审批流程，推进“交房即交证”工作。推行工程建设项目审批制度改革，在全市产业项目实施建设工程规划许可告知承诺制，推进土地评估改革，搭建新区土地指标样本数据库，建设土地评估样本一张图，启动估价机构黑名单制度，实现“网络受理—样本关联—机构遴选—下达委托—无纸化盲审”全新工作模式，为项目申报企业提供公平、公正、公开的一站式服务。拆迁安置保民生，完成集体土地拆迁腾地576.67公顷，完成湖南省儿童医院（西院区）等项目拆迁腾地工作，保障高铁西城配套用地等重点建设项目用地需求。动迁人口6751人，安置7520.5人，规范三榜公示，全面保障补偿。开展土地日宣传周活动，宣传自然资源法规，组织听证13场次，为诉求人答疑解惑。着重对省、市交办的、较为突出的信访问题逐一研究。全力推进房地产办证信访突出问题项目处置化解，对已纳入房地产办证信访突出的45个项目、467栋、14026户，已完成39个项目化解处置，保障望兴新苑、杏林小区、麓江春等一批十余年未取得房地产权证的群众拿到权证。

【队伍建设】2022年，湖南湘江新区管理委员会自然资源和规划局根据过渡期工作运转情况，对各筹备处室人员进行调配，累计调配人员20余名。对接组织工作部和望城资规分局，完成望城三街镇资规所人员移交。推动执法力量和技术力量向站所倾斜，分批次为站所补充人员7人，持续改善站所人员配置薄弱问题。全面梳理三区合并以来在干部任职、人员编制、工资关系及福利保障、处室职数配置、绩效考核、编外人员管理、部门间人员调整交流等20余项疑难问题，与组织工作部进行全方位沟通衔接，共同研究解决相关问题。在森林防火形势最为严峻的时期，先后3次研究提出森林防火下沉督导人员调配方案，制定出台森林防火督导组及成员履职情况监督检查工作方案。

【党的建设】2022年，湖南湘江新区管理委员会自然资源和规划局机关16个筹备处室搭建、15个基层站所人员调配、职责职能制定、权责边界梳理等工作。在雷锋、黄金园管理所启动事权下放改革试点。设计打造党建文化和党的二十大精神宣传文化长廊，推送或发布党建及意识形态各类文稿、新闻通稿40余篇。筹建机关党委和机关纪委，全面接管271名党员，先后出台局党务会议、党组会议事规则、“三重一大”事项清单等规定。组织收看党的二十大现场直播，开展二十大精神“大学习 大讨论”和专题讲座等活动，全面清理排查58个廉政风险隐患点并提出防范措施。开展各类监督检查工作，配合新区纪监委对局办公用房、公务用车、信息化建设、征地拆迁、项目推进等方面的检查和调研。

【调研考察】2022年8月19日，省自然资源厅党组书记、厅长，省自然资源总督察陈仲伯带队调研新区大王山湖南大学南移选址地块（融城小镇内）项目现状、征拆等工作。9月16日，省自然资源厅党组书记、厅长，省自然资源总督察，省田长办副主任陈仲伯带队到湘江新区开展巡田活动，督导湘江新区耕地保护和违法用地整改工作。

（撰稿　刘晨翅）

衡阳市自然资源和规划工作

衡阳市自然资源和规划局

党组书记、局长	王湘淮
党组成员、副局长、直属机关党委书记	侯跃泽
党组成员、副局长	傅中良
党组成员、副局长	杨劲松
党组成员、驻局纪检监察组组长	陈平阳
党组成员、副局长	李淑玉（2022.09— ）
总工程师	唐　中（2022.09— ）
总规划师	贺　伟（2022.09— ）
党组成员、副局长	黄光辉（ —2022.09）
党组成员、总规划师	李兴国（ —2022.07）
党组成员	蒋远翔（ —2022.08）
党组成员	彭德庆（ —2022.09）

【财源建设】2022年，衡阳市自然资源和规划局创新建立“四个加强+两个创新”方式开展土地出让工作，挂牌出让土地成交937宗、194.26亿元，其中市本级成交105宗、144.4亿元，排名全省第三。实现土地交易服务费0.64亿元。实现土地和房地产相关税收41.75亿元，其中市本级税收31.35亿元，市土地储备中心直接缴纳0.67亿元。采矿权挂牌出让9宗、成交金额3.28亿元，其中2宗溢价成交0.51亿元，延续、变更矿权登记12宗，实现收益0.28亿元。争取中央和省级预算资金共计0.64亿元。

【要素保障】2022年，湖南省人民政府批复衡阳市本级2个片区开发方案，总面积2013.89公顷。衡阳市共领取用地批文118个，面积825.16公顷，排名全省第三。其中市本级领取25个用地批文，面积275.86公顷，排名全省第二，确保陆港物流、合力叉车、建滔醋酸、金杯电缆、恒飞电缆、高速物流港、澳克科姆等产业项目用地需求。全市矿产资源总体规划和7个县市砂石土矿专项规划全部获得省自然资源厅批复，设置采矿权277个，实现挂牌采矿权和延续采矿权共21宗，年砂石增加生产规模680万吨。

【土地节约集约高效利用】2022年，衡阳市自然资源和规划局成立“批而未供、闲置土地攻坚战”领导小组，印发《关于开展2022年度批而未供、闲置土地处置年底攻坚战的通知》，盘活闲置土地360公顷，处置批而未供土地1053.33公顷、产业园区三类低效用地840公顷。清理市本级市场主体未开发存量住宅用地47宗，面积140公顷。

【国土空间规划编制】2022年，衡阳市自然资源和规划局完成《衡阳市国土空间总体规划（2021—2035年）》成果征求意见稿，同步编制完成4个专项规划和9个专题研究，基本形成“1+1+4+9”成果体系，“三区三线”划定获得自然资源部批准并正式启用。《衡阳市“十四五”自然资源发展规划》已批复实施。划定全市城镇开发边界607.01平方千米，新增109.24平方千米，其中市本级新增51.89平方千米（含调剂给衡阳县的1.55平方千米与衡南县的1.2平方千米）。在全市域内科学布局“一核两电三色四新”十大主导产业集群。市辖区划定产业园区发展边界59.75平方千米，确保园区内生产性项目用地不得低于园区规划面积的60%，并加强产业用地管控。

【耕地保护】2022年，衡阳市在全省第一个以市委、市政府名义召开“田长制”动员部署大会，出台田长制方案，签发省内首张田长令。衡阳市委、市政府和两办3次出台文件支持田长制的落实，并从市长基金解决落实田长制和耕地恢复行动专项奖励资金1530万元。在全省率先建立市、县、乡、村、组五级田长制体系。全年恢复耕地2540公顷，牢牢守住35.37万公顷耕地底线目标任务和“三区三线”划定的31.74万公顷永久基本农田责任目标。“衡阳市自然资源智慧监管系统”获湖南省耕地保护十大典型案例。自然资源报、省级媒体以及红网等正面报道衡阳市耕地保护工作70余篇次。

【“三调”工作】2022年，衡阳市“三调”工作完成，衡阳市自然资源和规划局和珠晖区局、衡南县局、衡阳县局被评为全省“三调”工作先进集体，并获得省自然资源专项奖励资金200万元。

【铁塔视频监测】2022年，衡阳市铁塔视频监测工作亮点突出，入选全省唯一的铁塔视频监测先行市。推行市县一体整体推进模式，完成铁塔哨兵一期共316个视频监测点布设，实现对12个县市区重点区域的耕地、林地、水域、矿区全覆盖，为防灾救灾、社会治理、基层执法等工作提供有力支撑。《衡阳市县一体化自然资源视频监测工作实施方案》得到省政府充分肯定，并获得专项补助资金117万元，“天空地网”综合监测体系获得省厅点名表扬。

【卫星应用和信息化服务】2022年，衡阳市自然资源和规划局获批组建衡阳市自然资源卫星应用技术中心，建设卫星遥感长廊，生产多期高分辨率卫星遥感影像成果，完成《耒阳矿山开采区沉陷遥感监测应用》《常宁市油茶林资源遥感监测研究》两项省级卫星遥感课题研究，大力推广卫星遥感在水稻种植、水田抛荒、森林防火、疫情防控、油茶监测等方面的应用，市级卫星应用技术中心建设获得省厅通报表扬。市国土空间规划“一张图”实施监督信息系统在全省率先通过技术评估并已通过自然资源部初步评定，基本实现国土空间规划编制、审查、审批、实施、监测、评估和预警的全过程支撑，获得自然资源部推介。开发市土地批供用管理系统、“雁城田长”巡田小程序，编制完成《衡阳市自然资源和规划数据目录体系》《衡阳市自然资源和规划数据清单》，向105家单位或企业提供地理数据服务。

【深化改革】2022年，衡阳市自然资源和规划局推进“多审合一”改革。推行工业项目“先建后验”承诺制改革，工业项目报建由31个前置审批事项压减至3个，涉及部门由18个减至3个，审批时间平均由40天减至5天，真正实现“拿地即开工”。开展产业用地市场化配置改革。下发《衡阳市工业企业高质量发展评价实施办法（试行）》。开展城区事权体制改革和园区赋权工作。下放四个城区各类行政事权共109项，其中区建区管项目服务前移14项、区建区管项目7项、城区配合事项5项、初审事项5项、全部下放事项78项。出台《关于服务“五好”园区推动园区高质量发展的若干措施》等文件，全面下放园区工业产业项目的审批权限，实现园区事园区办。启动全民所有自然资源资产所有权委托代理机制试点工作，完成阶段性工作任务。

【绿色发展】2022年，衡阳市出台《衡阳市矿山生态修复验收标准》，历史遗留矿山生态修复项目主体工程全部完工并通过销号验收，进度全省并列第一。建成绿色矿山64家，建成数量居全省前列。开展砂石土矿专项整治行动，全市应关闭注销砂石土矿160宗，已关闭注销190宗，完成率119%，砂石土矿从整治前的295宗下降到105宗。

【地灾防治】2022年，衡阳市开展“三查”工作。完成50处普适型监测预警点的建设，上线率100%，全省排名第一，汛期期间监测设备发布有效预警20余次。稳步开展居民自建房安全专项整治“百日攻坚”行动，排查工作进度居全省第一。严格执行领导带班和24小时值班制度，全力加强应急除险，成功避险2起，转移群众5870人，连续五年实现地质灾害防治“零伤亡”。“5·30”衡南县咸塘镇咸塘村夏家湾组的预警成功转移被省政府安全应急视频会点名表扬为安全应对先进典型，并在《湖南日报》登报表扬。

【安全生产】2022年，衡阳市自然资源和规划局组织开展矿山解剖式执法检查和安全生产大排查。开展矿产资源“打非治违”专项行动和打击“洗洞”盗采金矿专项整治行动，坚决打赢矿山安全生产保卫战，金矿井硐、废弃矿硐闭矿整改率100%。

【信访维稳】2022年，衡阳市自然资源和规划局推进治理重复信访、化解信访积案专项工作，共接访群众117批358人次，办结信访件138件，信访维稳工作获省、市表彰，连续五年被省厅、衡阳市委、市政府评为信访工作先进单位。

【服务民生】2022年，衡阳市自然资源和规划局优化不动产登记环境。全国首创“智慧抵押”登记，启动第7次大提速行动，不动产登记实现最多跑一次，不超过3个工作日。实现不动产登记线上申请、线上查询、线上缴费、线上办理。创新“异地办”，实现不动产登记资料查询、预告登记、抵押登记“跨省通办”。创新实行非公证继承服务，为群众节约公证费约520万元。推进遗留问题化解。化解遗留问题项目127个4.46万户，完成率190.5%，超额完成2022年12件民生实事2.34万户的考核任务，化解总量和化解率排全省第二。深化“交房即交证”改革。创新建立“交房交证首席服务官”制度，实行联动办、专窗办等服务，推动全市80个项目70543套房屋实现“交房即交证”。出台《关于“援企纾困”促发展的18条措施》，召开百日行动系列惠企政策培训会，建立联企工作台账，落实千人联千企、14条产业链、25个重大项目专班保障服务措施，被省政府通报表彰。

【法治建设】2022年，衡阳市自然资源和规划局组织“一法一条例一办法”及耕地保护专题学习、业务培训、巡回宣讲30余场次。组织在编人员在线普法学习，参加学法考试，学法参与率、考试通过率100%。在市直机关单位“谁执法、谁普法”履责述职评议中，获第二名。组织开展衡阳市土地管理“一法一条例一办法”知识竞赛，衡阳市局代表队荣获湖南省土地管理“一法一条例一办法”知识竞赛团体冠军。处理富衡、雁虹、农行122户、武汉国通、无缝钢管厂、居易公司、宏鑫公司等大中型案件应诉，涉及诉讼金额16.5亿元，为政府挽回经济损失13.6亿元（已审结案件），均未因败诉而引发行政赔偿。在全省执法案卷评查中，衡阳市共获得3个优秀案卷（衡阳县1个，祁东县1个、衡东县1个）。查办土地案件123宗，矿产案件18宗，规划案件68宗，测绘配合省厅立案1宗，收缴到位罚没款和出让金共2463.8万元。下发例行督察反馈问题、违建别墅问题、违法用地“双零”行动《提醒函》12份、整改通报11期，4个县市区被警示约谈，问责42人。

【网络问政】2022年，衡阳市自然资源和规划局重视网民留言办理工作，把网上群众工作纳入全局重点工作统筹安排，并成立局主要负责人为组长的信息舆情领导小组，安排专人24小时关注自然资源领域网民留言，出台《政务公开规定》《网站管理办法》等文件。近两年共收到网上留言（信息公开）1063件，均及时办结回复，网民留言办理未发生二次投诉。获“2022年湖南省网民留言办理工作成绩突出单位”称号。

【队伍建设】2022年，衡阳市自然资源和规划局班子结构进一步优化，科学调配及任用一大批中层干部，85后成为主力军。多渠道招才引才，全系统通过公开招聘和调任等方式引进一大批专业人才，全部是全日制本科以上学历，其中研究生学历5人。落实“长回路”机制要求，选派5名优秀年轻干部到一线挂职锻炼。出台《关于年轻干部到信访科跟班锻炼的工作方案》。开展公文写作、政务服务、专业知识和法治教育等专业培训10余次。

【党的建设】2022年，衡阳市自然资源和规划局落实“第一议题”制度，实行支部“同主题同步学”，出台《局党组2022年度意识形态工作实施方案》《意识形态工作分析研判制度》《关于调整市局意识形态工作领导小组的通知》《信息发布“三审制度”》。开展“清廉机关”和“清廉窗口”建设。召开正科级及以上干部家属廉政座谈会、优化干部作风动员大会和全局干部纪律作风教育会，出台《关于优化干部作风建设的实施方案》《建立制度“补丁”机制实施方案》等文件。

【荣誉档案】2022年，衡阳市自然资源和规划局网民留言办理、重点民生实事、宣传思想、“谁执法谁普法”、空间规划、土地储备与经营、地灾防治、“交房即交证”、房地产遗留问题化解、信访维稳、财政决算等方面工作均得到省、市表彰与肯定。15人获评部、省、市先进个人，其中衡阳市自然资源和规划局蒋远翔获“第三次全国国土调查先进工作者”称号。

（撰稿　漆怡璐）

衡南县自然资源工作

衡南县自然资源局

党组书记、局　长　　周金生（　—2022.09）
党组书记、局　长　　谢秋生（2022.10—　）
党组成员、副局长　　邓建国
党组成员、副局长　　彭思李
党组成员、副局长　　王　芸
总规划师　　　　　　彭　会

【概况】衡南县自然资源局是衡南县人民政府工作部门，正科级。全局共有干部职工281人。内设12个股室，下设8个二级事业单位：自然资源行政执法大队（副科级）、土地储备中心（副科级）、地质矿产综合服务中心、不动产登记中心（副科级）、自然资源事务中心（副科级）、县土地矿产交易中心、自然资源征地拆迁事务中心（副科级）、信息中心。

【保障发展】2022年，衡南县自然资源局上报18个批次（项目），用地面积51.55公顷。省自然资源厅批准用地15个批次（含往年上报项目），用地面积52.67公顷；其中已从省厅拿回农用地转用、土地征收审批单11个，用地面积28.32公顷。县“多测合一”业务办理备案率100%。平台测绘项目备案26个，工程建设项目测绘22个，其它业务测绘4个。

【保护耕地】2022年，衡南县落实耕地保护底线目标任务67175.26公顷。完成恢复耕地任务360.22公顷，并通过耕地“进出平衡”系统管理，严格耕地流出备案审批，确保县耕地保护底线目标不减少。在省级补充耕地“回头看”整改工作中，项目共计34个，涉及补充耕地面积1083公顷，其中水田开发项目（含旱改水）26个，旱地开发项目8个，已经完成整改项目26个（水田开发），完成落实耕种面积945.1公顷。

【土地交易】2022年，衡南县共出让土地78宗，核收土地出让金50502.4万元，契税2071.34万元。其中招拍挂出让21宗，面积32公顷，核收土地出让金48386.97万元，契税1935.47万元；协议出让57宗，面积27.23公顷，核收土地出让金2115.43万元，契税135.87万元。

【矿山管理】2022年，衡南县完成4家矿山绿色建设工作，并且通过自评估和第三方评估，可全面纳入绿色矿山项目库。省市下达县矿权控制数指标25个，关闭注销矿权数33个，现有矿权数21个，关闭退出的33个矿山，机械设备、设施全部拆除到位。已完成地质环境恢复治理和生态修复矿山9个（已提交闭坑生态修复验收申请）。

【国土空间规划】2022年，衡南县初步完成县级国土空间总体规划编制工作。初步完成耕地保护专项规划、县城总体城市设计、综合交通体系专项规划、云集窑片区城市设计初步方案，为县级国土空间总体规划编制提供支撑要素。推动乡镇国土空间总体规划和村庄规划编制工作。完成“三区三线”成果方案，逐级上报至国务院有关部委，并启用成果。

【执法督察】2022年，衡南县自然资源局共开展动态巡查327次，发现制止违法行为163次。在省厅下达月清“三地两矿”19—28批次任务清单中，违法用地整改任务共46宗，违法面积9.57公顷，其中涉及耕地2.8公顷，基本农田1.5公顷。已整改到位17宗，面积2.05公顷，其中涉及耕地1.58公顷，基本农田1.50公顷。开展矿山“打非治违”工作。对云集、洪山、花桥非法采洗山砂实行重点整治，扣押作业工具和车辆18台次，移送县公安局处理1宗。打击超深越界、非法开采行为，查处矿产违法案件4宗，已全部结案。

【地灾防治】2022年，衡南县自然资源局聘请专业技术单位常驻。5月30日，衡南县遭遇强降雨，提前转移安置咸塘村夏家湾组受威胁群众11户68人。6月6日，《湖南日报》以《精准预警，及时转移》为题在头版报道衡南县的经验。

【不动产登记】2022年，衡南县自然资源局推进“交房即交证”改革。印发《衡南县新建商品房“交房即交证”工作方案（试行）》。已全面启用一窗办事平台。已举行三期交房即交证活动，网签合同备案1156套，办理预告登记864套，首次登记1474套，转移登记919套，解决919户办证问题。化解8个项目遗留办证问题，共计726户。

（撰稿　颜成龙　彭宏艳）

衡阳县自然资源工作

衡阳县自然资源局

党组书记、局长	廖俊魁
党组副书记、副局长	綦恒军
党组成员、副局长	曾汪洋
党组成员、副局长	王建忠
党组成员、副局长	阳孝能
党组成员、总规划师	周春梅
党组成员、纪检组长	朱　乐
党组成员	王承运

【耕地保护】2022年，衡阳县全面推行田长制，出动宣传车百余台次，发放宣传册5万份，悬挂横幅150条，张贴标语3000余张。下发《中共衡阳县委衡阳县人民政府印发〈关于严格耕地保护全面推行田长制的实施方案〉的通知》及系列配套文件。巡田21次。县田长制办公室出通报20期，提醒函27期，警示函4期，交办函2期，督办令42期。恢复耕地789.33公顷（2021年度变更净减少耕地恢复任务139.6公顷，2022年耕地恢复任务649.73公顷）。推进“非农化”“非粮化”整改工作。全县历年“非粮化”图斑共836个，面积306.6公顷，已整改图斑200个，面积135.87公顷。历年“非农化”图斑共344个，面积117.4公顷，已整改图斑72个，面积26.07公顷。上报省市审批占用耕地项目9宗，占用耕地面积6.49公顷，实施28个旱改水项目，可新增水田95.47公顷。完成增减挂钩指标水田146公顷、旱土30.73公顷，占补平衡指标水田规模2亩、

数量26亩的解冻解扣工作。

【**国土空间规划**】2022年，衡阳县县级国土空间总体规划已完成初稿，编制进度完成总进度的85%。“三区三线”划定工作已收官。24个乡镇（西渡镇除外）空间规划已开展编制。村庄规划编制任务进度过半，2021年已完成167个村村庄规划编制。2022年度已完成120个村村庄规划编制；纳入2023年度编制计划的148个村的规划编制工作已经启动。村庄规划已形成295个村村庄规划初步成果，其中137个村的村庄规划成果已通过专家评审和部门审查，16个村的村庄规划已通过县人民政府批复。召开调规听证会和部门审查会7次，完成调规项目8宗。

【**自然资源市场运作**】2022年，衡阳县自然资源局办理土地出让业务64宗，其中工业用地10宗，商业、住宅用地53宗，公用设施用地1宗。成交57宗，面积104.28万平方米，成交价款10.1亿元。划拨供应土地30宗，面积145.19万平方米。办理调整规划业务3宗，调整补缴土地出让金471.17万元，其中有两宗是集中化解项目。办理改变土地用途业务14宗，面积59.67万平方米，收取土地出让金10.89亿元。办理划拨土地使用权改变类型业务109宗，收取土地出让金512.5万元。办理企业改制业务6宗，面积5692.94平方米，收取土地出让金1830.88万元。

【**建设项目用地报批**】2022年，衡阳县自然资源局上报17个国有建设用地项目到省批准并领取用地批文，用地总面积88.63公顷，同比递增311%；将梅花村乡村旅游等5个乡村振兴项目上报市人民政府批准并领取了批文，用地总面积4.41公顷；办理32项目用地预审与规划选址意见书；完成高新区25个项目220 公顷、城建投16个项目120 公顷耕地占用税地类核定，并出具缴税的相关依据，上缴税收总额7500万元。

【**不动产登记**】2022年，衡阳县自然资源局建成“一窗办事平台”，实现“一网通办，跨省通办”，缩短时限50%。完成农村宅基地调查摸底入库，发放集体建设用地和农村宅基地不动产登记证书6.45万本，摸排化解房地产历史遗留办证共13个楼盘，办理不动产登记证1022本。

【**地灾防治**】2022年，衡阳县自然资源局开展1∶10000地质灾害调查和风险评价，编制《衡阳县2022年度地质灾害防治方案》，对辖区内214处地质灾害隐患点做汛前排查、汛中巡查、汛后核查工作，对79处突发地质灾害点开展群测群防及排危除险工作。组织科普宣传和教育培训，5月18日组织25个乡镇及界牌陶瓷工业园区分管领导、乡镇所长及相关工作人员开展“地质灾害防治工作轮训会”，结合“5·12”防灾减灾日发放宣传资料近万册。

【**绿色矿山修复**】2022年，衡阳县自然资源局完成“生态环境警示片披露问题”的整改任务。对矿山公路右侧边坡的浮石浮土进行清理，清理面积约10000平方米，安装防护围挡3000平方米，矿区复绿面积30000平方米，树苗成活率90%。推进在产矿山全面落实绿色矿山建设任务，督促6家矿山部署开展了绿色矿山建设，有4家矿山基本完成建设。

【**国土资源执法监察**】2022年，衡阳县自然资源局立案查处各类自然资源违法违规案件368件，结案360件，结案率97.8%，行政处罚罚没款464.6万元（已收缴罚没款140余万元，尚有部分罚没款在法院未财政转账）；拆除违法非法采矿工棚及洗砂设备3处，扣押非法采矿挖机和运输车辆13台次，拆除违法违章建筑物53243平方米，没收违法建筑物23181平方米，组织集中执法行动26次，出动执法人员1038人次。土地矿产卫片执法监督检查实现“零问责”。收到上级下达的问题图斑数503块，省级审核通过142块，持续整改361块，审核通过率28.2%。

【**月清“三地两矿”**】2022年19—29批次月清“三地两矿”下达衡阳县新增违法14宗，面积4.98公顷。已立案查处9宗，其中已组织资料报批的有5宗，分别是台源综合市场、关市污水处理厂、金溪污水处理厂、致公学校和琼瑶故居园林。准备拆除恢复整改的有3宗，分别是西渡镇福星村挖塘养鱼、曲兰镇主堂村占基本农田硬化坪和大安乡三义村养牛场。已作“三区三线”调整（基本农田补划）逐步完善用地手续整改的1宗，是台源镇安化公司养鸡场。未立案查处的2宗属于挖塘养鱼，其中台源镇长塘村挖塘养鱼和樟树乡罗洪村挖塘养鱼两宗“非粮化”图斑在规定时间内进行整改恢复。

【**拆违控建**】2022年，衡阳县自然资源局对县城控规红线范围巡查。对旧城小区改造工作开展24次集中拆违行动，在樟树、板市、曲兰开展5次拆违行动，拆除违法违章建筑物242处，建筑面积36418平方米。

【土地变更调查】2022年，衡阳县自然资源局完成2021年国土变更调查，变更省级图斑3824个、国家下发图斑数4348个、国家跟踪监测图斑数13个，外业举证图斑任务7503个，全面查清县2021年国土利用变化情况，完成省厅下达135.8公顷耕地整改恢复图斑上图入库工作。发布第三次国土调查成果，成果的应用，统一国土空间规划和各类专项规划的基数和底图，对生态文明建设、落实最严格的耕地保护制度、合理开发利用国土资源等方面提供数据支撑。

【自然资源监测体系】2022年，衡阳县自然资源局开展铁塔视频监测系统建设，完成268个铁塔视频监测点选址工作。选择50个安装条件较好的点位作为第一批安装点，完成视频采集设备安装，并投入试运行和向村级试推送预警信息。推进常态化自然资源卫星监测工作。完成自然资源卫星监测图斑核查3299个。向乡村负责人推送“图斑快递”图斑1740个。

【荣誉档案】2022年，衡阳县被评为“‘三区三线’划定和国土空间总体规划编制工作先进县市区”“村庄规划编制先进县市区”“耕地恢复工作先进县市区”。矿山年度生态修复工作被评为整改优秀典型。衡阳县自然资源局被评为“湖南省第三次国土调查先进集体”。市局《关于对2022年度真抓实干成效明显地区予以表扬激励的通报》中衡阳县“批而未供”工作受到通报表扬，处置率220%，全省排名第一。

（撰稿　杨春阳　全　磊）

衡山县自然资源工作

衡山县自然资源局

党组书记、局　长	刘　望
党组成员、副局长	赵　军
党组成员、副局长	汤建军
党组成员、副局长	谭湘衡
党组成员	苏　亮

【概况】衡山县自然资源局是县政府工作部门，正科级，位于衡山县开云镇解放北路418号。2022年，全局共有干部职工230人，内设13个股室，8个二级事业单位。

【土地报批及收入】2022年，衡山县自然资源局完成工业项目、基础设施项目、经营性用地项目、招商引资项目的用地报批。共组卷26宗，批回土地152.76公顷。共完成土地出让7宗，土地出让收入和催缴年度欠款共计4.3亿元。

【矿产资源管理】2022年，衡山县自然资源局开展绿色矿山建设，应建绿色矿山10家已通过省市验收。全县纳入整治的砂石土矿权数为5个，实现注销矿权“三到位”。为全面完成上级交办的全年矿权收入1个亿的工作任务，已做好全县拟出让4个矿权出让前期工作，并制定采矿权出让方案。

【自然资源执法和信访】2022年，衡山县自然资源局开展矿产资源领域打非治违、矿洞矿井排查、安全生产大检查、安全生产月活动，累计扣押挖机4台，关停取缔非法开采点5处，坚决查处非法违法采矿行为。查处非法开采案件3起，越界开采案件1起，移交涉嫌刑事案件1起。查处土地违法案件20起，立案17起，结案12起，没收8起，收取罚没款465573.25元，移送法院申请拆除6起，移送违纪线索7起。12345市民服务热线、省信访系统、部信访系统、政务服务热线共计下发线索176条，均及时受理和按期办结。

【国土空间规划和测绘】2022年，衡山县自然资源局完成县“三区三线（指农业空间、生态空间、城镇空间三种类型空间，以及分别对应划定的永久基本农田保护红线、生态保护红线、城镇开发边界三条控制线）”工作的编制工作，并正式启用“三区三线”划定成果，作为国土空间规划编制、规划许可、用地审批、督查执法等各类自然资源管理的依据。最终下达衡山县城镇开发边界面积为2824.47公顷，较规则允许面积多210.96公顷。全面完成各个行政村村庄规划编制初步方案，分十个标段推进意见征求等工作，并在全省2022年优秀国土空间规划设计和案例评选中获得二等奖。

【服务全县重点项目】2022年，衡山县自然资源局完成八里小镇项目驰星加油站产权收购及遗留问题的处理。先农社区储备项目已完成2、13、14组征地23.13公顷。土地报批工作已批回土地7.4公顷，组卷土地报批13.6公顷。入户青苗补偿完成率60%。

【重点项目建设】2022年，衡山县自然资源局办理国有建设用地报部用地手续2宗，面积22.67公顷。其中G240国道改扩建报部项目用地面积12.24公顷，已领取批文。板桥片区一期园中园项目已组卷完成，协调园区调区扩区事宜。白南高速、800千伏特高压线路项目、G240国道建设项目等，衡山县自然资源局派员30多人参加外业调查、测绘、征地、报批、拆迁、安置、矛盾协调等工作。

【耕地保护】2022年，衡山县召开全县田长制动员部署大会，下发《衡山县关于严格耕地保护全面推进田长制的实施方案》，各乡镇签订2022年耕地保护目标承诺书。县田长办正式挂牌成立。建立乡镇田长体系12个，村级田长体系153个，网格级田长体系688个。创新农民自行开垦耕地模式，萱洲镇下达立项批复面积为39.27公顷，第一期13.8公顷工程建设已完成。白果镇立项批复面积14.67公顷，已完成2.87公顷建设任务。县基本农田划定调整工作已完成初步成果，划定永久基本农田面积16854.4公顷，划定永久基本农田储备区166.67余公顷。

【地灾防治】2022年，衡山县自然资源局开展汛期排查，做好汛期值班值守，加强气象预报和防灾宣传、避险演练等工作。已完成衡山县第一次自然灾害综合风险普查（地质灾害类）工作并提交成果资料。完成开云、长江、萱洲、店门、永和、福田铺、岭坡、白果等12个乡镇1∶10000地质灾害风险评价调查野外工作。

【生态修复治理】2022年，完成衡山县2022年度历史遗留矿山生态修复主体工程，图斑41个，修复面积26.71公顷，完成植树种草复绿工程。完成永明长石瓷泥、永明联办瓷泥矿、茶山瓷泥矿、东湖镇大冲瓷泥、祝云采石场的矿山生态保护修复年度验收相关工作。编制完成衡山县南岳衡山自保区及周边2023年度省级历史遗留矿山生态修复项目实施方案，并通过省厅评审备案。

（撰稿　李树林）

衡东县自然资源工作

衡东县自然资源局

党组书记、局长	谢正辉
党组成员、副局长	柳杰夫
党组成员、副局长	廖湘林
党组成员、副局长	夏建辉
总工程师	颜　俊
班子成员	刘艳青
沈运林　彭　勇	阳金祥
李仲鹏　张　瑞	尹冬斌

【概况】衡东县自然资源局是衡东县人民政府工作部门，正科级。2022年，全局共有干部职工281人。内设12个股室，下设8个二级事业单位：自然资源事务中心（副科级）、矿产资源事务中心、不动产登记中心（副科级）、土地储备中心（副科级）、土地开发整理中心（副科级）、自然资源产权服务中心、自然资源信息中心、自然资源行政执法大队（副科级），2个自然资源分局：自然资源局河西新区分局、经济开发区自然资源分局。

【国土空间规划】2022年，衡东县自然资源局“三区三线”成果已报部里备案，三线中生态保护红线面积约28236公顷，永久基本农田保护面积39018.6公顷，城镇开发边界线面积32.39平方千米。“双评价”“双评估”、耕地与永久基本农田保护、生态修复、生态保护红线与自然保护地、城镇开发边界线划定等12个专题研究已完成专家论证和评审流程。完成73个单独编制类和74个镇村一体类的村庄规划初步方案编制工作。

【用地要素保障】2022年，衡东县自然资源局领取省厅批文共6个项目（或批次）计36.63公顷，保障衡东县重大产业项目用地需求。上报农村村民建房农用地转用申请共2个批次合计40户，面积0.62公顷。参与各类项目选址36次，办理用地预审和规划选址共计13个，面积16.58公顷。

【耕地保护恢复】2022年，衡东县实有耕地42800公顷，实际划定永久基本农田面积39018.6公顷耕地流出面积4.1公顷，流入面积6.51公顷。完成耕地恢复231.47公顷。出台《衡东县全面推行田长制工作方案》，全面建成县、乡、村、网格四级田长责任体系。

【**不动产登记**】2022年，衡东县发放不动产权证书12909本、证明5283张，房屋查询证明9365份，业务总量5万余件，契税约2000余万元，抵押贷款约33.4亿元。

【**优化营商环境**】2022年，衡东县出台《不动产登记简减十条措施》，132项行政审批和服务事项均进驻县政务中心，办理行政审批业务177件，业务办结率为100%。完成佳利小区（廉租房）264户、锦华楼75户、锦绣华城168户、锦泰花园292户共4个项目799户房地产遗留问题不动产登记，完成率199.75%。

【**土地出让**】2022年，衡东县出让土地24.5公顷，成交价款20040.84万元。完成批而未供土地处置面积18.11公顷，实现对辖区内建设用地批后开发利用的全程监管，闲置土地处置率100%。

【**征地拆迁**】2022年，衡东县成立征地拆迁工作领导小组，下设三个征拆工作组，即县河西片区征拆工作组、县经开片区工作组、洣水新塘片区征拆工作组，开展全县征拆“百日攻坚大会战”。征地拆迁项目12个，全面完成征地拆迁任务的项目6个，共完成征地109.81公顷，签订房屋拆迁协议104户，拆迁房屋建筑面积51095.82平方米。编制《2022年度土地储备和供应计划》，对2023年的土地储备和供应情况进行摸底上报。收回收购土地3宗，完成土地置换1宗，收回土地面积18.76公顷，被置换地面积8035.3平方米，置换面积3860.5平方米。出库地块10宗，宗地面积共12.65公顷。

【**生态保护修复**】2022年，衡东县自然资源局编制《历史遗留矿山生态修复实施方案（2022—2025年）》，完成大浦镇总面积3.25公顷的历史遗留矿山的生态修复工程，对衡东县民生采石有限公司、衡阳市磊鑫炉料有限公司、湘江南温泉、红狮水泥戴家水泥灰岩矿和甘溪穰家垅萤石矿等5个矿山地质环境治理恢复年度验收。

【**自然资源执法**】2022年，衡东县自然资源局立案查处案件71宗，已结案46宗；开展拆除行动4次，拆除面积25999.21平方米，退还土地25868.21平方米；没收矿产品1546.4吨；收缴罚没款共计71.08万元；移送人民法院强制执行案件13宗；移送公安机关处理3宗。开展执法行动53次，出动人员211人次，共查处非法开采案件9起，扣押非法开采工具及运输工具12台，现场制止非法开采点8处，对3处用地手续不完善的制砂场采取停电措施进行整改。已整改7宗2021年耕地保护督察反馈问题，举证销号17宗省级下达的坑塘水面问题。

【**地灾防治**】2022年，衡东县自然资源局对全县25处重要地质灾害隐患点安装监测设备。在重要时间节点发放地质灾害防治宣传资料5000份。完成衡东县蓬源镇东方村1组滑坡重大地质灾害治理项目和衡东县吴集镇莫井村9组不稳定斜坡重大地质灾害治理项目。

（撰稿　陈红勇　余春婷）

祁东县自然资源工作

祁东县自然资源局

党组书记、局长	曾定健
党组副书记、副局长	曹建春
党组副书记	雷秀彦
党组成员、副局长	刘江新
党组成员、副局长	刘　浩
党组成员、总规划师	谭　鑫

【**概况**】祁东县自然资源局是政府工作部门，正科级单位。2022年，机关内设15个职能股室，下辖7个二级机构：执法大队、土地资源事务中心、土地开发整理中心、地理信息测绘中心、不动产登记中心、征地拆迁安置中心、城乡规划设计院，24个乡镇（街道）自然资源和村镇建设所。

【**调查监测**】2022年，祁东县自然资源局完成耕地后备资源调查和标注“恢复属性”地类调查评价项目工作，完成2021年度土地变更调查工作，土地利用现状数据库及时更新，提供最基础的数据支撑。祁东县1：500地形图更新和生产项目通过省质检站质检，成果数据已汇交到省自然资源厅。完成40处连片耕地、矿区、园区等重点区域铁搭视频监测点建设，全面服务“田长制”和自然资源管理工作。推进全县“多测合一”工作，“多测合一”平台共收到项目申请66个，其中立项用地20个、施工许可4个、竣工验收40个。

【用地保障】2022年，祁东县取得21个国有土地建设项目（批次）用地批文，面积249.11公顷。取得4个批次村民建房农用地转用批文，共309户，面积3.6公顷。发放《建设项目用地预审与选址意见书》11份，用地面积24.93公顷。完成土地征收成片开发方案2个，面积185.9公顷。编制《祁东县2022年度第二批次土地征收成片开发方案》，用地总规模169.22公顷，其中新增建设用地规模83.03公顷。

【空间规划编制】2022年，祁东县划定县耕地和永久基本农田、生态保护红线、城镇开发边界。生态保护红线划定面积为10233公顷，占全县土地总面积的5.47%。永久基本农田划定面积为48301公顷。城镇开发边界建设用地规模为5531.61公顷，其中新增建设用地规模937公顷。完成对136个村庄规划编制的动员宣传、基础调研和方案编制工作。

【征地拆迁安置】2022年，祁东县自然资源局共发布拟征收土地公告32份，拟征收土地补偿安置方案公告28份，征收土地公告16份。测算评估被拆迁房屋共151户，面积65313.4平方米。审核《房屋拆迁补偿协议书》234份，总建筑面积83829.3平方米，出具《征收土地协议书》共187份涉及12个项目，面积42.96公顷。审核《征收土地协议书》共61份涉及19个项目，征收面积61.97公顷。推进衡永高速、白地市储能项目、X148线改造项目、南山大道、322国道县城改造项目、楚杰路延伸项目、迎宾南路项目、鼎山智慧停车场、犬木塘水库项目等重点项目征拆工作。

【土地供应与储备】2022年，祁东县公开挂牌拍卖成交国有土地18宗，面积59.1公顷，成交金额13.76亿元。共出具建设项目用地出让、供应规划函储备编号58份，面积约199.54公顷。

【耕地保护】2022年，祁东县完成省、市下达的恢复耕地任务214.53公顷及2021年耕地减少整改补足面积54.49公顷，落实补充耕地项目专项攻坚整改面积25.17公顷。成立县委书记任第一总田长、县长任总田长的最高规格耕地保护“田长制”工作委员会，明确县、乡、村三级田长602名、网格护田员1359名。开展各类宣传活动6场，设立专栏23个，发放宣传资料50000余份，制作大型户外广告30处。

【不动产登记】2022年，祁东县不动产登记电子证明应用全面推广。设置专窗受理，通过“一窗受理、一套材料、一人互动、一次办结”服务，实行企业间不动产转移登记“1个环节、1个工作日内办结”。开通绿色通道，设置专人对接跟踪企业办证全流程。发放不动产登记证书11827本（其中“交房即交证”677本），发放不动产登记证明4647份，互联网“一窗办事”平台共受理6073笔业务，查询信息23355笔，开具证明16583笔。

【房地一体确权登记】2022年，祁东县制定出台《关于集中化解房地产办证遗留问题的暂行意见》，化解5511户房地产办证遗留问题，超额完成衡阳市政府2022年度下达祁东县重点民生实事化解房地产遗留问题办证2000户的任务，化解成效在衡阳市人民政府党政门户网、湖南省自然资源厅、祁东新闻网、祁东融媒体、祁东发布等媒体进行刊发宣传。推进新建商品房“交房即交证”改革，对新水云轩·尚书苑、云天华苑、新水云轩三期、碧桂园翡翠华府一期等4个项目实施“交房即交证”。中国日报网、今日头条、红网、衡阳市政府门户网、省自然资源厅等媒体报道。

【地质灾害】2022年，祁东县自然资源局摸排各类隐患点217处，上报82处重要地质灾害隐患点，受威胁群众4251人。共发生各类灾害险情26处，受威胁人数2049人，组织转移安置群众1105人312户，发放“两卡一预案”和地质灾害防范告知书300余份。对粮市镇、鸟江镇等9个乡镇共布设11处普适型监测预警设备，对灾害隐患点各项动态数据进行全天候不间断实时监测。完成洪桥街道大桥社区周家组崩塌地质灾害治理工程，资金208万元，通过项目竣工验收。

【执法监察】2022年，自然资源部和省厅共计下发我县卫片图斑817个，整改举证758个，整改举证面积367.67公顷，其中耕地117.6公顷，完成整改举证率达93%。开展占用基本农田挖塘养鱼专项整治，组织机械设备对51处新增占用基本农田挖塘土地进行复垦，恢复基本农田17.07公顷。立案查处自然资源违法案件47件、移送法院强制执行7宗拆除建筑面积4456平方米，移送公安5件，刑事追责8人，关闭矿山企业6个，收取罚款1821万元。

【安全生产】2022年，祁东县自然资源局压实安全生产行业主管部门的主体责任，建立五全一常机制，对矿山领域开展安全隐患排查。对马杜桥顺达矿业、奇源铁矿、白鹤德丰铜矿、鸟江大岭铅锌矿、太和堂江口矿、风石堰神龙铁矿、官家嘴金水塘矿业等历史遗留采矿洞进行全封闭，封闭矿口15处，设立安全警示牌15块，全年没有发生重大安全生产和人员伤亡事故。

【**生态修复**】2022年，祁东县自然资源局开展历史遗留矿山生态修复。对祁东县白地市镇12处矿山，17个图斑进行生态修复，修复土地面积19.9公顷，修复为林草地。

【**法规宣传**】2022年，祁东县自然资源局进行"4·22"地球日、"6·25"全国土地日、"八五"普法、"12·4"法制日、禁毒主题教育、反电信诈骗、扫黑除恶等宣传活动，发放宣传资料19200余份，出动宣传车60余台，树立隐患点险情警示标识标牌30块，全县各乡镇站所制作宣传板报30多块，悬挂宣传横幅500多条。

（撰稿　欧阳开）

常宁市自然资源工作

常宁市自然资源局

党组书记、局长　彭旭大（2022.06—　）
副局长、党组成员　易金华（2022.06—　）
副局长、党组成员　胡巧生（2022.06—　）
副局长、党组成员　滕爱国（2022.06—　）
副局长、党组成员　刘建国（2022.06—　）

【**概况**】常宁市自然资源局于2019年4月11日挂牌成立，由常宁市国土资源局和常宁市城乡规划局合并组建。2022年，有局班子成员12名，共有科级干部30人。全局干部职工共有799人，在职647人，退休152人。

【**国土空间规划**】2022年，常宁市自然资源局完成新一轮国土空间总体规划基数转换，成果已提交湖南省自然资源厅审查通过并应用，新增现状用地607公顷。全面完成"三区三线"划定工作，11月15日，成果正式应用。全面启动23个乡镇（街道办事处）的国土空间规划编制工作，中心城区4个街道办事处及水口山镇编入城市空间总体规划，其他18个乡镇编入乡镇国土空间规划。完成18个乡镇国土空间规划及村庄规划编制招投标、304个村基础资料调查和初步方案编制村民代表征求意见工作，将130个村庄规划编制数据上传至湖南省村庄规划管理系统。

【**用地要素保障**】2022年，常宁市自然资源局完成《常宁市2022年度第一批次土地征收成片开发方案》，确定成片开发总面积210.7公顷，编制第二批次开发方案，收录项目30余个。完成国有建设用地报批8宗，总面积38.53公顷。农村居民建房农用地转用审批142户，总面积1.88公顷。设施农用地部备案系统上图44宗，总面积10.1公顷。临时用地审批面积0.83公顷，乡镇企业用地审批面积0.1公顷。召开五次拍卖会，出让土地40宗，面积93.76公顷，办理划拨供地50宗，面积26.56公顷，办理协议出让供地51宗，面积0.55公顷，共完成财政收入86800.27万元。

【**耕地保护恢复**】2022年，常宁市自然资源局报请常宁市人大审议出台《关于加强耕地保护全面推行田长制的实施意见》《常宁市耕地保护工作责任追究办法》，成立常宁市田长制工作委员会。制定《常宁市自然资源局耕地保护工作实施方案》，实行班子成员包乡镇责任制。印发10万余本耕地保护宣传手册、设立8块巨型广告牌、打出宣传横幅200余条。在常宁电视台、常宁日报、大义常宁手机端开通专栏。将2022年耕地恢复533.33公顷指标分解到各乡镇（街道办事处），落实全年耕地恢复目标任务，已报备入库267.4公顷。首批新增补充耕地30.67余公顷已进入财评招标阶段，第二批73.33公顷已通过省级现场复核，补充耕地回头看15个项目整改已完成4个，其中通过部级系统审核项目2个。

【**绿色矿山建设**】2022年，常宁市有持证矿山23个，省级审批发证11个，衡阳市级审批发证12个，停产整改或未正常生产矿山19个。对国家级绿色矿山水口山铅锌矿、省级绿色矿山龙王山金矿开展"回头看"，柏坊铜矿、松柏楠木采石场、罗桥晶石方解石矿基本建成绿色矿山，待委托评估入库。白沙大众矿业忠家岭工区等5个矿山编制了方案，实施绿色矿山建设。盘活矿产资源资产，砂石土矿、罗桥依波矿区等12宗拟出让矿权将分批投放，水口山铅锌矿第三期采矿权价款、松柏楠木采石场资源处置以及罗桥晶石方解石矿延续登记可增加本级财政收入1800余万元。

【自然资源执法】2022年，常宁市自然资源局矿山巡查300余次，对清溪江沿线、白沙境内所有制砂企业予以整治，共拆除大型砂厂7家，遣散从业人员200人，捣毁机械设备12余台，全部拆除全市违法废弃砖厂。开展联合执法行动3次，出动执法人员540余人次，拆除房屋（厂棚）15栋，面积2260余平方米。

【生态保护修复】2022年，常宁市水口山铅锌煤矿区山水林田湖草生态保护修复工程项目建设总投资31071万元，2019年底正式开工建设，已全部完工，共复垦林地约63.33公顷、植树230000株、人工撒播草籽30公顷、挖运土石方10万立方米、土石方回填压实29万立方米、场地平整36万平方米、修筑截排水沟8000米、废石治理17万立方米。

【优化营商环境】2022年，常宁市自然资源局研究出台《常宁市自然资源局“营商环境优化年”实施方案》《常宁市2022年“登记财产营商环境优化年”行动方案》，剑桥国际、碧桂园、万象城等项目实现新建商品房“交房即交证”。推广不动产电子证照，简化流程、优化审批环节、减少审批股室和人员、实行容缺承诺办理制。

【不动产登记】至2022年12月5日，常宁市自然资源局办理各类不动产登记45429件，颁发不动产登记证书35371本，出具不动产登记证明10058份，办理抵押注销登记11539件，协助相关单位提供查询信息90余批次，协助法院解、查封登记289件，收取不动产登记费220.67余万元，追缴土地出让金151.72万元，收取罚款0.48万元。在不动产转移登记中增添水、电、气、网联动过户栏，将自来水公司、国网常宁供电公司、市昆仑燃气有限公司窗口统一搬迁至不动产登记大厅，搭建共享平台。签订《常宁市自然资源局与常宁农商银行不动产登记“智慧抵押”合作协议》，在常宁市农商银行设立不动产智慧抵押登记营业网点。在不动产综合受理窗口增设征税缴税窗口。

【农村危房整治】2022年，常宁市自然资源局对新河镇五家围村、罗桥镇羊山村、三角塘镇双湾村、西岭镇五冲村、柏坊镇东白村、泉峰街道南水村、胜桥镇高峰村、荫田镇联塘村、白沙镇光荣村、培元街道办事处虎溪村等10个村调研，推进农村危房整治十种模式试点工作，探索农村危房整治试点经验。

【地灾防治】2022年，常宁市现存地质灾害隐患282处，地质灾害隐患点204个，其中滑坡154处，塌陷19处。加快白沙观坪村岩溶塌陷地灾治理项目的施工进度，安排专门工作人员全程跟踪项目施工管理，监管工程质量。对培元街道办事处莲花村、荫田镇荫市村中心组、三角塘镇四有小学三个地灾治理项目严格把关，完善变更手续、落实补满资金缺口和完成技术验收。

【信访维稳】2022年，常宁市自然资源局受理群众来信来访112件（次）：其中上级交办43件，群众来信6件、来访60批121人（次）；处置12345等网上平台交办工单434件。完成衡阳市政府下达的5个化解项目（共2000户）办证任务。

（撰稿　陈　坤　陈江华）

耒阳市自然资源工作

耒阳市自然资源局

党组书记、局长　　贺　斌
党组副书记、副局长　　蒋　成（2022.07—　）
党组成员、副局长　　梁琪鹏
党组成员、副局长　　李康辉（2022.07—　）
党组成员、市纪委监委派驻局纪检组组长
　　陈开法
总规划师　　文孝江（2022.07—　）

【概况】2019年3月，原耒阳市国土资源局和城乡规划局合并组建成耒阳市自然资源局，属市政府正科级工作部门。主管全市土地、矿产、森林、草原、湿地、水等自然资源的管理、确权、保护与合理开发利用及国土空间管制、城乡规划、生态保护修复和测绘行政管理等工作。2022年，有班子成员6名，干部职工807人。内设职能股室23个，下辖二级机构10个，辖自然资源所30个。

【服务社会】2022年，耒阳市自然资源局服务茶常高速、京港澳高速扩建工程建设，为项目提供征地拆迁和用地报批保障。全市获批国有建设用地59.27公顷，有效保障南方水泥、日处理1000吨有机废弃物资源利用等招商引资项目落地。获批集体建设用地14.47公顷，支持农村产业融合发展，助力乡村振兴。储备土地98.32公顷，推动该市北部片区与武广片区、经济开发区的成片开发，实现新经济融合发展。全年划拨国有建设用地9宗，面积14.05公顷，出让国有建设用地135宗，面积105.94公顷，实现财政入库资金12.75亿元。

【国土空间规划编制】2022年，耒阳市自然资源局划定生态保护红线36113.68公顷，永久基本农田面积52186.67公顷，城镇开发边界规模79.71平方千米，中心城镇开发边界63.49平方千米，形成国土空间规划“三条控制线”，三线成果已经正式启用。《耒阳市国土空间总体规划（2021—2035年）》通过部门审查、专家评审以及市政府常务会议和人大常委会的审议。全市城镇开发边界1∶500最新地形图，包含遥感影像图、三维模型，基础地理信息数据库，地理国情普查等现状类数据，均可共享发改、生态环境、住建、交通、水利、农业等部门国土空间相关地理数据信息。全市综合交通体系专项规划和生态修复专项规划、山体水体保护专项规划、综合防灾专项规划、公共服务配套设施专项规划形成初稿，特色风貌与城市总体设计专项规划、耕地保护国土空间专项规划等2个专项规划已通过部门审查和专家评审。

【自然资源管护】2022年，耒阳市自然资源局推行田长制，将耕地保护内容纳入村民自治章程、村规民约当中，完成46公顷社会投资土地开发项目验收形成耕地指标，实施、验收2020年度立项的8个旱改水（166.67公顷），推进2021年度113.33公顷旱改水和33.33公顷开发项目的立项，确保“两个耕地占补平衡”。健全自然资源动态巡查机制，建立七级巡查网络，移送违法案件282宗。开展矿山超深越界检测、监督井下检测和日常检查，6家乡镇煤矿完成新一轮超深越界检测，13家省属国有煤矿完成井下检测，下井检查密闭、警示牌166矿次。对非法开采实行“零容忍”，现场查获非法开采17起，打击非法采矿行为。推进“洞庭清波”砂石企业突出环境问题整治，15家砂石土矿完成整改销号。开展打击“洗洞”盗采金矿等矿产资源领域违法违规行为专项整治，封堵废弃矿硐21处，全面提升矿产资源开发保护的科学性、规模化和产业化水平，努力实现矿山向绿色、安全矿山转型。

【资源节约集约利用】2022年，耒阳市自然资源局开展“三类”土地处置，盘活存量土地资源，自然资源部下达闲置土地处置任务80宗，面积241.46公顷，省自然资源厅下达月清“三地两矿”闲置土地处置任务52宗，面积159.08公顷，通过有效整改，完成部任务56宗，面积181.47公顷闲置土地处置工作，处置比例75%。完成月清“三地两矿”闲置土地处置任务28宗，面积78.93公顷，处置比例为50%，闲置土地处置（整改）率衡阳市排名第三。全市批而未供土地131宗，面积454.21公顷，整改到位50宗，面积288.59公顷。围绕“砂石保供”专项行动开展地质勘查，南方水泥李家湾矿区等17个立项获省厅批复，上报延续登记矿山12个，审核颁发采矿许可证10个，其中煤矿3个、砂石土矿7个。推进绿色矿山建设，11家矿山绿色矿山建设方案通过评审，2家矿山完成第三方评估验收，并按照湖南省绿色矿山标准进行建设。推进历史遗留矿山生态保护修复，完成生态修复136.43公顷，超过上级考核目标任务22.96公顷。

【维护民生权益】2022年，耒阳市自然资源局实现“湖南互联网+政务服务一体化平台”网上可办率100%，办理行政审批153件，好评率100%，通过省优化营商环境第三方评价。化解腾风新城等房地产项目遗留问题7个，化解遗留问题3411户，完成不动产权籍调查91宗，办理不动产权登记26091宗，颁发不动产权证书14435本、不动产权证明11656份。排查577处地质灾害隐患点，核销隐患点140处，437处纳入年度群测群防，并落实“一案两卡”，17处地质灾害隐患点部署普适化监测设备，56处监测设备在线率95%以上。落实汛期24小时值班、灾情（险情）速报和应急救援制度，对受地质灾害影响的76户255人实施避险移民搬迁，对灶钢社区、三都中学、南阳中心完小、仁义镇沿江5组、仁义十里村20组等重大地质灾害隐患点开展应急调查处置，发送气象预警信息20000余条、气象风险短信30余条，紧急转移群众84户298人，实现地质灾害“零伤亡”。

【党建工作】2022年，耒阳市自然资源局开展党委理论学习中心组集中学习19次，局领导上党课12次，党员培训实行全覆盖，开展“屋场恳谈会”“党旗在一线高高飘扬”等特色活动，开展自然资源系统“三红一实”主题活动。开展“党建+禁毒”“衡阳群众”等文明创建和常态化疫情防控工作，召开老党员座谈会、走访慰问老党员和生活困难党员。中层干部签订《党风廉政建设责任书》，开展廉政风险隐患排查整治，开展“廉洁从政从业，廉洁修身齐家”主题活动，开展“吃空饷”、违规借用问题专项整治，副股级以上干部签订《拒收红包礼金承诺书》。

【荣誉档案】2022年，耒阳市自然资源局获评全省自然资源信访工作业绩突出单位、衡阳市耕地恢复工作先进县市区、衡阳市自然资源领域执法工作先进单位、衡阳市自然资源领域绩效考核和真抓实干工作先进单位。

（撰稿　杨　威）

南岳区自然资源工作

衡阳市南岳区自然资源局

党组书记、局长	蹇卓轩
副局长	汤　宏
党组成员、副局长	曾　涛
总工程师	曹彦轩
党组成员、副局长	李　华

【概况】2019年4月，衡阳市南岳区自然资源局由南岳区国土资源局和南岳区城乡规划局合并成立，区政府工作部门，为正科级。2022年8月25日，南岳区自然资源综合执法大队撤销正科级事业单位建制，相关职能职责及人员编制整体划转至南岳区自然资源行政执法大队（副科级）。2022年末，内设股室14个，局属二级机构8个，核定编制92名，其中机关行政编制5名，机关事业编制7名，全额事业编制64名。

【规划编制】2022年，衡阳市南岳区自然资源局推进“多规合一”村庄规划编制。划定永久基本农田面积735.47公顷，生态保护红线面积13758.72公顷，城镇开发边界规模1007.83公顷，“三区三线”划定成果通过国家质检审核。紧扣南岳国家级重点生态功能区、重要文化与景观功能区的主体功能定位，调整空间结构，控制建设开发边界，集约节约发展，构建科学合理的空间格局，实现全区国土空间高质量发展，完成南岳区国土空间总体规划预审稿编制及18个行政村村庄规划编制，明确23项专项规划编制单位及完成时限。

【规划管理】2022年，衡阳市南岳区自然资源局联合踏勘9次，新受理报建28户，编写《建设用地规划设计要点》22份，核发《建设用地规划许可证》共79本，用地面积20564.67平方米；《建设工程规划许可证》共52本，建筑面积60162.04平方米。审查报建图216本；公示和发布批前项目公示信息和建筑方案公示共50件。

【土地管理】2022年，衡阳市南岳区自然资源局编制2022年土地征收成片开发方案，新增用地2.63公顷（39亩）。完成南岳区城区供水管网提质改造工程、寿岳中心幼儿园等32个项目立项审查以及黄竹小学、湘江引水工程等重点项目的实地选址踏勘。储备土地入库2.34公顷，出库0.43公顷，现储备土地总量99.99公顷（1499.85亩）。土地基金收入完成5000万元。闲置土地任务6宗，总面积27.27公顷，由于政策管控原因均未处置到位。批而未供土地任务101.27公顷，已完成11.82公顷，处置率11.7%。

【征地拆迁】2022年，衡阳市南岳区自然资源局完成征地0.94公顷。迁坟88座，拆除房屋12栋建筑面积5619.97平方米，拆除棚屋面积789.51平方米。

【耕地保护】2022年，衡阳市南岳区自然资源局制定“田长制”实施方案，全面建立区、乡（镇、街道）、村、组四级田长制工作体系，出台耕地保护“田长制”相关制度。明确2022年耕地保护底线目标任务1100公顷，恢复耕地目标任务28公顷，寿岳乡完成耕地恢复2.67公顷，南岳镇完成耕地恢复25.33公顷。遏制耕地“非农化”和防止“非粮化”，落实占补、进出“两个平衡”，耕地数量库存指标节余9.29公顷。推进耕地保护专项规划编制，耕地保护“一张图”底图初步成果已提交至省、市检查。

【执法监察】2022年，衡阳市南岳区自然资源局卫片执法巡查23次，发现并及时制止违法现象9起。对全区自建房专项排查的700多栋房屋进行核准和鉴定。部、省下发涉及违法占用耕地图斑11块，2处坑塘水面基本整改恢复，其余均落实占补平衡。全年无国家耕地保护督察反馈问题、农村乱占耕地建房问题，实现违法用地存量清零、增量零增长目标。在景区内实行建设项目审核备案制度，新增备案项目73个。制止破坏林地、挖沙行为22起。制止野外用火行为25次、制止破坏野生动物资源行为4起、阻止乱砍滥伐行为7起，查处行政案件17件；在农区牵头组织村民建房联合放线38户，联合验收45户，参与联合选址104户。对城区在建工程进行严格管控，联合拆除违法建设26起，建筑面积共1718平方米。

【地灾防治】2022年，衡阳市南岳区自然资源局编制《2022年南岳区地质灾害防治方案》，开展1：10000地质灾害调查和风险评价，将220户存在隐患风险的临坡切坡建房户纳入预警通信录，打通地质灾害防治“最后一公里”，组织巡查排查60余次，发送预警信息4000余条。发生达标地质灾害5起，无人员伤亡。转移受灾村民35户99人，拨付96.9万元对地灾险情点进行应急处置。

【不动产登记】2022年，衡阳市南岳区自然资源局不动产登记90%的业务压缩至2个工作日内完成，办理房地产初始登记2047份、转移登记617份、抵押登记972份、抵押注销登记754份、换证348份、更正登记157份、预告抵押登记180份、出具查档证明1428份、无房证明1464份、有房证明623份，办理查封登记40份，解除查封登记58份。持续推进“交房即交证”改革，拟定金桂园为继盛世华府后的第二个“交房即交证”小区。化解房地产办证遗留问题，小商品市场和龙珠佳园A栋扩建项目办理证书41本。

【地理信息测绘】2022年，衡阳市南岳区自然资源局推行“多测合一”改革，累计测绘面积16万平方米。

【法规信访】2022年，衡阳市南岳区自然资源局依法受理行政诉讼应诉案件19件，组织听证会2次，信访办结16件。

（撰稿　邹文艺）

【耕地保护】2022年，衡阳市雁峰区自然资源局实现耕地违法零增量，受到省自然资源厅通报表彰。上级下达耕地补充任务9.10公顷，实际补充恢复任务10.67公顷。

【土地用途管制】2022年，衡阳市雁峰区自然资源局协助市储备中心上报雁峰区用地45.33公顷，获批用地15.33公顷；开展征地前告知程序履行情况核查，共核查15批次(项目)，共深入5个村，形成15份核查报告。

【空间规划】2021年9月，衡阳市雁峰区自然资源局启动岳屏镇文昌村的村庄规划编制工作，已基本完成相关程序和初稿，符合条件已审批电梯28台。

【地灾防治】2022年，衡阳市雁峰区自然资源局巡查地质灾害76次，发现地质灾害22处，现场处置地质灾害隐患点16处，请衡阳市地质测绘院417队现场勘察15次。

【自然资源执法】2022年，衡阳市雁峰区自然资源局查处5宗违法案件，参加各类协调会议20余场次。下达自拆通知书100余份，现场处理各类居民投诉40余起，回复“12345”热线投诉案例30余宗。

【森林资源管理】2022年，衡阳市雁峰区自然资源局共清理病死(枯死、濒死)松树1845株，清理面积100公顷。区13名护林员共巡林4571.43小时，巡林里程11540.45千米；森林防火全区共悬挂横幅20余条，发放宣传单2000份，出动宣传车100余次，发表林长制工作信息20余篇；全区已完成通道绿化39.7千米，人工造林20公顷。

（撰稿　杨灵骁）

雁峰区自然资源工作

衡阳市雁峰区自然资源局

党组书记、局长　　罗福智
党组成员、副局长　　李长久
党组成员、副局长　　阳　波
党组成员、副局长　　刘　贤

石鼓区自然资源工作

衡阳市石鼓区自然资源局

党组书记、局长　　刘卫平
党组成员、副局长　　左　骏
党组成员、副局长　　刘卫星
党组成员、副局长　　胡电林

【耕地保护】2022年，衡阳市石鼓区自然资源局成立石鼓区田长制工作委员会，各镇(街)均成立由党政主要负责人牵头负责的相关领导机构。区委、区政府制定出台《关于严格耕地保护全面推行田长制的实施方案》，配套下发《石鼓区田长制工作考核办法》《石鼓区田长制离任审计实施办法》《石鼓区田长制违法用地举报奖励办法》《石鼓区田长制奖励办法》等四个办法和《石鼓区田长制巡查工作制度》《石鼓区田长制工作督导制度》等两个制度。设立耕地保护宣传牌、宣传横幅300余幅，发放宣传资料10000余份。衡阳市下达石鼓区2022年耕地恢复的任务为16.2公顷，即可恢复性耕地任务9.06公顷，完成耕地恢复任务28.67公顷。

【项目用地保障】2022年，衡阳市石鼓区自然资源局报批土地9批次共计14.95公顷，为区城投、气象塔搬迁、中心敬老院、高速物流港等重点工程项目落实用地指标。先后为高速物流港、区交警大队、气象塔搬迁、骑龙加油站、公交加油站等项目启动征拆面积15.12公顷，以最快速度为华辰物流园、华侨城两个重点项目办理临时用地手续，为区公安分局业务用房、角山镇法庭建设提供用地选址服务。服务湘南新型装备产业园，推进用地报批前期工作，为万居市场提质扩容、明德小学改扩建等工作做好前期服务。

【地灾防治】2022年，衡阳市石鼓区自然资源局接到地质灾害报警16次，确定新发生地质灾害隐患点3个。针对全区11个地质灾害点或隐患点，踏勘巡查55次，出动技术指导人员150余人次（其中现场勘察、指导、参与地质灾害处置工作近40人次）。完成10个地质灾害点或隐患点的资料收录工作，并全部上传至省厅数据库。“6·1”强降雨转移受威胁群众36户59人，“6·17”强降雨过程中转移受威胁群众8户30人。

【行政执法】2022年，衡阳市石鼓区自然资源局强化卫片执法，2022年1—10月下发的137块卫片图斑与省级1—9月下发48块疑似问题图斑均已完成报送。无违法占用耕地新增情况。2020年省级例行督察问题共3宗，已整改到位2宗，未整改到位的1宗为望城路西延项目，该宗违法违规用地行为已立案查处，并移交财政部门督查业主单位办理用地手续。2021年省级例行督察问题4宗，已整改到位2宗。2021年督察发现的其他违法违规问题线索8宗，已整治举证4宗。2022年坑塘水面占用耕地行为专项整治督察问题共11宗，已整改上报系统8宗，1宗已制定补划方案上报省厅，2宗位于松木经开区；历年土地督察共12宗，石鼓区实际问题4宗，为大棚房整改问题，已办理设施农用地手续并报至省厅，重新上传系统。石鼓区2022年武汉督察局共下发疑似问题图斑13个，其中地方政府落实中央有关重大决策部署制止耕地“非农化”责任问题督察问题12个，1个位于松木经开区，实际问题11个，地方政府落实防止耕地“非粮化”责任及“进出平衡”有关要求督察问题1个。组织实地核实下发问题图斑，已经整改到位。接收下发林业违法图斑217块，所有任务图斑均已整改到位。

【“两违”整治】2022年，衡阳市石鼓区自然资源局协同街道，城管执法局等职能部门共执行拆除违章建设任务22宗，面积4213平方米：角山12宗，共计面积1900平方米，黄沙湾10宗，共计面积2313平方米。针对生物学院周边影响消防通道28户900余平方违章搭建商户，耀江西湖湾别墅违章扩建4户200余平方米，青石村朝阳村违法用地整改2处0.87公顷等问题进行4次大型拆违行动。

【自建房整治】2022年，衡阳市石鼓区自然资源局开展自建房专项整治，实地排查房屋600余栋，其中有安全隐患的房屋109栋，并上报汇总情况，对石鼓区在湖南省自建房系统中的5000多栋房屋进行合法合规性和地质灾害判定，开展整治工作，完成经营性房屋地质灾害隐患整治39处，合法合规性隐患整治100余处。

【民生保障】2022年，衡阳市石鼓区自然资源局共完成老旧小区加装电梯审批服务80起。农村宅基地和集体建设用地确权登记调查总量为8023宗，其中农村宅基地8005宗，集体建设用地18宗，完成入库4678宗，暂不能登记发证4180宗，不动产应登簿数4270宗，实际不动产登簿数3843宗，登簿率90%。

【生态环保】2022年，衡阳市石鼓区自然资源局推动“净土保卫战”，成立净土保卫战指挥部。石鼓区共有污染地块40宗，其中在系统中备案的污染地块11宗，采取设立警示牌、建立治理台账等措施。牵头完成净土保卫战市级督察工作，协助区生态环境局完成变更为“一住两公”用地并获得建设工程规划许可证地块的初调工作，并做好遗留矿山的关闭退出工作，全区唯一的矿山中力页岩砖厂已完成采矿权许可证的注销和拆除工作。

【信访维稳】2022年，衡阳市石鼓区自然资源局收到“12345”及各类信访件142份，群众来电来访咨询60余次，对群众的诉求问题，第一时间进行调查，根据部门职能回复。

【林业工作】2022年，衡阳市石鼓区自然资源局发动干部群众在交通干道区域内的房前屋后种植苗木，累计绿化面积17.33公顷。组织开展义务植树活动，通过“出手吧姐姐，湘妹子来植树”“植树造林，共建绿色家园”“全区通道绿化义务植树造林”等义务造林活动，完成旅游环线17公里、县道15公里、国道3.2公里的绿化工作，高质量完成了造林绿化工作。森林防火特护期24小时值班落实到位、森林防火隔离带修建管护到位、涉林镇街野外用火管控到位。认真贯彻落实《关于全面推行林长制的实施方案》，进一步健全完善区、镇（街）、村三级林长制体系，石鼓区涉林3个镇（街道），14个行政村(社区)三级林长制组织体系已建立，相应的配套制度已制定，县、乡、村三级公示牌已经竖立。完成古树名木保护、松材线虫防治及生物多样性调查等工作。

【党的建设】2022年衡阳市石鼓区自然资源局深入联点社区开展党的二十大精神宣讲，组织各类党建活动36次，发动机关党员700余人次进社区参加疫情防控、文明创建、卫生城市创建等工作。

（撰稿　朱　弘）

珠晖区自然资源工作

衡阳市珠晖区自然资源局

党组书记、局长　　蔡林国
党组成员、副局长　　李逢仕
党组成员、副局长　　张旭东
党组成员、副局长　　孙国顺

【概况】衡阳市珠晖区自然资源局是区政府工作部门，正科级，内设机构9个股（室），4个基层自然资源所，下属3个副科级二级事业单位。单位核定编制数45人，实际在编42人。

【耕地保护】2022年，衡阳市珠晖区自然资源局加快推进“田长制”，先后4次召开“田长制”专题会议，出台《加强耕地保护全面推广田长制实施意见》等7个文件，构建区、乡、村、组四级网络田长责任制。在东阳渡街道沿兴村杨柳组开展田长制试点工作。加大耕地卫片图斑的整改，召开整改部署会，联合区政府督查室进行督查，联合区检察院对整改情况进行回头看。开展耕地恢复工作，完成市级下达的23.87公顷耕地恢复任务。

【执法监察】2022年，衡阳市珠晖区自然资源局实行网络化巡查。加强常态化督查监管。成立区土地卫片执法工作领导小组，建立健全信息共享、联合查处、案件移送等机制，违法用地查处率100%。加大违法用地整改。2020年国省例行督促问题28宗，已全部整改到位。2021年省级例行督察问题2宗，已整改到位2宗。开展“双零”执法行动。市级下发区“双零”行动图斑共13宗，其中8宗进行组卷报批；2宗进行立案查处；2宗补办用地手续；1宗进行整改复绿。

【村庄规划】2022年，衡阳市珠晖区启动剩余9个村村庄规划编制工作。完成技术服务单位招标工作，并支付部分技术服务费；做好编制前底图底数的收集及村庄现状情况摸底调查等工作，召开全区村庄规划编制动员会，开展外业调查，已编制完成初步成果并上报省厅。

【地灾防治】2022年，衡阳市珠晖区自然资源局制定《珠晖区2022年地质灾害防治方案》，成立工作领导小组，建立地质灾害防治安全责任链。安装两套普适型监测设备。组织巡排查。全区共有地灾隐患点17处，均为小型类。通过技术支撑单位现场核实，拟入数据库5处。组织汛期地质灾害值班值守，落实24小时领导带班、双人双岗值班要求，全年无地灾事件发生。

【矿山生态修复】2022年，衡阳市珠晖区自然资源局完成长江经济带珠晖区段废弃露天矿山23个矿点的生态修复。修复面积61.40公顷，通过省、部验收。完成历史遗留矿山132个图斑的核查任务。编制完成《历史遗留矿山生态修复实施方案（2022—2025年）》《2022年历史遗留矿山生态修复实施方案》，通过市级评审并已报备省厅，由衡州路街道具体实施，项目已竣工。

【廉政建设】2022年，衡阳市珠晖区自然资源局成立局清廉机关建设工作领导小组，制定《珠晖区自然资源局清廉机关建设工作实施方案》，召开清廉机关建设动员部署会。制定《珠晖区自然资源局岗位职责一览表》，重新明确局领导班子分工和人员岗位调整。开展“廉洁从政从业，廉洁修身齐家，喜迎党的二十大”主题活动。研究完善《珠晖区自然资源局公务用车使用管理规定》《珠晖区自然资源局工作纪律规定》等制度。

【荣誉档案】2022年，珠晖区被省评为第三次国土调查工作典型市县，被衡阳市评为耕地恢复工作先进县市区、地质灾害防治先进单位、自然资源督察执法整改土地方面工作先进单位；珠晖区自然资源局被省自然资源厅评为第三次国土调查先进集体，被市自然资源和规划局评为2022年度绩效考核和真抓实干工作先进单位。

（撰稿　罗卫忠）

蒸湘区自然资源工作

衡阳市蒸湘区自然资源局

局　长　　欧阳勇
副局长　　王智勇
副局长　　刘建君
副局长　　肖宏伟

【概况】衡阳市蒸湘区自然资源局是区政府工作部门，为正科级。同时对外使用蒸湘区林业局名称。内设办公室、空间规划用途管制和利用股、自然资源管理和保护股、林业股、法规监察股等股室和城区中心、雨母山、呆鹰岭3个乡镇自然资源所。下设蒸湘区自然资源事务中心、蒸湘区自然资源行政执法大队、蒸湘区林业站3个所属副科级公益类事业单位。共有干部职工38人。

【耕地保护】2022年6月，衡阳市蒸湘区自然资源局召开区田长制动员部署会，制定《蒸湘区违法占用耕地行为举报奖励办法》《蒸湘区田长制奖励办法》。红网等媒体到雨母山镇七里山村采访田长制、智慧监管耕地保护等内容。呆鹰岭镇利用无人机巡田，依托科技赋能监管。利用遥感数据等科技，保证全区耕地底线任务1553.33公顷的底线基础上，完成耕地功能恢复总任务15.2公顷。完成2021年度国土变更调查净减少耕地整改补足任务2.58公顷和耕地整改恢复任务1.8公顷。制定耕地进出平衡实施方案和细则，完成基本农田补划工作；启动耕地卫片监督与进出平衡监管系统，76块图斑就地举证和整改。落实增减挂钩“回头看”工作安排，完成省自然资源厅下发到区149个变化图斑的实地核实、举证、整改。耕地保护专项规划、耕地保护“一张图”编制工作已完成，卫星监测图斑快递核实情况高于全省平均值，核实率90%以上。卫星监测立行立改任务完成率100%；耕地非农化面积减少未超过全省平均值。蒸湘区2022年实现违法占用耕地“零增长”，并得到省厅表扬。2021年国家耕地保护督察反馈问题12宗已全部完成整改并通过省厅审核，整改率100%。2022年，蒸湘区获评全市“田长制”和“控制两违”工作先进单位。

【规划编制】2022年，衡阳市蒸湘区自然资源局配合编制国土空间规划，完成蒸湘区“三区三线”划定。为全区增加11.99平方千米新增建设用地，保障西南部雨母山镇区域发展用地需求。完成14个村庄规划编制。规范村民建房，节约农村土地资源。已有45宗村民建房申请纳入第一批审批流程。开展宅基地线上审批业务指导。

【服务项目】2022年，衡阳市蒸湘区自然资源局落实建设用地10个批次，面积111.4公顷，保障衡永高速、长湖片区、学校及产业用地等10余个重点项目用地需要和匹配土地资产需求。包装产业园项目已写入《衡阳市政府工作报告》，被列为衡阳市重点建设项目。编制杨柳汽车城街区规划概念性规划方案。完善商区配套设施建设，解决书山路小学用地置换问题。开展雨母山景区智慧停车场项目选址。抓住雨母山银泰旅游度假区建设契机，初步规划452公顷，打造一体化产业示范度假区，已完成概念性规划方案编制。长湖片区规划用地80公顷，开展征地拆迁工作。

【惠民利民】2022年，衡阳市蒸湘区自然资源局对23个地质灾害隐患点做好应急值班值守，加强监测预警和应急处置，开展地质灾害防治工程治理，争取专项资金用于地质灾害应急处置工作。地质灾害防治工作考核被评为先进单位。推进“我为群众办实事”实践活动，完成全区宅基地14370宗地、集体建设用地51宗地房地一体权籍调查工作，已完成发证6011户。完成第三次全国土地调查工作，摸清土地资源家底。全区农用地共5365.92公顷，其中耕地共1558.95公顷。建设用地5688公顷，其他土地111.56公顷。

【**信访工作**】2022年，衡阳市蒸湘区自然资源局接到12345工单57起，网络舆情件4次，市长信箱3件，省信访平台6个投诉，办理回复率100%。

【**林业保护**】2022年，衡阳市蒸湘区自然资源局推进林相改造项目。3月12日植树节，全区主要领导及林业工作人员在雨母山镇七里山村东梓公路种树300余株。完成雨母山镇水库上方的900平方米小景点绿化工作。完成 47.13千米国省道和5千米乡道的通道绿化建设工作。开展造林绿化空间调查和适宜性评估、生物防火林带规划编制工作。以雨母山镇核心景区为主，开展生物防火林带、消防蓄水池的规划选线、选址和建设。完成林业图斑核查整改。开展病虫防治和生物多样性资源调查工作。森林防火特护期间，实现零森林火灾。蒸湘区在有害生物防治和森林防火工作中分别获得省林业局和衡阳市森防指颁发的优秀单位称号。

（撰稿　陈　蓉）

株洲市自然资源和规划工作

株洲市自然资源和规划局

党组书记、局长　　　徐业伟（2022.01—　）
党组成员、副局长　　王亚军（　—2022.08）
工会主席　　　　　　邱克俭
党组成员、副局长、二级调研员
　　　　　　　　　　曹　阳
党组成员、总工程师　熊永生（　—2022.04）
党组成员、副局长　　言罗根
市纪委市监委驻市自然资源和规划局
　纪检监察组组长、局党组成员　　曾　杰
党组成员、总经济师、二级调研员　巫智敏
党组成员、副局长　　　陈　佳（2022.05—　）
总规划师　　　　　　　张金望（　—2022.06）

【概况】2019年1月28日，株洲市自然资源和规划局组建、挂牌成立，为市政府工作部门。2022年，局机关内设21个科室；直属事业单位13个，其中副处级机构5个。全局有干部职工677人，在编人员481人，离退休、提前退休人员196人。

【规划编制】2022年9月30日，株洲市“三区三线”划定成果得到自然资源部认定。9月，市国土空间规划“一张图”实施监督信息系统通过自然资源部初步评定。制定发布《株洲市国土空间专项规划编制目录清单》，并会同各行业主管部门编制9项专项规划。开展轨道科技城、凤凰航空城、湖南先进硬质材料产业园、清水塘新能源装备产业新城、九郎山职教科创城等5个片区的规划提升工作。完成617个村庄规划方案，指导形成三门响水村、朱木村、茶陵卧龙村、醴陵沩山村等一批集聚效应明显、整体风貌协调的典型村庄。编制完成《长株潭绿心中央公园和邻园片区（株洲区域）概念规划》，开展产业园区现状开发容量专项调查及对策研究、园区道路及绿化集约节约建设专项规划。

【土地要素保障】2022年，株洲市自然资源和规划局批回国有建设用地77宗247.6公顷。完成集体土地征拆项目141个1280公顷。挂牌出让土地98宗509.47公顷，划拨47宗251.79公顷，形成出让收入200亿元。收储商住用地110宗483.33公顷，储备工业用地252.53公顷。出台《全力服务“三高四新”战略十条措施》，服务清水塘产业新城、大唐华银电力等省市重点项目56个，完成炎陵、攸县抽水蓄能等重点项目用地预审工作。构建带规划指标、实景地图、相关配套、社会环境、出让方案精准招商的“五带”新模式。开展商住用地出让片区指导价试点，以规划为基础，以产业为导向，对规划片区按照控规划分区片和区段，评估合理容积率下的区片价和区段价，并区分商业业态，指导商住用地出让和招商地价，创新城市地价精细化管理株洲模式。推出国有建设用地批后监管（“土地码”）系统和“天地图·株洲”建设应用，实现所有土地“一码管地”全生命周期管理，累计为2000多宗土地赋码，重点包装推介17宗成熟土地招商。

【存量土地处置】2022年，株洲市自然资源和规划局制定出台《株洲市园区工业项目“标准地”出让改革实施方案》，完成“标准地”出让33宗131.95公顷，占比43.39%，完成工业用地弹性出让供应45宗、面积159.47公顷。出台《进一步加强市本级国有建设用地批后监管工作制度》，全年闲置土地清理处置41宗，显化资产50亿元以上，累计处置存量批而未供土地680公顷，存量闲置土地1320公顷。处置工业园区“三类地”710公顷。其中存量批而未供土地处置率59.88%，排名全省第一。园区批而未供土地处置率70.5%，闲置土地处置率96.76%，低效（空闲）用地处置率53.5%，综合排名全省第二。单位GDP建设用地使用面积位居全省A类地区第三。

【耕地保护】2022年，株洲市恢复耕地4.3万余亩（2800余公顷），补足2021年445.19公顷净减少耕地，同时超额省厅下达的2473.33公顷恢复任务，实现耕地保有量17.51万公顷，守住17.28万公顷底线目标。全面构建“市县乡村田长+网格长”五级田长制，实现现有耕地一亩不少的目标，全年净流入耕地2400余公顷。加快自然领域改革，出台《株洲市耕地资源计划和统筹管理办法》，促进耕地资源集聚利用，连续第23年实现耕地占补平衡。

【矿产资源管理】2022年，株洲市完成第四轮矿规听证，出让3宗采矿权，全市24家生产矿山全部完成绿色矿山建设；关闭退出砂石土矿98座，完成58个矿点125公顷历史遗留矿山生态修复。制定《关于进一步加强全市采矿权出让管理的通知》，探索矿产开发利用新模式。开展打击“洗洞”盗采金矿专项整治，封堵废弃矿硐73个，封堵率100%。

【自然资源执法】2022年，株洲市自然资源和规划局开展月清“三地两矿”和违法用地“双零”行动。新增违法用地200宗全部实现立案查处结案月清月结，全年累计查处自然资源违法案件321起，移送公安7起，移送纪委监委线索6条。整改存量违法问题318个115.07公顷。2021年国家耕地保护督察反馈典型问题和国家矿产资源督察反馈问题全部整改到位。出台《市自然资源督察考核办法》。

【测绘信息管理】2022年7月，《国家新型基础测绘建设株洲市试点实施方案》通过自然资源部组织的专家评审。修订“多测合一”技术标准，与市住建局（人防办）和市城管局联合发布《株洲市工程建设项目全流程“多测合一”技术规定（修订版）》。出台《株洲市关于加强测绘中介服务成果质量管理的通知》《株洲市自然资源和规划局“多测合一”成果审查工作方案》。

【民生服务】2022年，株洲市自然资源和规划局推进农房地一体确权登记颁证59.85万宗，发证率100%。推进“交房即交证”常态化，实现市本级新建商品房“交房即交证”全覆盖。完成交房即交证项目42个，房屋166栋，发证14411本。创新“五步工作法”，实现房地产办证遗留问题一期任务化解率100%，二期任务化解率100%。

【地灾防治】2022年，株洲市自然资源和规划局构建群专结合、全面覆盖的地质灾害监测网络体系，共完成115处普适性监测试验点建设。开展地质灾害“三查”，更新地质灾害隐患库，全市地质灾害隐患点为1372处。开展市本级自建房地质灾害隐患核查，共核查2922户，核查出有地质灾害隐患的共396户。

【安全生产】2022年，株洲市自然资源和规划局落实重大事故隐患治理“一单四制”，开展“打非治违”“超深越界”专项整治，监管矿产企业174家，立案查处23件，处罚163万元。派出47名干部下沉7个社区开展全天候抗疫，全局累计参加志愿服务3000余人次。参与自建房安全整治和拆违保安“百日攻坚”行动，完成2.3万栋经营性自建房合法合规性隐患核查，整治经营性自建房合法合规性问题11445栋。

【改革创新】2022年，株洲市自然资源和规划局探索具有资规特色的首创性改革路径。“工作项目化”改革实践获株洲市2022年度十大改革创新案例，并入选“中国改革2022年度地方全面深化改革典型案例”。

（撰稿　邓云恺）

天元区自然资源工作

株洲市天元区自然资源局

党组书记、局　长	肖振华
党组成员、副局长	尤　红
党组成员、副局长	李殿龙
党组成员、副局长	谭丽琼

【概况】2019年5月15日，株洲市天元区自然资源局正式挂牌成立，是株洲市天元区机构改革后新组建的区政府正科级工作部门，加挂区林业局牌子。2022年11月30日，区自然资源局“人财物”整体下放，由市、区双重管理调整为区委、区政府管理。区自然资源局内设8个股室，下设3个自然资源所，即雷打石自然资源所、群丰自然资源所、嵩山自然资源所。

【用地保障】2022年，株洲市天元区自然资源局完成高科发展装配园地块、高科发展启迪哈工地块等共7宗地块53.37公顷土地收储工作。推进园区工业用地出让。完成17宗工业用地出让并签订出让合同，总出让面积102.72公顷，土地出让金共43040.63万元。处置园区“三类地”。完成园区低效用地处置104.07公顷。完成批而未供土地处置49.4公顷。完成园区闲置土地处置84.5公顷。

【规划管理】2022年，株洲市天元区自然资源局开展“三区三线”划定，完成22个行政村“镇村一体”村庄规划编制前期准备、基础调查、编制方案等三个阶段工作。完成金龙社区党群综合服务中心建设项目等10个项目土规调整，雷打石镇先锋村幸福院等9个项目土规调整手续。

【资源保护】2022年，株洲市天元区自然资源局完成耕地保有量6760公顷。落实耕地“进出平衡”，完成举证上图10.56公顷，进出平衡比例103.41%。全面完成造林任务7.33公顷。做好森林防火安全工作。全面推行“林长制”，设立林长制公示牌、网格员公示牌。全年区级林长针对森林防火、森林资源管理的问题开展巡林，护林员巡护率100%。完成矿山生态修复任务1.97公顷，验收后上报市自然资源和规划局进行销号。核查省、部下发的卫片执法图斑954个，其中省卫片核查违法用地17宗，部卫片核查违法用地7宗。开展初步摸排及认定自建房共计32246栋（其中经营性自建房3501栋、非经营性自建房28745栋），对市整治办交办的重点区域建立一户一档台账并出具认定意见。完成2021年国家耕地保护督查反馈问题整改8个，已全部完成举证，完成率100%。完成2021年前督查反馈问题（往年“挂账”问题）整改1个；完成2020年省级自然资源例行督查问题整改22宗。存量违法用地共下发30宗，已完成24宗整改。新增违法用地共下发17宗，已完成12宗整改。闲置土地共下发26宗，已处置到位14宗。

【民生服务】2022年，株洲市天元区出台《2022年度地质灾害防治方案》，对全区地质灾害隐患点开展全面调查评估和检查，编制防灾预案，设置地质灾害隐患点警示牌22块。强化汛期地灾隐患点的巡查及值守，发放《地质灾害防治工作明白卡》和《地质灾害避险明白卡》169张。联合镇政府、相关部门完成村民建房踏勘450户。共办理320户村民建房农用地转用手续，发放规划许可证202户；发放不动产权证245本。处理15件信访函，行政复议1件、诉讼3件、监督8件、马办函2件、网络问政1件、信息公开10件、市长热线74件、开具38个地块项目无涉信访证明，均已处理到位。

【队伍建设】2022年，株洲市天元区自然资源局开展集中学习15次，研讨交流5次，撰写心得体会40篇。完成支部换届选举工作，完善党员积分制管理制度，发展预备党员1名，预备党员转正1名。在疫情封控期，党员干部参与社区防控、物资保障等工作，志愿者20余人。

（撰稿　刘巧红）

荷塘区自然资源工作

株洲市荷塘区自然资源局

党组副书记、局　长	熊　昕（　—2022.06）
党组书记、局　长	刘　超（2022.07—　）
党组书记、副局长	李　荣（　—2022.06）
党组成员、副局长	丁　奕
党组成员、副局长	周　辉（　—2022.06）
党组成员、副局长	贺　嵘（　—2022.06）
党组成员、副局长	谭江兰（2022.07—　）

【概况】2022年，株洲市荷塘区自然资源局内设办公室、法规股、所有者权益和开发利用股、空间规划股、国土空间用途管制股（耕地保护股）等8个股室，下属二级机构2个，下辖自然资源所2个。干部职工32人，其中在编23人。

【用地保障】2022年，株洲市荷塘区自然资源局落实月清“三地两矿”工作，实行月调度机制，根据省自然资源厅下达的月清“三地两矿”重点任务清单进行处置整改。完成三一5号增补地块的出让工作，该地块以“标准地”模式进行出让，出让面积约3.13公顷，土地出让金1905万元。做好产业园区土地利用清理专项行动，完成园区“三类地”处置约31.13公顷。

【国土空间规划】2022年，株洲市荷塘区自然资源局划定城镇开发边界59.36平方千米，9月30日通过自然资源部审核并正式启用，重点保障三一智慧钢铁产业园、硬质合金产业园和上海韵达物流园项目用地需求。仙庾镇国土空间规划编制工作全面启动，印发《株洲市荷塘区仙庾镇国土空间规划编制工作实施方案》，完成项目采购的招投标工作。仙庾镇徐家塘村、黄塘村村庄规划已完成初步方案编制。牵头组织召开韵达湖南智能物流产业园一期项目涉及《荷塘区土地利用总体规划（2016—2020年）》修改工作听证会，修改完善后的规划修改方案已通过省自然资源厅组织的专家评审。

【耕地保护监督】2022年，株洲市荷塘区自然资源局全面建立耕地保护“田长制”，制定并下发《关于下达2022年度耕地底线目标任务的通知》《荷塘区耕地保护“田长制”实施方案》。完成

2021年耕地净减少整改补足工作，通过工程施工完成整改21.07公顷，实现区耕地指标由负转正。开展区2022年度耕地恢复工作，编制实施方案并报区政府常务会议审议通过，全程督促和指导各镇（街道）、村选址、施工和耕种。

【地灾防治】2022年，株洲市荷塘区自然资源局制定下发《株洲市荷塘区2022年度地质灾害防治方案》《关于做好主汛期地质灾害防治值班工作的通知》，主汛期实行领导带班、双人双岗24小时值班制度。做好8个地质灾害隐患点排查工作，先后20多次巡查辖区内地灾隐患点。完成金塘村藕塘组滑坡地灾治理项目行政验收工作，资料整改和资金拨付均已到位。

【矿山生态修复】2022年，株洲市荷塘区自然资源局加大矿山企业的动态巡查力度，矿山巡查共计10余次，未发现超深越界行为。配合市局对辖区内中材水泥有限公司和天宝矿泉水有限公司两家省级发证矿山按时完成2021年度矿山采矿权公示工作。已全面完成三八、霞山两家历史遗留矿山的生态修复工作，并通过市、区两级验收。

【自然资源调查确权】2022年，株洲市荷塘区自然资源局完成"三调"公报发布工作。耕地后备资源调查和标注"恢复属性"地类分析评价数据已通过省级核查。与乡镇、村组和国土所沟通协调，督促完成卫星监测图斑快递工作。

【违法整治】2022年，株洲市荷塘区自然资源局完成东湖公园及周边居住区违法搭建摸底调查及上图工作，共计摸排违法搭建87处，调查面积约13525平方米。开展经营性自建房安全专项整治暨拆违保安工作，制定《荷塘区自然资源局自建房安全专项整治暨拆违保安行动工作方案》《关于自建房合法合规性认定及分类处置指导方案》，对一镇六办派驻8名同志负责联点分片认定。完成合法合规性认定并建立3466栋工作台账。其中认定违法自建房2726栋，违法占地面积28.05万平方米，违法建筑面积121.06万平方米。完成拆违保安"百日攻坚"7628栋合法合规性认定并建立工作台账，认定违法占地95.64万平方米，违法面积172.23万平方米。对区城管局移交的7623处纸质版拆违保安违法建设台账，完成合法合规性认定。

【森林防护】2022年，株洲市荷塘区自然资源局在"3·12"植树节期间接收社会义务植树1600余株，植树面积1.33公顷。落实24小时应急值班制度，做好仙庾岭风景名胜区和婆仙岭森林公园的森林防火工作。加强防火宣传，印制《株洲市人民政府森林防火禁火令》《关于坚决打赢春季及清明期间森林防灭火攻坚战的令》5000余份、森林防火宣传手册10000余份，张贴到乡镇、街道、村群众集聚相对集中地段，开展林长令内涵宣讲。

【政务服务】2022年，株洲市荷塘区国土所参与村民建房现场踏勘62户，办理不动产登记业务115宗。完善信访接待制度，认真推行首问负责制、限时办结制等，做到回复率100%，共调查、回复3起信访举报案件、8起12345市长热线。推进农村宅基地确权发证工作，现已发证约5100本。

【景区发展】2022年，株洲市荷塘区自然资源局推动仙庾岭风景名胜区景区修规，完成《关于对〈仙庾岭风景名胜区总体规划（2013—2030）〉实施修编的情况汇报》的议题上会。

【整合优化】2022年，株洲市荷塘区自然资源局完成自然保护地湖南荷塘婆仙岭省级森林公园基本农田4.46公顷的调出，调出后面积为578.63公顷，优化预案成果上报市局。7月，仙庾岭景区整合优化再次启动并完成仙庾岭整合优化数据成果上报。

【荣誉档案】2022年，株洲市荷塘区自然资源局所获国家级荣誉：节约型机关、自然资源节约集约示范区；省级荣誉：湖南省文明单位、"四星级森林人家"。

（撰稿　田曼媛）

芦淞区自然资源工作

株洲市芦淞区自然资源局

党组书记、局　长　　周润泉
党组成员、副局长　　陈坝舒
党组成员、副局长　　周　辉
党组成员、副局长　　杨　萍

【概况】株洲市芦淞区自然资源局原是芦淞区政府工作部门，为正科级单位，加挂区林业局牌子。

2022年，内设办公室、法规股、调查监测和确权登记股、所有者权益和开发利用股、空间规划股、国土空间用途管制股、矿产管理和地质环境股、林业股、枫溪自然资源所、白关自然资源所、芦淞区土地储备中心11个职能部门。在岗干部职工36人，临聘人员4人。

【保护资源】株洲市芦淞区自然资源局完成2021年变更调查净减少耕地整改补足22.52公顷和年度耕地恢复任务33.33公顷。卫星监测非粮化图斑做到核实整改月清月结。建立区、镇（街道）、村（社区）+网格长的田长体系，“湖南田长”信息系统实现网格全覆盖。2022年历史遗留矿山生态修复绩效目标0.33公顷，已完成0.42公顷并通过省级验收销号。

【保障发展】2022年，株洲市芦淞区自然资源局完成芦淞区村庄规划编制工作的前期摸底调查和区国土空间规划现状基数调查。工业用地全部实行“标准地”出让。全面完成园区批而未供土地、闲置土地和低效用地处置年度任务。为山河科技、高精传动等10个建设项目办理建设工程规划方案审查，涉及建筑面积9.08万平方米。

【自然资源执法】2022年，芦淞区农村乱占耕地建房问题实现零违法，得到全省专项工作会议通报表扬。推进“双零”行动，42宗国家和省级例行督察整改任务，已销号17宗，持续整改19宗。2020年、2021年月清“三地两矿”违法用地整改任务共27宗，整改销号18宗。月清“三地两矿”违法用地整改任务8宗，除5宗处于处罚阶段外，其余3宗均整改完成。8宗坑塘水面违法占用耕地，除一户因业主癌症晚期未及时整改，其余均整改完成。

【坚守安全防线】2022年，芦淞区核实经营性自建房3556户，非经营性自建房17311户，排查地质灾害隐患自建房943户。对自建房合法合规性集中销号1042户，整治销号率51.53%。落实汛期地质灾害隐患巡排查要求，开展村民建房地质灾害简易评估。完善森林防火长效机制，组织区级林长巡林19次，乡级林长巡林396次，实现全年森林火灾和地质灾害事故“双零”目标。持续开展房地一体确权登记发证工作，全年发放不动产登记权证3426本。

（撰稿　龚广军）

石峰区自然资源工作

株洲市石峰区自然资源局

党组书记、局长　　尹海坤（2022.07—　）
党组成员、副局长　　曾科军
党组成员、副局长　　贺　嵘（2022.07—　）

【概况】2022年，株洲市石峰区自然资源局内设机构有办公室、所有者权益和开发利用股、确权监测和确权登记股、矿产管理和地质环境股、国土空间用途管制股（耕地保护股）、空间规划股、林业股、法规股、清水塘中心所、龙头铺中心所、土地储备中心、绿心办12个职能部门。在岗干部职工42人，临聘人员6人。

【规划编制】2022年3月，《“雨石融城”产业协作区空间规划研究》通过验收。长株潭绿心中央公园联合调研组两次到石峰区，重点对白马垄控制建设区和九郎山森林公园进行调查。石峰区为每个应征单位提供《长株潭绿心中央公园和邻园片区概念规划意见和建议》和石峰区绿心复绿及林相改造方案。确定九郎山郊野公园建设试点方案和茅太新村未来乡村方案。

【项目服务】2022年，石峰区出让工业土地1宗，出让年限为30年，弹性供地宗数占工业用地供应总宗数100%。以“标准地”方式出让水泥管厂地块，面积8.14公顷，成交价共计3437万元。办理双碳产业园、中车IGBT三期工业土地出让手续。受理规划审批2件，核发《建设用地规划许可证》2本，用地面积16.06公顷。

【耕地保护】2022年，株洲市石峰区自然资源局建立田长制工作体系。制定《株洲市石峰区全面推行田长制严格耕地保护的实施方案》，组织召开石峰区全面推行田长制工作动员大会。将省厅下发的耕地底线目标530.18公顷全部带图斑、带位置下发给5个街道和26个村（社区），并签订2022年度耕地保护目标责任书。完成石峰区2022年度1000亩（66.67公顷）耕地恢复任务。完成自然资源部下发的8.04公顷耕地流向其他农用地排查整改工作和省自然资源厅下发的4.59公顷净减少耕地整改补足工作，严防耕地“非农化”“非粮化”。

【地灾防治】2022年，株洲市石峰区自然资源局在长石村举行防灾减灾宣传周活动。编制《2022年度地质灾害防治方案》，对各个地灾隐患点进行巡查排查，隐患点发放两卡一案，汛期24小时值班值守。对各地灾点不定时巡查100多余次，发放明白卡、避险卡及预案11份。开展地灾搬迁工作。辖区内11户搬迁避让户，已搬迁4户（省自然资源厅专项搬迁避让补贴已到位）。

【生态修复】2022年，株洲市石峰区自然资源局开展历史遗留矿山生态修复。组织相关专家实地踏勘，对施工设计现场进行会审，编制《株洲市石峰区历史遗留矿山生态修复实施方案(2022—2025年)》报送市级备案。联合专家和技术人员对修复点进行科学规划，完成立项财评、公开招投标选定施工单位及绿心准入等前期工作。

【信访维稳】2022年，株洲市石峰区自然资源局收到上级交办和群众来信来访20件，其中上级转办件10件，群众直接来信来访10多人次，收到市及区交派市长热线75件。逐一与信访人进行解释、沟通，均在规定时限内答复。

【确权登记颁证】2022年，株洲市石峰区自然资源局不动产登记发证6本。对4个重点项目和73宗个人不动产权证进行注销登记。与街道农业部门对接，做好农村村民住宅用地要素保障工作，指导街道使用“湖南省农村住房规划建设管理信息平台”办理村民建房审批。

【月清“三地两矿”】2022年，株洲市石峰区自然资源局完成月清“三地两矿”、产业园区“三类地”处置工作。成立石峰区“五好”园区领导小组，区长调度。截至10月18日，石峰区存量批而未供累计完成31.46公顷，完成处置率15.66%，存量闲置土地累计完成21宗88.46公顷，完成处置率48.7%；高新技术产业开发区（田心片区）三类地截至10月18日处置情况（根据园区新版四至范围线填报）：批而未供土地处置4宗3.83公顷，完成处置率17.52%；闲置土地处置3宗11.27公顷，完成处置率76.83%；低效用地处置9宗23.3公顷，完成处置率38.41%。

【专项工作】2022年，株洲市石峰区自然资源局摸排自建房6344户，经营性和自住+经营一共991户，对区域内自建房进行违法认定再核实。

（撰稿　邓　坚）

渌口区自然资源工作

株洲市渌口区自然资源局

党组书记、局　长	刘力军
党组成员、副局长	肖松山（　—2022.07）
党组成员、副局长	李卫伟（　—2022.03）
党组成员、副局长	陈柏林（　—2022.12）
党组成员、副局长	邹明祥
副局长	文　强（2022.03—　）
副局长	吕路军（2022.12—　）

【概况】株洲市渌口区自然资源局为渌口区人民政府组成部门，正科级单位，局机关内设8个机构，下辖自然资源行政执法大队、不动产登记中心、土地储备中心、渌口自然资源所、淦田自然资源所、河西自然资源所、朱亭自然资源所、土地开发整治和生态修复中心、信息技术服务中心9个事业单位。核定机构编制95名，其中行政编制14名，事业编制81名。

【自然资源节约集约利用】2022年，渌口区批回土地99.73公顷，供应土地258.99公顷，实现国土收入20.08亿元。处置园区批而未供土地6公顷、闲置土地16.42公顷、低效用地35.1公顷，实现园区批而未供土地处置率100%、园区闲置土地处置率100%。处置存量批而未供土地42.47公顷、闲置土地60.9公顷，实现月清“三地两矿”批而未供任务处置率100%，持续4个月无新增。月清“三地两矿”闲置土地任务处置率100%，持续7个月无新增。

【耕地保护】构建“3+N”田长体系，区、镇、村全面签订耕地保护责任书，入编田长818名，竖立田长制公示牌218块，田长巡田率100%。超额完成恢复耕地目标，完成恢复耕地整治任务429.21公顷，超任务目标26.2%，实现全区耕地面积增加539.18公顷。

【自然资源执法】2022年，渌口区实现新增违法占用耕地整改率100%。新增违占耕地建房整改率100%。全省2022年国家自然资源督察武汉局反馈疑似问题补充耕地项目举证率100%。耕地减少监测图斑核实反馈率100%。“立行立改”整改销号率100%。月清“三地两矿”违法用地图斑按期查处率100%。月清“三地两矿”专项工作中“违占永久基本农田挖塘养鱼和发展林果业”整改率100%。

【国土空间规划编制】2022年，渌口区划定“三区三线”，全区耕地划定20460公顷，永久基本农田划定18333.33公顷，生态保护红线划定1386.67公顷，城镇开发边界划定3273.33公顷。全面启动各镇国土空间规划编制工作。完成“多规合一”村庄规划编制31个、启动单独编制1个、合并编制18个、镇村一体编75个，推进“多规合一”实用性村庄规划“全覆盖”。

【矿山生态修复】2022年，株洲市渌口区自然资源局落实环保督察“夏季攻势”历史遗留矿山生态修复3处，完成率100%，超额完成历史遗留矿山生态修复任务1.7公顷。

【地灾防治】2022年，株洲市渌口区自然资源局全面加强区、镇、村三级地质灾害群测群防体系建设，安装普适化监测点仪器11处，巡查重点隐患点24个，记录在册地质灾害隐患点190个，全面落实汛期24小时值班和突发地质灾害“三查”制度。

【不动产登记】2022年，渌口区发放不动产权证书5688本（含宅基地），证明3128份，登簿数量为10275件（含宅基地）。实现“交房即交证”小区4个20栋430本，发放地下车位不动产证23本。调查农村宅基地及集体建设用地74613宗。

【优化营商环境】2022年，渌口区华旦军民两用新材料产业链项目从签订土地出让合同到取得《不动产权登记证》《建设用地规划许可证》《建设工程规划许可证》和《建筑工程施工许可证》四证仅用3个工作日，办理《不动产权登记证》后取得《建设用地规划许可证》《建设工程规划许可证》和《建筑工程施工许可证》三证仅用24小时，成为“拿标准地即开工”标杆案例，创造株洲审批速度新纪录。通过“多测合一”、部门协同，将现行工程竣工验收备案后，不动产首次登记之前的流程前置到竣工验收备案前，实现宁骏汽车配件等项目“竣工即交证”，缩短企业拿证投产的时间3—6个月。

【信访维稳】2022年，株洲市渌口区自然资源局处理市长热线、网络问政、来信来访154件，其中市长热线137件，网络问政7件，来信来访10件，按期办结率100%。出台《渌口区房地产办证信访突出问题领导包案方案》，全面完成2020—2022年化解任务2837户，化解率100%。

【党的建设】2022年，株洲市渌口区自然资源局组织集中学习20余次，开展党组书记讲党课4次，支部主题党日活动12次，理论知识测试1次。开展毛泽东故居、毛泽东同志纪念馆、唐群英故居红色主题教育活动等。

【荣誉档案】2022年，株洲市获国务院真抓实干激励，耕地保护工作突出、土地节约集约利用成效好、闲置土地比例低且用地需求量大的地方，获评全国首批自然资源节约集约示范县（市），荣获省政府真抓实干自然资源节约高效利用表彰。获评全省“牢记国之大者、严守耕地红线”十大典型案例。月清“三地两矿”工作，入选市县典型经验地区。在2022年全省营商环境评价考核中，登记财产指标排名位列全省第一，获评优秀等次。获湖南省第三次国土调查先进集体称号。获全省自然资源信访工作业绩突出单位称号。

（撰稿　邹　甜）

醴陵市自然资源工作

醴陵市自然资源局

党组书记、局长、醴陵市自然资源行政执法局局长	高开军
党组成员、副局长	吴建民
党组成员、副局长	邹建军
党组成员、副局长	谭志红
党组成员、副局长	唐益丰
党组成员、土地储备中心主任	宋健美
党组成员、自然资源行政执法大队大队长	赵　强

【概况】2022年，醴陵市自然资源局内设股室16个，下属不动产登记中心、土地征用安置所、自然资源行政执法大队、土地开发整理中心、土地储备中心等二级机构11个，下辖自然资源所10个。干部职工336人，其中在编203人。

【用地保障】2022年，醴陵市自然资源局批回土地41.07公顷，征地263.99公顷，征拆房屋249栋

（套），清零项目21个。维持动态储备土地15.68公顷，出让土地39.07公顷，成交价款3.03亿元，配合平台公司增资28.37亿元。创新实施烟花爆竹企业用地特殊单元管控，采取“约束指标+分区准入”的“点状用地”管制方式，实行建设用地规划“定量不定点”台账式管理，置换出城乡建设用地规划指标388.33公顷，为全市乡村振兴工作预留指标绿区。

【国土空间规划】2022年，醴陵市自然资源局提交“三区三线”划定成果，9月30日取得自然资源部批复并下发使用。镇国土空间规划有序推进并与市国土空间规划进行有效衔接。完成148个“多规合一”村庄规划初步方案编制任务。

【耕地保护监督】2022年，醴陵市自然资源局出台《醴陵市耕地保护田长制实施方案》，全面建立市、镇、村三级田长+网格长管理体系。完成恢复耕地亩数743.63公顷。推进东富镇全域土地综合整治试点。

【地灾防治】2022年，醴陵市自然资源局印发《醴陵市2022年度地质灾害防治方案》，对辖区范围270个地质灾害隐患点进行排查，健全群测群防体系。组织召开2022年度汛期地质灾害防治工作部署暨群测群防培训会，制作更新全市重要地质灾害隐患点警示牌，实时发布气象预警到户，全年预警30余次，覆盖1.2万余人。

【自然资源调查确权】2022年，醴陵市自然资源局组织完成图斑快递和常规监测图斑核实反馈工作，以及监测图斑立行立改图斑的整改工作，全年图斑整改率为94.94%。完成清理规范林权确权登记历史遗留问题试点工作数据整合、清理规范历史遗留问题、数据库建库汇交等工作。完成2021年度醴陵市国土变更调查工作，以及耕地后备资源调查和标注“恢复属性”地类分析评价工作。完成醴陵市农村宅基地房地一体确权登记颁证工作数据汇交，基本完成颁证工作。

【矿产资源管理】2022年，醴陵市自然资源局共受理完成5宗采矿权延续、变更登记初审工作，3宗采矿权申请注销初审工作。完成全市采矿权矿产资源储量统计及矿山开发利用评价上报和全市范围内探矿权、采矿权年度信息公示填报工作。配合治超办开展各项督查巡查，共回复“一超四究”反馈单6件。出让矿业权3宗，采矿权出让收益共2.37亿元，本级分成采矿权出让收益7100万元。建成省级绿色矿山13家，完成生产矿山2022年底建成绿色矿山的目标。

【执法监察】2022年，醴陵市自然资源局推进月清“三地两矿”工作，闲置土地处置率77.3%；违法用地立案率80.15%、结案率100%，整改销号率62.83%，批而未供土地处置率38.37%。开展动态巡查464次（土地153次、规划执法161次、矿山150次），发现违法行为171起（土地108起、矿产21起、规划执法42起），下达停工通知单68份（土地57份、矿产11份），立案查处118起（土地77起、矿产21起、规划20起），移送财政局没收37宗，移送乡镇人民政府没收35宗，移送法院强制执行20宗，移送城管局违法线索36条。

【政务服务】2022年，醴陵市自然资源局推进“放管服”改革，79项审批事项在市民中心“一窗受理、一站办结”。下发行政许可证件471本，其中核发醴陵市第二自来水厂、玉瓷路（石子岭广场—车顿桥）改扩建项目、枫溪路A段新建工程等重大项目的工程规划许可证182本、选址意见书168本、竣工验收合格证56本、乡村规划许可证36本、用地规划许可证29本。以金东·陶子湖房产项目作为“交房即交证”工作试点，落实新建商品房住权与产权同步。全年颁发不动产证书9208本，不动产登记证明11930份，化解楼盘房证历史遗留问题8个，为特殊群体上门服务30余次。处理信访件65件，应诉案件48件。

【技术服务】2022年，醴陵市规划设计院升级为城乡规划编制甲级资质，成为全国县（市）级第四家、湖南省首家县级规划甲级院。在湖南省国土空间规划优秀论文评选中，共有6篇论文分获三等奖3篇、优胜奖3篇。完成“土地码”平台（一期）项目验收。

【队伍建设】2022年，醴陵市自然资源局开展新时代文明实践活动12次。开展“七一”表彰大会、“七一”走访慰问困难党员、“我们的节日”走访慰问困难群众等志愿服务活动，以及组织党员干部参加职工才艺大赛、“滨湖壹号杯”健步行、第六届机关运动会等群众活动。累计抽调100余人次党员组成“防疫先锋队”驻守醴陵西、醴陵北高速路口，20名骨干组成森林防灭火应急分队在西乡片区开展应急机动扑救。静默管控和流动性管控期间，300余人次党员干部下沉阳三石街道29个小区。开展作风纪律、人员到岗情况检查11次。

【荣誉档案】2022年，醴陵市自然资源局获得多项荣誉。国家级荣誉：节约型机关、城乡规划编制甲级资质、自然资源节约集约示范县。省级荣誉：湖南省文明单位、湖南省第三次国土调查工作典型县、湖南省第三次国土调查先进集体、砂石土矿专项整治工作通报表扬单位。株洲市荣誉：改革开放高地建设改革开放工作冠军、耕地保护工作先进单位、国土空间规划工作先进单位、不动产登记工作先进单位、节约集约利用工作先进单位、绿色矿山创建工作先进单位、砂石土矿专项整治工作先进单位。醴陵市荣誉：平安建设工作先进单位、安全生产工作先进单位、“产业项目建设年”活动工作先进单位、招商引资工作先进单位、污染防治攻坚战工作先进单位、“千亿时代贡献标兵”先进单位、打造“三个高地”工作先进单位、田长制（耕地保护）工作红旗单位、疫情防控工作先进单位。

（撰稿　曾　佳）

攸县自然资源工作

攸县自然资源局

党委书记、局　长　　周卫国

党委委员、副局长　　颜建华（2022.09—　）

党委委员、副局长　　刘桂平（2022.10—　）

党委委员、执法监察大队大队长

文金伟（　—2022.08）

【概况】攸县自然资源局为攸县人民政府正科级工作部门。2022年，内设办公室、计财股、政工股等股室16个。下辖二级机构22个，干部职工222人，其中在职在编人员169人。

【用地保障】2022年，攸县自然资源局批回土地26宗40.72公顷。挂牌出让土地41宗90.4公顷，成交金额12.8亿元。拍卖资产处置地块20宗6.13公顷，成交金额4.4亿元。办理支柱产业、重大项目、重点工程规划许可9.5万平方米。受理完成采矿权延续初审8个，实现县级各类矿业权收益2207.29万元。取得广寒坪抽水蓄能电站项目用地预审和选址意见书，确保项目正式开工。完成绿色电建等重点项目土地报批、规划审批、土地供应等工作。

【耕地保护】2022年，攸县自然资源局制定印发《攸县耕地保护“田长制”实施方案》，划定网格854个，安装田长制公示牌294块。恢复耕地上报省级审查665.76公顷，扣除田坎系数后省厅认定完成588.97公顷。完成30个补充耕地“回头看”项目的整改任务，有19个项目备案入库。

【国土空间规划】2022年，攸县“三区三线”划定成果获批并正式启用，完成耕地与基本农田保护、国土空间生态修复、国土空间用途管制、城乡建设用地集约节约利用4个专题研究报告，“一张图”实施监督信息系统已完成系统软硬件环境搭建、部分数据的收集整理。村庄规划编制方面，完成22个单独编制类村庄规划初步方案。做好17个项目的土地利用规划调整。

【矿产资源管理】2022年，攸县自然资源局组织编制《攸县普通建筑用砂石土矿开采专项规划（2019—2025年）》，设置22个矿业权区块并已取得省自然资源厅批复。配合开展《株洲市矿产资源总体规划（2021—2025年）》编制工作，除煤铁矿外，涉及攸县水泥、陶瓷、保温材料、地热水4大产业，规划设置9个矿业权区块。15家企业已完成绿色矿山建设方案编制，通过专家评审11家，纳入2022年度绿色矿山建设4家（何家里、柳基冲、长坪3家铁矿和湘东公司1家煤矿），基本完成绿色矿山建设工作。完成年度历史遗留矿山生态修复任务，涉及9个乡镇（街道）、22个图斑，修复面积35.74公顷。

【安全生产】2022年，攸县自然资源局开展丽水山庄小区A10区域住宅楼东部不稳定斜坡等地质灾害应急治理。更新完善全县地质灾害隐患点（325个）监测责任人信息、切坡建房户信息、气象预警预报对象信息等台账，开展山洪地质灾害防御应急演练，筑牢地质灾害综防体系。开展全县66家矿山企业日常巡查监管424家/次，立案查处矿山企业6家，处罚到位3家，收缴罚没款10.43万元。开展砂石土矿非法开采日夜巡查，立案查处非法开采砂石土矿行为47宗，收缴罚没款44.20万元，扣押非法采矿的铲车、挖机及运载车辆117台。开展自建房安全专项整治“百日攻坚”行动，认定合法性经营性自建房4901栋、非经营性自建房72933栋。

【政务服务】2022年，攸县自然资源局组织会审东华商业广场、西阁商贸城C栋等4个项目1852户、27.45万平方米的发证方案，办理房地产信访突出问题项目不动产权证708本。推进清理规范林权确权登记历史遗留问题试点，完成林权登记8宗，已完成内业数据收集与分析、电子登记数据关联小班完成11.56万个、登记数据清理完成9.14万条。启动不动产登记网上办事大厅建设，召集县内信贷机构召开工作推进会，各银行已认购CA证书，信贷机构已开展线上业务的办理。推行网上申报、征询、审批服务机制，实行一次性告知制度，主动靠前辅导企业办理相关手续，办理支柱产业项目、重大项目、重点工程和全民创业等项目选址意见书131件，建设工程规划许可证13件、9.5万平方米。

【队伍建设】2022年，攸县自然资源局印发《攸县自然资源局工作规则》《攸县自然资源局财务管理制度》等文件，接受县委第四巡察组巡察，巡察反馈的15个具体问题，已完成整改13个、基本完成整改2个，完成立行立改整改问题2个，办结巡察移交的信访件2件。派驻12名工作人员驻守网岭镇北坪、沙峰、江塘、龙蟠洲4个村，抓好森林防灭火。进驻公园世家、公园华庭、东风蔚蓝国际3个小区开展疫情防控，安排36个班次120余人。

【荣誉档案】2022年，攸县自然资源局获评株洲市2021年度文明单位、2021年度全县文明建设红旗单位、2021年度全县营商环境优化年活动先进单位、2021年度攸县征拆征收工作先进单位、2021年度乡村振兴工作先进单位等称号。

（撰稿　欧阳雄　谭震伟）

茶陵县自然资源工作

茶陵县自然资源局

党组书记、局长	刘喜春
党组成员、副局长	谭玉云
党组成员、副局长	郭志凌
党组成员、副局长	谭全元
总工程师	谭　贵

【用地保障】2022年，茶陵县自然资源局批回建设项目用地22宗，面积46.98公顷；完成征地拆迁项目17宗，面积35.27公顷。

【土地利用】2022年，茶陵县自然资源局出让土地62宗，面积98.79公顷，成交金额156190.6万元。推进“月清三地”工作，清理闲置土地7宗，清理违法用地37宗。

【规划管理】2022年，茶陵县国土空间规划“三区三线”划定成果通过审批，9月30日正式启用。“一张图”实施监督信息系统通过株洲市主持的系统初步评定工作。国土空间规划委员会完成县烟叶仓库烟草配送中转中心、县枣市烟叶收购站、龙华城住宅小区、茶陵红商业中心等19个项目的审查工作。拟定茶陵大道西侧宗地、茶陵县防洪堤及配套建设项目（地块一）、茶陵县原东信棉业宗地、茶陵县东角宗地建设用地、茶陵县古城区一、二总街提质改造项目等161个地块的规划条件通知书（其中50个为资产归集项目）。进一步完成125个村的村庄规划编制初步成果。

【耕地保护】2022年，茶陵县保有耕地面积36379公顷（54.57万亩），其中基本农田面积33360公顷（50.04万亩）。推行“田长制”工作，划定860个网格、各级田长共计1326人、制作安装田长制公示牌415块，启用“湖南田长”APP系统。省级下达耕地恢复任务353.33公顷，完成378.47公顷。制定进出平衡实施方案，落实耕地进出平衡，恢复耕地16.85公顷。

【矿政管理】2022年，茶陵县自然资源局取得7宗采矿权的前期勘查批复，已启动1宗采矿权的前期勘查工作。初审两宗现有采矿权的延续登记手续资料，帮助两个矿企办理采矿权延续登记手续。开展了“洗洞”盗采金矿等矿产资源专项整治行动，对已关闭注销的地下矿山进行全面摸排。

【执法监察】2022年，茶陵县自然资源局查处违法案件70宗，结案35宗，收缴罚款304.21万元。开展违法用地整改工作，违法用地总宗数136宗，已完成整改79宗（2022年完成37宗）。全年针对矿山自然资源违法严重区域开展巡查278次，出动行政执法人员1122余人次，共组织开展打非治违行动10次，立案查处5起，结案5起，收缴罚没款5.5万元，移送公安部门1起。对181户违章建筑进行认定，并移交至县控拆违大队，对尚可采取改正后不影响规划的建设项目，督促其改正后进行行政处罚的21起。上缴罚款210691元。

【不动产登记】2022年，茶陵县自然资源局办理各类不动产登记业务8324件，颁发不动产证60691本（含宅基地），不动产证明7169本。有6家银行推行抵押登记“不动产电子证照”应用。推行“交房即交证”服务模式，完成交房即交证项目发证6个、2985本。房地产“办证难”问题集中化解，化解问题项目11个、登记发证1800余套。实现抵押登记1个工作日内办结、一般登记3个工作日内办结，查封登记、更正登记、注销登记等业务即时办结。存量房不动产转移登记与水电气部门联动，实现一站式办理。

【地灾防治】2022年，茶陵县自然资源局对359处地质灾害隐患点进行全面排查，实地排查370余处，应急调查32处，共安排技术人员8人（其中值班值守2人），固定1台越野车以及2架无人机等设备参与“三查”工作，车辆巡排查总公里数超3000余千米。做好汛期地质灾害防治工作，疏散撤离受灾害群众3150人，实现地质灾害“零伤亡”。向省自然资源厅申报治理工程项目7个，已基本完工。

【生态修复】2022年，省自然资源厅下达茶陵县历史遗留矿山生态修复项目资金497.6万元，应完成18个历史遗留矿山生态修复工作，面积为32公顷。10月24日，完成省自然资源厅下达修复任务，完成35.03公顷修复面积的绩效目标，已销号。

（撰稿　陈　韬）

炎陵县自然资源工作

炎陵县自然资源局

党组书记、局　长　　张爱军
党组成员、副局长　　彭聪林（　—2022.06）
党组成员、副局长　　吉小军（2022.09—　）
党组成员、总工程师　李　方

【概况】炎陵县自然资源局编制总数100名，其中行政编制11名，事业编制89名。有6个内设机构。下辖13个事业单位：（副科级）霞阳自然资源所、沔渡自然资源所、十都自然资源所、鹿原自然资源所、水口自然资源所、中村自然资源所、自然资源行政执法大队、不动产登记中心、土地储备中心，（股级）土地整理中心、自然资源事务中心、自然资源测绘事务中心、城乡建设规划设计室。

【耕地保护工作】炎陵县2021年度变更调查净减少耕地270.15公顷，2022年耕地恢复任务326.67公顷，2022年度耕地恢复总任务596.81公顷，2022年完成耕地恢复建库面积418.87公顷，扣减田坎系数后实际入库面积395.15公顷。补充耕地“回头看”项目9个，其中6个旱改水项目，2个土地开发项目，1个增减挂钩项目，共计新增耕地面积108.96公顷，全部完成翻耕。守住10540公顷（15.81万亩）的耕地目标。出台《炎陵县耕地保护田长制实施方案》，确立炎陵县级田长5人，乡级田长38人，村级田长120人（不包括副田长），网格长355人，各级田长518人，田长制APP各级田长及管理人员注册在册619人。完成田长制网格化划定，成立田长制领导小组，设立田长制领导小组办公室。开展100余场耕地保护送戏下乡活动，竖立120个行政村的网格化田长制标识牌，利用湖南田长APP开展田长巡田活动。全年宣传耕地保护与土地管理上稿省市县各级媒体52篇。2022年度株洲市对县市区落实粮食安全责任制考核中，炎陵县自然资源部门“零扣分”。

【土地节约集约利用】2022年，炎陵县存量批而未供土地任务总量30.82公顷，处置完成28.11公顷，处置率91.21%，排名株洲市第一。促进全县46宗土地的动工开发建设，闲置土地处置8宗，其中存量闲置处置2宗、执法行动处置5宗，正在处置1宗。新增闲置土地处置任务总量13.02公顷，已处置13.02公顷，处置率100%，排名株洲市第一。制定《炎陵高新技术产业开发区批而未供土地、闲置土地和低效（空闲）用地“一园一策”整改方案》，园区三类低效用地任务总量35.55公顷，已完成26.25公顷，完成率73.84%，排名株洲市第一。

【自然资源执法】2022年，炎陵县纳入专项整治的坑塘水面共有15个，分布在沔渡、霞阳、水口、十都、垄溪等五个乡镇，涉及耕地面积6.4公顷，其中永久基本农田面积5.268公顷。15个坑塘水面已全部完成整改，整改率100%，株洲市排名并列第一。农村乱占耕地建房专项整治行动。处置率75%，株洲市排名第一。2021年国家督察反馈问题整改。国家耕地保护督察、国家矿产资源督察销号率100%，株洲市排名第一。督察执法与推进矿业绿色发展分别获得株洲市先进单位称号。动态巡查发现违法违规用地9宗，面积5.28公顷。向各乡镇人民政府发送《违法违规用地整改告知函》4份。立案查处各类自然资源违法行为5起；规划建设类案件17起，涉及建筑面积3000平方米，已结案3宗。

【建设用地保障】2022年，炎陵县批回建设用地项目5个，面积2.97公顷。完成增减挂钩项目选址42公顷。盘活国有闲置资产28宗，收入9524.87万元。招拍挂出让储备土地5宗，面积9.87公顷，收入9694万元；协议出让土地14宗，面积0.13公顷，收入51.81万元。土地供应收入（含地上建筑物）共计3.24亿元。处置批而未供土地19.14公顷，盘活闲置土地1.88公顷，处置园区低效土地21.34公顷。

【地灾防治】2022年，炎陵县发生地质灾害灾险情17起，均无人员伤亡。发布地质灾害预警信息 21次，8400人/次，发送防灾小知识1.5万余条，上门张贴村民切坡建房警示标牌6000块。其中，霞阳镇草坪村新屋组（县气象观测站）滑坡地质灾害治理项目在建设中，一期工程已完成，二期应急治理工程已完成设计预算报告编制、财政评审。

【矿产资源保护】2022年，炎陵县完成“十四五”期间炎陵县历史遗留矿山生态修复方案编制专家评审与备案。将2022年上级下达的年度恢复任务7.95公顷的绩效目标提高到9.58公顷，不足资金由县财政配套。完成历史遗留矿山生态修复治理9.58公顷。建成绿色矿山3家。

【国土空间规划】2022年，炎陵县“三区三线”划定工作完成。召开规委会6次，启动9个乡镇国土空间规划及59个镇村一体的“多规合一”实用性村庄规划编制。《炎陵县新城片区（黄桃小镇）产业策划》《片区城市设计炎陵县新城片区（黄桃小镇）控制性详细规划》《炎陵县特色风貌与总体城市设计专项规划》已经过专家评审。

【精神文明建设】开展党员干部主题党日活动，全年开展主题党日活动12场次。组织机关干部职工开展“4·22世界球日”“6·25全国土地日”“12·4全国法制日”宣传活动，开展“安全生产及打非治违‘百日行动’”“安全生产月”“廉政教育”“不动产技能竞赛”“爱心献血”“送证下乡”等系列活动。开展绿色低碳行、使用公筷、文明旅游、光盘行动、节约用电5个专项行动倡议。连续三年获评株洲市文明标兵单位。2022年成功创建省文明单位。

（撰稿　尹建英）

湘潭市自然资源和规划工作

湘潭市自然资源和规划局

党委书记　胡建凯
党委副书记、局长　王　峰
党委副书记、总工程师　谭　向
党委委员、副局长　王先锋
副局长　陈剑儒（　—2022.08）
党委委员、副局长　王义谋（　—2022.08）
党委委员、副局长　陈建良（　—2022.08）
党委委员　程建湘（　—2022.07）
党委委员、副局长　杨志明
党委委员、驻局纪检监察组组长　赵　俊
党委委员　贺国鹏（2022.12—　）

【资源要素保障】2022年，湘潭市自然资源和规划局成立重点建设项目用地保障专班，建立“2+4+N”重大项目用地要素保障会商调度机制，将服务工作前移至项目策划生成、可行性研究等前期阶段，确保选址选线科学合理，用地规模节约集约。获批国有建设用地项目62个553.07公顷，审批集体建设用地项目31个22.07公顷，办结各类许可事项324个。组织完成重大项目土地利用总体规划修改工作并通过省级审核，并将项目用地纳入三区三线成果，保障先进金属材料精深加工园、一力物流、G320、吉利新能源商用车等“千百十”重大工程项目、基金项目、乡村振兴项目的用地需求，“湘潭市四项举措保障土地要素”经验做法获省“万名干部联万企工作简报”推介。编制土地供应和储备计划，跨周期调节土地供应市场，策划包装9个城市更新和综合开发片区项目，推进园区“标准地+承诺制”改革和产业用地周转制度，全市实现土地经营收入98.92亿元（市本级70.72亿元）。落实砂石保供，全市砂石土矿县级专项规划全部获省批复，“净矿”出让采矿权2个，收益1.66亿元。

【国土空间规划管理】2022年，湘潭市自然资源和规划局稳步推进国土空间规划体系建设。划定“三区三线”并获自然资源部批复。基于获批的“三区三线”方案，统筹34个市级专项规划，整体谋划国土空间保护、开发、利用和修复，湘江西岸科学城、绿心中央公园国际峰会中心等省级重大战略项目落位湘潭，市本级国土空间总体规划成果经专家评审和市规委会审议通过。将国土空间总体规划、专项规划与控制性详细规划同步开展编制，并对接1000余项专项设施和重点项目的落图落位。45个乡镇国土空间规划和680个村庄规划同步推进编制，实现村庄规划审批“全覆盖”，完成湘潭县锦石乡、射埠镇乡镇国土空间规划编制试点工作。在县、乡级国土空间规划中预留不少于10%的产业发展用地，村庄规划中预留不超过5%的建设用地机动规模指标，落实情况作为规划方案审查重点内容；湘乡市泉湖村、湘潭县碧泉村、乌石峰村、岳塘区荷塘村编制产业发展规划，并与村庄规划精准对接，全力保障乡村产业发展空间需求。引导塑造“一乡一村一风貌”，45个市级乡村振兴引领区配优配齐乡村规划“一师两员”（乡村规划师、规划监督员、规划实施员）127人，在绿心范围争取省级未来乡村试点5个。

【资源保护】2022年，湘潭市自然资源和规划局推动落实耕地保护党政同责，建立市、县、乡、村、网格五级田长体系。全市共建立市、县、乡镇田长体系73个、村级田长体系820个，划定网格2980个，明确网格田长4693人，设立田长制公示牌2568块，实现耕地保护责任全覆盖。湘潭县充分发挥基层田长作用，加强源头管控的经验模式被央视新闻频道专题报道。守住12.87万公顷耕地和11.4万公顷永久基本农田责任目标，加强工作统筹，将耕地恢复任务纳入耕地抛荒治理和高标准农田实施范围，全年共恢复耕地1853.33公顷。全市41个建设项目占用耕地62.67公顷，全部落实先补后占和“占一补一，占优补优，占水田补水田”的耕地占补平衡要求。编制完成《湘潭市“十四五”生态保护修复规划》及2035年远景规划，完成中央环保督察矿山开采生态环境问题整改销号及历史遗留矿山生态修复年度任务，修复图斑22个，面积29.84公顷；谭家山煤矿区山水林田湖草生态保护修复项目获省自然资源厅验收批复。

【矿业绿色发展】2022年，湘潭市自然资源和规划局推进矿业转型。全市14家生产矿山全部完成绿色矿山建设，其中2家建成国家级绿色矿山，作为全省样板推荐。出台《湘潭市绿色矿山建设联合动态监管考核办法（试行）》，建立“红黄牌”警示制度，对5家矿山发牌并责令整改。开展全市矿山超深越界监督检测工作，检测矿山17家，发现并查处1家矿山超深越界开采行为。对全市现有停产矿山、关闭矿山、历史遗留废弃矿山矿硐进行“拉网式”排查，掌握全市41处矿硐的位置、封堵情况、封堵责任主体等情况，已全部封堵到位，消除安全隐患。

【执法监察】2022年，湘潭市自然资源和规划局深化月清“三地两矿”工作机制，推进违法用地“双零行动”。组织执法行动4750次，出动行政执法人员6600余人次，执法检查生产经营单位410家，立案查处土地、矿产、规划案件32起，处罚金额共计387.39万元；严格落实生态环境损害赔偿制度，办理生态损害赔偿案件3起。全市违法用地面积和占耕地比例“双下降”，农村乱占耕地建房行为得到有效遏制，岳塘区、韶山市两地实现新增违法用地占用耕地零增长。完成自然资源部矿产资源督察和省例行督察反馈问题整改，整改率均为100%。

【优化营商环境】2022年，湘潭市自然资源和规划局开展助企纾困“千百扶培”、干部联企“送政策、解难题、优服务”和“心连心走基层、面对面解难题”等系列专项行动，优化营商环境。对重点项目、民生项目、招商引资项目等开辟绿色通道，实行容缺承诺制。深化“多审合一”，将临时用地土地复垦方案批复与临时用地规划许可、临时用地许可、临时建设规划许可四个审批事项合并审批，进一步压缩审批时限。全面推行工业用地弹性供应，有7家企业选择弹性年期用地，面积14.55公顷，降低企业用地成本，提高土地利用效率。深入企业调研400余人次、现场办公15次，帮助企业解决问题108个，为工业项目、小微企业减免登记费269万元，向企事业单位免费提供自然资源领域数据195批次1.42TB，数据价值11亿元。为11个房地产开发项目办理15.9万平方米地下空间的协议出让手续。

【基础能力建设】2022年，湘潭市自然资源和规划局不断提升治理能力现代化水平。印发《湘潭市盘活存量建设用地专项行动方案》，开发存量土地数据管理平台，逐宗上图入库，实行动态管理；以市长交办函形式交办盘活处置任务，将完成情况纳入全市绩效考核、土地集约节约利用、真抓实干督查激励内容。全市消化批而未供土地337公顷，处置闲置土地189.69公顷，盘活低效产业用地222.4公顷。公布《湘潭市第三次国土调查主要数据公报》，深化“三调”成果应用和数据成果共享。出台《湘潭市建设工程项目“多测合一”管理办法》，推行“多测合一”项目实行注册测绘师负责制。在绿心地区实现铁塔视频监测全覆盖，组织湘乡市申报并开展铁塔视频监控先行县建设工作，92个点位已全部安装并投入使用。制定自然资源领域首次轻微违法行为不予行政处罚清单（第一批），规范行政处罚案件办理。全面落实合法性和公平竞争审查制度，审查各类合同、案件、公文189份，办理行政应复应诉案件26件。推进“谁执法谁普法”，局门户网站普法专栏上传更新信息350余件。举办全市土地管理“一法一条例一办法”知识竞赛活动，在全省竞赛中获得二等奖。

【不动产登记】2022年，湘潭市自然资源和规划局优化不动产登记服务。设立不动产登记多功能网办中心，多项登记业务从实体大厅向“网上大厅”“掌上大厅”延伸，抵押类、产权类业务由5个工作日压缩至2个工作日办结，一般性业务随来随办。融合不动产登记服务和金融服务，与市农商行合作推出“智慧抵押”登记模式。实现“不动产二手房转移+电力过户”联动办理。全市办理不动产权证书和证明25.3万本（市本级8.5万本），办结抵押业务3.76万笔（市本级3万笔）。建立“交房即交证”改革工作联席会议制度，“交房即交证”条款纳入《土地出让合同》，共有10个项目4743户实现“交房即交证”。开展集中化解房地产办证信访突出问题专项行动，为42个项目5138户和11家企业打通办证通道。完成农村宅基地和集体建设用地权籍调查51.4万宗，其中应登记发证39.3万宗，已完成房地一体登簿36.2万宗，进度为92%。

【地灾防治】2022年，湘潭市自然资源和规划局紧盯497处地质灾害隐患点和3.5万切坡建房户，完善更新县、乡、村组三级群测群防人员网络。建设完成10处综合性和132处普适型监测点，构建市级地质灾害监测预警平台，发布地质灾害气象风险预警信息14期，累计发送手机短信3万余条。启动湘潭县、湘乡市、韶山市1∶1万地质灾害调查与风险评价。开展地质灾害防治科普宣传进乡村、进社区、进学校、进厂矿活动，组织参与“莲城应急—2022·防汛”军地联合实兵演练。对龚家浸、冯家浸等一批存在重大安全隐患的地质灾害隐患点实施工程治理，对23处因滑坡、坍塌造成的灾毁道路、边坡紧急采取回填反压、支撑加固等应急处置措施，实施搬迁避让17户。

【自建房安全隐患专项整治】2022年，湘潭市自然资源和规划局重点抓好学校周边和大型安置区内经营性自建房摸排整治，同步摸排地灾隐患点范围内经营性自建房，对12户地灾隐患点内经营性自建房和4处受威胁中小学校开展实地督导，建立专项台账。出台《关于规范临时用地（建设）批后管理的通知》，推进自建房信息化监管和数据共享。完成29.29万栋房屋核查认定。

【党的建设】2022年，湘潭市自然资源和规划局推进党建与业务双融互促。将8个机关支部整合为4个支部，选齐配强党务工作者20名，发展党员6名。获评市级"三表率一模范"机关创建先进单位，局党员活动中心获评市级党组织活动示范阵地，"打造党建+不动产登记，促进登记提质增效"党建工作品牌优秀案例在全市推介。排查廉政风险问题9类135条，针对性制定解决措施21条，转发省、市关于损害营商环境、违法占用耕地、自建房安全隐患、疫情防控不力等典型案例通报5次，开展廉政谈话50余人次，覆盖全体科室和二级机构负责人。

【荣誉档案】2022年，湘潭市本级和韶山市自然资源节约高效利用工作获得省政府真抓实干督查激励表彰；湘潭县、湘乡市获评全国首批自然资源节约集约示范县（市）。湘潭市国土空间规划"一张图"实施监督系统建设获评全省优秀示范案例，自然资源部给予充分肯定并在全国推介。获评全省年度村庄规划综合服务工作先进单位、省第三次国土调查先进集体；不动产登记指标在全省营商环境评价中连续排名一类；砂石土矿专项整治工作、1∶500地形图成果汇交工作获省自然资源厅通报表扬。

（撰稿　宋立志）

雨湖区自然资源工作

湘潭市雨湖区自然资源局

党组书记、局长	陈志高
党组成员、副局长	宋健全
党组成员、副局长	许　鑫

【国土空间规划】2022年，湘潭市雨湖区自然资源局推动雨湖高新区和西二环片区纳入城镇开发边界，新增14.2平方千米。局部修改《鹤岭镇土地利用总体规划（2006—2020年）2016年调整完善方案》并取得批复，配合做好湘潭大学城片区规划编制。落实26个村庄规划编制任务。位于城镇开发边界以外的村庄全部完成编制任务。

【土地供应】2022年，湘潭市雨湖区自然资源局落实雨湖高新区国有工业用地出让区内闭环审批，做到园区工业用地项目三天办结审批，多数项目当天办结。办理雨湖高新区标准厂房、麓山科教设备及智能装备制造基地、电化厚浦项目、强华新型材料A4-03-01地块、科之杰新材料A4-04-04地块、裕能8万吨纳米级磷酸铁锂项目等6宗工业用地挂牌出让，面积22.40公顷，出让价款7525.48万元。配合完成国有建设用地组卷报批10个批次，面积109.64公顷。完成集体建设用地农用地转用组卷报批5个批次，面积6.05公顷，保障金茶园、韶湖食品、羊牯花卉等乡村振兴项目建设。

【土地集约节约】2022年，湘潭市雨湖区自然资源局开展盘活存量建设用地专项行动，消化存量批而未供土地7宗13.97公顷，处置闲置土地5宗26.09公顷，盘活利用低效产业用地13宗51.88公顷。

【审批监管】2022年，湘潭市雨湖区自然资源局核发《建设用地规划许可证》6个（14.29公顷）、《建设工程规划许可证》22个（35.6公顷）、《建设工程竣工规划条件核实证》9个（11.9公顷）、《乡村建设规划许可证》4个（2.76公顷）。办理《林木采伐许可证》20个，采伐面积92.28公顷，采伐蓄积5118.29立方米。配合农业农村部门办理农村宅基地审批55宗，面积0.7公顷。开展雨湖区农村宅基地房地一体确权登记颁证工作，完成登簿24569宗，发证24490本。

【耕地保护】2022年，湘潭市雨湖区自然资源局印发《雨湖区全面推行耕地保护田长制实施方案》，划定9个乡级、67个村级和203个网格，明确设置区、乡（镇）、村、网格四级田长。273个田长公示牌全部安装到位，各级田长下载田长制APP并登表使用。牢守8466.67公顷耕地保护底线目标和6800公顷永久基本农田保护任务，2021年流出耕地7.79公顷、2022年耕地净减少7.41公顷全部整改补足。恢复耕地95.68公顷。冻结扣减补充耕地数量指标19.26公顷，全部实现解冻解扣。

【调查监测】2022年，湘潭市雨湖区自然资源局开展2021年度国土资源变更调查工作，完成101个国家级图斑、231个省级图斑的实地核查。开展耕地后备资源调查和标注“恢复属性”调查，雨湖区恢复后备资源图斑数2577个，面积539.41公顷。开垦后备资源图斑数2389个，面积975.81公顷。落实自然资源卫星监测任务，完成74个图斑快递、17个立行立改图斑核实整改工作。

【土地整治】2022年，湘潭市雨湖区自然资源局完成2鹤岭镇、姜畬镇土地开发项目12.52公顷和鹤岭镇、姜畬镇旱改水项目8.35公顷选址复核、设计预算评审工作。完成姜畬镇联映村等12个历年补充耕地项目重新报备入库，解冻耕地指标35.45公顷。完成2020—2021年6个农村土地整治项目的初验，建设规模150.69公顷，总投资510万元。

【执法督察】2022年，湘潭市雨湖区下发《区长交办函》《雨湖区2022年自然资源卫片执法工作方案》。开展土地、矿山巡查400余次，出动人员700余人次，下达《责令停止违法行为通知书》56份、《责令改正违法行为通知书》99份，移交相关问题线索42个。新增违法用地整改到位12宗2.15公顷，存量违法用地整改到位58宗59.65公顷，2021年国家督察武汉局耕保督察反馈问题整改率100%。开展坑塘水面占用耕地行为专项整治行动，坑塘水面占耕地图斑14个1.48公顷全部实现复土。

【矿产资源管理】2022年，湘潭市雨湖区自然资源局每月对在产矿山企业开展安全生产检查。不定期对注销矿山进行巡查，完成2022年度矿山企业超深越界检查，未发现有超深越界情况。推进砂石土矿专项整治，新明工贸通过绿色矿山验收。开展历史遗留矿山核查，核定图斑数量16个，面积37.64公顷，涉及矿山11个。编制《湘潭市雨湖区历史遗留矿山生态修复实施方案（2022—2025年）》，确定2022年度历史遗留矿山生态修复图斑2个4.83公顷，按时完成项目验收。

【林业资源管理】2022年，湘潭市雨湖区自然资源局聘请44名网格护林员巡查全区2008.87公顷国家级、省级公益林和7637.8公顷商品林地。省级以上公益林和天然林管护责任协议书签订率100%，公益林生态效益补偿资金发放率100%。森林覆盖率稳定在26.98%以上，森林蓄积量62.14万立方米，申报1个市级义务植树示范基地，完成营造林333.33公顷，任务上图率100%。初步完成造林绿化空间适宜性评估，成果报省级审核。完成两轮生物多样性资源外业调查。完成国土绿化试点示范项目作业设计编制，确定退化林修复任务590.96公顷，油茶低产林改造任务151.54公顷。开展“洞庭清波”和打击毁林专项行动，2021年森林督查涉嫌违法图斑整改率100%。开展松材线虫病疫木检疫执法专项行动，清理感病枯死松树3431株。开展松材线虫病秋季普查，疫情面积、病死树数量较2021年均未增加。

【地灾防治】2022年，湘潭市雨湖区自然资源局制定《雨湖区2022年度地质灾害防治方案》《雨湖区自然资源局汛期地质灾害值班制度》。全面排查12个在册隐患点、农村切坡建房等重点区域，动态更新完善地质灾害隐患库。针对先锋街道高岭社区高岭路、鹤岭镇新泉村七里组许金钢房屋后滑坡等4处发放《地质灾害隐患防治督导书》。全区无地质灾害人员伤亡事故发生。

【森林防火】2022年，湘潭市雨湖区自然资源局开展森林防火宣传，发放防火宣传单页、公开信等5万余份，悬挂宣传横幅300余条，张贴宣传海报1000余张，出动宣传车1425台次，出动宣传巡护人员9800余人次。开展野外火源专项治理行动、打击森林违法用火行为专项行动，全区未发生森林火灾。开展森林火灾风险普查，编制完成《雨湖区生物防火林带建设规划（2021—2035年）》。

【自建房整治】2022年，湘潭市雨湖区自然资源局制定《雨湖区自建房及自然资源领域其他安全隐患排查整治工作方案》，指导、督促乡镇（街道）开展自建房建设合法合规性问题排查整治工作，核实存在合法合规性隐患房屋2206栋，纳入整治库1468栋，其中五类重点区域经营性自建房初判存在建设合法合规性问题1104栋，整治1056栋，整治率95.65%。核实存在地质灾害隐患房屋80栋，纳入整治库1栋。将临时用地和临时建设整治任务纳入自建房清理整治专项行动，摸排临时用地20宗39.74公顷，存在问题的17宗36.47公顷，全部制定整治方案，其中2宗1.03公顷完成整改；摸排临时建设8宗1.99公顷，全部制定整治方案，其中5处1.79公顷完成整改。

【荣誉档案】2022年，湘潭市雨湖区自然资源局获评湖南省2021—2022年度松材线虫病疫情防控成效评估优秀单位、湘潭市2022年度自然资源和规划综合目标管理成效突出单位（耕地保护）和专项工作成效突出单位（村庄规划编制）。

（撰稿　胡子娇）

岳塘区自然资源工作

湘潭市岳塘区自然资源局

党组书记、局长　　李　庆
党组成员、副局长　　李　丹
党组成员、副局长　　张晓宇

【概况】湘潭市岳塘区自然资源局由原国土资源局岳塘分局与原城乡规划局岳塘分局整合，主要职责是原国土、规划分局的相关职责、原区农业局（区委农村工作办公室）的林业管理职责、区发展和改革局的组织编制并实施主体功能区规划职责、原区水务局的水资源调查和确权登记管理职责以及区城乡建设局等部门的风景名胜区、自然保护区、自然遗产、森林公园、湿地公园、地质公园等管理职责。区自然资源局为岳塘区政府工作部门，正科级，对外加挂区林业局牌子。实行双重管理。有机关行政编制8名，工勤编制2名；设局长1名，副局长2名。2022年，内设综合股、自然资源管理股、规划管理股，下设二级机构荷塘中心所和霞城中心所。

【用地保障】2022年，湘潭市岳塘区自然资源局批回土地5宗29.57公顷，保障金阳城二期、昭华大桥匝道及道路延长线、昭祥新城北地块、新能源汽车项目、潇影集团项目等5个项目建设用地；完成土地供应6宗26.72公顷，其中经营性用地成交3宗19.25公顷，实现土地经营收入1.3亿元，分别为深国际项目10.03公顷、控股公司停车场0.55公顷、日日顺项目8.67公顷；划拨用地3宗7.47公顷，分别为竹埠港路项目、湘莱文化博览园项目、佳木路项目。同时还补缴晴岚会议中心、伟光汇通土地出让金1.6亿元。

【节约集约用地】2022年，湘潭市岳塘区自然资源局开展闲置土地、批而未供土地、低效用地清理整治工作，共核实疑似闲置土地48.76公顷，销号11.31公顷，因绿心和司法查封核减任务21.8公顷；市长交办函交办批而未供土地处置任务量为54.99公顷，按“一地一策”要求处置到位56.75公顷；市长交办函交办低效用地任务19.42公顷，已处置19.42公顷，处置率100%。

【耕地保护】2022年，湘潭市岳塘区自然资源局全面推行“田长制”。6月21日，以岳塘区委、区政府的名义印发《全面推行田长制严格耕地保护实施方案》，实行属地管理、分级负责、全面覆盖、责任到人，将耕地保护任务落实到具体责任人和地块，全面建立区、乡、村及网格四级田长体系，竖立田长制网格牌112块。恢复净减少耕地，整改补足净减少耕地19.90公顷，确保全区1177.33公顷耕地底线寸土不少。稳步推进耕地恢复任务，恢复耕地任务24.47公顷。

【地灾防治】2022年，湘潭市岳塘区自然资源局利用微信群、短信及时向街道、社区、群测群防员传达暴雨天气预警预报，并严格落实汛期值班制度与三防制度，全年安排巡查101次，地灾群测群防员陈晓峰因表现突出，获得省级地灾群防先进个人。完成冯家浸、龚家浸大型不稳定斜坡带地质灾害工程治理施工招投标工作，积极推动地质灾害治理项目的施工治理，定期对地灾治理工程点进行巡查，监督龚家浸、冯家浸地质灾害点工程进度、质量。

【生态修复】2022年10月12日，湘潭市岳塘区自然资源局完成昭山楠木村历史遗留矿山生态修复，清除矿山两处岩质边坡坡面危岩体，完成复绿0.79公顷。

【空间规划】2022年，湘潭市岳塘区自然资源局组织开展编制《岳塘经开区国土空间规划》《荷塘村多规合一村庄规划》《岳塘经开区产业发展规划》，为园区提供专业的技术意见和要素保障；配合市自然资源和规划局做好长株潭绿心总规修编前期工作，起草《关于优化绿心总规促进高质量建设长株潭绿心中央公园的报告》，计划增加约313.33公顷控建区用地保障园区的未来发展空间。委派专人参与长株潭绿心中央公园专班，争取奥体中心部分场馆及配套项目等8个项目落户园区。

【审批服务】2022年，湘潭市岳塘区自然资源局完成建工司南项目、杨梅洲大桥配套设施南北引线二期等2个项目批前公示，完成湘潭市市民之家等6个项目规划条件核实，严格做好批后监管巡查，开展批后监管日常安全巡查共计198次，完成印象芳华二期等7个建设项目验线，配合核发《建设用地规划许可证》4个，《建设工程规划许可证》6个，完成和平中心完小易址重建用地预审和选址意见，审查电梯加装方案79份，验收加装电梯61台。

【自建房排查】2022年，湘潭市岳塘区自然资源局制定《湘潭市岳塘区自建房安全隐患排查整治“百日攻坚”工作方案》，联合湘潭市自然资源和规划行政执法支队三大队、岳塘区城管执法局、岳塘区住建局、昭山镇、各街道、村开展岳塘区辖区内居民自建房安全专项排查整治行动。排查全区自建房安全隐患16919栋，排查临时用地、临时建设安全隐患10处，排查发现经营性自建房建设合法合规性隐患832处，整治203处；地质灾害隐患23处，整治4处。

【林业管理】2022年，湘潭市岳塘区自然资源局持续推进“林长制”工作真抓实干，通过林长制会议协调解决凤形山绿道旁修坟毁林问题的复绿工作；2月10日，《岳塘区松材线虫病除治质量拉网式专项巡查实施方案》，推动各级林长开展松材线虫病专项巡林工作；3月11日，组织岳塘区五大家在昭山镇楠木村开展以“绿水青山就是金山银山，共建生态绿心争当融城先锋”为主题的义务植树活动；4月2日，配合区委办组织省政协主席会成员赴昭山楠木村举行植树活动；推进林业重点项目建设，全面启动武陵山区生物多样性保护工程和国土绿化试点项目，完成666.67公顷封山育林标识牌制作。

【森林防火】2022年7月26日，湘潭市岳塘区自然资源局组织森林防火队伍，参加全市林业系统森林消防队伍业务技能大赛并获得第一名。设置警示牌、悬挂宣传横幅100余份，印发《禁火令》3000余份，印发省总林长令、省防火命令、市林长令2000余份，开展森林防火法制知识培训、法制教育、典型案例讲解、警示教育等活动3次，同时出动宣传车、推广防火码，节假日在各进山路口设卡值守，开展鲜花换纸钱活动，劝阻烟花爆竹祭祀，推动文明祭祀，因森林防火工作表现突出，获评2022年全省森林防火工作优秀单位。

【党的建设】2022年，湘潭市岳塘区自然资源局召开局支委会议15次，党员大会6次，党课教育3次，支部书记和委员讲“微党课”5次，党日活动10次，组织生活会1次。拟定湘潭市岳塘区自然资源局机关党支部“党建+”系列党日活动方案（第一阶段），并在抓好落实的基础上，完成五个一批品牌创建“党建+”系列党日活动案例报送。制定《岳塘区自然资源局2022年党员干部“心连心走基层、面对面解难题”活动实施方案》，摸排梳理出两浸施工和湘钢4.3米焦炉环保提质改造等10个方面的问题并全部初步完成。

（撰稿　杨雨梁）

湘潭县自然资源工作

湘潭县自然资源局

党委书记、局长　　王铁钢
党委委员、副局长　　王　翔（2022.05—　）
党委委员、副局长　　冯光志
党委委员、派驻纪检组组长
　　杨　征（2022.05—　）
党委委员、副局长　　石　都（2022.05—　）
总工程师　　谭　勇
　三级调研员　　姜伟文
一级主任科员　　彭志高
二级主任科员　　奚勇军
二级主任科员　　黄　宁
三级主任科员　　康安定
三级主任科员　　李　季
四级主任科员、机关党委
　副书记兼党委办主任　　杨　锺

【资源要素保障】2022年，湘潭县自然资源局报批项目21个，面积138.15公顷，获批项目16个，面积135.87公顷。构建“指标控制+名录管理+控制线约束+分区管制”分级用途管制体系。出台国土空间规划用途管制技术规定并召开新闻发布会。

【土地经营】2022年，湘潭县自然资源局编制完成并经省人民政府批准《土地征收成片开发方案》四个批次。出让土地17宗，面积55.33公顷，总收入22.5亿元。完成湘潭市辖区内县属国有资产的调查摸底工作，拟定初步处置方案。

【国土空间规划】2022年，湘潭县国土空间总体规划已形成文本、图集及说明书、专题成果等成果体系，规划公示版框架已搭建完成。9月底，“三区三线”划定成果通过自然资源部批准。推进乡村规划“一师两员”制度，建立驻村规划师服务团。完成全县320个村庄规划编制任务，实现县域村庄规划全覆盖。成立村庄规划“回头看”工作专班，完成中路铺镇、河口镇、杨嘉桥镇、射埠镇、锦石乡五个乡镇级国土空间规划初步方案，其余11个乡镇已组织召开乡镇级国土空间规划动员大会。

【耕地保护】2022年，湘潭县确立耕地底线目标60680公顷，永久基本农田保护面积55126.67公顷，湘潭市下达恢复耕地任务833.2公顷的总目标。把全县320个村，10056个组划分为1548个网格，在全县范围内建立耕地保护“田长制”。建立奖惩补偿机制，将耕地和永久基本农田保护“田长制”工作列入年度绩效考核。印发耕地保护宣传手册15000余份，在国、省道旁竖立耕地保护和“田长制”大型宣传广告牌37处，悬挂标语横幅500余条。给全县的挖机师傅上门送《致挖掘机师傅的一封信》，进行耕地保护政策宣传。恢复耕地完成920公顷。7月，中央电视台新闻频道对湘潭县耕地保护工作进行了专题报道，《湖南日报》头版头条刊登《奋进新进程　建功新时代丨湘潭县：两万亩抛荒耕地着“绿装”》文章，湖南卫视新闻联播播出《走进县城看发展湘潭县：铁腕整治抛荒耕地科技赋能主粮耕种》节目。工作经验在《中国自然资源报》和湖南省田长制办公室工作保障专班周报上全文刊发作典型推介。

【国土空间生态修复】2022年，湘潭县国土空间生态保护修复规划已形成规划文本、图件及数据库等初步成果，并完成县级审查工作，完成历史遗留矿山生态保护修复。推进关闭退出矿山植被恢复和生产矿山绿色转型，完成13处矿点生态修复，修复面积27.93公顷，谭家山煤矿区生态保护修复项目通过省厅验收。

【自然资源执法】2022年，湘潭县自然资源局立案查处10宗，巡查431次，拆除各类违建24处，涉违面积约1680平方米，共收缴罚款156.8万元，下达《责令停止建设通知书》26份，《责令限期改正违法行为通知书》49份，《责令限期拆除通知书》10份。完善月清“三地两矿”工作机制。推进农村乱占耕地建房整治，推动建立乡镇网格化动态巡查制度，明确乡村组三级网格化信息监管员。开展乱占耕地建房和挖塘养鱼专项排查整改，完成新增乱占耕地建房整治58宗，坑塘水面整治31宗。

【土地集约节约】2022年，省自然资源厅下发湘潭县2009—2018年批而未供土地为20.2公顷，已通过挂牌出让、划拨等方式处置到位10.13公顷，处置率50%。闲置土地处置到位15宗32.84公顷，收回低效（空闲）用地3宗10.23公顷。2022年闲置土地处置在全省县市区中排名第一。入选全国自然资源节约集约示范县。

【为民服务】2022年，湘潭县自然资源局完成村级集体建设用地使用权及建筑物、构筑物所有权确权登记颁证工作。湘潭县17个乡镇共计颁证473本。提速企业办抵押时限，向全县公开承诺，企业办抵押1个工作日。办理不动产权证8844宗。不动产登记证明9070宗。完成车位库登记159个，房改房登记27户。存量历史遗留办证问题已全部销号，实现100%化解。首次采用“证缴分离”方式，化解办证遗留问题。发放建设用地规划许可证13件、建设工程规划许可证19件、建设项目用地预审与选址意见书13件、建设用地批准书3件、城乡规划条件核实证书15件，全年零投诉。全面完成农村房地一体确权登记，已颁证15万多本。

【信息化建设】2022年，湘潭县自然资源局推广使用湖南省工程建设项目审批管理系统，完成湘潭县地理空间数据库建设工作。对接省“一窗办事”平台，实现“外网申请，内网审核”全网域便民服务。推进“多测合一”改革，实现各阶段测绘事项“全流程，网上办”，将原13个综合测绘事项整合为4个综合测绘事项，提出项目选址推荐方案。

【地灾防治】2022年，湘潭县自然资源局对全县99处矿山存在的安全隐患问题进行地毯式摸排，7个矿硐已全部以实心墙形式进行封堵，所有存在安全隐患的露采坑已加装护栏进行隔离，并设置警示标识，补充救生绳、救生圈等防护设施。对全县11755户切坡建房进行全面排查，新建49处地灾普适化监测及预警平台。组织专题培训会议，开展地质灾害应急测绘演练，建立四级群测群防监测网络体系。实现地灾防控无人员伤亡事件发生。

（撰稿　彭琛峰　王欣瑜）

湘乡市自然资源工作

湘乡市自然资源局

党委书记、局长　　　　周　斌
党委副书记、副局长　　李建良（　—2022.04）
市纪委监委驻自然资源局纪检监察组
　组长、党委委员　　　伍健敏
党委委员、副局长　　　曾辉军（　—2022.04）
党委副书记、副局长　　成建桥（2022.04—　）
党委委员、副局长　　　陈建琼（　—2022.04）
党委委员、副局长　　　易立华（2022.04—　）
党委委员、总工程师　　刘志华
党委委员　　　　　　　张　雄（　—2022.04）
党委委员、副局长　　　谢文凯（2022.04—　）
正科级干部　　　　　　曾华锋

【耕地保护】2022年，湘乡市自然资源局将全市耕地底线目标任务50113.33公顷带面积带位置分解落实到乡镇、村。出台并下发《湘乡市全面推行田长制严格耕地保护的实施方案》，明确市级田长6个、乡级田长243个、村级田长322个，网格田长1121个。起草《进一步严格耕地保护全面落实耕地占补平衡和进出平衡的实施方案》。编制耕地占补平衡方案3个，补充耕地数量1.6公顷、水田规模1.23公顷、粮食产能17535公斤，补充增减挂钩指标1.54公顷。做好耕地后备资源调查。潭市镇小车村等7个项目通过省自然资源厅选址复核，可新增耕地32公顷。栗山镇栗山村等3个项目开展选址调查论证。湘潭市下达湘乡市2021年国土变更调查净减少耕地整改补足任务133.28公顷，完成136.93公顷。湘乡市2022年恢复耕地面积854.06公顷，完成国土变更调查面积619.6公顷。

【要素保障】2022年，湘乡市自然资源局呈报省自然资源厅、湘潭市审批31个项目，用地总面积153.86公顷。共获批16个项目(含2021年上报项目），用地总面积103.67公顷，确保市G320绕城线（湘乡段）、G240沪昆高铁韶山南站至湘乡公路等重点项目、基础设施和民生工程等项目及时落地。对近两年来办理的临时用地进行清查和摸底并备案，使临时用地管理工作更加规范到位。审批5宗临时用地，总面积12.33公顷。挂牌成交17宗，总面积48.97公顷，成交总价款8.92亿元，入库价款14.6亿元。对欠缴企业及个人发放催缴土地价款通知书、缴纳土地出让价款告知书、土地出让价款追缴决定书、履行行政决定催告书共计32份，其中9宗进入司法追缴程序的欠缴价款项目已有4宗下达行政裁定书，全年共清收欠缴价款3.61亿元。

【土地资源管理】2022年，湘乡市自然资源局完成土地储备93.33公顷。编制2022年度土地征收成片开发方案。接到省厅下达2009—2018年批而未供土地任务144.93公顷，处置要求完成35%，已完成处置54.31公顷，处置率37.5%，完成处置任务。闲置土地处置任务4宗，面积13.85公顷，处置要求完成60%，面积8.31公顷，已处置3宗面积11.55公顷，处置率83%，计划开工1宗面积2.3公顷。低效土地处置任务9宗面积23.05公顷，处置要求完成35%。处置3宗面积9.01公顷，处置率39%。

【国土空间规划】2022年，湘乡市生态保护红线14420.76公顷，永久基本农田任务控制数为46026.67公顷（69.05万亩）。最终耕地保护目标数为49869.21公顷（74.80万亩），永久基本农田保护目标数为46032.80公顷（69.05万亩）。成果已由省统一报国务院。划定城镇开发边界，省自然资源厅下发给湘乡市的增量指标为726公顷。湘潭市本级向湘乡市调配城镇建设用地指标73公顷。2035年，全市新增城镇建设用地指标共799公顷。全市市域共划定城镇开发边界总面积4255.63公顷，中心城区城镇开发边界线面积3513.49公顷。“三线三区”成果已由省统一报国务院。

【矿政管理】2022年，湘乡市建成绿色矿山8家，其中国家级绿色矿山1个，省级绿色矿山7个，下发限期整改通知书5份。省自然资源厅针对建成的绿色矿山开展绿色矿山“回头看”，对5家已建成绿色矿山在检查中存在的问题，已督促企业整改到位，并进行实地复核，向湘潭市自然资源和规划局申请审查后报省自然资源厅销号。推进生态修复工作。对高坊等3家办理延续登记的矿山进行矿山地质环境分期验收。对9家矿山开展生态修复年度验收制度，并全部通过生态修复年度验收。对关闭退出矿山，其中11家已完成生态修复治理，剩下6家分类分时段进行生态修复治理。

【优化营商环境】2022年，湘乡市接入省不动产登记网上“一窗办事”平台，启动不动产登记系统网络迁移改造工作。全面实施交房即交证工作。市政府办出台《关于推进我市新建商品房“交房即交证”改革工作的通知》，建立新建商品房“交房即交证”改革会商制度，全面推行“交房即交证”。长河湾二期等16个建设项目全部纳入并实施“交房即交证”改革。其中霞光名府等4个项目已实施，共发证685本。下发《关于开展集中化解房地产办证问题再排查的通知》，已重点化解健康北苑和吉宇科技2个突出问题项目。湘乡市累计纳入集中化解房地产办证信访突出问题项目19个，已化解19个问题项目，办理不动产权证书2129户，化解率100%。实现全市房地产办证信访突出问题化解工作任务清零。

【执法督察】2022年，湘乡市自然资源局推进督察反馈问题整改。年初制订存量违法用地问题整改工作方案。2018年土地例行督察、往年例行督察“挂账”和2019年例行督察卫片重点图斑及往年例行督察“挂账”需要持续整改解决的违法占地问题共计65宗，已整改到位57宗，面积44.14公顷。2020年省级例行督察问题中2018年卫片违法用地和2019年卫片违法用地共24个问题，整改到位7个，纳入持续整改17个。对省自然资源厅下发的12个矿产卫片图斑进行现场核查，其中核查发现金富祥存在非法开采行为，已立案查处到位。其他1处为伪变化图斑，已举证上报省厅并通过。出动联合执法人员400余人次，发现非法采矿洗砂20处，现场取缔20处，立案13起，捣毁洗砂设备4台，暂扣非法作业挖机10台，铲车2辆、运输车辆5辆，共计没收非法所得并处罚款25.47万元，其中移送公安机关立案侦查3起，已刑拘9人，法院判决2人。

【队伍建设】2022年，湘乡市自然资源局制定《中共湘乡市自然资源局党委意识形态工作责任制实施细则》。局党委2次专题研究意识形态工作。持续做好八届市委第二轮巡察第一巡察组关于意识形态领域反馈意见整改工作。积极培育和践行社会主义核心价值观，研究制定机关党员志愿服务发展规划，持续开展岗位学雷锋活动和“疫情防控、进社区”等志愿服务活动。常态化开展“我为群众办实事”实践活动。

（撰稿　胡　丹）

韶山市自然资源工作

韶山市自然资源局

党组书记、副局长	贺凌云
局长	周　宇
党组成员、副局长	范新征（　—2022.08）
党组成员、副局长	赵铁群
党组成员、副局长	庞颂丰（2022.08—　）

【概况】2022年度，韶山市耕地5678.65公顷、湿地0.98公顷、园地166.66公顷、林地12606.71公顷、草地28.55公顷、城镇村及工矿用地3648.14公顷、交通运输用地381.04公顷、水工建筑用地17.9公顷、水域1367.7公顷、其他土地825.69公顷。境内有各类矿产16种，探明有储量的矿产12种，煤、铁2种矿产纳入省矿产资源储量表，探明有储量的矿产地20处，其中小型17处、矿点3处。韶山市优势特色矿种为矿泉水（探明资源储量26.791万立方米/年，全省排名第五）、海泡石（探明资源储量426万吨，全省排名第三）。探明有资源储量并列入湖南省矿产资源储量平衡表的矿产有谭家冲铁矿区、银田寺煤矿区2个。其中谭家冲铁矿区已停采，勘查程度普查，探明铁矿石资源储量87.3万吨，属小型矿区；银田寺煤矿区未开发利用，勘查程度详查，探明煤炭资源储量453.33万吨，属小型矿区。

【土地资源管理】2022年，韶山市挂牌成交土地32宗，总规模61.18公顷，实现土地营收18.12亿元。全年处置批而未供土地29.66公顷，处置闲置土地48.11公顷，盘活低效产业用地7.06公顷。

【规划管理】2022年，韶山市推进国土空间总体规划编制，完成“三区三线”划定工作，取得自然资源部批复。结合湖南省、湘潭市国土空间总体规划成果，优化主体方案以及专项专题，深化主体方案以及专项专题，组织召开规划工作推进会，形成新一轮规划成果。开展乡镇主体功能区优化细化、城市体检评估、城区划定更新和控规评估工作。推进22个村庄规划，修改完善风貌，提升先行村（湘潭市领导联点村）村庄规划成果，通过湘潭市自然资源和规划局审查。10月下旬，召开韶山市村庄规划“回头看”暨意见反馈会。5月19日，组织乡镇、村召开“一师两员”第一期工作培训会。

【**用地保障**】2022年，韶山市落实“2+4+N”重大项目用地要素保障会商调度机制，建立韶山市重点项目用地保障服务专班。上报省自然资源厅2个批次土地征收成片开发方案，涉及项目123个202.99公顷。获批国有建设项目用地8个21.28公顷，批回3个集体建设项目用地0.99公顷、1批2户农村村民建房农用地转用0.03公顷。三一风电、体育公园、核心景区提质改造等重点项目、乡村基础设施、公益事业、乡村产业等乡村建设和发展用地应保尽保。

【**耕地保护**】2022年，韶山市出台《韶山市耕地保护田长制实施方案》，确定全市县乡村及网格四级田长144人，安装田长制公示牌146处，基本实现耕地保护全覆盖。守住5606.67公顷耕地和4980公顷永久基本农田责任目标，耕地恢复105.33公顷，耕地整改补足25.18公顷。完成2022年度第一批次城乡建设用地等4个项目的占补平衡方案，组织编制实施耕地进出平衡方案，确保长期稳定利用耕地不再减少。

【**绿色矿山建设**】2022年，韶山市推动良和砖厂和新联建材有限公司的扩界出让前期工作。新联矿山已获省厅勘查批复。推动绿色矿山建设。9月20日，良和砖厂绿色矿山建设通过湘潭市局评审，韶山绿色矿山建设完成率100%。

【**地灾防治**】2022年，韶山市制定地质灾害防治方案，开展地质灾害隐患汛前、汛中、汛后“三查”工作。利用1∶10000地质灾害精细化调查对全市切坡建房户进行全面排查，对在册隐患点全面落实“一案两卡”，地灾群测群防体系和18处普适化监测点运行良好，确保“零伤亡”。

【**确权登记颁证**】2022年，韶山市开展2021年度变更调查工作和农村宅基地和集体建设用地房地一体确权登记颁证工作，完成国家下发遥感监测图斑696个、省级下发遥感监测图斑236个、新增自主提取纠错变更图斑439个、市局重点要求变更图斑8个的外业实地举证核查。完成耕地解冻解扣、增减挂钩项目、耕地后备资源等项目资料核对图斑6821个。完成对设施农用地、农村道路、城市和建制镇用地范围内建设用地的细化调查，逐图斑上图，修改图斑边界，建立细化调查数据库。韶山市农村宅基地调查27846宗、集体建设用地调查177宗，完成率100%。韶山市应登记发证26023宗，已完成农村宅基地登簿26023宗，登簿率100%，打印不动产权证26290本（包括共同共有证书数），向乡镇移交不动产权证26290本（包括共同共有证书数）。

【**不动产登记**】2022年，韶山市核发不动产权证书4478本，核发不动产证明1278份。接受电话咨询800余次，出具不动产查询证明10945份，受理司法查封解封139宗。提供上门服务、预约服务、延时服务、加急服务共计300余次。全面推行“交房即交证”，在房地产用地（包含工业地产）供地出让环节，将“交房即交证”纳入出让合同，在预售许可环节要求将“交房即交证”纳入售房备案合同，“雨花韶苑”项目84户业主实现“交房即交证，住权产权同步”。优化登记财产营商环境，对27项业务流程进行全面“瘦身”，精简资料20余项，实现抵押注销、查封、更正、异议登记即来即办、即时办结。支持手续齐全的小微企业登记即来即办。工业企业首次登记、抵押登记、转移登记均1个工作日办结。持续开展不动产登记收费清理规范行动，对小微企业及工业企业免收不动产登记费，减免登记费36万余元。加快完善“一窗办事”平台，推进不动产登记交易缴税一体化办理，基本实现不动产登记与税务部门存量房和新建商品房业务协同办理。推进“不动产登记+水电气过户”联办业务。

【**执法监察**】2022年，韶山市落实县乡村三级巡查机制，保持县乡村160余人常态化巡查防控，利用卫星天网、铁塔视频、无人机等新手段实时监测，发现并整改违法用地行为28起，恢复耕地5.76公顷。开展系列专项整治行动，严格管控耕地转为其他农用地、设施农用地等行为，实行月清“三地两矿”，整治违规“大棚房”、乱占耕地建房及建坑塘水面等问题，恢复耕地面积3.922公顷。违法用地“双零”行动取得实效，实现耕地违法零新增。

【**荣誉档案**】2022年，韶山市获评湖南省第三次国土调查工作典型市县、2022年度省政府真抓实干督查激励自然资源节约高效利用县市区。

（撰稿　成于思）

湘潭经开区自然资源和规划工作

湘潭市自然资源和规划局经开分局

局　长　　　　　　游　兮

副局长　刘妨萍
副局长　吕治镓
副局长　杨　超

【概况】2019年4月2日，湘潭市自然资源和规划局经开分局完成机构、职能、人员的整合。2022年有干部职工22人，班子成员4人，内设9个职能科室，其中市局派驻5人，管委会派驻17人。主要落实好经开区管委会和市局就自然资源和规划管理安排的各项工作任务，同时还承担着重点服务园区项目建设。

【要素保障】2022年，湘潭市自然资源和规划局经开分局完成土地供应51宗，面积219.67公顷（其中经营性用地17宗81.94公顷，工业用地10宗86公顷，教育用地1宗0.53公顷，基础设施及公共服务用地划拨23宗51.2公顷）；完成土地报批150公顷，占市本级53%，完成区年度总任务的117%；切实保障中铁城建、一力物流、吉利新能源汽车等重点产业项目的土地供应。将141.73公顷土地纳入土地征收成片开发方案并获省政府审批。

【土地资源管理】2022年，湘潭市自然资源和规划局经开分局全力抓好土地经营管理，实现土地出让总收入45.52亿元，占市本级65.74%；共处置存量用地207.6公顷，批而未供处置67.73公顷，处置率100%；闲置土地处置21.49公顷，完成率23%，剩余72.27公顷；低效空闲用地今年任务68.28公顷，年度完成68.39公顷，完成率100%；3宗23.96公顷存量经营性用地挂牌，实现收入12.4亿元。

【国土空间规划编制】2022年，湘潭市自然资源和规划局经开分局推进经开区国土空间规划编制工作，划定湘潭经开区“三区三线”，争取湘江新区九华新片区建设用地指标约17平方千米，新增建设用地指标34平方千米，优化隆平高尔夫球场区域用地布局优化调整，在未来城市核心地段释放近100公顷的土地资源。参与省自然资源厅牵头的湘江科学城以及湘潭大学城规划编制工作，开展村庄规划编制，助力乡村振兴促发展，完成市级领导联点村庄规划编审工作，已基本实现全区15个村庄规划的全覆盖。

【耕地保护监督】2022年，湘潭市自然资源和规划局经开分局全面落实2046.67公顷底线目标任务；签订区、乡、村（社区）三级耕地保护目标责任书。出台《中共湘潭经济技术开发区工作委员会 湘潭经济技术开发区管理委员会印发〈关于建立耕地保护“田长制”的实施方案〉的通知》。搭建起“一区三乡（街道）28村（社区）78网格田长”组织体系，全区“横向到边、纵向到底”的网格田长全覆盖。落实耕地占补平衡指标40公顷，已完成恢复整改任务19.32公顷，占市本级总任务37%，全面完成耕地恢复任务15.73公顷，占年度交办任务120%。推进2022年净减少耕地整改，总任务数11处，面积2.35公顷，已整改到位8处，面积2.31公顷，总任务97%；剩余2处，面积0.73亩，根据实际情况纳入持续整改。配合市级完成耕地保护专项规划编制，成果落实到报部“三区三线”划定中。

【审批服务】2022年，湘潭市自然资源和规划局经开分局完成选址及论证23个，完成项目审批43个，发放建设工程规划许可证总面积143.2万平方米（其中工业项目27万平方米，占18.9%，地产项目116.2万平方米，占81.1%）。联点走访企业，做好联点帮扶，助力企业解难题，贯彻落实好园区“一对一专属服务员”等优化营商机制以及“心连心走基层、面对面解难题”“一活动、一行动”“纾困解难、进企送政策”。

【自然资源执法督察】2022年，湘潭市自然资源和规划局经开分局严查新增违法用地，共组织巡查500余次，出动执法人员1200余人次。下发责令停止违法行为通知书21份、责令改正违法行为通知书18份、接受调查通知书15份，送达工作联系函30份。立案查处自然资源领域违法案件5宗，结案3宗，实现罚没收入309.69万元。

【地灾防治】2022年，湘潭市自然资源和规划局经开分局，建立健全群测群防机制，开展地质灾害汛前排查、事中巡查、隐患点预警，严格汛期值班值守工作，发布预警信息14次9000余条，争取地灾应急治理、历史遗留矿山生态修复专项资金27万元，参与组织地灾疏散演习，共同构筑生命安全防线。

【安全生产】2022年，湘潭市自然资源和规划局经开分局多次召开安全生产专题会议，观看安全生产警示纪录片，制定安全生产大检查、安全生产领域“打非治违”专项行动等工作方案，重点打击辖区范围内的非法采砂行为，始终坚持抓好日常巡查监管，联合出动执法人员1100余人次。

【信访工作】2022年，湘潭市自然资源和规划局经开分局受理群众来信、来电、来访，办理市长热线和群众信访129件。信访调查、回访电话300余次。接访22次，信访办结率100%。参与风险楼盘处置，承担奥园冠军城相关专班具体工作，推动土地分宗、资产过户、复工复产、纠纷调解等事务性工作。

（撰稿　陈闪闪）

湘潭高新区自然资源和规划工作

湘潭市自然资源和规划局高新分局

局长　　　　　　　　朱　江
板塘中心所所长　　　谭　峥

【概况】2019年12月13日，湘潭市自然资源和规划局高新分局挂牌成立，由高新国土分局和高新规划分局通过机构合并组成。2022年，内设五个股室，编制人数13人，在职人员20人，派出机构有板塘中心所。

【建设用地报批】2022年，湘潭市自然资源和规划局高新分局由“地随项目走”逐步转变成“项目跟地走”，推进好项目、实项日的用地报批，完成建设项目用地报批6.85公顷。

【规划编制和项目审批许可】2022年，湘潭市自然资源和规划局高新分局组织编制《湘潭高新区双马街道法华村村庄规划（2021—2035）》。组织编制《湘潭高新区双马街道月华村、云和村村庄规划（2021—2035）》。配合完成“三区三线”划定工作。配合完成《湘潭先进金属材料深加工聚集区项目涉及岳塘区土地利用总体规划（2016—2020年）修改方案》。配合开展《湘潭市控制性详细规划一张图》编制工作。配合开展绿心中央公园规划工作。出具建设用地规划条件及规划设计要点13个，规划意见7个。办结用地预审和选址意见书7个。核发用地规划许可证5个，建设工程规划许可证10个。办理总图及方案变更12个、临时建筑审批2个。办理老旧小区加装电梯项目2个。办结两型准入项目1个。

【工业用地管理】2022年，湘潭市自然资源和规划局高新分局对亚辉龙和湘潭先进金属深加工项目实施“标准地+承诺制”供地，万全生物项目推行工业用地弹性出让供地，建业新能源企业实行先租后让供地。完成工业用地挂牌出让11宗44.15公顷，成交10宗，总面积42.46公顷，成交金额23587.78万元。完成工业用地转让审批2宗，面积2.64公顷。完成工业用地收回土地使用权2宗，面积8.93公顷。

【存量建设用地清理处置】2022年，湘潭市自然资源和规划局高新分局研究出台《湘潭高新区存量土地和低效用地清理处置专项行动工作方案》，处置省级交办批而未供土地11.11公顷、供而未用（闲置）土地2.62公顷、低效用地50.89公顷，处置率100%。牵头对天利恩泽公司低效用地开展专项清理处置行动，收回天利恩泽项目用地7.73公顷，并被《湖南日报》、新华网、湖南省自然资源厅公众号等予以刊发、报道。

【“田长制”工作】2022年，湘潭市自然资源和规划局高新分局出台《关于全面推行田长制严格耕地保护实施方案》，成立田长制工作委员会，建立四级田长制，完成涉及推行田长制16个村（社区）的网格田长确认工作，确认网格田长37个，完成树立网格化田长制公示牌53块。

【耕地保护】2022年，湘潭市自然资源和规划局高新分局完成高新区耕地底线目标任务573.73公顷、耕地恢复任务4.4公顷、2021年度耕地净减少整改补足任务4.65公顷。完成5口坑塘恢复为耕地工作。

【国家、省级自然资源督察反馈问题整改】2020年省级自然资源例行督察反馈的存量违法用地问题3个，具体为2018卫片违法用地问题聚仁环保、沿江风光带（滨江中路）和2019卫片违法用地问题聚仁环保。2022年，湘潭市自然资源和规划局高新分局完成该两个项目违法行为处罚。国家自然资源督察武汉局2021年下发图斑2个，为疑似永久基本农田非粮化问题，2022年完成举证工作。

【安全生产工作】2022年，湘潭市自然资源和规划局高新分局结合安全生产风险隐患“大排查大管控大整治大执法”行动，推进打非治违专项整顿工作和打击非法违法挖砂采石专项整顿行动。开展废弃矿硐封堵排查整治工作和废弃矿山坑塘水面防溺水工作。开展办公场所安全隐患排查和问题整改，确保节假日零事故。

【地灾防治】2022年，湘潭市自然资源和规划局高新分局出台《湘潭高新区2022年度地质灾害防治方案》，开展地灾隐患点的汛前排查和汛期巡查。至9月，累计组织巡查督查地灾点60次，出动巡查人员185人次，巡查地灾隐患点216点次。参与“5·12”防灾减灾日、“6·16”安全生产咨询日等宣传活动。配合云和村山体滑坡地灾隐患点剩余三户搬迁避让工作。

【市长热线处理】2022年，湘潭市自然资源和规划局高新分局受理新府华城小区内矮灌木丛改造为停车位解决小区停车困难，大汉龙云台开发商未在三栋安装入户大门，新府华城小区建立垃圾中转站，黄金时代商铺前建立单车棚等市长热线22件，已全部实地调查并给予答复。

【党的建设】2022年，中共湘潭市自然资源和规划局高新分局支部委员会结合《习近平谈治国理政》（第四卷）等学习内容，组织制定学习计划和学习清单，组织开展集中学习13次，支部委员会13次，支部党员大会13次，谈心谈话4次，党课学习2次，组织党员按季度开展社区志愿服务活动。组织开展组织生活会1次，组织党员开展“在职党员进社区办实事”，贯彻落实“心连心走基层、面对面解难题”活动。

（撰稿　沈静妍）

邵阳市自然资源和规划工作

邵阳市自然资源和规划局

党组书记、局长　　　王大松（　—2022.06）
党组书记、局长　　　杨映林（2022.06—　）
党组副书记、副局长　彭启阳（　—2022.11）
党组成员、副局长　　唐朝晖
党组成员、副局长　　刘宣平
党组成员、副局长　　蒋卓斌
党组成员、副局长　　李红军（　—2022.08）
党组成员、副局长　　陈志忠（2022.08—　）
市纪委监委驻市自然资源和规划局
　纪检监察组组长、党组成员
　　　　　　　　　　林　森（—2022.05）
市纪委监委驻市自然资源和规划局
　纪检监察组二级调研员　林　森（2022.05—　）
总工程师　　　　　　李荣仁　（　—2022.04）
总工程师　　　　　　申朝阳　（2022.07—　）

【**要素保障**】2022年，邵阳市自然资源和规划局在“三区三线”划定中统筹为4000多个项目预留发展空间。优化规划布局31.5公顷，保障133个农村基础设施项目和18个乡镇产业发展项目用地空间。成立要素保障服务专班，建立重点项目用地报批“绿色通道”，一对一对接服务重点项目。批回用地项目114宗1656.7公顷，保障犬木塘水库、新新高速、三一智能生态产业园、彩虹玻璃等一大批重点基础设施和产业建设项目用地。全市批准乡镇集体建设用地86宗65.42公顷。出台《邵阳市绿色建筑、装配式建筑、超低能耗建筑、城市森林花园建筑指标复核操作细则》。全市供应土地469宗393.26公顷，实现土地出让收入41.33亿元。强化在房交会、湖南东盟投资贸易洽谈会等全市重点会展的土地招商，达成10个项目意向签约，签约金额26亿元。细化工业用地弹性供应实施细则，市本级弹性出让工业用地73.44公顷，为企业减负1.1亿元。开展“砂石保供”工作，年内省级发证采矿权成交2宗，成交价款3.7亿元。市级发证采矿权成交2宗，成交价款1.06亿元。办理6宗采矿权延续登记手续。

【**规划编制**】2022年，邵阳市自然资源和规划局对接发改等28个部门，对照64个省级发展专项规划，按照“先农田、再生态、后城镇”优先序，划定耕地保护红线588.76万亩（39.25万公顷），永久基本农田524.03万亩（34.94万公顷）。划定生态保护红线4742.29平方千米，划定城镇开发边界451.59平方千米，其中市本级划定城镇开发边界131.71平方千米，“三区三线”划定成果通过自然资源部审核并启用。在全市开展国土空间规划六大攻坚行动，市级国土空间总体规划形成初稿，开展专家咨询，完成乡镇主体功能区定位，全面启动66项国土空间专项规划编制。推进双清白马、大祥桃花、北塔雪峰、犬木塘四大片区开发规划编制，编制和修改邵阳经开区双清园区等4个片区控规，中心城区控规覆盖率100%。完成1400个村庄规划编制任务。推进城乡规划行政技术规定修订，严格规划调整程序，白马大道选线方案、六岭公园恢复性建设及周边用地棚改（三期）等23个项目控规局部调整事项，均呈市规委会审议，报市人民政府批准。规划“一张图”平台创新推进，建成城市年度体检成果汇交平台、出台“一张图”控制性详细规划成果汇交标准、通过该平台实现“三区三线”“一上”成果汇交。

【**耕地保护**】2022年，邵阳市自然资源和规划局推进田长制。书记、市长任总田长，15名市委常委会会议成员及分管副市长任市级田长。全市225名县级田长，1669名乡镇田长，3986名村级田长、15676名网格田长的五级田长责任制全面建立，12个县市区均开展巡田工作，得到省自然资源厅通报表扬。启动“田长+检察长”工作实施机制。全市建设占用耕地总面积115.50公顷，全部落实耕地占补平衡。自我加压恢复耕地3846.67公顷，超额完成省定任务。完成134个补充耕地“回头看”专项攻坚项目销号，销号率位居全省前列。解冻解扣耕地面积936.85公顷，解冻比例90.25%，是全省两个最先全部完成一次性解冻解扣的市州之一。市本级耕地数量、水田规模、粮食产能等三项指标实现由负转正。2022年邵阳市耕地流入401.61公顷，净流入227.39公顷，实现耕地净流入，全面完成耕地保护底线目标任务。零容忍推进农村乱占耕地建房整治整改，2020年7月3日以后新增农村乱占耕地建房存量处置工作全面完成，坑塘水面专项整治处置率99.04%，全省第三。2022年部卫片下发邵阳市违法占用耕地面积7.39公顷，同比减少91.29%，新增乱占耕地建房问题仅20个，农村乱占耕地建房势头得到了有效遏制。邵阳县、绥宁县、北塔区、双清区、经开区等五个县区实现违法占用耕地零增长。武冈市耕地保护督察执法先进典型做法获评全省耕地保护十大典型案例。

【生态保护】2022年，邵阳市自然资源和规划局推进月清“三地两矿”机制落实，全面加强土地批后供后监管。全市存量批而未供土地处置率29.85%，市本级处置率32.29%，存量闲置土地处置率58%，市本级处置率78%。全市园区三类低效土地处置率分别为52.93%、95.88%、50.25%，处置率排名全省前三。全市已建成绿色矿山15家，另有2家小型矿山已公示。持续推进砂石土矿专项整治，以砂石土矿“三个清单”为抓手，386个关闭退出矿山做到采矿权注销、设施拆除、生态修复“三到位”，得到省厅通报表扬。现有砂石土矿94个，超额完成省自然资源厅下达邵阳市采矿权控制数目标69个。推进矿山保护生态修复，实行矿山生态保护修复年度验收、矿山地质环境保护与治理恢复分期验收、矿山地质环境保护与治理恢复关闭闭坑验收机制。全市累计投入矿山地质环境恢复治理资金3.87亿元，恢复治理面积350.23余公顷。推进历史遗留矿山修复治理，完成沅江、资江上游历史遗留废弃矿山生态修复示范工程81个图斑135公顷项目主体建设。推动新邵两矿问题处置，并在全市范围内开展举一反三全面排查专项行动，得到省自然资源厅和省长江办肯定。长江经济带生态环境警示片披露的5个生态环境突出问题和“夏季攻势”历史遗留矿山生态修复整改问题已全部完成销号工作。

【执法监察】2022年，邵阳市自然资源和规划局推进执法工作，“空天一体”的执法网络初步构建。应用卫片、铁塔视频、无人机、地面核查等多元技术手段，2021、2022年卫片执法违法占用耕地占新增建设用地的比例分别下降至3.09%、1.89%。期限内核实“图斑快递”任务1224宗，期限内整改到位率83.44%。将月清“三地两矿”工作纳入市政府“三重点”工作，2020年、2021年部省下发1—20批次存量违法用地1032宗，整改到位1016宗，整改率98.45%，2022年第21至第29批132宗违法用地全部月清月结。邵阳市月清“三地两矿”高位推动机制得到省厅通报表扬。市政府开展违法用地存量全清零、增量零增长、全年零发生“三零”专项行动。部省历年例行土地督察反馈主观原因问题处置率93.33%，全省排名第四。6宗省政府专项督察反馈问题及1961宗2021年督察发现的其他违法违规问题处置率全省第一。2022年邵阳市新增违法用地22.16公顷，同比减少74.38%，邵阳县、北塔区、双清区、经开区四个县区实现违法用地零增长。

【民生实事】2022年，邵阳市自然资源和规划局启动房地产办证历史遗留问题集中化解专项行动推进年。全市第一期166个问题楼盘化解率100%。再次对全市历史遗留问题进行深入摸排，二期纳入问题楼盘51个。二期完成化解41个，化解率80.39%，共计收缴和追缴税费5.6亿元。推进新建商品房交房即交证改革，全市51个项目21449户业主实现“交房即交证”，其中市本级32个项目19444户，去年年初已全面实现“交房即交证”常态化。完成房地一体权籍调查173万宗，登记发证110万宗。出台建设工程规划许可证豁免清单和信用承诺实施细则，对四大类23个具体事项，免于或无须办理建设工程规划许可证，对部分行政审批实行信用承诺替代。出台优化营商环境三年行动计划，组织开展“走流程、解难题、优服务”活动，邵阳市不动产登记优化营商环境“三化”实现“三省”工作做法获得部不动产官微及《湖南日报》推荐。在全系统开展“大培训、大排查、大整治、大攻坚”安全生产专项行动，组织开展打击“洗洞”盗采金矿等矿山违法违规行为专项整治行动，连续4年被市委市政府评为安全生产优秀单位。建成和联网运行地质灾害隐患专业监测点200个，实现“6小时预报、3小时预警、1小时叫应”。邵阳市共发生地质灾害137起，避险转移 5522人，地质灾害防治实现零伤亡目标。

【基础管理】2022年，邵阳市自然资源和规划局推进“多测合一”改革，全市不动产登记系统与“多测合一”平台实现对接，年内全市“多测合一”平台办理测绘事项累计达1124宗。向社会公布第三次全国国土调查成果，推动“三调”成果共享运用。建成1089个铁塔视频监测点并投入使用，推进自然资源卫星应用中心建设，建成中国遥感应用协会邵阳市学会服务站，为全国第一个在地级市授牌成立的学会服务站点，邵阳市测绘地理技术、卫星监测技术在协同防灾减灾、农业生产、政府公共决策方面发挥重要作用。开展法治政府建设示范市创建活动，组织土地管理“一法一条例一办法”理论考试、知识竞赛等一系列活动，群众满意度测评、实地核查结果达到预期目标。老干、工会、宣传、文明创建、后勤保障、建议提案办理等工作有序推进。所属单位内强素质、外树形象，市规划建筑设计集团开展“五比五拼”百日攻坚行动，全年签订合同金额1.15亿元，完成产值近1亿元，实现利税1200多万元。市自然资源事务中心建成智慧征拆系统获省地理信息产业优秀工程金奖，为自然资源工作提供支撑。

【荣誉档案】2022年，邵阳市自然资源和规划系统成功申报全国历史遗留废弃矿山生态修复示范工程，房地产办证历史遗留问题化解案例获自然资源部发文全国推介，城区农房一体确权登记颁证成果获评全省一等奖。市局、城步县局、邵阳县局、新宁县局获评湖南省第三次国土调查先进集体，武冈市获评全国自然资源节约集约示范县市、洞口县自然资源管理工作获省政府真抓实干督查奖励。

（撰稿　刘敬焕）

邵东市自然资源工作

邵东市自然资源局

党组书记、局长　谢先勇
党组成员、市纪委监委派驻
　纪检监察组组长　王海云
党组成员、副局长　吕向华
党组成员、副局长　曾友军
党组成员、副局长　禹轩秋
总工程师　刘壮行

【概况】2022年，邵东市自然资源局围绕产业项目建设、基础设施建设等工作，推进国土空间规划，项目用地保障，耕地占补平衡，不动产登记工作。完成国土空间总体规划文本、图集和说明书的编制，完成三区三线的划定工作。批回国有建设用地19个批次，面积45.8公顷；集体建设用地15宗，面积17.93公顷。实现土地出让价款收入2.64亿元。颁发不动产权证76691本，发放不动产登记证明11581本。完成14个土地开发项目验收入库，面积75.27公顷；年底耕地占补平衡指标三项指标均为正数。

【规划引领】2022年，邵东市自然资源局推进国土空间规划工作。完成《邵东市国土空间总体规划（2020—2035年）》文本、图集和说明书的编制，生态保护红线评估调整，自然保护地整合优化和城镇开发边界划定。完成三区三线的划定工作，划定永久基本农田面积71.733万亩（47822公顷），均为可长期稳定利用耕地。调整优化生态保护红线，调整后的生态保护红线面积为14.74平方千米。中心城区新增面积10.29平方千米，乡镇合计新增面积1.58平方千米。划定后中心城区51.73平方千米，乡镇合计21.74平方千米。三区三线成果已经省人民政府批准并于2022年11月15日正式启用。配合参与相关部门做好各类专项规划编制。办理一书三证68件，其中建设项目用地预审与选址意见书15件，建设项目用地规划许可证26件，建设工程规划许可证25件，乡村建设规划许可证2件。

【保障用地】2022年，邵东市自然资源局推进用地报批和土地供应，确保市重点项目及公共设施项目的落地。共批回国有建设用地20个批次，46.84公顷；集体建设用地16宗，18.46公顷。办理农村宅基地农转用手续1个批次，总面积5公顷，涉及24个乡镇（街道），共计340户。办理临时用地1宗，面积3.6公顷；完成设施农用地上图入库备案42宗。处置完成批而未供土地57.67公顷、闲置土地153.47公顷。挂牌出让土地28宗，面积39.5公顷，土地出让总价款2.644亿元。

【不动产登记】2022年，邵东市自然资源局颁发不动产权证76691本，发放不动产登记证明11581本。推进新建商品房“交房即交证”改革，为试点项目“中驰·晨曦悦府”“邵东壹号”颁发不动产权证书400余本（2021、2022两年共1556本）。出台《邵东市推进新建商品房“交房即交证”改革实施方案》《邵东市不动产转移登记与水、电、气过户联动办理工作实施方案》。

【耕地保护】2022年，邵东市自然资源局制定《邵东市田长制实施方案》，成立田长制工作委员会，建立市乡村田长及网格田长体系，确定275个乡级田长、557个村级田长、1718个网格组田长。制定《邵东市耕地恢复工作方案》。完成耕地翻挖

846.67公顷，上图入库700公顷，超额完成593.33公顷的省定任务。推进耕地开发，完成14个项目验收入库，面积75.27公顷。通过加快新增耕地开发项目及城乡建设用地增减挂钩项目实施验收入库，年底邵东市耕地占补平衡指标三项指标均为正数，其中耕地数量指标4.37公顷、水田规模指标75.29公顷、产能指标91.39万公斤。

【执法监督】2022年，邵东市自然资源局出动执法人员792余人次，对各乡镇开展自然资源执法动态巡查 277次，发现、制止并消除违法萌芽状态68起。加大案件查处力度，立案查处土地矿产案件104起，其中土地违法案件67起，矿产资源违法案件37起，扣押非法作业机械31台，收缴土地矿产罚没款1072余万元。移送法院申请强制执行案件12起，移送公安追究刑事责任7起，移送纪委监委当事人涉嫌违纪线索4起、监管不力追责线索32起。

【矿产管理】2022年，邵东市自然资源局完成19个关闭退出矿山生态修复治理，制定“十四五”历史遗留废弃矿山生态修复治理方案，完成25个图斑共计34.21公顷的生态修复工作。建立生态赔偿机制，与检察机关、生态环境部门、属地乡镇联动，开展多次联合行动，对破坏环境矿山业主约谈18次，办结生态赔偿案件3件，缴纳生态赔偿保证金26万元。

【地灾防治】2022年，邵东市自然资源局共排查416处地质灾害隐患点和不稳定斜坡隐患点，指导、配合各乡镇转移1523名受灾群众，应急处置84处地质灾害隐患点，保护276名受灾群众的生命财产安全。

【征地拆迁】2022年，邵东市自然资源局积极推进雅中—江西800千伏邵东特高压工程、湖南省犬木塘水库工程等省市重点项目。完成市委、市政府“百日大会战”56个重点项目的征地拆迁工作任务。另实施征地拆迁项目40个，面积88.01公顷；拟征收项目18个，面积61.60公顷；完成征地拆迁项目18个，面积25.29公顷。

（撰稿　曾　丰）

新邵县自然资源工作

新邵县自然资源局

党组书记、局长	周玉光（ —2022.05）
党组书记、局长	欧阳鸥（2022.06— ）
党组成员、副局长	石喜来
党组成员、副局长	易炜炜
党组成员、副局长	彭玉胜
总工程师	孙小军

【概况】新邵县自然资源局是县政府工作部门，2022年，机关内设14个股室，下设新邵县自然资源行政执法大队，新邵县自然资源修复中心，新邵县自然资源信息中心，新邵县土地收购储备中心，新邵县不动产登记中心5个二级单位，下属1个国有企业，即新邵县图新规划建筑设计有限公司，组建15个乡镇自然资源所，为自然资源局在乡镇的派出机构。在岗职工203人，其中公务员48人，事业管理岗人员71人，其他人员84人。

【保障发展】2022年，新邵县自然资源局编制2022年度土地征收成片开发方案三个批次，保障陈家坊旧石器三角塘项目、抽水蓄能项目、东顺木业项目、太芝庙风力发电项目、雀塘鸿远金属加工、雀塘再生铜资源化利用产业项目、雀塘鸿祥铝业等大型项目落地。从省厅共批回用地项目14个，面积22.33公顷。办理好集体占用建设用地项目3个，面积1.87公顷。组卷项目40个，面积23.33公顷。经济开发区批而未供土地任务处置率37.08%，闲置土地处置率100%，低效用地处置率86.57%。共完成收入32271.96万元，分别为完成土地出让收入合计22725.47万元（其中挂牌出让成交8宗用地，面积7.77公顷，成交价款11249万元；收缴往年11宗土地挂牌出让成交欠款11279.82万元；验收超容积率、个人增容改建补缴土地价款和划拨转出让补缴价款等21宗，补缴价款196.65万元）。完成罚没收入404.26万元；完成土地开垦费8.91万元。争取上级项目资金9133.32万元（邵怀历史遗留废弃矿山生态修复项目资金3908.32万元；三郎庙、鸿发采石场两矿生态修复中央预算资金4085万元，市财政支持资金1000万元；地质灾害防治项目资金140万元；大新镇磁溪村地质灾害治理项目资金325.07万元）。

【空间规划】2022年，新邵县自然资源局成立国土空间规划委员会，完成省自然资源厅下发的29826.67公顷（44.74万亩）的基本农田划定任务数。共将37个交通、水利、能源等省级以上重点建设项目调出永久基本农田合计面积396.73公顷。调整市县级以上建设项目120个，调出永久基本农田面积81.96公顷。经过本轮优化调整后，县生态保护红线面积由46897.76公顷减少为44764.01公顷（其中调出占用生态红线的项目面积368.35公顷），与之前相比减少2133.75公顷，生态红线图斑从7430个减少至238个。县城镇开发边界方案共划定3657.07公顷，其中可扣除地类面积525.13公顷，新增城镇建设用地625公顷。整合现有各级各类空间类规划，基本建成县级规划“一张图”系统。强化过渡期规划服务，为新邵县四小、严塘垃圾中转站、雀塘再生铝等15个重大建设项目提供土规修改支撑。启动150个村庄规划编制工作，将划定村庄建设边界和村民集中建房区域，制定产业发展负面清单，落实已勘测定界的近期建设项目，提出风貌引导要求等内容，形成镇村一体村庄规划综合管控图。

【耕地保护】2022年，新邵县自然资源局出台《新邵县人民政府坚决制止耕地“非农化”防止耕地“非粮化”的通告》《新邵县全面推行田长制严格耕地保护实施方案》《新邵县恢复耕地工作方案》系列耕地全程一体化保护文件。完成2021年国土变更调查工作，对新邵县耕地“图斑快递”工作监测图斑进行核实并反馈相关情况。“图斑快递”系统共下发296个图斑数，图斑核实220个，核实率为74.3%。邵阳市政府下达新邵县393.33公顷耕地恢复任务，已完成恢复耕地的工程施工面积464.33公顷，省自然资源厅已审核通过上图面积413.33公顷。“两个耕地占补平衡”工作全面推行。对历史完成的项目开展好“回头看”工作，占补平衡指标库三项指标全部由负为正，耕地数量指标负2.675公顷，已在12月中旬转正。完成13个新增旱改水项目的立项工作，项目涉及9个乡镇27个村，总建设规模109.11公顷，需投资3225万元，可新增水田指标87.29公顷。完成2021年度耕地净减少面积的整改补足任务，两个月时间里共整改总面积79.47公顷，确保34033.33公顷（51.05万亩）耕地保护底线目标不突破。

【执法督察】2022年，新邵县卫片执法任务数违法图斑216个，涉及土地面积55.45公顷，耕地面积23.7公顷，整改后将违法占用耕地面积降到2公顷以下。接到省自然资源厅分6个批次下达的违法用地处置任务29个，90%以上的违法用地案件已依法查处到位。接到省农房办下发的疑似新增乱占耕地建房图斑70个，涉及土地面积1.68公顷，涉及耕地面积1.6公顷，永久基本农田面积0.57公顷。经实地核查举证，被省农房办认定为新增农村乱占耕地建房问题的图斑有28个，已将问题线索移交县农业农村局处置。省厅下发县2021年度坑塘水面监测任务46个，总面积6.92公顷，耕地6.62公顷，基本农田 5.1公顷，已整改到位32个。

【生态修复】2022年，新邵县自然资源局完成年度历史遗留矿山修复任务9个图斑面积17.01（实际修复18.24）公顷的主体工程任务。完成2023-2024年湘桂岩溶地湖南沅江、资江上游历史遗留废弃矿山生态修复示范工程勘察设计，按照市局专家评审意见进行修改。完成新邵县严塘镇大源村大坝东侧滑坡等地质灾害防治6个项目施工，逐级进行验收。向省自然资源厅申报的“新邵县大新镇磁溪村10组南门湾滑坡”地质灾害防治项目，已被纳入省级重大地质灾害防治项目库。推进长江经济带生态环境警示片披露问题整治。

【矿业管理】2022年，新邵县自然资源局推进关闭退出矿山矿权注销、设施拆除、生态修复“三到位”，开展好涉砂涉矿自查自纠。开展昆仑矿业高家坳金矿等4家绿色矿山的“回头看”整改工作，开展巨口鸿程采石场绿色矿山的前期建设指导工作。完成第四轮矿规、《新邵县普通建筑材料用砂石土矿专项规划（2019—2025年）》，向省自然资源厅、市自然资源和规划局上报龙溪铺镇牛山铺村建筑材料用灰岩矿等5宗采矿权出让计划。

【地灾防治】2022年，新邵县发生的15起地质灾害中，新邵县自然资源局累计组织巡查排查150次，出动人员450人次，排查在册隐患点480处，紧急转移安置156人。没有造成人员伤亡。

【不动产登记】2022年，新邵县自然资源局共摸排7个房地产办证难化解项目，已化解4个项目。全年共受理各类不动产常规登记业务6484件，共发放不动产证书3623本，不动产证明4098份（包含期转现情况），受理各类不动产信息查询39400人次。开展新建商品房“交房即交证”工作。快速提高不动产登记所涉事项及延伸服务等政务服务水平。为企业大宗办件常年开通“绿色通道”，为中小微企业减免登记费。代表新郡县迎接省营商环境工作大检查。

【为民服务】2022年，新邵县自然资源局化解信访积案2件，县级以上交办件22件，处理县长、市长信箱16件，红网8件，自然资源系统转送信访件12件，湖南省信访系统转办件5件，局来信来访接待140起220余人次，处理12345政府服务热线转来的工单77条，完成行政诉讼案件12件。办理民房《建设用地规划许可证》151件，《建设工程规划许可证》131件，完成放线100余处。受理安置房规划审批21户，其中办结柏树社区车家垅安置区13户，官冲安置区4户，在办4户。核发塘口污水处理厂、135标厂等21宗地的规划两证，核发湘商产业园污水处理厂等4个项目用地的规划许可证。办理宝铂标准化厂房和潇龙机械工程规划变更。核发石背垅安置地的划拨规划条件和塘口幼儿园等9宗地的出让用地规划条件书。审查严塘镇高桥小学教学楼、雀塘产业园交易中心等数十个规划建筑方案。

（撰稿　回现波）

隆回县自然资源工作

隆回县自然资源局

党组书记	局　长	李金平
党组成员	副局长	聂小丰
党组成员	副局长	邹天宇
党组成员	副局长	张　军
党组成员	县纪委派驻局纪检监察组组长	彭　忠
总工程师		阳万里

【概况】2022年，隆回县自然资源局设股、室18个，下设5个副科级直属单位：自然资源行政执法大队、土地开发整理中心、土地储备中心、地质灾害防治中心、不动产登记中心和1个正股级直属单位自然资源信息中心，并对国有企业隆回县城乡规划勘测设计有限公司进行管理。有局长1名、副局长3名、驻局纪检组长1名，总工程师1名，干部职工205人。

【耕地保护】2022年，隆回县自然资源局完成耕地保护年度目标任务。县委、县政府出台“田长制”实施方案，建立县乡村组四级田长，划定责任区域网格，田长APP全部激活，守牢耕地保护底线目标，全年耕地净流入395.15公顷。完成恢复耕地419.09公顷，超过省定任务65.76公顷。100%完成省下发耕地净减少补足面积62.3公顷，补充耕地项目专项攻坚工作排名居全市前列。

【空间规划】2022年，隆回县自然资源局全面开展《隆回县国土空间总体规划（2020—2035年）》编制各项工作，县域副中心金石桥镇国土空间总体规划与县级总体规划编制同步推进。推进《隆回县耕地保护专项规划》《隆回县国土空间生态修复规划（2021—2035年）》《隆回县城排水专项规划》编制。启动建设国土空间规划一张图实施监督信息系统。落实约束性规划指标任务划定三区三线，于11月15日获省、国家审核通过并批准成果启用。全面铺开25个乡镇（街道）358个村（居）的“多规合一”实用性村庄规划编制。

【督察执法】2022年，隆回县新增违法卫片图斑较上年大幅减少，整改完成率100%，完成存量违法用地整改。对自然资源督察的相关事项每月进行专项排名通报，实行“三色预警”，下发交办函155件，县长督办令32件，约谈19人次。完成部卫片图斑整改343宗，恢复耕地面积33.38公顷，完成新增乱占耕地建房违法整改19宗，立案查处部矿产违法卫片图斑6宗。省月清“三地两矿”下发图斑286宗，全部按要求完成现场核查整改举证。

【土地批供】2022年，隆回县自然资源局批回项目用地694.54公顷，完成全年县项目用地报批目标的184%，总面积全市第一，全省第三。实现土地出让金收入6.8亿元，追缴历年土地出让金入库1.7亿元。完成3家矿山出让前期工作，对县3个重点项目工程场平采挖砂石进行公开处置，实现价款1100万元。超额完成省园区土地清理考核任务。

【优化服务】2022年2月10日，隆回县自然资源局联合县统计局发布隆回县第三次国土调查主要数据公报。出台《隆回县处理房地产办证历史遗留问题实施细则》，推进解决购房户办证难题问题。全县十六个项目纳入化解清单，涉及10020户，现已化解十五个项目，共发证8607户。出台《隆回县推进新建商品房“交房即交证”改革实施方案》，全县新建商品房项目已全面实施“交房即交证”。落实政务窗口管理制度，回复咨询3200次，办结个人建房审批业务1020件，用地规划和工程规划同时办理的310件，共颁发不动产证书140000余本（含宅基地确权），证明3000多份，查封（解）登记300多次，注销登记2000多次，“互联网+不动产登记”（外网）业务1000多笔。汛前排查隐患点有305处，开展1∶1万地质灾害调查及风险评价工作。组织全县汛期地质灾害防治培训，提升基层防灾避灾减灾能力。印发《隆回县2022年地质灾害防治方案》、县直相关单位防灾责任。开展切坡建房分类排查和重点地质灾害隐患排查工作，共排查出威胁30人以上地质灾害隐患点75处，共威胁5866人，隐患处经营性自建房排查数量21处。

【荣誉档案】2022年，隆回县自然资源局获“全市自然资源节约高效利用先进单位”“全市化解房地产办证信访突出问题专项行动先进单位通报表彰”。

（撰稿　刘宝健）

洞口县自然资源工作

洞口县自然资源局

党组书记　局 长　　　廖洪君
党组成员、副局长、　李立明（2022.12免去副局长职务，晋升为三级调研员）
党组成员、总工程师　杨琦安
党组成员、副局长　　林永华
党组成员、副局长　　雷　明
党组成员、副局长　　向文峰（2022.12—　）
班子成员　　　　　　胡斌华

【耕地保护】2022年，洞口县耕地保护田长制工作全面铺开。印发《洞口县田长制工作实施方案》，建立县级田长制工作领导机构，完善县、乡、村、组（网格）及户五级田长体系，设立235个乡级田长、808个村级田长、1031个网格田长、123724个户田长。7个占补平衡指标库全部指标转正。完成15期增减挂钩项目实现入库增减挂钩指标226.67公顷、完成9个开发项目和1个农村开垦主体自垦耕地项目共确认新增耕地指标205.07公顷、完成15个旱改水项目确认新增水田指标56.93公顷。选聘技术单位编制县2022年度耕地进出平衡总体方案。报请县政府召开政府常务会议。印发《洞口县耕地恢复工作方案》，733.33公顷耕地恢复任务已全部完成。其中耕地净减少整改补足完成任务140%。下发《关于下达洞口县2022年耕地保护底线目标的通知》，将耕地保护底线目标纳入田长制考核内容，纳入“六零”村（社区）创建工作“零违建”考核内容。

【生态修复】2022年，洞口县25个采石场已完成生态修复，协助县人民检察院生态损害赔偿公益诉讼立案4个。完成《邵阳市洞口县历史遗留矿山生态修复方案编制（2022—2025）》和2022年历史遗留矿山生态修复销号。截至10月，已完成上级下达的个性绩效指标1.01公顷修复任务，已上报销号。拆除空心房121座，拆除建筑面积2.5万平方米。

【规划管控】2022年，洞口县编制完成中心城区国土空间规划初步成果并提交县政府审查。统筹推进“三区三线”划定工作。完成2021年度128个村庄规划编制，2022年的193个村庄规划编制任务进入外业调查、初步成果制作阶段。编制乡镇规划，11个镇、6个乡和1个管理区完成基础调研和初步编制方案阶段，另外3个街道纳入县国土空间总体规划。编制完成中心城区国土空间规划初步成果并提交县政府审查。办理项目类建设工程规划许可，私宅类办理约为97项，建筑面积约为67000平方米，项目类办理为19项，建筑面积约为95600平方米。

【征地拆迁】2022年，洞口县自然资源局完成征收土地面积122.82公顷，丈量待签协议面积14.19公顷，迁坟157冢，拆迁房屋152座。储备中心共取回省人民政府批准用地项目13宗，批准用地面积13.9公顷。办理20个建设项目用地预审与选址意见书，办理省、市预审项目初审意见报告7份，为县级争取相关资金、项目办理证明复函10个。完成9个建制镇污水处理厂、石黄公路、经开区三期路网等22个建设项目报批，批回用地面积25.83公顷。

【土地出让】2022年，洞口县已供应土地面积52.73公顷，土地出让收入3.06亿元。房地产领域追缴土地价款，共追缴土地价款2822.46万元。

【批而未供土地与闲置土地清理】2022年，洞口县存量批而未供土地总面积98.05公顷，已处置面积21.32公顷，处置率21.74%；新增批而未供土地3.18亩，已处置2.73亩，处置率85.85%。存量闲置土地总面积19.2公顷，已处置13.47公顷，处置率70.14%；新增闲置土地4.67公顷，已处置3.02公顷，处置率64.60%。园区批而未供土地共35.92公顷，目前已经完成供地22.1公顷，处置率57.81%；闲置土地6.39公顷，已处置完成6.37公顷，处置率100%；园区低效利用土地26.18公顷，已完成整改10.8公顷，处置率41%。

【矿山出让】2022年，洞口县高沙镇鲢鱼山水泥用灰岩矿和石江镇铺里建筑石料用灰岩矿纳入湖南省2022年采矿权出让计划；关闭注销过期矿业权7个。

【增减挂钩】2022年，洞口县2018年以来所有立项的17期城乡建设用地增减挂钩项目的实施，取得省级新增耕地指标确认书，新增农用地面积564.16公顷，新增耕地269.90公顷。

【执法监察】2022年，洞口县所有违法用地立案率、结案率100%，外业核查变化图斑4600多宗。参与立行立改违法图斑18宗，在线核查地方政府落实中央有关重大决策部署制止耕地“非农化”责任问题和防止耕地“非粮化”责任及“进出平衡”有关要求问题举证394宗，查处土地矿山各类违法案件49宗，移送法院、财政、公安、检察院、纪委监委各类案件18宗，收缴违法用地罚款110多万元，处置信访问题120多起，通过立行立改、补办用地手续、拆除复耕等方式消除存量、新增等各类违法用地违法状态126宗，复耕复绿16公顷。遏制新增成效显著，上级下发9个批次新增（新发现）图斑，洞口县有21、25、26等3个批次12个新增(新发现）图斑，违法用地环比2021年下降95%，2022年部卫片违法占用耕地5.34亩，违法占用耕地比例4.39%，远低于自然资源执法问责标准。

【行政应诉】2022年，洞口县自然资源局共受理各类行政案件106件，其中行政诉讼23件，行政复议8件，行政听证5件，政策法律类信访答复70件。诉讼案件胜诉率97%。

【执法体制改革】按照省委编办、省自然资源厅2022年1月19日联合下发《关于推进基层自然资源行政执法改革的通知》要求，推进县自然资源执法体系改革，已成立洞口县自然资源行政执法局，乡镇（街道、管理区）已成立自然资源所，人员全部到位。

【不动产登记】2022年，洞口县自然资源局办理不动产登记业务15519笔，其中核发不动产权证书8161本，不动产登记证明7358份。查询开具无产权证明和唯一产权证明54804份。完成宗地落宗业务764笔，不动产单元落宗业务13854笔。收取登记费用95万余元。

【地灾防治】2022年，洞口县制定下发《洞口县2022年地质灾害防治方案》，编制《洞口县“十四五”地质灾害防治规划》，组织技术单位对全县30余处突发地质灾害进行现场核查督导。

（撰稿　姚川石）

绥宁县自然资源工作

绥宁县自然资源局

党委书记	局　长	丁再荣
党委委员	副局长	肖向晖
党委委员	副局长	周泽宁
党委委员	副局长	唐　衡
党委委员	副局长	唐　鹰（挂职）
总工程师		谢　灵

【用地保障】2022年，绥宁县自然资源局完成公安局业务技术用房、黄土矿镇污水处理厂、李熙桥镇污水处理厂、红岩镇污水处理厂、唐家坊镇污水处理厂、戒毒所、民族公园、滕家路安置地、安康医院、电力仓储等10个重点项目的征地拆迁、用地报批工作，征收、报批土地面积4.45公顷，拆迁房屋13户26栋，迁移坟墓126座。

【耕地保护】2022年，绥宁县耕地保有量底线目标39.14万亩，根据2021年全县年度国土变更调查数据显示，实有耕地面积为39.14万亩（26093.33公顷），完成耕地保护底线目标任务。完成永久基本农田保护任务34.07万亩（22713.33公顷）的划定工作。全面推行田长制工作，出台《绥宁县全面推行田长制严格耕地保护实施方案》，配套建立《绥宁县耕地保护田长制工作考核办法》《绥宁县耕地保护田长制工作考核细则》《绥宁县耕地保护田长制巡查制度》等制度文件，组织召开全县推进“田长制”动员大会，对全县田长开展业务培训。全县明确四级田长共2853名，组织各级田长开展巡田工作。全面落实耕地“进出平衡”。省厅下发绥宁县耕地净减少整改补足任务13.4公顷，通过整改补足恢复耕地14.24公顷。制定《关于全面推行田长制严格耕地保护工作的宣传实施方案》，张贴耕地保护公告2000余份。发放“一法一条例一办法”口袋书3000余本；翻修永久基本农田保护标志牌12块。3月，聘请湖南省自然资源厅二院的专家对全系统进行新颁布的土地管理法律法规知识培训。

【执法监察】2022年，绥宁县自然资源局共办理违法用地案件15件，收缴罚没款84447元，办理非法采矿案件1件，收缴罚款4140元。月清“三地两矿”存量违法用地整改任务共31宗，完成整改22宗，剩余9宗纳入持续整改进行阶段性销号。2020年7月3日以后的存量农村乱占耕地建房问题63宗，完成整改13宗，剩余50宗限期内整改到位。绥宁县违法占用耕地实现“零增长”。

【生态文明建设】2022年，绥宁县共有历史遗留矿山（矿点）68个，涉及71个图斑，面积63.47公顷。已完成生态修复的4个矿山，涉及7个图斑，面积9.48公顷；剩余矿山已聘请技术单位进行外业勘查工作。全县已关闭退出矿山共21个，其中通过采取工程措施修复3个，自然修复3个，剩余15个编制生态修复方案，开展生态修复工作。长江经济带生态环境突出问题李熙桥镇陈家村非法采砂场在7月份已完成整改销号。全县“空心房”整治任务是240户，拆旧面积2.4万平方米，实际完成“空心房”整治268户，拆旧面积2.66万平方米，超额完成整治任务。

【国土空间规划编制】2022年，绥宁县自然资源局完成 “三区三线”划定工作，划定成果已成功通过自然资源部审查，11月15日正式启用。《绥宁县国土空间规划产业空间布局专题研究》《全域旅游专项规划》《特色风貌与总体城市设计专项规划》等8个专题专项规划已经通过部门会议审查；《耕地保护国土空间专项规划》《永久性基本农田核实整改补足》《城镇建设用地基数转换》《城市体检评估》已提交湖南省自然资源厅审查。全年完成民族公园项目、公安局业务技术用房建设项目、秀水水库工程建设征地移民安置项目、湘商产业园集中供热项目、绥宁县电力电杆厂建设项目、绥宁县红岩镇年产2000吨楠竹半成品建设项目、绥宁县乐安铺苗族侗族乡乐安村扶贫车间建设项目、峡商混搅拌站建设项目、麻塘乡楠竹产业集中加工区建设、佘家河水环境治理等10个重点项目规划修改工作。全年村庄规划编制任务共98个，已按时完成初步方案编制。

【土地供应】2022年，绥宁县自然资源局完成国有土地供应36宗，面积35.39公顷。其中划拨土地14宗，面积14.65公顷，出让土地22宗，面积20.74公顷，土地收益13174.33万元。湖南省自然资源厅下达绥宁县2009—2018年批而未供处置总面积42.8公顷，实际完成处置7.8684公顷，处置率18.4%；湖南省自然资源厅下达绥宁县工业园区批而未供处置总面积20.06公顷，实际完成处置率88.03%，超额完成60%以上任务要求。全县闲置土地处置任务4宗，总面积13.86公顷，实际处置6.49公顷，处置率46.8%。绥宁县城镇标定地价和农用地基准地价、集体建设用地基准地价已通过省厅审核，报县政府批准已公布实施。

【地灾防治】2022年，绥宁县自然资源局开展汛前、汛中地质灾害隐患排查。汛前，对全县17个乡镇262个地质灾害隐患点进行地毯式排查，建立排查台账，发现问题及时整改。汛中，制定下发《绥宁县2022年临坡切坡防治工作实施方案》，对经发国际博览城北侧滑坡等8处地质灾害危险区进行巡查，制定应急调查简报，提出应急处置建议，已向业主单位进行交办。全年共推送地质灾害预警信息6000余条，安装地质灾害隐患点检测设备18处。利用“5·12”防灾减灾日、“6·25”土地日“安全生产月”等主题日进行地质灾害防治宣传，印发地质灾害宣传手册1000余册。开展全县地质灾害防治工作培训会议，参与鹅公岭乡地胡村避灾演练活动。河口乡水车村九、十四组滑坡地质灾害治理工程项目已完成竣工。

【矿业管理】2022年，绥宁县自然资源局开展采矿权登记自查自纠和绿色矿山“回头看”。制定印发《绥宁县自然资源局全面开展矿山管理工作自查自纠工作方案》，完成绥宁县合力铁矿有限公司界头炉铁矿排查。《绥宁县普通建筑材料用砂石土矿专项规划（2019—2025年）》已通过省自然资源厅批复；完成李熙桥镇林家头建筑用花岗岩矿、绥宁县关峡乡长冲头砖瓦用页岩矿野外勘查工作。瓦屋天然矿泉水项目已在省公共资源交易平台挂牌。完成对岩田锰矿和水竹坪铁矿等9个废弃矿硐封堵。

【不动产登记】2022年，绥宁县自然资源局完成受理不动产登记各类业务54766余件，办结52933件，颁发不动产权证书43925本，发放不动产登记证明3318份，办理抵押登记1160件，办理林权登记212件，实地勘查228宗，土地和房屋落宗330余宗（套），补录土地和房屋数据1160余宗（套）；完成脱贫攻坚、领导干部个人房产信息、子女进城上学、巡视巡察等各类不动产信息查询2600余件。完成16个乡镇涉及223个行政村的权籍调查及测量，已调查数84986宗，符合发证数62726宗；全年完成落宗数56493宗，登簿数56461宗，完成登记发证率90%。完成县文化用品公司、县检察院单位职工集资建房办证化解任务。持续优化营商环境，实现不动产登记常规业务转移登记和一般登记五个工作日内办结；抵押权登记三个工作日内办结；注销登记、查封登记、异议登记即时办结。“一窗办事”平台基本实现线上外网查询、线上申请、线上受理，同步协调推进内网审核、登簿，通过“一窗办事”平台办理不动产登记业务126件，其中企业业务83件，银行业务39件，中介业务4件。全面优化不动产首次登记及转移登记程序，完成工程竣工验收备案后20个工作日内可为购房人办理分户转移登记，实现购房人“交房即拿证”。碧桂园二期项目全面实现“交房即交证”。

【法规信访】2022年，绥宁县自然资源局共受理接访24起，受理信访18起，答复信访件18起；做好全国两会、党的二十大期间信访工作。全年参加诉讼案件17件，其中一审案件5件，二审案件6件，再审案件6件，行政复议1件。制定《“一法一条例一办法”学习宣传方案》，印发“一法一条例一办法”知识手册10000册。6月28日，举办全县土地管理“一法一条例一办法”宣讲活动，邀请湖南省自然资源厅专家进行授课。

【确权登记】2022年，绥宁县自然资源局完成2021年度全县国土变更调查工作，成果已提交国家审查；完成绥宁县耕地后备资源调查和标注“恢复属性”地类分析评价，成果已上报国家核查验收；完成1∶500地形图编制，成果已投入使用；完成县民兵训练基地的土地确权工作；化解土地权属信访案件5起，应诉土地权属行政诉讼案件2起。

【山林纠纷调处】2022年，绥宁县自然资源局二级机构山林纠纷调处事务中心人员已配备到位，机构运转步入正轨。全年共受理立案山林纠纷案件3起，受理山林纠纷信访4起，指导乡镇处理山林纠纷18起；参与邵阳市中院应诉3起，武冈法院1起。

【荣誉档案】2022年，绥宁县自然资源局获邵阳市自然资源和规划局组织的“一法一条例一办法”知识竞赛团体一等奖，2人获个人二等奖，1人获个人三等奖，1名选手代表邵阳市参加全省“一法一条例一办法”知识竞赛决赛获得团体三等奖。

（撰稿　杨宏宁）

城步苗族自治县自然资源工作

城步苗族自治县自然资源局

党组书记、局　长	李志栋
党组成员、副局长	杨向阳
党组成员、副局长	肖　敏
党组成员、副局长	潘　强
党组成员、总工程师	陶正财

【概况】2019年3月21日，城步苗族自治县自然资源局正式挂牌，整合县国土资源局、县住建局城乡规划管理、县房产局房地产交易与测绘和县林业局林权确权等相关职责，为正科级县政府组成部门。2022年，内设17个股室，7个二级机构，其中土地开发整理储备中心、征地拆迁办、国土资源执法监察大队为副科级全额拨款事业单位，自然资源服务中心、不动产登记中心为股级全额拨款事业单位，不动产交易中心、不动产测绘队为自收自支单位。编制105人，其中局机关行政编制15人。

【国土空间规划编制】2022年，城步苗族自治县自然资源局全面启动县国土空间总体规划、“多规合一”村庄规划编制和国土空间规划“一张图”、规划信息平台系统建设，完成规划信息平台系统建设和全县“多规合一”村庄规划编制。推进“三区三线”划定。做好永久基本农田、生态保护红线、城镇开发边界划定等三条控制线划定，获得自然资源部批复，9月30日起启用成果。推进项目规划论证审批。对省级工业园区、标准化厂房及配套基础设施建设等30余个重点项目规划评审论证，为19个单位开发建设项目审批办理建设工程规划许可，建筑面积16.2万平方米，48户个人建设项目审批办理建设工程规划许可，建筑面积27万平方米。

【**要素保障**】2022年，城步苗族自治县自然资源局领取农用地转用、土地征收批单7宗，总用地面积359.42公顷，涉及农用地面积352.23公顷，其中保障国家级重点项目1宗（城龙高速公路），面积355.83公顷，圈外单独选址项目1宗，总用地面积0.75公顷，批次项目5宗，面积2.84公顷。领取乡镇集体建设转用农用地、使用土地审批单2宗，面积2.22公顷。办理项目用地预审与选址8宗，批准临时用地10宗，面积8.86公顷。多方联动做好征地拆迁。加快推进城龙高速公路、新田社区棚户区（城中村）改造工程、县殡仪馆等10余个重点项目的征地拆迁，征收土地面积340公顷，兑付征地补偿款2.92亿元。土地供应高效利用。推进土地出让，供应土地79宗，面积70753.45平方米，收取土地价款4029.23万元。加快批而未供土地、闲置土地和低效用地处置。2009—2021年闲置土地存量问题处置到位49%。加快对三类低效用地清理及处置，梳理问题18个。

【**资源保护**】2022年，城步苗族自治县自然资源局加强耕地保护。县耕地保护底线目标为17353.33公顷（26.03万亩），现有耕地17780公顷（26.67万亩），划定永久基本农田13933.33公顷（20.9万亩），保证耕地保有量不减少。2022年耕地恢复任务206.67公顷，全部上图入库。耕地净减少补足任务5.66公顷，完成面积14.7公顷。制定印发《城步苗族自治县耕地“进出平衡”方案》，实现年度进出平衡，净流入耕地1.54公顷。编制耕地保护专项规划、耕地保护“一张图”。省自然资源厅下发农村乱占耕地建房问题图斑涉及城步苗族自治县87宗，全部整改到位。对17个补充耕地项目全部整改，其中9个项目上报自然资源部确认指标，其余8个项目上报省自然资源厅审核，并确定承包种植户。城龙高速占用耕地指标101.8公顷，除省自然资源厅统筹50%以外，其余都由县自行解决，完成城龙高速项目用地报备。全面建成县、乡镇、村、组四级“田长制”体系，成立县“田长制”委员会。全县设立207块田长制保护标识牌，设立田长制网格708个。建立完善耕地保护网络，设立13个乡级田长、191个村级田长，同时聘请人大代表、政协委员、民主监督员和200名村级耕地保护信息员，形成上下联动的耕地保护网格。严格常态化执法监察。在全县范围内开展执法监督，每周至少检查2个乡镇（场），与乡镇（场）一起及时发现并制止土地、矿产违法及违反《城乡规划法》的违法行为。送达相关部门共同制止违法行为《抄告单》12份，立案调查土地、矿产、规划违法案件17起，罚没收入40万元。突出卫片违法图斑整改。自然资源部卫片执法2022年下发疑似图斑64 个，图斑总监测面积55.58公顷，均已立案查处。开展“三零”行动。涉及存量违法用地59宗，整改销号53宗，整改比例90%。抓好月清“三地两矿”机制。省自然资源厅交办城步苗族自治县前二十五批月清“三地两矿”违法用地任务70宗，办理结案，立案、结案率100%。历年自然资源部、省自然资源厅督察反馈问题83宗，已整改到位80宗，整改率96%。反馈2018年度卫片执法违法用地问题11宗、2019年卫片执法违法用地问题9宗、2021年督察发现的其他违法违规问题76个，全部整改到位。反馈2021年耕地保护方面的问题4个，完成整改2个，持续整改2个。2021年省政府专项督察问题整改到位。

【**绿色转型发展**】2022年，城步苗族自治县自然资源局加强矿山管理。推进县砂石土矿专项规划，围绕所有矿山2022年必须达到绿色矿山标准，推进矿业开发由粗放型向集约化、绿色发展方向转型。编制上报《绥宁县普通建筑材料用砂石土矿专项规划（2019—2025年）》，全县关闭注销砂石土矿13家，保留规划开采区块6家。建立开展打击“洗洞”盗采金矿专项整治行动县际联席会议制度，对4个遗留矿洞全部封堵到位。加强生态修复。2021年核查核定全县历史遗留矿山24个图斑，涉及14个遗留矿山，面积25.95公顷。科学编制《历史遗留矿山生态修复实施方案（2022—2025年）》，2022年度省自然资源厅下达生态修复指标为3.11公顷，县计划修复5个图斑，面积4.32公顷，已完成图斑生态修复主体工程并通过市自然资源和规划局验收并销号。有责任主体废弃矿山生态修复2022年度任务为9个图斑，涉及5个矿山，均修复到位。在生产矿山2家，已完成分期验收。关闭退出矿山生态修复工作有序推进，砂石土矿专项整治行动中关闭注销14家，设备全部拆除到位并实施生态修复。开展生态环境“利剑”和“洞庭清波”行动。2023—2025年修复任务17个图斑已列入湘桂岩溶地湖南沅江资江上游历史遗留废弃矿山生态修复示范工程项目。

【**自然资源法治建设**】2022年，城步苗族自治县自然资源局开展自建房专项整治“百日行动”，排查建设合法合规性房屋1402栋，地质灾害隐患房屋105栋，建立整治数据库，加强自建房合法性意见指导。研究起草拟制《县城规划区个人建房规划管理办法》。建立联合执法机制。加强与公安、检察、法院、农业农村水利、林业等部门之间配合，开展自然资源领域联合执法，移送相关部门案件4宗。推进自然资源法治建设。健全完善地价决策和供地审批程序，全面落实土地出让招拍挂制度。全年接待来信来访140多件，办理行政诉讼8件，行政复议1件，劳动仲裁1件。

【**民生服务**】2022年，城步苗族自治县自然资源局编制全县“十四五”地质灾害防治规划，开展1：10000地质灾害调查及风险评价。做好地质灾害防治知识的科普宣传，加强地灾隐患点排查，共投入专项资金近500万元，排查隐患点316处，完成地质灾害治理43处，地质灾害搬迁避让村民12户，完成丹口镇桃林村山体滑坡治理工程。实现“交房即交证”常态化。在不动产登记各环节与开发企业进行无缝对接。9月2日，举行“交房即交证”常态化暨碧达阳光小区交房即交证首证颁发仪式，70户业主全部实现交房即领证。全面深化“互联网+不动产登记”工作，利用省登记中心统一开发的平台，构建“外网申请、内网审核”模式，全面压缩办结时间，所有登记业务进入窗口后均实现5个工作日办结。电子证照已全面应用在房地一体确权登记工作中。完成登记4159宗，其中证书2071本，证明2088本。开展房地产遗留办证问题化解推进年活动，2022年新纳入的城东安置房项目在9月初成功化解。围绕已化解项目，开展“回头看”行动。“农房确权登记”进入扫尾。全县13个乡镇（场）的农村宅基地调查共计54965宗，集体建设用地权籍调查191个村级单位，集体建设用地权籍调查292宗，移民和易地扶贫户数1306户。完成全县农村宅基地和集体建设用地房地一体确权登记发证工作的外业调查、数据库建设、颁证率等工作，发放不动产权证电子证照42417份，发证率96.65%。2017年以来，共向上申报10个批次城乡建设用地增减挂钩项目，已有9个批次项目通过省自然资源厅节余指标确认，确认增减挂钩节余指标321.45公顷，增减挂钩节余指标共调剂189.03公顷，交易金额74328万元，已到位资金63398万元。2022年实施的2021年第一、二期城乡建设用地增减挂钩项目已通过省自然资源厅节余指标确认，确认建设用地复垦指标9.54公顷用于跨省域调剂。县2022年农村“空心房”整治工作市级下达拆除任务数400座，拆除建筑面积任务4万平方米。全县以增减挂钩项目建设推动农村“空心房整治”，对符合增减挂钩政策的农村“空心房”应纳尽纳，共拆除544座，完成市级拆除任务136%，拆除建筑面积10.58万平方米，完成市级拆除建筑面积任务265%。

【**荣誉档案**】2022年，城步苗族自治县自然资源局获评湖南省第三次国土调查先进集体、全省自然资源信访工作业绩突出单位、全省砂石土矿专项整治成绩突出单位、全市2022年度文明单位、自然资源节约高效利用先进单位，《城步苗族自治县自然资源2022年年鉴》被省厅表彰为优秀文稿。

（撰稿　王　波）

武冈市自然资源工作

武冈市自然资源局

党组书记、局　长　　黄剑波
党组成员、副局长　　颜　能
党组成员、副局长　　陆文哲
党组成员、副局长　　陈　伟
总工程师　　王文彬

【**加强耕地保护**】2022年，武冈市出台《武冈市全面推行田长制严格耕地保护的实施方案》，创建“四级网络化管理”责任体系，建立村级田长体系302个，网络田长5559个，签订耕地保护目标责任书302份。田长制工作在《湖南省田长制办公室工作保障专班周报》第3期进行典型推介，并获评“全省耕地保护十大典型案例”。出台《武冈市耕地恢复工作方案》，全力推进耕地恢复，完成耕地净减少90公顷，完成率101.73%，完成耕地恢复任务171.25公顷，完成率为116.76%。“空心房”整治及城乡建设用地增减挂钩拆除空心房3757座，拆除面积57.92万平方米。2022年两期增减挂钩项目已获省厅批复，新增增减挂钩指标133.33公顷。实施新增耕地项目37个，新增耕地174.33公顷。已验收确认项目30个，新增旱土54.64公顷，新增水田指标67.29公顷。

【土地要素保障】2022年，武冈市完成垃圾焚烧发电，乡镇污水处理厂等项目用地选址与预审项目9个，组卷申报项目28个，用地总面积227.2公顷，其中省厅已批复并拿回都梁文旅两水两路等18个项目用地批文面积179.07公顷。积极推进农村村民住宅用地保障。推进新新高速等重点项目征地拆迁，征收土地面积254.19公顷，拆迁房屋569座，迁坟187.87公顷，发放补偿款4.32亿元。完成土地储备108.07公顷。

【国土空间规划】2022年，武冈市推进国土空间规划编制，“三区三线”划定第三轮“二上”成果已依程序报批，多次与省厅衔接争取永久农田保护目标和城镇开发边界指标。已确定市报部三线划定成果。组织召开了7次国土空间规划委员会和3次个人建房联审会，完成30个项目、68处个人建房建设用地规划许可和建设工程许可。出台《武冈市城市规划区个人建房管理办法》。推进“多规合一”村庄规划编制，已基本完成全市299个村庄规划编制。获评“全省村庄规划综合服务工作先进单位”。

【土地节约集约利用】2022年，武冈市完成园区批而未供处置3.85公顷，处置率100%，列邵阳市第一，获奖励3万元。闲置土地处置率100%，排邵阳市第1名。制定土地出让计划，推进招拍挂牌工作，全年土地出让（招拍挂，划拨转出让164宗）实现土地出让收益近9亿元。加大土地市场动态巡查监测力度，巡查率100%，上传土地市场动态监测数据459条。获评“全国自然资源节约集约示范县（市）”称号。

【矿山地灾防治】2022年，武冈市关闭退出已设矿权65家，已完成塘坑岭等砂石土矿矿权出让，实现县（市）级矿业权出让收益1.06亿元。推进马安矿山生态修复工作，全面完成省邵下达年度面积2.5公顷的恢复任务，并整改销号。全面完成环保督察反馈问题的整改销号，排邵阳市第一。全面做好汛期值班值守，加大对265个隐患点的地灾隐患排查；确保人民生命财产安全。加大地灾项目治理，全面完成文坪镇火云村林家冲泥石流地灾治理项目工程建设任务，申报水浸坪乡贺东村滑坡治理项目，已组卷上报省厅审批。督促技术单位找水打井。

【自然资源督察】2022年，武冈市制定出台《武冈市农村乱占耕地监管责任追究暂行办法》，全面实现“双零”目标。月清“三地两矿”共95个图斑，均按时间节点全部督查处置整改到位。武汉督察局2021年反馈的40个耕地保护问题，已整改完成。推进违法用地“三零”行动，存量违法用地和新增违法用地共132宗，均整改到位，整改进度居邵阳市第二。查处违法案件39件，收缴罚款666.2万元。全市土地违法行为专项整治工作效果明显，成绩斐然，共收缴罚款2826万元，耕地占用税1016.67万元。保护耕地措施在《中国自然资源报》第1103期进行专题报道。

【优化营商环境】2022年，武冈市自然资源局推进不动产登记制度改革，推进商品房 “交房即交证”改革，开辟办证“绿色通道”。全年办结不动产业务14.18万件，其中颁发证书证明4.5万本，查封注销2681笔，信息查询92884条，“多测合一”测绘620宗，面积183.5万平方米。农村宅基地和集体建设用地房地一体确权登记颁证工作已完成权籍调查数据库建设等相关工作，已调查入库176852宗。推进“多测合一”改革，全面完成“多测合一”信息管理系统建设并正式上线运行。加快化解17个项目登记发证信访突出问题，压实项目登记发证责任，实行跟踪服务，实现应发尽发，全年化解城市公馆等项目办证3800余本。

【基础工作】2022年，武冈市自然资源局处理信访135件（其中网络舆情处置59起，民情热线19起，来信来访57起），行政诉讼25起。信访工作获省自然资源厅业绩突出单位。抓好“都梁红·交通劝导”“文明·志愿星期五”“幸福敲门·平安到家”等志愿服务活动，推进创建省级文明城市。抓好驻村结对帮扶工作，组织开展“结对服务访民情、排忧解难促提升”等主题活动。加强信息化管理，信息公开155条，套合项目591个（宗），严格按数据使用保密规定，签订保密协议31份；加强档案管理，整理入档1442卷，接待查阅900人次。

（撰稿　肖　佳　戴爱文）

新宁县自然资源工作

新宁县自然资源局

党组书记、局长　　喻建平
党组成员、副局长　　邓小兵
党组成员、副局长　　王小朋
党组成员、副局长　　夏云峰
总工程师　　李　哲

【国土空间规划】2022年，新宁县自然资源局优化调整生态保护红线、划定永久性基本农田保护红线和城镇开发边界，　划定耕地保护任务数为56.12万亩（37414.87公顷），永久基本农田保护目标为51.05万亩（34033.4公顷），生态保护红线面积为91531.64公顷，城镇开发边界总规模2267.86公顷，新增建设用地380公顷，“三区三线”成果获得省厅和自然资源部审查通过。制定村庄规划编制工作方案，启动189个村庄规划编制工作，形成初步方案。

【保障用地】2022年，新宁县共完成用地审批459.24公顷，其中国有土地审批453.19公顷，集体土地审批6.05公顷。编制《2022年度土地储备计划》，全年收储土地500亩（33.33公顷）。完善城乡土地市场、健全地价体系、扩大有偿使用范围，标定地价、集体建设用地基准地价、农用地基准地价成果，完成土地出让价款2.3亿元。

【耕地保护】2022年，新宁县自然资源局启动耕地保护专项规划。在“三调”基础上，完成耕地质量、耕地后备资源、恢复属性地类分类调查，基本形成全省耕地保护一张图。制定《新宁县田长制工作实施方案》《新宁县耕地保护宣传方案》《新宁县2022年度恢复耕地工作方案》及田长令等制度。耕地占补平衡三项指标均由负转正。全面完成永久基本农田保护任务。完成51.05万亩（34033.33公顷）永久基本农田划定任务，并通过自然资源部审核通过。

【矿业开发与管理】2022年，新宁县纳入规划的8家采石场中，丰田当家、金石梅塘已报省厅申请矿区范围划定，回龙官桥、高桥鑫磊正在进行储量勘查工作，马头桥石山岭、安山乡安山、清江桥水口、金石新寨已申请市局进行勘查工作。新宁县月光岩采石场办理了延续登记。对全县绿色矿山建设进行调查摸底，回龙寺镇龙口锑矿绿色矿山建设已经省厅验收合格，水庙镇官田建筑用砂矿确定为2022年绿色矿山建设名单为，委托技术单位编制绿色矿山建设方案，已完成建设任务，且通过第三方评估验收，已申报绿色矿山资料。马头桥界址煤矸石矿编制绿色矿山建设方案，并按方案开展绿色矿山建设。推进历史遗留矿山生态修复。完成历史遗留废弃矿山生态修复任务16.12公顷，现已全部图斑修复任务主体工程。完成有责任主体废弃矿山生态修复25个图斑，面积53.81公顷。砂石土矿三年行动关闭退出矿山16家，其中5家采石场已转型利用，11家全部完成矿山生态修复设计方案，9个完成生态修复工作。

【地灾防治】2022年，新宁县自然资源局通过汛前排查现有地质灾害隐患点245处，其中险情为大型的4处，中型20处，小型221处，威胁总人口10740人，潜在经济损失41292万元，全县切坡建房数10305户（按房地一体提供数据）。确保全县人民群众生命和财产安全，实现“零伤亡”。

【执法监督】2022年，新宁县历年部、省土地督察反馈问题，已全部整改到位；“三零”行动存量违法用地244宗，已整改销号195宗，整改比例79.91%；月清“三地两矿”前26批次109宗图斑，已整改到位80宗，违法用地整改率73.39%。联合住建、城管、金石镇政府对县城规划区22宗违法建筑和临时厂棚进行拆除，出动执法人员200余人次，拆除违法违章建筑1200平方米。联合乡镇立案查处土地矿山违法案件7件，移送公安机关立案侦查案件3件，共收缴罚没款132万元。联合公安、应急管理、一渡水镇政府等部门和单位，对一渡水镇非法开采锑矿区开展集中整治行动，炸毁非法矿硐1个，封堵矿硐9个，撤离机械设备3台，拆除临时厂棚9个。

【“放管服”改革】2022年，新宁县自然资源局对照《湖南省自然资源政务服务事项业务办理项实施目录》梳理属于局职能的行政许可、行政确认、行政奖励、其他行政权力等办理事项，涉及局业务的共104项，在县级层面的59项全部进驻政务中心，并将所有事项办理流程压缩在3个环节以内，精简申请材料50余项，取消申请表和证明材料20余项，办结时间压缩40%以上，实现在政务中心窗口“一站式”审批，一次办结，部分事项实现立等可办。办理规划许可896件，行政确认41625件，其中办理交房即交证业务878笔。化解房地产信访突出问题13项。

【信访稳定】2022年，新宁县自然资源局办结处理群众来信来访12件，网络舆情15件，接待来访群众5批32人次。加大土地权属纠纷的排查力度，处理各类土地权属纠纷，调处土地权属纠纷7起，办结山林纠纷案5宗，共接待群众来访10起50人次。

（撰稿　王金顺）

邵阳县自然资源工作

邵阳县自然资源局

党组书记、局长	吕永红（　—2022.11）
党组书记、局长	张　琦（2022.12—　）
党组副书记、副局长	黎飞明（　—2022.12）
副局长	黄新华（2022.12—　）
党组成员、副局长	刘　莉
党组成员、副局长	刘小泉（2022.12—　）
副局长	杨崇毅（　—2022.12）
总工程师	林涧泉（　—2022.12）

【概况】邵阳县自然资源局是县政府工作部门。2022年，机关内设19个股室，下设行政执法大队、土地储备中心、自然资源修复中心、不动产登记中心、自然资源调查测绘站、自然资源交易中心、土地房屋征收中心等7个直属单位。全局共有在职干部职工210人。

【保障发展】2022年，邵阳县自然资源局从省自然资源厅、市自然资源和规划局批回项目用地34宗计47.17公顷，呈报项目用地3宗计549.09公顷，组卷项目7宗计41.67公顷，完成临时用地报批项目3宗计42.35公顷。编制完成2022年土地储备计划。收储土地69.2公顷。拆除“空心房”15244栋，拆除建筑面积152.78万平方米，完成2022年市下达任务的304.88%。土地挂牌国有土地使用权26宗，成交19宗，土地出让面积46.6公顷，共实现土地出让收入3.24亿元；划拨用地供地5宗，面积6.09公顷。完成白新高速邵阳县段等重点项目的征地共计219.65公顷，房屋拆迁68栋，迁坟539棺，化解征拆矛盾5起。

【规划管理】2022年，邵阳县自然资源局推进第一轮国土空间规划编制工作，优化调整后全县生态保护红线面积15113.33公顷；城镇开发边界按照现状建设用地20.61平方千米的1.3倍计算拟划定上报规模为32.93平方千米；130个村庄规划已完成方案的初步编制，并已通过省级考核。建设用地项目涉及土地利用总体规划修改的获得省、市修改批复42个（面积151.05公顷）。开展城乡规划管理工作，共召开国土空间规划与土地管理委员会10次，对邵阳县第二水厂建设项目等42个城乡规划建设项目进行规划评审；召开建筑方案审查会6次，审查建设项目20个，审核发放城乡建设项目面积复核表8份；共核发《建设用地规划许可证》39本、《建设工程规划许可证》60本、《乡村规划许可证》3本。

【保护耕地】2022年，邵阳县县级与各乡镇场党委、政府就耕地保护目标管理工作签订《耕地保护目标管理责任书》。构建县、乡镇场、村和微网格长四级田长组织体系。制定出台《邵阳县耕地保护宣传方案》，形成完整的宣传制度并实施，在县电视台、网络媒体播放宣传片1000余分钟，开展田长制工作政策宣讲35场，在全县公路、村道沿线张贴田长制工作宣传标语100余条，全县共制作、安装田长制公示牌400余块，印制、发放耕地保护明白卡14万余张，全县农户统一签订《耕地保护承诺书》累计20万余份。落实永久基本农田整改补划，完成永久基本农田储备区划定，拟划定耕地保护目标76.4673万亩（50978.2公顷）。完成耕地恢复任务并通过审核共1.33万亩（886.67公顷），恢复率为市下达任务的73.08%。完成耕地净减少整改补足任务77.33公顷，整改率101.77%，并完成上图入库。

【行政执法】2022年，邵阳县自然资源局排查自然资源部、省厅下发县1339宗季度、月度卫片核查图斑，对举证后实际下发的违法用地图斑68宗整改到位22宗，整改率32.35%。农村乱占耕地建房问题专项整治方面，2022年省农房办下发核查任务69个，整改到位46个；坑塘水面占耕地行为专项整治方面，省自然资源厅下发专项督察问题共23宗，已全部整改到位；违建别墅和“大棚房”问题清理整治方面，根据自主排查及上级下发情况均未反馈存在“大棚房”问题；重点问题整治“回头看”方面，省自然资源厅下发的94宗重点问题图斑已全部整改到位；2021年耕地保护反馈问题整改方面，上级反馈问题37宗，整改到位21宗；存量全清零、增量零增长、全年零发生“三零”行动方面，制定下发

“三零”行动工作方案，整改到位36宗。省自然资源厅下发的1-30批次违法用地清单邵阳县共有140宗，整改到位140宗。对耕地保护等6项内容开展专项督查，落实整改问题217个。加强关闭退出矿山和非法开采巡查监管，共排查非法开采点60处、巡查发现非法开采行为12起，制止违法违规开采行为17起，立案查处违法开采行为17起，排查、整治、销号非法开采安全隐患19处，排查摸底废弃矿洞42处，全部封堵到位。全年通过动态巡查、卫片执法、督察、群众举报等方式共发现并立案查处土地违法案件34起，结案27起。指导乡镇执法大队办理土地矿产案件73起，移送财政没收23起，移送县人民法院申请强制执行5起，移交公安侦查案件13起。9月24日，省自然资源厅通报表扬邵阳县违法用地“零新增”、违法占用耕地“零新增”。

【**不动产登记**】2022年，邵阳县自然资源局完成21个乡镇场418个行政村（社区）所有宗地的权籍调查、落宗和数据库建设，建库宗地数226012宗，完成登簿宗数155999宗。办理不动产登记31379件、抵押权证明1187份、预告登记证明1994份。全面推进新建商品房“交房即交证”改革。对纳入“交房即交证”范围的银河星筑、中环国际、和意芙蓉学府等3个项目发放不动产权证1006本，实现住权与产权同步。对往年9个已化解房地产办证信访突出问题项目全面开展“回头看”，共摸排出3个问题项目。实行县级领导包案推进化解，已有11个项目的问题化解到位。

【**绿色转型**】2022年，省自然资源厅累计下达邵阳县2009—2018年批而未供137.08公顷，完成处置14公顷；新增闲置土地24宗42.97公顷，完成处置16宗24.55公顷；存量闲置土地18宗42.83公顷，完成处置6宗10.48公顷；园区低效土地2宗8.53公顷全部完成处置。全面落实绿色矿山建设，县内2个持证矿山即邵阳南方水泥有限公司邵武观水泥用灰岩矿、湖南双雄矿业常乐石膏矿，全部被纳入国家级绿色矿山名录。年内黄荆乡莲花山、九公桥镇东义等2个省级发证采矿权及五峰铺镇旸谷市级发证采矿权在网上挂牌成交，成交价款4.18亿元。加大矿山地质环境恢复治理力度。长江经济带生态环境警示片披露问题邵阳县蔡桥乡陡山村废弃砖厂、长阳矿区新联环保砖厂等阶段性任务，砂石土矿专项整治46个矿山、2022年6个历史遗留废弃矿山图斑全部整改到位并销号。编制矿山生态保护修复方案5个，新设立矿山地质环境基金个人账户1个，缴存生态修复基金159.71万元，全县共缴存生态修复基金1157.15万元。

【**维护权益**】2022年，邵阳县下发《“十四五”地质灾害防治规划》《邵阳县2022年地质灾害防治方案》，发布地质灾害预警信息12期210条。安装5个重要地质灾害点普适化监测预警设备，上线率100%。全面推进地质灾害治理工程和搬迁避让项目实施，县城大岭社区徐家巷和双合社区陡水洞滑坡应急治理工程完成施工设计、立项、财评、征地测量等工作，由塘渡口镇人民政府组织实施工程治理；黄荆乡高龙村地灾治理工程项目完成全部工程量。发现并成功处置地质灾害险情12起，避险转移59户264人，没有发生因地灾事故造成人员伤亡的现象。定期开展测绘标志点巡检，推进“数字邵阳县”成果应用推广。完成崀玉二期、孚欧二期等测量项目195个，测区面积166.67公顷。处理涉土信访事件。接待信访件45件，办结45件；参与行政应诉案件22件，案件胜诉率98%；解答法律咨询130余人次，调解处理土地纠纷10件。

【**队伍建设**】2022年，邵阳县自然资源局全面配合清理重点项目指挥部违规发放津贴补贴情况，清退率100%。配合县纪委监委及县纪委监委派驻住建局纪检监察组开展监督执纪，给予党纪处分1人。

【**荣誉档案**】2022年，邵阳县自然资源局被评为全国自然资源信访工作业绩突出单位、全省第三次国土调查先进集体、全市化解房地产办证信访突出问题专项行动先进单位及全县自建房安全专项整治先进单位、住房和城乡建设工作先进单位、新时代文明实践工作先进单位等。

（撰稿　黎焕文）

大祥区自然资源工作

大祥区自然资源局

党组书记、局长	罗杰夫
党组成员、副局长	李万波
党组成员、副局长	何松山
党组成员、副局长	姚力良

【概况】邵阳市大祥区自然资源局是大祥区人民政府工作部门（加挂区林业局牌子），为正科级行政单位。2022年，有在职干部职工30人，其中党员22人，内设7个股室，3个中心所。

【耕地保护】2022年4月25日，大祥区出台《大祥区全面推行田长制严格耕地保护实施方案》，确保现有永久基本农田7.36万亩（4906.67公顷）、耕地保护目标8.97万亩（5980公顷）不减少。9月6日召开全区自然资源工作推进会议。完成全区内摄影测量与遥感。完成2个园艺场、2个水库管理所和14个乡镇街道及73个村(社区)的耕地数据分析并统计。完成73个网格田长划定和成果提交及73个村（社区）的耕地分布图制作。对耕地图斑以村（社区）为单位逐一核查，并进行现场核实。搭建田长APP数据库和实现系统上报。耕地净减少整改补足工作完成100%，落实耕种80%。

【监督执法】2022年，邵阳市大祥区自然资源局坚持“月清月结”，整改率85%以上。2020年7月3日之前的1751宗农村乱占耕地建房历史遗留问题，完善手续类应整改数864宗，已整改到位854宗；挂账销号类885宗，已全部整改到位；拆除复耕类2宗正在整改。截至2022年12月13日，1751宗乱占耕地建房问题阶段性整改销号率为99%。2020年7月3日后，全区新增农村乱占耕地建房43宗，整改36宗，整改率为83.7%。全年没有新增农村乱占耕地建房问题。

【林业管理】2022年，成立大祥区林长制工作委员会，出台《关于全面推行林长制的实施方案》，制定大祥区林长制工作八项规章制度。建立四级林长组织体系，完善配套工作制度，构建“一长三员”分区负责制度。全区共竖立乡镇（街道）及村（社区）林长公示牌69块，其中乡镇（街道）14块，村（社区）55块。建立健全网格化管护体系，立足实际，将全区林地划分为54个网格，涉林乡镇街道一村（社区）一网格，城市建成区划分为一个网格，全面履行对网格林草资源的防火、防病虫、护林等职责。利用全省林长制巡护系统，建立大数据管理平台，严格落实巡林制度，从上到下常态化开展巡林行动。扎实开展“虎威行动”，完成2021年森林督查问题图斑现场核实，确认不属于违法违规图斑2个，面积0.88公顷，问题图斑6个，违法使用林地面积5.97公顷，处罚金额137225元，整改到位率100%。2022年完成营造林生产任务373.33公顷，其中面上造林200公顷，森林抚育173.33公顷，完成造林绿化任务。3月14日，在蔡锷乡金山村及蔡檀路两旁，开展义务植树活动，共种植桂花树苗6000余株。利用铁塔公司森林防火监控系统在大祥区分布的65个摄像头对森林防火范围进行全覆盖。全区共发放《禁火令》2.2万余份、《邵阳市野外用火管理办法》2万余份，张贴宣传标语、横幅480余张，鸣锣427次，出动宣传车120台次。

【生态修复】2022年，邵阳市大祥区历史遗留矿山修复，年度任务2.34公顷，共6个图斑，小田砖厂复垦已全部完成，新华矿山作为转型利用动物园上报。

【地籍管理】2022年，邵阳市大祥区推动房地产历史遗留办证问题化解工作，将18个历史遗留问题处置销号到位，惠及群众6755户。推动城区安置地上自建房屋办理不动产产权登记工作。农房一体确权登记办证已办结1269户。为产业园区海燕电气、奇特肥业、威斯珈等7家企业处理办证遗留问题。

【国土空间管理】2022年，邵阳市大祥区协助邵阳市动物园、杭萧钢构、粤水电大祥光伏发电、电网侧储能等15个招商引资项目办理用地选址与土地报批工作。利用“万名干部下企业”的契机，配合做好片区开发方案、协助园区土地清理整治及乡镇街道开展设施农用地选址和备案。配合市局编制村庄规划，制定完成9个村庄规划编制，16个村的规划已编制好。推进空心房整治工作，目标任务数400户40000平方米，已完成整治446户58827平方米。

【地质环境和矿产管理】2022年，邵阳市大祥区推进地质灾害防治工作，大祥区共有在册灾害点20个，完成地质灾害点治理1个，1个地质灾害点已向省厅立项。开展绿色矿山建设，创建省级绿色矿山1个。

（撰稿　肖睿智）

双清区自然资源工作

邵阳市双清区自然资源局

党组书记、局长	叶征兵
党组成员、副局长	刘　新
党组成员、副局长	何志勇
党组成员、副局长	曹飞明
二级主任科员	董　逸

四级调研员　　　　　蔡佐军

【概况】邵阳市双清区自然资源局挂牌成立于2019年4月，是双清区人民政府的工作部门，为正科级。该局共设股室12个，中心国土资源所2个、佘湖山公园管理所，有在岗人员33人，局班子成员4名（公务员），干部6名，全额拨款事业编人员27名。

【耕地保护】2022年1月21日，邵阳市双清区第三次国土调查主要数据公布。双清区现有耕地39336.30亩（2622.42公顷）。其中，水田29518.20亩（1967.88公顷），占比75.04%；旱地9818.10亩（654.54公顷），占比24.96%。总体来看，耕地主要分布在高崇山镇、渡头桥镇、爱莲街道办事处、火车站乡等地区，占全区耕地的84.52%。园地9509.70亩（633.98公顷）、林地46874.85亩（3124.99公顷）、草地2090.70亩（139.38公顷）、湿地161.70亩（10.78公顷）、城镇村及工矿用地80473.20亩（5364.88公顷）、交通运输用地7011.75亩（467.45公顷）、水域及水利设施用地13140.45亩（876.03公顷）。

【野生动物植物保护】2022年，邵阳市双清区自然资源局制定区域内调查内容及技术方案。此次国家重点保护物种调查样区为双清区全境，主要涉及火车站乡、渡头桥镇、滨江街道办、爱莲街道办及石桥街道办。6月14日，湖南省林业局生物多样性保护中心、中南林业科技大学、省食用菌研究所、省林勘院、省植物园专家组与绥宁县林业局负责生物多样性资源调查人员对双清区生物多样性资源调查技术开展指导座谈会，样区完成率100%。双清区作为国家松材线虫病疫区拔点区，开展春、秋季普查、飞防、衰弱木清除等工作。多次取样向湖南省林业有害生物检验鉴定中心送检，均未发现松材线虫感染情况，利用全省松材线虫病除治质量拉网式专项巡查契机，完成当年拔点任务。

【月清“三地两矿”】截至2022年，全省共下发双清区二十六批次图斑，涉及双清辖区图斑数300余个。经核实，共涉及违法图斑32个，在全市排名中，双清区多次排名前三。全年已实现零违法用地增长目标，全区违法用地整改剩6个图斑（5宗地）未完成整改，整改率81.25%，位居全市第一。

【房地产突出信访办证工作】2022年，邵阳市双清区未发生重大房地产办证突出信访问题。全区房地产办证任务共13宗，分别为：双龙紫薇园、祥和佳园、湘西南物流5宗、汽车大厦、临江花园、裕丰家园二期、裕丰铁路安置地、福源浅水湾、棉麻土产公司，任务已全部完成。

【地灾防治】2022年，邵阳市双清区在册地质灾害点共12个，采取区、乡、镇、办级灾害点逐级负责监测。其他灾害点由驻村乡、镇、办干部包片，村干部包户监测。双清区无一例地质灾害伤亡事故。

（撰稿　尹俊博）

北塔区自然资源工作

邵阳市北塔区自然资源局

党组书记、局长　　　　李光明
党组副书记、副局长　　余　飚
党组成员、副局长　　　罗　诺
党组成员、副局长　　　胡文其

【概况】邵阳市北塔区自然资源局于2019年3月机构改革由邵阳市自然资源和规划局整体转隶到北塔区，为北塔区政府组成部门，正科级，2022年内设8个机构。下设所属事业单位江北、兴隆两个中心所。在编人员28人。其中公务员3人，专技人员3人，管理人员2人，工勤岗位人员20人。

【耕地保护】2022年，邵阳市北塔区自然资源局确保全区耕地和永久基本农田面积不低于省、市下达的目标任务。制作田长公示牌58块，印发耕地保护宣传手册、耕地保护“八不准”挂图等宣传资料3000份，张贴标语200条和悬挂横幅88幅。各镇（街道、园）组织流动宣传车进村进组，结合文化科技卫生“三下乡”集中示范活动，局志愿服务队队员积极参与，开展主题志愿服务活动。查处违法用地面积3.12公顷，罚没款36.89万元，公职人员违法用地行为线索移送区纪委追责1宗。推进月清“三地两矿”工作，违法用地“零增长”，获湖南省自然资源厅通报表扬。

【规划编制管理】2022年，邵阳市北塔区自然资源局配合邵阳市自然资源和规划局做好区“三区三线”划定工作。对接区发改局，将区103个“十四五”重点项目全部在系统内做好矢量数据。确保数据真实准确和“三区三线”精准落地。区永久基本农田17983万亩（1198.87公顷），城镇开发边界878.13公顷，无生态保护红线。参与配合区富森阻燃材料扩建项目、君志达保温材料厂项目、瑞林木业厂项目、广发再生资源回收项目、中恺钢化玻璃有限公司扩建项目的土地调规工作。

【土地综合整治】2022年，邵阳市北塔区自然资源局完成省自然资源厅下发的2个坑塘水面占耕地图斑线索的核查、整改及上报工作，其中樟木社区（地块面积0.69亩）已恢复为耕地，种植高笋。另一宗白田社区（地块面积2.14亩）不纳入专项整治，已向市局报告相关情况并已举证销号。

【矿山生态修复】2022年，邵阳市北塔区需开展修复的矿山共有6个，其中关闭退出标准不严矿山3个，历史遗留矿山3个（3个图斑）。对3个关闭退出标准不严（茶元页岩砖厂采石场、兴隆采石场、福祥页岩砖厂采石场）分别编制矿山生态修复方案；对3个历史遗留矿山（茶元头街道樟木页岩砖厂、茶元头街道刘黑页岩砖厂、状元街道槐树页岩砖厂）编制邵阳市北塔区历史遗留矿山生态修复方案。预计矿山毁损和占用土地资源的生态修复面积8.86公顷。

【林业生态建设】2022年，邵阳市北塔区自然资源局组织实施完成2022年度人工造林100公顷。完成2022年退化林修复建设66.67公顷。完成森林抚育100公顷。全面开展送苗下乡活动，为各村（社区）送苗10万余株，引导村、社区百姓在房前屋后栽植适宜的经济树种、特色乡土树种。配套资金50万元投入创建国家森林城市建设。3月10日，在新滩镇街道江北社区大园山开展“文明立区·生态秀城”植树活动，与380余名志愿者共同植树4200株树苗，面积4.67公顷。开展生物多样性普查，开展野生动植物资源本底调查，多样性调查数据完成率80%，设置调查区1个，完成调查样线9条。做好森林病虫害防治工作，开展以调查监测松树枯死木为主的春季松材线虫病调查工作，做好预测预报工作，进行有效防治工作，森林病虫害成灾率为零。开展野生动物安全保护工作，开展“爱鸟周宣传工作”“生态多样性宣传”和“防灾减灾宣传”全面禁止猎捕野生动物。10月，修建10余公里森林防火隔离带。

【森林督查整改暨“虎威”行动】2022年，邵阳市北塔区自然资源局完成全区2021年森林督查36个疑似图斑现场核实，确认不属于违法违规的4个，面积12391公顷，问题图斑32个，违法使用林地面积11.13公顷，处罚金额37.6923万元，全区整改到位率100%。开展林业种苗执法宣传工作，4月，出动宣传车辆6次，对全区2家苗木生产经营户及苗木市场进行执法大检查。

【月清“三地两矿”】2022年，邵阳市北塔区自然资源局遏制新增违法占用耕地行为，日常巡查72次，巡查人次207人次，下达《行政处罚决定书》2件，下达《责令停止违法行为通知书》12件，下达《履行土地复垦义务催告书》1件。完成2021年度第三、四季度，2021年度补充土地、矿产卫片图斑的内外业核实举证和卫片执法系统填报工作及2022年度第一、二季度土地卫片图斑系统填报，完成2021年度卫片整改任务15个。“三零”行动违法用地共计40宗，已完成整改销号37宗，整改到位率92.5%。月清“三地两矿”整治任务共计17宗，完成整改销号16宗，整改率94.1%。

【国家自然资源督察武汉局反馈问题专项整改】2022年，邵阳市北塔区耕地流向林地问题图斑面积2.39公顷，在7月30日前全部整改到位，恢复耕种。耕地流向建设用地图斑181个，耕地流向农用地图斑176个，已完成现场核实。

【创森生态廊道建设占用三调可长期稳定利用耕地问题整改】2022年，邵阳市北塔区涉及整改图班6个小班，面积5.13公顷（旱地1.83公顷、水田3.3公顷），为区创森生态廊道建设占用三调可长期稳定利用耕地问题，已全部整改到位，复耕复产到位。

【违法违规占用耕地重点问题整治】2022年，邵阳市北塔区整改任务1宗，图斑面积2.39公顷，其中耕地0.53公顷，经核查，实地为陈家桥镇兴旺村北塔区申报的长江防护林工程地块。已将该图斑全部恢复为耕地，恢复耕地面积约2.8公顷。

【服务群众】2022年，邵阳市北塔区自然资源局受理办结各类信访件9起，接待群众来访12批27人次。为群众、企事业单位和其他部门提供地籍档案查询服务153次；提供查询证明21份；出具权属说明89份。为城镇边界线内改建住宅颁发《建设用地批准书》13宗，受理并现场踏勘涉及占用农用地的农村居民建房140宗；受理用地项目13宗，其中建设项目9宗，临时用地项目4宗。

【化解“办证难”历史遗留问题】2022年，邵阳市北塔区8宗房地产办证遗留问题实行“一案一专班”“一案一领导”制。化解中南五金机电汽配城、湘郡铭志学校、阳光花园、北塔区交通局综合楼项目、魏源世纪城、恒大华府、宝庆明珠、欣玥廉租房等8个“办证难”历史遗留问题，化解率100%。

【“房地一体”确权登记颁证工作】2022年，邵阳市北塔区自然资源局将登记发证前移至镇（街道）便民服务中心受理，农村不动产登记实现“只跑一次”甚至“一次不跑”。完成农房登簿6230本，发放证书5163本。

【地灾防治】2022年，邵阳市北塔区9个在册地质灾害隐患点、81个切坡建房高风险点，确定监测责任人78人。设置警示牌90块，发放明白卡125张，开展农村切坡建房地质灾害风险管控，协同各镇（街道、园区）到各隐患点开展巡查400余次，因灾死亡人数为零。编制年内全区地质灾害防治工作方案，对重点地质灾害隐患开展地质灾害隐患重点排查，组织实施陈家桥镇柑子塘社区、茶元头街道枫林村、茶元头街道白田社区、田江街道苗儿村等4个地质灾害治理项目。

【其他重点工作】2022年，邵阳市北塔区自然资源局共拆除“空心房”186户，建筑面积41098平方米，完成总任务数量的228%。开展打击整治养老诈骗专项行动，对各类建设项目用地档案资料进行排查摸底。严格对养老服务项目的审批管理，严防违规使用养老服务设施用地变相开发房地产的行为。年内自然资源领域没有发现养老诈骗风险问题。

（撰稿　邹新赞　杨　明）

邵阳经济开发区自然资源工作

邵阳市自然资源和规划局经济开发区分局

局长　　王先隆

副局长　　周正茂

副局长　　刘金辉

【概况】2022年，邵阳市自然资源和规划局经济开发区分局编制6人，实有5人。下设直属事业单位2个，其中：邵阳经济开发区土地储备中心，编制4人，实有4人；邵阳市自然资源和规划局经济开发区分局自然资源中心所，编制7人，实有7人。

【要素保障】2022年，邵阳市自然资源和规划局经济开发区分局年内报批土地34.48公顷，已供土地59.97公顷，全年完成土地收入16810万元，保障中国移动、三一项目、维克液压、中非产业园等重点项目的落地。

【征地拆迁】2022年，邵阳市自然资源和规划局经济开发区分局参与征拆工作，完成征地127.28公顷，签订拆迁合同420户，完成26个项目的征拆工作。

【地灾防治】2022年，邵阳市经济开发区有地质灾害隐患点8处，均为中小型隐患点，7处较稳定，以日常监测为主，1处欠稳定，隐患点已采取应急治理措施，应急治理工程已完成施工，该安全隐患已消除。

【卫片执法】2022年，邵阳市自然资源和规划局经济开发区分局核查自然资源卫片执法疑似图斑813个，用地总面积289.1公顷，其中耕地144.59公顷；国家自然资源督察武汉局下发的督察反馈完成16宗；市级下发存量违法用地整改完成18宗。

【土地清理】2022年，邵阳市自然资源和规划局经济开发区分局批而未供土地已完成处置38.06公顷；闲置土地已完成处置99.75公顷；低效土地已完成处置94.04公顷。

【国土空间】2022年，邵阳市自然资源和规划局经济开发区分局 组织开展经开区国土空间规划编制工作，已开展邵阳经济开发区用地选择及产城协调专题研究文本，并按省、市相关进度要求同步完成工作。“三区三线”划定成果已经国家质检通过并正式启用。组织编制《邵阳经济开发区设置三类工业用地规划可行性论证报告》，完成三类工业用地规划布局并取得省生态环境厅规划环评批复。

（撰稿　杨茂林）

岳阳市自然资源和规划工作

岳阳市自然资源和规划局

党组书记、局长　许　淞（2022.02—　）
党组书记、局长　陈　峰（　—2022.02）
党组副书记、副局长
　蔡勋华（　—2022.10）
党组成员、副局长　刘险峰
党组成员、三级调研员
　彭四林（　—2022.02）
党组成员、总工程师　李志宏
党组成员、总经济师　陈湘栋
党组成员、副局长　胡伟华
市纪委监委驻市自然资源和规划局纪检监察组组长、市自然资源和规划局党组成员
　吴旺兴（　—2022.06）
市纪委监委驻市自然资源和规划局纪检监察组组长、市自然资源和规划局党组成员
　陈　虎（2022.06—　）
党组成员、副局长　刘沧海
党组成员、副局长　袁　强（2022.12—　）
总规划师　周智勇
不动产登记中心主任　唐肱庆
行政执法支队支队长　易染红
事务中心主任　吴海峰
土地储备中心主任　杨　忠

【“田长制”工作】2022年，岳阳市自然资源和规划局建立市县乡村和网格五级田长体系，创新“三员”（即农技员、执法员和监管员）联农户工作机制，设立乡镇田长137个、村级田长1714个，网格田长4865个。全年耕地净流入273.11公顷，占补平衡在库耕地数量、水田规模、粮食产能三大指标排名全省第一。试点“三长”联动机制，整合田长、河湖长、林长，实行“一巡三查”。强化管控护田，推进耕地保护专项规划编制，将全市34.87万公顷（523.04万亩）耕地底线目标和水田带位置足额下达到村组户。全市建设占用耕地同比下降51.72%。创新“智慧看田”，投入资金1500万元，优化“多规合一”平台，在“国土空间一张图”上加载耕地保护田长制信息子系统，全面启用湖南田长APP。

【要素保障】2022年，岳阳市自然资源和规划局出台《关于加强自然资源要素保障助力稳经济若干措施》，成立服务指导领导小组，乙烯项目、己内酰胺配套工程、铁水联运、岳阳学院、市中心医院等一大批重大项目、重点工程落地开工。己内酰胺配套工程仅用时22个工作日即完成国务院与自然资源部建设用地批准，创造湖南省报部项目用地报批最快纪录。在岳阳学院等重点项目规划审批环节采取“极简审批”，实现“两证齐发”，助推项目“拿地即开工”。全市报批建设用地项目152宗744.69公顷，其中市中心城区30宗189.67公顷。研究出台6个政策制度文件，对市历年旧改、棚改、土地储备等项目进行专项清查摸底，清查土地、矿产等国有资源价值405.03亿元，对其中41宗储备土地、26宗棚改项目提出处置一批、转化一批、配置一批、完善一批的资产处置办法。盘活利用106.4公顷存量土地，实现土地收益49.83亿元。持续开展批而未供、闲置土地处置，完成省厅规定年度处置任务，土地节约集约利用效率不断提升，园区三类低效土地处置全省排名第二。出让省级、市级采矿权4宗，为市县两级财政创收3.51亿元，争资争项到位资金3943万元，完成比例排市直单位第一，在全市做典型发言，获全市“三资”运作改革工作优胜单位和争资争项工作优胜单位。

【规划编制】2022年，岳阳市自然资源和规划局构造“一轴三带，一主四副”市域空间，打造“核心江湖、东部山林、西部田园、中部城镇、拥湖发展”的市域总体格局，构建中心城区“港产北拓、大城南联、东部发力、西部提升、点亮滨湖”的发展格局。开展国土空间规划编制，基本形成1套主体成果、1个信息平台、5个专项规划、10个专题报告的“1+1+5+10”规划成果。统筹划定“三区三线”，划定永久基本农田30.62万公顷（459.25万亩）、生态保护红线3250.85平方千米、城镇开发边界增量规模指标120.41平方千米。城镇开发边界增量规模排全省前列，开展中心城区44个片区详规修编，出台《关于开展城镇开发边界内控制性详细规划实施评估工作的实施方案》，编制500个村庄规划

方案，在全省优秀国土空间规划设计和案例展评活动中，获得一等奖3个、二等奖1个、优胜奖3个。

【**督查执法**】2022年，岳阳市自然资源和规划局落实最严格的耕地保护制度，组建市级层面自然资源执法队伍。市纪委监委出台《关于加强耕地保护专项监督工作的方案》，专门成立耕地保护专项监督工作领导小组。出台《岳阳市耕地保护责任追究实施细则》，建立严格耕地保护案件移送的责任追究机制和“田长+检察长”协作机制。整改月清“三地”违法用地问题447个，整改到位率91.72%。农村乱占耕地问题118个，整改到位率89.4%。全年新增违法问题24个，占全省下发问题总数的1.57%。全市363个立行立改问题整改到位352个，整改到位率96.97%，成效获省自然资源厅点名表扬。

【**生态修复**】2022年，岳阳市自然资源和规划局编制国土空间生态修复规划，全面完成91.22公顷历史遗留矿山生态修复任务和污染防治攻坚战“夏季攻势”销号。向省自然资源厅争取300万元土地复垦项目资金，推动腌菜加工转型升级。全市建成绿色矿山16家，绿色矿山建设成效获市人大评议“满意”。组织申报、成功获批总投资23.49亿元的洞庭湖区域山水林田湖草沙一体化保护和修复工程，争取中央、省级资金10.41亿元。深化自然资源资产产权制度改革，成功列入全省“全民所有自然资源资产所有权委托代理机制试点”地区。承办全省“4·22”世界地球日主场活动，制作《岳阳市2018—2022年生态文明建设十大工程》宣传片。

【**民生实事**】2022年，岳阳市自然资源和规划局在临湘市羊楼司镇开展的精准预警和避险转移试点，成效获自然资源部、中国气象局联合调研组肯定，典型经验在《中国自然资源报》刊发推介拟向全国推广。汨罗三江镇八景村的预警转移，被自然资源部列为全国十大成功预警案例。全市共发生地质灾害63起，成功预报险情15起，转移群众2589人，避免经济损失2221.6万元，实现地灾隐患点“零伤亡”。不动产统一登记提速提质，实现不动产抵押登记“商转公”业务联办。全面推行“交房即交证”改革，44个项目稳步实施。化解房地产办证问题楼盘112个，解决41077户群众的“心头事”。推进违法建设治理和自建房安全整治工作，成立自建房安全隐患排查整治专班，印发专项行动实施方案，召开部署大会，现场通报中心城区6区20项728处自建房违法建设问题。拆除各类违法建设4593处61.3万平方米。

【**深化改革**】2022年，岳阳市自然资源和规划局向各区政府（管委会）放权赋权112项，出台《损害营商环境行为责任追究实施细则》，在省、市部署的“送、解、优”专项行动中，省市区交办问题化解率全市排名第一，获全市惠企政策兑现“审批即享”改革、“无证明城市”建设优秀单位和2022年度全市工程建设项目审批制度改革工作突出单位，自然资源窗口获评2022年度先锋窗口。

【**基础工作**】2022年，岳阳市自然资源和规划局承办全市“巴陵大讲堂”专题讲座活动2期，举办“规划大讲堂”3期，完成各类调训、培训任务468人次。全年接待群众来信来访17件160余人次，办理国家信访局、省自然资源厅、市信访局交办转办件131件，处置网络舆情28件，办理建议提案47件。

【**队伍建设**】2022年，岳阳市自然资源和规划局创新“五心”党建品牌，开展党组理论学习中心组学习21次，印发《中共岳阳市自然资源和规划局落实意识形态工作责任制实施细则》，完善《岳阳市自然资源和规划局处置突发舆情应急预案》。选拔任用干部19人，岗位交流干部9人，上下挂职干部9人，职级晋升14人，其中90后干部3名，遴选公务员3名，调任公务员2名，引入硕士研究生6名。向全体干部职工及其家属发出清廉公开信、助廉倡议书，建设清廉文化长廊、清廉地理信息展厅，制作湖南红色廉政文化示意图，举办清廉书画展、清廉讲堂，选树“清廉家庭”14户、“清廉单位”1个、“清廉科室”5个、“清廉岗位”16个，创新建立“特约评议员”制度，聘请企业、群众特约评议员16名。签订承诺书346份。作为市纪委监委培树的第一批市级清廉单元样本，被安排为市直单位“清廉机关”建设现场观摩对象，并在会上做典型发言。

【**荣誉档案**】2022年，岳阳市自然资源和规划局耕地保护工作连续两年获省政府真抓实干督查激励表扬，市局先后获全国自然资源信访工作先进集体、全省第三次国土调查先进集体等20余项各级荣誉和称号，连续4年获评全市绩效考评市直先进单位，近30篇经验做法在《中国自然资源报》、学习强国、《湖南日报》等各级媒体宣传推介。

（撰稿　易政南）

平江县自然资源工作

平江县自然资源局

党组书记、局　长　余刚要
党组副书记、副局长　吴明辉
党组成员、副局长　曾湘林
党组成员、副局长　何凌霄
党组成员、派驻纪检组组长　李东风
党组成员、总工程师　林超文

【概况】平江县自然资源局由原国土资源局、原规划办、原矿管办及县林业局、县房产局部分职能合并而成。2022年，有干部职工460人，其中在职在编376人，退休64人，挂职派驻3人，劳务派遣17人。下设股室26个，二级机构9个，自然资源所26个，执法监察中队5个。

【国土空间规划】2022年，平江县自然资源局提交“三区三线”“二上”的修改成果。划定44473.33公顷（66.71万亩）永久基本农田，466.67公顷永久基本农田储备区，满足岳阳市对平江县下达的44466.67公顷（66.70万亩）的保护目标。划定生态保护红线面积为98080公顷（147.12万亩），调整后生态红线占县域总面积的23.84%。划定城镇开发边界规模为6380公顷，涉及新增规模1066.67公顷。完成村庄规划156个。组织完成老三阳街片区、月池塘金兰湾片区、首家坪画桥片区、武装部片区等四个旧城棚户区改造项目的规划设计。6月27日，“一江两岸”专项规划已经平江县人大常委会会议决议通过，该规划获2022年湖南省国土空间规划设计和案例“一等奖”。

【耕地保护】2022年，平江县自然资源局建立乡镇级田长体系26个，村（社区）级田长体系513个，网格田长9958个，网格化管理三员+农户217024个。配合铁塔公司打造“天空地网”监测点241个。严格落实占补平衡和进出平衡，完成耕地和永久基本农田目标保护任务。以长牙齿的硬措施，抓好耕地保护，坚决遏制耕地“非农化”、防治耕地“非粮化”，共拆除违法建设91377.38平方米，复耕8.56公顷，整治坑塘水面41个，复耕4.53公顷。

【要素保障】2022年，平江县自然资源局完成安定、长寿等14个乡镇旱改水项目的施工设计，面积16.92公顷。完成三市、木金等9个乡镇土地开发项目施工设计，面积11.28公顷。完成余坪、梅仙等12个乡镇旱改水项目施工设计，面积50.87公顷。已选址并已通过省自然资源厅复核，待批复的有平江县三市镇、加义镇等25个乡镇，面积400余公顷的选址复核。土地供应方面，土地供应255宗，面积375.26公顷，土地价款39.7942亿元。其中挂牌出让93宗，面积174.08公顷，土地价款38.4654亿元；协议出让64宗，面积13.39公顷，土地价款1.33亿元；划拨供地98宗，面积187.79公顷。土地储备方面，在库土地39.86公顷。出库155宗，面积428.8公顷，其中新增建设用地出库132宗，面积342.07公顷，在库土地出库11宗，面积25.37公顷。土地报批方面，拿回用地批文65个（S202安定至浏阳大洛公路、狮岩安置区、黛屏源安置区、大西安置区、杨源安置区二期、35kV变电站、红莲兵寨、猎玩小镇、冷链物流园、亚投行、余梅工业园、优企、杨源路等），面积180公顷；在审项目8个；报省自然资源厅批准《成片开发方案》4个，面积440.76公顷，已全部获批。

【监察执法】2022年，平江县自然资源局立案查处土地、矿产、规划违法案件105宗，其中土地案件80宗、矿产案件15宗、规划案件10宗，共查处土地面积113.43公顷；组织拆违行动185次。出动执法人员1643人次，拆除违法建筑物208处。

【矿山管理】2022年，平江县在册的探矿权44个，采矿权30个（在产10个、停产20个），长石矿点已全部关停，40个砂石土矿全部注销，建成绿色矿山4座，万古矿区绿色矿山建设完成七采七探整体收购。完成4处砂石土资源的勘查，其中秦岭洞矿区已达到净矿出让要求，并在岳阳市公共资源交易中心成功挂网。

【生态修复】2022年，平江县自然资源局推进“山水林田湖草沙一体化”综合治理工作。全面完成历史遗留矿山生态修复图斑15个；长石矿区生态修复及综合治理项目共13个已全部进入验收阶段；建设项目临时用地土地复垦监管工作成效明显，临时用地项目共69个，拟复垦面积2945.99公顷，土地复垦保证金共1.52亿元。

【为民服务】2022年，平江县自然资源局受理不动产登记业务24828件，其中一小时办结业务占46.7%，一天办结率45%，三天办结率9%。化解办证信访天力城、爱琴海岸、白鹭湖3个项目，涉及370户。交房即交证项目8个，占在建项目60%。完善不动产登记系统网络迁移，助力全省不动产登记全程网办，提升“互联网+不动产登记”服务水平。打造与农商银行的“智慧房抵借贷”。解决企业发展存在的问题83个，2022年省级测评一级指标财产登记，全省排名第三，协助住建牵头的二级指标工程建设改革，全省排名第四。补录2万余条审批事项上传信用系统，为企业提供代办服务，审批事项500多件。登记在册的378个地质灾害隐患点中，已申报核销52个；162套地质灾害隐患点监测设备已全部安装和调试并网，发布防灾预警信息15000余条。成功避让2起地质灾害，被省级媒体作为成功避险案例报道，实现连续十年地质灾害无人员伤亡的良好局面。受理办理湖南省信访信息系统、自然资源部信访信息平台、县长批示件、信访局等上级转办（交办）件、12345平台、省委第五巡视组交办件、来访来电、直接解释劝退、依法分类处理等各类信访事项307件，整个信访事项办结率98%，满意率90%，国家信访局、自然资源信访信息平台转办（交办）件已全部清零。

【荣誉档案】2022年，平江县自然资源局多项工作进入省、市前列。获评全国自然资源节约集约示范县、三年两次获省政府真抓实干奖，获评湖南省第三次国土调查工作典型市县，获县年度综合绩效考核突出贡献奖，获评基层组织建设、争资争项、优化营商环境等20多项工作先进。

（撰稿　陈曙光）

岳阳县自然资源工作

岳阳县自然资源局

党组书记、局长	付鸾声
党组副书记、副局长	狄春桃
党组成员	童　军
党组成员、副局长	李聘宏（　—2022.08）
党组成员、副局长	孙细金
党组成员	杨　碧
总工程师	李　霄（　—2022.10）
总经济师	朱勇为

【概况】岳阳县自然资源局2019年3月29日正式挂牌成立，由原县国土局和原县规划局合并而成。2022年，局机关内设22个股室，下设10个二级机构和17个自然资源所。主要职责是统一行使全民所有自然资源资产所有者职责，统一行使所有国土空间用途管制和生态保护修复职责。

【“三区三线”划定】2022年，岳阳县自然资源局组织开展十多轮“三区三线”划定，9月30日，最新成果获批启用。永久基本农田“应调尽调”，划定面积39773.33公顷（59.66万亩），调出岳黄线、荣公线、绕城线等交通、水利、能源方面线性工程，占用基本农田527.67公顷。生态保护红线“应划尽划”，划定面积1148.51平方千米，将涉及麻塘、鹿角港区、台创园、大云山等区块以及抽水蓄能、临港片—旱水坡、临港片—鹿角、胜利采砂场、岳阳—平江—浏阳高速等重大项目占用生态红线100余平方千米进行优化调整。城镇开发边界“应纳尽纳”，划定面积47.94平方千米，新增建设用地8.81平方千米，将金山片区、工业园区和鹿角港区等地块全部纳入城镇开发边界范围。

【总体规划编制】2022年，岳阳县自然资源局推进岳阳县“四区”建设，编制《岳阳县国土空间总体规划》主题报告，开展专题报告和专项报告研究，“14专题+7专项+1主体”以及数据库建设的规划成果初步形成。

【乡镇国土空间规划编制】2022年，岳阳县结合镇村一体村庄规划编制要求，启动公田镇、步仙镇、毛田镇、月田镇、张谷英镇等5个乡镇的国土空间规划相关工作。

【村庄规划编制】2022年，岳阳县完成78个村庄规划编制任务，其中《张谷英镇张谷英村村庄规划编制方案》获评全省一等奖。2020年以来累计完成126个行政村的“多规合一”村庄规划编制。

【规划管理】2022年，岳阳县自然资源局完成湘北物流园、工业园胜利水库北侧地块以及新建变电站等25个项目的调规，总面积86.67公顷。编制土地成片开发方案3个，批准土地征收总面积285.53公顷。完成荣湾湖西片区城市规划设计初步方案，推进重点地块和重点片区规划研究论证。

【**耕地保护**】2022年，岳阳县推进耕地全程一体化保护，基本建立县、乡、村、网格田长及“三员+农户”体系，建立县级田长17人，乡级田长60人，村级田长330人，网格田长932个。印发《关于进一步加强耕地保护严格耕地用途管制稳定粮食生产的通知》。县级田长带着责任清单巡田61次，乡级田长巡田2030次。开展违法用地“双零”行动，存量方面累计完成112个图斑整改清零。新增方面完成“立行立改”“即知即改”“图斑快递”等问题图斑共1010个的整改，自2022年2月起连续11个月零新增，基本实现“双零”目标。

【**生态修复治理和绿色矿山建设**】2022年，岳阳县完成2022年历史遗留矿山生态修复任务主体工程，修复面积35.3公顷，预计总投资396万元。推进新墙河流域历史遗留矿山生态保护修复项目，争取中央和省级资金3690万元，开展项目勘察设计做好前期准备工作。推进绿色矿山建设，完成全县7家持证矿山的绿色矿山建设，通过省级评估验收并公示。

【**自然资源执法监察**】2022年，岳阳县在土地、矿产、规划执法方面共立案36宗，罚款730余万元，移送法院7宗，移送公安2宗。

【**土地报批**】2022年，岳阳县报批建设用地46批次（宗），总面积154.67公顷，其中国有建设用地96公顷，集体建设用地58.67公顷，另外已组织资料准备报批的项目5个，总面积170余公顷，服务全县重点项目、重大基础设施、高新产业园、民生实事和乡村振兴等项目落地。

【**土地储备**】2022年，岳阳县制定2022年土地储备计划，新增入库33.33公顷，全县库存304.67公顷。

【**土地供应**】2022年，岳阳县土地供应共41宗，总面积61.33公顷，其中划拨用地26宗，面积27.53公顷，挂牌出让土地9宗，面积22.8公顷，集体建设用地6宗，面积11公顷。通过挂牌出让、协议出让、容积率增加补交等方式完成土地出让价款3.6亿元。

【**矿权设置出让**】2022年，岳阳县自然资源局推进公田镇飞云建筑用花岗岩矿、新开镇马店建筑用砂岩矿、张谷英镇笔架山矿泉水的矿权设置工作，完成地质勘查和矿权范围核查工作，其中公田镇飞云矿已挂牌。

【**不动产登记**】2022年，岳阳县完成省级不动产登记“一窗办事”平台接入，基本实现“一窗受理、一窗办结”的目标。推行“互联网+不动产”登记，与全县25家楼盘建立直办系统，所有新建商品房登记业务，由企业外网申请，不动产内网审核，实现不见面办理登记，办理不动产登记业务1.2万余宗。

【**优化营商环境改革**】2022年，岳阳县自然资源局完成工程建设项目“170”改革各项任务，完成“交房即交证”改革，正全面常态化推进预售商品房项目的“交房即交证”工作，完成园区首个“拿地即开工”项目。

【**地灾防治**】2022年，岳阳县编制年度地质灾害防治方案，开展汛前排查、汛中巡查、汛后复查，严格落实汛期“领导带班、双人双岗”24小时值守制度，转移受威胁群众42名，连续多年保持地质灾害防治零伤亡。

【**征地拆迁**】2022年，岳阳县研究出台新的《岳阳县集体土地征收与房屋拆迁补偿安置标准》，保障被征地农村集体经济组织、村民或其他权利人的合法权益。

（撰稿　陈惟漪）

华容县自然资源工作

华容县自然资源局

党委书记、局长	孙其美
党委副书记、副局长	肖　雄
副局长	刘　峡
党委委员、副局长	王学军
党委委员、副局长	甘　静
党委委员、总工程师	陶全武
党委委员、县沿江生态修复办专职副主任	蔡　胜

【**概况**】2022年，华容县自然资源系统有工作人员281人，其中行政编制36人，工勤编1人，参公编9人，事业编制235人。下设23个股室，下辖土地综合

整治中心、土地储备中心、不动产登记中心、国土资源执法监察大队、城乡规划执法大队、自然资源规划勘测设计服务中心、规划勘测有限责任公司等7个二级机构，以及三封寺镇等17个乡镇自然资源所。

【**耕地保护**】2022年，华容县委、县政府联合下发《华容县关于全面推行田长制的实施方案》，设置村级田长148名、“三员”296名、网格田长1763名，开展田长制宣传活动、发放田长制宣传手册5万份。全面完成7753.33公顷（11.63万亩）储备补充耕地核查分类整改工作，华容县三类耕地指标已全部由负转正，华容县的经验做法在6月8日的浏阳现场会上作典型发言。

【**要素保障**】2022年，华容县自然资源局盘活存量建设用地。60.4公顷存量批而未供土地处置任务已处置、销号32.01公顷，处置率53%，超出处置底线8个百分点。保障重点项目用地需求，其中铁水联运项目用地面积136.91公顷、禹山镇500kV变电站项目用地面积6.38公顷。累计创收政府性基金6.4亿元，其中收缴土地出让金4.4亿元，指标交易2亿元。

【**创新发展**】2022年，华容县自然资源局全面落实“放管服”改革工作，完成不动产登记系统迁移至政务外网工作，不动产登记、政务中心、住建和税务系统已全面完成升级改造，实现多系统互通共享。受理各类登记业务7500多笔，发放不动产证书5000多本，开展不动产查询业务7000多人次。农村宅基地房地一体确权登记工作累计发证12万余本，获评省级先进单位，获得奖励60万元。“交房即交证”改革再加速。5个楼盘、25万平方米预售总面积同步启动“交房即交证”改革，举办中景世家“交房即交证”仪式，217名业主同时领到不动产权证和新房钥匙。

【**执法监察**】2022年，华容县自然资源局制定下发《华容县违法建设常态化治理工作实施方案》，共拆除存量违建185处1.3万平方米。拆除新增违法建设75处7966平方米，做到新增违建零增长。完成自建房合法合规性审查10.78万栋，累计查封、关停、整改违建自建房50处，拆除存在重大安全隐患的自建房75栋8886.94平方米。立案查处自然资源违法行为12起，其中非法占地10宗，非法开采案件2宗。实施农村乱占耕地建房整改17宗，其中完善用地手续16宗，复耕1宗，整改到位率100%。

【**矿产资源**】2022年，华容县自然资源局推进“砂石保供”行动，鼎山采矿权11月初已挂牌。完成南岸口采石场、鑫盛石化、天井山村砂场等3个历史遗留矿山生态修复任务，修复面积18.1公顷，超出绩效面积3.59公顷。华容县地质灾害风险普查工作通过省市验收，全面开展地质灾害隐患排查，严格执行汛期24小时值班制度，实现地质灾害防治零伤亡、零事故工作目标。

【**乡村振兴**】2022年，华容县自然资源局结合新合村乡村振兴驻村帮扶工作，持续开展“两结对三互比一联创”活动，监测走访困难群众56户，协调解决帮扶资金35万元，领办完成土地平整27.67公顷、新建机埠7座、沟渠建设8800米、机耕路建设2000米等5件民生实事工程。

【**荣誉档案**】2022年，华容县获全省农房一体确权登记工作激励表扬；华容县自然资源局获节约型机关；获评2021年度全省村庄规划综合服务工作先进单位；获评2022年度岳阳市地质灾害防治工作先进集体、2022年岳阳市“森林单位”；获评全县综合绩效考评一类县直单位，县直单位优秀领导班子以及党建、乡村振兴、推进产业链发展、争项争资、组织工作、统战工作、安全生产和消防工作、宣传思想工作、巾帼建功、“富美华容”、无偿献血工作、县派驻村工作、城乡党组织“两结对三互比一联创”等13个单项工作先进单位。

（撰稿　涂　婷）

湘阴县自然资源工作

湘阴县自然资源局

党组书记、局长　熊　伟
党组成员、副局长　易艳红
党组成员、副局长　贺泽盆
党组成员、副局长　邹　颖
总工程师　徐　刚

【**概况**】湘阴县自然资源局于2019年4月8日挂牌成立，由原湘阴县国土资源局和湘阴县城乡规划局合并成立，为湘阴县人民政府办系统正科级单位，行使全民所有自然资源资产所有者职责，行使所有国土空间用途管制和生态保护修复职责，发挥国土空间规划管控作用，为保护和合理开发利用自然资源提供科学指引，加强自然资源的保护和合理开发利用，建立源头保护和全过程修复治理相结合的工作机制，推进自然资源节约集约利用，推进自然资源确权登记和评估的便民高效。

【要素保障】2022年，湘阴县自然资源局完成2个批次成片开发方案的编制，优先保障重大产业项目用地纳入成片开发方案。严格执行供地承诺制，配合园区实行低效用地的清理处置，确保报批土地如期挂牌出让。挂牌出让土地169.13公顷，批回项目用地共计77.67公顷，还有126公顷报进省厅窗口。推进洋沙湖大中村花岗岩矿和静河镇共荣砂石矿的挂牌出让，洋沙湖大中建筑用花岗岩矿规划面积0.36平方千米，储量5500万吨，属省厅发证。静河镇共荣建筑用砂矿规划面积0.68平方千米，储量950万吨，属市局发证。12月，荣砂石矿挂牌。组织召开项目规划方案初审会共29场次，评审会共20场次，县规委会会议9次，共批复方案73个。

【规划管控】2022年，湘阴县自然资源局推进国土空间总体规划编制和村庄规划编制工作。国土空间总体规划主体成果已形成，“三区三线”划定方案成果已经获得批复。下达的湘阴县新增边界规模5.17平方千米、单列湘江新区湘阴片区14平方千米，本轮湘阴县城镇开发边界面积64.58平方千米，实际耕地保护目标为49626.67公顷（74.44万亩），湘阴县生态保护红线面积396.89平方千米。组织召开项目规划方案初审会共29场次，评审会共20场次，县规委会会议9次，共批复方案73个。

【耕地保护】2022年3月和6月，湘阴县自然资源局进行土地管理法律法规暨耕地保护集中宣传活动，印制并发放“一法一条例一办法”宣传读本3000余册，重要路段设置大型宣传标牌18个，张贴宣传标语2100余张，悬挂横幅500余条，利用宣传车到全县各乡镇巡回宣传10天次，县委常委会审查通过《耕地保护田长制（草案）》。6月24日在全县进行田长制集中宣讲活动，在全县15个乡镇208个村共划定田长制网格623个。对湘阴县历年来已经入库的耕地指标492.8公顷移出指标库进行整改补录，申请验收2021年土地开发项目增加耕地指标53.33公顷，耕地数量实现动态平衡，守住49626.67公顷（74.44万亩）耕地红线。

【月清“三地两矿”】2021年国家耕地保护督察问题共涉及湘阴县37个，12月10日前湘阴县自然资源局完成总量的90%工作任务。2022年上级下发湘阴县农村乱占耕地建房问题14个，已完成整改任务个数8个。共有存量挖塘养鱼或发展林果业等问题70个，总面积21.36公顷，全县共完成整改任务56个，已通过省市审核。2022年1—11月“月清三地两矿”共下发批而未供土地任务7个批文，面积57.89公顷，已处置到位55.69公顷。下发闲置土地处置任务24宗，面积129.997公顷，已处置到位24宗，面积130.00公顷。湘阴县2022年度修复历史遗留矿山92180平方米，投入修复资金约89.4万元，已经全面完成外业工程。

【安全专项整治】在2022年汛前，湘阴县自然资源局联合技术单位对全县10处地质灾害隐患点和高中风险切坡建房户进行了排查，全县未发生一起地灾人员伤亡事件。完成经营性自建房5065户建设合法合规性核查、地质灾害隐患197户的核实鉴定工作，完成自建房省级汇交数据任务。

【优化营商环境】2022年，湘阴县自然资源局落实不动产登记“160”改革，稳步推进“交房即交证”，1—11月，共发放不动产证书6172本，落实农村宅基地和集体建设用地房地一体确权登记颁证登簿13万余宗，推进工程建设领域“170”改革，推动工业项目“拿地即开工”，实现“金诺动力”等4个项目一天内四证同发。

【荣誉档案】2022年，湘阴县自然资源局2022年获评全省自然资源系统信访工作先进单位，全省农村房地一体确权登记发证工作先进单位，获评湘阴县综合绩效考核先进单位、行政效能先进单位、优化营商环境先进单位、招商引资工作先进单位、重点项目建设先进单位。

（撰稿　吴海波）

临湘市自然资源工作

临湘市自然资源局

党组书记、局长　　戴季田

党组成员、副局长　　王　军

党组成员、副局长　　　　李海洋
党组成员、副局长　　　　刘朝曦
党组成员　、总工程师　　张　晓

【保障发展】2022年，临湘市自然资源局组卷上报5个批次建设用地，报批用地面积55.33公顷。全年挂牌出让国有建设用地19宗，面积52.45公顷，成交价款5.137亿元；协议出让土地141宗，面积1.66公顷，收缴土地出让金604.37万元；行政划拨18宗，面积21.05公顷。

【月清“三地两矿”】2022年，临湘市自然资源局成立临湘市自然资源督察工作领导小组，定期调度月清“三地两矿”图斑整改工作，全年处置批而未供土地11.86公顷，处置率达64.92%；处置闲置土地10.59公顷，处置率73%；查处违法用地3宗，整改农村乱占耕地建房图斑53宗。

【保护耕地】2022年，临湘市耕地保有量为36690.95公顷，较省自然资源厅预下达指标少975.24公顷，耕地保护率为97.41%；永久基本农田保护面积31875.34公顷，与省自然资源厅预下达的保护面积目标持平，基本农田划定率为86.88%。全市新增建设用地占用耕地总面积56.51公顷。7月，市委办、市政府办联合印发《关于全面推行田长制的实施方案》，建立市、镇、村、组四级田长及“三员+农户”网格化联控机制，设立市级田长2名、市级副田长26名，镇级田长体系13个、村级田长体系185个、网格田长体系3372个，设立责任公示牌311块；将36153.33公顷（54.23万亩）现状耕地图斑带位置、带数量制成高清影像图落实到人。

【执法监察】2022年，临湘市共立案18宗，其中矿产案件4宗，土地案件14宗，结案16宗，结案率为89%。申请人民法院强制执行4宗，移送公安机关追究刑事责任3人，移送纪监委追究党纪责任6人，收缴罚没款211万元。自然资源部共下发月度卫片图斑910个，总面积539.83公顷，其中耕地134.81公顷（含基本农田47.71公顷）；省自然资源厅下发月度卫片图斑279个，总面积135.42公顷，其中耕地41.49公顷（含基本农田16.32公顷）。根据部、省审核下发情况，部月度卫片系统无实质性违法图斑，省月度卫片图斑全部整改到位并销号，实现全年新增违法用地“零”增长。

【矿产资源出让】2022年，省自然资源厅批准出让坦渡胜龙建筑用砂岩矿、长塘镇牛崖山建筑用花岗岩矿，坦渡胜龙建筑用砂岩矿于12月30日摘牌成交，成交金额3.56亿元。

【国土空间规划编制】2022年，临湘市“三区三线”成果成功获批，并正式启用，新增建设用地规模140公顷。完成30个村庄规划编制，入选全省乡村规划“一师两员”制度试点10个县市名单，全市114个行政村遴选配备乡村规划师、规划联络员、规划监督员，服务推进乡村振兴。启动第四轮市级矿产资源专项规划编制，新增16个矿产资源区块纳入规划体系。

【地灾防治】2022年，临湘市自然资源局建立市、镇、村和专职监测员“四级防灾责任体系”，逐级签订地质灾害防灾责任书，连续八年保持地质灾害“零伤亡”。5月，承办岳阳市地质灾害应急避险演练观摩会，争取到全省地质灾害精准预警和避险转移试点名额，通过实施“六个精准”“三个安全”，形成一套可复制推广的地质灾害预警响应避险转移策略，自然资源部、中国气象局和广东省自然资源厅先后莅临现场调研和观摩。

（撰稿　刘云）

汨罗市自然资源工作

汨罗市自然资源局

党组书记、局　长　　　陶文轩
党组副书记、副局长　　周永红
党组成员、副局长　　　龚正伟
党组成员、副局长　　　吴　冬
党组成员、副局长　　　章正南
总工程师　　　　　　　宋　沁

【概况】汨罗市自然资源局是汨罗市人民政府工作部门。现有干部职工504人，其中在编在岗402人，离退休102人。

【耕地保护】2022年，汨罗市成立汨罗市田长制工作委员会，市委书记任第一田长，市长任田长。出台《汨罗市关于全面推行田长制的实施方案》，将41566.67公顷（62.35万亩）耕地保护底线目标任务足额带位置分级下达至镇村组。建立市、镇、村、片区四级“田长制”体系及“三员+农户”联控机制，落实各级田长1065名。安装高清摄像头79个，重点区域覆盖率100%。推广湖南田长APP，成为岳阳市第一个上传、质检成功县市。引导高丰村开展“整村流转+全域整治”试点，实现新增耕地20多公顷，这一做法被中央电视台《焦点访谈》专题报道。全年核查完成25个部项目指标入库工作，确认新增耕地指标242.47公顷，水田指标147.07公顷，产能指标134.15万千克。全程监管、动态监测新增耕地开发，加大对新增耕地开发选址、立项、施工、验收、耕种管护的核查力度，完成耕地占补指标交易6000万元。实行耕地年度“进出平衡”，全年净流入耕地57.23公顷，确保在库耕地指标维持在安全水平。

【用地保障】2022年，汨罗市收储新增土地35宗107.67公顷，存量土地17宗24.33公顷，出库土地62宗138.8公顷；向省厅、市局拿回建设用地批单68宗、面积128.99公顷；出让土地35宗、面积133.33公顷，为市财政创收9.45亿元；征地79.13公顷、拆迁房屋184栋，完成汨罗建市以来引进的最大项目——玉池抽水蓄能项目实物调查工作。编制《汨罗市2022年度第二批土地征收成片开发方案》，开展农村集体经营性建设用地入市试点，重点解决三一PC、中南表面处理中心、湘北职院、骆驼大道、上马湖农产品交易市场等重点项目用地需求。全市批而未供处置率96.86%，闲置土地处置率100%，排全省第一。园区低效用地处置率62.3%。组建国有资源专班，制定资源运作方案，完成土地、矿产等12类资源清查、复核工作，全市资源总估值 264亿元。

【国土空间规划】2022年，汨罗市自然资源局编制完成《特色风貌与总体城市设计》等3个专项规划，推进《公共服务设施》《山体水体保护》专项规划，基本形成《国土空间发展与战略定位专题研究》等6个专题研究成果。完成弼时、川山坪等6个乡镇国土空间规划初步成果汇报。完成城南片区控制性详细规划，全市除归义镇外的14个乡镇143个村庄规划实现应编尽编。完成耕地保护专项规划、“一张图”编制工作，完成“三区三线”划定工作，划定成果符合质检要求并正式启用，作为建设项目用地组卷报批依据。划定全市耕地保护目标41566.67公顷（62.35万亩），落实永久基本农田保护面积37000公顷（55.5万亩）任务。调出生态保护红线面积146.1公顷。划定城镇开发边界61.12平方千米，新增城镇建设用地规模12.43平方千米。

【执法监察】2022年，汨罗市自然资源局完善自然资源执法监管共同责任机制，出台《打击两违实施办法》，建立严厉问责追责制度，明确联点乡镇、时间节点整改图斑，国家和省级土地例行督察图斑全面销号，月度违法图斑整改率100%，全市连续12个月违法用地、违法占用耕地“零增长”。开展打击非法采矿“利剑”行动90多次，现场制止非法开采36起。立案查处涉砂涉矿违法案件24宗，罚没款58.98万元，移送司法案件1宗。推进违建常态治理。全市经营性居民自建房建设合法合规性核实工作全面完成，摸排房屋15.8万栋，核实鉴定7659户。查处城市违建471起，拆除面积12.7万平方米，新增违法建设发现率、查处率100%。

【矿山管理】2022年，汨罗市自然资源局推进“第四轮矿规”编制工作，统筹协调砂石矿山出让前期工作，完成乐福田矿山风化层储量核实和方家坪矿山采矿权网上挂牌出让。汉山矿区矿业权公开竞拍成交价款6.12亿元，溢价率212.24%，溢价比例创湖南省历史新高。推进绿色矿山建设，周坊、凤形、庙岭矿山建成省级绿色矿山，全市绿色矿山实现“应建尽建”。

【生态修复】2022年，汨罗市自然资源局编制《汨罗市历史遗留矿山生态修复四年专项行动方案》，开展历史遗留矿山核查，完成9个矿点、14个图斑历史遗留矿山生态修复任务，修复面积24.17公顷。汨罗江中上游历史遗留矿山生态修复项目入围国家“十四五”第二批山水林田湖草沙一体化保护和修复工程项目。

【地灾防治】2022年，汨罗市自然资源局组织开展地质灾害“三查”，编制完成“十四五”地质灾害防治规划和年度方案。成立地质灾害防治宣讲团，进村入户宣讲。完成142处地灾点和1284户中高风险临切坡建房隐患排查；汛期避让地灾5起，转移群众643人，全年未发生一起重大人员伤亡事故。“7·5”八景崩塌避险入选“全国精细化防灾典型案例”。

【不动产登记】2022年，汨罗市自然资源局出台《汨罗市集中化解房地产办证问题再排查再深入行动方案》，解决塑料市场、红叶小区等6个项目办证难题。启用不动产登记网上“一窗办事”平台，将端口延伸到35家房产企业、5家金融机构、2家房产中介，不动产登记、交易、缴税有效融合。颁发全市首张设施农业用地抵押权不动产登记证明，出台《设施农业用地及农业生产设施权属登记暂行办法》《地下停车位（库）销售登记管理暂行办法》，新建商品房项目实现“交房即交证”。

【优化营商环境】2022年，汨罗市自然资源局推进工程建设项目审批制度改革，达到“不见面审批”“一网通办”“线下无审批”。巩固“多测合一”改革成果，推动地籍、房产等数据整合，统一数据标准格式，缩减测绘生产环节和时限，实现一次委托、统一测绘、成果共享。健全应急测绘保障机制，加强防灾减灾救灾、重大项目建设等地理信息服务。

【队伍建设】2022年，汨罗市自然资源局定期组织党组中心组集中学习，聚焦巴陵先锋十项行动、“四亮”主题活动，组织支部开展党日活动20余次，举办“自然资源大课堂”“青年理论学习班”5次。专题研究意识形态工作4次。建立健全舆情分析制度，出台敏感事件应急处置预案、新闻审核发布制度，《岳阳日报》、掌上汨罗等媒体发布信息80余篇。出台《关于推进“清廉机关”建设工作实施方案》，开展干部任前廉政谈话2次、提醒谈话9次、作风监督检查50余次。

【荣誉档案】2022年，汨罗市自然资源局获省政府耕地保护真抓实干督查激励奖励，入选全国首批自然资源节约集约示范县（市）；获评全省“三调”工作先进集体、岳阳市综合绩效考核第一名、岳阳市普法工作先进单位、汨罗市综合绩效考核先进单位等荣誉；高丰村“小田改大田”创新耕地保护模式被省厅重点推介，入选湖南省首届耕地保护“十大典型案例”。编排以耕地保护为主题的花鼓戏《饭碗》，送戏下乡巡回演出，得到省、市领导高度评价。在全省自然资源宣传、土地协会及田长制工作座谈会上，汨罗作为岳阳唯一县（市）做典型发言。国家、省市媒体多次刊发汨罗耕地保护典型经验做法。创新以“四级田长+民间田长”“打造智慧天眼系统”为主要做法的耕保模式。

（撰稿　何　坤）

岳阳楼区自然资源工作

岳阳市岳阳楼区自然资源局

党组书记、局长	方文归
副局长	曹幼萍
副局长	刘　勇
副局长	卿　华
总工程师	邓建民
事务中心主任	李　可

【国土空间规划编制】2022年，岳阳市岳阳楼区自然资源局完成岳阳楼区城镇空向、农业空间、生态空间，永久基本农田红线、生态保护红线、城镇开发边界“三区三线”的划定工作。

【自然资源确权登记】2022年，岳阳市岳阳楼区自然资源局进行各类土地确权60宗；现场发放枣树村农村宅基地不动产权证217本；进行2021年度土地变更调查工作；完成耕地后备资源和标注“恢复”属性工作成果评审；楼区“三调”成果数据在区政府门户网站公布。

【工程管理】2022年，岳阳市岳阳楼区自然资源局核发胥家桥综合物流园一期PPP项目、向阳水岸二期工程项目、岳阳市岳阳楼区贝贝乐艺术学校等项目的“建设用地规划许可证”；办理“湘北大道周边飞碟馆及配套设施临时性功能用房”项目修建性详细规划及建筑设计方案；审批“岳阳北站扩能改造工程临时钢结构仓库建设项目”修建性详细规划及建筑设计；办理“岳阳市第三中学家属楼化解问题”项目、“悦湖湾二期工程”项目用地核验和规划条件核实工作。参与楼区既有住宅加装电梯联合审批项目160余件。

【用地保障】截至2022年12月19日，岳阳楼区共网上挂牌58宗地，可出让面积100.31公顷，起始总价50.47亿元。其中土地挂牌26宗地，可出让面积82.37公顷，起始总价38.05亿元；资产处置项目32个，可出让面积17.94公顷，起始总价12.42亿元。岳阳楼区范围内存量批而未供土地处置任务数为191.73公顷，数量居全市第二位。处置存量批而未供土地77.1公顷，处置率40.35%（目标任务35%）；闲置土地处置任务数24.91公顷，已处置

18.81公顷，处置率75.5%（目标任务65%）。

【**征拆腾地**】2022年，岳阳市岳阳楼区自然资源局启动G353楼区段、西瓜山黑臭水体、三办低洼渍水、加佳加油站、航空科技工业园等一批依法征收项目，共征收土地40.14公顷，拆迁房屋210栋，房屋面积83622.02平方米。岳阳楼区自然资源局参与全区已上会出让土地成本审核工作，对接市土储中心和各项目部，完成西瓜山黑臭水体、原蛋禽市场A地块等一大批省、市重点项目的清零交地工作。支付拆迁专项资金33254万元。其中棚改项目2146万元，其他收储项目31108万元。涉及集体土地的存量棚改项目成本结算共35个项目（含子项目和增补）已有32个均在规定的时间前出具概算审核结论，30个在市财政完成备案，备案金额81.31亿元。

【**生态修复管理**】2022年4月，岳阳市岳阳楼区自然资源局组织开展编制《岳阳楼区国土空间生态修复专项规划》，已完成相关单位收集资料和确定技术单位等工作。上半年完成“洞庭清波”整改销号任务，完成“长江经济带废弃露天矿山生态修复”项目国家自然资源督察武汉局反馈问题整改工作。

【**地灾防治**】2022年，岳阳市岳阳楼区自然资源局开展安全生产检查行动，重点对岳阳楼区现存地灾隐患点以及农村临坡切坡建房高风险户进行全面排查，并对受威胁影响的群众及当地社区、村委会进行防灾知识宣传。组织地质灾害防治技术支撑单位针对登记在册的隐患点及切坡建房户按期开展汛前排查、汛中巡查、汛后核查工作。制定岳阳楼区突发性地质灾害应急预案。组织技术单位对楼区范围内上报有地质灾害安全隐患的自建房进行排查，并将核查结果中有地灾风险的房屋根据风险等级纳入监测范围，并将排查结果交办各街道相关负责人，要求落实风险管控责任。

【**耕地保护监督**】2022年，岳阳市岳阳楼区自然资源局根据部、省下发耕地变化图斑，与有关部门和相关街道（乡）、社区（村）负责人一起，对图斑进行核实，并对存在问题的图斑按要求进行整改到位。根据区政府制定的《岳阳楼区关于全面推行田长制的实施方案》，建立田长体系，优化农业空间和生态空间的布局，特别是基本农田的调整，确保重点项目用地的安排。

【**测绘管理**】2022年，岳阳市岳阳楼区自然资源局对接市自然资源和规划局相关科室完成“多测合一”改革考核，组织全区地图市场大检查，加强地图市场管理，开展应急测绘演练。在全区范围内开展测绘法宣传，完成全区测量标志保护的核查工作。

【**执法监察**】2022年，岳阳市岳阳楼区自然资源局完成自然资源部下发的全部208宗卫片图斑和省自然资源厅下发的月清“三地两矿”图斑94宗外业及内业工作，全年没有产生一宗违法用地图斑。完成农村乱占耕地建房图斑3宗填报工作、坑塘水面占用耕地图斑4宗填报及整改工作。组织村、乡社区相关部门对自建房、地质灾害隐患点、建筑工程、市政工程等开展安全生产大排查大整治。联合区禁违办、区水利局、奇家岭街道办事处对南北港河蓝线至绿线范围内的违法建设进行集中整治。查处土地矿产规划案件4宗，共收缴罚没款15.24万元。建立巡查台账，巡查75次。处理信访举报、12345热线、领导批办130余起。

【**荣誉档案**】2022年，岳阳市岳阳楼区自然资源局获评岳阳楼区2022年度安全生产工作考核先进单位、2022年度信访工作考核先进单位、2022年度产业发展先进单位。

（撰稿　张婉凌）

云溪区自然资源工作

岳阳市云溪区自然资源局

党组书记、局长	郑仕归
党组成员、副局长	刘卫国
党组成员、副局长	万　哲
党组成员、副局长	段利军

【**空间规划**】2022年，岳阳市云溪区自然资源局做好“三区三线”划定。上报至自然资源部的城镇开发边界用地规模为55.61平方千米，其中新增规模为14.89平方千米。完成2021年度国土变更调查工作。绘制乡村规划建设蓝图。推进村庄规划编制工作，31个村庄规划编制任务，完成20个。

【**自然资源保护**】2022年，岳阳市云溪区自然资源局开展田长制各项工作，成立云溪区田长制工作委员会，签订各级耕地保护责任状，划定建立网格田长体系，树立49块田长制公示牌，完成全部区级田长的巡田工作。推进坑塘水面乱占耕地行为整治。完成省自然资源厅下发区2021年度坑塘养殖水面占用耕地图斑核实，纳入整改范围的16个图斑全部整改到位。完成2021年度耕地流向其他农用地和建设用地核查工作，向省自然资源厅争取释放耕地指标11.07公顷（166亩）。完成耕地核查"回头看"6个新增耕地项目的核实工作。完成2021年度变更调查耕地减少情况补录工作，完成市政府下达区恢复耕地100亩的任务，确保区2021年度耕地总数不减少。

【要素保障】2022年，岳阳市云溪区自然资源局服务项目用地报批。办理建设用地预审与选址项目3个，总用地面积为99.41公顷，向省级申请办理农用地转用和征收项目8个，总面积85.07公顷；报市办理临时用地项目9个，总面积45.95公顷，缴纳复垦保证金6471.36万元，为税务部门争取耕地占用税978.75万元，保障己内酰胺产业链升级转型项目、500kV变电站项目、岳化化纤项目、铁水煤炭储备基地项目等省市重点项目落地。完成乙烯项目227.27公顷用地报批组卷工作。完成己内酰胺产业链搬迁与升级转型发展项目配套工程及15米防护区房屋拆迁项目、岳阳临港高新技术产业开发区创新创业基地项目（长岭农场国有土地部分）、铁水集运煤炭储备基地（一期）项目、中石化岳阳地区100万吨/年乙烯炼化一体化项目等十余项项目的调查摸底，资金概算编制，共征收土地面积326.51公顷，拆迁房屋491栋，拆除房屋建筑面积73650平方米。调整土地利用总体规划。开展修改土规项目2个[蒙西至华中地区铁路煤运通道工程（湖南段）补征用地（云溪段），铁水集运煤炭码头、储备基地连接引桥及道路工程]，为推进全区项目建设做好用地保障。

【月清"三地两矿"】2022年，岳阳市云溪区自然资源局立案查处违法用地、违法建设14宗，查处违法用地、违法建设总面积超过4.67公顷，收缴罚没款187.66万元；共召开六次土地储备与出让委员会议，研究讨论35宗土地的出让方案，出让成交20宗地，面积约111.47公顷，出让价款8.82亿元。初步完成云溪区三处矿山闭坑验收。南太采石场、郭家冲采石场已通过市级生态修复验收及市级闭坑初步验收。汾水采石场，已通过市级生态修复验收及市级闭坑验收。

【服务民生】2022年，岳阳市云溪区自然资源局受理信访件69件，其中省、市长信箱信件19件，岳阳市12345公众服务热线督办单31件、区信访事项转（交）办18件，完成乙烯项目用地范围的2处权属纠纷调解处理，并集中处理房地产办证等信访突出问题，化解金石花园办证难问题。

推进申请环节信息化、领证环节便捷化，将加快数据整合和信息共享，全面推广"最多跑一次"，一窗受理等创新做法。区累计办理业务5547笔，共发放不动产权证3716本、不动产登记证明1232份，办理查封登记105件，转移登记同步办理水电气过户198件。按期完成"三供一业"移交工作，共完成两厂158宗（长炼40宗、巴陵石化有偿划拨28宗、无偿划拨90宗）资产过户。共办理挂牌红线图事项44项；用地规划许可证的核发共22项；工程规划许可证的核发共43项；规划条件核实事项23项。

【地灾防治】2022年，岳阳市云溪区共有区级小型地灾点6处，涉及40余人的生命财产安全。岳阳市云溪区自然资源局拟定应急预案，落实区镇村组四级联防联控，保持多年来0伤亡记录。

（撰稿　李溪阳）

君山区自然资源工作

岳阳市君山区自然资源局

局　长	华定兴
副局长	夏　虹
副局长	熊重华
副局长	彭陵洪
总工程师	刘龙杰
不动产登记中心主任	李丽萍
自然资源事务所长	李　俊

【概况】2022年，岳阳市君山区自然资源局内设机构14个：办公室、人事财务股、法规股、耕地保护监督股、自然资源调查确权登记股、自然资源开发利用和所有者权益股、行政审批股、国土空间规划股、工程规划管理股、国土空间生态修复股、执法监察大队、政务中心（工改）、机关党支部、工会

与机关团委。有在岗人员40人（其中参公编16人，事业编24人）。

【国土空间规划】2022年，君山区区级层面成立君山区委书记任主任、君山区人民政府区长任第一副主任的国土空间规划委员会，召开君山区国土空间规划委员会第一次全会。统筹划定君山区生态保护红线、耕地和永久基本农田保护红线、城镇开发边界三条控制线，已通过自然资源部质检。审批核发“建设项目选址意见书”3宗，核发“建设用地规划许可证”16宗，核发“建设工程规划许可证”14宗，核发“建设工程规划核实证明书”7宗。完成8个村庄规划编制准备工作、基础调查、编制方案三个阶段工作。

【保障发展】2022年，君山区自然资源局供应土地22宗，面积共68.38公顷。其中划拨土地6宗，面积8.98公顷。出让土地16宗，面积59.4公顷，成交价6.19亿元。完成君山区集体建设用地基准地价、农用地基准地价和君山区城镇标定地价更新工作。

【耕地保护监督】2022年，君山区各镇（街道）、场相继出台全面推行田长制的实施方案，签订耕地保护目标责任书，探索建立“田长+网格员”“田长+公安局长+检察长+法院院长”联合执法机制及“三员”（协管员、农技员、执法员）联农户机制，确定镇级田长49人，村级田长92人，网格田长347人，“三员”所联的农户数量43601个（不含岳阳监狱），“田长制”工作多次获《湖南日报》、新湖南、《岳阳日报》等省市主流媒体推荐。

【生态修复】2022年，岳阳市君山区自然资源局完成君山区生态修复专项规划设计项目成果初审，另外山水林田湖草沙项目争资96万元，矿山修复项目资金40万元，“土坑”复垦资金100万元。

【地灾防治】2022年，岳阳市君山区自然资源局编制《君山区2022年地质灾害防治方案》，在汛前开展地质灾害隐患点大排查，建立排查情况台账。严格执行汛期24小时值班制度、地质灾害巡查制度、登记与速报制度、监测制度。利用重要时间节点，向群众宣传地质灾害防范和避险知识，发放地质灾害应急知识宣传小手册1000多份。

【执法监察】2022年，岳阳市君山区自然资源局开展动态巡查制度280余次，立案查处8宗，查处违法用地面积4.3公顷，其中耕地面积1.66公顷。发现土地违法违规线索113个，涉及土地面积89.8公顷，制止到位42个，对924个卫片遥感监测图斑开展内外业核查工作，查处4宗土地违法案件，涉及用地面积2.46公顷，其中耕地0.68公顷，基本农田0亩，没收建筑物17333平方米。君山区房地产办证等信访突出问题目前为止已完全化解3个项目，共化解170户，项目化解率为100%。加强测绘执法，对辖区内的测绘单位和测量标志定期和不定期执法巡查，强化测绘涉密数据成果管理，定期审核君山区测绘单位资质及数据使用情况。

【服务民生】2022年，岳阳市君山区自然资源局展开推进全业务类型“互联网+不动产登记”工作，其中转移登记及抵押登记已实现“互联网+不动产登记”。不动产登记受理办结企业办件285笔 、其他受理办结各类业务3124笔，免费复印483人次、免费邮寄8次、周末预约17次、上门服务21次、延时服务86次、受群众表扬34次。召开安全生产工作专题会议，部署全年安全生产工作，成立局安全生产领导小组，并层层签订安全生产目标责任书。

【队伍建设】2022年，岳阳市君山区自然资源局组织开展局党组理论学习中心组学习9次，党员大会集中学习12次，党组书记讲党课1次，专家讲党课2次，支部书记微宣讲1次，党员领导干部到联点村讲党课1次；另外组织召开党组会8次，支委会12次，民主生活会1次，组织生活会2次，民主评议党员1次，结合实际工作和疫情防控形势开展各类主题活动15次。

【荣誉档案】2022年，岳阳市君山区自然资源局整体工作被君山区委、区政府评为全区2022年度“五联”竞赛工作、文明创建工作、平安建设工作、生态修复保护工作、信访工作、土地依法征收和征拆治违工作、巩固拓展脱贫攻坚成果同乡村振兴有效衔接工作、田长制工作先进单位；被清廉君山建设考核领导小组评为2022年度清廉君山建设考核先进单位；被岳阳市第三次国土调查领导小组评为岳阳市第三次国土调查优胜单位；被岳阳市地质灾害防治工作领导小组评为2022年地质灾害防治工作先进集体；被湖南省自然资源厅评为全省自然资源信访工作业绩突出单位。

（撰稿　何　瑶）

屈原管理区自然资源工作

岳阳市屈原管理区自然资源局

党组书记、局　长　　陈　骏
党组成员、副局长　　吴　超
党组成员、副局长　　谢　宁
党组成员、副局长　　彭浩波

【概况】2022年，屈原管理区自然资源局有干部职工49人，其中在岗36人，在编在岗20人，离退休13人。

【空间规划】2022年，岳阳市屈原管理区永久基本农田面积9346.67公顷、生态保护红线1778公顷、城镇开发边界规模1207.19公顷，以上资料已报部进行入库审查。对全区“十四五”重点项目进行梳理排序，落实7个省级重点项目，保障25个市县级重点项目的用地需求。划定农高区创建核心区面积320公顷，争取1026.7公顷建设用地用于保障古罗子国保护开发项目。基本完成全区24个行政村村庄规划编制工作，在规划中预留不超过5%的建设用地机动指标，保障全区乡村振兴预留建设用地共35.2公顷。

【资源保护】2022年，岳阳市屈原管理区完成上级下达区耕地保护底线10622.2公顷（15.93万亩）任务目标，耕地面积达10646.47公顷（15.97万亩）。完成补充项目建设占用耕地4个批次耕地14.84公顷，粮食产能25.51万公斤。耕地进出平衡流出面积1.85公顷，流入耕地面积7.96公顷，实现耕地面积净增加6.11公顷，完成2022年耕地进出平衡目标。成立区田长制工作委员会和乡镇田长制工作领导小组，设立田长制工作办公室，下发田长令2次。省、市推荐区三和村作为全省8个省级田长候选巡田现场之一。

【用地保障】2022年，岳阳市屈原管理区强化用地报批，完成3个批次的农转用审批，面积14.92公顷。省厅流转项目3个，面积8.77公顷。完成土地收储项目8个，收回国有土地总面积22.10公顷。完成土地供应挂牌出让成交6宗，面积10.40公顷，成交土地价款25040万元。划拨6宗，面积1.71公顷。完成个人划拨转出让76宗，补缴土地出让金155.2万元，个人转让59宗。

【月清“三地两矿”】2022年，岳阳市屈原管理区处置批而未供土地1宗，面积0.95公顷，闲置土地1宗，面积0.86公顷。处置新增占用耕地农民建房问题8宗，面积5.41亩，耕地减少图斑21宗，面积7.36公顷。除一宗存量违法用地“三洲桥至推山咀码头公路建设”项目，面积1.1公顷，因省厅政策原因未完善用地手续外，其余均已完成整改。

【营商环境】2022年，岳阳市屈原管理区自然资源局深化工程深度审批、不动产登记“160”改革。将用地预审和规划选址，土地核实和规划核验合并办理，全面推行告知承诺制，制定《工程审批告知承诺制实施方案》。全面豁免社会投资类项目和符合豁免条件的政府类投资项目技术审查。开展“走流程、解难题、优服务”活动，发现问题6项，解决6项。推动实现土地使用权首次登记、抵押类登记办理时间分别缩减至3个、1个工作日内，异议、查封、抵押权注销登记等即时办结。化解天问意美苑、营田镇虎形山、营建公司等多年来的办证问题。累计发放农房不动产权证6000本。

【生态建设】2022年，岳阳区护林员巡护系统维护使用率100%，平均上线率超过95%。完成造林绿化面积266.67公顷，其中村庄绿化造林面积144.67公顷，道路、水域、沟渠等非林地和迹地造林面积122公顷。完成森林抚育任务60公顷。完成全民义务植树11万株，建设义务植树基地4个，面积7.33公顷。开展野外火源隐患整治专项行动，采取“秸杆换肥”模式，破解燃烧污染难题。完成东古湖观鸟中心项目I期建设，完善东古湖湿地基础设施建设，成立屈原管理区野生动物保护协会，开展“保护候鸟”志愿服务活动6次。

【执法监察】2022年，岳阳市屈原管理区自然资源局开展动态巡查96次，发现各类违规违法行为4起，现场制止4起，立案查处整改2起，罚没款18.2万元。整改销号农村乱占耕地建房图斑15个，面积6053.33平方米，占用耕地挖塘养鱼图斑11个，面积11.22公顷。

【安全生产】2022年，岳阳市屈原管理区自然资源局开展森林防火政策法规宣讲活动13场次，累计张贴发放湖南省第1号总林长令、市1号林长令、《省森防指2022年森林防火令》600余张，联合教体部门组织中小学生开展送森林防火知识上门行动132人次。制定《屈原管理区2022年度地质灾害防治方案》查明区级低风险地质灾害隐患点3处（无重大、一般地质灾害隐患点），开展地质灾害隐患排查25次，无地质灾害安全事故发生。

【综合治理】2022年，岳阳市屈原管理区自然资源局共接到12345来信14件、来访2件，全部妥善处理，结案率100%，息访率100%，化解花果山社区、虎形山社区、营建公司办证信访矛盾。聚焦土地征拆、涉土涉矿、地灾治理、土地开发整理、信访举报、土地违法案件等领域黑恶势力和违法行为，常态化开展扫黑除恶斗争工作。开展自然资源领域“防养老”诈骗专项行动1次，发放倡议书200份。

【队伍建设】2022年，岳阳市屈原管理区自然资源局支部组织开展“巴陵先锋”主题党日活动12次。开展志愿服务活动16次。推动党风廉政建设，落实党风廉政建设党组的主体责任，排查廉政风险点。组织党员干部参观廉政教育基地2次，每周五下午常态化观看学习廉政警示教育片。

（撰稿　蒋师汉）

岳阳经济技术开发区自然资源工作

岳阳经济技术开发区自然资源局

党组书记、局长　夏建芳（2022.08—2022.12）
局　长　钟莉芳（　—2022.06）
副局长　樊　军
副局长　丁小勇
副局长　李良华

【概况】2022年，根据《岳阳经济技术开发区工委关于印发〈岳阳经济技术开发区区直机关事业单位机构编制调整方案〉的通知》（岳经工发〔2022〕17号）文件，岳阳经济技术开发区自然资源局为岳阳经开区党工委、管委会副处级内设机构，核定参公编48人、事业编10人，下设12个副科级内设科室、3个副科级自然资源所和1个正科级下属事业单位。

【国土空间规划编制】2022年，岳阳经济技术开发区自然资源局坚持“规划科学是最大效益”，推进国土空间总体规划编制，“双评价双评估”和“三区三线”成果上报自然资源部审查通过并正式启用，全区城镇开发边界面积实际拓展10.6平方千米，总面积达51.06平方千米，扩展倍数为1.45，为国家级园区的发展留足空间。持续推进临空经济区规划编制和片区控规修编，临空经济区规划设计已完成中期成果审查，白石岭片区、木里港片区和康王片区控规修编已完成区级评审。推进“多规合一”村庄规划编制，岳彭村等7个村“多规合一”村庄规划编制成果已通过专家评审，韩龙村等6个“镇村一体”村庄规划和乡镇国土空间规划编制稳步推进。

【耕地保护】2022年，岳阳经济技术开发区自然资源局对全区未来拟建项目、各类规划、耕地开发后备资源、城镇开发边界等数据进行收集整理，突出耕地和永久基本农田保护，形成耕地保护规划和耕地保护“一张图”初步成果并上报省自然资源厅。全面推行耕地保护田长制，下发《岳阳经济技术开发区全面推行耕地保护田长制实施方案》、《岳阳经济技术开发区乡村级田长巡田制度》、区田长1号令，将全区耕地保护底线目标7.23万亩带位置下达到各乡镇管理处，层层签订耕地保护责任书。全面建立田长网格体系，设立区级总田长2名、区级副总田长1名、乡级田长4名、村级田长40名、网格田长766名，设立三员（执法员、农技员、协管员）857名，设立乡级田长制公示牌4块、村级田长制公示牌40块。组织开展4期耕地保护政策宣讲会，对全区乡村组干部近400人进行一次轮训。

【生态修复】2022年，岳阳经济技术开发区自然资源局全力推进历史遗留矿山生态修复，为旺轩建材厂争取省级修复治理资金9.22万元和区级配套资金26.96万元，完成省、市污染防治攻坚销号任务。联合区建设交通局、区应急管理局、区生态环境分局对永朋页岩环保砖厂、联合页岩环保砖制造有限公司、分水垅页岩环保建材厂下达《关于依法关停的告知书》，督导皖东矿业（采矿权2022年12月31日到期）按照“边开采、边恢复”的原则进行生态恢复治理。

【保障发展】2022年，岳阳经济技术开发区自然资源局坚持“要素跟着项目走”的工作理念，报批国有建设用地4宗，面积18.49公顷。挂牌出让并成交土地15宗，面积62.7公顷，土地出让总价款15.1亿元；办理提高容积率土地手续一宗，补缴土地出让价款1.04亿元，催缴到位往年度土地出让金欠款3.45亿元；办理土地划拨手续6宗，面积15.23公顷。核发《建设用地预审与选址意见书》5个、《建设用地规划许可证》18个、《建设工程规划许可证》29个，办理老旧小区加装电梯规划审批手续27个，办理项目竣工验收手续34个，办理9条道路、管网审批手续，发布征地公告2条、安置方案公告3条、征收启动公告12条，受理并审查概算报告11个涉及征拆概算资金10.49亿元，收缴城市配套费3962万元。

【“三类用地”处置】2022年，岳阳经济技术开发区自然资源局按照分类施策、依法处置、逐宗销号的原则，严密组织“三类用地”清理处置工作。批而未供土地处置方面，省自然资源厅下达经开区任务168.91公顷，处置完成62.88公顷，处置率37.2%；“五好”园区综合考评下达经开区任务47.66公顷，处置完成34.94公顷，处置率73.3%。闲置土地处置方面，省自然资源厅下达经开区任务133.37公顷，处置完成119.41公顷，处置率89.5%；“五好”园区综合考评下达经开区任务6.1公顷，处置完成6.1公顷，处置率100%。低效用地处置方面，“五好”园区综合考评下达经开区任务34.49公顷，处置完成19.76公顷，处置率57.3%。“三类用地”清理全部超额完成省级下达的目标任务。

【地灾防治】2022年，岳阳经济技术开发区自然资源局精心编制全区2022年度地质灾害防治方案，督促区、乡两级签订地质灾害防治责任状。认真组织汛前地质灾害排查，严格落实汛期地质灾害值班值守制度，开展地质灾害隐患治理。

【执法监察】2022年，岳阳经济技术开发区自然资源局把卫片执法工作作为地方政府落实耕地和永久基本农田保护责任的重要抓手，不断健全“政府领导、部门配合”的卫片执法检查工作机制，坚决杜绝相关违法用地图斑发生，引导合法合规用地，全年实现新增违法用地零增长。开展中心城区违法建设常态化整治，下达《责令停止违法建设决定书》61份、《限期拆除事先告知书》41份，牵头组织拆违行动4次，强制拆除英伦世家违建门面、恒大绿洲小区律师楼楼顶违建、凯旋城10栋违建地下通道，督促港岳豪庭开发商自行拆除小区4号栋楼顶存量违建面积约300平方米。深入开展自建房排查整治工作，牵头制定《岳阳经济技术开发区自然资源领域违法建设安全隐患排查整治工作实施方案》《岳阳经济技术开发区自建房安全整治专项行动“建设合法合规性认定”工作专班方案》，结合2020年-2021年全区违法建设集中整治行动期间摸排的已有违法建设台账资料底数，对全区内所有违法建设尤其是各类综合性市场进行地毯式清查，完成了1974户经营性自建房建设合法合规性认定。扎实开展环南湖流域违法建设整治，牵头组织区禁违局、征收安置局和3个管理处对照整治范围线，于8月12—17日在全市率先完成南北港河沿线房屋的摸底调查工作，形成整治任务清单，实行挂图作战，共计拆除南北港河流域蓝线至绿线范围内的违法建设187处，总建筑面积28461.9平方米。

【法治信访工作】2022年，岳阳经济技术开发区自然资源局办理行政诉讼案30件、行政复议案5件、检察机关行政监督案2件。办理12345热线382件、市长信箱65件，办理省、市、区信访系统转办14件，办理原12336现湖南省违法用地监管系统违法线索5件，办理市、区纪委交办案件6件。

【党的建设】2022年，岳阳经济技术开发区自然资源局组织党组理论学习中心组集中（扩大）学习6次，召开支委会12次、支部党员大会集中学习和党日活动12次、党课教育6次。开展“参观禁毒基地 筑牢禁毒防线”“学习党的二十大 严守耕地保护红线”等主题党日活动，组织党史学习教育专题民主生活会和“四亮”专题组织生活会，深入开展收送红包礼金、打牌赌博和违规吃喝等专项整治活动，定期组织观看廉政警示教育片。

【荣誉档案】2022年，岳阳经济技术开发区自然资源局被岳阳经济技术开发区管理委员会评为“2022年度全区绩效考核先进单位”“2022年度国家级经开区综合发展水平考核评价先进单位”“2022年度全区产业项目建设先进单位”“2022年度区级信访工作示范单位”，被岳阳市自然资源和规划局评为“2022年县市区自然资源主管部门年度工作考评优秀单位”。

（撰稿　黄　辉）

岳阳市南湖新区自然资源工作

岳阳市南湖新区自然资源局

局　长　　　许　雄（ —2022.11）
书　记　　　刘　平（2022.11— ）
副局长　　　向　娟
副局长　　　罗　玺
副局长　　　刘东兴
自然资源事务所长　　谭　舟

【概况】岳阳市南湖新区自然资源局为正科级事业单位。2022年，下设派出机构2个（湖滨自然资源所、龙山自然资源所），二级机构1个（自然资源事务中心），其中局机关核定编制13人，派出机构6人，事务中心5人。

【规划编制】2022年，岳阳市南湖新区自然资源局开展南湖新区基数自查，落实区范围城镇建设用地现状基数认定的举证。开展控制性详细规划及各项城乡规划成果自查自检工作。结合“三区三线”成果划定，推进国土空间总体规划编制。配合岳阳学院、中心医院、电大及一职搬迁共建等重大项目建设，专人对接开展国土空间总体规划补增建设用地工作。做好成品油、中小学布点等专项规划。完成区城投与中交集团拟合作开发的太平咀片区综合开发策划方案、龙山动植物科普园（四个场馆）及穆家坡路土地利用总体规划修改方案审查。完成八仙台片区02-05、06-12地块，麦子港片区01-27地块用地性质及控制指标调整论证。

【政务服务、用途管制】2022年，岳阳市南湖新区自然资源局用地报批项目13个批次，完成报批6个。完成建设项目预审和选址意见书8宗，分别为村发展集体经济项目2宗、国网滨湖变电站项目1宗、天灯咀街心花园1宗、道路3宗、八仙台消防站1宗。办结临时用地4宗，面积达7公顷；取得畈中路项目和岳阳市中心医院医养路项目临时用地复垦方案批复。

【用地保障】2022年，岳阳市南湖新区自然资源局完成城发·龙山府、中心医院配套健康管理中心、海伦堡二期（8-12地块）、中心医院肿瘤中心、樊陈路一期、兴长研发中心等11个项目的建设用地许可。完成虎形山学校、岳阳市公共卫生医疗中心项目、市水务集团供水调度指挥中心、枫树山路、尹家冲路一期、明仲路、樊陈路（地块二、地块三）和海伦堡一园等9个地块划拨供地。完成电商大楼、广电南侧地块、兴长研发中心、郭镇渣土停车场、健康管理中心、中心医院人才公寓、城发·龙山府、中心医院一期地块二、岳阳印象、湖滨大道与园艺路交会处西南角、园艺路与莲花路交会处东南角、八仙台片区02-05地块等12个项目土地出让。完成洞庭新外滩东南角1.2公顷、渔光社区地块、高校科技产业园、干细胞库、体育公园以及中心医院水系配套工程等6个项目土地出让审查。

【工程管理】2022年，岳阳市南湖新区自然资源局完成南湖游路（建湘路—龙舟路）污水改造、龙舟路雨污分流改造、白杨坡路（求索路—南湖游路）雨污分流改造、赶山西路商业综合体市电引入、求索西路沿线客户接入受限业扩配套、悟园纪委办案供电线路湖滨大道段改造、澳海富春山居项目供电线路、金鹗小学人行天桥、赶山片区岳阳市尹家冲路二期、岳阳市医养路、樊陈路一期地块二和地块三西段等9个建设工程规划许可。审定规划和建筑方案的项目10个，核发建设工程规划许可证11个，核发市政工程许可证9个，审批临时工程2个。

【行政审批】2022年，岳阳市南湖新区自然资源局园区赋权事项进厅录入三化平台工作，共录入22项事项，其中委托行使12项，直接赋权6项，服务前移4项；工改平台受理各类办件共140件。发放“一书两证”36个，其中工规许可证20个、用地许可证发放11个、用地预审与选址意见书5个。完成6个项目建筑物定点放线；完成竣工验收项目10个。

【卫片执法】2022年，岳阳市南湖新区自然资源局卫片执法完成264个卫片图斑内业审查，实现区全年违法用地零新增目标。督促整改一宗违法占用耕地绿化造林图斑，国土调查云平台上报坑塘水面图斑1个，完成月欣小区足球场、枫树山路足球场、铂尔曼酒店、金鹗小学三期项目等违法用地4宗。

【征拆腾地】2022年，岳阳市南湖新区自然资源局完成岳阳印象、湖滨街道2个拟出让地块及周边配套八仙台路网建设项目征拆和樊陈路、职院置换地1.53公顷等项目摸底；完成职院置换地等6个市级项目征拆补偿资金概算报告编制和杨家垄路沙田段等14个区级项目征拆概算审查（复核）。

【信访问题】2022年，岳阳市南湖新区自然资源局处理行政诉讼案件、行政复议案件各3件；处理信息公开12件，市长信箱25件，政务热线60件。

【田长制】2022年，南湖新区自然资源局成立田长制工作委员会办公室，将233.33公顷耕地保护底线目标和水田管护划定23个网格责任分解落实到责任人。

【生态修复】2022年，岳阳市南湖新区自然资源局组织开展国土空间生态修复专项规划编制工作（规划期为2021—2035年，基准年限为2020年）。按照上级部门生态修复天和矿业项目整改工作会议精神，成立整改领导小组，给湖南核工业建设有限公司出具整改函。

【“违建别墅问题清查”专项工作】2022年，岳阳市南湖新区自然资源局违建别墅清查整治重新实地核查区认定的10个违建别墅项目。

【地灾防治】2022年，岳阳市南湖新区自然资源局领导带班主汛期间24小时轮值，定期排查地质灾害隐患54次，排查存在问题的经营性自建房708户，全部纳入隐患库。

【月清“三地两矿”】2022年，岳阳市南湖新区自然资源局批而未供需处置总量为108公顷（1620亩），已处置49.9公顷，处置率46.2%，达到省市两级考核标准；闲置土地11宗，总面积90.66公顷（1360亩），已处置27.5公顷，处置率30.33%；违法用地整改任务共5宗，完成整改3宗（尹家冲路项目2个图斑、中心医院项目1个图斑）。

【荣誉档案】2022年，岳阳市南湖新区自然资源局党支部获评南湖新区2022年度党建宣传推介工作先进单位；获得2022年度基层党建工作年度考核先进集体。

（撰稿　李润巧）

常德市自然资源和规划工作

常德市自然资源和规划局

党组成员、副局长　张　辉
党组成员、总工程师　尹东风
党组成员、市纪委市监委驻市自然资源和规划局纪检监察组组长　任　一
党组成员、副局长　向　进
总规划师　朱晓平
党组成员、副局长　李　杰

【资源保护】2022年，常德市全面推行田长制，出台《常德市全面推行田长制严格耕地保护实施方案》及10个配套制度，全市设立176个乡镇（街道）田长、2154个村级田长、9710个网格田长，建立起完善的五级田长制工作体系。创新构建“田长制+数字赋能、综合治理、基层党建”模式，守住43.47万公顷（652万亩）耕地底线，工作经验被《中国自然资源报》头版头条推介，自然资源部党组成员、副部长庄少勤作出专门批示。制作耕地保护系列方言情景剧和常德丝弦，被《人民日报》、新华网宣传推介。建立执纪问责、联合督导、协同执法、常态巡查、公开曝光“五项”机制，推动月清“三地两矿”工作，启动“双零”行动，新增违法用地处置月清月结，存量违法用地基本销号。统筹山水林田湖草沙系统保护修复，编制完成《常德市“十四五”国土空间生态修复规划》，《常德市国土空间生态修复规划（2021—2035年）》形成初步成果。成功申报洞庭湖区域山水林田湖草沙一体化保护修复项目，争取中央、省财政资金9.15亿元。实施“砂石保供”专项行动，开展矿产资源治理整顿，166家矿山完成生态修复，43家矿山建成绿色矿山，17个突出环境问题全部整改销号。推进耕地整改恢复，2021年净减少需整改恢复任务完成1680公顷，整改率120%。2022年恢复耕地任务实际恢复入库6526.67公顷，完成率125%，为全省率先完成任务且恢复耕地最多的市州。

【规划编制】2022年，常德市完成“三区三线”划定，其中划定全市耕地保护任务43.01万公顷（645.12万亩），永久基本农田保护任务38.92万公顷（583.80万亩）。划定生态保护红线3173.74平方千米，划定城镇开发边界规模530.64平方千米，其中中心城区199.82平方千米。完成《常德市国土空间总体规划（2021—2035年）》阶段性成果，“十四五”927个重点项目全部纳入空间规划，规划进度、成果质量位居全省前列。推进50项国土空间专项规划，以及高铁新城等重要片区详细规划。支持常德经开区等6个园区调区扩区，将建设用地规模向园区倾斜，新增园区建设用地规模46平方千米，占全市建设用地增量规模总量的36%。开展村庄规划提质“回头看”两年攻坚行动，推进680个村庄规划提质工作，在全市46个乡村振兴重点帮扶村开展“一对一”驻村规划服务。

【发展保障】2022年，常德市自然资源和规划局批回土地1000公顷，其中园区用地573.33公顷，确保益常高速扩容、石门电厂三期等重大项目开工建设。开展市江北城区集体土地征地拆迁攻坚行动，完成征地拆迁项目33个，拆迁797户，交地186.53公顷。承办2022年常德地产招商推介会，合计入库土地收入96.79亿元，其中净收益14.57亿元。闲置低效土地处置有力有效，处置闲置土地489.27公顷，处置率82%。盘活园区低效用地705.53公顷，处置率100%，两项工作均排名全省第一。落实《关于打造一流营商环境的若干政策措施》文件精神，制定“推行园区工业用地‘标准地+承诺制’改革，项目签约后30个工作日内完成土地挂牌”的实施细则，产业项目供地提速77%。联合住建等部门报请市政府出台促进房地产市场平稳健康发展和促进建筑业高质量发展2个“15条”硬核措施及实施细则。

【民生服务】2022年，常德市自然资源和规划局全面建成常德市自然资源和规划局业务一体化平台，并与市“互联网+政务服务”一体化平台技术对接，政务服务事项网上可办率100%。创新推动即办即结服务，将建设用地（含临时用地）规划许可证核发等5个行政许可事项办件类型由承诺件调整为即办件。出台《常德市推进新建商品房“交房即交证”改革实施方案》，推进省“一窗办事”平台在公积金、市城区17家银行、5家开发企业及中介机构的推广与应用，推广应用成效得到省厅肯定。在

不动产窗口设置“企业专窗”。实行小微企业免收登记费自动核验，累计免收小微企业登记费41.32万元。研究出台市江北城区公寓楼安置房划拨用地转出让用地土地出让金缴纳标准，将缴纳标准降低50%。开展“千名干部联千企”“送解忧”“优化营商环境主题党日”活动，走访12家联系的企业，广泛收集问题和困难33个，解决33个。全面排查地质灾害隐患，开展地质灾害避险演练114场，安装雨量计134台和监测设备301处。强化预警预测，实行叫应提醒，提前转移1.08万居民群众，32处438人成功避险，临澧县刻木山乡黄鳌村地面塌陷避险案例、石门县新铺镇中河铺村滑坡避险案例被省厅推介。

【常德市第三次国土调查主要数据公报发布】2022年2月22日，常德市第三次国土调查主要数据公报发布。常德市“三调”历时三年多，3千余名调查人员先后参与，汇集230多万个调查图斑数据，全面查清常德市国土利用状况。常德市土地总面积2726.6万亩（181.77万公顷），其中耕地669.83万亩（44.66万公顷）（其中16.93万亩〈11286.67公顷〉位于城镇村庄范围内尚未建设的土地中，现状为耕地），林地1139.9万亩（75.99万公顷），园地209.17万亩（13.94万公顷），湿地66.65万亩（44433.33公顷），草地5.27万亩（3513.33公顷），商业服务业用地4.7万亩（3133.33公顷），工矿用地18.5万亩（12333.33公顷），住宅用地150.49万亩（10.03万公顷），公共管理与公共服务用地9.93万亩（6620公顷），特殊用地2.89万亩（1926.67公顷），交通运输用地60.13万亩（40086.67公顷），水域及水利设施用地355.16万亩（23.68万公顷），其他土地33.98万亩（22653.33公顷）。

【常德市自然资源管理工作获省政府真抓实干表扬激励】2022年2月，省自然资源厅印发《关于2021年度自然资源真抓实干督查激励有关情况的通报》，明确常德市在土地节约集约利用、国土空间规划、矿业转型发展、督察执法、不动产登记等方面成效明显，获省政府真抓实干督查激励。同时，向全省推介常德市在国土空间规划方面的典型经验做法。《常德市构建“15-5-3-1”规划实施传导机制》。常德市创新构建15年总体规划—5年近期规划—3年行动计划—年度实施计划的“15-5-3-1”规划实施传导机制，做到远期规划、中期策划、近期计划统筹协调、逐级传导、分步实施。

【李全胜到常督导地质灾害防治等工作】2022年4月14日，常德市临澧县刻木山乡黄鳌村发生地面塌陷灾害后，常德市局启动应急勘查，督促当地扩大疏散范围，组织61户127人紧急避险。4月17日凌晨2点，距离第一次塌陷点100米位置又发生地面塌陷，面积约9000平方米，确保“零伤亡”。4月19—20日，省自然资源厅党组成员、副厅长李全胜一行，在常德副市长郭碧勋陪同下，到汉寿、临澧、鼎城等地，巡查督导常德市地质灾害防治、耕地保护等重点工作。在现场调研时，李全胜对常德市地质灾害防治工作给予高度评价。

【申报实施洞庭湖山水林田湖草沙一体化保护修复项目】2022年6月13日，常德山水林田湖草沙一体化保护和修复项目纳入湖南长江经济带重点生态区洞庭湖区域山水林田湖草沙一体化保护修复工程项目。常德山水项目涉及四水尾闾水环境水生态修复、武陵至雪峰山历史遗留矿山与森林生态保护修复、四口水系连通与面源污染生态拦截3大工程15个项目，累计总投资26.58亿元。项目实施期限为2022—2024年。

【常德市盘活利用一宗存量工业用地被自然资源部评为典型案例】2022年6月19日，自然资源部印发《盘活存量用地保障工业项目落地典型案例》，常德市盘活利用存量工业用地案例入选。《从“1”到“7”的转变——常德市盘活1宗闲置土地引进7家企业》：近年来，常德市始终坚持最严格的节约集约用地制度，强力推进闲置土地处置，将盘活土地与招商引资妥善结合，通过强力收回闲置土地、绿色通道助力供地、同步推进招商供地，妥善收回盘活1宗52.48公顷闲置土地，引进7家企业，提高土地利用效率，提升经济效益。

【柳叶湖旅游度假区“智慧护田”获评湖南省耕地保护十大典型案例】2022年6月25日，在湖南省纪念全国土地日活动暨湖南省全面推行“田长制”公开宣传活动中，省自然资源厅公布“湖南省耕地保护十大典型案例”评选结果。常德市柳叶湖旅游度假区“打造‘智慧护田’系统，让每一寸耕地都实至名归”获评“湖南省耕地保护十大典型案例”。

【常德市国土资源规划测绘院获得湖南省第一届职

业技能大赛铜牌】2022年7月3—6日，湖南省第一届职业技能大赛举行。常德市国土资源规划测绘院选手总成绩排名第三，获铜牌一枚，侯亮、曾斌均被授予“湖南省技术能手”和“湖南省青年岗位能手”称号。

【常德市自然资源行政争议协调化解中心成立】2022年7月8日，常德市自然资源行政争议协调化解中心正式挂牌成立。该中心由常德市自然资源和规划局联合常德市中级人民法院成立，是湖南省第一家地市级自然资源行政争议协调化解中心。行政争议协调化解中心主要负责在诉前对涉及自然资源领域的一审行政争议案件组织开展沟通、解释、协调等工作。

【湖南省“8·29”测绘法宣传日主场活动举行】2022年8月29日，湖南省“8•29”测绘法宣传日主场活动在常德举行。省自然资源厅党组成员、副厅长邓建华出席活动并讲话。活动发布湖南省新版标准地图，并现场向相关学校、社区、媒体及企业等8家单位赠送地图。活动还听取了智慧常德时空大数据平台成果演示汇报，观看了常德市“多测合一”联动更新暨基础测绘成果应用演示，并组织参观测绘法暨国家版图意识宣传、新型测绘技术装备展，常德市测绘地理信息成果展，以及常德市规划展示馆。

【常德市数字化治理工作获自然资源部党组成员、副部长庄少勤肯定性批示】2022年9月9日，《中国自然资源报》第1129期头版头条推介《“数”助自然 “治”慧管理——湖南常德自然资源数字化治理体系建设实践》，自然资源部党组成员、副部长庄少勤作出专门批示：“请部网信办和信息中心关注，及时总结推广地方实践成功经验，加快自然资源管理和国土空间治理数字化转型。”

【湖南省耕地“零违法”卫片执法工作座谈会召开】2022年9月26日，湖南省耕地“零违法”卫片执法工作座谈会在常德桃源召开。省自然资源厅党组成员、省自然资源副总督察林目轩出席会议并讲话。会议通报了2022年全省卫片执法工作情况，观看了《常德市强力推动“双零”行动切实保护耕地工作视频》，听取常德市自然资源和规划局 、桃源县自然资源局“零违法”工作经验发言，14个市州相关负责人开展交流讨论。

【“登小二”推出常德市首套政务服务表情包】2022年10月16日，由常德市不动产登记中心、常德日报社联合策划创作的常德市首套政务服务类表情包——“登小二”，在微信朋友圈正式上线。此次推出的微信表情包，以常德不动产登记卡通形象代言人“登小二”为原型，16款表情覆盖工作生活的各个场景。

（撰稿　唐家新　张联秀）

武陵区自然资源工作

常德市武陵区自然资源局

党总支书记、局长	刘水清
党总支副书记、副局长	熊　伟
党总支委员、副局长	李志刚
党总支委员、副局长	吴　健
总工程师	徐　欣

【保障发展】2022年，常德市武陵区开展集体土地征地拆迁攻坚行动，完成征地123.58公顷，签约543户，倒房469户，交地15宗，保证芙蓉学院转设、益常高速复线等重大项目落地。推进土地报批工作。完成38宗108.13公顷新增建设用地项目土地确权和6宗8公顷临时用地报批。推进9个市城建项目和10个储备项目的地籍确权、公告发布和签约工作。推进土地变更调查。以国土“三调”数据为基础，初步完成2021年度变更调查及相关专项调查，完成区本级496宗245.08公顷图斑调查核实，处理到位65宗63.93公顷疑似违法图斑。完成2021年度国土变更调查3.4公顷流出永久基本农田整改恢复任务并落实耕种。

【规划管控】2022年，常德市武陵区优化全区2287.07公顷永久基本农田布局，启动全区7个乡镇（街道）国土空间规划编制。开展“多规合一”实用性村庄规划提质“回头看”，完成16个村庄规划提质，启动1个村庄规划编制。完成37宗设施农用地上图入库工作。完成益常高速第8、9标段项目建设临时用地选址和益常高速芦荻山安置点用地和规划选址。实行规划全周期管理，核发《建设用地规划许可证》《建设工程规划许可证》7份，完成16个老旧小区改造设计方案审批和76部电梯备案、验收，办理其他审批事项20项。

【资源保护】2022年，常德市武陵区推行耕地保护田长制。明确区级田长5人、乡级田长46人、村级田长79人、网格田长190人。开展自然资源部下达的违法违规占用耕地重点问题专项整治，完成8个违法图斑整改。完成22公顷新增耕地举证上报，完成率126%，守住耕地保护红线目标。推进坑塘水面占用耕地专项整治、耕地“非农化”专项行动和自然资源领域扫黑除恶斗争。推进自然资源行政执法体制改革，完成自然资源行政执法局挂牌。推进违法用地“双零”行动，历年耕地保护督察、自然资源例行督察反馈问题基本清零。落实“五抓五早五协同”工作机制，开展动态巡查863次、6904人次，立行立改违法用地25起，立案查处1起，完成国、省下发的332个卫片图斑核实举证，新增违法用地“零增长”。提升林业资源保护水平。林长制工作全面落实，设立区级林长公示牌1块、乡级林长公示牌9块、村级林长公示牌65块。开展各级林长巡林5000多人次。开展国土绿化行动，完成义务植树任务120万株，义务植树尽责率98%以上，推进森林乡村建设，街道“四旁”植树，植树成活率95%以上，义务植树建档率99%以上。完成省市下达营造林任务40公顷，封山育林66.66公顷。开展野生动物收容救护，共救助野生动物42头（只）。全年森林火险火情“零”发生。

【服务民生】2022年，常德市武陵区自然资源局落实领导接访、处信、交办和包案制度，化解征地拆迁、公寓楼办证、土地权属纠纷等重点领域矛盾纠纷问题。化解土地权属纠纷2宗。配合市不动产登记中心完成土地性质认定65宗。办结市民网上留言、市长热线等信访件181件。做好应复应诉工作，出庭应诉27次，行政复议答辩4次。推进不动产登记。区本级农村宅基地和集体建设用地房地一体确权登记数据入库工作基本完成，通过省、市两级验收，两乡一镇的不动产电子证件全部完成，纸质证书颁发工作推行，共发放700多本。推进审批服务“三集中三到位”改革，审批时限压缩50%以上，审批资料减少30%。开展“走流程、解难题、优服务”行动，全体班子成员分别以工作人员和办事群众身份体验行政审批全流程服务。开展联企“送政策、解难题、优服务”行动，点对点帮助9家企业化解困难，化解率100%。

【地灾防治】常德市武陵区自然资源局落实地质灾害防治六项制度，坚持“人防+技防”相结合，值班值守、动态巡查、隐患排查、预警监测、避险转移等工作落实到位，全年无安全事故。

【党建工作】2022年，常德市武陵区自然资源局聚焦重点领域、关键环节，强化权力监督和制约，主要领导“三个不直接分管”和集体研究“三重一大”事项末位表态制得到落实，研究“三重一大”事项26件，研究党风廉政建设工作5次。开展重要节点纠“四风”专项监督检查，组织党员干部观看廉政教育片《警钟2021》。坚持支部理论学习与区委中心组学习同主题同步学制度，专题研究意识形态工作、专题分析研判各1次，专题学习习近平关于意识形态工作重要论述3次。完成东江所、芦山所、丹洲所、城区所等基层所的升级改造，改善办公条件，配齐配强工作人员。修订完善《财务内控管理制度》《劳务派遣人员管理办法》《征地拆迁精细化管理规定》等制度。开展“三全”活动，常态化开展行政执法人员法律法规知识培训和行政执法案卷质量评查活动。

（撰稿　谭　颖）

鼎城区自然资源工作

常德市鼎城区自然资源局

党组书记、局长	汪其明
党组成员、副局长	杨家军
党组成员、副局长	孙景刚（　—2022.12）
党组成员、副局长	陈立斌（2022.12—　）
总经济师	詹子华

【耕地保护】2022年，常德市鼎城区召开耕地保护工作调度会。将2022年耕地底线目标65193.33公顷落实到乡镇、村组，与各乡镇签订耕地目标管理责任状。将866.67公顷恢复耕地任务（上级下发任务633.33公顷）分解落实到各乡镇，督促各乡镇加大恢复耕地任务和扣减冻结耕地指标图斑整改力度，每周上报进展情况。共举证上传1480公顷，上级审核已认定740公顷，完成耕地恢复和进出平衡任务，守住65193.33公顷耕地底线目标。对扣减冻结耕地指标图斑进行整改。已向省厅申请解冻数量指

标249.13公顷。推进田长制，成立鼎城区田长制工作委员会，制定鼎城区《全面推行田长制严格耕地保护实施方案》，全面推行田长制。

【国土空间规划】2022年，鼎城区完成“三区三线”的划定和成果启用。完成二轮规划基数相关举证工作。完成全区31家加油加气站、24条线型公路、98宗乡镇经营性用地、108宗幸福屋场的摸底统计工作，以上项目用地进行永久基本农田调出处理。依申请完成镇德桥海乘职校等5宗项目用地土规修改工作，完成蒿子港民主阳城垸公租房等6宗地块图则编制工作。强化规划服务与监管，累计办理建设项目规划条件39份，核发《建设用地规划许可证》22本，审批建设项目规划方案21个，核发《建设工程规划许可证》56本，核发《建设工程规划核实合格证》139本；批后管理项目25个，对违法建筑下达《责令停止建设通知书》1份，回复鼎城区城管局违法认定告知函等3份，规划验收项目19个，对鼎城区城管局移送违法建筑认定函33份。

【执法监察】2022年，鼎城区开展卫片执法工作。鼎城区违法用地“双零行动”和耕地“非农化”图斑共183个（含历年存量和2022年新增），共完成整改49个。鼎城区耕地“非粮化”（坑塘水面）图斑共151个，其中已销号109个，待复核39个，未完成整改3个。推进月清“三地两矿”。省厅共下发12批次（总30批次），鼎城区被纳入月清“三地两矿”任务52宗,监测面积22.52公顷，其中耕地8.68公顷（基本农田3.19公顷），已整改完成29宗（8.67公顷）。开展自然资源巡查和执法。共出动巡查658人次，出动车辆204台次，发现和制止自然资源违法行为35起。共立案35起，移送公安机关11起，移送纪委2起。开展闲置土地整改。下发闲置土地9宗，经检查、举证和整改4宗。

【矿政管理】2022年，鼎城区加强矿产资源保护。对已到期并停产的矿山，进行三级巡查（局、镇、村），做到“早发现、早制止、早查处”；完成向省厅申请对落子山矿区矿业权的矿区范围核查；完成南方水泥的绿色矿山全部资料申报工作；完成鼎城区砂石土矿向省厅申请报批的工作；配合省市做好落子山、郑湾、牌楼矿区相关资料的报送工作。开展生态修复。全区14家矿山全部关闭注销并修复到位。完成历史遗留矿山生态修复2处。完成南方水泥和祥荣金矿的年度分期验收工作。

【优化登记】2022年，鼎城区共办理不动产登记业务22939件，发放不动产权证书10284本、不动产登记证明12655本。在延伸基层服务、开通绿色通道等基础上，开展延时服务、提供上门服务；为批量登记业务实行场地分区办理。全面推行前台一窗受理、后台并行办理、限时办结、一站式服务的模式，将不动产异议、查（解）封登记办理时限缩减为即时办结；不动产一般登记办理时限缩短至4个工作日，抵押登记办理时限缩短至1个工作日。

【地灾防治】2022年，鼎城区编制《鼎城区2022年度地质灾害防治工作方案》和《鼎城区突发性地质灾害应急预案》，调整《鼎城区地质灾害防治工作领导小组成员名单》。通过省、市、区、乡四级巡查，对109处地质灾害隐患点、6263户切坡建房户全部巡查完毕，全区地质灾害隐患点新增19处，及时更新所有地灾隐患点“两卡一案”和警示牌。全区转移地灾点群众165户414人，高风险切坡建房22户88人。严格执行汛期值班制度。入汛以来，通宵值班12次，并对地质灾害群测群防责任人进行电话抽查和工作督导。全民普及地质灾害防治知识。利用“5·12”国家防灾、减灾日，“6·5”环境保护日等加强宣传，出示地质灾害避险展牌28块、横幅3条，发放手册750份，开展21次应急演练。完善地质灾害硬件设备。完成地质灾害应急指挥中心阵地建设，完成全区11个重点地质灾害点普适型预警监测设备的安装。

【确权登记】2022年，鼎城区出具各类项目土地权属资料，新增建设用地项目12宗，设施农用地27宗，违法用地89宗，土地确权5宗，共收回国有土地使用权14宗。年度变更调查已安排技术单位进场，并进入实施阶段，项目招投标相关手续已进入财政评审阶段。完成许家桥乡原丁家港畜牧站、蒿子港镇民主阳城垸两宗土地的确权认定；完成郭家铺幼儿园项目、红云街道公租房项目、蔡家岗落子山矿区、郑湾矿区等8个项目土地权属调查。确权登记窗口共受理各类不动产权籍调查623件，办理落宗510户；办理不动产查询类1万多件；办理林权调查6起、落宗2起；办理不动产继承7起。

【党的建设】2022年，常德市鼎城区自然资源局完成4个党支部的换届。各支部党员参与乡村振兴村级集体经济“消薄攻坚”帮扶工作，巩固“我为群众办实事”实践活动成果，参加“全国文明城市创建”活动，开展形式多样的主题党日活动，如进社区、下基层等。

（撰稿 欧阳志威）

汉寿县自然资源工作

汉寿县自然资源局

党组书记、局长 陈精忠
党组副书记、副局长 李大勇
党组成员、副局长 黄桂喜
党组成员、副局长 肖 健
总工程师 郭电桃
党组成员、县纪委监委派驻县自然资源局纪检监察组组长 刘 斌

【概况】2019年2月27日，汉寿县自然资源局挂牌成立，由原县国土资源局和县住建局原规划建设站合并组建。主要职责是“统一行使全民所有自然资源资产所有者职责”“统一行使所有国土空间用途管制和生态保护修复职责”。2022年，有在编在岗228人。内设16个股室、5个直属副科级事业单位，21个乡镇（街道）自然资源所。

【保障发展】2022年，汉寿县自然资源局共上报新增建设用地20个批次25个项目407.79公顷，其中已领取批文的18个批次，面积316.71公顷，保障高速复线等各类项目建设用地需求。同时，为解决单宗土地出让规模7公顷上限，向省厅申请调整的适用标准，成功提升房地产用地单宗出让规模，按中等城市住宅用地宗地出让面积不得超过14公顷的标准执行，便于灵活推出商业地块挂牌。入库收益29936.33万元，其中益阳至常德高速扩容耕地开垦费13163.92万元；省自然资源厅返还2020年度省级统筹耕地指标耕地开垦费3097万元；问题楼盘集中化解补缴土地出让金170.01万元；房改房、集资房和安置小区补缴土地出让金4965万元、税费132万元，出让加油站、科技学院地块，收益4475.4万元。丰家铺镇白牛庵板岩矿已挂牌出让，取得收益2430万元；龙潭桥镇浏泱河—文武桥砂岩矿已挂牌出让，取得收益1503万元。

【保护资源】2022年，汉寿县推进耕地非农化非粮化整改工作。完成各类图斑整改1653.33公顷，耕地“非农化”和“非粮化”现象得到有效遏制，村民建房管理进一步规范，全县耕地数量稳中有升。实行耕地保护党政同责，推动田长制工作，全县耕地共划分1405个网格，设置四级田长1706人，安装田长公示牌280块，所有田长都使用田长APP进行巡田。

【服务民生】2022年，汉寿县优化不动产登记服务，基本实现“一窗受理、一站办结”目标，一般登记、抵押登记5个工作日办结。共办结完成日常颁证业务18488宗，同比增长50.1%。完成全县28个办证问题项目的化解工作，办证率97.55%，解决5538户购房业主的颁证问题。启动房改房、集资房和安置房登记工作，为全县2533户住房业主办理不动产权证书。推进“交房即交证”工作，3月完成“恒基•公园世家”项目“交房即交证”，11月完成“金色晓岛”项目交房即交证工作。启动征拆项目12个，腾地304公顷，签约倒房460栋，支付征拆补偿资金57393.55万元，拆迁面积12.73万平方米。制定《汉寿县“十四五”地质灾害防治规划》和地质灾害隐患点群众转移安置应急预案，开展地质灾害应急避险演练8次，组织全员地质灾害防范知识培训2次，巡查80多次，发现小型地质灾害并排危除险处理31起，地质灾害隐患工程治理1处，避险搬迁安置20户，主汛期防灾避险转移群众637人次，建设预警监测设备11套，投入地质灾害防治资金约1100万元。开展第32个全国“土地日”宣传活动，共发放宣传资料6000余份，接受现场咨询50余人次。

【基础工作】2022年，汉寿县推进国土空间规划编制工作。科学合理划定“三区三线”，成果经部、厅审查通过，已正式启用。强化测绘保障。共完成野外测绘面积633.33公顷。绘制图幅数1200余幅，累计完成产值近120余万元。完成全县各单位近280栋房改房、集资房野外地籍测绘，230余栋不动产房产测绘；协助完成全县18个安置小区拟发证工作。优化高新产业园区服务，协调联系企业与群众，解决用地报批、征地拆迁、行政许可、设施农业用地备案上图入库等相关问题，共受理、办结各类审批事项155件。

【队伍建设】2022年，汉寿县自然资源局创成全国“自然资源节约集约示范县”“节约型机关”，获

得“省文明单位”、全省“巾帼建功先进集体”称号、省自然资源厅违法用地“零新增”及违法占用耕地“零新增”双称号。局工会获评“全国模范职工之家”称号。

（撰稿 童 坤 周益旋）

桃源县自然资源工作

桃源县自然资源局

党组书记、局长 曾拥军
党组副书记、副局长 王国好
党组成员、副局长 潘文建
党组成员、副局长 管 波
党组成员、总工程师 黎小新

【发展保障】2022年，桃源县共批回用地137.27公顷，经营性土地98.73公顷成片开发方案获省厅批复；2022年度第五、第六、第七批次28.51公顷储备用地拿回批文；桃源县抽水蓄能电站项目先行用地报批工作完成。完成征地128.67公顷，调查拆迁户175户，签订房屋拆迁补偿协议113户，支付补偿费2.87亿元。文津中学征拆全面完成，南区荷花路、雪涛路征地拆迁正式启动；观音寺姚家坪、陬市荷花、架桥西凤矿山完成征拆并挂牌出让；长堰泵站、热市南方新材料矿山公路、乡镇电力线路整改等项目征地拆迁有序推进。收购存量国有土地20.8公顷，新增农转用征收储备土地28.51公顷，现有储备土地库存25宗17.07公顷，实现土地矿产经营收益1.8亿元。其中热市镇太平寺建筑用白云岩矿采矿权挂牌出让收益3.66亿元，出让价款创桃源县历史新高。

【资源保护】2022年，桃源县全面推行田长制，召开全面推行田长制工作会议，出台桃源县《全面推行田长制严格耕地保护实施方案》，设立县乡村网格四级田长和田长制公示牌，常态化开展田长巡田护田行动，形成“横向到边、纵向到底、全覆盖、无缝隙”的耕地保护格局，同时做好政策法规宣传。上级下达耕地恢复任务指标1053.33公顷，实际完成1146.67公顷；纳入省厅“回头看”行动的11个占补平衡项目全部完成整改，架桥镇全域土地综合整治试点项目实施方案已报省整治局；2021年度旱改水项目已完工，在编制资料。县委、县政府联合印发《关于严厉打击非法开采矿产资源行为的通知》，设置有奖举报电话，鼓励群众举报非法开采矿产资源行为，对举报属实的依纪依法严肃查处。对矿产资源违法行为立案调查15起，没收违法所得及处罚金额59.76万元，移送司法机关追究刑事责任7起，对涉矿乡镇共177个废弃矿硐进行全面排查封堵并通过上级主管部门验收。省自然资源厅下达矿山生态修复任务图斑面积8.42公顷，实际修复总面积12.97公顷，已建成中材常德水泥有限责任公司魏家湾钙质泥岩矿、向家湾石灰石矿，桃源县天胜建材厂，桃源县明月鹏程矿业4家绿色矿山，并全部通过省厅“回头看”核查。对违法用地行为实行早发现、早制止、严查处，共组织开展执法行动3482次，出动执法人员13907人，立案查处自然资源违法案件37件，结案33件，罚没款221.92万元，移送公安追究刑事责任案件9件。完成省、部级下发月度卫片图斑上报工作，无1宗违法；部、省下发补充卫片图斑、疑似问题图斑1831个，经过外业核查，按时完成整改、填报及销号工作，新增违法用地“零增长”。9月，全省耕地“零违法”卫片执法工作座谈会在桃源召开。

【国土空间规划】2022年，桃源县建立健全“两级三类”国土空间规划编制体系，完成“三区三线”划定，划定成果获自然资源部批准；制定专项规划编制目录清单15个，完成初步方案编制9个；架桥镇全域土地综合整治试点国土空间规划编制成果通过市级评审，其余25个乡镇规划完成招投标；完成《城南区中部组团控制性详细规划》编制报批和248个村庄规划提质“回头看”初步方案编制上传。

【地灾防治】2022年，桃源县建立汛期值班值守制度，实行24小时双人双岗值班；开办全县地质灾害防治宣讲一堂课，将地灾防治常识宣讲到村和农户个人，组织督促全县所有乡镇（街道）开展防灾避险演练；地质灾害普适型监测设备应装尽装，全面提升“人防+技防”能力；实施杨溪桥镇、漆河镇两个地质灾害点应急工程治理，完成西安镇西安村红岩湾组、沙坪镇沙坪村和大兴居委会崩塌（沙坪镇镇政府崩塌）地质灾害工程勘察。

【不动产登记改革】2022年，桃源县各类登记业务办结时限从法定30个工作日全部压缩到4个工作日内办结，其中抵押登记办理时间压缩至24小时以内，异议登记、注销登记、查封登记即办即结，走在全市前列；推行“互联网+不动产登记”，全面启用湖南省不动产登记网上“一窗办事”平台，初步实现“全程网办”“一网通办”；推进交房即交证改革，自2022年12月31日起全县所有新建楼盘全面实施交房即交证。完成桃源县工程建设项目“多测合一”改革，成立桃源县“多测合一”工作领导小组、建立监管共享平台、成立服务窗口、健全监管机制，明确“多测合一”具体操作全流程。

【农村宅基地和集体建设用地房地一体确权登记颁证】2022年，桃源县农房一体确权登记共调查农户（含集体建设用地）22.92万宗，落宗22.60万宗，登簿20.95万宗，移交乡镇不动产权证书20.16万本。

【信访维稳】2022年，桃源县自然资源局共接待群众来访来电150余次。局本级登记信访事项11件次，县信访工作联席会议办公室交办6件次，县生环委办公室交办1件次，红网问政湖南交办2件次，市自然资源和规划局交办2件次，市委巡察组交办2件次，湖南省信访系统交办8件次，自然资源部交办10件次，县长热线办转办85件次，总计127件次，均全部办结。

【综合管理】2022年，桃源县自然资源局研究并印发《2022年度党建工作计划》，开展“喜迎二十大·建功新时代”主题党日和“一课一片一实践”等活动。严格执行“第一议题”学习制度，共开展中心组学习12次、干部集中学习5次，抓实抓细党建工作。

【荣誉档案】2022年，桃源县自然资源局耕地保护工作获2022年度市政府真抓实干督查激励。桃源县作为违法用地“零新增”的县市区在全省耕地“零违法”卫片执法工作座谈会上做典型发言。碎石矿山开采生态治理工作作为正面案例，接受生态环境部华南督察局调研。10月31日，不动产确权登记工作被《中国自然资源报》宣传报道。木塘垸旱改水工作被《人民日报》纸媒宣传推介。西安所李波同志因在地灾防治工作中表现突出，被评为全省地质灾害防治工作优秀个人。

（撰稿　夏　菁）

临澧县自然资源工作

临澧县自然资源局

党组书记、局长　　樊双明
党组副书记、副局长　　张　俊
党组成员、总工程师　　徐立军
党组成员、副局长　　邵　军

【概况】2022年，临澧县自然资源局有行政编制13名，参管10名，事业编制155名，实际在岗185人（含劳务派遣13人），退休干部62人。内设职能股室11个，即办公室、人事股、法规股、行政审批服务办公室、国土空间用途管制股、国土空间规划管理股、自然资源调查登记股、自然资源开发利用股、耕地保护和生态修复股、矿产资源和地质环境股、国土测绘地理信息管理股。下属副科级单位5个，即行政执法大队、不动产登记中心、土地开发整理中心、自然资源事务中心、自然资源储备中心，下属事业单位6个，即信息中心、自然资源费征稽所、地质环境监测站、自然资源测绘队、国土空间规划事务中心、田长制事务中心，乡镇（街道）自然资源所11个。设基层党支部4个。

【用地保障】2022年，临澧县自然资源局共批回土地25宗59.75公顷，征收土地6.67公顷，拆迁125户。

【规划编制】2022年，临澧县自然资源局正式启用“三区三线”成果，划定县永久基本农田保护面积356.91平方千米，生态保护红线面积131.65平方千米，城镇开发边界面积34.34平方千米。完成9个乡镇国土空间规划编制工作的招投标、64个村庄规划的编制。

【土地出让】2022年，临澧县自然资源局出让国有建设用地使用权39宗，面积108.36公顷，总价款141571万元。其中工业用地11宗，面积54.53公顷，价款15193万元；商服28宗，面积53.84公顷，价款126378万元；协议或补出让项目5宗，价款881万元；划拨出让项目19宗，面积27.2公顷，价款188万元。

【矿产资源管理】2022年，临澧县自然资源局完成对10家矿山的年度生态修复验收工作，完成6.39公顷历史遗留矿山及22.74公顷有责任主体废弃矿山的修复工作。推进大观砖瓦用页岩矿采矿权的挂牌出让，完成樟树垭制灰用石灰岩矿和白岩寺建筑用砂岩矿两家大型采矿权的前期准备工作。推进全县废弃矿井硐专项整治工作，共摸排出无主废弃矿山19家，废弃矿井硐23个，15个未封堵的废弃矿井硐已完成封堵。

【地灾防治】2022年，临澧县自然资源局向省厅申请停弦渡镇福船村茶湾不稳定斜坡地质灾害治理工程、太浮镇王化村自生桥滑坡地质灾害治理工程等4个地质灾害治理项目。聘请地质技术单位对全县13家持证石膏矿山开展全面的安全风险排查，并根据各矿山存在的风险隐患划分风险等级。

【执法监督】2022年，临澧县自然资源局以县“两违”管控工作方案为抓手，抓好违法用地整改与执法工作，实现违法用地“零新增”。一年来，共查处土地违法案件10起，结案5起，移送纪检监察机关追责6人，拆除违章建筑物36栋，建筑面积5600平方米，恢复土地面积13.33公顷；依法立案查处非法开采资源行为21起，结案15起，与森林公安开展联合行动11次，移送涉刑线索9起。

【确权登记】2022年，临澧县自然资源局完成权籍调查5926宗，涉及不动产单元15737个；颁发证书10582本，证明5258份，办理查封、注销等不颁发证书证明的登记业务4271件；办理不动产登记信息查询业务26335件，出具查询证明4937份；整理归档不动产登记档案19766份。基本完成12个乡镇（街道）160个建制村（社区）的109506宗宅基地和826宗集体建设用地房地一体确权登记颁证工作，同时向部、省汇交农村不动产权籍调查数据95315条（落宗数据），登记发证数据83473户。清理整合土地、房屋、林地等各类存量数据，建立标准统一、关联准确、信息完整的不动产登记数据库，向部、省汇交历史存量登记数据126813户，涉及登记权利人259497人。

【便民提速】2022年，临澧县自然资源局以县委优化营商环境专项巡察、县人大常委会评议优化营商环境工作为契机，对标对表落实对发现问题的整改。同时，行政审批大厅进行更新改造，新添置叫号系统、大厅显示屏等标准化设备。新增4名干部进驻行政审批办，真正实现前台受理、后台办理，一件事一次办。

【群众诉求】2022年，临澧县自然资源局处理来信来访案件48件，协调处理应诉行政诉讼案件3宗、行政复议事项1起，民事诉讼4宗，办理人大代表、政协委员等社会各界人士反馈的议案、意见、建议等17个，处理回复率100%，牵头组织完成全县房地产领域办证难信访突出问题14个项目积案化解工作。

【土地节约集约】2022年，临澧县自然资源局接到省自然资源厅下达的批而未供土地处置任务面积29.44公顷，完成处置面积10.95公顷，处置率为37.17%。根据园区“一园一策”整改方案，2.05公顷批而未供土地处置任务全部完成，73.81公顷低效（空闲）用地已处置74.93公顷。

【荣誉档案】2022年，临澧县自然资源局被省自然资源厅评为2021年度村庄规划综合服务工作先进单位；被市局评为落实自然资源规划管理重点工作先进单位；黎洪涛被省厅评为2022年度新闻宣传先进个人，龚梁被省厅评为全省自然资源信访工作业绩突出的先进个人。

（撰稿　黎　炜）

石门县自然资源工作

石门县自然资源局

党组书记、局长	丁国先
党组副书记、副局长	叶群华
党组成员、副局长	赵　剑
党组成员、副局长	向金兵
总工程师	毛　云

【土地报批与供应】2022年，石门县自然资源局共批回各类建设用地15宗，面积109.28公顷。办理临时用地11宗，核准用地规模21.25公顷。完成土地供应面积40.23公顷（其中招拍挂出让17宗，供应面积25.32公顷，土地成交价款22101万元；协议出让318宗，供应面积14.91公顷，土地成交价款4741.96万元）。项目变更出让5宗，补缴土地价款628.96万元。划拨供应39宗，供地面积111.78公

顷。完成2009至2018年批而未供土地处置11.79公顷，2019至2022年批而未供土地处置109.97公顷。完成闲置土地处置9.29公顷，处置率90%。

【耕地保护与开发】2022年，石门县推动田长制改革工作，建立县、乡、村、组（网格）四级田长+农户“四级田长”责任体系；县级设总田长、田长、副田长，县委书记担任总田长，县政府县长担任田长，县委副书记、县政府常务副县长、县政府分管自然资源、农业农村工作副县长担任副田长。全县共设置县级田长6人、乡级田长50人、乡级副田长183人、村级田长330人、网格田长1164人。完成27块乡级、330块村级田长制公示牌制作和安装。完成2021年变更调查减少耕地整改任务186.67余公顷，完成2022年耕地恢复任务92.67公顷。严控建设占用耕地，共批回农用地转用面积93.53公顷，其中耕地18.7764公顷，占比20.08%。整治耕地“非农化”“非粮化”，完成国家督察武汉局下发石门县耕地非农化图斑整改销号25个；完成省自然资源厅下发农村乱占耕地建房图斑举证销号9宗，1宗村民建房移交县农村农业局和纪委立案调查。完成石门县易家渡镇等两个乡镇两个村旱改水项目，新增水田指标1.04公顷。完成石门县蒙泉镇、秀坪园艺场两个乡镇土地开发项目，新增耕地1.42公顷。开展补充耕地项目“回头看”自查整改工作，确认入库耕地数量指标25.85公顷，水田规模指标56.41公顷，粮食产能指标29.12万公斤。

【国土空间规划】2022年，石门县自然资源局推进“三线”划定、国土空间总体规划编制、村庄规划编制“回头看”等工作。完成石门县永久基本农田、生态保护红线、城镇开发边界线等“三条控制线”划定，其中永久基本农田总面积2749.07公顷；生态保护红线面积为1215.74平方千米；城镇开发边界总用地规模为38.72平方千米；完成《县级国土空间总体规划编制大纲（试行）》初步方案，明确县中心城区总体格局及发展方向。完成36个国土空间专项规划编制目录清单制定，其中完成批复7个，已完成审查10个。对省厅下达的182个村庄规划编制任务开展“回头看”工作，按新的大纲要求进一步优化完善，并将方案成果上传至村庄规划编制管理系统。

【土地征收】2022年，石门县共完成易家渡卫生院建设项目、陈振亚建设项目、新厂社区统征6.7地块、商溪35千伏输变电工程、建筑垃圾消纳场补征项目、第二十七批次（大同山液化气站）等6个项目征拆工作，征收腾地面积286.91公顷，拆迁房屋368栋，未发生一起损害群众利益的违纪违规行为。

【矿产资源管理】2022年，石门县自然资源局共办理采矿权新立、延续、变更及注销审批登记事项5宗。完成3宗采矿权挂牌出让，总成交采矿权出让收益为9040万元。完成3家生产矿山绿色矿山建设，对2020年、2021年完成13家入库绿色矿山企业进行“回头看”工作，经省自然资源厅复核验收，均达到要求，13家绿色矿山没有移出的情况。深入开展废弃矿硐安全隐患进行专项整治，共排查各类废弃矿井60个，完成封堵60个。全面落实日常监管，对全县51家矿山开展日常监管巡查，对发现的各类问题进行现场交办，要求立行立改，全县矿山企业未发生安全生产和环保事故。

【地灾防治】2022年，石门县自然资源局围绕地灾隐患识别到户、防治措施宣传到户、发灾风险预警到户要求，持续推进地质灾害防治体系建设，完成16处监测预警设备安装；举办两期地灾防治知识宣传和业务培训，参训人员约300人，开展汛前防灾演练20余次。共申报地灾治理项目4个，总投资1180.7万元，省厅审查入库项目2个。落实隐患排查巡查、全年值班值守、预警预报、应急处置等防治措施。指导、组织、协调乡镇做好应急处置工作，共出具应急处置报告24份，向相关责任单位下达督办函18份，均在第一时间到现场指导应急处置。全县共发生较大地灾隐患3起，由于应急处置到位，未发生人员伤亡事件。

【行政审批】2022年，石门县自然资源局共受理、办结各类行政审批事项共计550余件，共发放用地规划许可证42本，工程规划许可证66本，土地和规划核验合格证34本，乡村规划许可证3本。

【信访维稳】2022年，石门县自然资源局共接待处理来信来访、县长热线、县长信箱、市长热线、市长信箱、湖南省信访系统、自然资源部信访系统、领导交办等多途径信访件近130件，来信来访受理率、回复率均为100%。完成省委第四巡视组分七批次交办信访件。共处理行政调解纠纷案件11件，已办结8件，未出现重复信访。办理应诉案件10件，结案8件；办理应复案件5件，结案3件。

【生态修复】2022年，石门县自然资源局共完成历史遗留矿山生态修复图斑16个，面积为21.43公顷。全面落实在建矿山“边生产、边治理”责任义务，完成在建矿山生态保护修复年度验收25家，修复面积79944平方米；生态保护修复分期验收2家。修复面积43088平方米。完成关闭矿山生态保护修复闭坑验收4家，修复面积10.77万平方米。完成2023—2024年山水项目勘察设计和评审工作。完成2022年污染防治攻坚战“夏季攻势”历史遗留矿山生态修复图斑6个，面积8.96公顷。

【执法监察】2022年，石门县自然资源局立案查处土地矿产违法案件共44宗，现场下达《责令停止自然资源违法行为通知书》32份，其中土地违法立案24宗，21宗已结案，收缴罚款共142.16万元，向纪委监察机关移送土地违法行为相关线索4件。矿产违法案件20宗，11宗办结，收缴罚款539969元，向公安机关移送违法线索2件。卫片监测图斑中无认定违法图斑，实现年度违法图斑“零新增”。完成省级交办2021年新增违法用地整改任务1宗；完成部省下发卫片图斑核查与举证1564个，核查面积777.07公顷。

【不动产登记】2022年，石门县推进“互联网+不动产登记”，初步完成与省“一窗办事”平台对接、系统迁移外网升级、存量数据汇交、登记信息查询小程序等工作；推出“绿色通道”“0.5工作日”“登记回访”及“企业专窗”服务。办结发放证书17410本、证明11423份，登簿总量65354宗，接待查询12300余人次，完成登记费收取193万元。开展全县农村宅基地和集体建设用地房地一体确权登记权籍调查近17万户，实际落宗150269户，登簿146138户，打证144972本。推进房地产办证信访突出问题集中化解工作，18个问题楼盘全部完成不动产首次登记并进入分户转移登记，完成分户转移登记1750户，分户转移登记率94%。按照“应纳尽纳”再排查新增问题项目4个，已经化解2个，化解率50%。完成“交房即交证”项目涉及总户数4066户，其中3782户实现“收房即拿证”。

【地理测绘】2022年，石门县自然资源局完成各类项目测绘260余宗，免费为全县农村宅基地转用400余宗。全面开展石门县城区1：500基础测绘项目成果县级成果复核、检查、验收工作，测绘总面积更新为86.6平方千米。

【政策宣传】2022年，石门县自然资源局开展耕地保护、地灾防治等系列宣传培训活动，共制作耕地保护专题宣传音频18期，并利用县广播电台、村村通广播滚动播报；利用各单位电子显示屏，张贴、散发宣传单等方式广泛宣传制止耕地“非农化”“六个严禁”等规定，面向各乡村两级干部组织举办卫片执法知识巡回宣讲11场，面向全县乡镇分管领导、各监测点群策群防员举办地质灾害群策群防暨农民切坡建房地灾防治工作知识宣讲2场。制作并发放耕地保护宣传手册、宣传海报、倡议书等各类资料3万余份，录制耕地保护法规政策音频，利用“村村响”广播滚动播放，开展耕地保护送法下乡活动，现场宣传政策法律法规知识，设置宣传车进乡入村进行流动宣传，乡镇、村（社区）通过标语标牌、会议、广播、电子显示屏等多种形式开展耕地保护宣传。

【队伍建设】2022年，石门县自然资源局组织理论学习中心组集中学习12次，政治理论学习21次；开展主题党日活动12次，专题党课4次；召开组织生活会6次，每周五下午组织干部职工开展集中学习。组织党员干部参与疫情防控、文明卫生进小区、乡村振兴结对帮扶、平安创建、义务植树、无偿献血、文明出行、关爱母亲河志愿服务活动30余次。

【荣誉档案】2022年，石门县被自然资源部评选为首批自然资源节约集约示范县（市）。石门县自然资源局被国家机关事务管理局、中共中央直属机关事务管理局、国家发展和改革委员会、财政部等四部委评为节约型机关，被国务院第三次国土调查领导小组办公室、自然资源部联合发文表彰为“第三次全国国土调查先进集体”、获评全省自然资源信访工作业绩突出单位；被评为全市落实自然资源规划重点工作先进单位、全市文明标兵单位；被评为全县综合绩效考核优秀单位、全县平安建设优秀单位、无偿献血工作先进单位、政务服务工作“清廉窗口”。石门县第三次国土调查与农房一体确权登记工作被省政府作为好的经验做法进行宣传推广，石门县新铺镇中和铺村滑坡避险事迹入选《湖南自然资源》成功避险案例，石门县耕地保护工作受到市政府真抓实干表扬激励，不动产登记中心“四减一优”主要做法被市优化办推广。

（撰稿　娄　喁）

澧县自然资源工作

澧县自然资源局

党组书记、局长　赵新春
党组副书记、副局长　王清波
党组成员、副局长　郑子华
党组成员、副局长　王　勇
党组成员、总工程师　关　宁

【保障发展】2022年，澧县自然资源局批回建设用地29宗52公顷，批回工业用地4宗17.6公顷，保障基础设施、民生工程及重点项目用地需求；新设“澧县三元矿区建筑石料用灰岩矿”挂牌出让，成交价11.01亿元。持续推进存量批而未供和闲置土地处置，推动城乡存量建设用地开发利用，盘活利用低效用地，并严格实行“净地”供应，实现对辖区内建设用地供后开发利用的全程监管。采取“弹性年期出让”模式，完成8宗工业用地“弹性年期出让”手续，合计面积14.33公顷，为企业降低成本近1500万元。

【保护资源】2022年，澧县自然资源局完成626.67公顷流出耕地整改任务，866.67余公顷恢复耕地任务，变更调查流出耕地整改全省第一、在全省率先完成恢复耕地任务；全面推行“田长制”，安装田长制公示牌1057块，覆盖澧县19个乡镇302个行政村；1501个“湖南田长”账号全部注册激活。完成历史遗留矿山生态修复及绿色矿山建设任务，完成废弃矿山治理工程，对澧县矿山废弃料处置进行探索，经国有资产经营管理中心处置废弃料2000多万元。

【服务民生】2022年，澧县自然资源局率先推行地下车位（库）的确权发证工作，在全省率先开展不动产登记“跨省通办”业务、实现“不动产+水电气网视”过户“一网通办”业务、实现“交房即交证”，并将该项工作延伸至“交地即交证”“交铺即交证”。工作经验被湖南日报、湖南省自然资源厅门户网站等进行详细报道和推广。在集中化解房地产办证和物业管理信访问题专项行动中，共完成11处3180户新建商品房小区的办证工作，澧县13个问题楼盘全部完成化解，化解率常德市第一。在“送政策、解难题、优服务”行动中，澧县自然资源局为澧县康洁餐具消毒有限公司等企业落实降息贴息贷款、征地拆迁等7类问题，相关工作经验被湖南日报宣传推介。连续第10年实现地质灾害“零伤亡”。编制“十四五”地质灾害防治规划，开展地质灾害“三查”，在册隐患点落实“一案两卡”，完成安装普适型监测设备49套，争取上级地灾治理资金860万元，治理甘溪滩镇田冲村、码头铺镇红岩村等地灾隐患。

【执法监察】2022年，澧县自然资源局推进自然资源行政执法改革，成为全省首个成立自然资源行政执法局的县。赋权19个镇街行使自然资源行政监督检查和行政处罚的耕地保护执法权，进一步厘清与镇街行政执法边界。共组织土地、矿产巡查执法300余次，出动执法人员850余人次。共立案查处土地、矿产资源、规划违法案件36宗，罚没438.26万元，移送公安部门追究刑事责任案件3宗3人。在建项目规划条件核实综合验收处罚15宗，罚没收入22.46万元。联合行政执法共拆除违法建筑面积3000余平方米。

【荣誉档案】2022年，澧县自然资源局被评为国家节约型机关、2022年全省自然资源信访工作业绩突出单位、2022年自然资源规划管理优秀单位、2021年度常德市农村宅基地和集体建设用地房地一体确权登记颁证工作先进单位、无烟党政机关；在2022年常德市自然资源规划系统土地管理“一法一条例一办法”知识竞赛中获得优秀团体一等奖。耕地保护工作获得省政府真抓实干表扬激励；违法用地实现“零增长”、违法占用耕地实现“零新增”、砂石土矿专项整治、月清“三地两矿”4项工作获得省自然资源厅通报表扬；耕地保护经验被中国自然资源报、湖南日报、湖南省自然资源厅、湖南卫视等新闻媒体及官网多次推介。

（撰稿　童　欣）

安乡县自然资源工作

安乡县自然资源局

党组书记、局长　杨　威
党组副书记、副局长　潘酉诰
党组成员、副局长　杨　旭
党组成员、副局长　严　明

总工程师　　　　吴维刚

【概况】安乡县自然资源局有在职干部职工187人，局机关内设6个股室；下设国土资源执法监察大队、国土资源储备中心、不动产登记服务中心、自然资源事务中心、土地开发整理中心5个副科级单位；在全县12个乡镇设立自然资源所。

【用地保障】2022年，安乡县获省厅、市局批准用地项目9个，批准用地面积26.13公顷，保障津山口福、智能纺、S231安乡黄山头至出口洲公路（夹夹至出口洲段）改建工程、安乡县第二水厂城乡管网延伸工程等重点项目用地。共实施征地拆迁项目15个，征地23.76公顷，拆除房屋90栋。提请政府制定并颁布《安乡县人民政府关于调整安乡县征地补偿标准的通知》，明确征地补偿标准。

【农村宅基地和集体建设用地房地一体确权登记颁证】2022年，安乡县总调查农村宅基地和集体建设用地108588宗，落宗108588宗，登簿、缮证101638宗，档案挂接104316宗，发证95823本。湖南省自然资源厅公布的《关于全省农村房地一体确权登记工作表扬激励市县名单的公示》中，安乡县在该项工作上被予以激励表扬。

【规划编制】2022年，安乡县完成“三区三线”划定，其中划定永久基本农田总面积4.57万公顷(68.36万亩)；调整生态保护红线面积77.94平方千米，占全县区域面积7.17%，自然保护地面积57.46平方千米；划定城镇开发边界总面积29.87平方千米。完成国土空间总体规划文本、中心城区居住社区的划定及综合防灾专项规划、市政基础设施专项规划、综合交通体系专项规划等7个专项规划编制成果。完成115个村庄规划编制，启动32个社区规划编制工作。完成国土空间规划“一张图”系统部署。

【安置房上市办证和单位房改房、集资房办证】2022年，安乡县19个问题楼盘全部化解。4月4日常德市集中化解房地产办证和物业管理信访突出问题专项行动领导小组下发《关于表彰2021年度化解房地产办证问题工作先进单位的通报》，对安乡县予以表彰。集中开展安置房上市交易办证与单位房改房、集资房办证。安置房交易过户已办理373户，收取出让金587万元、税276万元，单位房改房、集资房已有22个单位开始办证。

【卫片执法整改】2022年，安乡县共收到部省下发的卫片图斑230宗，监测图斑面积221.8公顷，其中耕地120.4公顷(永久基本农田8.53公顷)，已完成整改举证销号215宗，整改面积218.47公顷，其中耕地117.33公顷(永久基本农田6.13公顷)。

【乱占耕地建房问题整治】2022年，安乡县共收到市农房办下发的农村村民占用耕地建房图斑17个，已整改完成15个，剩余2个在整改中。剩余存量农房监测图斑共119个，已全部纳入耕地保护“春雷行动”交办给乡镇人民政府并已移送县农业农村局。2021年国家自然资源督察武汉局督查村民乱占耕地建房问题图斑9个，已整改到位2个，3个在组织补办农转用审批，1个补办设施农用地备案审批，2个拟定基本农田补划方案，1个乡镇人民政府在组织立案查处，并移交农业农村局。

【卫星监测图斑整改】2022年，安乡县共下达17批次卫星监测耕地数量清单图斑547个，共占用耕地110.2公顷，其中基本农田47.3公顷。冻结扣减耕地数量指标152.81公顷、水田规模指标94.51公顷、粮食产能指标335.84万公斤。已解扣解冻耕地数量144.95公顷、水田规模91.79公顷，粮食产能318.54万公斤。

【不动产登记】2022年7月27日，安乡县在国府大院举行“交房即交证”颁证仪式。共办理各类不动产登记业务6820宗，发放不动产登记证书（证明）6820余本。

（撰稿　罗筱茉）

津市市自然资源工作

津市市自然资源局

党组书记、局长　　胡永乐
党组副书记、副局长　　游运璇
党组成员、副局长　　郑小华
党组成员、副局长　　高　翔
党组成员、副局长　　胡庭岸
党组成员、副局长　　胡圣华

党组成员、总工程师　　　　朱文君
党组成员、总工程师　　　　刘思思

【概况】2022年，津市市自然资源局有编制数119个（行政编11个、参管编7个、事业编100个、机关工勤编制1个）；实有在岗人员127人，其中在岗在编98人（公务员11人、参公5人、事业编制82人），2人暂未进编，借入2人，住保部门转体改革13人，临聘12人。内设机构7个（办公室、法规股、国土空间规划和用途管制股、自然资源确权登记和开发利用股、耕地保护监督股、地矿和生态修复股、征地拆迁管理股）。有副科级二级事业单位5个（自然资源局执法监察大队、土地开发整理中心、不动产登记中心、国土资源储备中心、自然资源事务中心），股级二级事业单位5个测绘大队（地理信息股）、规划行政执法监察大队、农业区划委员会办公室、信息中心、交易中心，镇街自然资源所5个（城区自然资源所、新洲自然资源所、毛里湖自然资源所、药山自然资源所、白衣自然资源所）。

【耕地保护】2022年，津市市成立书记、市长为双总田长的责任体系，出台《全面推行田长制严格耕地保护的实施方案》及配套制度，建立四级田长体系，设置399名田长，与各镇、街签订耕地保护目标管理责任书，形成全域覆盖、责任到人、监管到位的耕地保护监管网络，守住耕地保护底线目标25.25万亩（16833.33公顷）、永久基本农田22.85万亩（15233.33公顷）的任务；成立5个督导组配合镇街开展耕地恢复工作，经部、省审核通过的面积为457.22公顷；严格落实占补平衡，实行先补后占、占一补一、占优补优、占水田补水田的原则，对一般耕地转为其它农用地的143个图斑，11.4公顷面积严格落实"进出平衡"，对永久基本农田实行特殊保护，不得转为其它农用地，进出平衡指标排常德前列，耕地占补平衡动态监管系统耕地数量、水田规模、粮食产能指标均为正数；全面完成解冻解扣指标动态清零任务6.33公顷，完成率100%；完成增减挂钩项目整改任务175.33公顷，完成率100%；完成审计整改任务248.12公顷，完成率30.06%；永久基本农田划定成果已通过审核并应用，耕地保护专项规划以突出耕地保护，立足耕地占补平衡，明确耕地恢复、后备资源开发时序和优先区域，形成耕地保护"一张图"。

【土地开发】2022年，津市市做好内业工作，经过4轮调查摸底筛选，完成新增耕地开发、旱地改造水田项目1000公顷选址，充分征询各相关部门及镇、村、组、农户意见。已完成项目选址市局复核、项目设计、立项、招投标、设计评审、确定投资主体等相关事宜。

【国土空间规划】2022年，津市市完成"三区三线"划定工作及总体规划方案初步成果，划定永久基本农田22.85万亩（15233.33公顷），生态保护红线6660公顷，城镇开发边界3093.33公顷。完成8个专题研究初步成果；4个乡镇国土空间总体规划已开展现场踏勘及座谈，镇区方案在编制中；基本完成现状及规划数据整理工作；完成"一张图"信息系统基本建设，实现对津市市专题图数据以及规划成果数据的展示、属性查询、数据分析、地图操作以及数据统计等功能，能做到与市局数据互联互通，已初步形成"1+8+4+1+1+1"的成果体系；超额完成29个村庄规划编制任务，完成率120%，获省厅、市局绩效考核A类评价；完成高新区化工园区、散货码头二期、杉堰路、药山寺、涔澹农场医院、植物园项目的土地利用总体规划调整6个项目172公顷土地利用总体规划调整工作，启动322.49公顷化工园区扩区工作，获津市重点项目建设先进单位；围绕《津市市城镇更新提质专项行动实施方案（2022—2026年）》要求，合理有序布局空间规划，加快提升城市更新提质改造，通过专项规划延续城市历史文脉，完善社区服务设施，对85个老旧小区的地下管网、基础设施配套全部进行综合化、系统化、海绵化提质改造。打通围墙104处，拆除违章建筑874处，初步形成15分钟便民生活圈，精致街区改造受央视新闻、新华社头版重点推介。

【建设工程规划】2022年，津市市完成军休所活动场所、职业中专搬迁、贺龙纪念广场等18个项目的建设工程规划许可的审批及核发，完成对丰华城、丽景豪庭等11个项目进行竣工验收，完成对城隍庙A7街区、会仙桥A3街区、惠政桥A2街区等23个精致街区项目的总平图进行审查，配合住建局完成财政公寓、人民银行宿舍等16处既有住宅加装电梯的选址与验收；除园区外，共发放有效工程规划许可证14本，建设项目选址意见书9本，建设用地规划许可证9本，规划设计条件24份，总平图审查21份，做到受理办件均按时办结。

【用途管制】2022年，津市市共上报建设用地项目18个，总面积89.61公顷，其中农转征项目17个，面积88.93公顷，集体建设用地转用项目1个，面积0.69公顷。工业园区项目9个，用地面积70.13公顷，包括滤渣车间地块、利尔生物地块、中非项目7号地块、中非项目6号地块、引航生物以北地块、引航生物二期地块、中非项目8号地块、装备制造园配套道路、杉堰路西延；其他用地项目8个，用地面积18.79公顷，包括新洲港区货运停车场项目、药山寺改扩建工程、津市港散货物流集散中心（二期）、鸿明建材补征、毛里湖镇博华幼儿园、田珍湖100MW渔光一体光伏项目、落雁湖道路，落雁湖水体改造；集体建设用地转用项目1个，为津市市农村综合服务平台二期项目。完成临时用地审批1宗，为津市港散货物流集散中心码头工程临时用地，面积7.07公顷；完成2022年度一、二、三期土地征收成片开发方案编制上报，面积165公顷，满足工业园区新增建设用地项目用地需求；完成设施农业用地上图入库8宗，完成率达到100%。

【土地经营】2022年，津市市共挂牌出让土地15宗，总面积70.18公顷，出让价款35439.9万元，其中工业用地10宗，其他用地5宗；完成划拨土地供应6宗，总面积7.25公顷；共收储土地18宗，共72.13公顷，收储资金8.08亿元（其中工业园区收储地块57.27公顷，收储资金7.76亿元）。处置存量批而未供土地4宗，总面积3.48公顷，实现批而未供任务清零；督促解决疑似闲置土地18宗，总面积58公顷，实现闲置土地零新增；与高新区合力开展低效（空闲）土地清查，完成任务105.33公顷，处置率62%，全省土地处置各项指标综合排名第6。

【征地拆迁】2022年，津市市实行“三堂会审”“三榜公示”的阳光拆迁工作机制，全市完成征收集体土地67.89公顷，拆除房屋88栋，面积19381.47平方米，使用征地拆迁资金约2亿元，确保利尔生物、引航生物化工园区建设、洞庭到澧洲500kV线路、白衣110kV输变电等重点项目落地开工。

【地灾防治】2022年，津市市安排专项资金71万元，启动2处地质灾害隐患点治理；完成全市在册11个隐患点全面排查和应急演练，“两卡一案”全部落实到位；3月18日、22日、28日3次组织召开地灾监测员业务知识培训会，参训人次共39人，发放“6个一”装备，摸排切坡建房中高风险户共485户；推进“人防+技防”监测预警体系建设，完善“隐患点+风险区”管控，严格执行24小时值班制度，做到领导带班，双人双岗值班，监测员定期巡查，连续第10年实现零伤亡。

【矿产资源整治】2022年，津市市制定《津市市矿产资源开发利用专项整治方案》，完成全市砂石土矿专项整治行动任务，其中原持证矿山2家、历史遗留矿山4家进行关闭注销；关闭注销的砂石土矿按照上级“三到位”（采矿许可证注销到位、采矿设备拆除到位、矿山生态修复到位）落实，经本级自检合格后，向市局申请复核获认可并出具意见书。

【生态修复】2022年，津市市成立山水林田湖草沙一体化保护和修复工程指挥部，统筹项目实施与管理，编制常德市津市市历史遗留矿山生态修复实施方案（2022—2025年）、湖南省常德市津市市2022年历史遗留矿山生态修复项目设计预算方案，盯住无责任主体历史遗留问题矿山生态修复，超额完成并通过验收面积3.99公顷，超额率327%；完成2022年污染防治攻坚战“夏季攻势”整改销号工作，按照时间节点、整体效果、现场评价等综合因素排名常德第二。

【不动产登记】2022年，津市市共办理33宗国有资产登记，涉及108.2公顷土地，房屋419套，面积12.45万平方米，完成抵押21笔，抵押面积49.82万平方米，抵押金额31.23亿元；共完成不动产登记入簿近2万份，发证4900多本；集中化解房地产市场办证难突出信访问题，化解项目矛盾10个，化解率100%，为2436户群众解决办证难题；深化“交房即交证”改革，所有城镇规划范围内新取得国有建设用地使用权的预售商品房项目全面实现“交房即交证”，惠及群众3000余人。

【行政审批】2022年，津市市推进放权赋权改革，将新增设施农用地备案等6项权力事项下放到镇街，实行权责统一，将建设项目用地预审与选址意见书等14项权力事项和服务事项，赋权至高新区，做到“园区事园区办”；接待咨询和办理业务的企业和群众约300人次，解决疑难业务100多件，对行动不便或其他原因不能到窗口的群众采取上门服务10余次。

【行政执法】2022年，津市市自然资源局通过卫片反馈、巡查执法、信访举报发现疑似违法行为17宗，现场制止并整改到位9宗；立案查处8宗，共罚款174.29万元，拆除建构筑物3栋，建筑面积约750平方米，建立《“一策一案”任务分解表》，基本实现“双零行动”目标（存量违法清零和新增零违法目标）；开展定期巡查执法1021人次，对公路沿线、城郊接合部、居民点周边、基本农田保护区等重点区域展开全覆盖巡视；落实“三全面、三坚决、三严格、零容忍”总体要求，摸排自建房49550栋，对隐患房屋建立专门台账，制定具体整改措施及时逐个整改销号。

【调查监测与确权登记】2022年，津市市农房一体发证工作全部完成，基层所配合镇村两级基层组织力量，在6月的补漏纠错阶段共补录263户，纠错1782户，补充完成集体建设用地98宗，全年完成档案挂接35883宗，汇交数量为36968宗。接待来访群众132人次，全部妥善解决，没有一起上访事件发生；共完成宗地确权26宗，解决权属纠纷6起；完成2021年度变更调查和耕地资源质量分类年度更新与监测工作，7月下旬至8月中旬完成2021年度基本农田流失核实和整改工作。

【测绘信息】2022年，津市市继续推进“多测合一”改革，共受理24个项目，且网上办理率达到100%；完成城区7个项目约0.1平方千米底图数据库更新联动工作；完成城镇边界及周边46平方千米内的1：500地形图更新及建库工作，项目成果汇交至常德市及省厅；完成“十四五”基础测绘规划编制工作，统筹相关基础测绘工作；从各种途径获取各类基础数据若干，其中主要有46平方千米的1：500线划地形图、0.2米正射影像及实影三维数据，556平方千米分辨率为1米卫星影像数据；同时对外提供各类基础数据30余次。

【法规办理】2022年，津市市共接到信访件68件，完成回复68件，调处成功率100%，获津市年度平安建设优秀单位。其中举报土地违法问题7件，涉及规划违建问题9件，涉及办证问题22件，征地拆迁问题11件，其他9件；完成法制审核6件，即对湘情酒业土地收储合同等内容和2022年行政执法案卷审核；参加常德市案卷评审培训，递交整理典型案卷2个；完成对2021－2022年两年行政执法案卷评查工作；完成执法人员换证和新进执法人员考试报名工作；完成行政诉讼案件4件，分别为王传贵行政诉讼二审案、周圣娥、文建国行政诉讼案、参与鲁丹萍诉津市市人民政府行政诉讼案答辩资料准备和庭审；完成涉及7个公司招拍挂地块欠缴利息及违约金催缴；完成1起闲置土地收回法律程序。

【自然资源宣传】2022年，津市市自然资源局开展“4·22”世界地球日、“5·12”地灾防治日、“6·25”全国土地日、“8·29”国家测绘日、“12·4”全国宪法日等主题宣传活动，发放《致广大农民朋友的一封信》3万余份，在全市交通要道设立30处固定宣传牌，市融媒体开辟宣传专栏，推送专刊20期，利用“6·25”全国土地日等重要时间节点开展集中宣传，采取镇街广播循环播放、机关LED电子显示屏滚动播放、干部上门宣讲等方式宣传自然资源政策。

【荣誉档案】2022年，津市市自然资源局获评省级自然资源节约高效利用真抓实干督查激励，津市城镇开发边界内1：500地形图测绘获湖南省“优秀测绘工程奖”三等奖。开展“6·25”全国土地日宣传活动在湖南卫视报道，“一法一条例一办法”知识竞赛获常德市优秀组织奖。

（撰稿　刘　沪）

西洞庭管理区自然资源工作

西洞庭管理区自然资源局

【用地保障】2022年，西洞庭管理区已批回土地5.33公顷，保障宸宇富基二期项目、金凤文体活动中心（博果苑停车场）、晓鸣股份补充用地等项目落地。严格落实用地预审，确保新增用地少占耕地，批回用地中耕地占比仅1%。

【规划编制】2022年，西洞庭管理区推进国土空间规划编制，完成10项专题研究、三区三线划定方案并通过自然资源部备案；推进5个专项规划和总体规划编制。组织实施沙河片区城市设计专项规划编制。开展全区村民建房规划选址，在全区划定23个建房点，开展涂家湖等8个村村庄规划修改完善。

【耕地保护】2022年，西洞庭管理区做好耕地保护工作。上级下发的耕地保护底线目标6.99万亩（4660公顷），基本农田保护目标6.3万亩（4200公顷）。实际耕地保有量为7.1万亩（4733.33公顷），完成耕地保护任务，在“三区三线”划定中按要求补足基本农田。进行耕地进出平衡管理工作，严格流出流入耕地管理。

【土地出让】2022年，西洞庭管理区分批消化棚改地块，医院和建材厂棚改地块、工程公司、砖瓦总厂、白芷湖社区、龙天东路和七分场三队等11个棚改地块完成挂牌出让。加大对项目用地供地力度，西洞庭建筑材料生产项目、棉籽蛋白、高精度机械设备地块完成挂牌出让。东城路项目和西洞庭管理区机关小区配套设施一期项目、西洞庭法庭项目均已完成划拨。宸宇富基扩建项目用地在挂牌交易。

【田长制工作】2022年，西洞庭管理区田长制体系已建立，保护责任按实施方案进行逐步分解，细化到人。21个耕地保护公示牌安装到镇（街）、村（社区）。田长制任务分解数据上报省厅，进入湖南田长平台，已统一使用湖南田长APP巡田，即时掌握和反馈土地变化情况。田长制各项机制开始运行，区级田长带头巡田，督导镇、村各级田长巡田，加大耕地巡查保护力度。

【月清“三地两矿”】2022年，西洞庭管理区做好月清“三地两矿”工作。省自然资源厅和省发展改革委联合下达园区批而未供土地处置任务4.19公顷，12月10日前完成处置2.62公顷，达到两部门要求的35%以上；下达园区闲置土地处置任务9.44公顷，12月10日前完成处置9.45公顷，达到两部门要求的90%以上；下达园区低效（空闲）用地处置任务56.58公顷，12月10日前完成处置26.73公顷，达到两部门要求的35%以上。

【制止耕地“非农化”“非粮化”行为专项行动】2022年，西洞庭管理区开展制止耕地“非农化”“非粮化”行为专项行动。省厅下发耕地指标解冻解扣工作全部完成，解冻耕地指标面积52.97公顷。完成补充耕地项目整改，包括西洞庭祝丰镇金凤山村等三个村土地整治项目（一、二期）整改报备入库工作，新增耕地指标42.33公顷、水田指标42.33公顷及粮食产能78.16万公斤。完成2020年增减挂钩整改报备入库工作。完成旱改水项目的整改，包括2017年旱改水项目新增水田不实问题三个，面积1.3公顷，已全部整改到位并落实水稻种植。完成2021年耕地保护督察下发的永久基本农田“非粮化”问题两个，总面积7.26公顷，已全部整改成水田并落实种植。加大耕地“非农化”自主排查和整改力度，共处置违规占用耕地挖塘养鱼3宗，面积约6.93公顷，均已整改到位，并落实耕种。

【执法监察】2022年，西洞庭管理区配合做好“季度+月度”卫片执法检查，共查处卫片违法案件2起，一起为常德市志远新材料科技有限公司未经批准修建进出道路，一起为中国移动未经批准修建汇聚机房，均已查处到位。

【调查监测】2022年，西洞庭管理区完成2021年度国土变更调查和耕地资源质量分类更新与监测工作，确保年度地类变化情况及时更新，为耕保、用地、规划等工作开展提供真实可信基础数据。完成铁塔监测点先行县试点工作，全区安装6个铁塔监测点。开展日常监测调查，及时处理图斑快递任务，准确上报调查信息。

【不动产登记】2022年，西洞庭管理区进一步稳定不动产登记压缩后的办理时限，一般登记稳定在4个工作日内办结；抵押登记在24小时内办结；企业财产转移在0.5个工作日内办结；查封、注销、异议登记即时办结。

【测绘管理】2022年，西洞庭管理区启动1：500城镇开发边界内地形图更新汇交工作，完成13平方千米的外业测绘。落实“多测合一”工作要求，平台上传22个项目，均完成成果审核。

【优化营商环境】2022年，西洞庭管理区办理用地规划许可证8个，工程规划许可证16个，规划核实验收4个，审查设计方案8个，审批规划调整2个，保障园区重点基础设施建设项目和重要产业项目尽早开工。对省“一窗办事平台”系统进行改造升级以及网络迁移，完成存量数据的清理整合，购置自助查询机；发布西洞庭管理区交房即交证改革实施方案，完成不动产存量数据汇交工作。

（撰稿　鄢驿霁）

张家界市自然资源和规划工作

张家界市自然资源和规划局

党组书记　　　　　　王章钊（　—2022.01）
党组书记　　　　　　舒洪波（2022.01—　）
局长　　　　　　　　赵　旭
党组成员　　　　　　朱　洪
党组成员、副局长
　　　　　　　　　　朱　洪（2022.04—　）
党组成员、副局长　　曹永国
党组成员、副局长　　杨再宝
党组成员、副局长
　　　　　　　　　　杜　锋（2022.04—　）
总工程师　　　　　　卢玖辉
总规划师　　　　　　杜　锋（　—2022.04）
总规划师　　　　　　唐生忠（2022.04—　）

【概况】张家界市自然资源和规划局由原市国土资源局和原市规划管理局合并组建，为主管全市自然资源和规划工作的正处级行政单位。2022年，张家界市局有党政班子8名，其中党组书记1名，局长1名（市政协副主席兼），党组成员、副局长4名，总工程师和总规划师各1名。内设机构22个（包含机关党委），下属正处级事业单位1个，副处级事业单位3个，正科级事业单位2个。有编制167名，其中行政编制30人，事业编制137人。市局机关及直属事业单位设党支部9个，有中共党员167人。主要承担依法履行全民所有自然资源资产所有者职责和国土空间用途管制职责、自然资源调查监测评价、自然资源统一确权登记、自然资源资产有偿使用、自然资源合理开发利用、国土空间生态修复等17项职能职责。

【保障发展】2022年，张家界市出台自然资源服务稳增长28条措施，开展服务重点项目“春风”行动，建立“班子挂帅、专班服务、一线调度、破题推进”工作机制，对重点项目实行专班服务、打捆申报、绿色通道报批，实现各类用地应保尽保。全市上报省政府农用地转用、土地征收项目面积404.07公顷，获批232.93公顷（其中市本级获批6个项目168.13公顷），保障张官高速、湘西北城市固体废弃物绿色循环利用、张家界500千伏输变电站等重点项目开工。实施拓展财源建设行动，制定年度储备和土地供应计划，控制土地供应节奏，盘活存量用地，规范土地出让行为，提升土地纯收益。全市供应建设用地253宗239.07公顷，市本级供应土地35宗119.27公顷。市本级（含高新区）完成土地矿产政府性基金入库53.7亿元。

【规划编制】2022年，张家界市推进全市“三级三类”国土空间规划体系建设，“三区三线”成果获自然资源部批复并启用，全市划定永久基本农田134.47万亩（89646.67公顷），生态保护红线2945.6平方千米，城镇开发边界122.25平方千米，新增城镇建设用地规模21.6平方千米。交通、通信、文旅等531个重大项目纳入“三区三线”成果。市级国土空间总体规划通过专家审查，41个专项规划编制合力推进，旅游城市专项规划编制、“天空之城”旅游规划研究扎实开展，中心城市11个组团（片区）详细规划编制同步启动，市级“1+17+41”国土空间规划体系初步形成。两县国土空间总体规划形成阶段性成果，省定400个村庄规划编制任务基本完成。

【规划管理】2022年，张家界市依托国土空间规划“一张图”实施监督系统，实现各级规划编制、审批、修改、实施全过程在线管理。用好土地利用总体规划修改阶段性政策，对19个项目25.5公顷的土地利用总体规划进行修改。严格核发“一书两证”、乡村建设规划许可证，全市审批发放建设项目用地预审与选址意见书77件，建设用地规划许可112件，建设工程规划许可165件，乡村建设规划许可证581件。强化城市风貌管控，加强建设工程批后核实和监管，市本级核实规划（土地）项目25个。开展中心城区房地产项目配套设施清理整治，累计追缴土地出让金、城市配套费7.4亿元。

【耕地保护】2022年，张家界市推进田长制，统筹落实耕地保护目标，坚决守住154.78万亩（10.32万公顷）底线目标，超额补齐1.8万亩年度恢复目标。市委、市政府印发田长制实施方案及耕地保护十条措施等制度文件，与区县党委、政府签订年度耕地保护承诺书。建立市、县、乡、村、组（网格）五级“田长制”责任体系，设立2481个网格田长，形成“横到边、纵到底，网格化、全覆盖”的耕地保护体系。对耕地保护田长制实行“月调度、季讲评、年总结”机制，严格落实刚性考核制度。严格落实耕地“两个平衡”。按照“总量平衡、以进定出、进优出劣”原则，编制实施全市耕地进出平衡总体方案。落实耕地占补平衡10.58公顷。创新推进耕地“非粮化”整治和耕地恢复，及时遏制违法占用行为。全市完成耕地净减少整改补足419.8公顷，完成比例136.3%；实际恢复耕地1355.07公顷，恢复耕地完成比例112.9%。慈利县、武陵源区实现违法占用耕地“零新增”，桑植县合群村“果树上山、腾田种粮”耕地恢复模式作为全省耕地“非粮化”整治的典型案例推介。采取自然资源规划大讲堂、微信平台、知识竞赛、屋场会、党员巡田等形式宣传耕地保护田长制政策。开展全市“寻找最美田园”“最美耕保人”摄影短视频征集活动，编辑“耕地保护在行动”文学作品集。以“耕地保护+全域旅游”为突破，创新探索“三结合四精准五个一批”的张家界“精准耕保”模式，其经验被自然资源部、省委深改委、省自然资源厅推介。

【不动产登记】2022年，张家界市加快开展全市水域、林权、草原等自然资源统一确权登记，南滩草场成为全省自然资源资产产权制度改革试点。推行“互联网+不动产登记”，实现“一站办结”。编制办事指南和流程图，通过网络统一发布。在全省率先上线不动产“智慧抵押”暨“房e贷”，实现贷款申请、抵押登记及贷款发放“纯线上、零跑路、秒登记”。不动产登记与水电气联动过户全面实现，地下车位登记工作启动。化解逾期未办证问题楼盘74个，办理首次登记发证37670户，完成“交房即交证”项目11个7112户，将13个房地产项目纳入“应纳尽纳”问题楼盘并化解7个。

【矿山生态修复】2022年，张家界市完成6家绿色矿山年度建设任务，共建成23家绿色矿山。编制全市107个历史遗留矿山生态修复实施方案，出台《张家界市矿山生态保护修复技术指南》，完成2022年度修复历史遗留矿山图斑26个22.03公顷，实施39家有责任主体废弃矿山生态修复153.3公顷。

【地灾防治】2022年，张家界市自然资源和规划局加强“人防+技防”，完善“隐患点+风险区”管控。争取地灾防治财政资金2800万元，对21处地质灾害隐患进行工程治理和排危除险处置，核销地质灾害隐患23处，完成78户地灾隐患避让搬迁。主汛期巡查排查地灾隐患点3144次，处置隐患点208次，转移群众242人，全市地灾防治工作连续第19年实现“零死亡”。

【矿产资源管理】2022年，张家界市完成矿业权清理处置。经全面清理和分类处置，自然关闭采矿权8个、限期退出17个、延续登记52个。截至年底，全市保留采矿权139个，其中砂石土矿26个，一、二类矿山113个。（省级发证36个，市级77个）。实施矿业转型绿色发展改革，围绕“减量转型”目标，创新“三净五统”（规划区块内“干净”、土地权属“干净”、资源市场“干净”，统一出让主体、统一出让条件、统一前期工作、统一出让程序、统一出让管理）净矿出让改革措施，创造“竞得即开工”张家界经验。市级新设（扩界）采矿权实现竞争性出让。开展采矿权净矿出让前期工作26个（省级发证11个、市级发证15个），成功出让3个（砂石土矿2个、水泥用灰岩矿1个）。

【执法监察】2022年，张家界市自然资源和规划局建立“班子包县、专员督办、一线调度、月督月结”的督察机制，统筹推进督察问题整改。整改销号国家、省自然资源督察反馈问题356个，整改到位存量违法用地686宗，月清“三地两矿”违法用地213宗，农村乱占耕地建房图斑47个。完成中央省级环保督察、污染防治攻坚战“夏季攻势”、长江经济带“举一反三”“洞庭清波”武陵源民宿等问题整改销号。

【违法建设整治】2022年，张家界市围绕“禁新增、消存量”总体目标，推进违法建设集中整治。坚决杜绝新增违建，集中拆除一批环境影响突出、群众反映强烈的违法建设。全市累计拆除违法建设1.64万处157万平方米，其中城区拆除9535处、面积92.67万平方米；农村6914处、面积64.35万平方米。

【安全生产】2022年，张家界市开展自然资源和规划领域安全生产专项整治三年攻坚行动，实现自然资源和规划领域“零事故、零伤亡”工作目标。全市自然资源系统共开展巡查1327次，出动巡查人员4532人次，打击关闭非法开采点105处。查处各类矿产资源违法案件22宗，追缴收益、没收违法所得及罚款共计700多万元。全市“强执法、防事故”全省综合排名第一季度排第二，第三季度排第四。

【基础工作】2022年，张家界市第三次国土调查成果通过省厅评审，全市国土“三调”数据向社会公报。年度变更调查和耕地后备资源调查全面完成。深入推进“1+N”卫星监测，慈利县、桑植县被列入自然资源铁塔视频监测试点县。农房一体确权登记发证全面完成成果数据汇交和省级验收，登记发证率全省排名第三。清理公开权责清单和公共服务事项目录143条，将审批服务事项由132项优化至45项，下放事权16项。全面落实“减时限、减环节、减材料、减跑动、减费用”要求，优化审批流程，提升审批效率。开展为企纾困活动，组织开展万名干部联万企“送政策、解难题、优服务”行动、服务企业“春风”行动、书记局长接待企业家日活动，落实“一企一策”解困帮扶措施22条。为80家企业办理109笔抵押登记，抵押担保金额39.4亿元，免收41家小微企业不动产登记费。

【服务旅发大会】2022年，张家界市围绕“办会兴城、立标打样”全省首届旅游发展大会目标，全面梳理政策、项目、资金3张清单，争取省自然资源厅对旅发大会的全方位支持，落实各项支持资金6200万元，较上年增加87.6%。建成实景三维张家界项目（一期），项目成果亮相旅发大会，成为全省测绘地理信息转型升级重要品牌之一。建立旅发大会重点观摩项目七十二奇楼服务专班，在协调资金调度、疫情防控、环境整治、施工安全等方面提供保姆式服务。

【文旅项目点状用地改革】2022年，张家界市全面推进文旅用地点状改革，出台全市点状用地改革方案和试点办法，建立文旅点状用地项目库。全省首个文旅项目改革试点何家界红色文化旅游项目开工建设。

【政务信息和新闻宣传】2022年，张家界市自然资源和规划局共上报省自然资源厅、市两办党务政务信息52篇（条），被国办采用1条，自然资源部《自然资源要情》采用1篇，省委《湖南信息》采用3条，省政府《政务要情与交流III》采用2篇，省自然资源厅《自然资源动态》采用9篇。市局获得全省自然资源系统政务信息报送先进单位。共上报各类新闻宣传稿件325篇，其中被《人民日报》、学习强国、《中国自然资源报》、自然资源部网站等国家级媒体采用11篇，被省自然资源厅网站、省厅官方微信平台采用49篇，被《湖南日报》（客户端）、新湖南、湖南经视、红网自然资源频道等省级媒体采用99篇，被今日张家界、《张家界日报》、张家界电视台、红网张家界频道等市级媒体采用134篇。“张家界自然资源和规划”微信公众号发布信息107期535篇。配合开展和策划“保护耕地湖南行动”“4·22”地球日、“6·25”土地日、科普日三下乡等专项宣传活动。

【党建工作】2022年，张家界市自然资源和规划局开展忠诚自然、法治自然、智慧自然、清廉自然、活力自然建设，打造“爱红土、守红线、四比四看做贡献”党建品牌，推动“党建+业务”深度融合。出台加强领导班子建设的十条规定，积极配合市委巡察和市人大常委会履职监督评议，在市人大常委会对6个部门履职监督专项评议中，测评分位居第一。加强廉政建设，开展廉政提醒谈话，开展收受红包礼金整治。

【荣誉档案】2022年，张家界市自然资源和规划局获评全国“全国节约型机关”“全省自然资源系统政务信息先进单位”“湖南省地理信息产业优秀工程奖银奖”“全市文明标兵单位”，在湖南省土地管理知识竞赛中获团体二等奖；桑植县耕地保护工作获省政府真抓实干督查激励奖励；永定区、武陵源区、桑植县获“三调”全省先进集体；市本级、桑植县农房一体化确权登记工作获全省表彰；慈利县、武陵源区实现年度违法用地“零新增”；张家界市精准耕保、文旅点状用地、净矿出让、问题楼盘化解等工作经验获部、省推介；国土空间规划、存量土地处置、月清“三地两矿”、实景三维和绿色矿山建设等重点工作得到省厅肯定；深化改革、安全生产、政务公开、控违拆违、信访维稳、政务信息、河长制、工改等工作被市委、市政府评为先进单位，在市人大常委会对6个市直单位履职专项评议中获100%满意票、排名第一。

（撰稿　谷忠秋　胡　杰）

永定区自然资源工作

张家界市永定区自然资源局

党组书记、局长　　陈初英

党组副书记、副局长　　徐志云

党组成员、副局长	李祥顺（2022.08— ）
党组成员、自然资源事务中心主任	廖其勇
党组成员	张春毅（2022.07— ）
党组成员	聂 波
总工程师	赵 晖（2022.08— ）
党组成员、副局长	向惠会（ —2022.08）
三级调研员	童吉春（ —2022.08）

【永定区国土空间规划委员会成立】2022年3月31日，永定区成立永定区国土空间规划委员会，负责统一领导、指导、协调永定区自然资源资产利用和国土空间规划工作。下设永定区国土空间规划委员会办公室，办公室设在永定区自然资源局，负责承担各项日常工作职责。印发《张家界市永定区国土空间规划委员会工作规则》《张家界市永定区国土空间规划委员会办公室工作规则》《张家界市永定区国土空间规划委员会专家名单》和《张家界市永定区国土空间规划委员会特邀区人大代表、区政协委员及居民代表产生办法》等规范性文件。

【国土空间规划编制】2022年11月5日，永定区“三区三线”划定成果正式启用，划定永久基本农田26.70万亩（17796.73公顷），生态保护红线533.16平方千米，城镇开发边界66.91平方千米，新增城镇建设用地规模3.65平方千米。2022年组织编制完成78个“多规合一”实用性村庄规划，累计编制完成148个村庄规划。

【国土空间规划管理】2022年，永定区出台《关于规范永定区农村住房建设管理的通知》和《永定区农村村民宅基地和住房规划建设管理实施细则》。核发建设用地规划许可证165件、建设工程规划许可证212件，面积33.32万平方米。完成七星山螃蟹溪村级旅游服务接待中心、张家界伞家湾种养专业合作社设施农用地等127个项目生态保护红线占用认定工作。开展张家界市第一水厂、张家界市市政工程建设指挥部（武陵山大道）等72个违法用地项目规划认定工作。完成澄潭水厂（花岩取水）源水管建设工程、永定区天门山水厂新建工程、张家界锦程驾考中心建设项目等13个项目用地规划修改工作，规划修改总面积12.26公顷。

【土地利用】2022年，永定区报省、市审批通过各类建设用地项目8宗，面积162.03公顷，土地供应10宗，面积225.37公顷，征收土地170.73公顷，征拆房屋92165.64平方米，消化批而未供土地10.53公顷，盘活存量闲置土地4.93公顷，备案设施农用地32.73公顷，土地出让收入9377万元，张官高速、湘西北城市固体废弃物绿色循环利用、张家界500千伏输变电站等省、市重点项目开工建设。

【耕地保护】2022年，永定区出台《2022年度永定区耕地恢复工作实施方案》，恢复耕地550.6公顷，完成张家界市政府下达的520公顷恢复目标。完成2021年度国土变更调查净减少耕地整改补足任务66.23公顷，超额补齐44.45公顷耕地减少缺口。印发《永定区严格耕地保护全面推行田长制实施方案》，成立永定区田长制工作领导小组，“田长制”执行情况纳入永定区耕地保护责任目标考核、绩效评估、领导干部考核内容。开展并完成天门山土木溪村区级试点。确立区、乡、村、组（网格）四级田长共1051名，其中区级田长33名、乡级田长70名、村级田长239名、网格田长709名。开展17个耕地补充项目“回头看”核查，2个占补平衡项目通过部系统监管，3个增减挂钩项目在省自然资源厅复核，12个占补平衡项目待入库。

【矿产资源管理】2022年，永定区6家矿山建成省级绿色矿山，在产矿山绿色矿山建设率100%。完成4宗市级发证砂石土矿采矿权设置前期工作。出让罗家峪水泥用石灰岩矿和玉泉山建筑石料用灰岩矿2宗矿权，出让总收益4.4亿元。完成污染防治攻坚战及中央、省环保督察3个交办问题整改销号及“洞庭清波”交办的5项整改任务销号。针对教字垭镇一起违法开采典型案件，启动生态环境损害赔偿程序，督促非法开采当事人完成生态修复7533平方米、覆土植树5470平方米，并通过验收。探索运用生态带等新技术进行“一面墙”综合治理，鼎洪、二福两家矿山列入市级矿山生态修复示范工程。结合义务植树活动，联合区林业局等部门开展矿山增绿行动。全区完成生态修复矿山16处26.22公顷，治理资金83万元，其中历史遗留矿山3处2.82公顷，有责任主体矿山13处23.4公顷，种植苗木12万株、爬藤植物2.3万株，撒播草种40万平方米。

【行政执法】2022年，永定区立案查处涉土涉矿案件60件，罚款196.26万元，没收矿产资源收益

270.53万元，移送森林公安案件3件，移送纪委监委案件19件。自然资源例行督察反馈永定区问题434个，整改销号255个，在整改179个。部、省级卫片图斑下发794个，均按要求完成核查填报，119个违法图斑完成立案查处。月清“三地两矿”累计下发违法用地问题143个，查处到位132个，整改到位91个，在整改52个；累计下发新增占耕地农民建房问题图斑68个，已销号64个，未销号4个，均为占用永久基本农田建房，通过“三区三线”划定已调出，在补办建房手续。开展自建房安全整治专项行动，完成56514栋自建房建设合法合规隐患核实认定和371户调查取证工作。

【不动产登记】2022年，永定区核发不动产登记证书证明9543宗，其中证书6178本、证明3365份，办理查封登记34宗。24个乡镇（街道）全部设置不动产登记发证窗口，沅古坪镇实现不动产登记全环节办理。开通“张家界市永定区不动产登记中心”公众号，不动产登记实现全过程自助办理。收件材料清单及办理流程优化，不动产转移和抵押登记由5个工作日压缩至1个工作日，注销登记和查封登记实现即来即办即走。继续开展农村宅基地和集体建设用地房地一体确权登记工作，全区调查总宗地数78713宗，其中宅基地应登记发证宗地数63332宗，已发证59297宗；集体建设用地应发证宗地数138宗，已发证138宗。

【地灾防治】2022年，永定区印发《2022年度地质灾害防治方案》，组织开展地质灾害演练24次，地质灾害宣传培训4次，覆盖2000余人次。完成地质灾害排查、巡查、复查“三查”工作356次和46处监测点设备安装。在册174个地灾隐患点全部落实“一案两卡”，点预案和工作明白卡发放至村委会，避险明白卡张贴至每户房屋进门处。组织完成切坡建房排查，397户纳入等同地灾户管理。组织开展165栋经营性自建房地灾安全隐患排查，整治销号中高风险10栋。完成30余个排危除险项目，投入资金140余万元。桥头乡双溪村土地垭组地灾滑坡治理项目完成竣工验收。实施地灾搬迁避让30户。全区共发生地质灾害15起，均成功组织避险，未造成人员伤亡事故。

【安全生产】2022年，永定区自然资源局制定出台《安全生产“一岗双责”工作制度》和《2022年安全生产和消防工作方案》，开展安全生产“四个一”专项督查行动，即局领导班子带队，每月开展一次针对一个企业、一个属地自然资源所的安全生产督查，并实行一月一通报、两月一排名。共开展安全生产检查巡查200余次，发现非法勘查、采矿行为20起，非法用地行为53起，立案查处27起，收缴罚没款300余万元。组织开展非煤矿山专项整治行动，对全区范围内所有持证矿山开展专项检查，落实停产整顿、关闭取缔、上限处罚等措施，防范非煤矿山非法违法事故发生。

【改革创新】2022年，张家界市永定区自然资源局与张家界市自然资源和规划局完成管理职能职权划分，对标新设15个内设股室和机关党委，承接各项职能职权。开展城乡居民合作建房试点工作，22户城乡居民合作建房完成审批。继续开展“交房即交证”改革，中建凤栖台和教字古城796户办理首次登记。开展文旅项目点状用地改革试点，张家界太极溪国际生态旅游度假区、云漫千谷旅游度假区项目纳入点状用地库，在组织资料报批土地。采用不动产变更登记方式优化国有划拨土地转划拨审批流程，办理时间由2至3个月压缩至一周内。简化农村村民宅基地审批程序，实行随到随办、一次性受理告知、一站式收卷出卷，在村民宅基地申请符合规划、材料齐全的情况下，取消上会程序，由行政审批股直接审批办结，审批时间从30个工作日缩短至20个工作日以内。共办结农民个人建房审批355户。

【基础工作】2022年，张家界市永定区自然资源局承办市、区建议提案19件，“回复率”“满意率”均为100%。开展“治理重复信访、化解信访突出问题”专项活动，接待群众来访和上级交办、转办件46件次，办结46件。统筹开展疫情防控、网络安全、意识形态安全、保密管理等工作，开展文明单位创建，机关阵地被评为“2022届湖南省文明单位”。推进依法行政工作，办结应复应诉案件24件，行政机关负责人出庭应诉率100%，依法解决回复土地权属争议案件14件，规范发布拟征地公告等相关文书39件，审查合同、协议40件。

【党建工作】2022年，张家界市永定区自然资源局组织党组中心组学习研讨12次，全局性集中学习5次，局属各支部通过“三会一课”和主题党日活动等形式，开展党的二十大精神专题学习研讨，提交学习心得200多篇。完成机关党委和6个局属党支部换届补选，民主推荐选任24名支部班子，调整到位141名党员组织关系。开展损害营商环境、违规收送红包礼金礼品等专项整治，开展“两课一说”以案释纪主题讲堂活动，领导干部上廉政纪律课3次，办案人员上案例剖析课2次。开展廉政提醒谈话，召开永定区自然资源系统廉政教育和“家庭助廉”主题教育大会，169名在编干部职工和56名中层骨干家属集体接受廉政教育。制定《张家界市永定区自然资源局内设股室和基层所轮岗实施方案》，公开招录和人才引进15名工作人员。

【荣誉档案】2022年，张家界市永定区自然资源局获评湖南省第三次国土调查工作、信访工作先进单位；机关阵地被评为“2022届省级文明单位”；高质量发展、生态文明建设、信访维稳、招商引资、违法建设整治、教育工作等6项工作获永定区委、区政府表彰。

（撰稿　彭　斌）

武陵源区自然资源工作

武陵源区自然资源局

党组书记、局长	李　冰（2022.03任党组书记、4月任局长）
党组书记、局长	彭国周（　—2022.03）
党组副书记、副局长	刘湘勇
党组成员、副局长	张　文
党组成员、副局长	游　恋
党组成员	孙晓辉（　—2022.12）
三级主任科员	张凤俐
自然资源事务中心支部书记	李文振（2022.06—　）
自然资源事务中心主任	李媛媛（2022.04—　）

【概况】武陵源区自然资源局为正科级行政事业单位，编制64个。2022年，在职在编人员64人（其中公务员8人、参公人员6人、事业人员50人），临聘人员19人，退休人员12人，政策性退休2人。管理的事业单位4个，派出机构6个，设置股室8个。

【国土空间规划】2022年，武陵源区自然资源局“三区三线”数据成果获自然资源厅批复；配合张家界市自然资源和规划局统一进行耕地保护专项规划编制工作；完成中湖乡青龙垭村、鱼泉峪村、石家峪村、檀木岗村、三家峪村、定家庄村，协合乡协合村、李家岗村、杨家坪村、龙尾巴居委会、插旗峪居委会、黄家坪村，天子山街道黄河村，索溪峪街道双文村、金杜村、田富村、白虎堂居委会17个村（居）“多规合一”实用性村庄规划编制，完成率100%；同步启动各专项规划编制工作，完成《武陵源区“十四五”地质灾害规划》《武陵源区“十四五”自然资源规划》前期基础性工作。

【土地供应保障】2022年，武陵源区自然资源局使用农村村民建房农用地转用指标1050平方米；完成土地收储面积约151公顷，完成罗公坪、索溪明珠、豫花园、文丰一期等4宗土地挂牌出让前期准备工作；出让土地1宗（文风一期部分地块），土地面积13.27公顷，总成交价款23459万元；成立清欠工作专班对往年未缴清土地出让金和城市基础设施配套费大力追缴，征缴入库土地出让金3326万元，征收城市基础设施配套费264.2万元，罚没收入13.08万元。

【规划许可审批】2022年，武陵源区自然资源局对重点项目实行“专题研究、上门指导、容缺受理”模式，进一步精简办事流程；核发《建设用地规划许可证》2份，用地面积21007.71平方米；《建设工程规划许可证》7份，总建筑面积17729.77平方米；保障张家界市武陵源区2023年中央预算内储备项目及专项债项目立项，出具各项目审查意见书105份。

【耕地保护】2022年，武陵源区耕地保有量2042.93公顷，永久基本农田划定面积1537.80公顷。制定《张家界市武陵源区严格耕地保护全面推行田长制实施方案》，建立区级“田长制”体系，开创“田长制+全域旅游”耕地保护新模式，被湖南卫视、新湖南、红网等多家主流媒体进行推介。9月1日，召开耕地保护暨田长制工作会议，全面铺开乡（街道）、村、组（网格）化“田长制”工作，划定田长180个，其中网格化93个，按照“先易后难、实事求是”的原则，逐步稳妥开展恢复工作，初步统计恢复耕地10.7公顷。

【自然资源执法监察】2022年，武陵源区自然资源局有序开展自然资源日常监管，下达《责令停止违法行为通知书》6份，现场制止违法建设行为6次，配合属地乡、街道拆除违法用地建筑面积6585.56平方米。立案查处自然资源违法案件3宗，下达《行政处罚决定书》3份。对在建的8个公建项目进行监管；完成房屋建设工程规划核实和土地复核19宗，总建筑面积23.62万平方米，用地面积14.35万平方米。

【地灾防治】2022年，武陵源区完成自然灾害综合风险普查工作，安装普适化监测设备12套，对危险性大的地质灾害隐患点进行24小时监测。实施应急排危除险工程1处，地质灾害隐患应急处置工程（天子山街道黄河村付田坪组）1处，重大地质灾害隐患工程治理项目2处（中湖乡青龙垭村小峪湾组滑坡治理已完工、协合乡协合村大峪湾组滑坡准备进场施工），通过工程治理消除26户123人的地质灾害隐患威胁。组织各乡镇（街道）开展地灾防治应急演练6场，920名群众参加。汛期协助属地政府转移群众181人，连续第18年实现地质灾害“零伤亡”目标。

【不动产登记】2022年，武陵源区自然资源局不动产登记中心推进省“一窗办事”平台应用，线上办理业务406件；颁发不动产权证书1805本，登记面积55.52万平方米，证明341份，抵押金额17.90亿元；全面推进“交房即交证”工作，将武陵源区所有新建商品房项目纳入“交房即交证”实施范围，惠及岩门二期项目221户居民；农村宅基地房地一体确权登记颁证440本；专项开展“三房”(即房改房、经济适用房、集资建房)不动产登记工作，办理“三房”登记业务83宗，收缴土地出让金68.60万元，税收13.39万元，房屋差价款30.83万元。

【党的建设】2022年，武陵源区自然资源局党组会专题研究党建工作6次，召开理论学习中心组学习（扩大）会12次，研判意识形态工作2次，研究意识形态工作3次，研究党风廉政建设工作8次。开展作风监督检查5次，通报2次。结合武陵源区自然资源局机关支部委员会党员人数超过50人的实际情况，优化支部设置，开展“1+4”模式，即1个党总支加4个党支部，并规范完成党总支和党支部委员会选举工作。培养入党积极分子1人，接收预备党员1人，预备党员按期转正4人。

【荣誉档案】2022年，武陵源区自然资源局被湖南省自然资源厅、湖南省第三次国土调查领导小组办公室评为“湖南省第三次国土调查先进集体”。武陵源区自然资源局违法占用耕地“零新增”获湖南省自然资源厅办公室通报表扬。选派2名干部职工代表张家界市参加湖南省土地管理“一法一条例一办法”知识竞赛获团体二等奖，1人获普法课堂个人二等奖，1人获个人三等奖。

（撰稿　吕　琳）

慈利县自然资源工作

慈利县自然资源局

党组书记、局长	夏晓斌
党组副书记、副局长	卓名军
党组成员、副局长	易发云（ —2022.04）
	孙培忠（ —2022.04）
	黎　晓（ —2022.12）
党组成员	卓军民
副局长	卓军民（2022.04— ）
党组成员、副局长	楚　骏（2022.04— ）
总规划师	钟　辉（ —2022.04）
	朱常勇（2022.04— ）

【概况】2022年，慈利县招拍挂土地15宗，面积23.03公顷。修复有责任主体废弃矿山图斑5个、面积8.37公顷。组织实施2022年历史遗留矿山生态修复项目，修复图斑16个，面积13.73公顷。17家关闭矿山完成“三到位”生态修复9家，部分修复5家。执法巡查1184次，查处非法占地案件33宗，非法转让案件1宗，非法采矿案件5宗，打击非法开采点24处，办理生态环境损害赔偿案件2宗。全年违法占用耕地实现“零增长”，受到省自然资源厅通报表扬。处理土地卫片执法图斑357个。排查隐患点328个，查明受地质灾害人员2078户7871人。组织县、乡地质灾害应急演练27次，参加演练人数1839人。县自然资源局被评为全国“节约型机关”。

【耕地保护】2022年，慈利县成立县、乡（镇）两级田长办，出台《慈利县田长制工作方案》，向各乡镇下发耕地恢复工作方案，拟定全县进出平衡工作方案。田长制工作快速推进，各乡镇先后出台文件、配备人员、采取措施。零溪镇燕子桥村和二坊坪镇二坊坪村在全市率先实行村级田长制试点。组织各乡镇到这2个村参观学习，召开现场专题会议。全县耕地保护底线目标68.5459万亩（45697.27公顷），依据2021年度国土变更调查初步成果，耕地净减少15.7公顷（部下发20.17公顷），完成整改补足21.47公顷。永久基本农田保护目标61.63万亩（41083.6公顷），完成划定61.64万亩（41094.8公顷），成果通过自然资源部审核。省、市下达慈利县耕地恢复任务620公顷。到12月底，共完成652.47公顷，验收通过400余公顷。自然资源部下发慈利县转出面积37.44公顷，完成转进57.32公顷。加强耕地占补平衡项目建设，完成2020年度许家坊、南山坪、三官寺、三合等5个旱改水社会投资耕地占补平衡项目的规划设计、报备入库。省自然资源厅申请指标确认旱改水面积约53.33公顷。开展补充耕地项目“回头看”检查，完成对高峰土家族乡干洞河村土地开发等7个项目的地块核查。

【要素保障】2022年，慈利县共上报农用地转用、土地征收项目33宗201.68公顷（耕地74.94公顷），获批集体建设用地农转用20宗10.24公顷。涉及征地拆迁项目61个，通过优化内部流程，有序开展征地拆迁工作。保障张官高速、炉慈高速等重点项目、民生项目的落地、推进。共招拍挂土地15宗，面积23.03公顷。省自然资源厅矿业权挂牌出让1宗，成交额7900万元。共完成政府性基金和一般公共预算收入7.42亿元，取消15项业务审核签字环节；优化行政审批办事指南，设置工程建设项目审批实体窗口。行政审批基本实行“一窗受理、集中审批、限时办结、一窗出件”目标。运用多测合一管理云平台，实现成果共享。

【依法行政】2022年，慈利县学习贯彻“一法一条例一办法”，组织县领导开展“会前学法”活动，编印、发放普法宣传资料3000余册。传达学习省、市自然资源工作会议精神，形成专题材料上两会汇报学习。加强干部职工行政执法培训，先后邀请省厅、市局专家到慈利授课培训；组织新进人员参加行政执法证考试，全局具备执法资格95%以上。规范行政执法，公示行政处罚案件38宗。报送的行政处罚案卷分获省市县优秀案卷1宗、2宗、8宗，推送的《慈利县金正矿业有限公司越界开采案》获全省优秀案卷。

【执法监察】2022年，慈利县自然资源局共开展执法巡查1184次，查处非法占地案件33宗，面积5.86公顷；查处非法转让案件1宗、非法采矿案件5宗、打击非法开采点24处、办理生态环境损害赔偿案件2宗，移送公安机关3宗3人，移送法院申请强制执行16起。加强卫片执法，自然资源部下发全县土地卫片图斑301个，已处理357个（部分图斑拆分），完成核实填报341个，涉及“非粮化”问题11个、“非农化”问题14个，无证采矿问题2个，均进行核实调查，立案查处6件，交办乡镇政府整改9件。部下发全县矿产卫片执法图斑30个，核实填报6个，立案查处2宗、查处结案3宗、移送司法机关1件。省厅下发全县土地卫片疑似违法图斑130个，总面积38.32公顷，涉及耕地5.97公顷、永久基本农田2.81公顷，均已完成核实和填报。省自然资源厅下发违法用地整改任务34宗，全部按工作要求月清月结、整改到位（部分阶段性整改到位）。开展砂石土矿采矿权退出处置，13家矿山均按要求关闭注销到位，部分矿山实现生态修复。月清“三地两矿”整治任务在规定时间内立案、查处、移送到位。全年新增违法用地10宗，核实10宗、整改到位4宗；存量违法用地106宗，整改到位80宗，整改率75.47%。开展违法用地“双零”行动，全年违法占用耕地实现“零增长”，受到省自然资源厅通报表扬。全县违法用地问题图斑共563个，已整改到位481个，82个未整改到位问题已申请挂账处理，持续整改。

【督察整改】2022年，慈利县开展督察整改工作。2021年省自然资源例行督察反馈全县问题281个，全部整改到位215个，阶段性整改到位66个；2020年国家自然资源例行督察8个重点图斑，全部整改到位并销号；2021年省自然资源例行督察34个重点图斑，整改到位10个，阶段性整改到位24个。2021年耕地保护方面反馈全县问题11个，完成整改9个。象市镇三桥村文化活动中心非法占地已查处到位，在组卷申报用地手续；阳和乡九澧村村民乱占耕地建房问题违法线索移交县纪委监委。2021年矿产资源问题整改交办全县违法采矿线索核查4宗，经委托技术单位检测，核实无新增违法采矿行为。2021年国家矿产资源督察指出全县4个问题，采取立案查处、追缴国有资源资产使用收益等措施，分类整改到位，并举证销号。2022年国家耕地保护督察下发全县落实中央有关重大决策部署制止耕地“非农化”责任问题2批次47个；矿产资源督察下发全县违法违规开采矿产资源监管疑似问题2批次64个，均完成系统举证，并向督察组现场沟通汇报。2021年督察发现涉及全县其他违法违规问题线索103个，其中2个违法违规建设占用可长期稳定利用耕地以及地方政府制止耕地“非农化”、严格管控“非粮化”职责落实方面其他问题，已完成整改并销号，101个违法违规建设占用耕地方面其他问题，在协同各乡镇（街道）所进行举证。历年来国家自然资源督察反馈问题整改受到省自然资源厅通报表扬。

【规划管控】2022年，慈利县加快推进国土空间总体规划和专项规划编制。召开国土空间规划委员会办公室会议2次，召开国土空间规划委员会会议2次。落实“三区三线”划定，协同技术单位向各级领导汇报划定成果，9月18日，将“三区三线”“二上”最新成果报省自然资源厅汇交，并报送自然资源部。推进16个村庄规划编制。加强规划选址。完成建设工程许可初审事项151个（项目建设50个、个人建房101个）；完成建设用地许可初审事项43个，核定用地规划条件140个（单位23、个人117）。开展控违治违行动。开展摸排入库和拆除工作，认定零阳街道涉及违法建设319处，并发函至城管局。每个季度，督办零阳、金慈街道对违法建设航拍数据现场进行比对，全年共189处。城区范围拆除违法建设903处共61429.62平方米。要求机关企事业单位和“两代表一委员”、公职人员配合拆除和整治，查明违建1253处共17.64万平方米，应拆除790处56802.04平方米，已拆除104处6278.78平方米；应整治537处10.11万平方米，已整治207处31358.28平方米。

【生态保护与修复】2022年，慈利县有责任主体废弃矿山共有图斑18个，需修复面积20.92公顷，分布全县8个乡镇。按照修复方案，需在3年内完成修复，其中2022年需修复5个共8.37公顷。全县历史遗留矿山生态修复共有图斑67个，面积86.9公顷。按照修复方案，2022—2024年全部完成生态修复任务，2022年组织实施慈利县2022年历史遗留矿山生态修复项目，并纳入《2022年湖南省污染防治攻坚战“夏季攻势”任务清单》，9月通过市级阶段性验收，共修复图斑16个，面积13.73公顷。开展关闭矿山“三到位”生态修复，全县17家关闭矿山完成生态修复9家，部分修复5家，部分修复和未修复8家均已编制生态修复方案。开展有证矿山生态修复，严格落实矿山企业“边生产，边修复”的原则，对在产矿山生态修复实行动态巡查，督促企业按照矿山生态修复方案履行修复义务，并严格实行矿山生态修复年度验收制度。17家矿山有16家通过年度验收，1家已上报验收资料待验收。

【地灾防治】2022年，慈利县共排查在册地质灾害隐患点328个，查明受地质灾害人员2078户7871人。发放防灾明白卡354张、防灾避险明白卡2078张，制定防灾预案355份。更新警示牌328份。开展切坡建房隐患排查，及时更新完善切坡建房隐患库，共查明切坡建房户2695户，逐户落实预警信息接收对象、灾险情监测人和村、乡两级防灾责任人，建立完整台账。开展全县地质灾害应急演练，493人参加演练；26个乡镇（街道）全部组织应急演练和宣传培训，参演人员共1346人。落实全员值班制度，安排局机关153人、事务中心51人、乡镇所82人轮流值班，坚持24小时值班和领导带班制度。共上报地质灾害15起，4户14人受灾;50户244人受威胁，受威胁财产1410万元;紧急转移安置1466人，无人员伤亡。

【确权登记】2022年，慈利县颁发不动产证14149本。加强与住建、税务、消防等相关部门联动，出台《关于印发〈慈利县房地产“问题楼盘”处理实施细则（试行）〉的通知》，召开工作调度会，专题研究调度问题楼盘化解，共化解澧水嘉园、慈利万和•山湖蓝湾（一期）、金慈世家3个问题楼盘。共办理林权登记5起，处理林权纠纷7起、林权登记历史遗留问题8起。

【荣誉档案】2022年10月，慈利县自然资源局被国家机关事务管理局、中直管理局、国家发改委、财政部授予“节约型机关”称号。慈利县积极落实国家历年来自然资源督察反馈问题整改，受到省自然资源厅通报表扬。

（撰稿　唐熙清）

桑植县自然资源工作

桑植县自然资源局

党组书记、局　长　　周怀球
党组副书记、副局长　　肖文华

党组成员　　　　　　　　黄生龙
党组成员、副局长　　　　彭　毅
党组成员、副局长　　　　向延波
党组成员、副局长　　　　黄垒军
（挂职2022.07—12）
总规划师　　　　　　　　张爱新

【要素保障】2022年，桑植县自然资源局做好要素保障工作。推进45个项目征地拆迁，征地补偿面积24.87公顷、拆迁房屋149栋2.68万平方米、迁坟493座，兑现补偿金额1.14亿元。报批省级项目9宗28.4公顷，取得省级用地批文15宗8.13公顷；报批市县级项目12宗27.13公顷，取得市县级用地批文7宗6.2公顷，完成设施农用地备案72宗19.47公顷。供应土地190宗35.2公顷，实现总价款1.4亿元。其中挂牌出让5宗6.07公顷，价款6895万元，协议出让164宗0.87公顷，价款885万元；行政划拨21宗28.27公顷，价款5962万元。推进5家矿权出让工作。其中4家小型矿山已上报市局，1家大型矿山省自然资源厅在组织勘查评审。

【耕地保护】2022年，桑植县耕地面积3.45万公顷，永久基本农田2.92万公顷，整改恢复耕地327.2公顷。成立县田长制工作委员会，出台《关于全面执行最严格耕地保护制度的通知》《桑植县田长制工作实施方案》。建立县、乡镇、村、网格四级田长制责任体系。与各乡镇党委、政府签订耕地保护目标管理责任状，将耕地保护责任履行情况纳入年度绩效考核。促进党政同责、刚性考核、一票否决、终身追责制度落地。结合省厅真抓实干考核事项，对县直部门及乡镇党委、政府突出履职尽责工作，实行量化考核，对10个先进单位和19名先进个人表彰激励。实施耕地占补平衡项目12个，总投资4380.56万元，建设规模143.19公顷。加强后期管护，确保新增耕地“一亩不假”。解扣解冻耕地数量31.64公顷，水田规模19.1公顷，粮食产能232191公斤。出台《关于严格落实耕地进出平衡的通知》，编制完成《桑植县2022年度耕地进出平衡总体方案》。流入耕地74.77公顷，流出耕地31.05公顷，净流入耕地43.72公顷，实现“进大于出”的目标。

【规划管控】2022年，桑植县自然资源局做好规划管控工作。完成“三区三线”划定工作，完成桑植县国土空间总体规划大纲初步成果，并启动22个乡镇国土空间规划编制。优化调整专项规划编制目录清单，明确专项规划27个。其中24个专项规划编制稳步推进，16个专项规划形成初步成果，2个专项规划召开成果评审会。对2022年乡村振兴考核的136个村，全面完成初步方案编制任务，年度考核评定为“A等”，张家界市排名第一。规范土地出让、矿权出让和规划调整等决策行为，组织对民歌寨生态旅游项目土地出让等11个事项进行审查审核。办理各类手续和行政许可741项，促进创新创业园等项目落地。

【资源保护】2022年，桑植县自然资源局做好资源保护工作。历时三年，通过第三次国土资源调查，查清全县347529.2公顷国土利用状况，并予以发布。补划永久基本农田981公顷，确定全县基本农田总面积29273.73公顷。开展砂石土矿专项整治，关闭注销到期矿山60家。推进1家在生产矿山绿色矿山建设并验收公示。编制完成并报省厅备案《桑植县历史遗留矿山生态修复实施方案（2022—2025年）》，实施2022年历史遗留矿山生态修复图斑7个，恢复面积5.2公顷。整改到位往年土地例行督察问题112个，销号卫片违法用地图斑130个，限期整改耕地保护督察问题7个，整治农村乱占耕地建房15处，取缔关闭非法开采矿点12处，纵深推进环保督察问题整改等专项行动。下达《责令停止违法行为通知书》88份，《责令改正违法行为通知书》53份，立案35件，下达《行政处罚决定书》26件，收缴罚款327万元。开展违法建设三年集中整治行动，2022年度澧源镇已拆除违法建筑1004处，面积11.5万平方米。

【民生保障】2022年，桑植县自然资源局做好民生保障工作。深入开展多规合一、多测合一、交房即交证改革，化解问题楼盘6个，签约即供地、拿证即开工目标基本实现。测量测绘415幅，颁发不动产权证5173本，不动产登记证明3836本，协税1824万元；办理抵押贷款18.18亿元。办结行政应诉案件47件，完成信访交办事项44件，综治信访满意度较好。完成澧源镇蔡家峪组等2个重大地质灾害项目施工建设任务；成功申报桥自弯镇学堂堡村等3个滑坡地质灾害治理项目；验收地灾搬迁避让项目11户。落实乡村振兴行业帮扶职责，以村庄规划、土地整理等为抓手，构建美丽乡村。深入人潮溪镇人潮溪村、马合口乡马合口村、桥自弯镇三合村开展驻村帮扶和结对帮扶。每季度到乡村振兴联系村召开党组会议，专题研究相关工作，并给予资金支持。

【队伍建设】2022年，桑植县自然资源局做好队伍建设工作。全面学习贯彻党的二十大精神，开展主题党日活动和三会一课，组织“一课一片一实践”活动和“五学五促”学习，推进“我为群众办实事”实践活动。做好自然资源专业技术人才招聘或选调工作，调优班子队伍和中层骨干。完善工作制度24项，开展廉政学习培训7次，廉政谈话19人次。推进“一单位一品牌”创建活动，组织开展“集中精力办大事，党员带头抓耕保”党建品牌。创建“清廉机关”、全国民族团结进步示范县建设，相关创建目标任务均已达标。

【荣誉档案】2022年，桑植县自然资源局耕地保护工作获得省政府真抓实干督查激励；第三次国土调查获得全省先进集体；文旅点状供地、耕地整改恢复工作经验获全省推介；砂石土矿专项整治、房地一体确权登记获全省表扬激励；控违治违城区工作组、政务公开政务服务工作组获得全市先进集体；退休党支部获得全市第二批示范离退休党支部；疫情防控、防范化解政府性债务风险、乡村振兴、重点建设项目推进、为重大项目作出突出贡献、招商引资、信访工作、田长制等12个方面的工作被县委、县政府评为先进单位，向延波、杨鸣远等2人被评为省级先进个人，聂金林、刘城等12人获得县级先进奖励。

（撰稿　谢伟莉）

益阳市自然资源和规划工作

益阳市自然资源和规划局

党组书记　石录明（　—2022.01）
　　　　　龚悟云（2022.01—　）
局长　石录明（　—2022.02）
　　　　　龚悟云（2022.02—　）
党组成员、副局长　李国育
党组成员、副局长　曹光辉
党组成员、副局长　曹建交
市纪委监委驻局纪检监察组组长、党组成员
　　　　　龙志刚（　—2022.12）
党组成员、副局长　邹　军
总规划师　姚　懿
总工程师　胡能灿
市纪委监委驻局纪检监察组组长、党组成员
　　　　　李　益（2022.12—　）

【国土空间规划】2022年，益阳市自然资源和规划局统筹落实“三区三线”划定试点工作，相关成果经自然资源部审查通过，正式启用。按照“先耕地、再生态、后城镇”的优先序，全市带位置落实耕地保护任务406.44万亩（27.09万公顷），其中永久基本农田365.10万亩（24.34万公顷）；带位置划定生态保护红线2762.02平方千米（自然保护地1798.63平方千米）；划定城镇开发边界规模323.20平方千米（其中市辖区161.28平方千米，中心城区128.51平方千米），977个市、县“十四五”重点项目全部落图落表。深入落实“东接东融”和“强核（中心城区）”等重大战略，《益阳市国土空间总体规划（2021—2035年）》和11个专题研究已形成成果，35个专项规划同步推进。建成国土空间基础信息平台并投入运行，建成国土空间规划“一张图”实施监督系统并完成初验。全市82个乡镇规划编制按照“单独编制、合并编制、总规统筹”三种类型有序推进。统筹落实实用性村庄规划编制，完成编制795个，全市覆盖率71.95%。推进控规试点编制工作，龙岭片区被选为省级试点片区，工作成果已基本形成。抓好规划审查，承办市国土空间规划委员会8次，审查专项规划和技术方案29个；组织市自然资源和规划局例会（规划类）22次，审查项目170个；组织专家评审会30次，评审项目45个。出台《益阳市城市绿线管理办法》，编制《益阳市城市蓝线规划（2021—2035年）》《进一步加强城市与建筑风貌管控的实施意见》，助力市政、交通、创园等重点工作落实。起草《关于进一步做好益阳市城市空中花园建筑（第四代住房）试点的实施意见》。优化规划审批和行政许可办理流程，将规划验收和土地查验并行办理，完成建设项目竣工规划核实45个。完成宁电入湘（宁夏—湖南800千伏特高压直流输电工程）、湖南洞庭500千伏输变电工程等项目的选址选线规划及相关用地审查，助推电力“三型两网”能源项目建设。

【用地保障】2022年，益阳市自然资源和规划局出台《稳增长促发展二十条措施》，超常规、成体系、递进式做好土地和规划要素保障，获市政府主要领导表扬性批示。共批回建设用地462.5公顷（6937.4亩），为安化抽水蓄能、金塘冲水库、益常高速复线、益阳电厂三期等重点项目用地全程保驾护航。构建以城镇基准地价、集体建设用地基准地价、农用地基准地价、城镇标定地价为核心的公示地价体系，实现地价体系“全覆盖”。供应土地1304.9公顷（19574亩），成交价款44.43亿元，市本级土地供应计划执行率157%。开展批而未供土地和闲置土地处置攻坚，建立“三个函”制度（提醒函、整改函、警示函）推动问题化解，新增批而未供土地处置率59.40%，新增闲置土地处置率91.91%，省政府对市政府高质量发展中单位GDP建设用地面积考核排名B类地区第一，安化县获评首批全国自然资源节约集约示范县（市）。规范征地拆迁管理，调整全市征地补偿标准，发布《益阳市人民政府关于调整益阳市征地补偿标准的通知》《益阳市集体土地征收与房屋拆迁补偿安置办法》。拟定并发布《征收土地预公告》76宗、《征地补偿安置方案公告》83宗、《征收土地公告》59宗，签订《征地补偿安置协议》64宗，征收土地247.27公顷（3709.11亩）。

编制2022年土地储备和供应计划，确定市本级2022年度土地储备规模、国有建设用地总量等指标，市本级共办理入储90宗，入储面积221.5公顷；供应储备土地50宗，面积169.9公顷。围绕“五统一”土地储备管理体制建设，开展直接收储土地、直接报批储备土地、以拍卖方式处置储备土地上的建构筑物残值等有益尝试。完成益阳市土地储备全生命周期管理系统项目建设，整理储备土地档案2742宗。

【耕地保护】2022年，益阳市自然资源和规划局全面构建市、县、乡、村、组（网格）五级田长制体系，提请市委、市政府印发《全面推行田长制严格耕地保护实施方案》，召开高规格的推进田长制动员大会和现场工作会，将耕地保护底线目标、永久基本农田保护任务和耕地后备资源带图斑、带位置下达到村组，落实到丘块，立碑立界管护。提请市委常委会审议通过《益阳市进一步加强耕地保护工作十条措施》《益阳市2022年度恢复耕地任务工作方案》，完成耕地保护专项规划编制。严格落实耕地占补平衡和进出平衡，统筹推进2021年度耕地减少整改补足、2022年度耕地恢复、补充耕地项目“回头看”攻坚行动，恢复耕地2353.3公顷（3.53万亩），净增加耕地446.7公顷（0.67万亩），净增耕地占全省的17.6%，实现耕地总量“进大于出”历史性拐点。建立市政府自然资源管理督察工作组、提级调度月清“三地两矿”、违法用地“双零”行动、违法问题黄、橙、红三级系统监管预警等工作机制，利用“图斑快递”、卫星遥感、铁塔视频等手段，对违法问题“早发现、早制止、早整改”。有序推进南县南洲镇和赫山区兰溪镇2个全国首批全域土地综合整治试点。《人民日报》、中央电视台先后三次报道益阳市耕地保护工作经验。

【矿政管理】2022年，益阳市自然资源和规划局突出“绿色化、规模化、集约化、科学化”，编制完成《益阳市矿产资源总体规划（2021—2025年）》。持续推动矿业绿色转型发展，已建成绿色矿山19家，生产矿山矿容矿貌得到改善。开展砂石土矿专项整治，关闭矿山“三个到位”综合完成率100%，全省排名第一。开展“砂石保供”专项行动，出让采矿权6宗，成交价款7.15亿元。

【执法督察】2022年，益阳市自然资源和规划局制定《益阳市自然资源违法问题通报制度（试行）》《益阳市2022年自然资源违法用地“双零”行动工作方案》等文件。全市自然资源系统共立案查办违法案件202宗（土地182宗、矿产20宗），收缴罚没款2293.06万元，移送公安机关9宗，移送纪委监委32宗，申请人民法院强制执行22宗。大通湖区实现存量违法用地全部清零、新增违法用地持续零增长。完成全市自然资源系统打击整治养老诈骗专项行动，摸排用地、规划线索115条，发现的7宗违法用地问题已查处、移送到位。配合排查自建房93万栋，隐患库中五类重点区域经营性自建房建设合法合规性隐患、地质灾害隐患已清零。开展违建别墅清理整治“回头看”，确保问题零新增。有序开展农村乱占耕地建房专项整治，落实坑塘水面占用耕地行为专项整治。推进安全生产“打非治违”和“强执法、防事故”工作，依法规范矿山开采秩序，立案查办矿产资源违法案件14宗，发放行政处罚决定书12份，收缴罚没款16.44万元，移送公安部门7宗。推进自然资源领域生态损害赔偿工作，办结生态损害赔偿案件10宗。开展卫片执法，强化自然资源管理，抓好月清“三地两矿”反馈问题整改，收到违法问题108宗，全部完成立案月清和结案月清。探索创新柔性执法模式，制定《益阳市自然资源涉企柔性执法清单》，共办理行政“柔性执法”案件30件，其中不予处罚13件，免罚金额58.87万元，从轻处罚案件17件。开展全市自然资源行政执法主题培训班。执法案卷质量稳步提升，益阳市赫山区李光辉非法采矿案、益阳市赫山区城镇建设投资开发（集团）有限责任公司非法占地案、益阳宇轩颂乾茶业有限公司非法占地案等案卷获评省优秀案卷。

【生态修复】2022年，益阳市自然资源和规划局完成《益阳市国土空间生态修复规划（2021—2035年）》编制工作，推进第二轮中央生态环保督察、2022年污染防治攻坚战“夏季攻势”、省生态环保督察“回头看”和“利剑”行动反馈问题整改，按时序进度完成整改销号。成功申报洞庭湖区山水林田湖草沙一体化保护修复工程项目，入选子项目13个，争取中央财政资金5.34亿元，省级财政资金2.09亿元。其中，南县五七河节制闸、大通湖中心城区一河两岸综合治理、赫山区笔架山徐家坝哑河、安化县东坪镇历史遗留矿山生态修复等项目已开工建设。出台市、县两级《历史遗留矿山生态修复实施方案（2022—2025年）》，完成14.97公顷历史遗留矿山生态修复任务和8.09公顷有责任主体废弃矿山生态修复任务。统筹推进山体水体保护，对市城区149座保护山体、154处保护水体统一编号、设置保护公示牌，明确责任主体、责任人。

【地灾防治】2022年，益阳市自然资源和规划局创新地灾防治“33850”切坡建房排查法、“三三工作法”“挪床行动”和“双四包一”责任制等工作方法，强化6小时短期预报，突出3小时预警，着重1小时叫应，全市共发生地质灾害608处，受损房屋680间，紧急转移7616人，无人员伤亡。桃江县鲊埠乡大水田村成功避险案例被省自然资源厅评价为“教科书级别的避险”。承办“生命至上”2022年湖南省地质灾害避险演练活动，获部省领导肯定。组织召开全市地质灾害防治工作培训会，动员基层工作人员180人次；开展地灾点巡排查57次，组织完成普适型监测预警点建设60处，搬迁避让79户，工程治理4处，排危除险175处，保护受威胁群众2000余人。

【**不动产登记**】2022年，益阳市不动产登记中心共办理各类登记业务7.91万余宗，颁发不动产权证书2.9万余本、证明3.4万余份；办理抵押登记1.6万余宗，为企业和个人申请贷款金额293.78亿元；加强财源建设和税控联管，协税护税1.58亿元。工作经验多次获《中国不动产》《湖南不动产》《湖南日报》《益阳日报》等媒体杂志报道。创新不动产登记“四减一优”服务举措，压缩办证时限，所有业务办结时限压缩在3个工作日，其中企业间转移登记即申即办，做到60分钟内出证。加强“智慧登记”体系建设，落实抵押登记全程网办、不见面审批及各项登记业务智能面签无纸化办公，拓展电子证照应用范围，启动“跨省通办”业务。全面启用线上二手房过户纳税主动告知承诺工作模式；“五个一”创新举措实现“二手房+水电气”过户联办；设置“一次未办好”服务专窗。开展首届“最美登记人”演讲比赛，优秀稿件被《湖南不动产》杂志采用。中心副主任廖瑛获评2022年市直机关“优秀共产党员”称号，其工作事迹被《益阳日报》专题报道，被评为全省不动产登记系统“最美登记人”。

【**优化营商环境**】2022年，益阳市自然资源和规划局深入开展“万名干部联万企”活动，班子成员带队上阵，与380家企业“结对子”。推进行政审批制度改革，按照“五减一优”目标，再造行政审批流程，组建25人“专业＋贴心”专班，设立“小益”“小阳”卡通形象，紧盯项目申报、规划用地等重点环节提供精准帮代办服务，工作模式获省政府通报表扬。办理、审批各类行政审批服务事项696项，全部按时办结。推进工程审批制度改革，推行“用地清单制”和“告知承诺制”，打造极简审批模式。支持“五好”园区建设，落实园区工业项目“四即”改革，用地规划、不动产登记和工程规划许可审批实现5个工作日办结，工程建设项目并联审批率100%。弹性年期供应工业用地160.76公顷，占总供应量的58.39%，为企业节省用地成本近3亿元，主要做法作为省真抓实干典型经验获推介。出台《益阳市新建商品房“交房即交证”改革实施方案》，发布七批次可实施“交房即交证”项目公告，全市31个项目实现“交房即交证”，发证12063本；6月18日，益阳市2022年首个“交房即交证”项目新建商品房现场交证仪式在“恒丰华庭”项目现场举行。“多测合一”实现全流程线上办理，全市入驻43家测绘资质单位，共办理项目759个。

【**维护权益**】2022年，益阳市自然资源和规划局依法办理行政应复案件13件，行政诉讼案件94件，接收群众来信、来访、上级交办及信访系统交办事项共113件，召开听证会5次。推进化解房地产办证信访突出问题，全市一期问题楼盘化解率98.5%、二期问题楼盘化解率56.6%。完成农村房地一体确权登记扫尾工作，做好数据入库汇交。推进打击“洗洞”盗采金矿专项整治和居民自建房排查专项整治“百日攻坚”行动，开展矿山矿硐、临时用地和临时建设专项排查整治行动，隐患全部整治到位。起草《中心城区D级危房处置办法》，派出工作专班到区县（市）指导自建房安全专项整治工作。

【**基础工作**】2022年，益阳市自然资源和规划局开展第三次国土调查，成果质量居全省前列。做好涉密地理信息成果安全保密监管工作。完成国土变更调查、耕地后备资源调查和标注“恢复属性”地类分析评价等调查工作。完成自然资源分类调研验证部级试点任务。强化科技手段助力资源保护，在安化县、桃江县先行试点完成168个铁塔视频安装和数据接入，实现对集中连片耕地的全天候实时动态监测，并助力森林防火等工作。开展能源、水利、林业、土地、矿产等五个领域国有资源资产清查。落实全局信息化系统维护与安全保密工作，完成移动办公平台升级，在全省率先开展自然资源数据异地灾备安全防护工作。档案管理服务能力不断提升，获评全市先进单位。规划展示和档案馆建成并开始试运行。

【**党的建设**】2022年，益阳市自然资源和规划局坚持党组会议“第一议题”传达学习习近平总书记重要讲话、重要指示批示精神，出台《2022年度政治建设考察暨绩效考核方案》，推动学习型领导班子、学习型机关、清廉机关和“三表率一模范”机关建设。组织中心组理论学习10次，党组学习课堂

25次，党建引领基层治理主题培训班4期，举办以“喜迎二十大　永远跟党走　奋进新征程”为主题的党史知识竞赛、微党课比赛，开展多类型主题培训活动，培训党员干部1000余人次。开展创文和乡村振兴帮扶，落实“吹哨报到”和“联点单位进社区、在职党员进小区”工作机制，开展“接地气、去官气、传正气、转作风、惠民利”服务活动，获评全市“四清一养成”志愿服务活动先进单位。推进机关队伍建设，提拔使用副科级以上领导干部19人，引进优秀人才17人，有序开展人员轮岗交流，做好3名预备党员转正工作。组建作风建设检查专班，开展日常检查15次，印发通报7期。开展酒驾专项整治，出台从严处理“四个一律”规定，实行后果倒查、一案双查。出台《局廉政风险点及防控方案》等从严治党制度11个，梳理完善责任清单。发挥监督执纪问责威慑作用，谈话提醒8人、责令检查1人、公开检讨3人、诫勉1人、政务警告处分3人、党内警告处分2人、撤职和撤销党内职务处分1人、降低岗位等级和开除党籍1人。

【荣誉档案】2022年，益阳市自然资源和规划局获评全国“节约型机关”称号，全省自然资源系统新闻宣传先进单位、政务信息先进单位，获益阳市2022年度深入实施财源建设工作、创建国家园林城市、交通运输、优化营商环境、落实粮食安全省长责任制、立项争资、产业园区高质量发展、新型电力系统建设、林长制、农业农村重点工作、招商引资、生态环境保护等十二项真抓实干督查激励。获益阳市法治建设考核评估优秀单位、立项争资综合考评先进单位、安全生产和消防工作优秀单位、林长制工作优秀单位、年度档案管理工作优秀单位、年度市直属工会先进单位、市本级单位部门决算工作先进单位等称号。益阳市耕地保护工作获省政府真抓实干督查激励。自然资源规划事项“小益小阳”全程帮代办服务经验获《湖南省人民政府办公厅关于对“两个统筹”督导和服务工作发现的典型经验做法给予表扬的通报》推介；第三次国土调查工作获《湖南省人民政府办公厅关于第三次国土调查与农房一体确权登记工作情况的通报》表扬。

【重要活动】2022年5月11日，省自然资源厅主办，省地质灾害防治学会、湖南省广播电视台都市频道承办，益阳市自然资源和规划局、桃江县自然资源局协办的2022年“5.12”地质灾害防治知识科普周宣讲活动在桃江县高桥镇千秋村举行。5月15日，由省自然资源厅、市人民政府共同主办，省自然资源事务中心、益阳高新区管委会、益阳市自然资源和规划局、赫山区人民政府和湖南都市频道具体承办的“生命至上”2022年湖南省地质灾害避险演练活动在益阳市第十六中学举行，同时，在安化县高明乡同建村三组滑坡地质灾害隐患点、桃江县牛田镇清塘村二组切坡建房风险区设分现场。7月13—14日，自然资源部地质勘查管理司副司长熊自力、中国气象局减灾司副司长王亚伟率联合调研组到益阳调研地灾防治工作。8月18日，全省临时用地管理工作座谈会在益阳召开。9月25日，经市自然资源和规划局整理的益阳市耕地恢复工作经验，被《人民日报》头版文章《全国秋粮丰收在望》采用。9月30日，湖南省“三区三线”划定成果获自然资源部审查通过。11月11日，益阳市人民政府与省地质院签订战略合作框架协议，打造市州政府与地质部门新型融合协作发展典范。

（撰稿　石心航）

赫山区自然资源工作

赫山区自然资源局

党组书记、局长	王　瑜
党组成员、总工程师	郭卫民
党组成员、副局长	徐志高
党组成员、副局长	蔡浩群
党组成员、副局长	汤　健

【概况】益阳市赫山区自然资源局原名益阳市国土资源局赫山分局，是赫山区人民政府工作部门。2022年，内设10个股室和国土执法监察大队、自然资源修复事务中心、不动产登记中心、征地拆迁和测绘队、土地储备发展中心、国土空间规划中心等6个二级机构，共有干部职工113人。

【耕地保护】2022年，赫山区以“田长制”为抓手，开展耕地保护工作。制定《赫山区关于开展全面推行田长制严格耕地保护的实施方案》，并配套田长日常调度、督导巡查、定期报告等相关工作制度，在全区13个乡镇（街道）、156个村划定856个网格，设置巡查员、监督员、信息员468名，确立田长制工作基本格局，层层压实责任，落实党政同责。配合省厅新闻处拍摄《铜锣新声》微电影，进一步加强耕地保护和“田长制”工作的宣传。完成耕地恢复任务520公顷，全面落实耕地“进出平衡”；以兰溪全域土地综合整治为契机，推动农村集体经济组织自行开垦耕地，共开发耕地131.07公顷，保障87.33公顷用地报批耕地指标，实现耕地“占补平衡”库由负转正；新增耕地364.47公顷，耕地保有量64.4万亩（42933.33公顷）。

【国土空间规划】2022年，赫山区全面完成“三区三线”划定工作，划定成果已经自然资源部批准；完成全区确定的100个村庄规划初步方案编制工作任务，其中15个村已完成审批工作。同步启动九个建制镇、两个涉农街道的乡镇国土空间规划编制，其中兰溪镇国土空间规划已形成初步方案。在已启动的兰溪镇国土空间规划及相关村庄规划编制中，落实四门闸村三世米业项目用地等7宗重点乡村产业用地需求。组织对全区村庄分类进行调整优化，优化后城郊融合类村庄28个、集聚提升类村庄30个、农业发展类村庄76个、特色保护类村庄7个、生态保护类村庄1个。

【要素保障】2022年，赫山区上报建设用地项目41个，面积203.33公顷，取回批文项目33个，面积167.53公顷；供应土地77宗，面积272.47公顷，其中划拨土地28宗，面积174.6公顷；出让土地49宗，面积97.87公顷，出让收入3.82亿元。处置存量批而未供土地149.53公顷、存量闲置土地32.47公顷；依法核发规划一书三证共计141本，其中用地预审和选址意见书37本、建设用地规划许可证37本、建设工程规划许可证42本、建设工程规划核实合格证25本。

【民生服务】2022年，赫山区自然资源局全面摸底地质灾害隐患，现场踏勘32处地质灾害现场，对其中28处突发性地质灾害进行应急除险、跟踪监测。开展地质灾害排查巡查，对全区51处在册地质灾害隐患点和748户农村切坡建房进行全面排查，并把切坡建房户区分为高、中、低三个风险等级，逐点落实“四包一”责任制。更新防灾预案，组织专题培训和演练；岳家桥镇对会龙山工人村小区山体崩塌、岳家桥镇枫树山村溶岩塌陷、赫山街道赫山社区红旗小区南侧不稳定斜坡等6处地质灾害隐患点进行工程治理。岳家桥镇大塘村成功避险一起“泥石流”地质灾害，连续第九年实现地质灾害零伤亡。

【“放管服”改革】2022年，赫山区自然资源局持续深化建设项目“洽谈即服务”“签约即供地”“竣工即办证”等审批制度改革，纵深推进“交房即交证”“工业项目拿地即开工”“多测合一”等优化营商环境重点工作常态化，优化审批流程20个事项、缩短审批时限19个事项，调整后的自然资源各类审批在法定时限的基础上整体提速70%，其中涉企经营和建设工程项目事项审批时限整体提速80%。

【执法监督】2022年，赫山区自然资源局推动出台《赫山区违法违规用地破坏耕地和非法采矿行为责任追究办法》，立案查办违法案件20宗，收缴罚没款192.7万元，移送公安机关1宗，移送纪委监委7宗，申请人民法院强制执行7宗。开展大棚房和违建别墅整治“回头看”，摸排并整改违建别墅2处，整改到位率100%；推进坑塘水面占用耕地行为专项整治行动，完成83个图斑中的72个，整改面积10.93公顷，整改率87%；推动督查反馈问题整改，50个2021年国家耕地保护例行督察问题和历年督察问题整改到位42个，47个省级例行督察问题整改到位43个。

【荣誉档案】2022年，赫山区自然资源局被评为全国“节约型机关”称号和全国第三次土地调查省级先进单位。

（撰稿　林　晨）

资阳区自然资源工作

资阳区自然资源局

党组书记、局长	谢　劭
党组成员、副局长	杨斌辉
党组成员、副局长	龙国荣
党组成员、副局长	徐中震
总工程师	王　舒

【耕地保护】2022年，资阳区耕地保护底线目标任务为379500亩（25300公顷），根据2022年度国土变更调查数据显示，资阳区现状耕地面积25428.24公顷，耕地净增加128.24公顷。上级下达资阳区2022年度恢复耕地任务113.33公顷，资阳区主动增加80公顷耕地恢复任务，最终通过省级复核面积165.59

公顷，完成2022年度耕地“进出平衡”，目前资阳区稳定耕地面积37.35万亩（24900公顷），永久基本农田保护面积33.19万亩（22126.67公顷）。

【保障发展】2022年，资阳区申报省、市受理农用地转用项目31个，总面积16.76公顷，其中农用地转用、土地征收获省批准建设用地6个项目，总面积22公顷；集体建设用地获市批准7个项目，总面积3.86公顷；临时用地获市批准5个项目，总面积4.69公顷。农民建房方面，严格按规定受理村民建房审批，确保村民建房占用农用地建设的用地需求，批准村民建房14批次57户，总面积0.72公顷。供应土地13宗，总面积57.07公顷，其中划拨供地1宗，面积29.89公顷；出让供地12宗，面积27.17公顷，成交金额25287万元。累计收到省自然资源厅2宗批而未供土地12.52公顷（187.86亩），全部完成处置。

【执法监管】2022年，资阳区按照“月调度、季通报、年考核”机制严格遏制违法用地，实现连续6个月违法用地“零增长”。收到违法用地18宗，已全部整改到位，收缴罚没款13.90万元。收到卫星监测新增农民乱占耕地建房图斑5个，已全部完善建房手续。

【建立田长制体系】2022年，资阳区建立区、乡、村、组四级田长制责任体系，制定10个田长制配套制度。已建立乡级田长制体系8个，村级田长制体系92个，完成田长制网格划分436个，制作乡级标识牌7个、村级标识牌92个，设立村级标识牌6个、组级标识牌6个，区网格划定成果通过质检，全区田长制APP用户激活率达到100%。

【国土空间规划编制】2022年，资阳区启动6个乡镇国土空间规划、31个行政村的村庄规划编制，并形成初步成果。编制完成国土空间规划专题研究4个。完成生态保护红线评估调整工作，调整后资阳区生态保护红线、自然保护地面积为15.08平方千米。全区“三区三线”划定城镇开发边界总规模3352.27公顷，其中现状城镇建设用地规模1977.82公顷，纳入部已批准建设用地340.68公顷，其他建设用地267.55公顷，新增城镇开发边界规模766.22公顷（现状城镇建设用地规模1.3倍，加上市级统筹180公顷新增规模）。

【服务民生】2022年，资阳区不动产登记所有业务类型都已进入湖南省互联网政务服务一体化平台系统，办理业务6356宗，发放不动产登记权证6113本，其中房地首次登记71宗，宅基地批量首次登记4235宗，房地转移登记4宗，房地依申请更正登记1宗，宅基地批量更正登记1737宗，房地遗补登记7宗，房地分割与合并登记1宗，土地首次登记12宗，土地转移登记1宗，土地遗补登记1宗，土地变更登记（分割合并）1宗，商品房双预告登记39宗，商品房预购登记3宗，真正实现资阳区外网申请，内网受理零业务突破。发放不动产登记证明22份，解除抵押登记19宗，权证注销登记129宗。法院查封冻结65宗，解除查封7宗，不动产查询业务7600宗。

【党的建设】2022年，资阳区自然资源局党组开展中心组集体学习12次，党组成员讲课授课6次。按照党组工作规则，针对组织建设、作风建设、重点业务工作等召开党组专题民主生活会1次、局党组会研究部署12次，对耕地保护、村庄编制规划、农用地转用等时间紧、任务重的工作，做到每日调度。

（撰稿　文亚晴）

安化县自然资源工作

安化县自然资源局

党组书记、局长	吴立新（　—2022.09）
党组书记、局长	刘卫方（2022.09—　）
党组成员、副局长	刘志辉
党组成员、副局长	陶文武
党组成员、副局长	肖业伟
党组成员、总工程师	彭湘权
党组成员	张晓平
党组成员、副局长	陆　遥

【概况】2022年，安化县自然资源局机关核定行政编制18名，机关后勤服务全额拨款事业编制1名。实有局长1名、副局长4名、总工程师1名，设内设机构12个：办公室（政策法规股）、组织人事股、计划财务股、行政审批服务股、自然资源调查监测和确权登记股（国土测绘和地理信息管理股）、自然资源开发利用股、国土空间规划股、国土空间用途管制股、建设工程规划股、耕地保护监督股、地质勘查管理股、矿产资源管理股；副科级事业单位4个：自然资源行政执法大队、土地开发整理

中心、不动产登记中心、土地储备发展中心；股级事业单位5个：自然资源生态修复中心（国土空间生态修复股）、地质环境监测站、档案信息中心、自然资源事务中心、规划技术服务站；派出机构2个：县自然资源城区一所、自然资源城区二所；党群、纪检监察机构3个：机关纪委（作风办）、党建办、工会。全系统共有干部职工303人，其中行政事业在编人员222人，退休81人。

【保障发展】2022年，安化县新增建设用地29批次103.2公顷，保障全县基础设施建设、工业园区建设、民生工程建设、城镇建设等重大项目用地需求。批准农村村民建房农用地转用63批次，涉及村民563户，批准用地总面积9.07公顷，保障农村村民建房用地需求。严格审批土地供应，坚持土地配置联席会议制度，全面实行工业用地弹性出让，做好“净地”供应，完成划拨及出让各类建设用地327宗82.86公顷，实现土地总收益3.07亿元，完成协税控税2.33亿元。

【耕地保护与开发】2022年，安化县全面推进田长制工作，县委、县政府印发《安化县全面推行田长制严格耕地保护实施方案》等制度文件，设立县、乡、村、组四级田长2179名（县级田长25名、乡镇级田长262名、村级田长419名，组级网格1473名），全县田长制体系和基础设施建设基本完成，实现村组（网格）田长全覆盖。带位置下达耕地保护底线目标，完成2021年国土变更调查耕地减少整改补足任务104.56公顷，完成2022年恢复耕地任务890.73公顷，确保全县年度49.14万亩（32760公顷）耕地底线目标不被突破。完成部系统下发357个图斑核实和现场举证，举证流入14.09公顷耕地，对流出的耕地面积2.89公顷进行补足，“进”大于“出”11.2公顷，实现年度耕地“进出平衡”。加大争资立项，鼓励社会投资，多渠道进行耕地补充，完成补充耕地“回头看”项目指标入库（销号）20个；完成复核选址社会投资土地开发项目10个，立项实施9个，项目建设规模53.33公顷，可新增耕地47.69公顷；结合矿山生态修复启动2022年度城乡建设用地增减挂钩项目，完成前期选址、实施方案编制等工作，并将任务分解下达至各乡镇，复垦面积38.16公顷。

【矿政管理】2022年，安化县推进砂石土矿关闭退出工作。依法注销关闭砂石土矿43家，26家通过工程治理和自然修复等方式已完成生态修复，17家在编制生态修复方案开展修复治理。根据《安化县绿色矿山建设三年行动工作方案（2020—2022年）》，2022年完成2家绿色矿山建设，共投入修复资金1068万元，复绿面积5.33公顷。

【“三地”清理】2022年，安化县对批而未供土地、闲置土地、违法用地问题进行月调度、月处置，累计收到违法用地整治任务45宗17.02公顷，其中耕地面积5.16公顷（包含永久基本农田面积2.32公顷），整改到位16宗2.13公顷，整改率35.56%；收到新增批而未供土地处置任务6宗21.34公顷，完成处置20.96公顷，处置率98.2%；收到新增闲置土地处置任务6宗2.49公顷，其中净地攻坚行动任务2宗1.5公顷，执法行动任务3宗0.99公顷，完成处置2.49公顷，处置率100%。

【执法监察】2022年，安化县建立自然资源调查监测系统，构建“天空地网”一体化监测体系，完成铁塔监测视频摄像头安装69个。加强督察反馈问题整改，2021年耕地保护督察反馈问题78个，整改到位63个，整改率80.77%；矿产资源督察反馈问题7个，均整改到位；加强监督执法，立案查处违法用地等案件68件，移送公安部门追究刑事责任共2件，向法院申请强制执行8件，共处罚款1600万元。

【地灾防治】2022年，安化县加强预警预报、值班值守和巡查排查，严格落实“四包一”〔所有隐患点要落实一名乡镇领导、一名驻村干部、一名村委委员、一名群防群测员（省级重要隐患点两名以上）的地质灾害防治四级包保工作责任机制〕，实现地质灾害“零”伤亡的目标。全县共应对3轮强降雨，启动地质灾害四级应急响应3次，升级三级应急响应1次，不同程度地损坏房屋1500余间，累计转移群众5347余人，成功避险2处；争取重大地质灾害搬迁避让补助资金1086万元，为2000余名受灾群众解除地灾威胁；投入地质灾害治理资金267万元，完成渠江镇中心学校等7处突发地质灾害应急处置。

【房地一体确权登记颁证】2022年，安化县对全县农村宅基地和集体建设用地做到应调尽调，完成权籍调查188416宗，其中宅基地187399宗、占总宗地数的99.46%，集体建设用地1017宗。完成登记发证

168656宗，完成率100%。

【规划编制】2022年，安化县统筹推进国土空间规划编制。第三次国土调查和“三区三线”规划成果正式启用，划定永久基本农田43.37万亩（28913.33公顷），划定生态保护红线1326.25平方千米，划定城镇开发边界规模35.93平方千米。县级国土空间总体规划初稿编制完成，乡镇国土空间规划编制在开展试点，国土空间规划“一张图”实施监督系统通过市级初审。完成185个村庄规划编制任务。

【不动产登记】2022年，安化县完善平台建设，建立自然资源电子政务系统，积极推进“三集中三到位”“一库一平台”工作；根据“一件事一次办”要求，对窗口职能进一步整合优化，实现二手房过户与预告登记“一窗受理、一站办结”，所有类型登记业务平行办理，共办理各类登记业务176694笔，发放证书证明211511本。持续推进房地产办证信访突出问题集中化解专项行动，全县累计排查房地产办证问题线索200余个，解决办证遗留问题60余个；分批推进19个问题楼盘项目化解工作，完成项目化解5个，为500余户购房人解决办证难题。

【“交房即交证”工作】2022年，安化县进一步简化不动产登记发证流程，全县纳入改革范围的11个建设项目，已实施完成6个项目2335户的“交房即交证”。

【党的建设】2022年，安化县自然资源局开展中心组理论学习12次、党组会26次，民主生活会2次，主题党日活动12次，组织生活会2次，党员大会4次，上党课11次。严格落实“第一议题”制度，实行支部“同主题同步学”。

【作风建设】2022年，安化县自然资源局利用微信公众号等网络平台发布新闻信息60余篇，多渠道增强全体干部职工的政治敏锐性。全面开展“珍爱生命 拒绝酒驾”宣传，共发放倡议书300余份；持续开展“刹人情歪风 树文明新风”专项整治，共收到婚丧喜庆事前事后报告表19份；深入开展整治领导干部违规收送红包礼金问题专项整治行动，收到自查自纠报告195份，主动上交红包礼金1人。开展作风建设专项检查16次，同级同类警示教育活动1次，发布作风通报2期、会纪会风通报1期，组织处理10人，立案查处3人。

【荣誉档案】2022年，安化县自然资源局获评全国自然资源节约集约示范县（市）；农村房地一体确权登记工作获得“全省农村房地一体确权登记工作表扬激励县”称号，获省人民政府办公厅表扬通报；局干部蒋科生获评湖南省第三次国土调查先进工作者。

（撰稿　李倩妮）

桃江县自然资源工作

桃江县自然资源局

党组书记、局长　熊　伟（　—2022.08）
党组书记、局长，行政执法局局长
　符心冰（2022.08—　）
党组副书记　胡练军（　—2022.08）
党组成员、副局长　卢龙飞（　—2022.10）
党组成员、副局长　吴文正（　—2022.10）
党组成员、副局长　文　彬（2022.10—　）
党组成员、副局长　文卫华（2022.10—　）
党组成员，行政执法局专职副局长
　刘湘辉（2022.08—　）
党组成员、副局长　张海辉（2022.10—　）
总工程师　张海辉（　—2022.10）
总工程师　罗敏俐（2022.10—　）

【概况】桃江县自然资源局是桃江县人民政府工作部门，为正科级单位。2022年，局机关内设13个职能股室，下设11个二级机构。全系统共有干部职工283人，其中在编在岗人员188人、退休人员95人。

【要素保障】2022年，桃江县报批项目用地44宗69.4公顷。其中产业项目用地23.73公顷、民生项目用地11.73公顷、交通项目用地13.33公顷、园区项目用地1公顷、城镇项目用地11.27公顷、园区周转用地8.33公顷。办结出让土地分配方案30宗，实现土地出让总价款7.08亿元，完成财政土地出让收益3.89亿元。矿业收入6.69亿元，县级财政矿产出让收入1.77亿元。

【耕地保护】2022年，桃江县开展耕地保护专项整治行动，制定《耕地保护专项整治工作方案》

《关于全面推行“田长制”严格耕地保护实施方案》《桃江县2021年度变更调查减少耕地整改补足和2022年度恢复耕地工作方案》。完成国土变更调查减少耕地整改补足103.33公顷、耕地恢复474.4公顷。完成15个乡镇田长办、公示牌的设置，全县1320名田长全部注册和激活湖南田长App，建立“田长制”运行体制机制。

【规划管控】2022年，桃江县完成“三区三线”划定、县级国土空间总体规划方案编制、15个乡镇规划和59个村庄编制。组织召开各级规划例会16次，审查项目252个。完成规划核验72起，用地核验72起；进行开工巡查78宗，竣工巡查95宗；组织放样、定位、定样236次。

【地籍测绘】2022年，桃江县完成数字桃江地理信息基础工程建设项目、2021年度国土变更调查；争取成为省级铁塔视频监测先行县，完成99个铁塔视频安装；桃江县“三调”数据通过上级批准公布。

【矿业管理】2022年，桃江县督促建成绿色矿山4家，巩固原有8家绿色矿山成果，全县12家生产矿山全面建成省级绿色矿山；成功出让高桥石洞板岩矿采矿权与铁矿坳砂岩矿采矿权，出让总收入6.69亿元；省级发证砂石土勘查工作完成2宗（分水坳砂岩矿、白溪板岩矿）、在勘查1宗（台山冲砂岩矿）；市级发证准备协议出让2宗（刘家湾砂岩矿原界、清塘板岩矿原界），完成扩界勘查工作2宗（清塘板岩矿、澄泉湾建筑石料矿）。

【地灾防治】2022年，桃江县自然资源局开展地质灾害巡查120余次，组织乡镇、县直相关部门汛前培训4次，避险演练2次，联合气象部门发布地质灾害等级预警预报30余次。完成11处地质灾害点普适型监测设备安装的选点和基础铺设、马迹塘镇易家坊重点地质灾害治理工程、2021年度地质灾害搬迁避让项目实施工作、2022年度2.53公顷历史遗留矿山生态修复任务。

【月清“三地两矿”】2022年，桃江县新增违法用地整改任务8宗，整改销号4宗，纳入持续整改1宗，结案月清3宗。闲置土地（3宗3.06公顷）处置率为100%；新增批而未供土地（5宗7.02公顷）处置率100%，存量批而未供（124.29公顷）处置率71.65%。

【执法监察】2022年，桃江县自然资源局开展执法监察工作。2020年省级督察反馈问题整改到位率100%。2021年矿产资源督察反馈问题涉及矿产资源的反馈问题4个，已整改完成。根据2021年耕地保护督察整改任务下发清单，全县共38个问题，已全部整改到位。农村乱占耕地建房问题33宗，已全部整改到位。

【行政审批】2022年，桃江县自然资源局持续深化“放管服”改革，“建设项目用地预审与选址意见书核发”等12个事项对园区进行服务前移。实现不动产登记、交易管理和税收征缴事项优化整合，落实“一窗受理、并行办理”，所有登记业务压缩至3个工作日办结，社会投资小型低风险产业类项目不动产首次登记办理时间压缩至最短1个工作日。推行“多测合一”、新建商品房“交房即交证”改革。落实小微企业免收不动产登记收费政策。完成农房确权一体化颁证工作，宗地调查181145宗，应登尽登167259宗。

【耕保宣传】2022年3月，桃江县自然资源局与县委宣传部联合印发耕地保护宣传方案。发动全县各乡镇、县直各单位开展多渠道、多形式的立体宣传。结合乡镇党员冬春训，组织五个宣讲组到各乡镇开展耕地保护宣讲；同时，制定自然资源执法下沉行动方案，到15个乡镇215个村开展执法宣传和巡查，将耕地保护和执法责任宣传到村组，责任落实到村组。

【地灾避险】2022年5月28日至6月5日，受强降雨影响，桃江县发生地质灾害505处，造成884栋房屋受损，直接经济损失6696万余元，因预警及时、避险及时、处置果断，未发生人员伤亡。鲊埠回族乡大水田村成功避险案例得到自然资源部、省自然资源厅、市自然资源和规划局领导高度关注和肯定。7月14日，自然资源部地质勘查管理司副司长熊自力、中国气象局减灾司副司长王亚伟一行到桃江调研，充分肯定桃江县地质灾害防治工作。

【政务服务】2022年7月1日，桃江县正式推出不动产登记与“水电气”联办过户业务。按照“一套资料、一表申请、一窗受理、一站服务”的原则，二手房过户不动产登记窗口受理、推送联办信息后，半个小时内水电气过户手续均能办好。

【生态修复】2022年，桃江县自然资源局抓好绿色矿山建设，下发生态问题整改通知书11份，督促建成绿色矿山4家，完成生态修复面积11.27公顷。至此，桃江县12家生产矿山的绿色矿山建设全部达标，《湖南省自然资源厅湖南省绿色矿山建设三年行动方案（2020—2022年）》的绿色矿山建设任务完成。全力推动历史遗留矿山修复工作，完成年度修复项目的地形地貌景观修复、土地复垦、配套工程、管护工程等主体工程施工，修复总面积2.59公顷。

【矿山安全】2022年，桃江县自然资源局推进安全生产工作，对全县20余家持证合法矿山及曾有过非法开采问题的重点区域巡查100余次，关闭取缔非法砂石场4处，发放安全生产宣传资料3000余份、通告100余份。

【全国地质文化村】2022年，桃江县成功申报2022年全省唯一一个“全国地质文化村”，12月在高桥镇罗溪村授牌。

【荣誉档案】2022年，桃江县被评为第三次国土调查省级先进集体，获得自然资源节约高效利用市定真抓实干督查激励名额，违法占用耕地“零增长”获省自然资源厅通报表扬。

（撰稿　薛惠芬）

沅江市自然资源工作

沅江市自然资源局

党组书记、局长	马　兵
党组成员、副局长	朱可军
党组成员、副局长	胡继勇
党组成员	谢　敏
总工程师	万献军
党组成员、行政执法局专职副局长	简卫军

【概况】2019年3月，沅江市自然资源局挂牌成立。2022年，局机关内设13个机关股室，11个二级机构。局领导6名，一正、二副、一总工、一党组成员、一专职副局长。核定编制总数195名，其中行政编制18名，事业编制177名。现有干部职工301名，在职人员233名，退休人员68名。单位主要职责有，依法履行全民所有土地、矿产、森林、草原、湿地、水等自然资源资产调查监测、地质勘查、测绘管理、保护利用、确权登记、生态修复、地灾防治、执法监察和国土空间规划管理及用途管制的职责等。

【空间规划】2022年，沅江市自然资源局完成《沅江市国土空间总体规划（2021—2035年）》审议稿编制工作，审议稿通过专家评审，进行初步成果规划公示，益阳市自然资源和规划局组织技术初审，沅江市自然资源局分别向市委、市政府、市人大、市政协征求意见并专题汇报编制情况，6月份该方案通过益阳市空间规划委员会审查，并由省规委会办公室联席会议审议原则通过。按照8月21日益阳市自然资源和规划局第三轮面对面审查会议要求，本局于8月24日再次提交修改完善稿和初步数据库成果。本轮“三区三线”划定，调减生态保护红线面积59.39公顷，优化基本农田布局700公顷，保障能源、交通、水利、文旅等36个重点项目落地，争取新增城镇建设用地指标731公顷，为城镇建设发展预留空间。在充分征求乡镇意见的前提下，完成全市12个乡镇国土空间规划和161个行政村村庄规划编制的初步方案和意见征求等阶段性任务。

【耕地保护】2022年，沅江市出台《田长制实施方案》与各项配套政策，确定各属地耕地保护责任人与网格田长名单。沅江市耕地面积为88.61万亩（59073.33公顷），“十四五”下达全市耕地底线目标87.54万亩（58360公顷），超出底线目标1.07万亩（713.33公顷），守住耕地数量红线，保障粮食安全。“十三五”期间全市永久基本农田为76.6万亩（51066.67公顷）。

【矿产资源】2022年，沅江市自然资源局完成和谐矿区建筑用砂（砂砾石）矿，地勘及储量评审、矿区范围核查、土地开发利用方案及土地使用方案编制、矿业权出让收益评估公示等挂牌出让前期工作。

【党的建设】2022年，沅江市自然资源局召开5次党组会议专题研究意识形态工作，组织党员干部集中学习15次，观看警示教育片2次，进行红色教育1次。落实党风廉政建设责任制、意识形态工作责任制等；落实双重组织生活会制度，将党建工作与分管业务两条线工作紧密结合。在政务中心行政审批股设置“党员示范岗”，在不动产登记中心放置

“党员红旗窗口”等。

【政务服务】2022年，沅江市自然资源局深入推进“互联网+不动产登记”工作，落实“放管服”改革精神，抓好“三集中三到位”，进一步优化窗口设置、业务流程设置，实现“让数据多跑路、让群众少跑腿”的目标，最大限度实现便民利民；对入园企业、小微企业、市属重点建设项目或重大民生工程，市委、市政府招商引资项目全面实行绿色通道服务，进一步提升不动产服务效能。

【荣誉档案】2022年，沅江市耕地保护工作获评益阳市真抓实干先进。

（撰稿　熊立成）

南县自然资源工作

南县自然资源局

党组书记、局　长　　任友荣
党组成员、副局长　　李国文
党组成员、副局长　　姚友清
党组成员、副局长　　廖　轲（　—2022.09）
党组成员、副局长　　张国明（2022.09—　）
总工程师　　蒋文亮
党组成员、自然资源行政执法局副局长
周明华（2022.09—　）

【概况】2022年，南县河长、林长、田长“三长”联动工作获全省推介，“三调”工作被省“三调”领导小组、省厅授予先进集体，耕地保护工作实现县自然资源系统在省政府真抓实干督查激励奖项上“零”的突破。

【要素保障】2022年，南县共批回建设用地约60公顷，较2021年增加16.67公顷，招拍挂和划拨供应土地面积194.8公顷，土地出让收入2.59亿元。盘活闲置存量土地16.53公顷，提前完成3200万财源建设任务。旱改水项目259.2公顷，完成工程施工的90%；空心房整治项目80公顷全部完工。年内入库耕地数量指标339.2公顷、水田规模指标811.07公顷、粮食产能822万公斤，指标交易收入7388万元。

【空间规划】2022年，南县自然资源局编制和启用“三区三线”成果，划定南县耕地保护目标91.54万亩（61026.67公顷），永久基本农田保护目标81.14万亩（54093.33公顷），生态保护红线面积95.46平方千米，城镇开发边界34.14平方千米。强化规划保障，共完成评审规划项目100个，调整规划和土地用途8个。注重镇村规划的科学性、实用性及可持续性，优先保障乡村振兴重点村和特色旅游村镇，完成85个镇村一体类村庄规划编制。

【土地执法】2022年，南县推进执法机构改革，成立县自然资源行政执法局，开展乡镇综合执法人员委托执法，组建县乡村三级耕地保护工作群。实施“双零”攻坚，国家耕地保护督察反馈问题整改率90%，农村乱占耕地建房整改率100%，违法占用耕地案件查处率100%。落实耕地占补平衡和进出平衡方案，满足乡村产业发展需要和村民刚性建房需求。加大违法用地查处力度，开展国土资源动态巡查76次，发现并及时制止违法用地行为21宗。制作宣传视频，发放“一法一条例一办法”和田长制工作手册等宣传资料11000多份，悬挂横幅80条，墙体喷绘18处，竖立大型耕地保护宣传标牌标语10块，在湖南经视观察、《湖南日报》、红网、《益阳日报》、益阳市电视台等主流媒体上加大宣传力度，强化耕地保护社会化宣传。

【地灾防治】2022年，南县持续推进安全监管“强执法防事故”行动和矿产资源开采违法违规行为卫片执法专项行动。汛期坚持24小时值班值守制度，及时向全县发布降雨、地灾预警，共发布强降雨预警信息30条，上报各类信息50条。对全县37个地灾隐患点全面巡查5次，核销地灾隐患点1个，无地质灾害及相关安全事故发生。

【政务服务】2022年，南县出台工业用地弹性供应、“用地清单制+告知承诺”“拿地即开工”等多项实施细则，放宽商业用地规划限制，进行园区规划赋权，实行容缺受理、并联审批、联合验收，压缩办理时间80%以上。“拿地即开工”试点改革，5个工作日内办理完开工建设所需的许可证，比传统审批流程节省近50%时间。加大互联通办建设投入，“交房即交证”改革完成，办证进入常态化。开启智能面签和身份证识别，推行“无纸化”办公，实现一个系统查询。设置办事指南，制定限时办结服务承诺，17个高频登记业务逐步实现“当日办、当日结”，平均办结时限压缩至3个工作日。

【**南县大力整治占用耕地建坟获评湖南省首届耕地保护十大典型案例**】2022年，南县生态整治保护耕地。通过实行县、乡、村、组“四级干部包户制”和党员干部带头迁移自家及亲属的散坟等方式进行立体多维引导。创新施策整治“五个一批”散葬坟墓，统筹推进散坟整治和耕地保护，遏制耕地“非农化”，促进耕地集中连片和节约集约用地。通过持续推进旱改水、新增耕地开发、空心房等工作，优先选取集中连片的未利用地、坑塘、荒地等进行开垦，对田、水、路、林、村等实行综合整治，促进耕地面积增长、生态环境改善。对所有零散坟墓迁入乡镇公益性墓地实行全免费，给予群众迁移费及地上附着物补偿，对乡镇给予迁移及土地复垦奖励，并安排耕地后续管护资金。共拆除散坟4700多座，建设公益性墓地13处，形成增减挂钩指标1000多亩。

【**耕地保护工作获评省政府真抓实干督查激励奖项**】2022年，南县推动耕地数量、质量、生态“三位一体”保护。完善工作机制，建立县长季调度、分管副县长月调度、自然资源主要负责人周调度机制，将耕地保护纳入县真抓实干督查激励措施和绩效考评。通过健全耕地保护机制、持续实施新增耕地开发、空心房整治等措施，实现耕地数量质量稳步增加，耕地保有量93.11万亩（62073.33公顷），其中可长期稳定利用耕地91.85万亩（61233.33公顷），比上一轮规划耕地保有量83.93万亩（5.60万公顷）多9.18万亩（6120公顷）。建成高标准农田近63.83万亩（42553.33公顷），土地质量等级综合评定为优等。指标库储备充实，节余耕地数量指标325公顷，水田规模指标635.13公顷，粮食产能553万公斤，增减挂钩水田指标17.33公顷、旱地指标53.07公顷，耕地三项指标及增减挂钩两项指标全部为正。制定出台田长制实施方案，成立县、乡两级田长工作委员会和田长办，确定1070名田长的四级田长管理体系，划定网格736个，建立履职标准化清单和田长配套制度，实现耕地保护全覆盖。

【**南县自然资源局被评为湖南省第三次国土调查先进集体**】2022年3月29日，南县三调办联合县自然资源局和县统计局向社会正式发布“三调”成果数据，做好“三调”成果的解读，向社会共享成果。国家三调办于2020年11月1日对南县的基础调查成果下发核查意见，差错率0.02%，小于国家要求的1%，通过国家核查。

【**荣誉档案**】2022年，南县耕地保护工作获评省政府真抓实干督查激励奖项，大力整治占用耕地建坟获评湖南省首届耕地保护十大典型案例。南县自然资源局被评为全省第三次国土调查先进集体。

（撰稿　文雪飞）

大通湖区自然资源工作

大通湖区自然资源局

党组书记、局长　　胡　华
党组成员、副局长　周三要
党组成员、副局长　刘海忠（2022.08—　）
党组成员、副局长　毛　建（2022.08—　）
党组成员、副局长　李　丹（2022.08—　）
党组成员、总工程师　吴昆程（2022.08—　）

【**资源保护**】2022年，大通湖区自然资源局成立大通湖区林田长制事务中心，出台《大通湖区全面推行田长制严格耕地保护的实施方案》及配套制度。全区耕地24.35万亩（16233.33公顷），永久基本农田保护面积21.94万亩（14626.67公顷）；超额完成恢复耕地任务，全区耕地净流入183.9公顷；实施南湾湖土地开发项目，通过确认水田指标172.20公顷；做好耕地占补平衡，连续第22年超过省厅下达的任务。完成国土空间规划“三区三线”划定工作，完成全区27个村庄规划初稿编制工作，完成区级重点项目收集和上图工作，完成大通湖区国土空间总体规划（2021—2035年）主体成果基础工作。推进林长制工作，完成林长制人员信息采集、公示牌设置等工作；建立义务植树基地，义务植树尽责率92%；完成绿化植树约23.08万株；推进沟渠林业经济，截至年底，全区已发展沟渠林业经济面积101.87公顷；做好野生动植物保护工作，严厉打击非法交易猎捕野生动植物；持续做好3家关停矿山管护工作。成功申报山水林田湖草沙项目，项目分5个子项目，总投资为60479万元，其中中央资金14940万元、省级资金5407.63万元、市县配套38446.37万元、社会资金1685万元。

【**保障发展**】2022年，大通湖区完成11.89公顷用地报批任务，重点解决农垦公园、千山红现代加油站等全区重点项目用地需求。供地72宗，收缴出让金8869.06万元；完成指标交易1.16亿元，争取省市耕地指标调剂资金380万元。

【**执法监察**】2022年，大通湖区自然资源局成立大通湖区自然资源行政执法局，设置专职副局长1名，"益阳市大通湖区土地执法监察大队"更名为"益阳市大通湖区自然资源行政执法大队"，具体承担全区自然资源（土地、矿产、测绘、规划、林业等）行政执法工作。提请区委政法委牵头，联合公、检、法等相关部门开展打击非法猎捕野生动物等专项行动，办理打击非法案件3个，3人受到处罚；办理生态补偿案件2起，收缴生态补偿金82219元。开展月清"三地两矿"工作，开展自建房清查、违建别墅清理回头看等专项整治行动，实现违法用地零新增，历年存量违法用地全部清零，益阳市唯一实现"双零"目标的区县。

【**服务民生**】2022年，大通湖区自然资源局持续深化"一件事一次办""我要买卖二手房""我要办理不动产登记""我要办采伐证"等业务，共办理各类不动产登记业务3959件。继续推进问题楼盘的登记发证工作，制定《益阳市大通湖区湖乡缘小区问题楼盘处置办证工作方案》，启动办证、成功化解。依法依规做好信访工作，接待并处理群众来信来访33件，办结率100%。

【**党的建设**】2022年，大通湖区自然资源局压实党建责任，做到党建工作与业务工作同部署、同落实、同检查、同考核，齐抓共管、共同推进，履行"一岗双责"。每月调度一次党建工作，分析研究党建工作中存在的突出问题，提出解决办法和措施。落实"三会一课"、主题党日、党组班子成员双重组织生活制度。组织开展气排球比赛、"三八"妇女节活动、观看《万里归途》《金家堤之恋》等教育片。

【**荣誉档案**】2022年，大通湖区获市政府自然资源节约高效利用真抓实干督查激励奖励。大通湖区自然资源局被授予"全省自然资源信访工作业绩突出单位"称号。

（撰稿　石超义）

郴州市自然资源和规划工作

郴州市自然资源和规划局

党组书记、局长、一级调研员 张万冬（2022.02— ）
党组成员、副局长、二级调研员 秦兆兴
党组成员、市纪委监委驻局纪检组组长 谢柏雄
党组成员、副局长 曾文韬
党组成员、副局长 彭拥平（2022.04— ）
党组成员、副局长 朱海平（2023.07— ）
党组成员、总规划师 曹建雄（2022.04— ）
党组成员、总工程师 张翼鹏（2023.07— ）
原党组副书记、局长 王卫东（ —2022.02）
原党组书记、副局长 刘益红（2022年2月退出领导班子）
原党组成员、总工程师 李见秋（ —2022.01）
原党组成员、总规划师 张 强（ —2021.07）

【保障用地】2022年，郴州市获批建设用地1000公顷，其中省市重点项目用地609.53公顷，占报批总面积61%；供应土地1286.67公顷，其中利用存量土地893.33公顷，占比69.16%。出台《全力稳增长强保障优环境二十一条措施》。

【耕地保护】2022年，省自然资源厅下达郴州市耕地保护底线目标364.7万亩（24.31万公顷）、恢复耕地任务6.54万亩（4360公顷）。全市所有县市区均守住底线目标，共恢复耕地6.8万亩（4533.33公顷），耕地面积稳步上升。共立案查处占用耕地违法案件17件，整改违法用地65宗，整治农村乱占耕地建房497宗，全市新增违法占用耕地面积同比下降49.6%，北湖区、苏仙区、桂东县实现违法占用耕地“零新增”。

【财源建设】2022年，郴州市本级土地出让收入任务45亿元，实际完成47.3亿元。全市采矿权出让收入任务4亿元、市本级收入分成任务1亿元，实际完成采矿权出让总收入4.91亿元、市本级收入分成1.28亿元。市本级不动产登记费收入任务1400万元，实际完成1463万元。市本级罚没收入任务700万元，实际收缴到位罚没款723.16万元。

【“三区三线”划定】2022年，郴州市完成“三区三线”划定工作，中心城区城镇开发边界规模由原来的105平方千米增加到121.6平方千米；填补永久基本农田补划缺口，确保全市326.6万亩（21.77万公顷）永久基本农田实至名归；对近期占用永久基本农田和生态红线的648个重大项目予以先行调出，已调出永久基本农田面积11.12万亩（7413.33公顷）。

【矿业管理】2022年，郴州市编制完成《郴州矿产资源总体规划（2021—2025）》和11个县市区的砂石土矿专项规划，严格矿权设置和空间管控，引进战略投资者开展矿产资源整合，全市矿山数量为302个，同比减少11个，其中砂石土矿数量为111个，同比减少9个；大中型矿山比例逐年上升，砂石土矿行业“散、小、乱、污”局面逐步扭转。强化绿色矿山建设。制定实施《郴州市绿色矿业发展示范区建设方案》《郴州市绿色矿山建设三年行动方案（2020—2022年）》，全市生产矿山全面建成绿色矿山，全市共建成绿色矿山109家（国家级18家、省级91家），持续保持全省首位。打造出绿色矿山建设“柿竹园模式”“三十六湾模式”“宝山模式”等各具特色的建设样板，建成宝山、柿竹园两个国家级矿山公园。抓好锂矿资源保护利用，开展新一轮矿产资源找矿突破战略行动，推动新能源产业链发展，形成《郴州市锂矿资源专项调查初步实施方案》，在《郴州市矿产资源总体规划（2021—2025年）》中增设8个涉锂的矿产资源勘查规划区块，出台《关于进一步规范全市含锂矿产资源开发利用管理的通知》《关于加强全市锂矿资源勘查工作的通知》。

【生态修复】2022年，郴州市运用“遥感监测+实地核查”等技术手段，全面查明废弃矿山家底现状，编制《历史遗留矿山生态修复实施方案（2022—2025年）》，引入市场机制开展生态修复，共完成矿山修复233公顷。实施苏仙区金属矿区矿山地质环境综合治理示范工程，新增林地460.53公顷，新增耕地28.2公顷，新增建设用地717公顷，入选湖南省首届国土空间生态修复十大范例；实施临武县三十六湾山水林田湖草生态保护修复试点项目，新增或修复林地170公顷、草地137

公顷，解决约1.6万人的饮水问题。

【服务民生】2022年，郴州市制定《重点项目自然资源要素保障专班服务导则》，采取“一事一策、专人跟踪、并联推进”方式，为重点企业解难纾困。开展全市产业园区低效用地清理盘活集中攻坚，解决湖南省铸万有实业有限公司低效用地再开发问题；对照三一集团项目需求，逐个化解问题，不到100天就完成土地报批，促成三一智能制造产业园项目开工；严格落实市委主要领导关于三一风电项目的批示精神，由局主要领导带队赴省厅对接汇报，促成省厅召开党组会议重启新能源项目审批，编制完成18个风电项目的土地预审和选址方案，第一时间出具初审意见，推动苏仙区良田二期风电场、荷叶坪风电场等7个项目通过审批；推进“房十条”助企纾困解难政策，精准服务“商改住”调整意向开发企业，在全省率先出台《郴州市中心城区非住宅商品房“商改住”调整实施细则》。出台《规范国有建设用地和非住宅类房屋分割的指导意见》等文件，防控信访风险。推进房产办证遗留问题的化解，累计化解房地产办证遗留问题291个，原已纳入化解范围项目化解率98.3%，化解数量排名全省第一，获得省化解办通报表扬。市本级共集中处理群众入住多年无法办理不动产登记问题项目124个，惠及3.69万户家庭。

【营商环境】2022年，郴州市自然资源和规划局印发《郴州市自然资源和规划局2022年优化营商环境工作方案》《关于进一步做好新建商品房“交房即交证”改革工作的通知》。财产登记的办理环节平均缩减至1.5个，平均办理用时缩短至1.5个工作日，提速95%；财产登记申请资料平均压缩至2.5件，抵押注销等业务实现“零资料”办理。在中心城区新建商品房“交房即交证”常态化的基础上，在全国率先推行不动产登记“四化”改革，打造新建商品房登记“一次都不跑”、存量房交易登记“最多跑一次”的创新模式，在全省不动产登记业务培训会上做典型发言，获自然资源部领导肯定性批示。

【矿山安全】2022年，郴州市自然资源和规划系统开展安全生产大检查“百日攻坚”、打击“洗洞”盗采金矿等专项整治行动，共巡查矿山9000余次，发现违法采矿行为23宗（无证开采15宗、越界开采8宗），全部立案查处，结案19宗，罚款88.16万元；共排查废弃矿洞528个，发现盗采3处，均立案查处到位，行政拘留8人。

【执法督察】2022年，郴州市自然资源和规划局配合做好2022年国家自然资源督察、省级例行督察工作。建立市级自然资源督察制度，成立由市领导挂帅的市自然资源督察执法工作领导小组，常态化调度督察真抓实干工作，实行日调度、周排名、月通报机制，定期约谈督察整改工作滞后的县政府主要领导。开展自然资源督察真抓实干等专项督导，下发督察执法交办督办函66份。2021年国家耕保督察整改率为95.43%，已对5名相关人员进行问责处理。2021年矿产资源督察、2020年国家土地例行督察、2020年省级例行督察整改率均为100%。深化巩固违建别墅问题清查整治成果，对“顶风违建”的安仁县、桂东县3起违建别墅问题问责16人。北湖区铁腕推进国家自然资源督察整改工作入选湖南省耕地保护十大案例。

【地灾防治】2022年，郴州市共发生地质灾害173起，共派出技术人员409批次862人，对1434处地质灾害隐患点采取“三早”措施（早发现、早整改、早处置），转移受威胁人员5615户13908人。排查切坡建房户20192户，拆除地质灾害隐患点周边D级危房35户。因应对得当，在汛期11轮强降雨中，全市未发生因地质灾害造成人员伤亡事件。

【党风廉政建设】2022年，郴州市自然资源和规划局利用办公区实体宣传栏和网络平台加强警示教育宣传，组织观看市纪委警示教育片《底线2021》《远离家庭腐败》等廉政教育视频，开展成志坚案“以案释法”教育活动。制定《关于学习和落实〈郴州市深化干部作风建设专项行动工作方案〉等5个文件精神的通知》，向全系统干部职工发放《廉政家书》370余份，对规范测绘行业管理、项目规划审批效能提升等社会关注度高的问题立行立改，全面完成整改要求并长期坚持。抓好巡察反馈意见整改工作，市委第二巡察组反馈具体问题66个，已完成整改61个；基本完成、长期整改2个；未到期3个。

【文明创建工作】2022年，郴州市自然资源和规划局将文明创建活动贯穿于自然资源管理工作全过程，组织召开创建工作动员大会，把创建工作纳入全局中心工作，作为“一把手”工程重点推进。印发《郴州市自然资源和规划局文明单位创建工作方案》，制定《文明创建工作规划》等相关文件，开展公职人员涉矿涉沙非法投资获利问题专项整治。在全系统组织开展“岗位大练兵、技能大比武”活动，组织开展“学用新思想、建功新时代”和理论知识学习竞赛活动，深入开展版图知识进校园、党员干部进社区、“4·22”地球日和“6·25”土地日防灾减灾主题宣传等活动，开展责任路段日常文明劝导、“三清一化”和“捡起一片垃圾、收获一份美好”等活动。评选表彰10名“干事创业工作标兵”和10个“干事创业先进单位”，实行绩效奖励倾斜、职务提拔优先、职级晋升优先、年度评优评先等激励措施。

【依法行政】2022年，郴州市自然资源和规划局全面推进系统普法、干部学法、严格执法、自觉守法，组织做好2023年国家机关工作人员学法考法工作，坚持将“以案释法”作为局务会规定动作；组织开展“送法下乡”“珍爱地球，人与自然和谐共生”及土地管理“一法一条例一办法”专项学习、“3·15”信用体系建设等多项主题法治宣传活动；印发《2022年度“双随机、一公开”监管抽查工作计划》，制定《关于开展2022年度测绘资质巡查与测绘地理信息质量监督抽检工作方案》，通过湖南省“双随机、一公开”监管平台公开26个抽查结果，其中部门内专项任务12个、跨部门联合任务14个，公示率为100%；加强推进社会治安综合治理和市域社会治理现代化试点工作，建立突发公共安全事件调度机制，妥善应对自然灾害等突发公共安全事件。

【党的建设】2022年，郴州市自然资源和规划局召开党组会议31次、局务会12次，开展中心组学习21次。组织开展理论宣讲，邀请市委宣传部、市委党校讲师、有关领域业务骨干进行专题授课，开展政策理论学习和业务知识宣讲，组织开展党的二十大、“一法一条例”、马克思主义中国化等理论业务知识学习11次。

【荣誉档案】2022年，郴州市自然资源和规划系统在省政府真抓实干督查激励中获得“1+2+1”的成绩（市本级获自然资源节约高效利用督查激励，北湖区获耕地保护督查激励，临武县获自然资源节约高效利用督查激励，高新区“着力盘活低效闲置土地”获省政府综合大督查通报表扬）；苏仙区、桂阳县、永兴县成功创建全国自然资源节约集约示范县。市局在着力保护耕地、盘活土地存量、保障重大项目建设用地、国土空间规划“三区三线”划定等方面获市委通报表扬；成功创建省文明标兵单位；获得“2022年度全省自然资源系统新闻宣传工作先进单位”等3项省级表彰；获得“2022年度郴州市‘十大重点工作’先进单位”等13项市级表彰；获评2022年度全省自然资源系统新闻宣传先进单位，两人分别获评全省自然资源系统新闻宣传和政务信息先进个人。

（撰稿　杨　道）

北湖区自然资源工作

北湖区自然资源局

党组副书记、局长	首建明
党组书记、副局长	蒋家京
党组副书记、副局长	黄　军（2022.12—　）
党组成员、总工程师	朱小毛（　—2022.06）
党组成员、副局长	朱仁才
党组成员、总工程师	曹　磊（2022.06—　）
副局长	何朝俊（　—2022.06）

【耕地保护】2022年，北湖区出台《北湖区全面推行“田长制”实施方案》，夯实区、乡、村、组（户）四级“田长制”。区委、区政府与全区14个乡镇（街道）签订《2022年度耕地保护工作责任状》，同时要求各乡镇（街道）对行政区域内的耕地保有量、耕地保护底线目标、永久基本农田保护面积目标任务完成情况实行党政同责、刚性考核、一票否决、终身追责。通过严格的耕地保护制度，确保11.97万亩（7981.07公顷）耕地和9.93万亩（6621.47公顷）永久基本农田责任目标。开展耕地恢复工作，恢复耕地309.87公顷。以铁塔视频监测为基础，推行“三码管地”执法制度试点，对疑似违法违规问题、“非农化”“非粮化”问题、整改中问题分别赋予黄、红、蓝码，整改到位并经认定后，回归绿码。为连片农田安装高空高清摄像头，对耕地进行全天候实时在线监测，实现对各类耕地问题从发现、制止、报告、移送到查处、整改全要素、全过程的实时化监管。承办湖南省纪念第32个全国土地日活动暨湖南省全面推行“田长制”

公开宣传活动。《北湖区“田长制”系列动漫之“耕地上的致富梦”》获评2021年度郴州市十佳优秀网络作品。

【规划编制】2022年，北湖区初步完成“百福溪谷”片区、“西城门户”片区、华塘片区、龙女片区、仙岭湖片区、万华片区、小埠片区、鲁塘片区和物流园片区九个片区规划编制工作。持续推进“多规合一”村庄规划编制及审批工作，在全市率先完成“多规合一”村庄规划编制全覆盖。开展“三区三线”划定工作，完成永久基本农田储备区与补划区划定、生态红线评估调整、城镇开发边界划定等基础性工作，经多轮修改完善后，获批启用“三区三线”划定成果。

【用地保障】2022年，北湖区成立用地报批服务专班，形成联合审查机制，对重大项目用地审批采取特事特办、容缺后补等方式，最大限度压缩办结时间。全区建设项目用地获省政府批准25个，获批面积119.73公顷，获得省政府批准项目数量及面积继续保持郴州市本级排名双第一。完成集体土地征地拆迁项目24个201.52公顷。完成土地出让挂牌成交24宗，出让总面积201.52公顷，成交金额12.52亿元（含2021年成交2022年补缴土地价款的4宗1.52亿元），采取协议出让土地25宗，成交金额0.67亿元。

【矿业管理】2022年，北湖区完成鲤鱼湾建筑用白云岩矿、南方石墨有限公司石墨三矿、南方石墨有限公司石墨一矿、灯盏窝石墨矿、清水江锡铅锌多金属矿、南方石墨有限公司石墨二矿、老梨山矿区铁铅锌多金属矿详查、白腊水矿区屋场坪矿段锡矿详查、村头石碧塘矿区锡矿普查探矿权等延续登记资料初审呈报，南方石墨有限公司石墨三矿、灯盏窝石墨矿、老梨山探矿权、村头石碧塘矿区锡矿普查、白腊水矿区屋场坪矿段锡矿详查探矿权已发新证。完成全区3个探矿权、21个采矿权的矿业权勘查开采信息公示。组织对矿山企业矿硐摸底，填报矿山企业矿硐统计表。配合打击“洗洞”盗采金矿等矿产资源领域违法违规行为专项整治行动，统计关闭废弃矿硐排查、封堵情况。清理采矿许可证将要到期矿山，通知矿山企业办理有关手续。对采矿许可证过期矿山进行暗访暗查。对关闭注销砂石土矿山进行现场核实。督促指导2022年相关矿山企业开展绿色矿山建设，对7个已完成绿色矿山建设工作的矿山及时跟进，巩固建设成果。完成普通建筑材料砂石土矿专项规划编制。梳理北湖区普通建筑材料用砂石土矿专项整治，并形成自评报告。

【生态修复】2022年，北湖区现有生产矿山全部编制矿山生态保护修复方案或矿山地质环境综合防治方案，督促矿山企业按照方案开展矿山生态保护修复工作。编制《北湖区历史遗留矿山生态修复实施方案（2022—2025年）》。完成北湖区2022年历史遗留矿山修复绩效指标任务6.56公顷，涉及2个矿山4个图斑。开展鲁塘矿区生态修复，完成《鲁塘矿区历史遗留矿山市场化生态修复方案》、水土保持和环境影响评价报告的批复工作。通过公开比选，引入社会资本投资方实施市场化生态修复。已完成一期修复面积46.58公顷。

【地灾防治】2022年，北湖区自然资源局开展切坡建房隐患排查。对辖区内农村切坡建房户进行全面排查并核实，核查隐患户6304户。对隐患户全面落实“房主监测、村组组织、乡镇管理、县区统筹”的风险管控体系。建立切坡建房地质灾害隐患台账，督促指导建房户落实防护、监测措施，明确专人对切坡地段进行巡查。督促各级防灾责任人和隐患点监测员对地质灾害隐患点和临坡切坡建房户加强雨前排查、雨中巡查、雨后核查工作，对不稳定的、特别危险的隐患点要提前组织转移，发现险情，及时撤人避险。汛期期间，向56个隐患点监测人和责任人、6304户切坡建房户发送预警信息，及时发布地质灾害预警信息76次累计24.43万条，累计转移地质灾害隐患点受威胁群众218户346人，转移中高风险切坡建房户共计78户154人；组织培训152人次；开展应急演练3点次，参与人员170人次。对涌泉街道七里洞村水银冲组滑坡、华塘土坑下1组安置房后山滑坡等17个地质灾害隐患点进行工程治理。

【执法督察】2022年，北湖区自然资源局下达责令改正通知书48份，其中拆除违法建筑16宗，拆除面积约3公顷。开展矿山超深越界开采定期和不定期的检查行动、打击整治非法采矿采砂违法犯罪行动，重点打击非法采矿行为，立案查处3起违法开采案件。依法立案查处自然资源违法案件共21起，处罚没款397余万元。

【民生服务】2022年，北湖区自然资源局抓好党风廉政工作，制定《北湖区自然资源局进一步加强工作纪律作风的十条硬性措施》《北湖区自然资源局关于持续开展狠刹吃喝歪风集中整治活动的工作方案》《2022年惠民惠农财政补贴资金“一卡通”问题专项督导检查实施方案》等文件，摸排上报集中化解房地产办证信访突出问题26个，涉及户数5548户，为3007户群众办证。

【**巡察整改**】2022年3月11日至6月10日，北湖区委第三巡察组对北湖区自然资源局党组开展巡察，并反馈巡察意见。对巡察反馈的3类21项65个具体问题，深入剖析原因，研究制定整改方案，做好整改落实。

【**荣誉档案**】2022年，北湖区耕地保护工作获得省政府真抓实干督查表扬激励，拆除网红景，良田变粮田——北湖区铁腕推进“非农化”“非粮化”整治，获评全省耕地保护十大典型案例；“一师两员”试点工作在全省工作交流座谈会上做典型发言。“十大重点工作”综合考核、项目大会战、园区大会战、城市大提级、乡村大振兴、开放大驱动等工作中被北湖区委、区政府评为先进单位。

（撰稿　贺　平）

苏仙区自然资源工作

苏仙区自然资源局

党组书记、局长	邓军锋
党组副书记、副局长	黄剑锋
党组成员、副局长	李智峰
党组成员、副局长	谭代文
党组成员、总工程师	陈建武

【**概况**】苏仙区自然资源局（加挂苏仙区林业局牌子），办公地点位于郴州市郴州大道957号。设18个内设机构，分别是办公室、法规和信访股、自然资源督察办公室、行政审批股、自然资源调查监测股、国土空间用途管制股（自然资源开发利用股）、建设项目规划股、国土空间规划股、耕地保护监督股、地质勘查和生态修复股、矿业权管理股、矿产资源保护监督股、造林绿化股、森林资源管理股、自然保护地管理股（野生动植物保护股）、财务股、人事股，机关党委，直属二级机构7个，分别是苏仙区林业综合服务中心、区征拆事务中心、区自然资源行政执法大队、区城乡规划事务中心、区自然资源监测和生态修复中心、区自然资源测绘队、区地理信息中心，在镇、街道设立14个自然资源所（林业工作站）。局机关核定编制17名，其中行政编制15名，暂时保留机关后勤服务编制2名。年末共有干部职工222人。

【**保障发展**】2022年，苏仙区完成项目测绘866.67公顷，完成征地拆迁项目13个、面积43.8公顷，办理用地报批、供地确权26宗、面积48公顷，拿回批单15个，面积21.29公顷，完成土地挂牌出让19宗，面积47.64公顷。确保电子信息产业园、良田水泥厂、绿色建材产业园、坳上变电站、卜里坪片区等重点项目用地需求。

【**规划编制**】2022年，苏仙区自然资源局完成苏仙区“三区三线”划定成果，完成过渡期土地利用总体规划重点项目落图、修改和调整方案的初审。拟定《苏仙区2022年郴资桂区域协调发展项目建设工作实施方案》，对《苏仙区大融城大提质2022年建设项目安排表》中的30个项目进行充分讨论。苏仙区61个村（含1个社区）“多规合一”村庄规划通过区规委会审议，剩余45个村“多规合一”村庄规划在有序推进。为五盖山镇污水处理厂、九子仙35kV变电站异地新建工程、苏仙区绿色建材产业项目等7个项目用地核发预审与选址意见书，下达22个用地项目规划条件，核发258个项目《建设用地规划许可证》，下达54个项目的设计方案批复，核发19本《建设工程规划许可证》。组织承办6次区规委主任会议，共讨论27个项目，共召开9次局业务例会。

【**保护耕地**】2022年，苏仙区委、区政府下发《苏仙区耕地保护“田长制”工作方案》，出台《田长工作制度》《苏仙区2022年度耕地进出平衡方案》等一系列配套制度，将耕地保护相关任务带位置分解到各镇、街道，全面落实耕地保护党政同责。苏仙区连续第2年实现耕地“零违法”，恢复耕地面积638.29万公顷。

【**地灾防治**】2022年，苏仙区在册的57个地质灾害隐患点情况稳定，摸排农村临坡、切坡建房户615户。发布降雨预警信息3550条，应急调查28次，开展应急演练6次。完成磨心塘重大地质灾害治理项目初验。苏仙区第一次自然灾害地质灾害风险普查成果通过省自然资源厅审核。

【矿政管理】2022年，苏仙区编制《苏仙区历史遗留矿山生态修复方案（2022—2025）》，完成《郴州市苏仙区普通建筑材料用砂石土矿专项规划（2019—2025年）》并获省厅批复。对全区所有生产矿山进行实测，严厉打击超深越界违法行为。截至年末，全区已建成15家绿色矿山，达标3家。完成良田陈家园矿、苎麻园矿、五盖山张家铺矿、白露塘王家垅采石场等4宗采矿权出让，年度采矿权出让收益9051.08万元。参与创建全国自然资源节约集约（矿山类）示范县，并获评成功。

【执法监察】2022年，苏仙区开展各类自然资源专项执法活动，共组织执法行动102次，出动执法人员795人次，检查生产经营单位150余家，立案查处103起（含林业案件），全部依法依规查处到位。开展执法网格化管理，对自然资源违法行为做到早发现、早制止、早处理，坚决遏制耕地“非农化”。完成卫片执法工作，收到月度、季度卫片共869个图斑，全部核查整改到位。新增违法用地零增长、新增耕地违法零新增，成功创建郴州市自然资源执法模范县。

【督察整改】2022年，苏仙区自然资源局做好督察整改工作。往年度国家土地督察发现问题21个，已全部整改到位。2021年国家耕保督察反馈问题10个，已整改到位。2022年国家耕地保护督察和矿产资源督察疑似问题64个，已全部举证到位，待武汉督察局督察意见书正式文件下发，明确整改意见后立即整改。完成王仙岭公寓楼235户安置工作，完成省委巡视整改任务1125户，苏仙区完成率100%。

【信访维稳】2022年，苏仙区自然资源局共受理群众来信和信访交办件共176件（其中市长及区长热线113起，局长来访交办件8件，督办函14件，网信办5件，区、市长信箱15件，信访平台交办件21件），群众来访76人次。信访交办回复率100%，信访处理回复满意率92%以上。共调处土地权属纠纷6起、行政诉讼案件8起，局领导诉讼出庭率100%。

【民生服务】2022年，苏仙区自然资源局继续派出乡村振兴工作队共4人驻良田镇菜岭村、飞天山镇长冲村开展帮扶工作，共支持村、社区乡村振兴和基础设施建设帮扶资金56万余元。主动公开政府信息1300余条，提供依申请公开查询信息3件，提供地理信息数据服务410余次。化解41个楼盘、5489户历史遗留办证问题。

【争资立项】2022年，苏仙区自然资源局共完成收入17.53亿元。其中土地出让收益16.06亿元；采矿权出让收益9862.98万元；植被恢复费3565万元；非税收入448万元；耕地开垦费639.56万元；其它收入50.56万元。完成争资立项12018.75万元。

【机关党建】2022年，苏仙区自然资源局把握意识形态工作的领导权，共召开2次会议专题研究意识形态工作，召开2次专题舆情研判会议，组织各党支部开展“一课一片一实践”活动，推进党员教育走“新”更走“心”。完成党支部集中换届工作。完成3名预备党员转正，新发展入党积极分子2人。提拔副科级干部2名，重用干部1名，招考高层次专业技术人才1名，做好行政执法大队的参公单位申报工作。重点项目建设和优化营商环境巡察反馈8个问题全部完成整改销号。制定《关于推进清廉机关建设的实施方案》，开展例行廉政谈话300人次，问责32人次。

【荣誉档案】2022年，苏仙区获评全国自然资源节约集约示范县（矿产类）；6月21日，中央台CCTV2《经济半小时》播出《“退草”“退园”变良田》，专题介绍苏仙区飞天山镇通过“退草还耕”稳定粮食安全的典型经验；“三调”工作获省政府通报表扬；苏仙区违法用地“零增长”、违法占用耕地“零新增”，获省自然资源厅通报表扬，耕地保护和执法工作成效在全省耕地“零违法”卫片执法工作座谈会上作经验典型发言。

（撰稿　李　桃）

资兴市自然资源工作

资兴市自然资源局

党组书记、局长	蒋勇光（ —2022.12）
党组成员、副局长	何昌东
党组成员、副局长	蔡林涌
党组成员、总工程师	袁苇秋

【耕地保护】2022年，资兴市实有耕地25.50万亩（1.70万公顷），对比耕地保护底线目标增加248公

顷；完成永久基本农田划定22.57万亩（15049.07公顷），储备区2285亩（152.33公顷），全部完成上图入库。出台《资兴市耕地保护“田长制”实施方案的通知》《资兴市2022年度耕地保护宣传工作实施方案》，完成田长制网格划定工作和田长制工作体系，形成耕地保护强大合力。全市范围内建立市、乡、村、组四级田长制，按照“属地管理、分级负责、全面覆盖、责任到人”原则，形成“横向到边、纵向到底、全覆盖、无缝隙”耕地保护监管网络。

【要素保障服务】2022年，资兴市完成项目用地预审23宗，总用地面积29.38公顷；共组卷上报省政府审批项目9个，已取得批准项目8个，批准面积35.04公顷。强化矿产资源要素保障，完成州门司矿区新设采矿权工作，完成西阳岭矿区、鳌鱼塘矿区采矿权出让等工作，完成国泰矿业、金山采石场的绿色矿山创建和第三方评估工作。完成瀚林府邸，文品轩小区，东江木材厂安置小区（三期），龙泉头、大兴西路、罗围三个幼儿园，秀水怡城，东江湖大数据产业园建设项目（一期）——创投（研发中心）、新建取水泵房，湖南金磊南方水泥有限公司4900吨/天熟料水泥生产易地搬迁改造，东江湖（北）游客集散中心，郴州•嘉华国际城等9个项目的修建性详细规划及建筑设计方案的规划委员会审议。

【规划发展】2022年，资兴市推进《资兴市国土空间总体规划（2021—2035年）》以及“多规合一”村庄规划编制工作。结合“东方水城威尼斯”定位，主动融入“强中心城区”战略、“强自贸区”战略和建设郴州国际陆港等重大战略，紧密对接《郴州市国土空间总体规划（2021—2035年）》《郴资桂区域协调发展规划（2021—2035年）》，加快编制东江湾、兴白等融城片区控制性详细规划及城市设计，统筹指导推进融城片区开发建设。2022年度率先启动的融城项目共计17个，总投资额约350亿元，计划投资约18.95亿元，实际完成投资约20.28亿元（含前期征拆安置、设备采购等费用）。

【国土空间总体规划】2022年，资兴市出台《资兴市国土空间总体规划（2020—2035年）编制工作方案》，明确资兴市国土空间总体规划“1+12+4+1+1”的成果框架。完成《资兴市国土空间总体规划（2020—2035年）》规划大纲方案，初步定位资兴市的城市性质为国家水资源可持续创新发展示范市、内陆开放协同高质量发展示范市、全域旅游生态宜居示范城市；初步形成“一核一轴、一环一屏、多廊多点”市域国土空间总体格局，“一圈两轴多点”的城镇体系格局，“一环四片、一核多点”的市域产业空间格局。2022年全面启动乡镇国土空间规划编制工作，制定《资兴市乡镇国土空间规划编制工作实施方案》。

【相关专项规划】2022年，资兴市全面启动编制耕地保护、山体水体保护、特色风貌与总体城市设计、综合交通、中小学幼儿园空间布局等专项规划，将相关专项规划要素纳入国土空间总体规划中，为专项规划实施提供空间保障。

【“多规合一”村庄规划】2022年，资兴市加快推进“多规合一”村庄规划编制工作，全面助力乡村振兴，全年开展单独编制或合并编制类村庄规划39个，“镇村一体”类村庄规划78个。村庄规划编制严格按照准备工作、基础调查、编制方案、咨询论证、审查审核、审批公告等六个工作程序，有序组织和推进，推选优秀村庄规划案例参加第三届湖南省优秀国土空间规划设计和案例展评活动，《资兴市白廊镇环东江湖区域八村连片村庄规划（2021—2035年）》获得2022年优秀国土空间规划设计和案例评选二等奖。

【服务民生】2022年，资兴市启用不动产登记与商品房交易网签一体化平台为购房户办理预告登记和预告抵押等业务。抵押登记无纸化，实现“零填报”。借助省自然资源厅“一窗办事”平台，实行“无纸化、自动化”办理抵押登记，通过线上申请、线上审核、线上登记，实现金融机构和抵押人（群众）申请登记“零填报”资料模式。登记过户协同化，实现“一次办”。推行“一件事一次办”改革，登记信息推送至电子政务平台，水电气部门通过市政务中心的电子政务平台获取不动产登记信息，实现信息共享及同步过户“一次办”的目的。解决办证难问题，实现“交房即交证”。聚焦群众反映突出的新建商品房交房长期不办证、居住权与产权不同步的问题，稳步有序开展工作，通过试点先行、以点带面推行“交房即交证”的改革模式。

【月清“三地两矿”】2022年，湖南省自然资源厅下发资兴市存量批而未供土地处置基数总面积33.68公顷，已处置完成27.06公顷，处置率80.34%，郴州市排名第一。根据2022年12月7日省自然资源厅《关于月清“三地两矿”有关情况的通报》，资兴市为批而未供和闲置土地零新增县市区，园区低效用地完成处置率57.2%，全省排名第23名，净地备案通过率100%，土地利用动态巡查任务通过率100%，砂石土矿“三到位”率100%。资兴市无违法占用耕地建房、违建别墅等情况，月清“三地两矿”工作取得明显成效。

【基础工作】2022年，资兴市完成农村宅基地和集体建设用地房地一体确权登记颁证工作以及第三次全国国土调查工作。严格落实汛前、汛中、汛后“三查”制度，对全市辖区内的地质灾害隐患点进行拉网式排查，及时更新地质灾害隐患点台账，逐点完善应急预案。规范在建矿山和已关闭矿区的矿山生态修复，开展历史遗留矿山生态修复，已有蓼江镇练图煤矿、三都矿区瑶山煤矿等7家关闭矿山完成修复方案编制。完成2022年历史遗留废弃矿山生态修复的施工图设计和预算，以及资兴市历史遗留废弃矿山生态修复实施方案（2022—2025年）编制工作。

【重大专题研究】2022年，资兴市开展并完成资源环境承载力和国土开发适应性“双评价”、国土空间总体规划实施和国土空间开发保护现状“双评估”、生态保护红线评估调整、市域村庄规划分类与布局、城镇开发边界模拟试划、国土空间发展与战略定位、乡镇主体功能定位细化、城镇开发边界内控制性详细规划评估等专题研究编制，继续推进城乡建设用地集约节约利用、国土空间用途管制等专题研究工作。

【统筹划定“三区三线”】资兴市处于国家重点生态功能区，是全国第三批“绿水青山就是金山银山”实践创新基地。生态保护红线法定面积735.41平方千米，保护率28%。生态保护红线评估调整成果基本完成，共调出生态保护红线约7333.33公顷，基本消除城镇村、耕地与基本农田、重要矿权、重大项目与生态保护红线的冲突，为城镇开发空间，尤其是兴白片区预留发展空间。划定永久基本农田面积151.11平方千米，占国土总面积的5.53%，基本可消除永久基本农田划定不实、违法违规占用、重大项目建设拟占用等问题。市自然资源局多次修正并基本完成城镇开发边界模拟试划方案，市域划定城镇开发边界42.5平方千米。

【矿产资源】资兴市矿产资源丰富，煤炭、水泥用灰岩、萤石矿、石英岩为优势矿产，煤炭开发利用程度高，水泥用灰岩资源储量丰富，钾长石、石英岩等均具有良好的资源潜力。全市已发现固体矿产33种，已查明资源储量的矿产17种。其中建筑石料用灰岩、水泥用灰岩、萤石矿、石英岩为优势矿产。七宝玉、七彩石为特色矿产。

【荣誉档案】2022年12月7日，资兴市自然资源局自然资源调查确权登记和所有者权益股副股长罗军受国务院第三次全国国土调查领导小组办公室、自然资源部表彰，获第三次全国国土调查先进工作者称号。

（撰稿　李轲敏）

桂阳县自然资源工作

桂阳县自然资源局

党组书记、局长	肖晓飞
党组成员、副局长	李　华
党组成员、副局长	雷　麟
党组成员、副局长	雷己兵
党组成员、总工程师	李建国

【规划保障】2022年，桂阳县完成“三区三线”划定以及346个村庄规划编制工作。科学谋划临空经济片区、朝阳广场片区等4大片区规划。共完成控制性详细规划编制138个，下达项目规划批复44个，项目用地蓝图86个。

【耕地保护】2022年，桂阳县以田长制为抓手，制定田长制工作考核办法，建立田长制管理体系，对耕地实行严格保护。年内完成耕地恢复1093.33公顷。在郴州市率先采用铁塔视频监管耕地保护，安装部署监测点136个，覆盖全县90%以上的耕地范围。

【要素保障】2022年，桂阳县出台稳经济稳增长20条措施，土地储备入库面积102.4公顷，土地报批面积104.7公顷，土地供应面积259.6公顷，完成土地收入13.81亿元。推进19个砂石土矿采矿权的出让工作，推进7个二类矿种采矿权和2个含锂资源的采矿权相关工作。

【矿政管理】2022年，桂阳县创新市场化模式开展荷叶——太清矿区历史遗留矿山生态修复，探索出废物综合利用、土地复垦、清洁能源开发、“碳中和”并举的实践新模式，实现经济效益、社会效益和生态效益的有机统一。全县56家砂石土矿山共关闭退出36家，关闭退出率64.3%，落实关闭矿山“三到位”措施，持续巩固砂石土矿专项整治成果；砂石土矿山得到全面整治。绿色矿山建设完成，已建成绿色矿山15家,生产矿山100%达到绿色矿山标准。

【**地灾防治**】2022年，桂阳县自然资源局落实24小时值班值守和领导带班制度，在全县范围内开展地质灾害汛期巡排查工作，共排查出不稳定隐患点18起，并及时进行应急处置和排险措施；全面落实房屋安全隐患、极端天气地质灾害隐患排查、预防工作，转移群众460户，共1206人。年度内未发生人员伤亡和重大财产损失的地质灾害事件。

【**服务民生**】2022年，桂阳县进一步深化不动产登记改革，推行四种服务“套餐”即预约服务、上门服务、直通服务、网上服务，采用“无纸化”“智能化”“数字化”办理新模式。新建商品房“交房即交证”工作常态化推进，“碧桂园”等6个新建商品房项目举行“交房即交证”活动，共发放不动产权证书3618本。“多测合一”改革实现所有工改项目100%在线上运行。配合化解办开展违法建设处置工作，共化解359宗地，发放不动产权证书7645本。

【**执法监察**】2022年，桂阳县自然资源局共立案查处土地、矿山违法案件28起，移送公安等相关部门3起，拆除违法建筑面积1.1公顷，收缴罚没款914万余元，现场扣押挖机30台、运输车15辆。

【**荣誉保障**】2022年，桂阳县自然资源局被评为全国自然资源节约集约示范县、全市自然资源执法模范县和全市自然资源工作绩效考核优秀等次。

（撰稿　王科珍）

永兴县自然资源工作

永兴县自然资源局

党组书记、局长　　侯蕊健
党组成员、副局长　　李雪猛
党组成员、副局长　　王外平
党组成员、总工程师　　刘　飞
党组成员　　周碧辉
党组成员　　袁健宏

【**耕地保护**】2022年，郴州市下达永兴县耕地保护底线目标为44.69万亩（29792.13公顷）、永久基本农田保护任务40.63万亩（27084.07公顷），恢复耕地任务513.33公顷。实际恢复耕地整改621.58公顷，在全市排名第三；制定下发《永兴县耕地保护田长制实施方案》，建立县、乡镇（街道）、村（社区）、村民小组四级耕地保护“田长制”，制作和安装镇级标志牌16个、村级标志牌253个、网格级标识牌1256个；全县共划分1053个片区、1256个网格单元；完成5个项目的耕地指标报备入库，报备入库耕地数量指标73.27公顷、水田规模指标34.25公顷，产能51.71万公斤。耕地占补平衡指标库剩余耕地数量0.18公顷，水田规模15.29公顷，粮食产能9.73万公斤，各项指标均为正数。

【**国土空间规划**】2022年，永兴县“三线”统筹划定工作全面完成。划定永久基本农田数量为40.63万亩（27084公顷）、生态保护红线划定面积为253.7平方千米,占全县国土总面积的12.85%，划定城镇开发边界规模为30.02平方千米；成立永兴县自然资源局“多规合一”实用性村庄规划编制专项工作小组，完成西河流域乡村振兴的14个村庄规划编制方案及审查审批，同时完成全县其他村庄规划初步编制方案；完成永兴县“一张图”实施监督系统审查与评定工作；做好东外环线公路、湘阴渡化工园区、江左片采煤沉陷区安置、黄克诚故居接待中心等项目调整土地利用总体规划。

【**土地储备**】2022年，永兴县完成2022年度土地储备和供应计划文本编制工作，并通过省厅审核。做好城区小宗土地和城中村土地的收储工作，通过收回、收购等方式，规划盘活收回小宗土地17宗，用地面积约11.3公顷，实现出让收入23400万元。

【**征地拆迁**】2022年，永兴县实施新征地拆迁项目30个，征地约84.67公顷，完成交地13宗共27.33公顷。签订房屋拆迁协议314户，拆迁房屋建筑面积约38500平方米，签订坟墓搬迁协议108冢，货币安置40户144人，拆迁安置54户。

【**用地报批**】2022年，永兴县上报省厅批准项目用地20宗，拿回批单58.48公顷，其中工业项目11宗、面积54.34公顷，公共管理项目和商住项目9宗、面积8.61公顷，为海利化工、碧塘康养、马田敬老院等县重点产业项目的落地提供要素保障；做好2022年第一、二、三、四、五、六批次农村村民建房审批，办理农转用面积4.86公顷，涉及农户345户，为化工园区的搬迁安置提供支撑。

【**土地供应**】2022年，永兴县挂牌出让土地32宗（成交26宗、流拍6宗），实现土地出让收益8.96亿元；完成土地评估42宗，召开地价会审会议8期；完成批而未供土地处置44.7公顷，处置率57.15%；完成闲置土地处置2宗4.19公顷，处置率100%；促使低效空闲用地项目开工建设20宗48.56公顷，并在2021年度全省节约集约用地评价中获得20公顷指标奖励、2022年成功创建全国节约集约示范县。

【**行政审批**】2022年，永兴县办结划拨土地转出让、超面积征收土地出让金、不动产办证原房产系统审核等自然资源业务1680多件；受理规划许可制证57宗，按时办结率100%，无一例差错；接受群众咨询960多人次，发放办事资料清单1300多份。

【**矿产资源管理**】2022年，永兴县完成第一批次洋塘乡灵桂仙、金龟镇郴永2个采石场招拍挂出让，产生采矿权出让收益4500万元，县级分成1640万元；第二批次油麻镇金星、洋塘乡土山里、樟树镇裕森3个采石场已完成立项批复、财评，政府采购等工作；加强煤矸石资源综合利用，征收规费96万元；完成4个煤矿绿色矿山建设复核并公示入库，2个非煤矿山的自评，绿色矿山建设有序推进；持续推进矿山生态修复工作，督促荆草坪煤矿等7个关闭煤矿完成矿山地质环境生态修复工作，投入资金200余万元，复垦复绿面积10余公顷；督促金星采石场等10个在建矿山对不再利用的废弃矸石堆等区域开展年度生态修复工作，复垦面积4.67公顷，种植杉树、油茶树等5000余棵；争取上级专项资金104.92万元在全县实施历史遗留矿山生态修复7.29公顷；累计关闭退出砂石土矿18个，现有砂石土矿采矿权7个，低于市政府下达永兴县13个采矿权控制数的目标。

【**执法监管**】2022年，永兴县自然资源局对16起违法案件进行立案查处，其中矿产案件5起、土地案件11起。已结案12起，其中矿山越界开采案件1起，查处越界面积234平方米，没收违法所得2680元，罚款268元；非法开采案件3起，罚款总金额2.84万元；土地违法案件8起，涉及违法总面积25037平方米,罚款总金额101.23万元，并开展5次打非治违集中行动，打击非法开采煤矸石、烟子煤场所、非法采锰场所6处，扣押非法作业挖机5台，对所有非法源头单位进行拉网式清理，出动人员300余人次。

【**农村乱占耕地建房**】2022年，永兴县新增占耕地农民建房图斑共计37个，占耕地总面积0.97公顷（其中基本农田0.34公顷）。已完善手续到位32个(耕地面积0.72公顷)，拆除到位1个（耕地面积0.23亩），未整改到位4个（耕地面积3.77亩），未到位的4个农房图斑中，需完善手续整改的3个,需拆除复耕整改的1个。

【**土地矿产卫片执法**】2022年，永兴县有上级下发的2021年度补充和2022年月度、季度共34个批次1246个图斑，已全部完成外业核查及系统填报工作；省自然资源厅下发全县15宗违法用地，已整改或阶段性整改到位12宗，未整改到位的3宗违法用地在查处中。

【**行政复议和行政应诉**】2022年，永兴县共收到行政应诉案件2件，1件撤诉、1件驳回；代县政府应诉的行政诉讼案件1件，暂未结案。

【**不动产登记**】2022年，永兴县共完成农村宅基地确权登记10.6万宗、易地扶贫搬迁安置住房登记1095宗，数据建库14.37万宗，并获得全省激励表扬；实现政务服务“一件事一次办”平台数据推送；开通“即办窗口”实行秒办业务和上门面签、办理委托、当场受理，为个人上门服务26人次、为“交房即交证”“处遗化解”“易地扶贫搬迁”等项目276位业主开展送证上门服务；共受理各类不动产登记业务19820件，办理不动产权利证书8182本，不动产登记证明3956本，办理农村宅基地及房屋登记7667宗，办理林权相关登记15宗，完成不动产登记收入155万元；采取先证后费、先证后诉、先证后查的“三先三后”工作措施，及时开展建设小区、顺安小区、北苑小区（一期）、法院家属房、环保局家属房、马矿湘矿等项目的总处遗办证工作。2021年纳入处遗的24个项目全部办理总证，办理分户证12355本；2022年纳入处理的16个项目中，11个项目总证已办理，分户证共办理4466本。

【安全生产】2022年，永兴县编制并发布《永兴县2022年度地质灾害防治方案》。在主汛期，组织全县乡镇村组基层干部和监测员500余人进行地质灾害防治培训，加强地灾隐患点巡查和排查、加大地灾隐患点治理；争取并统筹专项资金320万元实施马田镇童星学校滑坡地质灾害治理工程，有效保障童星学校教学楼、文体楼以及在校师生3300人的生命财产安全；委托有资质的专业技术单位对生产的4个国有煤矿井下巷道进行一季度一实测监管，清楚掌握开采情况，严防超深越界开采行为；开展自建房安全专项整治工作，鉴定建设合法合规性安全隐患20301栋，鉴定地质灾害隐患431栋；支援森林防火工作，组建森林灭火应急分队、党员突击队和志愿者服务队三个森林灭火工作队，支援乡镇（街道）火情。

【立项争资和招商引资】2022年，永兴县争取并统筹专项资金320万元实施马田镇童星学校滑坡地质灾害治理工程；永兴县便江街道水南村五星组滑坡地质灾害治理工程（二期）项目资金388万元已下达；争取永兴县龙形市乡龙形市村杨梅潭组崩塌地质灾害治理工程（项目资金123.93万元），通过省厅项目审查，公示期满纳入项目库；永兴县便江街道牌楼村黄茅岭滑坡地质灾害治理工程（项目资金367.41万元），项目已通过省市专家项目现场审查工作。

【信访工作】2022年，永兴县受理“书记信访一体化”平台、网络平台、群众来信来访、信访局转办等渠道的信访件共101件，办理101件，办结率100%；做好1宗国有土地、3宗农村宅基地、15宗林权纠纷的调查调纠工作，并获评全省自然资源系统信访工作先进单位。

【宣传信息】2022年，永兴县依托“4·22”地球日、“6·25”土地日、“12·4”宪法日和“送法下乡”等时间节点宣传法律法规，特别是加强土地管理“一法一条例一办法”和耕地保护宣传。集中开展法制宣传4场次，发放宣传材料12万余份，张贴各种标语、横幅600余幅，宣传海报1500余幅，接受法律咨询200多人次；在各类新闻媒体投稿100余篇，上稿80余篇。

【党建和意识形态】2022年，永兴县共开展党组理论中心组学习14次、集中研讨3次，开展意识形态领域风险分析研判4次，开展专题民主生活会3次；健全“党组书记”负总责、主管领导分工负责，支部具体抓的党建工作领导体系，在党员干部中开展“创业、担当、楷模”主题活动，实行党建工作与自然资源管理工作同安排、同布置、同考核、同奖惩的考核制度；始终以坚持党建双单制考核工作为目标，抓好党的思想建设、组织建设、制度建设和作风建设。

（撰稿　黄文飞）

宜章县自然资源工作

宜章县自然资源局

党组书记	局　长	李　潇
党组副书记	副局长	李四秀
党组成员	副局长	邓小明
党组成员	副局长	杨名通
党组成员	总工程师	欧浩卓
原国土资源局党组成员、纪检组长		范儒军

【概况】2019年3月20日，宜章县自然资源局挂牌成立，内设办公室（财务股）、法规和信访股、自然资源确权登记和所有者权益股（自然资源调查监测股）、测绘地理信息管理股（县人民政府测绘管理办公室）、自然资源开发利用股、国土空间规划股（建设项目和村镇规划股）、国土空间用途管制股、耕地保护监督股、地质勘查和生态修复股、矿业权管理和矿产资源保护监督股、自然资源督查办公室11个内设机构，7个直属事业单位，11个自然资源中心所，在职干部职工182人。

【要素保障】2022年，宜章县自然资源局共出让土地成交23宗，出让土地面积67.94公顷，成交价款5亿元；共处置闲置用地46宗，处置面积88.51公顷，处置率96.22%；房产测绘合计141.32万平方米，土地测绘合计266.27公顷；房产测绘201栋，房屋预测16栋；共征收集体土地36.34公顷，征地及拆迁合计付款4726.96万元；完成征地协议185

份，面积40.07公顷；房屋拆迁协议35份，建筑面积6010.85平方米；迁坟协议55份1013穴；附属设施协议83份；协调处理征地矛盾纠纷13个。

【用地选址】2022年，宜章县自然资源局对粤港澳大湾区莽山度假康养中心等14个项目、黄沙等7个乡镇8个污水处理厂开展联合选址，对莽山景区西门公交首末站等18个项目核发用地预审意见及初步选址意见书。配合发改部门对宜章经济开发区产业承接园基础设施等69个项目出具用地预审意见及初步选址意见，对宜章县城区提质改造等12个项目出具用地情况说明。共核发建设工程规划许可证105件，建筑总面积45.68万平方米，老旧小区电梯增设审批3件共5台。

【空间规划】2022年，宜章县自然资源局出具红线图124项，面积约80.34公顷；为县中心城区国土领域历史遗留问题清理整治案件出具用地规划红线图33件；为办理国有建设用地出让手续出具用地规划红线图61项；完成竣工验收及建筑物放线任务89项；完成经济技术指标复核56项。承接各类规划设计任务45项，其中农村建房规划35项、D级危旧房改造规划3项、修建性详细规划7项。

【多测合一】2022年，宜章县纵深推进“多测合一”改革。全面对接工改系统，对涉及工改项目的全流程测绘成果进行在线关联，督促测绘单位工改项目全流程测绘事项全部在“多测合一”业务平台线上办理，线上办理率100%，已在平台发起办理测绘项目106个。建立权籍登记所需测绘成果在线推送机制，实现不动产登记中心可直接从平台成果管理平台线上获取成果，用于不动产登记发证；制定宣传方案，组织开展2022年“8·29”测绘法宣传日暨国家版图意识宣传周活动，围绕“规范使用地图，一点都不能错”“传承红色基因，推动绿色发展”宣传主题，通过发送公益短信、播放宣传标语、张贴宣传海报、设置宣传服务咨询点等形式开展测绘普法宣传工作。

【优化服务】2022年，宜章县完成不动产登簿量15958件，查解封、抵押、注销等业务2354件，完成商品房网签合同备案1871件，提供登记信息查询利用48586人次，免费提供个人不动产登记晒图6000余张；推进“交房即交证”改革1个项目，颁证254户。同时，加快推进平台改造和“三网迁移”，实现“三网迁移”资兴东江大数据中心托管。动员再排查新增项目5个，已化解4个，化解率80%；推行“不动产登记+纳税+缴费”一体化模式，构建以信息共享为支撑的登记、纳税、缴费高效联办窗口，实现不动产登记“一件事一次办”向“多件事一次办”升级；完成权籍调查宅基地和集体建设用地169949宗，登记易地扶贫搬迁安置住房发证1299户，登记发证率100%；完成登记发证149853宗；补充、完善、更正宅基地和集体建设用地确权登记数据资料39231宗，收集农户身份证明8551份，批量挂接扫描附件30281宗。

【耕地保护】2022年，宜章县自然资源局坚决守住耕地红线。细化分解目标任务，将带位置图斑下发至19个乡镇、253个村组，签订耕地保护底线目标责任状；做好恢复耕地工作，逐个地块分解恢复耕地图斑并下发19个乡镇；全面推进“田长制”各项工作。修改完善“宜章县田长制综合应用管理APP”，明确“田长制”工作标准要求；完成全县网格田长划定，督促乡镇落实开展“田长制”各项工作；科学统筹“三区三线”划定宜章县永久基本农田39.51万亩（26340公顷），成果数据已上报省自然资源厅。

【矿产资源】2022年，宜章县在册采矿权33家，采矿许可证在有效期内的矿山已全部上报完成；全县除保留扩界砂石土矿外正常生产矿山共11家，已全部达到绿色矿山标准；完成12个扩界砂石土矿的勘查工作，其中9个矿山的勘查报告已通过评审并备案；推进2022年储量年报编制工作，18个生产矿山的16家年报和2家核实报告工作在推进，省、市发证停产矿山证明已全部上报。

【防灾减灾】2022年，宜章县自然资源局开展汛前排查、汛中巡查、汛后复查，查明全县存在明显危险隐患104处，受地质灾害威胁人员11363人，潜在威胁资产3.26亿元。排查地质灾害隐患点及高切坡建房房屋3117栋。根据排查情况，下达《宜章县2022年度地质灾害防治工作方案》《宜章县自然资源局关于局领导分片指导乡镇汛期地质灾害防治工作的通知》，逐一明确镇、村、隐患点责任，建立健全群测群防网络；实行领导带班双人双岗24小时值班制度，发送地质灾害预警信息50次18000余条；组织地质灾害技术支撑单位专家对出现险情的20余处隐患进行应急调查并指导相关责任单位做好防治工作；加大宣传力度。充分利用“4·22”“5·12”“6·15”“东江湖生态环境保护宣传日”等专题日宣传地质灾害防治知识，发放地质灾害防治及农村切坡建房宣传资料12000余份。

【执法监察】2022年，宜章县自然资源局开展动态巡查190余次，立案查处各类自然资源违法行为18起，其中移送公安追究刑事责任1起。案件查处罚没款251万元，罚没款履行到位202万元，其余在诉讼期内；开展卫片执法工作。部下发宜章县图斑728个，已完成325个核查举证填报销号；省下发宜章县图斑237个，已完成填报，最终省厅反馈11个违法图斑，已立案查处6个，余下5个在整改中；妥善解决信访问题，处理群众信访案件30余起，各级信访交办件7件，处理率100%。

【法治国土】2022年，宜章县自然资源局共发生行政应复应诉案件16起，现已结案11起，胜诉率100%；共登记、受理各类自然资源信访案件306件（其中来信来访87件、市长热线172件、市长信箱47件），接访463人次。已登记、受理的信访案件均能够在规定期限内及时答复处理到位，答复率100%；对历年以来现在仍然有效的相关文件进行全面清理，共清理文件总数588件，其中需要废止的12件，需要修改的2件，继续有效的560件，宣布不再执行的14件；发放法治宣传单36000份，咨询解答问题1870人次，发送短信72000条，悬挂横幅、粘贴标语316幅。

【党建工作】2022年，宜章县自然资源局完成党组理论中心组专题学习9期。发放《习近平谈治国理政》（第四卷）等学习资料692套，让每个人学习有专题资料。充分利用党课培训和参观红色教育基地，开展红色文化教育和党性观念教育。6月26日，组织全体干部职工到汝城沙洲文明参观“半条被子的温暖”专题陈列馆，开展“红色基地忆党史 不忘初心跟党走”的新时代基层干部主题培训。

【荣誉档案】2022年，宜章县自然资源局因耕地保护成绩突出获得国务院真抓实干表彰激励，主要做法被央视《新闻联播》、湖南卫视《新闻联播》推介，《光明日报》、《潇湘晨报》等主流媒体均转载报道，并被省自然资源厅确定为“田长制”先驱县。

（撰稿　李龙奇）

嘉禾县自然资源工作

嘉禾县自然资源局

党组书记、局长	康俊辉
党组成员、副局长	李叔敢
党组成员、副局长	李卓欣
党组成员、副局长	李锋华
总经济师	李文军

【耕地保护】2022年，嘉禾县通过将耕地保护底线目标和恢复耕地任务、耕地占补平衡任务、耕地“进出平衡”等任务分解下达至各乡镇。由县委书记、县长与10个乡镇党委书记、乡镇长签订耕地保护责任状。推进“田长制”工作。印发《嘉禾县耕地保护“田长制”实施方案》，设立县、乡、村、网格四级田长，其中县级田长4人、乡级田长33人、村级田长167人，划分网格570个，配备网格田长570人。加强耕地占补平衡。加强15个补充耕地项目整改报备力度，将年初耕地占补平衡指标-57.28公顷、水田规模-18.87公顷、粮食产能-31.84万公斤全部扭负为正，现有耕地数量指标103.39公顷、水田指标52.56公顷、粮食产能93.92万公斤。加强耕地恢复确保进出平衡。省下达任务220公顷，实际恢复耕地257.93公顷。完善调查监测，加强立行立改。完成国家下发立行立改图斑4个，完成率100%，确保项目不作为督察图斑下发。推送图斑快递248个，全部完成现场核实。

【城乡规划】2022年，嘉禾县全面推进国土空间规划、“三线划定”工作和“多规合一”实用性村庄规划编制，全县167个行政村村庄规划编制工作，已完成95个。启动9个乡镇国土空间规划、59个“多规合一”村庄规划，初步成果已完成。开展综合交通体系专项规划、特色风貌与总体城市设计专项规划、耕地保护专项规划等，逐步完善全县国土空间规划体系。

【土地保障】2022年，嘉禾县获得省政府批准新增建设用地指标82.47公顷，超额15.8公顷，保障27个产业项目使用林地66.7公顷，征收植被恢复费1182.83万元。出让国有土地64宗，面积65.19公顷，出让价款15.00亿元，完成土地收入10.10亿元，未交清土地款4.90亿元。全县批而未供土地总面积42.13公顷，已处置17.41公顷，处置率41.32%。

【征地拆迁】2022年，嘉禾县完成各类重点建设项目103.33公顷征地实物调查；开展重点项目征地拆迁“百日攻坚”行动，完成嘉禾绿色智能铸造产业园第三期等20个攻坚项目征地拆迁扫尾；主动落实省委巡视反馈问题整改工作，完成中华东路延伸、新城区横十八路项目李至维、李至如、张云辉房屋拆迁；推进嘉禾绿色智能铸造产业园第四期等项目征地工作，完成嘉禾绿色智能铸造产业园四期项目涉及行廊茶场26.67公顷土地等项目征地协议签订和征地补偿；调处毛俊水库嘉禾灌区项目内与蓝山土地权属争议，落实毛俊水库C2标儒峰、云里、马峰、井塘村征地补偿费拨付。

【执法监察】2022年，嘉禾县新增违法用地26个，整改到位11个，纳入“三区三线”划定作持续性整改9个，移交农业农村局2个，未整改到位4个。存量违法用地9个，其中已整改到位1个，纳入持续整改8个。农村乱占耕地建房整改问题数共58个，其中6个已整改到位，50个已报送至省厅办理农转用手续，2个在整改。历年督察反馈问题7个，2个已整改到位，5个在整改。2020年省级例行督察未整改到位问题40个，其中已整改到位22个、阶段性整改到位18个。2021年耕地保护督察反馈问题19个，已整改到位12个，纳入“三区三线”划定持续整改5个，未整改到位2个。坑塘水面占用耕地问题专项整治任务9个，已通过整改和举证说明整改到位8个，1个在整改。

【矿产资源管理】2022年，嘉禾县原有采石场17家，市政府的控制性指标是8个砂石土矿矿权，故关闭退出采石场9家，停产砂石土矿5家，正常生产4家。砂石土矿专项规划于3月30日通过省政府批准。专项规划批复后启动扩界及新设堪查工作，县政府审查广发白觉建筑石料用灰岩矿“净矿”出让工作，已报市局挂牌出让。绿色矿山建设工作。编制嘉禾县绿色矿山建设三年行动方案，并成立领导小组。确定8个矿山为县绿色矿山建设对象，已完成湘煤集团嘉禾矿浦溪井等4个绿色矿山建设。完成绿色矿山建设2家，分别是嘉禾县南岭石业有限公司、湘煤集团黄牛岭矿业有限公司。其余2个矿山在办理扩界勘查，按新建矿山标准建设绿色矿山。

【不动产登记】2022年，嘉禾县将不动产登记延伸至金融机构和房地产开发企业，已延伸10家金融机构、27家房地产开发企业，整合设立办理网点40个。通过“外网申请、内网审核”模式，办理房地转移登记1159件，房地转移与抵押合并登记2471件，双预告登记847件，商品房预购登记135件，抵押首登315件，抵押注销389件。推动“交房即交证”改革工作。完成瓏熙府小区、皇廷君御小区、碧桂园小区的“交房即交证”工作。创新为民“四招”，开辟“绿色通道”，开设“企业窗口”，开通“延时服务”，推出“上门服务”。启动延时服务60余次，为特殊群体“上门服务”50余次，为小微企业免收登记费30余万元。

【安全生产】2022年，嘉禾县自然资源局严格执行领导带班24小时双人双岗值班制度，排查地质灾害隐患100余次，制定工作方案，更新隐患点警示牌，加快实施地质灾害防治工程治理，开展防灾避灾宣传活动。历史遗留矿山生态修复综合治理15个图斑，生态修复面积33.56公顷，涉及3个乡镇7个村，完成嘉禾县普满乡水泥厂采石场、板山采石场、太平采石场、板山废弃砖场，珠泉镇马托采石场、湘溪采石场、荫溪采石场，晋屏镇石羔村采石场生态修复工程，且现状稳定。县财政安排防火宣传经费20万元，在主要路口悬挂宣传横幅3495余条，张贴宣传标语5000多张，设置警示宣传牌663块、布置大型广告牌3块，张贴森林防火林长令1200份。组织森防指成员单位、乡镇派车组成森林防火宣传车队，深入乡镇、村、社区开展流动车巡回宣传3次，累计出动宣传车10119台次，参与巡查巡护15300人次。共移送起诉2人，行政拘留9人，行政罚款3人，公安现场训诫警告、教育26人。加大对履职不到位的问责力度，县纪委立案调查2起，乡镇问责10人。加大气象预警信息发布。与气象部门加强联动、协商合作，应对高火险时期及时精准投放预警预报信息，气象预警发布重要警示信息318期，其中雷电黄色预警信号46期、高温红色预警信号3期、高温橙色预警信号27期、高温黄色预警信号41期，共服务238985人次。

【绿色发展】2022年，嘉禾县建立健全县级林长制工作机构，将林长制工作经费纳入本级财政保障。出台《嘉禾县全面推行林长制实施方案》以及《嘉禾县林长令制度》等8项配套制度，形成“1+N”的林长制度体系。构建县、乡、村、组四级林长组织体系，完善林长制“一长四员”。有县级林长14人、乡镇级林长131人、村级林长356人，区划网格186个，设置林长公示牌189个，全县“一长四员”已全部安装巡护系统APP，巡护系统安装率100%，护林员有效巡护率稳定在90%以上。鳌峰公园修复工程项目完成公开招投标，由湖南坤煌建筑工程有限公司以392.03万元中标，8月底进场施工，已完成工程总量的90%。湖南嘉禾钟水河国家湿地公园项目已经立项并上县政府常务会议同意，在进行项目设计和预算工作。国家重点工程营造林任务333.33公顷，森林抚育任务353.33公顷，均全部完成。新造油茶任务106.67公顷，已完成110公顷；油茶低改任务360公顷，已完成360公顷。省级生态廊道建设任务253.33公顷，8月已公开招标，由湖南郴宸景观建设有限公司中标，中标价212.8万元，目前已完成33.33公顷。森林督查整改。2019－2021年全县共有森林督查问题图斑224个，总涉及面积250.13公顷，全部整改到位，其中2021年度移送公安20起。完成森林限额采伐蓄积2.5万多立方米，完成各类林业执法案件鉴定65宗。对全县8783.33公顷公益林均签订管护协议，发放资金224.78万元。开展3次打击野生动植物领域违法清理专项行动，检查农贸市场、宾馆饭店75批次，收缴野生动物3只并放生。同时根据群众举报，救助野生动物15只。县内树龄100年以上的古树名木1332株，涉及28科40种，其中树龄500年以上的51株，300~500年之间的古树49株，100~300年之间的古树232株，对以上树木全部实行造册登记，挂牌保护。严格森林病虫害预测预报，森林病虫防治控制在全省下达指标内，没有大的森林病虫害。启动全县枯死松树清除活动，清除枯死松树3900多株。

（撰稿　欧宏建　刘　辉）

临武县自然资源工作

临武县自然资源局

党组书记	范陈念
局　长	胡　兵
党组成员、副局长	唐孝方
党组成员、副局长	杨利军
党组成员、副局长	骆其军
党组成员、总工程师	李　勇
总规划师	雷亚飞

【概况】2022年，临武县自然资源局内设机构12个，分别为：办公室（政工人事、纪检、党建、安全生产、乡村振兴）、行政审批股、国土空间规划股、建设项目管理股、生态修复股、地质和矿业管理股、自然资源用途管制股（测绘管理股）、自然资源保护股、确权登记和所有者权益股、法规监察股、营林股、财务股，为正科级单位；局所属二级事业单位8个，分别为：临武县不动产登记中心（副科级）、县林业综合服务中心（副科级）、县自然资源行政执法大队（副科级）、县征地拆迁事务中心、县房产和自然资源测绘服务中心、县土地矿产收购储备中心、县国土资源信息中心、县城乡规划技术服务室；派驻机构（乡镇自然资源所）13个。对口管理临武县东山国有林场。行政编制15个，实有人数15个，暂保留机关全拨事业编制9个，实有人数10人，暂保留机关后勤服务全拨事业编制2名。领导职数：局长1名，副局长3名，总经济师1名，总规划师（副科级）1名。全局有工作人员214人，其中经县委编办实名制核定的编制人员210名（含局机关及未独立核算的局属事业单位）。共有党员157人，设置党总支1个，设置党支部6个。

【用地保障】2022年，临武县总储备土地61.62公顷，其中住宅用地7.75公顷、工矿仓储用地22.41公顷、公共管理用地18.11公顷、交通用地2.43公顷。收回存量工矿仓储用地7宗，面积10.91公顷。共批回建设项目12个，总面积50.71公顷，即：临武县供排水和村镇污水治理及配套管网建设用地（二期）总面积0.94公顷；2021年度第八批次建设用地总面积1.19公顷；2021年度第九批次建设用地总面积0.63公顷；2021年度第十八批次建设用地总面积3.95公顷；2020年度第四批次建设用地总面积1.96公顷；2020年度第十一批次建设用地总面积2.29公顷；2022年度第四批次建设用地总面积3.09公顷；2022年度第一批次建设用地总面积19.32公顷；2022年度第三批次建设用地（增减挂钩）总面积5.62公顷；2021年度第十四批次建设用地总面积2.43公顷；2021年度第三批次建设用地总面积7.15公顷；2022年度第一批次农村村民建房农用地转用总面积2.14公顷。挂网成交土地26宗，成交面积66.17公顷，成交价款69281.29万元。其中商住用地（含纯住宅）11宗，面积23.42公顷，成交价款44672.82万元；工业用地11宗，面积33.74公顷，成交价款11855万元；其他土地4宗，面积9.01公顷，成交价款12753.47万元。协议出让土地3宗，面积0.29公顷（不含超容、超面积和划拨补办出让），成交价款424.76万元。其中划拨补办出让1宗，成交价款2.91万元；超容、超面积补缴价款6宗，成交价款165.52万元。

【城乡规划管理】2022年，临武县完成《国土空间总体规划战略定位专题研究》《国土空间总体规划大纲》初步成果及《国土空间总体规划主体初步成果》，完成临武国土空间规划“三区三线”统筹划定工作，其中耕地保护目标为17770.6公顷（26.66万亩），永久基本农田保护目标为15573.32公顷（23.36万亩）；生态保护红线面积22579.23公顷；城镇开发边界面积为2230公顷（其中现状城镇建设用地1543公顷，可扣除地类、已备案建设用地338公顷，新增城镇开发边界规模349公顷）。初步完成临武县“三调”数据与规划现状基数转换工作，并上交市局及省厅备案。做好国土空间规划“一张图”系统建设和2021年度国土空间规划城市体检评估工作。协调推进相关专项规划编制，共选取其中13个专项规划列为需编制专项规划目录清单，在编制《水利基础设施空间布局规划》《综合交通体系规划》《文旅产业空间布局规划》《耕地保护专项规划》等专项规划。谋划“多规合一”村庄规划编制工作。对全县196个行政村分三个年度制定临武县村庄规划分类编制管理清单，分年度逐步实现村庄规划全覆盖，2022年启动12个乡镇国土空间规划和152个行政村村庄规划编制工作，已完成规划编制动员培训会、基础调研和方案编制工作。

【基本农田保护和高标准农田建设】2022年9月30日，临武县下发“三区三线”划定成果，临武县永久基本农田保护面积15577.90公顷。设立永久基本农田保护标志牌22个，基本农田保护界桩220个。临武县人民政府与13个乡镇人民政府签订耕地保护目标管理责任状，乡镇人民政府与村委会签订永久基本农田保护责任状。

【执法监察】2022年，自然资源部下发临武县月度土地卫片遥感监测图斑116个，涉及监测面积30.72公顷，其中耕地面积3.45公顷（基本农田面积2.39公顷）。违法图斑13宗，违法面积3.51公顷（其中涉及耕地0.22公顷，永久基本农田0.09公顷）。整改销号6宗，剩余7宗未整改到位，未整改到位面积0.92公顷（其中涉及耕地0.21公顷，永久基本农田0.89公顷），整改到位率73.6%。季度土地卫片遥感监测图斑31个，涉及监测面积30.03公顷，其中耕地面积10.18公顷（基本农田面积1.8公顷）。已全部审核通过。共开展矿山巡查216次，在全县开展打击矿山超深越界开采行为专项执法行动，对超深越界开采的矿山立案3起，已结案3起，处罚金额19.84万元；开展废弃矿井（洞）安全整治专项行动，共排查出废弃矿井（洞）81个，封堵81个，核实矿山卫片图斑（含审计图斑）9块；办理月清“三地两矿”矿山卫片5件。国家督察下发23个违法违规图斑，通过举证已审核销号14个，其他9个持续整改中。农村乱占耕地建房问题专项整治任务共计52个，已整改到位50个，剩余2个，整改率96%；将占用永久基本农田建房问题线索移送县纪委、县监委1起，监测面积0.19公顷，其中占用永久基本农田面积1.17公顷。县土地矿产卫片执法检查工作领导小组办公室将47宗违法占地建住宅线索移送至县农业农村局，监测总面积1.08公顷，其中占用永久基本农田面积0.39公顷。8宗2021年度补充图斑省厅判定为违法图斑，监测面积0.07公顷，占用永久基本农田面积0.20公顷；15宗违规占用永久基本农田建房图斑已纳入县政府核实整改和国土空间规划承诺函；非住宅类房屋信息补充摸排图斑共6622个，已全部摸排上报。

【土地利用规划】2022年，临武县做好土地批而未供工作，消存量、减增量。全县2009—2018年存量批而未供处置任务基数为19.98公顷，已处置19.98公顷，处置率为100%，在全市排第1名。全县新增批而未供土地处置任务1宗6.16公顷，已处置6.16公顷，处置率为100%。闲置土地处置工作任务18.08公顷，已处置到位18.08公顷。完成园区土地利用清理专项整治工作，临武产业开发区批而未供处置任务6.48公顷，已处置7.04公顷，处置率108.64%。做好低效(空闲)用地处置，任务基数10宗，面积35.34公顷，其中2022年处置任务3宗，面积15.24公顷，已处置15.24公顷，处置率100%。共征收集体土地48.43公顷，涉及5个乡镇（舜峰镇、武水镇、南强镇、花塘乡、香花镇）13个村（东城村、西城村、曾家岭村、东云社区、车头村、黄莲村、刘家村、陶家村、李家村、慕冲村、靛江村、三合村、香塘村）。完成南强镇液化气储备站、2021年第八批次、2021年第十八批次、2021年第十四批次、2021年第九批次、2022年第一批次、

2022年第四批次、2020年第四批次、2020年第十一批次、2021年第五批次、2021年第三批次、2022年第三批次等12个建设项目征地工作。办理用地规划许可证16宗，工程规划许可证19宗，办理林木采伐证482份；办理植物检疫证59份；咨询答复办件量130件。

【测绘和地籍管理】2022年，临武县全面启动“多测合一”改革工作，实现对工程建设项目立项用地规划许可阶段、工程建设许可阶段、施工许可阶段、竣工验收阶段的“多测合一”业务办理全覆盖。完成测绘地理信息项目备案、23个工程项目“多测合一”平台录入、安全生产备案、测量行业信用征集等工作。全年颁发不动产权证书9698本，不动产登记证明4487份；房地产历史遗留问题受理办证226件，权籍调查落宗810宗，纸质档案整理13517卷，收取登记费572451元，代收土地出让金6917.88万元，为小微企业减免登记费8.07万元，协税护税5709.45万元。

【不动产登记】2022年，临武县落实小微企业（个体工商户）免征登记费，18个小微企业（个体工商户）681件业务免征登记费8.07万元。推行“交房即交证”改革，举办新建商品房颁证仪式，累计为1389户业主现场颁发不动产证。将登记平台延伸至县内产业开发区、37个房地产开发企业和8个金融机构，实现按揭、抵押登记、一手房转移登记网上自主申请，共办理3912件。推行“不动产登记+邮政”，开通不动产证书邮寄业务，共邮寄异地证书14本。启用不动产证书证明电子证照，共启用6733个。增设“企业专窗”，“1个环节、0.5个工作日办结”，享受全流程绿色通道服务。增加网络平台，通过“湖南不动产”和微信公众号“临武县政府门户网”——“不动产登记服务”可实现跨省通办、跨省查询。增加微信支付、扫码支付、网上支持功能。

【矿产资源管理】2022年，临武县有采矿权31个，探矿权10个。加强信息公开和监督检查力度，对全县18家在生产矿山企业按照要求进行信息公示，公示率为100%。严格采矿权标识，督促采矿权人在开采作业场所显著位置设置标识牌。开展全县持证矿山企业视频监控系统接入工作。对全县所有矿山的生产区、生活区、中心处均安装摄像头。开展矿山储量动态监测工作，全县11家矿山企业编制储量年报、储量核实报告，7家矿山企业因停产或技改原因免予编制2022年度储量报告，并予以公示。依法征收采矿权占用费41000元，采矿权价款43600元。受理29家矿山年检工作，采矿许可证延续登记工作2家，完成2家。促进碳酸钙产业和宝玉石产业发展。

【森林资源管理】2022年，临武县制定《关于全面推行林长制的实施方案》，全面建立县、乡、村三级林长工作责任体系。县乡实行双林长制，由党委、政府主要领导担任林长，县、乡副林长分区负责，县级副林长包乡镇、乡级副林长包村（社区）负责的责任体系。设立“一长四员”，明确“一长四员”工作职责和责任区域。全县共设立林长550名，其中县级林长17名、乡级林长154名、村级林长379名；设立林业科技员30名、护林员324名、监管员57名和执法员35名。全县共划分管护网格324个，安排324名责任护林员巡林，制作县乡村三级林长制公示牌219块。制定出台《临武县县级林长令制度》《临武县县级林长会议制度》等8项制度。县级林长发布1号和2号林长令，县林长批示工作3次，组织召开全县林长制工作委员会全体会议1次、林长制工作部署会议1次和调度会议2次，县级林长巡林94次，督促各级林长开展巡林8995次。

推进森林资源保护工作，共开展4次自然保护地整合优化预案修改完善工作，对接“三区三线”划定，及时上报修改预案，上报面积11338.33公顷，完成自然保护地整合优化阶段性工作任务。完成林木采伐工作，实施限额采伐，共办理采伐证528份，面积1279.23公顷、62834立方米。2022年下达临武县采伐限额是65472立方米，已办理35987立方米。临武县为应对部分地区低温冰雪天气，派出专业技术人员对雪压冰害林木开展全面调查、设计，经市局审核、省局下达追加采伐限额26847立方米。已办理采伐面积361.06公顷，蓄积量26847立方米，追加采伐限额全部办理完毕。全县办理永久使用林地项目18宗，批准使用林地面积28.74公顷，办理临时使用林地1宗，批准使用林地面积1.23公顷。对临武县非煤矿山违法占用林地情况进行排查，临武县有非煤矿山31个，已上报一个，其余30个待外业核查。开展2022年打击破坏林草资源“虎威行动”，立案查处12起，达到刑事立案标准移交森林公安局3起，全部结案；核实森林督查违法整改图斑22个，恢复植被面积2.21公顷，移送森林公安局立刑事案2起，行政立案20起，处罚金额135万元，图斑整改到位22个，整改率为100%。完成林草生产任务6033.33公顷，其中人工造林（更新）933.33公顷；封山育林1133.33公顷；退化林修复1686.67公顷；完成森林抚育1866.67公顷；草地保护修复人工种草413.33公顷。森林质量全面提升，共完成森林质量精准提升773.33公顷，国家储备林建设项目改培180公顷，油茶低产林改造733.33公顷。

【**野生动植物保护工作**】2022年1月，临武县政府出台《临武县人民政府办公室关于印发〈临武县生物多样性资源调查工作方案〉的通知》。全县区划15个网格（10千米*10千米），共设置调查线路72条，其中重点区域网格为2个，设定调查线路20条，主要在西山林场和东山林场天然林资源集中分布区；一般区域网格为13个，设定调查线路52条。截至年底，已完成第一轮调查，共完成72条样线调查，样线长度大于3千米，相机布设20台。临武县对国家重点保护野生动植物物种实行全部保护，开展野生动植物保护宣传、救助、放生等工作，保护率达到80%以上，未发生野生动物致害事件。

【**荣誉档案**】2022年，临武县自然资源局自然资源节约高效利用工作获得2022年省政府真抓实干督查激励工作表彰；获得2022年全省林业行政执法案卷评查第二名；超额完成耕地恢复年度任务56.33公顷，获得市政府田长办表彰。临武县西山国有林场获得“2022年中国林场协会十佳林场”称号，西山林场森林防火经验在全省作典型推介。

（撰稿　夏　云）

汝城县自然资源工作

汝城县自然资源局

党组书记、局长	朱会元
党组成员、副局长	何志文
党组成员、副局长	蔡海明
党组成员、副局长	何雪梅
党组成员、总工程师	欧胜茂
党组成员	朱刚平

【**要素保障**】2022年，汝城县自然资源局充分运用好土地征收成片开发方案不受批次限制政策机遇，可报尽报、应审尽审。《汝城县2022年度第一批次土地征收成片开发方案》涉及面积60.213公顷已获得省政府批复，汝城县2022年度第二批次（30公顷）、第三批次（涉沙洲8.99公顷）土地征收成片开发方案已经省政府同意。共报批土地面积11.27公顷。加大批而未供、闲置土地的处置力度，批而未供完成55.91%，新增批而未供处置100%，闲置土地处置全市第一。共供应国有土地63宗，国有土地使用权出让9.32亿元。已完成征地66.73公顷。争资立项到位资金577万元。

【**耕地保护**】2022年，汝城县自然资源局出台《汝城县耕地保护田长制实施方案》，全面建立三级田长加网格田长“3+1”组织体系，下设田长制协作机制办公室，出台一系列制度和考核办法。与各乡镇签订耕地保护责任状，县委考核办把耕地保护列为单项，纳入对乡镇绩效考核内容。完成耕地重点保护区域铁塔视频任务30个，继续落实省厅追加的57个铁塔视频。守牢市政府下达汝城县耕地保护底线目标2.10万公顷，超额完成市政府下达汝城县的恢复耕地（汝城县任务数493.33公顷）524.62公顷。解冻解扣耕地数量13.66公顷，水田规模11.83公顷，粮食产能101160公斤。

【**“三线”划定**】2022年11月，汝城县“三线”划定成果已经部、省批准全面启用。沙洲红色文旅特色产业园新增1平方千米城镇建设用地指标。全面启动泉水镇、暖水镇、南洞乡等剩余9个乡镇和155个村村庄规划编制工作（单独编制类型18个村、镇村一体137个村）。组织召开12次规委技术委员会、两次规委主任委员会。

【**执法监察**】2022年，汝城县自然资源局完成巡查、审计整改耕地“非农化”图斑89个，立案查处违法用地15宗，罚款400.18万元；立案查处违法用地15宗，罚款400.18万元，拆除违法用地0.67公顷，恢复耕地面积10.42公顷；存量违法用地整改到位1宗；新增违法用地整改到位10宗；坑塘水面占用耕地问题图斑9个，全部整改到位。拆除违法乱占耕地建房8宗，面积1647平方米。配合乡镇做好遗留封闭废弃矿洞100个，关闭退出砂石土矿10个，“三到位”综合完成率100%，对超深越界、非法开采采取立案查处、问题移送等方式。立案4起，移送问题线索2条。

【**矿业绿色发展**】2022年，汝城县自然资源局推进华润集团矿业集团进驻汝城工作。已划定马桥烟竹、杈坳背、大丰坑3个矿区设置矿权进行石材开发，并将矿权纳入第四轮矿产资源总体规划，获得省厅勘查批复。已建成绿色矿山5个、在建设4个。编制《汝城县历史遗留矿山生态修复实施方案（2022—2025年）》，完成历史遗留矿山生态修复18.5公顷。组织开展矿山生态修复年度验收13个，完成率100%。完成2022年“夏季攻势”历史遗留矿山生态修复治理工作。

【民生服务】2022年，汝城县自然资源局全面摸排地质灾害隐患点自建房、公开出让国有土地自建房和自有产权的既有房屋安全隐患569户。办理涉巡信访件。出台《县自然资源局关于打造“办事不求人高效便捷暖心顺心”一流营商环境的实施方案》，进一步优化不动产登记流程，抵押登记办理时限缩减至2个工作日以内。

【队伍建设】2022年，汝城县自然资源局主动接受巡察、审计双重政治体检，全面完成巡察整改“后半篇文章”工作。开展铸魂提能活动，全面提升队伍政治素养和业务能力。牵头南一小区深入贯彻上级疫情防控有关要求，压实“四包”责任。调优配强中层干部，向组织推荐优秀人选，4人提拔使用，1人调任重用，2人获评防汛救灾突出贡献个人。

【荣誉档案】2022年，汝城县自然资源局被评为全省自然资源领域信访突出业绩先进单位。汝城县“防大汛、抗大险、救大灾”地质灾害防汛救援的经验做法在中央广播电视总台报道。汝城县《湖南(沙洲)红色文旅特色产业园发展规划(2021—2035年)——红色文旅助力乡村振兴典范》《汝城县文明瑶族乡、延寿瑶族乡(沙洲)国土空间规划(2021—2035年)》分别获评2022年湖南省国土空间规划优秀案例一等奖、三等奖。

（撰稿　宋建会）

桂东县自然资源工作

桂东县自然资源局

党组书记、局长	郭旭升
党组副书记、副局长	郭智祥
党组成员、总工程师	曾林峰
党组成员、副局长	黄金星
党组成员、总规划师	李国村
党组成员、副局长	何　麾
党组成员、副局长	刘志坚

【土地资源】2022年，桂东县土地总面积为14.52万公顷，人均拥有土地0.9公顷。按土地利用面积状况，可划分为九大类型，其中耕地8399公顷、园地5098公顷、林地12.17万公顷、草地1935公顷、湿地19公顷、城镇村及工矿用地2954公顷、交通运输用地2012公顷、水域及水利设施用地1614公顷、其它用地1383公顷。

【土地资源管理】2022年，桂东县完成国有土地农转用及征收项目报批6宗，总面积5.91公顷。上报集体土地农转用项目8个，完成6个项目的设施农用地系统备案工作。完成土地征收7宗，面积5.48公顷。共办理国有建设用地使用权供地手续31宗，面积20.62公顷，土地成交价款1.08亿元。处置批而未供土地12.86公顷，处置率为38.25%。桂东产业开发区已按“一园一策”制定处置方案并上报省厅，并处置低效用地11.75公顷，处置率56.7%；园区批而未供处置率和闲置土地处置率均为100%。全县2022年度储备土地供应规模为39.78公顷，其中既往年度储备土地库存11.24公顷，占土地供应规模的28.26%；2022年度入库储备土地供应28.54公顷，占土地供应规模的71.74%。其中住宅用地27.01公顷，占供应总量的67.9%；商服用地为2.15公顷，占供应总量的5.4%；工矿仓储用地为3.86公顷，占供应总量的9.7%；公共管理与公共服务用地为6.76公顷，占供应总量的16.99%。

【矿产资源管理】2022年，桂东县自然资源局加强生态修复。推动第四轮矿规和砂石土矿专项规划工作，完成德发页岩环保砖厂、东建环保砖厂2个矿山关闭注销任务，办理采石场矿权延续1宗，确保砂石土矿供需基本平衡。开展东江湖领域涉及矿山企业的整治和巡查工作，排查封闭废弃矿井（洞）3个。完成历史遗留矿山生态修复8个图斑和关闭矿山的生态修复，率先完成中央环保督察和“夏季攻势”整改销号相关工作。

【土地使用情况】2022年，桂东县自然资源局优化空间布局。完成县级国土空间总体规划主体成果初稿修改。现行国土空间规划实施评估、资源环境承载能力与国土空间开发适宜性评价完成县级评审。桂东县国土空间规划“一张图”实施监督信息系统完成系统建设功能初步评定审查。完成“三区三线”划定工作。推进乡镇国土空间规划和村庄规划编制。寨前镇国土空间规划编制完成初步成果。清泉镇、沙田镇等9个乡镇的国土空间规划完成动员培训、现场走访、基础调研等前期基础工作。26个村完成村庄规划编制工作，70个村完成综合管控“一张图”编制，4个村完成初步规划方案编制。严守耕地保护红线。制定出台《桂东县耕地保护田长制实施方案》和相关配套文件。网格化任命各级田长551人，百分百完成田长制APP的安装与激活。通过就地整改及恢复耕地实现县内耕地“进出平衡”，全年实现耕地净流入309.43公顷。将恢复耕地任务（全年通过314.64公顷）分解到各个乡镇（场），保障恢复耕地任务完成。纳入攻坚补充耕地项目3个全部整改到位，3个项目共入库占补指标46.47公顷。开展铁塔视频监测体系建设，落实100个监控点建设经费、签订合作协议。

【**保障民生**】2022年，桂东县自然资源局全面开展农村房地一体确权登记发证工作，全县调查总宗地数41805宗，审核登记41805宗，发证到户34755本。行政审批窗口将7个办理环节压缩为3个办理环节，优化办事流程。将国有建设用地使用权首次登记、商品房预告登记、商品房首次登记和转移等业务压缩至3个工作日内，抵押登记全面压缩至2个工作日内，注销登记业务实现当天办结，查封登记等业务即到即办。共办理私人建设用地规划许可证115件，私人建设工程规划许可证112件；办理公共建设用地规划许可证6件，公共建设工程规划许可证9件，完成公共建设工程规划核实与土地核验4宗。

【**安全生产**】2022年，桂东县自然资源局抓好地灾防治工作。投入资金216万元，落实搬迁避让36户，已全部完成验收。安排应急治理资金415万元，落实第四批应急治理点57处。投入治理资金720万元，推进实施部省级审批立项的重大地质灾害工程治理项目4个。争取落地21套普适型地质灾害监测仪，申报重点地质灾害治理项目6个。组建地质灾害巡查队伍对全县183个地质灾害隐患点进行排查、巡查。全县各地质灾害隐患点落实行政责任人、技术责任人、巡查责任人252人，落实切坡建房包保责任人198人。对全县113个村开展两轮屋场式防汛避险转移应急演练。完善督查执法体系。共收到月清“三地两矿”、部卫片、省卫片、国家自然资源和矿产督察，省级例行督察和非住宅类占用耕地建房等各类疑似违法图斑12044个，前期处置完成12041个；立案查处违法行为38起（其中涉林案件28起），移送森林公安刑事立案1起，已结案24起，共计罚款75.75万元。

【**林业资源管理**】2022年，桂东县自然资源局以林长制实现林长治。全县共设立县级林长15名、乡级林长123名、村级林长240名，设监管员143名、执法人员34名、科技员30名，聘请护林员674名，以“一员一网格”原则划分406个管护网格，将“一长四员”落实到网格。出台《关于全面推行林长制的实施方案》；制定《桂东县林长令制度》等8项相关配套制度。实行县级林长季巡林、乡级林长月巡林、村级林长周巡林的“111”巡林制度。开展国土绿化工作。组织实施乡村绿化美化建设71个村，种植绿化苗木24万株，完成路旁绿化提质397千米，村旁绿化提质18.67公顷，宅旁绿化559户。组织开展造林绿化空间适宜性评估建库，全县规划造林绿化空间面积为5069.92公顷，其中其他土地14公顷，灌木林地654.42公顷，其他林地4392.58公顷，其他地类8.92公顷。开展林草生态保护修复重点工程和省级生态廊道建设矢量数据采集建库，规划2023—2025年湘江源区生态综合治理18680公顷，其中人工造林920公顷、封山育林9493.33公顷、退化林修复7466.67公顷、草地改良800公顷；规划2023—2025省级生态廊道1373.33公顷，其中人工造林186.67公顷，退化林修复1186.67公顷。

【**林业产业发展**】2022年，桂东县自然资源局组织重点项目造林。以欧洲投资银行贷款湖南省桂东县现代林业综合项目为总揽，结合县“四城”“两个基地”建设，推进护鸟站、护鸟瞭望台、罗霄植物园、森林质量精准提升项目。完成南岭山地森林及生物多样性保护修复工程建设1533.33公顷、长防林建设400公顷、国家战略储备林造林80公顷、省级生态廊道造林项目整改76.67公顷。组织实施中央财政造林补助造林5000亩（333.33公顷），完成中央财政草地改良试点飞播500亩（33.33公顷）。开展国有林场生产经营工作。完成罗霄山国有林场桃洞片区133.33公顷森林质量精准提升项目的种植抚育、林下中药材种植200公顷。完成林地流转666.67公顷，做好罗霄山国有林场森林经营方案的编制等工作。拍卖活立木成交价262万元。

【林业综合服务】2022年，桂东县自然资源局组织开展全民义务植树活动。3月12日，县级领导、各部门和乡镇干部职工结合森林乡村美化绿化开展义务植树活动52场次，参与义务植树总人数2068人，植树株数10240株。加强林业产业技术服务工作。组织技术人员持续深入林业项目建设工作现场，进行楠竹开发、油茶改造、经济药材林造林等林业相关知识的技术指导，开展科技下乡活动5次，将服务送到山间地头，举办讲座3次，印发宣传资料3000余份。推进森林防火工作。组建完善共50人的森林消防队伍，设5个扑火分队，重点培养5名火场指挥员，对应急队伍进行集中调配管理。编制《桂东县生物防火林带规划》（2022—2035年）文本，建立现状和规划等图层数据库，摸排出全县已有林火阻隔系统1315.05千米，共规划生物防火林带834.72千米。创新候鸟保护工作机制。桂东县是内陆第二大鸟类迁徙通道，牵头建立的湘赣边界“两省三县”候鸟保护联防联保工作机制，为候鸟迁徙筑起一道生态绿色通道，由国家林业和草原局发函提出在全国推广。10月14日，在湖南电台“献礼二十大《在消失中看见》”栏目中以《打鸟坳变护鸟林》为题对桂东县近十年候鸟保护工作做专题报道。

【荣誉档案】2022年，桂东县自然资源局在省自然资源厅《关于通报表扬2021年度耕地“零违法”地区自然资源局的通知》《关于违法用地“零增长”县市区通报》中上榜。行政处罚案件评查获得全省第五名。在《湖南省林业局关于表扬全省森林防火工作优秀单位的通报》中被评选为2022年度全省森林防火工作优秀单位。“四联”举措助推野生动植物保护的典型经验做法在《湖南省人民政府办公厅关于对省政府2022年综合大督查发现的典型经验做法给予表扬的通报》中获得表彰，被湖南省林业局评为全省野生动植物保护工作表现突出单位。

（撰稿　张茂峰）

安仁县自然资源工作

安仁县自然资源局

党组书记、局长	张家元
党组副书记、副局长	周　兵
党组成员、总规划师	卢良斌
党组成员、副局长	周志宏
党组成员、副局长	侯　慰
副主任科员	陈小军
行政执法大队大队长	王和平
不动产登记中心主任	唐检生
征地拆迁事务中心主任	赵爱农

【规划编制】2022年9月30日，安仁县“三区三线”划定工作基本完成，并经自然资源部审批通过。永久基本农田从2020年稳定面积的26104.27公顷(39.16万亩)，划定为23750.67公顷(35.63万亩)；生态保护红线2018年批复面积为38606.67公顷(57.91万亩)，优化调整后为34780公顷(52.17万亩)，占全域面积的23.79%；划定安仁城镇开发边界围合面积2646.07公顷，新增中心城区城镇建设用地343.53公顷（含园区214.33公顷），安平镇、龙海镇、灵官镇、金紫仙镇四个建制镇新增城镇建设用地77.07公顷。村庄规划提前全覆盖(省市要求在2023年)，安平镇、牌楼乡、灵官镇、龙海镇的村庄规划编制方案通过安仁县国土空间规划委员会2022年第四次会议审议。推进国土空间规划“一张图”系统建设工作，“一张图”实施监督信息系统已形成涵盖基础现状数据、规划成果数据、规划实施数据和规划监督数据的“一个数据体系”。6月初，安仁县国土空间规划“一张图”监督实施系统建设已完成初步功能评定并通过市级初审。

【要素保障】2022年，安仁县完成高速、产业园土地征收485.33公顷，拿回茶常高速和裕安山、智能制造二期等6个批单475.93公顷。收储土地44.95公顷。共挂牌出让成交29宗，盘活国有闲置资产15宗，完成土地出让收入10.41亿元（含挂牌出让、协议出让、补缴土地价款等）。园区三类土地处置方面，园区批而未供土地处置到位11宗8.22公顷，处置率78.2%；低效用地处置到位9宗23.83公顷，处置率65.8%。全县无新增批而未供土地和闲置土地处置任务。

【资源保护】2022年，安仁县印发《安仁县耕地保护田长制实施方案》，设立各级田长843名，县级耕地保护“田长制”公示牌40块，乡（镇）耕地保护“田长制”公示牌324块。将耕地保护底线目标23750.67公顷(35.626万亩)和2022年恢复耕地任务

106.67公顷逐级分解到乡镇及各行政村，全县13个乡镇签订《耕地保护责任状》，共恢复耕地146.53公顷。全县实施的8个耕作层剥离项目共剥离耕作层面积120余公顷，剥离土方340170方，剥离的耕作层用于新增耕地53.33余公顷、恢复耕地66.67余公顷，该项工作经验在《省委要情》内刊中进行典型推介。全县占补平衡动态监管系统三项指标已转正（耕地数量45.04公顷、水田规模34.23公顷、粮食产能28.18万公斤）。全县补充耕地“回头看”项目整改任务共9个，全部报备入库。全县卫星监测整改图斑29.87公顷，全部整改到位，整改到位率100%。农村乱占耕地建房摸排工作开展迅速且成效显著被郴州市通报表扬，全国年度卫片执法检查中，安仁县违法占用耕地比例全市最低。

【民生服务】2022年，安仁县共发放不动产权证书89237本、不动产登记证明3265份。办理各类行政许可事项57件，发放建设项目用地预审与选址意见书14份，面积58.6公顷；建设用地规划许可证17件，面积51.2公顷；建设工程规划许可证21件，面积36.06万平方米。完成开发项目“仁城花苑”等375户的“交房即交证”。省厅挂号的26个历史遗留问题楼盘已全部化解。推进农村宅基地和集体建设用地房地一体确权登记发证工作，个人宅基地颁发不动产权证72111本，易地扶贫搬迁颁发不动产权证1217本，村集体建设用地颁发不动产权证310本。

【矿产资源管理】2022年，安仁县自然资源局推动砂石供应保障力度。办理完成安仁县羊脑东冲山采砂场、宏发碎石场、福磊石业有限公司的采矿许可证延期，并经市局审批发证。矿山共缴纳采矿权出让收益4318.55万元。开展“安全生产月”等宣传活动，开展矿山企业安全生产监管工作，排查矿山企业安全隐患，杜绝超层越界开采，全县矿山行业领域无人员伤亡安全事故发生。推进绿色矿山建设。出台《安仁县绿色矿山建设三年行动方案（2020—2022年）》，完善三方监管协议10份，缴纳基金415.3万元。历史遗留矿山生态修复目标任务数7.79公顷，已全部完成修复，完成率100%。

【荣誉档案】2022年，安仁县自然资源局获得省政府、省自然资源厅颁发的全省农村房地一体确权登记工作表扬激励奖，耕地进出平衡工作获评全省先行县。

（撰稿　吴梦琪）

永州市自然资源和规划工作

永州市自然资源和规划局

党组书记　李黎武（　—2022.09）
　陈　雄（2022.09—　）
局长　李黎武（　—2022.10）
　陈　雄（2022.10—　）
党组副书记、副局长　黄虎雄
党组成员、市纪委监委驻局纪检监察组组长　蒋小兵（2022.07—　）
党组成员、不动产登记中心主任　温小新
党组成员、副局长　李四清
党组成员、副局长　廖道南
党组成员、原市国土资源执法监察支队支队长　杨青松
党组成员、副局长　潘良荣
党组成员、副局长（挂职）　雷旭升（2022.09—　）
总工程师　何　春
总规划师　唐朝晖
二级调研员　李文乾
二级调研员　唐　纯
二级调研员　唐涨国（　—2022.03）
四级调研员　李之强
四级调研员　彭志君
市自然资源事务中心主任　唐经谓
市规划设计院院长　王宇斌
市土地储备中心主任　文　斌（2022.01—　）
市自然资源和规划勘测事务中心主任　张胜林

【机构设置】2019年1月13日，永州市自然资源和规划局挂牌成立，为市人民政府正处级工作部门，内设办公室、综合调研宣传科技科、政策法规科、信访科、财务审计科、人事教育科、自然资源调查监测科、自然资源确权登记科、自然资源所有者权益科、自然资源开发利用科、耕地保护监督科、国土空间用途管制科、国土空间生态修复科、矿业权管理科、地质勘查管理科、矿产资源保护监督科、国土空间规划科、城市风貌和建设用地规划管理科、建设工程规划管理科、市政基础设施规划管理科、村镇规划管理科、国土测绘科、地理信息管理科、自然资源督察办公室、行政审批服务科、机关党委、工会27个科室，管理市国土资源执法监察支队、市不动产登记中心、市自然资源事务中心、市规划设计院、市自然资源和规划勘测事务中心5个副处级单位和市规划执法支队、市土地储备中心、市征地事务中心、市国土资源档案馆、市自然资源和规划信息中心、城南事务中心、城中事务中心、城北事务中心、城西事务中心、永州经济技术开发区事务中心10个正科级单位。机关行政编制61名，设局长1名、副局长4名，暂保留总规划师、总工程师各1名。全局干部职工547名。

【自然资源调查监测】2022年，永州市完成2021年度国土变更调查，推进耕地后备资源调查、耕地资源质量分类年度更新和监测、农用地和农村道路细化调查，核实2021年度国土变更图斑181371个、耕地后备资源地块254738个，完成2021年度流入耕地、耕地“非农化”“非粮化”流出耕地整改补足1096.41公顷。开展卫星监测工作，省级下发耕地减少任务图斑1181个、立行立改任务图斑225个、乡镇村任务图斑2912个，处置率分别为98.11%、97%、94%。统筹农业农村、林业、水利、生态环境等部门需求，建成铁塔视频监测点位659个，监测数据实现“一家建、大家用”。东安县、祁阳市、金洞管理区、回龙圩管理区完成铁塔视频监测点位建设任务。东安县“智慧田长”助力自然资源监管入选省政府综合大督查典型经验。宁远县、道县、新田县第三次国土调查工作获得湖南省自然资源厅表扬激励。

【自然资源确权登记】2022年，永州市完成104万宗农村房地一体登记发证工作，启动自然资源统一确权登记试点工作，全面实施新建商品房“交房即交证”。永州市市本级在全省率先完成不动产登记“一库一平台”建设，实现不动产登记系统与省“一窗办事”平台互联互通。道县、宁远县房地一体登记发证工作获得省政府通报表扬。祁阳市为文家冲水库颁发永州市第一本水库不动产权证。开展永州市中心城区房地产领域突出问题专项整治，解决中心城区29个小区办证难题。

【自然资源资产所有者权益管理】2022年，永州

市自然资源和规划局代表永州市人民政府，向永州市人民代表大会常务委员会报告2021年度永州市国有资产管理情况。报告显示：永州市土地总面积3338.95万亩（222.6万公顷），其中国有土地面积355.91万亩（23.73万公顷）、集体土地面积2983.04万亩（198.87万公顷）；2021年末全市耕地502.07万亩（33.47万公顷）；共发现矿种75种，2021年林地保有量154.52万公顷，森林覆盖率65.53%，森林蓄积量7031.48万立方米；水资源总量193.7亿立方米，其中地下水65.12亿立方米，人均水资源量约为3700立方米，年人均用水量约为460立方米。

【自然资源开发利用】2022年，永州市挂牌出让商业住宅类经营性土地和工业用地265宗，面积943.18公顷，实现土地收入169.12亿元，较2021年分别增长1.5%、26.3%、21.7%。其中市本级实现土地收入110.67亿元。落实建设用地"增存挂钩"，盘活存量建设用地1032.45公顷，处置存量大于增量；处置存量批而未供土地707.54公顷、闲置土地313.79公顷，处置率分别为45.17%、73.89%。处置园区批而未供土地164.62公顷、处置率57.81%，处置园区闲置土地106.36公顷、处置率99.58%，处置园区低效用地532.88公顷、处置率55.76%。全市完成园区工业用地"弹性供地"245.67公顷，弹性供地宗数占比71%，在全省排名第一，为企业初始取得土地成本减负2.72亿元。江永县2021年落实土地节约集约等重大政策措施获得国务院表扬激励。新田县自然资源节约高效利用工作获得省政府真抓实干督查激励。东安县、江华瑶族自治县被自然资源部认定为自然资源节约集约示范县。

【规划管理】2022年，永州市推进"三级三类"国土空间规划体系建设，启用"三区三线"成果，形成国土空间总体规划初步方案，市中心城区110个重大项目纳入总体规划。永州市市本级总体城市设计等14个专项规划形成初步成果。基本建成国土空间规划"一张图"实施监督信息系统。省定年度1130个村庄规划编制任务全部完成，累计完成1961个。永州市在市中心城区试点带规划建筑方案挂牌的土地出让模式，在新建住宅小区中完善公共服务设施配置，新建小区图书馆、养老服务设施配建率达到100%。永州市加强城市风貌管控，审查把关城市重要地段、重要节点的景观风貌设计，初步完成宋家洲至永州站等路段沿线风貌整治概念规划设计、湘江西岸概念规划暨节点设计，打造烟雨阁等城市重要景观节点。成立国土空间规划学会，并承办湖南省2022年度国土空间规划年会。

【国土空间用途管制】2022年，永州市开展重点项目用地保障专项行动，报批土地999.67公顷，其中重点项目用地448.13公顷，保障市级重点项目382个。邵永高铁、湘江衡阳至永州千吨级航道改扩建项目完成用地预审选址，永州陆港、湘江东路用地有效保障。124个新能源项目通过省级用地预审42个，占全省通过数的55%。

【国土空间生态修复】2022年，永州市完成市、县两级《国土空间生态修复规划（2021—2035年）》编制，完成污染防治攻坚战"夏季攻势"历史遗留矿山生态修复任务13个，金洞管理区、新田县、江永县在全省率先通过省级销号。零陵锰矿区山水林田湖草生态保护修复工程试点（自然资源部分）通过省级总体验收。全市申报2023年省级历史遗留矿山生态修复项目6个，获得省级财政支持6000万元，在全省排第一；62个生产矿山落实年度验收制度，验收率100%，在全省排第一。

【耕地保护监督】2022年，永州市委、市政府出台实施《永州市全面推行田长制严格耕地保护实施方案》。全市注册田长13195名，建立"市县乡村+网格"田长责任制体系，完成502.07万亩（33.47万公顷）耕地和449.2万亩（29.95万公顷）永久基本农田年度保护目标。永州市恢复耕地2733.33公顷，卫星监测耕地净增加1386.67公顷，历史性实现耕地数量正增长。永州市严格实行耕地占补平衡和进出平衡，完成耕地开垦验收指标2000公顷、解冻解扣耕地指标1266.67公顷，双牌县、零陵区、新田县、东安县、江永县（含回龙圩管理区）、蓝山县、宁远县、冷水滩区（含永州经开区）耕地占补平衡三项指标全部为正数。2021年国家耕地保护督察反馈永州市371个问题，整改到位率81%，零陵区、东安县、新田县历年督察反馈问题整改全部完成。

【地灾防治】2022年，永州市派出地质灾害防治工作组553批968人次、技术服务组11批次22个，有效应对10轮强降雨，查明地灾隐患1067处、切坡建房风险户2309户，累计安装普适型预警监测设备187处，紧急转移6620人，避险搬迁29户，排危除险41处，地质灾害防治实现"零伤亡"。江永县洞美村使用普适化预警监测设备成功避让地质灾害1起。

【矿业权管理】2022年，永州市开展“砂石保供”专项行动，挂牌出让砂石土矿采矿权5宗，出让收益4.64亿元。永州市砂石土矿数量由444宗减少至106宗，在省定136宗控制数以内，关闭矿山采矿权注销、生产设施拆除、生态修复或修复方案编制“三到位”率100%。永州市2022年建成绿色矿山14家，累计建成33家，占全省总数的8%，全市生产矿山中绿色矿山占比73%。2021年国家矿产资源督察反馈问题整改到位率100%。永州市江华五矿获得稀土矿开采总量控制指标2384吨，实际生产1869吨，实现产值7.9亿元。宁远县在全省率先以拍卖方式处置建设用地上的砂石资源。

【地理信息管理】2022年，永州市自然资源云中心向各行业提供地理空间数据90多批次，累计面积3200多平方千米。永州市自然资源和规划局获得全省网络安全应急演练优秀防守单位。永州市“天地图·湖南”数据更新被湖南省自然资源厅评为“五星级”。永州市应急测绘队为新田“10·17”等多起森林灭火工作提供数据和技术支撑。永州市卫星中心被湖南省自然资源厅通报表扬。永州市勘测规划研究院有限公司获得湖南省优秀测绘工程一等奖。

【政务服务】2022年，永州市436个工程建设项目测绘事项100%实现“多测合一”。永州市自然资源和规划局受理规划、土地、矿产资源业务案卷858宗，开展延时服务、错时服务、绿色通道服务、上门服务600多次。

【征地拆迁】2022年，永州市自然资源和规划局指导永州市中心城区38个项目征地拆迁工作，征收土地393.27公顷，拆除房屋35万平方米，支付征拆费8.68亿元。

【信访】2022年，永州市自然资源和规划局办理信访事项550件，较2021年同期下降23%。永州市自然资源和规划局、道县自然资源局、江永县自然资源局被湖南省自然资源厅评为自然资源信访工作业绩突出单位，永州市自然资源和规划领域1人被评为全国信访工作先进个人，3人被评为全省信访工作先进个人。

【依法行政】2022年，永州市自然资源和规划局聘请律师团队常年坐班，依法办理行政诉讼案件44件。查处自然资源和规划违法案件516宗、处置农村乱占耕地建房问题772个，向纪检监察和公安机关移送87起，追责问责76人次，违法占用耕地面积较2021年下降68%。东安县耕地保护工作获得省政府真抓实干督查激励。道县、东安县、新田县、蓝山县、回龙圩管理区、金洞管理区全年违法占用耕地实现“零增长”。

【党的建设】2022年，永州市自然资源和规划局开展清廉机关建设“交账”述职评议，出台局《党员干部作风建设问责暂行办法》，对5个方面29种情形予以追责，组织排查岗位廉政风险点182个，制定防范措施415条，完善工作制度和流程112项，查处违纪违法案件13起，处理党员干部71人，在全市系统通报违纪违法典型案例5起。协同市委组织部开展国土空间规划和自然资源保护利用专题培训班2期，培训400余人。

【荣誉档案】2022年，永州市自然资源和规划局获评湖南省第三次国土调查先进集体、湖南省自然资源信访工作业绩突出单位、湖南省网民留言办理工作成绩突出单位、湖南省网络安全应急演练优秀防守单位、《湖南自然资源年鉴（2022卷）》先进单位、永州市意识形态责任制考核工作优秀单位、永州市人才工作先进单位、永州市人大代表建议政协提案办理工作先进单位、永州市安全生产工作考核优秀单位、永州市污染防治攻坚战“夏季攻势”先进单位称号，服务推进湘江东路湘江西路建设、砂石资源统筹开发工作获得永州市政府通报表扬，保持市级文明标兵单位并获得湖南省文明单位公示。

（撰稿　刘运程）

冷水滩区自然资源工作

冷水滩区自然资源局

党组书记、局长	冯吉宝
党组成员、副局长	陈宇国
党组成员、副局长	顾园群
党组成员、副局长	郑　成

【概况】2022年，冷水滩区自然资源局内设7个股室（综合办公室、行政审批服务股、生态修复矿管地勘股、规划管理股、土地综合管理股、自然资源确权登记与所有者权益股、财务股），8个二级机构（冷水滩区自然资源行政执法大队、冷水滩区自然资源局征地拆迁事务所、冷水滩区土地开发整理中心、冷水滩区自然资源事务中心、冷水滩区上岭桥中心所、冷水滩区普利桥中心所、冷水滩区高溪市中心所、冷水滩区自然资源确权登记和矛盾调处中心）。全局干部职工共168人，在职114人，退休54人。

【保障发展】2022年，冷水滩区自然资源局配合编制永州市国土空间总体规划，进一步加强对“多规合一”村庄规划初步成果的审查。完成11宗（总面积215.80公顷）批次建设用地、3宗集体建设用地的报批组卷和69户村民建房农用地转用的审批手续。挂牌出让工业用地13宗、45.73公顷；完成划拨供地5宗、7.14公顷。配合收回湖南湘龙铜业低效利用土地，收回土地面积19.7公顷；完成批而未供土地处置任务44.37公顷，闲置土地处置任务54.17公顷。推进永州国际陆港、湘江东路项目等重点项目的征地拆迁工作，实施19个项目，征收土地294.58公顷，征收房屋938栋，其中永州国际陆港项目完成率90%。进行项目用地预审与选址6个，核发建设用地规划许可证6份、建设工程规划许可证18份、国有土地使用权出让4份，国有划拨供地2个，建设工程设计方案审查16个。

【耕地保护】2022年，冷水滩区自然资源局坚决遏制耕地“非农化”，防止“非粮化”。层层签订耕地保护责任书，严格落实党政同责。全面推行耕地保护“田长制”，制定《冷水滩区加强耕地保护推行“田长制”工作实施方案》，完成永久基本农田划定和田长网格划定工作。严格落实耕地占补平衡和进出平衡“两个平衡”，全面完成年度耕地恢复任务，完成永久基本农田划定工作，划定面积35.01万亩（23340公顷），完成395个部耕地卫片外业核实和举证工作，实现省级冻结扣减耕地图斑解冻解扣435宗、78.92公顷，完成率79.52%。

【矿山管理】2022年，冷水滩区启动3家大中型矿山、2家小型矿山的前期工作，完成普利桥镇石山岭矿区的挂牌出让，摘牌价1.07亿元。对11家关闭退出砂石土矿山进行生态修复并通过野外验收，全面完成2022年度历史遗留矿山工程项目15个图斑（29.77公顷）的生态修复任务。

【执法监察】2022年，冷水滩区自然资源局持续强化违法用地和历年督察反馈问题查处整改，推进矿山领域“打非治违”。对存量违法用地整改到位121宗，整改到位率73.33%，对督察反馈问题整改到位176宗，整改到位率89.34%。累计发现并核查各类非法违法采矿线索30余条，发现制止各类非法违法采矿行为9起，对其中5宗立案查处，查处到位4宗。

【风险化解】2022年，冷水滩区自然资源局压实安全生产责任，制定安全生产问题、措施、责任“三个清单”，组织对矿坑矿硐进行排查，督促矿山企业开展安全隐患自查。实施地质灾害防治工作，通过地灾防办下发督办函8个，组织编制地质灾害调查简报和应急处置方案12个，督促完成地质灾害应急处置4处，年度核销地质灾害隐患点7处。抓好信访突出问题治理和矛盾化解工作，处理信访事项42起，办结率100%；处理涉法涉诉案件11起，调处山林权属争议3宗。

【组织建设】2022年，冷水滩区自然资源局组织开展党史学习教育活动，共开展9次机关支部主题党日活动，为民办实事10件；持续推进警示教育常态化，组织局党组理论学习中心组学习12次，各种宣传活动8次，强化意识形态教育。

（撰稿　龙运姣）

零陵区自然资源工作

零陵区自然资源局

党组书记	魏　斌
局长	周军松
党组副书记、副局长	李　明
党组成员、副局长	刘建秋
党组成员、工会主席	蒋仕华
总工程师	谢　飚

【保障发展】2022年，零陵区自然资源局处置批而未供土地17宗，面积86.8公顷；处置闲置土地8

宗，面积26.85公顷；有效盘活产业园区低效用地8宗，面积22.45公顷；盘活存量建设用地119.26公顷；拿回项目用地批文11宗，面积60.07公顷，全力保障锰产业园等重点项目用地需求。

【耕地保护】2022年，零陵区自然资源局全面推行田长制，层层签订责任状。提请区委、区政府出台实施《零陵区全面推行田长制严格耕地保护实施方案》，成立由区委书记、区长担任总田长的田长制工作委员会，建立区、乡、村、网格四级田长制体系，全区注册田长1633名，逐级签订田长制责任书，压实55.08万亩（36720.4公顷）耕地和47.35万亩（31566.67公顷）永久基本农田保护责任。年内恢复耕地229.2公顷，除补齐上年流出缺口外，年度国土变更初步调查显示耕地净增加198公顷，迎来耕地“进大于出”的历史性拐点。组织基层全方位开展耕地保护宣传，发放耕地保护宣传挂历60000余份、宣传手册30000余份。

【执法监察】2022年，零陵区自然资源局共实施动态巡查6600余次，核实涉嫌自然资源违法线索64宗、及时制止19宗，下达责令停止违法行为通知书45宗，依法组织强制拆除2宗。2021年国家耕地保护督察反馈问题22个全部整改到位。2022年，部、省下发零陵区土地、矿山卫片执法图斑共1437宗，总面积935.08公顷，对涉及管辖范围的1088宗图斑进行资料收集及审核上报。累计收到省厅下达的存量违法用地处置任务12宗已全部查处到位9宗，剩余3宗为城南管辖用地，还在查处中。查处新增违法用地3宗整改到位。共立案查处自然资源违法行为24宗，收缴罚没款509万元，移交区纪委监委3人次。

【生态修复】2022年，零陵区自然资源局加大生态保护修复力度，向上争取资金173.4万元，完成朝阳街道双济桥等8个历史遗留矿点（10个图斑）生态修复任务，修复面积14.72公顷。该项目涉及污染防治攻坚战“夏季攻势”治理任务，完成省、市、区各级销号。零陵锰矿区山水林田湖草生态保护修复工程（自然资源部分）试点项目通过省级总体验收。

【财源建设】2022年，零陵区全力推进砂石土矿矿权出让。新设矿山石山脚街道羊轱岭矿挂牌出让，成交价4500万元，完成区级财政收入3996万元；接履桥街道长岭矿山由省自然资源厅挂牌出让，区级财政收入约为6440.23万元。组织补充耕地整改攻坚，整改入库补充耕地开发项目8个，入库耕地指标89.3公顷；引进国有企业参与耕地后备资源开发，联合农业、林业等相关部门选址实施70公顷“旱改水”项目；已向省厅申请交易耕地数量指标60公顷、粮食产能40万公斤，争取补充耕地指标交易。招商推进土地挂牌拍卖出让。成功拍卖挂牌出让永职路西侧门面地、工人文化宫地块等13宗土地，面积43.13公顷，成交价款7.73亿元。

【地灾防治】2022年，零陵区自然资源局做好地灾防治工作，地灾防治由“守点”向“稳点扩面”转变，全区已查明在册地质灾害隐患点84处，统计出临坡临沟临崖建房2569宗，查明临坡临沟临崖建房隐患户599宗。汛期期间，严格落实24小时值班值守制度，重点加强对在册隐患点巡查排查，加强地灾防治知识宣传，向各乡镇(街道)发放地质灾害防治宣传手册20000余册，完成零陵区神仙岭路神仙居小区滑坡、邮亭圩镇黄江源桐木冲村路段崩塌2个地质灾害治理工程，做到地灾防治群防群测、防治结合，实现地灾防治“零伤亡”。

【服务群众】2022年，零陵区自然资源局妥善解决乡镇历史遗留问题办证问题，出台《零陵区乡镇国有土地上房屋产权办证历史遗留问题处理办法》，办理乡镇（街道）不动产权证229户，收缴各项税费566万元；配合解决城区小区历史遗留问题办证工作，协助处理好25个小区办证问题，涉及1725户。服务乡村振兴发展。配合市局完成全区“三区三线”划定成果，相关数据经自然资源部审定并启用；“三级三类”国土空间规划体系建设有序推进，国土空间总体规划初步方案基本形成；合理安排集体建设用地指标，完成办理农村建房农转用手续49宗，面积约0.71公顷；与市局衔接，组织资料为永州市潇湘源田园综合体等5个项目办理集体建设用地手续。

【党建引领】2022年，零陵区自然资源局开展党组理论学习中心组集中学习10次，支部集中学习20次，全面推进党的思想、组织、作风和制度建设。

【荣誉档案】2022年，零陵区耕地保护工作在全市考核排名第二，被评为全市耕地保护工作优秀单位，进入全省耕地保护工作考核排名前十；在全区党办系统统筹联动工作、全区信访工作、全区安全生产和消防工作考核中被评为优秀单位；文明创建工作在全区年终考核中排名第三，被授予创文工作先进单位称号；“6•25”全国土地日宣传、“稻田社区”等宣传活动在湖南卫视等媒体进行公开报道，“稻田社区”等宣传活动被收录到《光明日报》出版的《自然资源管理实务与土地保护利用》基层创新实践经验推介。

（撰稿　张　丽）

祁阳市自然资源工作

祁阳市自然资源局

党组书记、局长	陈　旭
党组成员、副局长	邓国勇
党组成员、副局长	唐　渊
党组成员、副局长	郑海斌
党组成员、总工程师	郭荣林
总规划师	蔡　旭

【机构设置】2019年3月，祁阳市自然资源局组建成立，主要负责全市土地、矿产资源、测绘和规划管理。2022年，内设15个股室，下设直属单位12个、自然资源所22个。有干部职工825人，其中在职637人，退休188人。

【保障发展】2022年，祁阳市实现土地出让收入3.39亿元，完成土地征收153.29公顷，实现动态储备土地666.67公顷。完成国有土地报批项目24个，总面积207.52公顷。农用地转用审批项目11个，面积9.97公顷。

【不动产登记】2022年，祁阳市首次登记、不动产转移登记、抵押登记等办理时间缩短至1—2个工作日；交房即交证工作全面实施，林权水库登记发证工作在全永州市领先。共办理不动产权属登记证书7868件，其中“交房即交证”办理不动产权证1653户，开发企业端28个、银行端10家共67个银行网点，累计办结“互联网+不动产登记”案卷共4289件，减免不动产登记费用47130元。

【规划管控】2022年，祁阳市完成“三区三线”划定工作，相关数据已正式启用；《祁阳市国土空间总体规划（2020—2035年）》规划大纲及专题审查工作已完成，国土空间规划“一张图”实施监督信息系统进入试运行阶段；完成“多规合一”村庄规划编制236个。

【保护耕地】2022年，祁阳市以田长制为抓手，建立并落实最严格的耕地保护制度。开展“四级网格化”动态巡查1100余次，出动巡查人员3200余人。实现耕地保有量68.03万亩（45353.33公顷），划定永久基本农田62.62万亩（41746.67公顷），恢复耕地242.4公顷。

【地灾防治】2022年，祁阳市自然资源局全面完成地质灾害1：10000详细调查和地质灾害风险普查工作。开展地质灾害巡查5830人次，完成地灾搬迁避让36户，应急处置7处，消除地质灾害隐患18处。完成观音滩井仙村、肖家大院村2处重大地灾治理项目及2022年历史遗留矿山生态修复任务。

【执法监察】2022年，祁阳市自然资源局开展执法监察工作。2018—2019年卫片存量违法用地整改到位360宗；2020年自然资源部下达违法用地整改到位16宗；制止各类自然资源违法违规行为140余起，查处违法违规案件285宗，申请法院强制执行17宗，移送纪检监察机关34宗，移送涉嫌犯罪案件4宗，拆除违法违章建筑60余处，面积约2.18公顷。国土变更调查工作新增建设差错率为0.23%，补充耕地差错率0.04%，变更图斑差错率为0.39%，均远低于国家规定的差错率2%。

【安全生产】2022年，祁阳市自然资源局开展安全生产工作。全市原有59个砂石土矿，累计关闭注销44个，并全部落实生态修复工作。4个大中型生产矿山均按“应建必建”要求完成绿色矿山建设。开展“打非治违”“强执法、防事故”等安全生产专项工作，开展日常巡查2922人次，下发整改通知48份，督促整改安全隐患48处，树立告示警示牌128块，设立“打非治违”有奖举报牌20块。矿山无安全生产事故发生。

【队伍建设】2022年，祁阳市自然资源局以学习党的二十大精神和习近平新时代中国特色社会主义思想为重点，组织全体党员集中学习班2期，专题教育4次。严格落实“三会一课”制度，落实领导干部参加双重组织生活会制度，特别是领导带头讲党课制度；组织48人参加永州市国土空间规划和自然资源保护利用专题培训，1人参加中青年干部培训班，1人参加团干部培训班，2人参加引进人才培训班，2人参加科级干部培训班，举办规划业务培训等业务培训班3期；10人参加省厅、市局组织的自然资源专题培训和祁阳市委党校学习；通过开展《镜鉴》以案促改、违规饮酒、酒驾醉驾问题专项整治，工程建设项目招投标突出问题专项整治，违规收送红包礼金谈心谈话等各类整治活动，共发布《作风督查通报》四期，通报单位21个（次），人员32人次。其中提醒谈话17人次，党内警告处分4人；党内严重警告处分4人；开除党籍3人；降低岗位等级4人；政务警告处分4人，记过1人。

（撰稿　柏尔斯）

东安县自然资源工作

东安县自然资源局

党组书记	唐德光
局　　长	卿仁红
党组副书记、副局长	唐　涛
党组成员、副局长	蒋晓喻
党组成员、副局长	唐守良
党组成员、副局长	张　逸
总规划师	胡飞波

【保障发展】2022年，东安县报批土地9宗9.71公顷，保障39个重点项目用地，为各类项目征地172.4公顷。

【保护耕地】2022年，东安县设立“县、乡、村、组、户”五级田长，确保耕地保护“横到边、纵到底、全覆盖、无缝隙”。加强耕地保护宣传工作，会同县教育局开展“耕地保护宣传进校园”活动。此活动荣获湖南省首届耕地保护“十大典型案例”。推进耕地恢复，省自然资源厅下达东安县耕地恢复任务284公顷，已恢复耕地374.87公顷，完成率132%，排名永州市第一。建成63个专用铁塔视频监测点，通过共享数字河湖、森林防火、雪亮工程等平台形成覆盖县域、精准监控的智慧视频体系，铁塔视频监测创新举措得到中央广播电视总台、新华社和《湖南日报》、省电视台等主流媒体推介。投入5300万元加快高标准农田建设，与湖南现代农业集团签订开垦535公顷耕地的协议，实施“旱改水”项目，提高农田耕地质量等级；实施补充耕地专项攻坚项目9个，新开垦项目5个，整治各乡镇历年恢复耕地，使耕地数量由-13.54公顷（-203亩）增长为40.53公顷（608亩），水田规模由-80.92公顷（-1214亩）增长为6.22公顷（93亩），耕地指标实现“扭负转正”，耕地保有量超出底线目标5170.32亩。制发巡田方案，分解任务到镇村、落实到地块、具体到人头。

【自然资源节约集约】2022年，东安县推进土地管理制度改革，优化土地利用结构、提高土地利用效率，为促进经济发展方式转变和结构调整提供有力支撑。强力推动园区土地清理。成立工作专班，制定园区批而未供、闲置土地和低效用地“一园一策”整改方案，有力推动园区土地清理整改工作。2022年三类用地总面积85.62公顷全部处置完成，排名全省第一，盘活存量建设用地94.98公顷，为财政增收2.3亿元，盘活率排名全市第一。探索实施“腾笼换鸟”节地模式。全县工业园区共有“僵尸”企业用地6宗，每个“僵尸”企业成立一个由县级领导牵头的处置专班，通过“腾笼换鸟”等措施，现已成功处置5宗，盘活存量建设用地26.67余公顷，新增规模以上工业企业3家，产业园区亩均税收提升幅度达312.5%，增幅居永州市第一位。三是改革供地模式。弹性供应工业用地20宗，总面积达100多公顷；推行“拿地即开工”改革，全面推行“用地清单制+告知承诺制”供地，提高土地开发效率。闲置土地处置率100%、低效用地处置率63.5%，排名全市第一、全省第五。获评2022年全国首批“自然资源节约集约示范县”。

【国土空间规划编制】2022年，东安县在完成县级国土空间总体规划大纲和《东安县国土空间发展与战略研究》等11个专题研究工作的基础上，已经全面启动乡镇国土空间规划编制工作，技术单位已基本完成基础调研，乡镇国土空间规划已完成初步方案编制。

【生态修复】2022年，东安县制定《湖南省东安县历史遗留矿山生态修复实施方案（2022—2025年）》和《湖南省东安县2022年度11个历史遗留矿山生态修复实施方案》，完成6个砂石土矿与11个历史遗留矿山生态修复任务。

【矿权出让】2022年，东安县做好芦洪市镇杨柳井建筑石料用灰岩矿、井头圩镇横古山建筑石料用灰岩矿2个大型建筑石料用灰岩矿采矿权和紫溪市镇狮子岭建筑石料用白云岩矿等3个采矿权挂牌出让工作。杨柳井矿区建筑石料用灰岩矿已出让，出让价款1.55亿元；横古山矿区建筑石料用灰岩矿已完成开发利用方案编制和土地流转工作，在向省厅申请编制出让方案，狮子岭建筑石料用白云岩矿已完成勘查报告评审、开发利用方案评审和土地流转等出让前期工作。

【执法监察】2022年，东安县开展违法用地“双零”行动，共摸排省厅下发月度卫片疑似图斑353个，自然资源部下发疑似图斑264个，均进行及时处置。完成存量违法用地清零和新增用地零增长的“双零”目标任务，全县违法占用耕地零增长，受到省厅通报表彰。

【服务民生】2022年，东安县出台《东安县交房即交证工作流程图》和《东安县“交房即交证”工作责任清单》。县自然资源局协调住建、消防等部门，将不动产首次登记（栋证）之前的流程前置到工程竣工验收备案前。共有4个房地产项目实现“交房即交证”，1733户家庭享受到这一改革红利。其中舜皇城A区5#6#楼、万兴雅苑6号楼已实现在完成工程竣工验收备案后15个工作日内为购房人办理转移登记（分户证）。

【地灾防治】2022年，东安县自然资源局构建“人防+技防”监测新格局，地灾防治实现由“守点”向“稳点扩面”转变，启动全县1∶1万地灾详细调查，新建普适化监测设备3套，实施地灾治理项目2个，共派出技术服务组6批次到乡镇指导地灾防治工作，地灾防治实现“零伤亡”。

【荣誉档案】2022年，东安县自然资源局成功创建首批全国自然资源节约集约示范县、省级文明单位。耕地保护工作获省政府真抓实干督查激励表扬，“智慧田长”获省政府2022年综合大督查通报表扬。获评全市耕地保护工作优秀单位、全市自然资源重点业务工作优秀单位。“大力推进耕地保护宣传进校园”获评湖南省首届耕地保护“十大典型案例”。2019、2020、2021、2022年四个年度连续获县绩效考核“优秀单位”、2022年度获“特别贡献单位”奖。

（撰稿　蒋　婷）

双牌县自然资源工作

双牌县自然资源局

党组书记、局长	蒋跃先
党组成员、副局长	唐拥军
党组成员、副局长	廖　晖
副局长	汤凤娇
总规划师	唐健辉
总工程师	郑　伶

【要素保障】2022年，双牌县取得省、市11个项目用地批文，面积13.6公顷。落实“增存挂钩”政策，完成处置批而未供土地16.82公顷，收回闲置低效利用土地20.86公顷，推行弹性年期出让工业用地4.19公顷，盘活存量建设用地2.39公顷。完成双电公司14.19公顷国有土地的回收工作，挂牌出让土地20宗，协议出让155宗，面积36.81公顷，实现土地出让收入9.6亿元。以生态环境保护督察反馈问题整改和“洞庭清波”专项行动为契机，推进绿色矿山和历史遗留矿山、关闭退出砂石土矿生态修复工作，全面完成5个历史遗留矿山生态修复任务。

【执法监察】2022年，双牌县共巡查发现乱占耕地建房、挖塘养鱼等“非农化、非粮化”违法行为7宗，整改到位4宗，移送破坏耕地线索1件；立案查处城区规划违法案件8宗，查处到位8宗，矿产违法4宗，查处到位2宗，2宗立案查处中，收缴罚没款11.24万元。1—30批次月清“三地两矿”违法用地整改任务总数81宗，整改到位率96%。2021年、2022年国家耕地保护督察反馈问题均完成整改，整改到位率100%。

【耕地保护】2022年，双牌县全面推行“田长制”。学习借鉴郴州“田长制”工作经验，整合“河长制”“林长制”“田长制”，组建绿水青山沃土工作委员会，实现“1+1+1〉3”工作目标。建立执法部门联合监管机制，开展联合执法行动，对违法占地行为及时制止及时查处，突出“大摸排、大培训、大执法、大督查、大宣传”五大抓手，邀请省厅专家授课，组织四级田长开展智慧APP操作培训。将“田长制”工作纳入大督查范畴，每季度对各级田长履职情况进行督查，建立问题交办、整改销号、考核制度。推进铁塔视频监测建设，在43

处耕地集中连片区域安装视频进行监测，构建全天候视频监测网络，推动“田长制”工作落地见效。连续第2年实现耕地“零违法”，受到省厅通报表彰。

【服务民生】2022年，双牌县实现不动产一般登记业务办理时限压缩至3个工作日以内，抵押登记压缩至1个工作日以内。在3家银行推行抵押登记“电子证照”应用，实现抵押登记“不见面审批”和“一次都不跑”，上线运行“互联网+不动产登记”平台，实现不动产登记网上申请、网上办理、网上查询。与水电气部门联动一站式办理，实现不动产转移登记与水电气过户只进一扇门。推进信访突出问题化解及“交房即交证”改革，对摸排的14个小区办证问题进行集中化解，化解率100%。

【规划编制】2022年，双牌县国土空间规划“一张图”实施监督系统与市局统建并初步建成，并召开现场培训会进行试运营。统筹推进“三区三线”划定工作、城镇规划现状基数转换工作，推进乡镇国土空间规划、“多规合一”村庄规划及专项规划编制，完成6个“多规合一”村庄规划编制，另有37个村进入扫尾，10个乡镇国土空间规划、71个“多规合一”村庄规划编制完成招投标程序，并确定技术单位，分组进乡镇召开动员会，技术单位在按程序开展基础调研和初步方案编制工作。

【地灾防治】2022年，双牌县成立安全生产工作领导小组，局党组班子成员实行分片包干，定期对非煤矿山及地质灾害点、在建项目进行安全生产大检查，实行“谁检查、谁负责”原则，发现问题及时交办整改，共排查矿山安全隐患12处，现均已整改销号。充分利用“防灾减灾日”“科技周”“土地日”等节日开展防灾减灾科普宣传，举办“新安法知多少”有奖知识竞答活动，开展地灾防治知识“进山区”培训。对173处隐患点设立警示标牌，实时更新调整监测员，在较为严重的17处隐患点安装普适化监测设备。吸取“4·29”湖南长沙自建房坍塌事故及“5·8”贵州毕节山体垮塌事故深刻教训，深入开展农村切坡建房、经营性自建房安全隐患排查，对山林过火区域地质灾害隐患排查，加强低温雨雪冰冻天气地灾防范，建立隐患台账，同时做足排危除险等应急物资储备。

【法规宣传】2022年，双牌县自然资源局将自然资源法律作为普法的重要内容，充分利用“4·22”地球日、“5·12”防灾减灾日、“6·25”土地日、“8·29”测绘日、“12·4”国家宪法日等重要节点，开展相关内容普法宣传活动，举办新《中华人民共和国土地管理法》《土地管理法实施条例》《中华人民共和国行政处罚法》专题培训、公益诉讼专题讲座等12次，发放宣传资料8000余份，接受群众咨询900余人次。

【荣誉档案】2022年，双牌县自然资源局执法1个案卷获得省自然资源厅自然资源执法查处优秀案卷；连续第2年实现耕地“零违法”，受到省自然资源厅通报表彰。获评永州市2022年度耕地保护工作先进单位；承办永州市一季度自然资源系统重点工作流动现场会议，受到市政府和市自然资源局肯定。

（撰稿　陈保斌）

道县自然资源工作

道县自然资源局

党组书记、局长　程铁伶
党组成员、副局长　雷振军（　—2022.09）
党组成员、副局长　彭维华（2022.09—　）
党组成员、副局长　张尚明（　—2022.09）
党组成员、副局长　成福生（2022.09—　）
党组成员、副局长　吴　昊（　—2022.09）
副局长　彭素云（2022.07—　）
党组成员、执法监察大队大队长　林爱军（　—2022.09）
总工程师　欧阳洪军（　—2022.09）
总工程师　唐超华（2022.12—　）

【概况】2019年3月22日，道县自然资源局挂牌成立，是道县人民政府工作部门，属正科级行政机关。干部职工255人（包括5名临聘人员、10名派遣人员），其中在职党员114人，大专以上文化185人。内设办公室、政策法规股、财务股、自然资源确权登记股、自然资源权益调查股、自然资源开发利用股、国土空间规划股、国土空间用途管制股、国土测绘管理股、国土空间生态修复股、耕地保护监督股、矿产资源管理股、地质环境股、村镇规划管理股、信访股、财务股、行政审批股、人事教育股等18个股室；自然资源行政执法大队、不动产登记中心、土地储备中心、房屋和土地征收补偿事务中心、勘测事务中心等副科级事业单位5个，直属事业单位9个和乡镇（街道）自然资源所22个。承担全县土地、矿产等自然资源的规划、管理、保护、合理利用，测绘行业管理和地质灾害防治等职能。

【要素保障】2022年，道县批回新增建设用地项目15个，面积99.18公顷；完成2022年土地征收成片开发方案编制并获得湖南省政府批准，面积37.84公顷；完成土地征收66.39公顷、支付土地补偿款5994.95万元；房屋3300平方米，支付房屋补偿款830万元；储备土地22宗，面积70公顷；招拍挂出让土地18宗，面积67.23公顷，实现出让总价12.85亿元；审批临时用地3宗，面积6.66公顷；完成乡镇（街道）备案的设施农业用地上图入库9宗，面积1.48公顷。

【节约集约利用】2022年，道县国有建设用地供应170.63公顷，其中商服用地11.86公顷，占供应总量的6.95%；工矿仓储用地8.99公顷，占供应总量5.27%；住宅用地49.25公顷，其中经济适用房用地2.88公顷、商品房用地46.37公顷，占供应总量的28.87%；公共管理与公共服务用地16.70公顷，占供应总量的9.79%；交通运输用地83.82公顷，占供应总量的49.12%。处置城区批而未供土地51.32公顷、闲置土地19.88公顷；园区批而未供土地3.9公顷、低效（空闲）用地77.43公顷。弹性出让工业用地4宗，面积7.64公顷，有效降低企业用地成本868.03万元。

【自然资源权调监测】2022年，道县第三次全国国土调查数据成果正式发布，全面查清道县2447.87平方千米内16万个地块的地类、面积、分布和权属情况，掌握耕地、湿地等13个一级类、56个二级类土地利用状况。

【农村“房地一体”确权登记发证】2022年，道县自然资源局开展农村“房地一体”确权登记发证完善工作，完成“房地一体”确权登记发证138527宗，1256宗集体土地使用权证录入权籍库，向湖南省不动产登记中心汇交农村“房地一体”调查数据164361宗，汇交率100%，汇交完成率和汇交时间位于湖南省第一批次。

【不动产登记】2022年，道县不动产登记中心全面落实“减时提质”，减少办理时间50%，压减申请材料60%，不动产登记和交易、纳税实现“一窗受理”，电子证照在银行业金融机构得到推广应用，水、电、气、网络、电视实现联动办理过户，不动产登记系统实现与民政、市场监管、卫健等部门共享。“一窗办事”平台共办理业务7377笔，免费邮寄不动产权证书1000本，落实小微企业免收不动产登记费用政策，共免收登记费80余万元。

【集中化解房地产办证信访突出问题专项行动】2022年，道县开展集中化解房地产办证信访突出问题专项行动，47个项目完成化解，化解率100%，办理不动产权证10148余本，收缴土地出让金、税费1亿元。推进新建商品房“交房即交证”试点改革，逸品潇湘、道县道州华府、碧桂园豪园等8个项目实施“交房即交证”改革，2605户购房户实现“领房即领证”。

【国土空间规划】2022年，道县完成“三区三线”划定并通过自然资源部审核认定正式启用，划定生态保护红线44930公顷，永久基本农田面积40640公顷，城镇开发边界4076.18公顷。完成白芒铺镇、洪塘营瑶族乡、仙子脚镇3个乡镇国土空间规划初步方案编制。完成264个村庄规划初步方案编制。完成道县陈树湘烈士纪念馆、二水厂南部取水口2个项目的土地调规工作。共召开4次国土空间规划委员会、2次专题会，审议77个项目规划，通过70个项目规划。召开初审会21次，审核私人建房户数503户，通过并公示364户，中心城区办理的批前公示率达到72%。严格规划执法监管，对中心城区364个公示图进行全面巡查监察。

【耕地保护】2022年，道县全面推行耕地保护“田长制”，出台《全面推行田长制严格耕地保护实施方案》，成立道县田长制工作委员会和田长制办公室，县委、县政府将耕地保有量和永久基本农田保护目标足额带位置分解下达至各乡镇（街道），落实到村组，签订耕地保护目标责任书，作为刚性指标实行党政同责、严格考核、一票否决、终身追责。共完成耕地恢复273.33公顷，完成补充耕地开发入库（含旱改水）项目7个，补充耕地数量32.41公顷、水田规模75.52公顷、粮食产能20984.48公斤，耕地流入大于耕地流出。

【中国（道县）湘源新能源项目】2022年，道县全面加强矿产资源保护，做大做强矿业经济。8月，山东瑞福锂业、紫金矿业、惠州亿玮锂能与湖南厚道矿业有限公司完成股权转让，组建成立湖南紫金锂业有限公司。9月，经自然资源部审核，完成采矿权变更登记。道县自然资源局成功调出生态保护红线面积336.55公顷，为新能源产业园及湘源锂矿采、选、冶项目规划预留用地指标200余公顷。截至年底，中国（道县）湘源新能源产业园项目30万吨/年采、选生产线建成，并具备生产能力，氢氧化锂、碳酸锂冶炼园完成用地选址、规划设计、土地征收等前期工作。

【地灾防治】2022年，道县发生地质灾害37起，道县自然资源局会同相关单位安全转移受灾群众100人，挽回潜在经济损失400万元，连续第15年保持无地质灾害造成人员伤亡成绩。完成2021年度14处地质灾害应急治理项目、2021年29户地质灾害避险移民搬迁项目，安装普适型监测设备17套。道县地质灾害防治领导小组办公室印发《道县地质灾害防治工作考核办法》，将地质灾害防治工作纳入各乡镇（街道）季度安全生产和年终绩效考核工作。

【矿产管理】2022年，道县自然资源局完成关闭退出矿山生态修复23个，移交道县人民检察院立案3个。完成2022年历史遗留矿山生态修复工程，修复总面积20.03公顷。完成2023年历史遗留矿山生态修复的申报及实施方案编制、备案，成功列入2023年省级补助项目，省级补助资金1240万元，为全省18个县（市区）之一。

【执法监察】2022年，道县自然资源行政执法大队开展动态巡查137次，下发《停止违法行为通知书》78份，立案查处违法案件22起，共收缴罚没款人民币416余万元。

【信访处理】2022年，道县自然资源局共受理信访案件52起，按期办结率100%，对信访人书面回复率100%。

【建议提案办理】2022年，道县自然资源局共承办人大代表建议17件，其中主办3件、协办14件。通过明确一名班子成员、成立一个工作小组、制定一套工作方案，深入调查，听取代表、委员的意见，限时办理建议提案，均已办结并按时答复代表，办结率、面商率、满意率均为100%。

【乡村振兴工作】2022年，道县自然资源局做好巩固拓展脱贫攻坚成果同乡村振兴有效衔接工作，选派5名业务骨干到审章塘乡松柳村、祥霖铺镇两河口村、仙子脚黄田岗村驻村脱产开展脱贫监测和乡村振兴日常工作，落实后盾单位扶持资金40万元，发放慰问金5万元，协调县住建局拨付房屋维修金1万元，为村民修缮房屋。

【党的建设】2022年，道县自然资源局带头落实“第一议题”制度领学促学，召开12次党组会和12次局党组理论学习中心组学习，全局干部职工集中学习自然资源法律法规4次，邀请省市专家进行业务培训3次。支部“五化”建设全部达标，完成机关各党支部换届工作，领导干部和基层党组织书记讲专题党课30余次。组织党员开展疫情防控、无偿献血、爱国卫生运动等活动，利用“七一”“八一”等重要时间节点，组织党员到芷江县、全州县开展红色教育主题党日活动。推进廉洁机关建设，以“廉润自然”品牌建设为指引，成立新时代廉洁文化建设领导小组，把廉洁文化建设纳入党风廉政建设和反腐败工作总体布局进行系统谋划，压实机关各股室、中心、所主体责任。以“廉洁园地”阵地建设为载体，打造一面“廉洁文化墙”、塑造一条“廉洁走廊”、建设一间“清廉读书角”。推出“五个一”工作举措抓实作风建设。探索建立“四单一流程”制度，推动传统廉洁文化创造性转化和创新性发展。开展“镜鉴”以案促改、违规收送红包礼金专项整治，共发布考勤通报8期，通报迟到、旷工63人，坚持“零容忍”从严从快处理，共提醒约谈5人/次，给予政纪处分3人。

【荣誉档案】2022年，道县自然资源局获评湖南省第三次国土调查先进集体、普通建筑材料用砂石土矿专项整治工作成绩突出单位、2022年度全省自然资源信访工作业绩突出单位、2022届湖南省文明单位。道县农房一体确权登记颁证工作受到湖南省人民政府办公厅推介，获得湖南省自然资源厅表扬激励；道县实现违法用地“零增长”、违法占用耕地“零新增”，获得湖南省自然资源厅通报表扬；道县在全省地质灾害防治工作调度会上作典型发言，在2022年永州市自然资源和规划工作会议上就自然资源工作作典型发言，在永州市一季度自然资源和规划系统工作流动现场会议上就存量土地盘活工作作典型发言，在全市上半年自然资源和规划系统重点工作流动现场会议就督察执法工作做典型发言。

（撰稿　李泽年）

江永县自然资源工作

江永县自然资源局

党组书记、局长	黄友仁
党组副书记、副局长	邓新林
副局长	何勇潮（2022.05— ）
党组成员、副局长	张志军
党组成员、总工程师	蒋永平

【概况】江永县自然资源局为县政府组成部门，内设股室24个，二级机构16个（含9个基层自然资源所）。2022年末，在职在编人员138人，退休人员28人，临聘人员23人。2022年全县土地总面积162932.01公顷，其中耕地面积24850.13公顷，林地105387.29公顷，居民点及工矿用地3947.62公顷，交通运输用地38.45公顷，水域面积3566.41公顷，未利用土地2449.9公顷。全县已探明的主要矿产有60万吨的铅锌矿、36.6万吨的锡矿、23千吨的锰矿、5000万吨的铁矿、834千吨的烟煤、100亿吨的石灰岩、5亿立方米的花岗岩。水资源有河溪211条，总长1071.4公里。

【执法监察】2022年，江永县自然资源局开展执法巡查1228次，严肃查处自然资源违法案件52宗，面积40372平方米。土地卫片执法查处4件，耕地非粮化非农化整改20宗，立案查处矿山违法行为7起，制止整改规划违法行为39起，完成经营性居民自建房排查3205户，立案查处17户，完成非住宅类补充摸排图斑5884个。

【用地保障】2022年，江永县编制完成江永县集体建设用地基准地价、农用地分等定级、农用地基准地价、标定地价。挂牌出让国有建设用地22宗，面积27.67公顷，成交价款44994.6万元。开展江永县中心城区存量建设用地盘清审计工作，摸排全县存量闲置土地资产188宗，面积151.06公顷。加大批而未供土地处置力度，完成闲置土地处置10宗，处置率90%；处置工业园区低效用地23.11公顷。完成2022年第一批次城镇建设用地（潇浦镇畜禽养殖废弃物资源化综合利用项目）5个项目的用地报批，批准面积51.33公顷。完成设施农用地上图入库775宗，办理用地预审16宗。批准农民建房186户，总面积2.34公顷。完成国有土地上房屋征收补偿150余户，补偿4000万元。征收集体土地34公顷，征地补偿1300多万元。

【规划编制】2022年，江永县统筹划定“三区三线”。划定江永县永久基本农田保护目标30.20万亩（20133.33公顷）；划定江永县生态保护红线面积44116.61公顷，占全县土地总面积28.79%；划定全县城镇开发边界面积1556.76公顷，较现状建设用地1147.05公顷增加253.58公顷。重点保障南部新城片区、利田工业园区，上江圩镇、桃川镇两个重点乡镇。江永县国土空间总体规划完成初步成果。全面启动5个专项规划编制，完成12个专题研究初步成果，完成规划“一张图”系统建设并通过初步评定。全面启动乡镇国土空间规划编制。完成全县9个乡镇国土空间规划招投标工作，设计单位开展乡镇调研工作，完成初步的座谈调研和基础资料调阅工作。编制村庄规划。完成45个村庄规划编制技术成果，2021年完成41个村，实行村庄规划全覆盖。待省厅下发“三区三线”底图底数后，根据底图底数进行修改调整，全面优化。

【矿山生态修复】2022年，江永县完成36家关闭退出有责任主体矿山生态修复的实施工作，其中10家矿山企业实行转型利用、6家实行增减挂整理复垦、8家自然修复、12家生态重建或辅助再生修复，矿区修复总面积76.33公顷。完成2022年历史遗留矿山夏层铺大文山文富采石场所等4家到期矿山的生态修复工作及在产矿山江永县银铅锌矿的生态修复年度验收。成功申报江永县2023年省级历史遗留矿山生态修复项目，以全省评审第一的名次获得批复。修复面积为76.5公顷，争取项目资金1713.25万元。成功挂牌出让松柏乡水流界矿区建筑石料用灰岩矿采矿权，成交价款7400万元，年产200万吨，出让年限11年。

【地灾防治】2022年，江永县自然资源局申报源口瑶族乡三源村大田2组泥石流治理项目256.22万元和千家峒瑶族乡大畔村1、2组泥石流治理项目216.23万元，通过专家评审，已经列入项目库。完成源口瑶族乡三源村白倖4组滑坡等18处地质灾害的危险排除应急处置工作。

【纠纷调解】2022年，江永县自然资源局实行领导信访接待日制度办结来信来访42件，化解崔宏润等信访积案4件。应复应诉28件，驳回诉讼请求13件，履行法定职责或赔偿补偿5件。共受理土地山林权属纠纷确权申请39件，成功调解1件，办结土地山林权属纠纷案14件，组织行政复议材料6件，参加行政诉讼3件。

【不动产登记】2022年，江永县不动产登记中心进行系统升级改造，将登记系统从专用内网迁移至外网，与公安、市监等16个部门实现信息互通共享，开通不动产网上“一窗办事”平台，将登记端口延伸至房地产开发企业和金融机构。县内17家开发企业7家银行均已接入网上平台。增设无纸化办公设备，推广应用电子材料，充分利用人脸识别、智能面签等技术，构建基于“互联网+不动产登记”的“无纸化”“智能化”“数字化”办理新模式。设置自助办证服务区，通过PC端、微信公众号、支付宝小程序等多个端口实现“一网通办”，截至12月底，个人全程网办业务956笔。在政务大厅设置“不动产登记+交易缴税”及“不动产+水电气联动过户”综合窗口，交一套材料，跑一个窗口即可完成所有办证事项。758笔业务通过综合窗口完成联动过户业务。

【耕地保护】2022年，江永县全面推行耕地保护“田长制”。设立县乡村“三级田长”，出台耕地保护考核细则，实行党政同责、刚性约束。划定耕地保护网格，并录入上传全省“田长制”信息系统。将全县耕地保护和基本农田保护底线目标面积分解下达各乡镇，县乡村层层签订耕地保护责任状，纳入目标管理考核，严格奖惩。通过新增耕地开发、耕地占补平衡移库项目整改、国家督察和“月清三地”冻结指标解冻解扣、指标入库等工作，已填补耕地数量316公顷、水田规模86.09公顷、粮食产能202万公斤。完成耕地恢复301.47公顷。

【荣誉档案】2022年，江永县自然资源局获国务院2022年度真抓实干督查激励表彰，被评为2022年度全省自然资源信访工作业绩突出单位、2022年度全市自然资源重点业务优秀单位、全市2022年度地质灾害防治工作优秀单位。

（撰稿　欧阳小全）

江华瑶族自治县自然资源工作

江华瑶族自治县自然资源局

党组书记、局长	魏远明
党组成员、副局长	刘　华（瑶族）
副局长	杨　平（瑶族）
总规划师	罗申明
县纪委派驻局纪检组长	高军宁
党组成员、副局长	张建宇（瑶族）
总工程师	黄小华

【概况】2019年3月21日，江华瑶族自治县自然资源局成立，前身是原县国土资源局，机构级别正科，属县政府工作部门，统一行使全民所有自然资源资产所有者职责、国土空间用途管制和生态保护修复职责，是市级文明单位、市级文明窗口单位。2022年，下设18个内设股室和16个乡镇国土资源所，有在编人员120人。

【要素保障】2022年，江华瑶族自治县完成并启用“三区三线”划定成果，统筹生态、生产和生活空间；完成全县国土空间规划编制初步方案；召开7次国土空间规划管理委员会会议，审议通过61个项目规划设计方案，办理建设项目用地预审12宗，已通过省市用地审批10个项目面积120.46公顷（1807亩），招拍挂出让土地35宗52.07公顷，实现土地出让收入3.02亿元，为污水处理厂等14个民生工程和能源、水利、交通项目划拨供地23.07公顷，完成土地征收87.8公顷，勘测用地红线553宗，确保国梦、优耐、金刚片、贵威二期、县职业中专整体新建等重点项目推进和落地建设。

【耕地保护】2022年，江华瑶族自治县新增建设用地报批挂钩使用耕地指标11.27公顷，村民自主恢复耕地253.33公顷，耕地指标累计解冻解扣38公顷，完成5个补充耕地项目整改，出台《关于全面推行田长制严格耕地保护的实施方案》《关于建立“田长＋检察长”工作机制的意见》，签订耕地保护责任书和全域土地综合整治项目框架合作协议，设置县、乡镇、村、网格四级田长，开展巡田活动，守住耕地保护数量44.65万亩（29766.67公顷）的底线目标。

【服务乡村振兴】2022年，江华瑶族自治县自然资源局对乡村振兴小微企业项目用地开辟“绿色通道”，优先保障。共办理光伏电站用地备案1宗面积0.03公顷、村民建房农用地转用9批次375户2.89公顷，开展设施农用地备案72宗32.03公顷，累计完成200个“多规合一”村庄规划编制初步方案，与永州市经开区达成增减挂钩节余指标流转协议，共流转水田节余指标8.93公顷，实现流转收益2746万元。组建4个乡村振兴驻村工作队，80余名党员干部开展结对帮扶联系走访。

【绿色发展】2022年，江华瑶族自治县整治关闭注销砂石土矿山24家，全县砂石土矿权控制在12个以内，全县关闭退出矿山采矿权注销、设备设施拆除、生态修复“三个到位”率均为100%。23个采矿权企业和1个探矿权单位在全市率先完成矿业权勘查开采年度信息公示任务。建成江华海螺水泥有限责任公司高石山灰岩矿等5家绿色矿山。完成关闭退出矿山9个图斑52.3公顷、历史遗留矿山17个图斑25.6公顷、有责任主体废弃矿山4个图斑12.54公顷的生态修复任务。

【地灾防治】2022年，江华瑶族自治县排查隐患140处，开展全县地灾防治工作培训1次，受训人员226人，下发地灾防治宣传资料9000多份，发布地质灾害短临风险预警42期，累计发送预警短信7万余条。完成地质灾害风险普查、1∶1万地质灾害调查和风险评价，安装地质灾害普适型监测设备8处。完成地质灾害应急处置5处，积极应对“6·22”山洪地质灾害和低温雨雪冰冻灾害天气。

【土地管理】2022年，江华瑶族自治县自然资源局坚持月清“三地两矿”、真抓实干督查激励、自然资源卫片执法监督等工作机制，开展动态巡查18次，配合乡镇开展7次违法建筑集中拆除整治行动，拆除房屋及基脚共9宗，制止非法开采行为2次，整改国家历年督察反馈问题15个，批而未供土地处置率81.76%，闲置土地处置率89.39%。支持县高新区创建“五好园区”，开展节地评价，成功处置园区批而未供土地14.35公顷、闲置土地5.2公顷、低效利用土地80余公顷。

【服务民生】2022年，江华瑶族自治县自然资源局对本部门行政处罚等重大行政决策开展合法性审查8次。清理歧视性和不公平市场待遇政策6件，“双随机一公开”抽查4项，“三重一大”集体决策119项，已办理“交房即交证”不动产权证1855户，房地产小区办证信访突出问题再排查再化解行动持续开展，“一窗办事”平台和电子证照模式全面运行。共办理不动产权登记75379宗，预告登记3521宗，抵押登记证明3367宗，为全县重点企业和个人融资登记15亿元。

【作风建设】2022年，江华瑶族自治县自然资源局开展作风督查8次，下发督查通报4期，提醒谈话3人次，对违反工作纪律的行为全局通报批评。开展“6·22”救灾帮扶等主题党日活动，举行第二届职工气排球比赛。

【荣誉档案】2022年，江华县被评为全国首批“自然资源节约集约示范县”、全市地质灾害防治工作先进单位；县自然资源局获评全市“一法一条例一办法”学法比赛最佳组织奖及团体二等奖、全县高质量发展标兵单位以及乡村振兴、信访维稳、控违拆违、文生旅融合发展、人大代表建议政协委员提案办理等先进单位。1人获省自然资源厅通报表彰，1人获专项三等功，7人获全县先进个人，15人被县委、县政府嘉奖表彰。

（撰稿　毛振铎）

宁远县自然资源工作

宁远县自然资源局

党组书记、局长　田胜辉
党组成员、副局长　陈先辉（2022.09提任局党组副书记）
党组成员、副局长　郑卡敏
党组成员、副局长　周林茂（　—2022.09）
党组成员、执法大队长　蒋胜斌（2022.06—　）
总规划师　奉良松（　—2022.09）
党组成员、副局长　奉良松（2022.09—　）
总工程师　夏　静

【要素保障】2022年，宁远县组织21个批次用地106.77公顷上报省厅审查，拿回批文的90.69公顷。审批项目包括民兵训练基地、中和垃圾中转站、硕宁电子三期、印山西路、重华南路、建筑垃圾处理厂、九疑山派出所、莲花水泥二期等。组织国有建设用地挂牌出让22次，涉及72宗土地，其中成交53宗141.83公顷，成交总价款17.32亿元；流拍6宗土地；划拨供地14宗，总面积71.43公顷；协议出让土地105宗，总面积0.71公顷，核缴土地价款1531.37万元。处置批而未供土地面积56.48公顷，处置率57.76%；处置闲置土地10.67公顷，处置率36.13%。加强征地工作指导，督促乡镇（街道）推进征地工作，通过对往年预征收土地进行相关征地程序的完善和征地资料整合，通过省政府拿回批文的拟征收土地面积104公顷。做好砂石土矿采矿权设立前期工作。完成东溪街道黄龙头区块等7个小型、中和镇友谊桥区块等4个大中型砂石土矿的勘查工作，同时对红狮水泥李铭远矿区进行补充勘查。向省自然资源厅申请对禾亭镇冷水坳制灰用灰岩和建筑用白云岩矿、冷水镇李铭远水泥用灰岩矿的采矿权出让；向市自然资源和规划局申请对东溪街道黄龙头区块等3个砂石土矿的采矿权出让。探索建设用地上砂石资源的合理利用，对桃花源地块等6个建设用地地块、清水桥镇楠木桥等3个临时用地复垦地块的灰岩矿采取公开挂牌方式进行处置，共征收矿产资源拍卖成交价款2250.5万元。

【审批服务】2022年，宁远县形成涵盖不动产登记、纳税、非税交纳等全流程、部门协同和信息共享的标准流程图，登记信息在三个部门内部推送和共享，减少登记和办税所需资料的重复提交。全面铺开“交房即交证”，成熟一个小区发放一个小区，符合条件的小区已全面推行交房即交证工作，为山水城、碧桂园、壹号公馆小区已交房的业主分别发放3149、863、804本不动产权证书。共办理不动产登记业务86938宗，其中发放证书79508本，抵押登记证明7430份。

【地灾防治】2022年，宁远县有地质灾害隐患点78处，核销地质灾害隐患点25个。聘请湖南省有色地质勘查局二一七队作为地质灾害技术支撑单位，完成全县地质灾害汛前隐患排查，对全县地质灾害隐患点（包括地灾点和高陡边坡）、地灾应急避险场所及矿山开展地质灾害隐患汛前排查。向受地质灾害威胁的居民发放防灾避险明白卡和防灾工作明白卡，及时更新地质灾害群防群测人员信息，落实防灾责任，联合永州市自然资源和规划局，在棉花坪瑶族乡沙子田村滑坡地质灾害隐患点开展“生命至上”—2022年宁远县地质灾害应急演练。组织地质灾害治理项目申报，省厅已批准对九嶷山瑶族乡盘洞口村9组荒田不稳定斜坡进行工程治理，争取资金69万元。及时处置九疑山瑶族乡向疑村4组滑坡、柏家坪镇王家冲村观音山地面塌陷、棉花坪乡茶坪漯滑坡、排山坳滑坡、水市镇九疑湖村毛里庵滑坡、冷水镇毛家村8组滑坡等6个新发生的地质灾害点组织人员进行应急处置。

【信访维稳】2022年，宁远县自然资源局共收到各类信访件361件，办结359件。共接待447余人次，新登记信访案件223件，对新登记的案件及时给予答复，对有道理的解决到位，无理的解释到位。

【耕地保护】2022年，宁远县完成基本农田和耕地保有量初步设定任务。出台《关于全面推行田长制严格耕地保护的实施意见》《关于设立宁远县田长制工作委员会的通知》《关于成立宁远县田长制工作委员会办公室的通知》，成立宁远县田长制工作委员会，设立宁远县田长制工作委员会办公室。将20个乡镇419个村划分为961个网格，通过省田长监管平台审查并完成上图入库工作。全县1195田长（副田长）已激活田长APP开展巡田工作。稳步推进永久基本农田核实整改补足工作。在2021年开展四轮核实整改补足的基础上，结合“三区三线”划定规则，与各乡镇和相关部门对接，完成永久基本农田核实整改补足工作。严格耕地用途管制，开展耕地流出排查整改工作。对上级下发宁远县的耕地流出图斑，逐项实地排查，逐块制定整改方案。全县完成耕地恢复任务314.78公顷。年初全县耕地数量指标-404.13公顷，水田规模14公顷，产能指标负222.71万公斤。通过组织土地开发整理项目的实施，截至12月30日，全县耕地数量指标63.53公顷，水田规模110.52公顷，产能指标64.02万公斤，补充耕地指标扭负为正。

【执法监察】2022年，宁远县自然资源局对国家下发宁远县的12批（含补充图斑）799个图斑和省月清“三地两矿”12批366个图斑进行核查、判定、填报、交办、整改、举证销号工作。共立案查处非法占地、违规建设、非法开采案件146宗，罚款4962.50万元。处置闲置土地6宗，收回闲置土地4.86公顷，督促动工建设2宗，征缴闲置费1664.6万元。推进国家、省例行督察和专项督察反馈问题整改工作。国家2021年耕地保护督察反馈问题34宗，完成整改24宗；2021年省级例行督查反馈问题

26宗，完成整改22宗，持续整改4宗。历年国家、省例行督察反馈问题涉及宁远县12个，均查处到位。开展存量违法用地和新增违法用地“双零行动”，175个存量违法用地已整改完成121个。新增违法用地30个，总面积23.94公顷，已全部立案查处到位，整改到位18个。在矿产勘查、开发领域累计巡查、检查矿山82次，出动执法人员244人次，打击矿产资源违法违规行为。加强发证矿山的排查，核查采矿许可证时效性，对属自身原因导致采矿许可证过期失效的3家矿山企业报县政府依法予以关闭，4家矿山依程序予以注销。开展全县非法加工采石制砂行业专项整治，对42家存在违法违规问题或手续不齐全的采（制）沙企业、石场，下达《责令停止违法行为通知书》和《责令改正违法行为通知书》，关闭退出非法砂石加工企业11家。共立案查收非法开采案件22宗，没收非法所得112.28万元，罚款28.07万元。查处砂石土矿非法占地6宗，罚款53.91万元。

【规划管控】2022年，宁远县“三区三线”阶段性划定成果通过自然资源部审核。组织召开空规会13次，审议议题共121项。推进村庄规划编制工作，2022年编制任务为137个村，全部完成基础调查工作及初步方案编制。共办理建设用地规划许可证206宗，用地面积59万平方米；办理建设工程规划许可证197宗，建筑面积145万平方米；办理建设项目用地预审和选址意见书及说明13件。

【生态修复】2022年，宁远县组织编制《宁远县历史遗留矿山生态修复实施方案（2022—2025年）》。摸清历史遗留矿山的家底，全县历史遗留废弃矿山共73个，涉及95个图斑，面积117.67公顷。年内修复废弃矿山14个图斑，面积15.53公顷。加大关闭退出砂石土矿修复工作。全县61家关闭退出砂石土矿，已完成人工修复的有26个，在矿区建养殖场、修建公路等已转型利用的有7个，2个列入《宁远县普通建筑材料用砂石土矿专项规划（2019—2025年）》的矿山已于3月30日通过省自然资源厅审查批复；未开采矿山9家，自然修复矿山2家，利用增减挂钩项目修复矿山15家。

（撰稿　李疑松）

新田县自然资源工作

新田县自然资源局

党组书记、局长	黄亚军
党组副书记、副局长	胡志勇
党组成员、副局长	谭　宏
监察组组长、党组成员	田双喜
党组成员、总规划师	谢晋湘
总工程师	谢其波

【概况】2022年，新田县国土总面积99963.00公顷（149.94万亩），其中湿地117.98公顷、耕地20249.29公顷、园地2496.09公顷、林地56923.13公顷、草地5152.94公顷、城镇村及工矿用地7254.76公顷、交通运输用地522.32公顷、水工建筑用地69.31公顷、水域3546.6公顷、其他土地3630.58公顷。新田县自然资源局是全县国土、林业行政主管部门，属正科级行政事业单位。全局有在职干部职工289人，26个下属单位及股室。

【要素保障】2022年，新田县共拿回项目批单6个，面积合计147.09公顷，新增建设用地145.53公顷，农用地转用面积114.91公顷（其中耕地43.92公顷），未利用地30.62公顷。其中保障省重点项目湖南鲁丽绿色新材料科技产业园用地74.42公顷。推动出台《新田县2022年征地工作实施方案》，全县分片区开展征用地工作，征地217.33公顷，完成用地170.8公顷，完成房屋拆迁13栋。湖南鲁丽木业、东升农场总部等一批产业项目、秀峰街南段、新嘉公路扩宽建设开工建设；秀峰街南段、新嘉公路扩宽建设项目，新华北路建设项目等一批断头路建设项目开工建设；芙蓉学校南校区、南部污水处理厂建设项目，乡镇污水处理厂建设项目等一批公益设施建设项目开工建设；示范性高中建设项目、关口至黄沙溪一级公路建设项目等重点项目完成征地工作。划拨供应项目26个，用地面积56.23公顷；招拍挂出让11宗土地，面积59.44公顷，成交总价2.43亿元；划拨土地补办出让手续23宗，收缴土地出让金2342.66万元。省自然资源厅下发新田县批而未供土地的任务数为109.06公顷。处置批而未供土地37.55公顷，批而未供土地总处置率为43.52%，园区批而未供处置率为51.2%。省自然资源厅下发新田县存量闲置土地23.28公顷，任务数30宗，全部处置到位，处置率100%。完成收储14宗，收储面积100.34公顷（其中棚改收储1.74公顷）。对已建立的建设用地审批、土地征收、已供土地、棚改区域等图层进行完善补充，建立全县储备土地“一张图”。

【耕地保护】2022年，新田县出台《新田县关于禁止农村乱占耕地建房责任追究办法》《新田县关于2022年度开展耕地功能恢复的专项整治实施方案》，逐级签订《耕地保护目标责任书》，全面推行田长制。恢复耕地面积170.67公顷，全县耕地总面积20249公顷(30.37万亩)，完成耕地保有量20237.47公顷(30.36万亩)的目标。2022年市下达新田县基本农田面积不少于18000公顷(27万亩)，实有永久基本农田面积18002.87公顷(27.0043万亩)。

【规划编制】2022年，新田县形成《新田县国土空间总体规划（2020—2035年）（草案）》成果，初步划定“三区三线”，制定“一主两副”城镇发展体系。逐步优化专项规划。2019年以来，全县已启动自然保护地、耕地保护、矿产资源、山体水体保护、综合交通、特色风貌和城市设计、综合防灾7个专项规划，其中自然保护地专项规划成果已于2020年报省自然资源厅备案，其余6个专项规划均已完成初步成果。推进实用性村庄规划编制。2021年启动的乡村振兴示范村、帮扶村、各类特色村等51个村的村庄规划编制工作，2022年完成咨询论证和村级表决。

【土地整治】2022年，新田县完成2018—2019年退库整改的7个项目指标入库工作，2021年6月开工建设的6个农用地整治和旱地改造水田项目，2022年4月竣工验收，8月完成指标确认，9月全部完成指标入库。由年初的耕地数量指标-146.03公顷、水田规模指标-86.52公顷，到年末耕地指标为17.39公顷，水田规模指标为5.68公顷，实现占补平衡指标库扭负为正。

【造林绿化】2022年，新田县完成人工造林面积533.33公顷，迹地更新120公顷，油茶新造166.67公顷，低产林改造300公顷，完成通道造林22公里，完成森林抚育面积653.33公顷，任务完成率100%。全县完成义务植树95万株，义务植树尽责率93%。全县森林蓄积量249.07万立方米，森林覆盖率56.15%。加快完善省级林长制综合管理平台，实现“一长四员”信息录入，县级、乡级和村级共有729名林长，监管员15人，执法员30人，科技员36人，护林员616人。强制推行林长APP，确保林长履行巡林职责，县级林长共开展巡林46次，乡级林长开展巡林超过1200次。同时筹备召开县级林长联席会议，完成《2022年新田县林长制工作要点》征求意见。

【森林资源保护】2022年，新田县严格执行森林资源限额采伐管理及征占用林地审批制度，共办理316份林木采伐许可证，采伐蓄积30386立方米。完成永久性征占用林地报批项目8个，征占用林地56.59公顷，征收森林植被恢复费1330.40万元。临时占用林地项目批准4个，征占用林地11.53公顷，征收森林植被恢复费104.81万元。对2022年度“森林督查”的违法图斑开展调查核实和查处，打击各类非法征、占用林地、滥伐林木等涉林违法行为和违规交易野生动植物行为。做好林业有害生物预测预报，全县林业有害生物共发生613.33公顷，主要是马尾松毛虫、萧氏松茎象，防治面积600公顷，防治率98%，成灾率大大低于3‰。

【自然保护地工作】2022年，新田县做好自然保护地督查问题线索核查工作。对省林业局下发的涉及到新田县的湖南福音山国家森林公园、湖南新田河省级湿地公园的19个问题线索清单逐一核查，形成问题台账和核查数据库。对自然保护地整合优化预案再完善，根据“三区三线”划定相关资料，全面深入系统审查整合优化预案中3亩以上三调稳定利用耕地、重大项目、应调未调矛盾冲突的纠正偏差、补划区域新带入矛盾冲突，边界校正等问题。经比对省局下发的最新自然保护地整合优化封库数据，仅对确实存在问题的地块按程序审定后进行局部微调，调出小班共67个，面积83.51公顷。

【森林防火】2022年，新田县加强森林防火宣传，开展森林防火宣传进村入户、进校园、进企业活动；落实值班值守、火灾隐患排查、检查督导、消防器材检修。全面完成森林火灾风险普查项目任务；实施重点林区森林防火综合治理项目建设，在全县开展割灌除草开设隔离带专项行动。建立健全基层护林组织体系，强化乡镇、村防扑火队伍建设，推行“防火码”进山入林。完成生物防火林带规划设计。

【矿山修复治理】2022年，新田县完成全县历史遗留矿山生态修复实施方案（2022—2025年）编制，科学谋划“十四五”期间历史遗留矿山生态修复治理；完成9个历史遗留矿山和36个砂石土矿关闭退出矿山生态修复治理，历史遗留矿山生态修复治理完成省级核查销号。

【民生服务】2022年，新田县共完成各类不动产登记业务18940宗，各类查询业务10000余件，林权登记21件。化解信访小区办证，化解办理3139户不动产权证，推进“交房即交证”工作。严格执行小微企业扶持政策。全年为22家小微企业减免不动产登记费26260元。农村宅基地和集体建设用地房地一体确权颁证工作完成外业调查，一户一档资料制作85747份，完成村民村委及乡镇三级签字78132份。完成国土“三调”专项调查工作，成果已通过省级核查。共召开各类听证会4次，共办理各类行政诉讼、复议案件7件，其中2件通过案前协调化解，行政诉讼案件维持率100%。信访事项及时受理率、按期办结率、群众参评率、群众满意率均为100%。

【执法监察】2022年，新田县对13个乡镇和街道采取不定时巡查，全年发现并现场制止违法行为80余起，立案查处土地矿产违法案件30宗，收取罚没收入212.1万元。移送司法机关3起，共排查行业领域突出问题30个，开展专项整治行动2次，建立长效机制1个。自然资源部、省自然资源厅下发卫片执法监测图斑452个，全部完成举证填报，无矿产卫片图斑。省自然资源厅下发卫片执法监测图斑94个，省自然资源厅已完成审核。对部级专项任务耕地流向建设用地图斑899个，省自然资源厅下发疑似新增图斑的乡镇农村乱占耕地建房问题进行专项督查核实，实现全县违法占用耕地零新增，违法用地立行立改排全省第一。林业执法以打击破坏森林资源“虎威行动”专项工作和2021年国家森林督查为抓手，共查处林业行政案件20余起。

【地灾防治】2022年，新田县成立地质灾害防治领导小组，编制年度防治方案，联合聘请的专家对全县87个地质灾害隐患点、143个切坡建房隐患点进行排查，建立和完善《2022年新田县地质灾害隐患点防治台账》；组织专人对全县矿产资源领域安全生产巡察10次，做到对所有矿山不留死角，不留盲点；严格落实汛期地质灾害24小时双人双岗带班值班制度和地质灾害险情、灾情及时报制度。

【荣誉档案】2022年，新田县自然资源局获评湖南省人民政府自然资源节约高效利用成效明显县、湖南省第三次国土调查先进集体、2022年度全市自然资源重点业务工作优秀单位。

（撰稿　李燕飞）

蓝山县自然资源工作

蓝山县自然资源局

党组书记、局长	李艳辉
党组成员、副局长	杜　静
党组成员、副局长	李林杰
党组成员、副局长	李劲松
总工程师	曾　丽
总规划师	陈川河（2022.04—　）

【机构设置】2022年，蓝山县自然资源局内设办公室（督查室）、政策法规股、自然资源调查监测（确权登记）股、自然资源所有者权益和开发利用股、国土空间规划与用途管制股、耕地保护监督股、地质矿产管理股、测绘管理股、土地和房屋征收管理股、林权调纠股、人事政工股、机关党建办、财务室、信访室、信息中心15个股室。下设蓝山县自然资源行政执法大队、县城乡规划事务中心、县不动产登记中心（蓝山县基础地理信息中心）3个副科级事业单位和蓝山县土地开发整理中心、县土地储备中心2个股级事业单位，以及蓝山县不动产登记测绘事务所1个自收自支事业单位。下辖塔峰、新圩、祠堂圩、毛俊、太平圩、土市、楠市、所城、大桥、舜源等10个自然资源所。全系统共有干部职工284人，其中在职在编干部职工195人，退休干部职工89人。

【耕地保护监督】2022年，上级下达蓝山县耕地指标17561.8公顷，实有耕地面积17561.8公顷；上级下达蓝山县永久基本农田划定面积不低于16126.7公顷，“三区三线”调整永久基本农田实际划定面积16184.2公顷。根据自然资源部“三区三线”要求，蓝山县生态红线整合优化后面积350.2平方千米。7月15日，中共蓝山县委、蓝山县人民政府出台《全面推行田长制严格耕地保护的实施方案》，正式实行田长制；9月14日，蓝山县田长制工作委员会办公室出台《蓝山县耕地保护“田长制”配套四项制度》《2022年度蓝山县“田长制”考核细则》等，完成县、乡、村、网格四级田长的注册工作。县委、县政府与各乡镇签订《耕地保护目标管理责任书》（2022—2026年）。立项补充耕地项目旱改水项目1个。恢复耕地98公顷。

【要素保障】2022年，蓝山县自然资源局推进土地资源市场化配置，报批建设用地项目2个，面积9.28公顷；组卷拟报批项目10个。征收土地45公顷；收储入库可供土地75公顷；供应土地340宗，其中拍卖出让土地31宗，挂牌出让土地13宗，划拨转出让土地174宗，协议出让土地57宗，划拨土地65宗，供应土地面积104.14公顷（1562.1亩），完成土地收入105346.93万元。

【国土空间规划】2022年，蓝山县召开全县国土空间规划委员会全体会议6次，研究项目58个；召开国土空间规划委员会城建工作专题会议11次，研究项目76个；蓝山县自然资源局推进国土空间规划编制，完成项目选址和用地条件22宗，面积31.72公顷；完成县域村庄分类和布局规划；完成75个村庄“多规合一”实用性村庄规划编制，启动107个村庄“多规合一”实用性村庄规划编制。

【不动产登记】2022年，蓝山县自然资源局打造“互联网+不动产登记”便民服务模式，建立不动产登记与交易一体化平台，实现“外网申请、内网审核、现场核对、即时领证”。全面实施不动产登记“交房即交证”“拿地即开工”改革新模式，新建商品房“交房即交证”发放不动产权证794本。不动产登记发证4689本，其中不动产权证书2354本、不动产权登记证明2335份，出具查询2983次，受理查封261件。减免登记费业务笔数251件，减免登记费用12.3万元。不动产登记一般业务办理由原来的10个工作日压缩至5个工作日内办结，再进一步压缩至3个工作日内办结；抵押业务由原来的3个工作日压缩至1个工作日办结；查封登记、抵押权注销登记等业务即时办结。开通企业绿色通道，企业首次登记1个工作日内办结。

【地灾防治】2022年，蓝山县自然资源局修订出台地质灾害防治方案和应急预案，完成汛前排查和汛期巡查，85处地质灾害隐患点全面落实防灾责任人和监测责任人。联合乡镇开展地质灾害应急演练12场，组织地质灾害专题培训及防灾宣传活动14场次，有效检验《蓝山县突发地质灾害应急预案》的可操作性。组织实施地质环境治理项目13个（含10家主体灭失矿山生态修复）、地质灾害治理项目2个，地质灾害治理项目保护避险居民146人次，全年未发生因地质灾害引发的人员伤亡安全问题。

【矿政管理】2022年，蓝山县自然资源局开展矿业权人勘查开采信息填报和实地核查工作，每月对全县19个持证矿山进行巡查；发现超深越界开采行为1起，移交县自然资源行政执法大队查处。蓝山县2019—2025年砂石土矿专项规划获得省自然资源厅批复。

【行政执法】2022年12月29日，蓝山县自然资源局加挂蓝山县自然资源行政执法局牌子；蓝山县国土资源执法监察局更名为蓝山县自然资源行政执法大队，并正式挂牌成立，以蓝山县自然资源局名义统一行使自然资源和规划领域的行政处罚权以及与之相关的行政检查等执法职能。共立案查处违法案件46件，收缴罚没款27.06万元。其中立案查处土地违法案36件，涉及面积18.17公顷；立案查处矿产违法案10件，没收矿产品825吨，收缴罚没款19.36万元，移送公安部门1件。清理处置闲置土地7宗，面积9.19公顷；督促业主自行拆除违法占地建筑（厂棚）22宗，面积1.05公顷。蓝山县园区批而未供土地完成处置26.3公顷，完成率54.33%，园区闲置土地完成处置15.58公顷，完成率97.21%，园区低效用地完成处置63公顷，完成率65.13%，三项指标均完成年度处置任务。

【测绘管理与测绘事务】2022年，在蓝山县自然资源局登记备案的测绘单位共9家，在蓝山县境内均有固定办公场所。实现不动产登记系统与“多测合一”平台对接，可在线获取不动产登记测绘成果。“多测合一”新增建设项目17个，办结5个。加强对蓝山县境内测绘行业安全生产和数据保密工作的检查，全年未发生行业安全生产事故和泄密事故。约谈2家被群众举报测绘数据有误的测绘公司，并要求立即整改到位。县不动产登记测绘事务所测绘业务办件182宗，包含不动产测绘、土地出让、违法用地勘测、土地纠纷勘测、用地报批勘测、县重点招商引资项目测量、司法丈量以及局党组安排的其它测绘业务。其中财政收费业务件83宗，纳入财政收入362319.67元；未收费测绘业务件99宗，未收费710749.87元。

【法治建设】2022年，蓝山县自然资源局办理行政诉讼案件16起，涉及不动产登记、信息公开、行政强制、行政征收、行政不作为等5种类型。开展“4·22”世界地球日、“6·25”全国土地日、“8·29”全国测绘法宣传日、“12·4”国家宪法日等自然资源主题日普法宣传活动。3月翻印土地管理“一法一条例一办法”2000册，送至县委、县人大、县政府、县政协领导及县直相关部门，分发至各乡镇村；3月11日，组织全体干部职工开展“一法一条例一办法”集中学习；7月12日，开展土地管理“一法一条例一办法”学法测试。8—9月，分4期选派12名同志参加2022年湖南省自然资源执法素质提升班；6月23—24日，组织行政执法大队15名同志参加蓝山县行政执法人员业务培训班。

【建议提案办理】2022年，蓝山县自然资源局承办县人大代表建议18件，其中主办8件、协办10件；承办县政协委员提案9件，其中主办6件、协办3件。县自然资源局党组召开专题会议对每件建议和提案明确一名班子成员、成立一个工作小组、制定一套工作方案，深入调查，听取代表、委员的意见，限时办理，将办理结果及时向县人大常委会、县人民政府、县政协以及有关县人大代表和县政协委员汇报。办结率、面商率、满意率均达到100%。

【信访工作】2022年，蓝山县自然资源局接待来访群众1100余人次，办理信访案129件（含重访），均给予书面答复。调处山林纠纷7起，回访山林权属信访案15件。推进集中化解房地产办证信访突出问题专项行动，第一批化解16个住宅小区，化解率100%，惠及群众2700余户；第二批化解棚户区改造房改房（集资房）户数逾200户。

【党的建设】2022年，蓝山县自然资源局聚焦作风纪律，开展内部监督检查，给予党纪政纪处分2人次；3月30日至6月30日，中共蓝山县委第三巡察组对蓝山县自然资源局党组进行巡察，巡察反馈意见指出存在4个方面33个问题，截至12月31日已完成整改31个，基本完成2个，制定完善规章制度9项。局党组书记与班子成员、中层干部开展集体廉政谈话4次，个别谈话86人次。

【荣誉档案】2022年，蓝山县自然资源局被评为2022年度永州市自然资源和规划系统执法监察工作先进单位、2022年度蓝山县绩效考核优秀单位。9月26日，蓝山县耕地“零违法”卫片执法在全省耕地“零违法”卫片执法工作座谈会上作典型发言。

（撰稿　陈志佳）

金洞管理区自然资源工作

金洞管理区自然资源局

党支部书记、局　长　　刘保国
党支部委员、副局长　　李　军
副局长　　周够兵

【用地保障】2022年，金洞管理区全面开展征转用报批工作。做好重大项目、民生实事工程等的用地报批工作，完成金洞城乡供水一体化、晒北滩派出所建设用地项目等送省人民政府报批工作，完成金鑫木业等送市人民政府报批工作。开展土地征收成片开发方案编制工作，组织全区乡镇和相关部门共同推进方案编制，划定4个片。方案已初步编制完成，在完善相关附件材料。规范做好设施农业用地的相关工作。指导乡镇开展设施农用地备案，完成设施农用地备案18宗。年初成立乡村振兴工作领导小组，并制定乡村振兴战略实施方案，完成竹笋加工场的选址工作7个。

【耕地保护】2022年，金洞管理区党委、管委出台实施《金洞管理区全面推行田长制严格耕地保护实施方案》，“区乡村+网格”田长责任制体系全面建立。2022年带位置下达耕地保护责任目标，牢牢守住1766.67公顷（2.65万亩）耕地和1586.87公顷（2.38万亩）永久基本农田年度保护目标。建立党政同责、分级负责的组织体系，形成“一级抓一级、层层抓落实”的工作格局，土地管理“一法一条例一办法”学用工作全面开展。2021年度进出平衡任务3.99公顷已完成5.2公顷，严格实行耕地占补平衡和进出平衡。2022年耕地恢复市下达任务目标21.87公顷，实际完成32.07公顷，举证上传到省、部系统已通过的23.23公顷。其中凤凰乡2021年的任务13.29公顷，占全区任务60.8%，实际完成19.03公顷。全年违法占用耕地面积较2021年实现零增长，获永州市自然资源局通报表扬。

【空间规划】2022年，金洞管理区“三级三类”国土空间规划体系建设有序推进，基本框架初步形成。城镇开发边界，修改双评价成果，已进一步收集相关资料，开展多轮部门调研会议，完善总体规划编制。完成双马村、下司口村等两个村庄规划编制。开展金洞镇小金洞村等17个村现场调研、规划论证等工作，完成初步规划方案。办理石鼓源乡和凤凰乡污水处理厂项目、金洞林区医院改造工程、金洞镇城区管道改造工程、恒春农高山避暑项目、楠木湾畔二期等13个项目规划许可手续。选定红日山村、白果市村、晒北滩村根据特色保护类申报永州市红色村庄及少数民族特色村庄。

【矿山生态修复】2022年，金洞管理区出台《金洞管理区“洞庭清波”专项行动工作方案》，建立问题整改台账。污染防治攻坚战“夏季攻势”历史遗留矿山生态修复任务5个，凤凰乡黄家山采石场、白果市乡柏福村百福沙场、晒北滩瑶族乡金源采石场三个矿场为自然复绿加人工栽植，相关复绿工作均完成。凤凰乡观音岩采石场、白沙源岩基口砂场等工程修复并全部完成，初步验收基本完成。

【执法监察】2022年，金洞管理区自然资源局开展成品油市场打非治违百日整治专项行动，排查中石油加油站1个，社会加油站2个。开展自建房排查专项行动，第一阶段466个经营性房屋的整治排查工作全部完成。开展非住宅类农村乱占耕地建房专项行动，通过区乡两级联动，完成下发的1256个图斑核查填报工作。开展卫片图斑核查处置工作。省下发卫片图斑22个（涉及耕地13个），结案4个，其他用地16个，违法用地图斑2个（立行立改1个）。部下发卫片图斑43个（涉及耕地11个），结案28个，其他用地14个，违法用地图斑1个（立行立改1个）。国家耕地保护督察、矿产资源督察疑似问题总计8个，其中非农化问题4个、非粮化问题3个、矿产资源督查问题1个，均已举证上报。2022年，湖南省违法用地监管系统下发月度卫片图斑总计20个，其中合法结案图斑3个、其他结案图斑10个、立行立改问题2个（金洞管理区城乡供水一体化项目及宝成农庄，均已在期限时间内提交用地手续），全年无新增违法用地。

【地灾防治】2022年，金洞管理区自然资源局开展隐患点排查300余人次，信息调度100余人次，应急处置及人员临时转移670余人次，警戒标志156处，核销地灾隐患点3处，重点工程治理3处。石鼓源乡东风村21—22组滑坡治理工程项目、仙人岭地灾滑坡治理项目建设已经扫尾。区、乡（镇）、村三级联动，完成晒北滩乡茶盘口搬迁避险工作，强化重点地灾隐患白沙源翘排凼一带“人防+技防”措施，全年地质灾害防治实现零伤亡。

【不动产登记】2022年1月，金洞管理区出台《全区不动产登记历史遗留问题处置方案》，依法依规、分门别类处置现有房产，处置金洞镇沿河街等金洞城区及原乡镇（分场）机关所在地的国有居住建设用地的历史建设存量和不动产登记问题，2022年第一批次20户处置方案到位。受理不动产登记问题信访3宗，均已办结。基本完成“房地一体”农村宅基地及集体建设用地的登记工作，全面调查全区范围内全部宅基地，入库4181宗。

【党建工作】2022年，金洞管理区自然资源局制定年度党建工作计划。组织机关干部集中学习13次，参加市区比赛2次，讲党课6次，培训党员70人次。年初，召开党风廉政建设形势分析专题会，开展突出问题分析研判，列出问题清单，结合领导班子业务分管条线，采用“共性+个性”的模式，制定出整改方案，并签署廉洁从业承诺书。观看《忠诚与背叛2022》等教育警示片。组织3次班子会议和1次班子扩大会议，专题修订各项制度。

（撰稿　刘学军）

回龙圩管理区自然资源工作

回龙圩管理区自然资源局

局长	杨春良
副局长	曹　阳
正科级干部	卢先植

【保障发展】2022年，回龙圩管理区完成国土空间发展与战略定位、产业空间布局、国土空间用途管制等7个专题规划成果，已组织完成审查。国土空间总体规划总体大纲已汇交省自然资源厅，《大纲》包括总则、现状与机遇挑战、战略目标与协同发展、国土空间格局等11项工作内容。落实区域城镇体系规划、全域基础设施、历史文化资源、城乡整体风貌和中心城区国土空间初步用地方案及资源

保护与利用，形成国土空间总体规划成果，已召开专家和部门审查会，并通过区级规委会审议。

【**执法监察**】2022年，回龙圩管理区自然资源局对违法用地行为保持高压态势，加强巡查，持续推进违建别墅清查问题，未发现违建问题；开展部季度、省月度卫片执法监督检查，下发卫片图班数35个，并按要求完成；开展农村乱占耕地建房摸排工作，完成非住宅类补充摸排；主动配合挂点村的空心房拆除任务；在人居环境综合整治中，牵头对农村违规乱建的构筑物进行调查，下达期限拆除；对挂点村的环境卫生进行整治。

【**保护耕地**】2022年，回龙圩管理区自然资源局落实耕地保护红线，完成上级下达的耕地保有量2430公顷、基本农田保有量626.67公顷的任务；推进城乡建设用地增减挂钩土地整理；加大新增耕地开发项目力度，回龙村等5个村农用地开发项目已完成40%。

【**不动产登记**】2022年，回龙圩管理区自然资源局压缩办理不动产时限。一般登记和抵押相关登记压缩到3个工作日，注销查封登记当场办结，办理不动产登记证书52本、证明41本，信息查询2625人次；探索交房即交证新模式；推进“互联网+不动产登记”，完成不动产登记系统与省不动产网站系统和省级数据共享平台的对接，需要使用的相关部门信息，在湖南省层面全部共享到位。

（撰稿　曹　阳）

怀化市自然资源和规划工作

怀化市自然资源和规划局

党组书记、局长　　李慎鹏
党组副书记、副局长　　刘高忠
（2022.12任党组副书记）
党组成员、副局长　　李永凡
党组成员、副局长　　胡益民
市纪委监委驻局纪检组
组长、党组成员　　吴　剑
党组成员、副局长　　朱光强
（2022.12任党组成员）
党组成员、总工程师　　郑远遨（2022.07任党组成员；2022.08任总工程师）
总规划师　　贾德峦
原党组副书记、副局长　　胡立志
（2022 .12免党组副书记）
原党组成员、总工程师　　欧小鸥（2022.07免党组成员；2022.08免总工程师）

【服务经济】2022年，怀化市获批新增建设用地95宗326.4公顷，其中市本级39.18公顷，保障主城区应急水源建设工程、包茂高速（怀化段）等重点、民生项目落地。完成3个批次612.21公顷土地征收成片开发方案报审。全市招拍挂供地322.03公顷，成交价款60.37亿元，其中市本级103.77公顷，成交价款39.87亿元。核发主城区建设用地规划许可20本、工程规划许可198本，审批用地规划方案45个、工程规划方案12个。

【耕地保护】2022年，中共怀化市委书记、市长亲自部署安排耕地保护工作，市、县、乡三级依次建立党委、政府“一把手”双组长的耕地保护机制，推进耕地保护落实落细。印发《全面推行田长制严格耕地保护工作的实施方案》，全面建立和推行田长制，明晰22个市级田长制责任单位工作职责，建立起市、县、乡、村“4+1”五级田长制责任体系，实现耕地保护责任全覆盖。11月，开展由市委书记、市长“双挂帅”的耕地保护真抓实干攻坚月专项行动。紧盯全市427.97万亩（28.53万公顷）耕地底线目标和376.1万亩（25.07万公顷）永久基本农田保护红线，实施耕地恢复和指标确认核实。全年完成年度耕地恢复面积4186.67公顷。净增加耕地176.06公顷，全市耕地数量持续保持“进大于出”的良好态势。开展违法用地“双零”行动，推动违法占用耕地查处整治，存量违法占用耕地整改到位率92.3%，新增违法占用耕地整改率83.5%，麻阳县、靖州县、洪江区2022年违法占用耕地零新增。市政府专题部署违法用地整改攻坚月专项行动，“一天一调度三天一通报”整改进度，对整改进度滞后的单位执行“周约谈”。出台《举报自然资源和规划违法行为奖励办法》，对举报土地违法违规行为经查实奖励100元-1000元/件。《怀化市禁止乱占耕地经营行为若干规定》进入人大立法规划。

【推进改革】2022年，怀化市推进城市级实景三维建设，完成中心城区城镇开发边界内1：500地形图修补测工作。全市依托“空天地网”自然资源综合监测体系安装铁塔视频监测点292个。全市第三次国土调查成果质量和进度位居全国和全省前列。13个县市区农村宅基地和集体建设用地房地一体确权登记成果通过验收，权籍调查率和颁证率位居全省前三。全市“三区三线”规划成果正式启用，“鹤—中”城市空间发展规模扩展到142.1平方千米，国际陆港新增建设用地15.6平方千米。全市国土空间总体规划（2021—2035年）及12个专项规划定稿待批，县、乡空间规划取得阶段性成果。2014个村完成“多规合一”村庄规划编制。全市国土空间规划“一张图”实施监督信息系统上线运行。怀化国际陆港、仙人桥片区“怀化城市会客厅”、杨村片区“怀化生态文明中心城市试验区”等精品片区控制性详细规划编审完成。11个县市区过渡期土地利用总体规划和45个重点建设项目用地规划完成修编审批。

【绿色发展】2022年，怀化市完成“十四五”矿产资源规划编制报批，累计关闭注销226家砂石土矿，建成26家绿色矿山，完成5个新设砂石矿权挂牌出让。联合邵阳市成功申报国家首批历史遗留废弃矿山生态修复示范项目，怀化市共获国省补助资金1.4亿元。完成历史遗留矿山生态修复86.26公顷。引入香港新华集团等社会资本参与矿山生态修复，8个应用社会化资金修复项目有序实施。开展涉矿安全隐患大排查大整治暨打击“洗洞”盗采金矿、安全生产大检查和矿产资源“打非治违”等专项整治行动，4561个废弃矿洞全部实施有效封堵。

【执法监管】2022年，怀化市查处土地违法案件199起，收缴罚没款259.49万元，没收和拆除地上建筑面积6.6万平方米，恢复土地原状9.43公顷。查处矿产违法案件35起，收缴罚没款55.8万元。市本级查处规划违法案件15起，收缴罚没款828万元，其中金时花园幼儿园违规建设进行重点查处整改到位，行政罚款13.19万元。利用“自然资源+公安”联合执法机制，联合拟定《关于建立自然资源部门与公安部门联合执法协作机制的意见（试行）》，违法用地管控和矿山打非治违执法有效开展，共移送森林公安自然资源类案件11起。推动自建房专项整治，确保各类问题隐患早发现、早处置、早消除。推进月清“三地两矿”、违法用地“双零”行动等专项工作。

【民生保障】2022年，怀化市全面推行市县新建商品房“交房即交证”改革，26个项目实现“交房即交证”，颁发不动产权证1.16万本。联合出台《关于加快盘活非住宅商品房用地存量的操作细则》《关于进一步促进市中心城区房地产业良性循环和健康发展的意见（试行）》等文件。“签约即供地”“竣工即办证”等“四即”改革成效显著，12家园区企业享受改革红利。推进“不动产登记+”改革，多部门信息实时共享平台升级，“马上办”“一次办”“掌上办”“全市通办”等更加便民利民。有效化解56个烂尾楼盘，累计办理不动产权证4.2万本。地灾防治出台“八条硬措施”，新安装地灾专业监测站点80处，“631”呼应和半小时再叫应机制运行良好。领导干部接访下访见行见效，一批积案难案得到妥善处置，一批应复应诉案件依法办理。应对三轮新冠重大疫情行动迅速、措施过硬。助推乡村振兴力度持续加大，乡村振兴用地保障应保尽保，安排专项资金64万元用于驻村帮扶。

【党的建设】2022年，怀化市自然资源和规划局召开21次党组会议、12次党组理论学习中心组学习。经市委任命，充实2名70后、80后干部担任党组成员，班子结构更趋年轻化，推荐1名副职任市政协委员，1名年轻干部到乡镇挂职锻炼。调整优化班子成员职责分工，对原国土、规划业务科长实行轮岗交流。局机关“三定”调整方案获批，市本级和鹤城区、怀化高新区、怀化国际陆港经开区自然资源行政执法改革顺利推进，局属各事业单位机构改革和人员转隶全部落实到位。举办新时代基层干部主题培训班、土地管理“一法一条例一办法”培训班等。借势借力“三整顿两提升”“洞庭清波”、工程建设招投标、涉矿涉砂、乡村振兴领域作风问题“双百”行动、领导干部违规收送红包礼金问题整治等专项行动，推动党风廉政建设与业务工作深度融合。抓好市委巡察反馈问题整改，出台及修订各类管理制度和文件25项。对营商环境专项整治中发现的市不动产登记中心工作人员收送红包礼金问题进行严肃查处，并在全市系统开展以案促改专项行动。支持纪检监察机关进行线索处置，协助办理违法违纪案件9起，党纪政务处分7人，诫勉谈话8人，批评教育35人。

（撰稿　陈　念）

沅陵县自然资源工作

沅陵县自然资源局

职务	姓名	任职时间
党组书记、局长	戴德伟	（ —2022.02）
党组书记、局长	唐　兵	（2022.02— ）
党组成员、副局长	唐方波	（2022.05— ）
党组成员、副局长	李治平	（2022.05— ）
党组成员、副局长	丁孝军	（ —2022.05）
党组成员、副局长	舒克育	（ —2022.06）
党组成员、总工程师	吴　斌	
党组成员、副局长	唐　伟	

【概况】2022年，沅陵县自然资源局机关内设12个股室：办公室（督察室）、行政审批股、自然资源调查监测确权登记股、土地利用股、国土空间规划股、国土空间用途管制股、耕地保护监督股、地质勘查修复股、矿产资源保护监督股、国土空间测绘股、财务资金股、人事教育股。下辖事业单位10个：自然资源行政执法大队（副科级参公单位）、不动产登记中心（副科级）、乡镇自然资源所23个（含太常、深溪口两个代办点）、国土空间规划服务中心、集体土地征地拆迁事务中心、土地储备中心、不动产交易中心、不动产测绘中心、土地整理中心、国有土地费税征收站。

【保障发展】2022年，沅陵县土地财源建设共入库8亿元，其中土地出让收益入库6.49亿元（土地招拍挂和协议出让收入352万元，追缴往年欠缴土地价款6.45亿元）、土地开发项目指标交易入库1.09亿元（占补平衡项目入库2700万元，增减挂钩项目入库8175万元）、采矿权出让收益入库2226万元（已设采矿权扩界新增资源出让收益1356万元，成功申请出让建筑石料用灰岩矿1个采矿权出让收益870万元）、耕地开垦费和违法用地罚没款收缴共入库2062.4万元。

【耕地保护】2022年，沅陵县推行“四级田长制”，组建田长办并配强配实专班力量，明确县级田长、乡（镇）级田长、村级田长、网格田长共5427名，树立乡镇村级制公示牌430块，将各乡镇村的耕地及永农带位置落实到每个图斑，并要求各级田长即时上报巡田结果。全县耕地保护目标为62.74万亩（41826.67公顷）、永久基本农田底线目标为54.6万亩（36400公顷），全年耕地恢复总面积187.43公顷。沅陵县委、县政府将耕地保有量和永久基本农田保护面积作为乡镇年度目标考核的重要指标，并签订年度目标管理责任书，对耕地保护考核不合格的乡镇实行“一票否决”。

【国土空间规划】2022年，沅陵县正式启用“三线划定”成果；进一步优化城区规划功能布局，加快实施沅陵县主城区控制性详细规划修改及研究，重点优化调整城南片区和太常片区的规划功能布局；试运行“一张图”实施监督信息系统，系统已整合叠加各类数据，在申请接入省厅平台系统。

【用地管理】2022年，沅陵县自然资源局以“征地即供地、拿地即开工”为目标，与湖南省自然资源厅、怀化市自然资源和规划局对接，加快供地效率，做到项目用地快报、快批、快供，对重点项目用地单位实行超前上门和全程服务。向省、市报批土地84.95公顷，重点保障官新、沅辰等高速公路项目和筲箕湾35kV输变电工程、借母溪乡红色文化展示教育中心及G59呼北高速张家界至官庄段工程等10个项目建设实施；办理31户农用地转用审批，面积0.39公顷；助力乡村振兴，审批集体建设用地项目2个，面积0.2公顷。土地出让5.69公顷，其中划拨供地5.1公顷，挂牌和协议出让0.59公顷。

【土地储备】2022年，沅陵县收储土地10宗，总面积6.14公顷，完成四个土地成片开发方案编制，面积150.93公顷；完成原金太阳（公务员小区）改造项目范围内的勘界权属认定和湖南一目教育咨询有限公司（太常博雅学校）宗地勘界。

【矿政管理】2022年，沅陵县涉及自然保护地和生态红线的矿业权全部处置到位；砂石土矿三年专项整治行动共关闭退出“散、乱、小、污、险”矿山28个；完成矿山生态修复面积19.41公顷，共投入650万元；全县在生产的6家矿山企业全部达到省级绿色矿山建设标准。开展矿产资源“打非治违”和“洗洞”盗采金等专项整治行动，出动150余人次，现场制止违法盗采矿产资源行为3起，立案查处5起。

【不动产登记】2022年，沅陵县自然资源局将不动产登记流程由原来5个环节合并缩减为3个环节，实行“一窗受理　一网办理”“一套材料　一次办结”，共办理不动产权证书5661本，不动产登记证明4852本，农房登记发证85121本，融资金额94.54亿元，房地产协税金额1345万元。

【执法监察】2022年，沅陵县自然资源局共开展执法动态巡察50余次，出动150余人次，共查处自然资源违法案件54余件，下达行政处罚决定44件，共处罚没款209.2万元，移送县纪律监委16件。

【安全维稳】2022年，沅陵县自然资源局做好安全维稳工作。地灾防治方面，共排查出地灾隐患点383处，均建立一点一档资料，并安排专人进行监测，实行四级防灾责任制。共开展地质灾害隐患点调查35个，编制地质灾害应急调查报告40余份、应急调查说明10份，组织转移1万余人次。自建房安全隐患排查整治方面，配合牵头部门（县住建局）完成居民自建房用地、规划方面的合法性审查，对职责范围内地质灾害隐患点上房屋、切坡建房户开展排查，建立各类台账。全县共排查认定自建房总量11.77万栋（经营性4619栋），已发放不动产登记证2.9万栋（经营性1328栋），存在地质灾害隐患128栋，违法占地2745栋，违法建设1371栋，并将排查情况按上级要求录入平台系统。废弃矿洞排查整治方面，4月初，在全县范围内以村组为单位开展地毯式摸排，共排查矿山215个，排查地下开采矿山井下作业矿工人员817人，封堵到位废弃矿洞1524个，明确乡镇和村组包保负责人，并实行村组月巡3次及乡镇月巡1次的制度。信访维稳方面，针对上级交办和本级受理的信访案件，按信访诉求分类，对重点信访件实行局班子成员包案负责机制，并强化责任追究。共受理信访件18件，办结18件，办结率为100%，满意率95%。

【党风廉政】2022年2月以来，沅陵县自然资源局以“治庸治懒治散治乱 激励闯创干”“三整顿两提升”作风整顿活动和县委巡察为契机，开展党风廉政和干部职工作风整顿活动。共组织上警示教育课3次、观看警示教育片2次、开展警示提醒谈话4人次，通报批评8人。

（撰稿 张金同）

辰溪县自然资源工作

辰溪县自然资源局

党组书记、局长 赵 杰
党组副书记、副局长 刘圣东
党组成员、副局长 谢德路
党组成员、副局长 石永芳
总工程师 张 彬

【概况】2022年，辰溪县自然资源局内设8个行政股室，下辖5个二级机构和6个副科级自然资源所。有行政编制10名、事业编制189名（全额116名，自收自支73名）；其中领导职数5名（一正三副一总工），在职在编干部职工202人，临聘人员6人。履行“两统一”职责，主抓资源保护、要素保障和民生服务三大板块工作，具体负责规划、土地、矿产和测绘等监管。

【要素保障】2022年，辰溪县自然资源局供应土地334宗419.69公顷，其中出让供地296宗50.23公顷，成交土地价款32869万元（挂牌出让47宗45.66公顷、成交价款29426万元，协议出让249宗4.57公顷），划拨供地38宗369.46公顷。完成批而未供土地处置76.93公顷，处置率86%，居全省第一；完成闲置土地处置68.54公顷，处置率95.28%；完成园区低效用地处置7.56公顷，处置率68.23%。完成用地报批10宗10.81公顷，报批通过率达标；办理建设用地规划许可39.28公顷，建设工程规划许可1652.36万平方米，临时建设许可1332平方米；办理农村村民建房农用地转用80户0.79公顷。

【规划编制】2022年，辰溪县自然资源局推进全县国土空间规划编制工作。全县“三区三线”已经上级审批划定，各类规划在编制。乡镇国土空间规划完成动员培训、现场调研和资料收集工作；村庄规划编制任务完成25个，其成果汇交至省厅。共出具项目规划条件34项，其中报批9项、出让16项、划拨9项。完成《辰溪县东风桥新建工程修建性详细规划》等15个项目规划方案技术评审工作；完成《辰溪县预拌混凝土搅拌站专项规划（2021—2035年）》等12个项目规划方案和《2022-71（辰）宗地规划条件调整论证》2项地块规划条件调整评审工作。

【耕地保护】2022年，辰溪县自然资源局组织召开全县耕地保护专题会议，将省、市下达的耕地保护底线目标43.12万亩，带位置分解到乡镇、村、组、户，并层层签订《耕地保护目标责任状》。完成永久基本农田37.31万亩（24873.33公顷）、储备区253.33公顷划定任务。按照任务到乡到村到地块的办法，完成236.4公顷恢复耕地任务。全面推行田长制，制定《辰溪县全面建立田长制严格耕地保护实施方案》，召开专门会议进行安排部署，建立“县级田长”1个、“乡级田长”23个、“村级田长”282个、“网格田长”1365个。全县27个补充耕地核查整改项目完成26个，并通过省厅、部审核。补充耕地核查整改工作在全省整改现场会上作先进典型发言。开展耕地保护“双零”行动，制定《辰溪县2022年“双零”行动实施方案》，明确整改责任，细化整改措施，整改销号18宗，挂账处理24宗。

【矿产管理】2022年，辰溪县自然资源局组织完成14家砂石土矿的关闭注销及设备拆除工作，完成2个采矿许可证延续登记。全县砂石土矿专项规划获省里批复，配合完成怀化市第四轮矿规编制。省厅批复勘查区块4个，挂牌出让采矿权1个（锦滨采石场）。开展有证矿山巡查18轮次，未发现超深越界行为；开展“打非治违”专项行动7次，发现违法行为7起，扣押非法开采机械6台，取缔非法开采矿点7处。组织开展矿山安全大排查大整治行动，共排查出废弃矿洞944个，封闭944个，废弃露天矿山128个，责令责任人进行生态修复。

【生态修复】2022年，辰溪县自然资源局组织完成绿色矿山建设4家，完成40.36公顷废弃矿山生态修复任务，做好各级环保督察反馈问题整改。成功申报《怀化市湘桂岩溶地区沅水上游、资江流域历史遗留矿山生态修复示范工程项目》，总投入资金4780万元。

【**地灾防治**】2022年，辰溪县自然资源局组织编制全县地质灾害年度防灾方案，开展网格化建设、农村临坡切坡建房风险管控和值班队伍建设；开展9轮“三查”工作，应急调动35次650余人，及时掌握地灾隐患变化情况。成功防范11轮强降雨，应急调动25次，临时撤离安置人员6450余人，无一死亡事故发生；完成23个乡镇1∶10000地质灾害调查和风险评估的外业调查；完成全国第一次地灾风险普查工作，已建立数据库；强化“技防+人防”的结合，加装30个地灾点摄像头、5个地灾点普适性监测设备和孝坪镇江东村2、3组滑坡专业监测设备；完成全县“十四五”地灾规划编制和评审工作；开展地灾防治和切坡建房宣传和轮训，全县共培训1200余人，组织防灾演练1次。牵头开展灾后重建工作，完成120户日常搬迁避让，完成柿溪乡兰溪集中安置点“三通一平”工作；做好两个重大滑坡治理和23处应急治理工程。

【**不动产登记**】2022年，辰溪县自然资源局共颁发不动产权证书证明共33698本（份），其中不动产权证书28856本(含农村宅基地和集体建设用地)、不动产权证明4842份；完成登记档案的查询3.26万件。完成德芳雅苑、丹山社区、香榭丽都、金润广场等小区部分房屋化解办证工作，共发放证书383本；开展国有资产登记发证工作，为罗子山水库等单位和企业颁发不动产权证书97本。推进新建商品房“交房即交证”和农村房地一体登记发证改革工作，制定《辰溪县新建商品房“交房即交证”改革实施方案》，成立改革领导小组，在山水豪庭小区开展改革试点工作，为439户购房群众在交房同时颁发不动产权证书，全部实现“交房即交证”改革。全县宅基地总数113829宗，已完成权籍调查，应登记发证100069宗，已登记发证83062宗。

【**党的建设**】2022年，辰溪县自然资源局党组中心组开展学习会议12次，召开专题民主生活会1次；召开党支部委员会议12次，支部党员大会6次，组织生活会3次；支部组织集中学习12次，集中上党课9次；开展“机关党员进社区”活动4次；志愿服务活动4次。紧紧围绕“清廉辰溪”建设目标，全面落实从严治党主体责任，建立“主要领导统筹抓、分管领导负责抓、明确专人具体抓”的党风廉政建设工作体系。共开展内部廉政谈话220人次，提醒谈话18人次，集体收看廉政警示片2次，听廉政党课2次，党纪处分1人，政务处分3人，解聘劳动合同2人。履行（网络）意识形态工作责任制，局党组履行主体责任，定期召开会议专题分析研判（网络）意识形态工作，召开干部职工大会学习宣传上级政策精神。强化网络安全管理，通过自查和整改，确保全局网络安全。加强舆情动态管理，注重对内部微信、QQ群的监管。

【**乡村振兴**】2022年，辰溪县自然资源局结对联系3个脱贫村，分别为火马冲镇二龙村、长田湾乡河垅坪村、修溪镇坳门村，每个帮扶村派驻专门工作队，工作队长兼任村第一书记，所有脱贫户重新落实联系人。

【**荣誉档案**】2022年，辰溪县自然资源局获评第三次全国国土调查先进集体、怀化市自然资源和规划系统土地管理“一法一条例一办法”知识竞赛二等奖和辰溪县争资跑项、安全生产先进单位。

（撰稿　肖崇宏）

溆浦县自然资源工作

溆浦县自然资源局

党组书记、局长　谢正德（2022.02—　）
县政协副主席、县自然
　资源局副局长　王　萃
党组成员、副局长　吴桂良
党组成员、副局长　张珍良
党组成员、总工程师　杨　桦
党组成员、自然资源行政
执法大队大队长　宋明宏
副局长　苏　卫（2022.06挂职）

【**概况**】溆浦县自然资源局内设办公室（信访室）、财务股、人事股、地产股、国土空间用途管制股、国土空间规划股、建筑工程规划管理股、调查监测确权登记股、耕地保护监督股、行政审批服务股、矿产资源保护监督股、地质勘查修复股、基层管理股、机关党委等14个行政股室，派出25个乡镇自然资源所。下设溆浦县自然资源行政执法大队、溆浦县不动产登记中心2个副科级事业单位和溆浦县土地测绘队、溆浦县土地整理开发中心、溆浦县土地储备交易中心、溆浦县征地事务所、溆浦县勘测规划室、溆浦县村镇规划建设事务中心等6个正股级二级机构。有干部职工721人，其中在职599人、退休122人。

【要素保障】2022年，溆浦县山背花瑶梯田景区观光索道一期、S249溆浦县桥江至思蒙公路（一期）项目等31宗建设用地项目获批，获批面积110.48公顷。储备地块32宗、面积95.1公顷；供应土地196宗、面积284.15公顷，其中划拨供应土地40宗、面积243.87公顷；出让156宗、面积40.28公顷，实现土地成交价款4.28亿元。交易耕地占补平衡节余指标30公顷，收益6000万元；交易增减挂钩指标13公顷，创收2070万元。

【耕地保护】2022年，溆浦县投入800万元用于全县耕地保护工作，制定《溆浦县“田长制”工作实施方案》《关于开展耕地恢复整治实施方案》等，对耕地和永久基本农田定位、定量、定人管理，设立乡镇级田长50个、村级田长412个、网格田长1660个，制作田长制公示牌437块，全面建成县、乡、村三级田长及网格田长责任体系，完成永久基本农田划实补足任务39480公顷，净减少耕地核查入库174.82公顷，整治耕地恢复任务761.75公顷，位居怀化市第一。连续第17年实现耕地占补平衡和基本农田不减少。

【城乡规划】2022年，溆浦县持续推进国土空间总体规划编制、三线划定和耕地保护“一张图”工作，共召开县规委会7次、技术评审会10次，完成13个专题专项，在编制专题专项11个，调整土地利用总体规划5次，保障溆浦思蒙碧水丹霞创建国家4A风景区建设工程项目（一期）等4个重点项目用地。启动“三区三线”划定成果，完成227个村庄规划编制。城镇开发边界规模3204.96公顷。

【执法监察】2022年，溆浦县印发《关于加强自然资源执法工作的通知》，在全省率先安装79个铁塔监测摄像头，对县域的耕地、林地、水域、矿区全覆盖监测，实现“人防”向“技防”的转变。预警“非农化”“非粮化”和森林防灭火等24起。立案查处违法案件43件，处理12336平台举报违法线索4起、农村乱占耕地建房线索17户，拆除违建项目8处，移送纪委4件、财政11件、公安2件、相关部门处理10件，收缴罚没款400余万元。处置闲置土地9宗、违法用地103宗、净地攻坚闲置土地项目4个、批而未供项目22个，批而未供处置率53.05%，闲置土地处置率82%，低效用地处置率38%，违法用地实现“零”增长。

【生态修复】2022年，溆浦县砂石土矿规划获省厅批复，在编制第四轮矿规，新设砂石土矿6个、保留1个、关闭注销34个，封堵废弃矿洞617个，封闭非法开采点14个，扣留挖机14台，遣散作业人员140人。持续推进绿色矿山建设，完成5.8公顷历史遗留矿山生态修复工作，争取湘桂岩溶地历史遗留废弃矿山生态修复示范工程项目资金3279.01万元，建成11家绿色矿山。办结中央、省生态环境保护督察交办件17件，“夏季攻势”砂石土矿专项整治和深子湖硅砂矿生态环境问题完成整改销号。

【地灾防治】2022年，溆浦县开展汛前排除、汛中巡查、汛后复查，摸排临坡切坡建房2789户、地灾隐患点302处，验收地质灾害应急工程28处，处置灾险情35次，紧急避险转移群众30317人次，投入267.26万元在21个乡镇53个村实施“小边沟”工程，实现地质灾害“零伤亡”。在全省地质灾害防治工作会议上作先进经验发言，并获全省推广。

【自建房整治】2022年，溆浦县印发《2022年房屋建筑安全隐患大排查大整治工作方案》，抽调55人参与全县自建房安全专项整治及百日攻坚行动，对在建和既有房屋建筑进行拉网式、地毯式排查，排查自建房213602栋，鉴定自建房6888栋，“改、停、封、拆”等措施整改房屋1474栋，拆除原国有工矿企业办公住宿、中小学校和幼儿园、医疗机构危旧楼、临时搭建物478栋（处），建筑面积1.6万平方米，消除5所幼儿园消防安全隐患，进度居全省前列，经验做法在第16期“全国自建房安全专项整治工作简报”上获全国典型通报表扬，分管副省长李建中专门批示，并在全省会议上做视频经验介绍。

【不动产登记】2022年，溆浦县37个“多测合一”项目全部线上办理，税务、住保中心等部门入驻不动产登记专区，赋权长沙银行等金融机构独立开展抵押登记业务，设置多测合一、维修基金、税费收缴等办事窗口，在今典晓苑、大盛郡府2个楼盘开展“交房即交证”，真正实现专区内一站式办结、“一网通办”和新建商品房开发项目“交房即交证”。办理不动产权证书14933本、证明5337份。协助征收契税3140.4万元、维修基金1608.3万元，协助发放不动产抵押贷款20.2亿元。

【乡村振兴】2022年，溆浦县自然资源局对北斗溪镇坪溪村等4个村派驻工作队12人，派出结对帮扶和结对联系责任人88人，结对帮扶32户、结对联系338户，拨付北斗溪坪溪村、茅坡村和龙潭镇芙蓉村、栗山村等村乡村振兴工作经费共计24万元，为受灾的舒溶溪乡龙角桥村捐款捐物5.72万元。编制印发《溆浦县新时代农村住宅设计标准图集》至各乡镇，推进村庄净化、绿化、亮化、美化。

【队伍建设】2022年，溆浦县自然资源局选派1人到省厅、4人到市局相关业务处室跟班学习，引进1名硕士研究生以上的土建测绘类专技人员，组织干部职工参加各类培训1243人次。职级晋升49人，内部交流干部23人，提拔11人，免职5人。

【从严治党】2022年，溆浦县自然资源局集中开展违规借贷谋利问题专项治理及“严惩庸懒散、推动闯创干”自查自纠行动。制作“清廉单元”宣传专栏4个、“清廉文化”标牌10块、廉政警示2处，签订《清廉家庭承诺书》294份，印发《工作通报》4期，批评教育、通报批评、诫勉等组织处理干部职工13人，行政警告、党内严重警告、行政撤职处分干部职工4人。

【机关党建】2022年，溆浦县自然资源局党组中心组理论学习12次，召开党建工作部署会4次，“党史周周讲”共380场，整改党建问题15个，完成党支部书记、委员补选工作，组织全体党员干部研讨学习“中国共产党简史、中华人民共和国简史、社会主义简史”。开展“敲门行动”，上门宣传疫情防控知识和开展排查，做到不漏一户不漏一人。2次抽调8人到鹤城区支援疫情防控工作，25人参加卢峰镇5个社区疫情防控核酸采样工作。

【荣誉档案】2022年，溆浦县第三次国土调查获评省自然资源厅先进单位，自然资源行政执法查处案卷获评省厅优秀案卷，《溆浦县自然资源工作》获评省厅《湖南自然资源年鉴（2022）》优秀文稿，溆浦县被纳入全省自然资源铁塔视频监测“先行县”，农房一体化发证工作获省政府奖励资金60万元，信访工作连续第二年获评全省自然资源信访工作业绩突出单位，实现省政府自然资源节约高效利用督查激励真抓实干“三连冠”。

（撰稿　夏映华）

麻阳苗族自治县自然资源工作

麻阳苗族自治县自然资源局

党组书记、局长	薛　彬
党组成员、副局长	时代军
党组成员、副局长	田连春
党组成员、副局长	龚　余
党组成员、副局长	吴志春（2022.07—　）
党组成员、副局长	冯兆华（　—2022.07）

【概况】2022年，麻阳苗族自治县自然资源局印发《麻阳苗族自治县自然资源局落实社会优化营商环境服务经济发展规定的“十条措施”》《麻阳苗族自治县自然资源局全力服务县域经济稳增长助发展十三条措施》《麻阳苗族自治县自然资源局关于开展“四比四建一区”助力优化营商环境再提质党建活动通知》等文件，开展“四比四建一区”助力优化营商环境再提质党建品牌、“清廉机关”创建等工作。

【保障发展】2022年，麻阳苗族自治县自然资源局办理用地规划许可证19本，出具用地规划设计条件36宗，办理临时用地审批22宗。新增用地报批35.87公顷，新增临时用地2.05公顷。土地出让收入4.7亿元，出让土地69宗，土地面积34.37公顷；划拨土地22宗，土地面积27.38公顷；城乡建设用地增减挂钩指标跨市域交易0.17亿元；实现财源建设近5亿元。

【耕地保护】2022年，麻阳苗族自治县自然资源局落实耕地保护底线目标16213.33公顷（24.32万亩），完成耕地恢复任务453.33公顷（0.68万亩）；出台《麻阳苗族自治县耕地保护责任目标管理办法》《麻阳苗族自治县2022年耕地保护责任目标管理工作方案》《麻阳苗族自治县严格落实耕地进出平衡工作实施方案》《关于全面推行田长制严格耕地保护的实施意见》等文件；完成永久基本农田保护任务“三区三线”划定永久基本农田14853.33公顷（22.28万亩）；完成城乡建设用地增加挂钩新增农用地40.15公顷（602.3亩）、新增耕地32.38公顷（485.7亩），可实现跨省交易指标财源建设收益1.46亿元；完成耕地保护专项规划、耕地保护“一张图”编制工作。

【地灾防治】2022年，麻阳苗族自治县自然资源局对在册的隐患点共255处进行排查，其中险情中型隐患点14处，规模中型16处，威胁人口7000余人，技术支撑单位402队，共出具现场地质灾害调查报告52份。同时对全县6508户切坡建房情况进行摸底和建立数据台账，下达搬迁避让任务70户，完成45户（其中集中搬迁因房屋未拆除，新房未入住21户）搬迁避让项目。制定防灾减灾工作制度、值班制度、《麻阳苗族自治县地质防治“点长制”工作方案》等，发放宣传手册、宣传单、告知单共16000多份，并要求各乡镇落实。

【执法监察】2022年，麻阳苗族自治县自然资源局完成省下达的存量及新下发卫片图斑共139宗；自然资源部土地市场动态监测与监管系统处置任务基数14宗，总面积21.10公顷；处置销号11宗，面积17.64公顷，闲置土地处置任务消化率83.6%；查处土地违法案件129宗，消除违法图斑137宗，罚款金额143万元。

【不动产登记】2022年，麻阳苗族自治县自然资源局不动产登记中心办结不动产权证书、证明9532本（张），启动“交房即交证”工作，将御龙苑项目纳入试点，对该项目颁发403本不动产证。结合县处遗办将19个楼盘列入处遗范围，全部化解6个，部分化解11个，其余2个进入司法程序。对全县约53个单位826套原集资建房户、房改房等住房启动办证，已办理1606本。

【自建房排查】2022年，麻阳苗族自治县自然资源局排查自建房屋共82315栋，合法合规性应审核数40162栋，其中已审核29110栋（经营性1440栋、非经营性27670栋），已整改完成1栋（经营性1栋）。

【乡村振兴】2022年，麻阳苗族自治县自然资源局派驻工作队员7名，其中兴隆湾村3名、营盘村3名、兰里社区1名。完成乡村振兴示范村、历史文化名村、传统村落、美丽乡村等45个单独编制类、106个“镇村一体”类共计151个村庄规划编制任务，加快推进乡村产业兴旺和建设美丽农村生态宜居村落。

【信访维稳】2022年，麻阳苗族自治县自然资源局共接到信访27件，程序已办结。对信访件的转办、交办做到按时按质书面上报，做到受理的信访案件全部实现落实办结。

【荣誉档案】2022年，麻阳苗族自治县自然资源局为全省保持违法用地占用耕地零增长52个县之一，受到省自然资源厅通报表扬；耕地保护工作成效显著，所取得的工作经验被全省推广。

（撰稿　杨清辉）

新晃侗族自治县自然资源工作

新晃侗族自治县自然资源局

党组书记、局长	刘青松
党组副书记、副局长	吴晓鸣（　—2022.10）
党组副书记、总工程师	李高平（2022.11—　）
党组成员、副局长	杨成阳
党组成员、总工程师	李高平（　—2022.11）
党组成员	杨　志（　—2022.11）
党组成员、副局长	杨世英（　—2022.11）
党组成员、副局长	莫曙光（2022.11—　）

【概况】2022年，新晃侗族自治县自然资源局内设办公室、党建党风廉政办公室、行政执法局办公室、调查监测确权登记和测绘管理股、地产股、批后监管办公室、国土空间用途管制股、国土空间生态修复股、国土空间规划股、行政审批服务股、耕地保护监督股、矿产资源保护监督股、信访调纠办等共13个职能股室，下辖自然资源交易中心、县不动产登记中心、自然资源信息中心、土地储备中心、土地开发修复整理中心、自然资源测绘队、征地拆迁安置办公室、自然资源行政执法大队等8个二级机构和11个乡镇自然资源所。核定编制总数136人，年末实有人数118人。

【耕地保护】2022年，新晃侗族自治县落实最严格的耕地保护制度，牢牢守住29.89万亩（19926.67公顷）耕地保护底线和24.46万亩（16306.67公顷）永久基本农田保护线。作为全市第二个全面推行田长制的县区，新晃县建立健全县、乡、村、网格四级田长制，共划分网格557个，确定村级田长141人，网格田长560人。完成11个乡镇的田长制工作委员会办公室挂牌，县人民政府与各乡镇签订《耕地保护责任状》，同期出台推行田长制严格耕地保护责任目标考核办法，将耕地保护责任落实情况纳入县对乡镇和县直相关部门的年度绩效考核。完成2021年度国土变更调查净减少耕地整改23.6公顷，完成耕地恢复任务87.97公顷，比市下达的6.67公顷耕地恢复任务多出81.3公顷。完成耕地保护专项规划和“一张图”编制工作并将成果数据上报。坚决遏制耕地“非农化”、防止“非粮化”、严禁“耕地抛荒”，责任落实到县、乡、村、网格四级田长，全面覆盖，形成耕地保护长效机制。

【土地开发】2022年，新晃侗族自治县完成土地开发占补平衡项目县级验收、市级复核7个，新增补充耕地数量指标151公顷、水田规模指标60.25公顷。加强新增耕地项目耕种培肥管理，联合县财政、农业农村部门印发《关于印发新晃侗族自治县新增耕地项目耕种培肥工作管理办法的通知》，对2017年以来的土地开发项目的耕种问题进行排查统计，对上级监督存在的耕种问题，及时督促整改。

【自然资源执法】2022年，新晃侗族自治县共开展自然资源巡回检查350余次，送达停工通知书24份，制止非法占地35起，制止非法采矿5起。依法依规立案查处自然资源违法行为30起，共收取罚没款109万元。国家和省下发新晃县2022年月度卫片图斑122个，其中合法用地和其它用地114宗，涉及违法用地8宗，已立案查处土地违法案件8宗，立行拆除复耕整改到位5宗，补办用地手续3宗。被纳入“双零”行动图斑宗地共计55个，按照“报批一批、拆除一批”的措施，完成整改项目销号55个，整改率100%。

【规划编制】2022年，新晃侗族自治县自然资源局在广泛征集并梳理意见建议基础上，进一步深化完善国土空间总体规划，成果以县规委会函件下发给县有关部门和乡镇人民政府审查，同时报送给县委、县人大、县政府、县政协领导审阅。加快推进村庄规划编制。2020年27个县级试点村和2021年91个村及2022年12个村庄规划编制初步成果基本完成。

【用地保障】2022年，新晃侗族自治县自然资源局对重大项目实行点对点专班服务，提前介入，全程跟进。完成土地征收成片开发方案报审和建设项目涉及土地利用总体规划调整工作。完成工业集中区抗肿瘤药物和抗菌药的研发及产业化建设，禾滩110千伏输变电工程，凉伞、扶罗、贡溪三个镇污水一体化治理，凉伞镇大田村、绞寿村农村综合服务平台等47个项目报批，总面积47.85公顷，保障县域重点项目落地实施。完成涉及7个乡镇27个村48户共计5826平方米的农民建房农用地转用并获省政府审批，保障村民建房用地需求。

【地产交易】2022年，新晃侗族自治县招拍挂出让42宗，面积26.69公顷，成交价款28503.8万元，协议出让165宗，面积18.01公顷，成交价款3075.29万元。

【行政审批】2022年，新晃侗族自治县自然资源局推行“平台之外无审批”和非要件容缺受理、预约延时服务，共出具建设用地规划条件15件，用地面积为9.19公顷；建设规划用地许可证发放14件，用地面积为17.20公顷；建设工程规划许可证核发34件，总建筑面积为16.34万平方米；建设工程竣工验收33件，总建筑面积为4.27万平方米；用地预审与选址意见书核发1件，用地面积为0.36公顷。

【不动产登记】2022年，新晃侗族自治县共颁发不动产登记证书5234本，证明3865张，抵押注销登记673笔。全力配合开展县国有资产清查及存量国有资产容缺办证，完成用地审批及规划核实，清查出300多处国有资产，并容缺办理72本不动产权证书。按照“征缴分离”原则，为水岸龙腾一期等楼盘业主办理不动产权证书。推行“交房即交证”模式。

【生态修复】2022年，新晃侗族自治县编制《新晃县历史遗留矿山生态保护修复实施方案（2022—2025年）》《新晃县历史遗留矿山生态保护修复2022年设计方案》，通过专家评审并及时到省厅、市局备案。完成污染防治“夏季攻势”历史遗留矿山生态修复整改销号工作。开展“洞庭清波”专项行动，督促生产矿山开展矿山生态修复保护工作，组织专家对米贝金矿、华麟重晶石矿和半江铅锌矿开展年度验收工作，通过专家组的验收。全面完成2022年度新晃县历史遗留矿山生态保护修复任务，恢复土地面积6.87公顷，其中耕地1.33公顷、林地5.54公顷。

【矿产资源保护监督】2022年，新晃侗族自治县砂石土矿专项整治及规划通过省市联合会审。完善县矿产资源规划（2021—2025年）的编制。完成碧林重晶石矿和竹山冲重晶石矿2家绿色矿山建设总任务的80%。开展涉矿安全隐患大排查大整治及涉矿领域“打非治违”专项整治行动。对全县范围内废弃和已关闭矿山、长期停产整改的矿山及生产、建设的矿山进行全面排查整治，有效制止非法“洞”和盗采矿产资源行为。

【调查监测确权登记】2022年4月15日，新晃侗族自治县第三次国土调查工作成果正式启用。完成新晃县农村宅基地和集体建设用地房地一体确权登记颁证工作的省级汇交。完成2021年度国土变更调查工作。完成全县工程建设项目“多测合一”改革工作。

【月清“三地两矿”】2022年，新晃侗族自治县批而未供土地实现零新增，完成新增闲置土地处置任务6.4公顷，处置率100%；园区三类低效用地处置任务11.81公顷，已处置8.92公顷，处置率75.53%，全省排名第8；关闭退出矿山4个，砂石土矿“三到位”综合完成率100%。

【依法行政】2022年，新晃侗族自治县自然资源局办理行政应诉20宗，另有民事诉讼司法催缴2宗。办理行政复议案件1宗。完成2022年度学法任务，学法完成率100%，考核通过率100%。组织行政执法人员执法证换证，全局换证60人次。

【地灾防治】2022年，新晃侗族自治县开展汛前排查、汛中巡查，落实汛期24小时领导带班、双人双岗值班制度，每个隐患点落实2名监测人，推动“人防+技防”“隐患点+风险区”双防双控机制建设。创新开展农村切坡建房地质灾害风险管控，推进全县8074户切坡建房隐患识别到户、告知到户、宣传到户、预警到户、责任到户。成功申报扶罗镇皂溪村利寨组利寨滑坡地质灾害治理和禾滩镇三江村半溪组三江滑坡地质灾害治理2个重大地质灾害治理项目。完成林冲镇大堡村桐油坪滑坡治理项目。

【信访调纠】2022年，新晃侗族自治县自然资源局共受理涉及自然资源信访（包括来信、来访、来电及各类交办件）16宗，其中重复信访8宗、上级交（转）办7宗、集体访1批6人次；直接接访群众共26/45批人次，其中重复访9/18批人次，已办结信访件8宗；调纠6起，立案调查2起。

【新晃侗族自治县自然资源行政执法局成立】2022年9月5日，新晃侗族自治县自然资源行政执法局挂牌成立，下设县自然资源行政执法大队，负责统一领导和管理全县自然资源领域的行政执法工作。

【荣誉档案】2022年，新晃侗族自治县自然资源局获评湖南省第三次国土调查先进集体、湖南省普通建筑材料用砂石土矿专项整治工作成绩突出单位、县工作评议先进单位、县大招商工作优质服务单位、县扫黑除恶专项斗争先进单位，组队参加省市自然资源系统“一法一条例一办法”知识竞赛活动，获怀化市三等奖。砂石土矿“三到位”居全省第一；闲置土地存量处置率100%，居全省第一；园区三类低效用地处置率100%；批而未供土地实现零新增。

（撰稿　杨晓琼）

芷江侗族自治县自然资源工作

芷江侗族自治县自然资源局

【土地供应】2022年，芷江侗族自治县报批新增建设用地项目3宗，审批面积2.47公顷；审批临时用地项目2宗，面积1.27公顷；编制土地征收成片开发方案2个批次，其中2022年第一、二批次土地征收成片开发方案总规模分别为22.40公顷、43.14公顷。供应各类国有建设用地188宗、面积37.49公顷，收取出让价款13989.35万元；采矿权出让1宗，收取出让价款2570万元。召开规审会议4次，技术评审会议5次，审议项目议题19个，其中工业项目1个、房建项目5个、盘活国有资产项目13个。

【耕地保护】2022年，芷江侗族自治县新增耕地面积186.67公顷，完成指标交易金额5.95亿元。超额完成218.6公顷耕地恢复工作（市级下达任务173.33公顷）。推行“田长制”，出台《芷江侗族自治县关于全面推行“田长制”严格耕地保护的实施意见》《芷江侗族自治县严格耕地用途管制暨耕地进出平衡工作实施方案》《芷江侗族自治县耕地保护责任目标考核办法》等文件，挂牌成立田长办，在全县范围内全面推行田长制工作；创新新增耕地的耕种及后期管护管理，招商确定一家农业开发公司负责全县耕地开发、管护、利用，采取“公司+基地+农户”方式，逐步推进形成开发、耕种、加工、销售等完整的产业链，鼓励公司长期与农户合作管理新开发的耕地。

【规划编制】2022年11月，芷江侗族自治县“三区三线”划定成果正式启用，推进县级国土空间总体规划方案编制，启动乡镇国土空间规划编制工作，完成171个村的村庄规划编制初步方案。启动生态修复、综合防灾、矿产资源综合利用等三个专项规划的编制工作。通过争取，芷江县被列入全省村庄规划编制“一师两员”试点县之一，获工作经费100万元。

【地灾防治】2022年，芷江侗族自治县自然资源局加强地质灾害综防体系建设，开展地质灾害工程治理项目，组织开展排查、巡查138次，地质灾害防治培训23次，应急演练16次，发放地质灾害防治资料约2万余份，发布灾害预警292次、气象预警信息352条。完成18个乡镇的1∶10000地质灾害详查地面调查任务，加强对191处废弃矿洞进行排查和封堵，加大莫家溪锰矿绿色矿山建设。

【不动产登记】2022年，芷江侗族自治县自然资源局推进“放管服”改革。完成“三集中三到位”“湖南省互联网+政务一体化平台”事项管理工作，梳理、填报、引用率、发布率均为100%。开展“一件事一次办”、“好差评”、“放管服”、“三即”承诺制、“优化营商环境”、“领导干部走流程、优化服务解难题”专项行动等。推动“互联网+不动产登记”工作，通过不动产登记系统平台将抵押业务窗口向金融机构前移，构建“互联网+不动产抵押登记”服务模式。共颁发不动产权证书7339本、证明5904份。推进农村“房地一体”不动产确权登记发证工作，完成12个乡镇的房地一体确权登记发证28000本。推行交房即交证工作，办理亿都君悦府、中伟公馆、中央公园、融福苑分户不动产权证书1993本。

【执法监察】2022年，芷江侗族自治县自然资源局开展巡查334次，发现并制止违法行为19次；审理和查处土地矿产案件40宗，收缴罚没款50.4万元，移送案件12起，拆除违法建筑12处，严打涉地涉矿违法犯罪行为；强化例行督察问题整改，下发卫片违法图斑19个，完成立案查处10件，余下9个作非立案整改，履职到位率100%。做好卫片执法核实整改工作，对自然资源部下发的169个图斑进行合法性判定和扣减，涉及新增建设用地图斑5个，违法比例3%。

【月清“三地两矿”工作】2022年，芷江侗族自治县自然资源局开展批而未供“清零”工作。省自然资源厅下发芷江县撤批土地预警清单5宗，处置到位2宗，完成批而未供土地处置面积1公顷。开展闲置土地“清零”工作。省自然资源厅下发的芷江县1—29批次闲置土地5宗，面积10.04公顷；整改到位4宗，面积8.88公顷，年度零新增。开展违法用地“清零”工作。全县2020年省级自然资源例行督察问题55个，其中2018年度卫片执法违法用地问题21个，整改到位12宗，纳入持续整改9宗；2020年省级例行督察中2019年度卫片执法违法用地问题33个，整改到位18宗，纳入持续整改15宗；月清“三地”违法用地问题1个，纳入持续整改。

【学习《湖南省实施〈中华人民共和国土地管理法〉办法》】2022年6月1日，中共芷江侗族自治县县委理论学习中心组（扩大）举行2022年第五次集体学习，学习贯彻习近平总书记关于土地管理和耕地保护的重要论述，集中学习《湖南省实施〈中华人民共和国土地管理法〉办法》，县委书记梁志平主持并讲话，县委常委、县直副科级以上单位及驻芷单位主要负责人、各乡（镇）党委书记和乡（镇）长参加。会上，省自然资源厅执法局副局长龙舟作《湖南省实施〈中华人民共和国土地管理法〉办法》宣讲。

【芷江县干部耕地保护专题讲座】2022年5月18日，在芷江县新时代基层干部主题培训示范培训班上，县自然资源局党组书记、局长肖孝芳作《耕地保护》专题辅导讲座。结合乡镇实际，就耕地保护重要论述、耕地保护主要制度及政策变化、芷江县耕地现状、如何加强耕地保护、农村宅基地、设施农用地备案、临时用地、乡镇人民政府对自然资源管理工作的权责等方面进行宣讲。

【芷江镇小河口村山体滑坡成功避险】2022年5月

30日，芷江侗族自治县芷江镇小河口村两户村民屋后发生山体滑坡，由于预警发布及时，临灾处置措施得当，成功转移受威胁群众2户13人，实现地质灾害成功避险。

【自然资源资产离任审计反馈问题整改】2022年，芷江侗族自治县自然资源局把雷绍业任市长期间自然资源资产离任审计反馈的7宗建设项目存在到期临时用地未督促落实复垦责任问题整改作为工作重点，研究制定整改方案，列出问题清单，提出整改措施，明确整改责任领导和责任股室，落实整改任务。

【自建房安全排查及百日攻坚专项行动】2022年，芷江侗族自治县自然资源局重点排查地质灾害影响房屋等情况，对原2580处切坡建房全面排查，排查地质灾害影响或威胁在30人以下切坡建房户145户，并整改到位；排查经营性建房1处安全隐患，C级或D级危房8处，且转移到位，无人居住。落实对经营性自建房合法合规性的核实及整治工作，整治房屋52栋。

【荣誉档案】2022年，芷江侗族自治县耕地保护工作先进经验在央广网、湖南卫视、《湖南日报》和怀化电视台等相关媒体网络报刊上发表推介。5月30日，关于小河口村地质灾害的成功预警受到自然资源部和省厅的肯定。

（撰稿　戴　杰　邓长方　李元菊　张盛雄）

鹤城区自然资源工作

鹤城区自然资源局

党组书记、局　长　　杨中武
党组副书记、副局长　　朱光军
党组成员、副局长　　周思慧
（2023.01—　）
党组成员、总工程师　　申婷婷

【概况】2021年7月2日，鹤城区自然资源局组建成立，为鹤城区人民政府工作部门。2022年，有在职干部职工69人，设办公室、地理信息股、法制和行政审批股、自然资源调查监测确权登记股、国土空间用途管制股、建设用地工程规划管理股、国土空间规划和耕保股、矿产资源保护和生态修复股8个职能股室和1个行政监察执法大队、1个区自然资源事务中心以及盈口乡、黄金坳镇、凉亭坳乡、黄岩管理处、城中街道办事处、城北街道办事处、红星街道办事处、迎丰街道办事处、坨院街道办事处、城南街道办事处10个基层自然资源所。

【耕地保护】2022年，鹤城区完成田长制体系建设，出台《怀化市鹤城区耕地保护“田长制”工作实施方案》，成立工作领导小组、工作专班，建立乡级田长7个、村级田长58个、网格田长498个。完成206.67公顷的耕地恢复任务。划定永久基本农田7.05万亩（4702.53公顷），并按要求完成上图入库、落实地块管理，9月初基本农田划定成果经省自然资源厅审核通过后上报至自然资源部，并通过自然资源部备案。落实耕地占补平衡，上报建设项目1个，项目占用耕地面积0.33公顷，补充耕地面积0.33公顷，严格按照“先补后占、占一补一”的制度，确保补充耕地与占用耕地的数量和质量相当。完成耕地保护专项规划工作，协调市局技术单位完成耕地保护专项规划的拟制。完成耕地卫片图斑的监督整改，共15个，其中9个为渝怀二线铁路工程临时用地、4个为渝怀铁路增建二线主线项目护堤绿化种植图斑、1个为张吉怀高速铁路护堤绿化种植图斑、1个为㵲水河河流堤坝道路图斑，已通过耕地“进出平衡”方式整改到位。

【规划编制】2022年，鹤城区完成《鹤城区国土空间规划（2020—2035年）》编制和鹤城产业开发区调区扩区情况。《鹤城区国土空间总体规划（2020—2035年）》已纳入《怀化市国土空间总体规划（2020—2035年）》中，黄金坳产业园区规划用地3.06平方千米，已纳入黄金坳镇空间规划编制中。全面完成村庄规划编制，除黄金坳村由黄金坳镇政府委托设计单位编制外，其余24个村已完成规划编制公开招投标工作，在有序推进中。

【生态修复】2022年，鹤城区完成绿色矿山建设任务1个，为杨秀田砖瓦用页岩矿，已完成厂区地面硬化、堆料区围档安装、沉淀池、排水沟、职工食堂建设，已完成自评，在进行第三方评估。谋划矿产资源开发利用和保护，根据全省砂石土矿专项整治行动方案，组织编制《鹤城区砂石土矿专项规划（2019—2025年）》，并经省自然资源厅批复。历史遗留矿山生态修复取得新进展，完成《鹤城区历史遗留矿山生态修复方案（2022—2025年）》编制，启动6处历史遗留矿山图斑生态修复工程，修复面积共17.43公顷。

【执法监察】2022年，鹤城区共开展土地、矿产执法巡查240余次，出动执法人员480余人次，发送宣传资料180份，悬挂宣传横幅2条，封堵非法开采矿洞29个。共下达《责令停止国土资源违法行为通知书》32份，立案查处自然资源违法案件31宗，拆除5处。开展卫片整改，部卫片情况：涉及图斑242个，合法用地图斑235个，需整改图斑10个，均为违法用地，已整改到位2个，在整改8个。省卫片情况：涉及图斑146个，合法用地图斑1个，需整改图斑22个，其中违法用地20个、村民建房2个，已整改到位14个，在整改8个。加大闲置土地处置力度，共涉及闲置土地整改14宗，面积约46.54公顷。已下达闲置认定并取得怀化市人民政府收回批复2宗（未销号），已修建完成1宗（未销号），法院查封1宗。扫黑除恶抓防治，开展重点领域突出问题整治和违法行为核查执法工作，共立案查处侵占耕地案件17起，查处闲置土地14宗。

【营商环境】2022年，鹤城区自然资源局重视信访维稳保障合理诉求，成立专项工作小组，局领导牵头，执法大队、各自然资源所、各股室每月排查涉自然资源领域矛盾纠纷，共接待来人来访100余人次，受理信访件8件，按要求、按程序全部完成答复。推进房地一体办证保障群众权益，农村宅基地和集体建设用地房地一体确权籍调查完成46个村，共24257宗权籍调查，其中农村宅基地24139宗、集体建设用地118宗，并依法进行张榜公示。应登记发证15954宗，其中已发证到村12990宗，其余证尚在办理。不具备发证条件8303宗，其中权利人属于非集体经济组织成员768宗，未经批准乱占耕地3831宗，一户多宅2343宗，有权属争议23宗，其他类1338宗。已将房地一体宅基地发放到农户手里的共12990本，其中易地扶贫搬迁344户、渔民上岸28户。

【“打非治违”巡查工作】2022年4月10日，鹤城区自然资源行政执法大队与盈口乡政府联合开展“打非治违”巡查行动。巡查至盈口乡新垦村2组冷田湾废弃煤矿洞时，发现有村民在开挖山洞，存在重大安全隐患。经调查，该山洞约6米深，约70厘米宽，1.7米高，为盈口乡新垦村村民为取水而开挖。区人民政府副区长李利朝立即组织区自然资源局、应急管理局、盈口乡等领导干部进行现场办公；区自然资源局局长安排执法大队立即封闭现场，没收其施工工具，责令其接受区自然资源行政执法大队调查处理，及时消除安全隐患。

【“世界地球日”普法宣传活动】2022年4月18—24日，鹤城区自然资源局以4月22日“世界地球日”为契机，组织机关、基层国土资源所深入乡镇（街道）、社区（村）开展为期一周的普法宣传。活动以宣传部门法律法规为主，以《反有组织犯罪法》《中华人民共和国民法典》等法律为辅，宣传的重点集中在盈口、城南、坨院、黄岩、黄金坳和凉亭坳。共张贴宣传海报100张、宣传标语600张，发放《自然资源100问宣传手册》《自然资源普法常识手册》《反有组织犯罪法手册》和《中华人民共和国民法典常用知识》等各类宣传资料2000余份。

【全国防灾减灾日宣传活动】2022年5月12日，鹤城区自然资源局开展第14个“防灾减灾日”宣传活动。以发放宣传资料、悬挂条幅、面对面宣讲等方式开展。活动中发放各类宣传资料400余份，现场解答各类法律咨询20人次。

【地质灾害防治工作培训会】2022年5月20日，鹤城区地质灾害防治工作培训会在召开。局职工和全区20个地质灾害隐患点监测员及村级负责人共78人参会。鹤城区自然资源局邀请407地质队专家为大家授课。专家从地质灾害的基本概念、工程建设和新农村建设中如何防范地质灾害、如何判定地质灾害的危险性、面临地质灾害时如何处置和应急救灾四个方面进行讲课。

【土地管理“一法一条例一办法”宣传活动】2022年6月，鹤城区自然资源局开展为期一个月的土地管理“一法一条例一办法”（《中华人民共和国土地管理法》《中华人民共和国土地管理法实施条例》《湖南省实施〈中华人民共和国土地管理法〉办法》）的宣传活动。通过专题学习、集中宣讲、知识测试、知识竞赛、普法日重点宣传等多种方式进行宣传。5月31日，怀化市自然资源和规划局和鹤城区自然资源局邀请省厅专家在区会议中心一楼会议室举办全区范围内“一法一条例一办法”的集中宣讲培训。6月9日，采用闭卷考试的形式在全局举行知识测验。6月14日，参加怀化市“一法一条例一办法”知识竞赛，并获得优胜奖。6月21日，围绕“节约集约用地严守耕地红线”的主题，举行行“6·25”全国土地日宣传活动，面向社会广泛宣传自然资源政策法规。

【安全生产工作会议】2022年9月24日，鹤城区自然资源局党组书记、局长杨中武在局二楼会议室主持召开安全生产工作会议，自然资源行政执法大队、机关全体人员、各自然资源所负责人参会。会中，局党组书记、局长传达学习省、市、区9月21日三级安全生产工作电视电话会议精神，安排部署自然资源领域安全生产工作。

（撰稿　周思慧　成雨芊）

中方县自然资源工作

中方县自然资源局

党组书记、局长	夏宏志（　—2022.04）
	马　丽（2022.04—　）
党组副书记、副局长	尹　平
党组成员、副局长	杨　勇
党组成员、副局长	张植数（2022.04—　）

【用地保障】2022年，中方县报批土地7个批次27.05公顷，出让土地15宗29.05公顷，成交总价款9557.23万元。催收补缴土地价款约2920万元，实现基金收入1.54亿元，非税收入680.56万元。完成土地征收37.44公顷，处置闲置土地87.23公顷，收回土地17宗35.24公顷，全县储备土地110.33公顷。开展土地征收成片开发方案编制工作，完成中方县2021、2022年度及中方产业开发区2022年度土地征收成片开发方案编制，涉及面积41.92公顷；落实焦柳铁路怀化至柳州段电气化改造（中方段）土地用途调整方案，配合做好重大建设项目涉及规划修改和永久基本农田补划工作；完成中方县聂家村乡塘管冲养殖场等6个项目设施农用地备案工作，涉及面积1.05公顷。

【国土空间规划】2022年9月，中方县完成“三区三线”划定方案，并于9月30日经自然资源部批准，11月15日省自然资源厅正式启用。方案划定永久基本农田保护面积15700.61公顷（23.55万亩），生态保护红线面积37077.70公顷（55.62万亩），城镇开发边界面积3740.16公顷（5.61万亩）。城镇开发边界线划定重点保障怀化国际陆港中方临港产业园、怀化市高新技术产业开发区、中方县产业开发区及黄岩旅游管理区、荆坪古村、大松坡村、黄溪古村旅游项目等用地需求。12月底，完成10个镇国土空间规划初稿编制；完成19个村庄规划初步方案，完成54个村庄规划的招投标工作，实现128个行政村村庄规划编制全覆盖。全县国土空间总体规划形成初步成果，并与市级国土空间总体规划进行融合。

【规划设计】2022年，中方县完成国土空间规划现状基数转换工作、城镇开发边界线方案修订、《中方县耕地保护专项规划》初稿上报；进一步完善国土空间规划底图底数，形成县级国土空间总体规划阶段性技术成果（含规划总报告、专题研究和专项规划初步成果等）；完成“三区三线”划定方案“三上”成果；完成单独编制的10个镇国土空间规划招投标及前期调研工作，修正12个乡镇的基本农田保护线、生态红线、城镇开发边界线；初步确定15个专项规划和专题研究，完成《中方县耕地保护专项规划》初稿上报，结合县域发展实际需求草拟《中方县国土空间专项规划编制目录清单》；完成19个村庄规划初步方案编制，提前实施54个行政村村庄规划的招投标工作，实现村庄规划编制“全覆盖”。

【权籍工作】2022年，中方县自然资源局完成2021年度国土变更调查1497个外业图斑的调查举证工作；完成农村房地一体确权登记成果汇交工作，配合办理宅基地证2118宗；配合省自然资源厅完成“湘、资、沅、澧”自然资源确权登记资料收集、地籍调查、权属争议调处工作，11月8日在县人民政府网发布《湖南省自然资源厅关于开展沅江干流自然资源首次登记的通告》；推进集体土地所有权确权登记成果更新汇交试点工作，完成全县133个村（含鹤城区黄岩乡2个村）集体土地确权更新成果公示。

【矿政管理】2022年，中方县自然资源局完成第四轮矿产资源规划申报工作，关闭退出砂石土矿采矿权20家，出让省级采矿权1个；建设中方县活水厦康花岗岩矿等绿色矿山4个，县域历史遗留矿山生态修复纳入“湘桂岩溶地湖南沅江、资江上游历史遗留废弃矿山生态修复示范工程”，争取上级资金1200余万元。

【执法监察】2022年，中方县自然资源局开展存量违法用地整治，处置存量违法用地34宗；完成新增违法用地整改5宗；查处省厅下发疑似非法采矿图斑16个（5个重复图斑），无开采现象或无越界开采现象图斑3个，立案查处到位7宗，查处中1宗；对规划类违法建设行为立案1起并结案；开展农房整治排查，核查图斑3159个；完成2021年国家耕地保护督察反馈问题整改6个；组织执法巡查235场次，参与人员944人次；下发《责令停止自然资源违法行为通知书》50份，制止违法行为50起，扣押设备4台；立案49起，罚没款入库57.78万元。

【“放管服”改革】2022年，中方县自然资源局全面落实证明事项和涉企经营许可事项告知承诺制，探索实施“政府定标准、企业作承诺、过程强监管、失信有惩戒”的告知承诺制模式，推动工程建设项目审批“全覆盖、全流程、全要素”改革，推进规划审批“用地清单制+告知承诺制”改革试点；所有行政许可事项在完成审批时同步录入怀化市公共信用信息平台进行公示，便于办事群众对已办事项的查询；实行工程建设项目线上办，实现从发改立项备案到工程竣工验收的串联办理；所有行政审批事项全部入驻窗口；梳理互联网+平台的行政审批事项，完善各项行政审批事项清单、要素。

【地灾防治】2022年，中方县自然资源局制定《中方县突发性地质灾害应急预案》，对全县116个在册隐患点、3531户切坡建房户开展汛前排查、汛中巡查、汛后复查，组织地质灾害防治学习培训23次，地灾应急抢险演练21次，参与人数639人次，避险转移群众734人，未发生一起地质灾害伤亡事故。

【不动产登记】2022年，中方县不动产登记中心进一步优化工作流程，登记流程由过去的5个环节减少至“提交资料申请”和“缴费领证”2个环节；一般登记、抵押登记实现即办即走，其他登记办理时间压缩至3个工作日内，涉及二手房交易、税收、不动产登记事项实现2个工作日内办结，凡涉企业务1个工作日内办结；依托“互联网＋不动产登记”建立不动产“网上（掌上）登记中心”，构建多层次、多维度不动产登记网上办事大厅，实现24小时不打烊受理申请；“综合受理”不动产登记，交易、税收资料和水、电、气过户申请，实现交易、缴税（费）、登记、水电气过户等全流程一窗办理；办理各类不动产登记相关业务6249件，发放《不动产权证书》和《不动产登记证明》共5256本，其中证书3758本（含宅基地发证2540本）、证明1498本；推动窗口建设争先创优，获评流动红旗窗口2次和服务标兵4人次。

【服务民生】2022年，中方县自然资源局发放建设项目用地预审与选址意见书5本，建设用地规划许可证16本，建设工程规划许可证49本，建设工程规划核实证明书14本；严格落实收费减免，实施小微企业（含个体工商户）不动产登记费减免告知承诺制，免收小微企业办证费用66170元；为108户业主交房时同步发证，实现“交房即交证”。

【专项整治】2022年，中方县自然资源局开展打击“洗洞”盗采金矿专项整治行动。4月28日县人民政府办公室印发《中方县打击“洗洞”盗采金矿专项整治行动工作方案》，成立打击“洗洞”盗采金矿专项整治行动专班。4—5月，县自然资源局成立7个工作小组，组织全县12个乡镇，摸排各类废弃矿洞1045个，并按照安全隐患治理“一单四制”要求整治管控到位（其中封堵废弃矿洞709个），建立“一洞一档”资料，设置有奖举报公示牌，明确村党支部书记、乡镇自然资源所所长、驻村领导为日常监管责任人，县自然资源执法大队按照责任包片，结合卫片遥感全方位、全覆盖开展日常巡查，同时将矿洞巡查任务纳入护林员工作职责范围，健全完善长效监管机制。

【落实“田长制”】2022年6月24日，中共中方县委办公室、中方县人民政府办公室印发《中方县全面落实耕地保护推行田长制工作实施方案》，成立中方县田长制工作委员会，建立县、乡镇、村及网格田长的四级组织体系，确定制作一张“地图”明责任、建立一本“台账”抓整改、建立一套制度严考核的主要任务。制定《中方县全面严格耕地保护推行田长制巡查工作机制》《中方县全面严格耕地保护推行田长制工作考核办法》等相关配套制度强化保障。全县安装网格化田长制公示牌143块，有县级田长18人、镇级田长127人、村级田长654个、网格田长2034个。完成全县12个乡镇131个村网格化田长公示牌安装；制定《关于中方县严守耕地底线、恢复“即可恢复、工程恢复”属性耕地实施方案》，超额完成耕地恢复421.11公顷，耕地保有量达到17740公顷目标任务；耕地转出29.78公顷，转入31.53公顷，实现进出平衡。

【违法用地“双零”行动】2022年，中方县自然资源局惩治违法用地行为，推进存量违法用地整改，遏制新增违法用地，在全县开展违法用地存量、新增双清零行动（简称“双零”行动）。5月，制定“双零”行动方案，12月15—31日，组织开展违法用地集中拆除专项行动，参与人数406人，涉及10个乡镇18个村，拆除违法用地16宗1.94公顷，并完成复垦。

【八活岩矿区水泥用灰岩矿采矿权出让】2022年9月24日，台泥（怀化）水泥有限公司以3.68亿元竞得八活岩矿区水泥用灰岩矿采矿权，是自1998年中方县建县以来最大一宗矿业权出让。该矿区位于中方县泸阳镇，开采矿种：水泥用灰岩矿，保有资源储量：1.32亿吨，矿山设计生产规模：360万吨/年。

【荣誉档案】谢开军获湖南省自然资源厅表彰为“全省地质灾害防治工作优秀个人”。

（撰稿　雷雪城）

洪江市自然资源工作

洪江市自然资源局

党组书记、局长	张　军
党组副书记、副局长	易晓迷
党组成员、副局长	李安华
党组成员、副局长	石铁军
总工程师	何俊洁

【概况】2022年，洪江市自然资源局有151人，其中公务员10人、机关后勤人员1人、全额事业编制人员114人（含参公人员4人）、自收自支人员26人；另有下属企业聘用人员16人，公益性岗位人员5人，劳务派遣1人。退休人员43名，含提前退休人员1名。

【保障发展】2022年，洪江市共上报10个建设项目，总面积20.02公顷，其中经省人民政府批准的4个，面积11.88公顷。共办理出让土地120宗，面积34.8公顷，共完成土地出让创收25117.69万元（含历年土地出让金追缴），全面保障盈鼎科技、G60沪昆高速洪江市段、托口110kVA变电站、黔城镇红岩路、安江隆平旅游区等项目用地需求。编制2022年度国有建设用地储备和供应计划，完成《2022年土地征收成片开发方案》《2022年度高新区第一批次土地征收成片开发方案》的编制并通过批复实施。

【耕地保护】2022年，洪江市共上报占补平衡建设项目四个，分别为：洪江市2022年第一批次、第四批次、第五批次、第十二批次建设用地，共占用耕地面积3.1公顷，已从耕地占补平衡挂钩系统中进行抵扣，补充耕地数量指标3.1公顷、水田规模指标2.36公顷、粮食产能31134.35公斤。牵头建立洪江市“田长制”相关制度，由市委、市政府两办联合印发《洪江市田长制实施方案》，设立乡镇级田长20个、村级田长211个、网格田长900个，将现有耕地管护具体到人、到田块并予以公示。洪江市与长沙高新区成功交易耕地数量指标20公顷、水田规模10公顷、粮食产能50万公斤，交易总价款5400万元。

【矿政管理】2022年，洪江市自然资源局加强对持证矿山监管工作，及时制止和严厉打击超深越界、以采代探、边探边采、持过期证开采等违法行为，进一步规范全市矿业资源管理秩序。对1家矿山下达责令停止开采通知书，停止1家矿山的火工品供应，下达1份责令完成矿山地质环境恢复治理通知。根据全国矿业权人勘查开采信息公示系统中的数据，全市应公示矿权填报进度100%，公示进度100%。

【地灾防治】2022年，洪江市自然资源局编制《洪江市2022年地质灾害防治工作方案》，明确地质灾害的重点区域和相关职能部门的工作职责、防治措施、主要地灾隐患点的责任；修订完善《2022年洪江市自然资源局突发性地质灾害应急预案》《2022年洪江市自然资源局地质灾害防汛应急预案》。组织施工单位完成洪江市洗马乡甘田冲村7组滑坡治理项目、群峰中学滑坡治理项目施工。同时，组织洪江市8个乡镇开展地灾防治演练，参与演练380人次，发放宣传手册600余份，发放防灾装备120余套。完成全市168处地灾隐患点的核查，基本处于稳定状态，核销隐患点4处，现有隐患点164处；完成全市11434户临坡切坡建房户的排查，在汛期将预警信息及时推送至各切坡建房户。

【执法监察】2022年，洪江市自然资源局开展非煤矿山“打非治违”专项整治行动，集中力量组织东部、西部两支“打非治违”日常执法队伍围绕黔城片区碳质板岩矿区、雪峰山金矿区重点区域与碳质板岩、金矿重要矿种，重点打击无证非法开采、越界开采的违法行为。共组织巡查2600余人次，在日常巡查中共制止非法采矿行为17起，遣散非法盗采务工人员59人，拆除工棚4个，砍断水管800米，收缴电线900米，处置机械设备14台，其中球磨机4台、电动机3台、发电机3台、变压器2台、电锤1台、电镐1台；联合相关部门共完成380个洪江市废弃矿洞（矿坑）封堵任务；抓好卫片执法与月清“三地”整改工作，逐一完成全市226个部下发补充土地卫片图斑和7个省月度卫片图斑核查工作，省月度卫片图斑经核查无违法用地图斑。加强月清“三地”违法用地图斑与闲置土地整改。共有完成存量15个月清“三地”违法用地图斑整改。2022年新增月清“三地”违法用地图斑4个，已整改到位1个，下达处罚决定书2个，正在查处1个。

【不动产登记】2022年，洪江市自然资源局共发证书证明15624本，其中证书11772本、证明3852本，其中处遗项目办证335户，无一起业务投诉，网络评价满意率100%。

【规划管理】2022年，洪江市自然资源局加强全市规划管理，落实空间规划统筹，全面完成“三区三线”划定工作。与各部门及各乡镇协调对接，按照重点保障产业园区、“十四五”期间项目用地原则，优先安排城市主干道、对外交通道路两边及基础设施比较完善区域用地，初步形成方案；稳步开展国土空间规划编制前期准备工作，完成国土空间规划大纲编制、资源环境承载能力和国土空间开发适宜性评价、现行国土空间规划实施评估以及国土空间开发保护现状评估（双评价双评估）；完成104个“多规合一”村庄规划方案的编制，并进入审查阶段；根据省自然资源厅2020年底下达的城镇开发边界规模指标20.6平方千米，初步划定市域城镇开发边界；着力开展耕地保护国土空间专项规划和耕地一张图编制工作，初步划定保护图斑并完成耕地保护国土空间专项规划。

【乡村振兴】2022年，洪江市自然资源局选派4名党员干部担任驻村工作队员，安排58名党员干部结对联系监测户和脱贫户。共投入17万元支持帮扶村乡村振兴工作，帮助村民解决用水、出行、医疗、社保等方面难题，邀请农技专家到雪峰龙家田村开展冰糖柚病虫害防治培训。

【党建工作】2022年，洪江市自然资源局党组理论学习中心组共开展集中学习12次，召开党风廉政建设专题会议5次，意识形态专题会议3次。党组书记、局长和各党支部书记分别为党员上党课1次，各支部召开支委会12次，党员大会4次，组织生活会暨民主评议党员1次，主题党日12次。年初党组书记与班子成员之间、分管领导与下属单位和各股室负责人之间签订党风廉政建设责任状共37份，“清廉家庭”“禁酒驾”、不操办不参与“升学宴”、拒绝收受红包礼金等各类承诺书共820份，对重点岗位和人员共开展风险排查10次，在春节、元宵、清明、五一、端午、中秋、国庆等重要节点发送提醒短信1000余人次，建立党员廉政档案78份。

（撰稿　佘瑞霖）

洪江区自然资源工作

洪江区自然资源局

党组书记、局长	曾广能
党组副书记、副局长	段文峰
党组成员、副局长	蒋兴华
党组成员、副局长	詹云贵
党组成员、副局长	段维建

【机构设置】2022年，洪江区自然资源局是怀化市洪江区管理委员会组成部门。内设综合办公室、机关党组织办公室（人事股）、计财股、法规股、行政审批服务股、自然资源调查监测和确权登记股、地产管理股、耕地保护监督股、国土空间用途管制股、国土空间规划股、建设规划管理股、地质修复

和矿产管理股、测绘地理信息管理股、森林资源管理股、造林绿化股、自然保护地和野生动植物管理股16个股室。直属副科级3个，分别为洪江区自然资源行政执法大队、湖南嵩云山国家森林公园管理处、洪江区不动产登记中心。二级事业单位12个，分别为：洪江区国有林场、区桂花园乡自然资源所、区横岩乡自然资源所、区国土空间生态修复中心、区征地拆迁事务所、区国土测绘队、区林业服务中心、区城乡规划管理办公室、区土地收购储备中心、区地产所、区造林绿化服务中心、区雄溪公园。在职干部职工79人。

【保障发展】2022年，洪江区获批用地1宗，面积4.42公顷；编制《怀化市洪江区2022年土地征收成片开发方案》《怀化市洪江区2021年土地征收成片开发方案（修改调整稿）》，并经省人民政府批准实施；初步完成《怀化市洪江区工业园区2022年度土地征收成片开发方案》的编制，方案已上报省厅通过。办理村民建房农用地转用2宗，涉及村民12户，总用地面积2.57亩；出让供地共111宗，出让总面积1.74公顷，出让总金额1030.72万元，其中挂牌出让2宗，挂牌面积1.43公顷，挂牌出让金额885万元；协议出让109宗，出让面积0.30公顷，出让金额145.72万元。共办理划拨用地6宗，总面积2.02公顷。

【耕地保护】2022年，洪江区全面推行“田长制”，出台《关于全面推行田长制严格耕地保护的实施方案》，建立区级田长、乡级田长及村级田长三级网络责任体系，建立区级耕地保护“田长制”议事机构，区管委与各乡签订耕地保护目标责任书，制定考核细则，乡、村、网格也层层签订责任书，严格落实党政同责、刚性考核、终身追责、一票否决。完成耕地保护国土空间专项规划和耕地保护一张图的编制工作，带位置落实耕地、永久基本农田、耕地后备资源，并将成果运用到田长制工作中；严格落实耕地占补平衡、进出平衡工作，完成编制进出平衡方案，完成上级下达给洪江区的13.33公顷耕地恢复任务和2021年度变更调查净流失耕地24.13公顷弥补任务。

【国土空间生态修复】2022年，洪江区自然资源局实施隐患与应急治理项目8个，涉及资金123万元，已完成5个，涉及专项资金60万元。

【不动产登记】2022年，洪江区自然资源局办理各项登记业务2907件，共颁发不动产权证书2175件、不动产权证明547份；协助税务部门收缴相关税收133.58万元，对符合办理条件的小微企业免收登记费共计9.84万元。受理不动产查询业务并开具查询结果证明3276份，接待咨询人员1000余人。完成上级交办的核查任务150批次，协助司法部门办理查封、解封登记29件。提供上门服务6件，证书邮寄上门19件。为企业和群众提供延时服务20余件。推进房地产办证信访问题化解工作，对15个问题项目楼盘办理转移登记1219户。区农村宅基地和集体建设用地房地一体确权登记颁证工作已完成省、市检查验收，洪江区农村宅基地和集体建设用地房地一体确权登记共完成权籍调查4602宗，其中宅基地4554宗，集体建设用地48宗。应登记发证数量3131宗，已全部发放。全面启动交房即交证工作，10月18日对洪江区首个房地产开发项目“书香苑主楼”办理转移登记87户，购买该项目的首批20位业主在现场领取新房钥匙的同时，还领到不动产权证书。配合区内国有资产盘活清理工作，按“特事特办、容缺办理”的原则，完成65宗国有存量资产的办证工作，发放不动产登记证82本。

【林长制】2022年，洪江区工委书记、区级林长刘晓明发布林长令3次，安排部署森林防火工作及森林资源保护工作。3月7日，在区自然资源局召开全区林长制和创森工作会议，制定下发《洪江区2022年度林长制工作要点》《2022年洪江区林长制宣传月工作方案》《怀化市创建国家森林城市洪江区2022年度实施方案》等文件，完成林长制管护网格的区划，合理配置“五员”，落实一格一人的工作要求。市级林长巡林3次，区级林长巡林12次，乡级林长巡林1120次，村级林长巡林408次。

【造林绿化】2022年，洪江区自然资源局完成人工造林33.33公顷、国家储备林建设153.33公顷、森林抚育200公顷，完成梅花园至大峰坡樱花大道绿化工程建设任务3.5千米，栽植樱花722株；完成洪安公路、洪黔公路的绿化提质工作，补栽各类苗木35万株。生态公益林补偿资金79.57万元发放到位。建立区级“义务植树”基地，全区完成义务植树11万株，尽责履职率90%。

【森林防火】2022年，洪江区自然资源局多次召集局相关部门和应急大队队员召开会议，部署落实森防工作，严格落实森林防火24小时值班和局领导带班制度，开展森林防火应急演练。制定方案相关科室人员下沉两乡、林区督导森林防火工作。共发放各类森防宣传资料2000份、悬挂宣传横幅50条、制作固定宣传标语50处、出动宣传车辆20台次、电子屏滚动宣传500条，开展小手拉大手活动，印发《至学生家长的一封信》2000份、印发《禁火令》1000份、开通乡村广播，进行森防宣传。

【行政审批服务】2022年，洪江区自然资源局推进“一网通办”和“一窗”办理。精简优化办事流程，实现综合窗口事项受理时限提速50%以上，《建设用地规划许可证核发》办结时限由法定办结时限20个工作日优化提速至1个工作日，申请材料从12项精简至8项，办事环节从6个精简至4个。完成政务服务事项共204项，其中承诺件182项、即办件22项。“我要办理林木采伐许可证”办件量102本、“森林植物检疫证核发”办件量1本。

【地灾防治】2022年，洪江区自然资源局对全区各地质灾害隐患点进行“拉网式”汛前排查，对全区自建房进行地质灾害隐患排查；联合各乡街对重点地质灾害隐患点进行汛中排查。全区共有地质灾害隐患点147处，切坡建房547户。入汛以来出现过三次强降雨，及时转移群众853人，无人员伤亡、失踪。组织2期培训班对监测群防人员知识进行培训，培训300余人次，发放宣传图片、应急手册300余份，参与组织6次地质灾害演练，参与人数600余人，开展“5·12”防灾减灾日的宣传活动，发放地质灾害宣传图画200余份、应急手册300份。工作小组出动200余次对相关地灾点进行地质灾害技术指导。实现洪江区无一人因地质灾害伤亡的目标。向省厅争取到中央自然灾害防治体系建设补助资金252万元，用于桂花园乡桂花园村回水湾组不稳定斜坡地质灾害治理工程建设。实施完成高坡街桐油湾社区党校边坡应急治理工程。花费施工费两万余元对两处废弃矿洞采取渣土及混凝土方式进行封堵。

【“野保”工作】2022年，洪江区自然资源局联合区农业农村局、区委政法委、森林公安洪江区分局、区交通局、区委网信办、区市场监督管理局等部门在重点区域进行专项执法检查，出动执法人员100余人次，车辆10台次、执法船只10艘次。检查市场、餐饮、宾馆、养殖户、长江水域20处。收缴渔获物10.7公斤，协助公安机关办理非法捕捞刑事案件4起4人。无其他违规交易野生动物行为。

【执法监察】2022年，洪江区自然资源局完成部、省自然资源厅下发洪江区的19个批次95个卫片执法图斑的核查。进行自然资源动态巡查25次，共发现违法行为3起，下达《责令停止违法行为通知书》11份，通过批评教育自行消除违法状态7起，立案查处6起，结案4起，罚没款2.19万元。森林督察“虎威行动”下发洪江区“虎威行动”违法图斑7个，均已经查处到位、整改到位、销号到位。通过实施违法用地“双零行动”，实现“督察系统”违法用地零增长。

（撰稿　欧阳云）

会同县自然资源工作

会同县自然资源局

党组书记、局　长　张　德
党组成员、副局长　粟　礼
党组成员、副局长　黄贞勤（　—2022.09）
党组成员、副局长　杨雨飞
党组成员、副局长　李劲松（2022.09—　）
总工程师　　　　　李　珍（2022.10—　）

【概况】2022年，会同县自然资源局核定编制240个，其中行政编制10个、参照公务员编制21个、全额事业编制131个、自收自支77个、后勤编制1个，在编在岗干部职工189人，退休70人，空编51个。内设16个职能股室，包括办公室、综合股、法规股、自然资源调查监测确权登记股、地产股、国土空间规划股、国土空间用途管制股、耕地保护监督股、地质勘查修复股、矿产资源保护监督股、国土空间测绘股、工程规划管理股、财务股、人事股、行政审批服务股、督查股；7个二级机构，包括不动产登记中心、自然资源行政执法大队、土地收购储备交易中心、土地开发整理中心、测绘队、规划信息服务中心、自然资源事务中心；1个国有企业，会同县规划勘测设计院有限责任公司。下辖18个乡镇自然资源所。

【耕地保护】2022年，会同县守住2.2万公顷

（32.95万亩）耕地保护底线和1.99万公顷（29.84万亩）永久基本农田保护线。由县人民政府组织召开全县“田长制”工作会及耕地保护工作培训会，并与各乡镇签订《耕地恢复目标责任书》，将耕地保护工作纳入县对乡镇和县直相关部门的年度绩效考核范畴。制定并出台《会同县人民政府关于坚决制止违法乱占耕地行为的通告》《中共会同县委办公室　会同县人民政府办公室〈关于全面推行田长制的实施方案〉的通知》《会同县田长制工作委员会办公室关于印发〈会同县2022年度耕地恢复工作方案〉的通知》《关于印发会同县耕地保护真抓实干攻坚月专项行动工作方案的通知》等，设置县、乡（镇）、村、网格四级田长，完成四级田长制制度建设及全县田长管理APP注册激活工作。加强耕地保护培训宣传工作，邀请上级主管部门进行贯彻土地管理“一法一条例一办法”专题宣讲会，利用“世界地球日”“全国土地日”等进行多形式的耕地保护宣传活动。加大对违法乱占耕地行为的动态监测，利用铁塔视频监测，加强对违法违规乱占耕地行为动态监管。完成会同县耕地保护国土空间专项规划和耕地保护一张图的编制工作等。共完成耕地恢复任务230.41公顷。

【地产出让】2022年，会同县完成出让土地168宗，出让面积47.08公顷，共计收入约5.57亿元，其中挂牌出让37宗，面积44.41公顷，土地收入5.07亿元；协议出让131宗，面积2.68公顷，土地收入0.51亿元。划拨土地21宗，面积36.14公顷。

【用地保障】2022年，会同县完成《会同县2022年度第1批次土地征收成片开发方案》《怀化市会同县产业开发区连山工业园2022年度成片开发方案》的报批审批工作，完成17宗用地项目农用地转用、土地征收审批工作，共计64.06公顷。完成2022年土地出让供应和储备计划的编制工作，并获得省自然资源厅的批复。

【空间规划】2022年，会同县完成“三区三线”的划定、县主体功能区优化细化、控制性详细规划实施评估、2021年度会同县国土空间规划城市体检评估等工作，并启用“三区三线”成果；《会同县国土空间总体规划（2020—2035年）》初具成果，总规已根据省自然资源厅下达的管控数据及县规委会审查意见进行修改完善。完成对17个乡镇国土空间规划编制的前期现场踏勘、调研及整理分析等准备工作。完成2021年59个乡村振兴示范村、历史文化名村、传统村落、美丽乡村建设示范村、省级精品乡村等村庄规划编制审批；2022年92个村庄规划编制已形成初步方案；完成国土空间规划“一张图”实施监督系统建设工作等。

【行政审批】2022年，会同县自然资源局行政审批工作推行“一件事一次办”、初次到访“一次性告知”制度，严格落实工程建设项目审批制度改革，规范推进“多规合一、并联审批、帮办代办”，对重点项目实行非要件容缺受理，通过“工改系统”审批项目38个，实现项目全程线上审批及联合验收。共出具项目用地预审与选址意见书10份，为45个无新增用地项目出具用地说明，办理国有建设用地规划条件177宗，集体建设用地规划条件147宗，发放用地规划许可证86本、工程规划许可证177本、规划核实证明书51份。

【执法监察】2022年，会同县自然资源局制定《会同县用地管理监管暂行办法》《会同县城乡存量违法用地和违法建设处置工作方案》，对违法用地行为进行“早发现、早制止、早处理”。对县域内非法占地、未取得建设工程规划许可建房等行为立案43起，下达行政处罚决定书35份、责令停止违法行为通知书22份、限期拆除通知书1份、责令改正通知书14份，对矿产资源违法行为下达责令停止违法行为通知书8份，依法取缔1处非法采矿点、制止5起非法开采矿产资源行为。

【不动产登记】2022年，会同县共发放不动产登记证书27363本，出具不动产证明3120份，查封登记71宗，完成油茶林办证186宗，闲置国有资产的首次登记和转移登记270余宗；办理林权流转不动产登记5800余件，其中涉及林地5533.33公顷，探索林权制度改革，首发绿色金融不动产权证，完成林权抵押登记171宗，实现银行抵押贷款金额1.3亿元；开展新建商品房“交房即交证”改革工作，加大房地产处遗力度，加快推进农村宅基地使用权和房屋使用权房地一体确权登记颁证，完成房地数据的汇交，出台《会同县地下车位（库）不动产登记管理暂行办法》。

【地灾防治】2022年，会同县自然资源局严格执行地质灾害汛前排查、汛中巡查、汛后核查“三查”制度、汛期“24小时值班”和领导分片包乡制等，对全县登记在册地灾隐患点以及切坡建房户进行现场走访摸排，及时发布预警，开展灾险情应急调查和排危除险处置，汛期未发生任何人员伤亡事故。完成会同县若水镇农贸市场滑坡治理项目、粟裕公园不稳定斜坡地质灾害治理工程的主体工程。

【**生态修复**】2022年，会同县自然资源局编制完成《会同县历史遗留矿山生态修复实施方案（2022—2025年）》，完成4个图斑4个矿山历史遗留矿山生态修复工作，完成生态修复面积3.99公顷。

【**矿政管理**】2022年，会同县自然资源局组织对县域内废弃矿洞进行“拉网式”“地毯式”摸排，共摸排出废弃矿洞248个，对存在安全隐患的209个废弃矿洞，全部封堵到位。《会同县普通建筑材料用砂石土矿专项规划（2019—2025年）》通过省厅审核批复，严格按“一矿一策”要求限期关闭退出6家矿山（其中砖厂4家、采石场2家），对保留及新设矿山做好绿色矿山建设工作。

【**确权登记**】2022年，会同县自然资源局第三次国土调查成果正式启用。完成农村宅基地和集体建设用地房地一体确权登记颁证工作的省级汇交以及2021年度国土变更调查工作。

【**安全生产**】2022年，会同县自然资源局严格落实安全生产工作责任制，按照分级、属地管理工作原则，对所监管的矿山企业做到“三落实”，将监管责任细分，层层落实。对全县所有矿山企业进行岁末年初安全隐患大排查和复工复产巡查，建立安全生产工作监管台账，督促隐患整改落实到位。在法定节假日、重大活动、汛期地质灾害期间，24小时值班值守，落实领导带班制度。做好自然资源领域信访维稳矛盾化解工作，共受理信访事项40宗，有效化解35宗。

【**党风廉政**】2022年，会同县自然资源局强化党建引领和意识形态工作，开展党的二十大精神教育宣讲。落实市委、县委关于“三整顿两提升”干部作风建设专项行动要求，开展学习教育活动。结合“清廉机关”创建、城建领域“以案促改”专项行动等廉政文化活动，开展清廉单位建设，开展对规划审批、土地利用等领域专项整治、优化营商环境专项监督治理工作。

【**荣誉档案**】2022年，会同县自然资源局获评会同县安全生产先进单位。

（撰稿　张　欢）

靖州苗族侗族自治县自然资源工作

靖州苗族侗族自治县自然资源局

党组书记、局长	覃　明
党组成员、副局长	周志龙
党组成员、副局长	林建华
党组成员、副局长	钟　帅
总工程师	龙道荣

【**概况**】2019年3月20日，靖州苗族侗族自治县自然资源局成立，为县人民政府组成部门。2022年，有干部职工136人，其中在职干部职工136人，党员94人。内设14个行政股室，10个二级机构，下辖11个乡镇自然资源所。内设行政股室：办公室、法规股、行政审批服务股、自然资源调查监测确权登记股、地产股、国土空间用途管制股、耕地保护监督股、矿产资源保护监督股（地质勘查修复股）、国土空间测绘股、规划管理股、财务股、人事股、督察股、安全生产管理监督股。二级机构：自然资源行政执法大队、不动产登记中心、交易中心、征地拆迁事务所、土地收购储备中心、土地规费征收站、矿产资源补偿费征稽所、城乡规划服务中心、测绘队、土地开发整理中心。乡镇自然资源所：渠阳镇自然资源所、甘棠镇自然资源所、大堡子镇自然资源所、坳上镇自然资源所、新厂镇自然资源所、平茶镇自然资源所、太阳坪乡自然资源所、寨牙乡自然资源所、三锹乡自然资源所、文溪乡自然资源所、藕团乡自然资源所。

【**耕地保护**】2022年，靖州苗族侗族自治县成立田长制工作委员会，下发《靖州苗族侗族自治县田长制实施方案》，明确县级田长20个、乡级田长90个、村级田长127个、网格田长619个。实行科学调度工作机制。将耕地保护工作纳入2022年度绩效考核范围，与各乡镇签订2022年耕地保护（田长制）目标考核责任书，将27.32万亩（18213.33公顷）耕地保护底线目标、25.16万亩（16773.33公顷）永久基本农田带位置带图斑分解到乡、村、组，量化考核内容，明确奖惩措施。2021年耕地保护督查反馈问题清单14个全部整改到位。建立健全县、乡、村、组四级监察网络体系，各乡（镇）成立专门的综合执法队伍，对非法占用、破坏耕地行为做到发现及时、举报快捷、查处迅速，逐步实现土地执法由“事后查处”向“事前预防”转变。开展以智能视图应用为核心的靖州数字云项目全域视联网建设，拟建铁塔高位站点238个，已建成84个，可同时监控农田、违建、森防等，实现县域内资源共享。建立部门联席会议制度和联合执法机制，印发《2022年靖州苗族侗族自治县卫片执法方案》，依据方案职责强化对县城规划区、城乡接合部、部分乡镇、国道、省道两侧等重点区域进行巡查。截至12月底靖州苗族侗族自治县共恢复耕地677.87公顷，2022年耕地“进”大于“出”，耕地净增加673.47公顷。实施占补平衡工程。补充耕地方面，2022年入库新增耕地275.13公顷，全县耕地占补平衡指标库存耕地数量为235.93公顷、水田规模为65.87公顷、粮食产能为137万公斤，数据全面转正。增减挂钩方面，2022年以来解冻解扣指标入库46.47公顷，目前增减挂钩项目库存水田25.87公顷、旱地86.4公顷。实施耕地提升工程。协助农业农村局新建高标准农田1520公顷，高标准农田覆盖率全省第一。依托靖州苗族侗族自治县数字农业公共信息服务管理平台，对农田实行数字化管理。

【规划引领】2022年，靖州苗族侗族自治县核发《建设用地规划许可证》46份、《建设工程规划许可证》97份，核发出让土地及划拨土地建设用地规划设计条件通知书64份，核定发放规划竣工核验单28份，出具《规划区违法建筑规划技术论证书》29份。按时完成“三区三线”划定。国土空间规划“一张图”实施监督系统完成系统建设。2022年36个“多规合一”村庄规划编制任务，完成资料收集、召开座谈会、完成初步方案，达到省厅对村庄规划进度要求，并同步启动乡镇国土空间规划编制。组织规划管理股、国土空间用途管制股相关工作人员对全县自建房摸排进行合规性指导，年内共完成118户。

【用地保障】2022年，靖州苗族侗族自治县报批取回17宗，总面积29.93公顷，收取耕地占用费 1800万元；出让土地51宗，面积41.33公顷，成交价款15402万元；划拨土地14宗，面积299.2公顷。做好村办企业集体建设用地审批工作，保障乡村振兴项目用地。共办理2宗村办企业集体建设用地，面积5.8亩，另有3宗在申请办理。完成批而未供处置量24.52公顷，处置率为43.3%；园区完成处置量16.65公顷，处置率为46.44%。“净地”供应率100%。持续推进闲置土地处置工作，全县闲置土地处置率为85%。靖州苗族侗族自治县上报项目用地标准全部符合用地定额指标，2021年新增建设用地占用耕地14.09公顷（包含2021年报批，2022年领取批单的12个批次耕地面积11.11公顷），2022年新增建设用地占用耕地0.72公顷，新增建设用地耕地占比增量严格控制在10%以内。针对低效用地制定处置方案，处置面积已完成65%，工业用地弹性供应100%，作为省级园区，园区土地开发率为73.83%，矢量数据准确率100%。

【营商环境】2022年，靖州苗族侗族自治县制定下发《靖州苗族侗族自治县推进新建商品房“交房即交证”改革实施方案》，完成东和御景园、千鸿帝景两个“交房即交证”试点项目。实现镁渣综合利用年产3万吨热盾节能材料项目“拿地即开工”。深入开展“三权分置”确权登记，启动生态产品价值工作。实现不动产登记系统完成与“多测合一”平台对接，进一步优化登记流程，实现不动产登记、交易、缴税“一窗受理”，将一般首次登记（公告时间不计算在内）、转移登记、抵押登记等的办理时限压缩到0.5个工作日内。通过“一库一平台”实现不动产登记数据实时推送、汇交、共享，为企业融资贷款提供便利，协助企业办理抵押登记贷款金额5.31亿元。

【绿色发展】2022年，靖州苗族侗族自治县维持矿产管理秩序，出让投放转头湾和八姑岩2宗采矿权，实现矿权转让收入12690万元，2022年到位10092万元。开展打击“洗洞”盗采金矿专项整治行动，对全县废弃矿洞进行全面摸排整治，共封闭废弃矿洞197个。推进绿色矿山建设，科学制定矿山绿色建设详细规划。2021年完成4家省级绿色矿山建设，均已入库，2022年3家矿山完成绿色矿山达标建设并通过第三方评估验收。加强矿山生态修复，2022年全县历史遗留废弃矿山生态修复省厅绩效考核目标为9.35公顷，已完成9.72公顷，待省厅统一销号。

【地灾防治】2022年，靖州苗族侗族自治县编制完成“十四五”地质灾害防治规划，制定2022年度方案，对全县地质灾害防治工作进行全面部署和具体安排。按照自建房隐患摸排的要求，协助乡镇对全县152个地质灾害隐患点和5668个切坡建房户进行全面排查，做到早发现、早处理。共对全县23处存在安全隐患的地灾点进行排危除险加固工程。年内未发生任何地质灾害安全事故。

【执法监察】2022年，靖州苗族侗族自治县自然资源局成立领导小组进行矿山巡查16次，开展集中整治3次，及时制止盗采行为4起，立案查处8件，移交涉嫌刑事犯罪案件3起，处罚95000元；开展违法用地巡查20次，受理土地矿产资源违法案件13宗，收缴罚没款31万余元。制定土地例行督察整改方案，与相关单位签订责任状，明确整改要求和时限。2020年督察反馈问题已全部整改到位；矿山关停问题2个，系“三个到位”中生态恢复未到位，已纳入2022年增减挂项目中进行整改。开展2022年“卫片”执法和严厉打击“两违”集中行动。坚持一案一策，整改存量违法问题，2022年21－28批次“月清三地”共8个批次任务清单中的4个违法图斑已全部整改到位，存量违法用地图斑86个，其中月清“三地”1—20批次整改29个；2020年土地例行督促存量违法用地问题清单28个，除纳入持续整改的均已整改到位，2021年的15个全部整改到位。

【信访维稳】2022年，靖州苗族侗族自治县自然资源局梳理自然资源领域重访积案7起，建立问题清单，明确责任领导、责任人，按期分类化解问题矛盾。已化解房地产历史遗留问题项目38个，累计化解商品房5411套、办证4280套，其中靖州苗族侗族自治县上报省集中化解房地产办证专项行动办公室的32个问题项目，之前纳入的22个项目已全部化解到位；2022年新增的10个项目，已化解9个，化解率90%。全县236户存量违法建筑全部立案，下达行政处罚决定书196户，占比83%。已执行处理到位188户，完成率80%。年内共叫停抢建“两违”建筑20处，拆除乱搭乱建12处。

【荣誉档案】2022年，靖州苗族侗族自治县农村房地一体确权登记工作获省政府通报表扬；普通建筑材料用砂石土矿专项整治工作成绩突出单位获省自然资源厅表彰；获评2022年度省自然资源厅表彰的新增耕地零违法和用地零违法县市区、2022年度怀化市平安建设工作考核优秀单位和怀化市唯一、全省耕地进出平衡工作先行县。

（撰稿　唐永红）

通道侗族自治县自然资源工作

通道侗族自治县自然资源局

党组书记、局长	杨理雄
党组副书记、副局长	吴宏植
党组成员、副局长	杨杰鸣
党组成员、副局长	肖绍杰
班子成员、总工程师	周振宇
党组成员、副局长	李鑫炎

【概况】2022年，通道侗族自治县土地总面积2239平方千米，占怀化市陆地总面积的8%，居市内各县（市、区）面积的第二位，地貌以中低山区为主，山多田少，有“九山半水半分田”之称。辖区内矿产资源蕴藏丰富，已发现固体矿产20余种，已探明资源储量的矿产6种，其中铁、铜、钴等3种矿产纳入省矿产资源储量表，优势矿产为铜、铁、锰、钴、镍、金、石英砂岩、石灰岩、石英石、辉绿岩、砂石、黏土、页岩等矿产资源。

【土地管理】2022年，通道侗族自治县自然资源局共完成6个项目选址和用地预审。共通过省自然资源厅及市局审批新增建设用地7宗，面积6.60公顷；通过省厅审批并取得批单的项目5个，面积3.75公顷；通过市局审批新增集体建设用地2宗，面积2.85公顷；审批临时用地项目3个，总面积37.67公顷。共完成土地供应审批99宗，面积20.34公顷，土地成交价款11558.89万元。

【耕地保护】2022年，通道侗族自治县建立健全田长体系。完成县级方案的印发，完成县田长制工作委员会和县田长制办公室的设立。设立县级田长5名、乡级田长51名、村级田长152名、网格田长689名。完成所有乡镇的公示牌安装、信息建库和APP注册激活任务。全县两期增减挂钩项目立项面积共62.23公顷，实际施工面积42.53公顷，确认指标面积36.29公顷（新增耕地面积30.34公顷）；补足2019年所欠增减挂钩指标43.33公顷；完成全县增减挂钩后备资源调查摸底40公顷。建立耕保、调查监测部门双把关机制，全县入库耕地数量指标90.89公顷，水田指标65.02公顷，粮食产能54.53万公斤；库内占补平衡各项指标由负转正。开展项目整改“回头看”，省厅下发“回头看”补充耕地整改项目16个（125.8公顷），完成整改项目8个（73.33公顷），其余8个已在省厅销号。制定《通道侗族自治县2022年耕地保护责任目标管理工作实施方案》及相关制度，并成立通道侗族自治县耕地保护责任目标管理工作领导小组。全县耕地恢复工作完成整改面积250.55公顷、入库面积196.79公顷。

【**空间规划**】2022年，通道侗族自治县开展“一张图”信息平台共建，对主体功能区进行优化细化工作，并完成2021年度国土空间规划城市体检评估和控制性详细规划体检等工作；完成2个专项规划和6个专题研究，另有4个专项规划在编制；完成121个村的村庄规划编制，剩余31个完成初稿。共组织召开规划技术审查会14次、规委会3次，涉及22个建设项目，共出具规划审查意见19份、建设用地地块规划条件22份，审批建设用地规划许可证17份，审批建设工程规划许可证50份，审查春江赋、阳光新城二区、富丽香舍、兴和家园、九州·江山壹号住宅小区项目，梅花坪标准化厂房、通道100兆瓦/200兆瓦时储能电站、第一人民医院危急重症综合楼等重点建设项目。

【**生态修复**】2022年，通道县自然资源局加强砂石土矿专项整顿工作。全县关闭退出矿山任务11个，政府已下达关闭决定并注销10个，剩余1个待采矿权到期完成生态修复后关闭注销，10家关闭矿山开采设备均拆除到位，均完成生态修复工作；绿色矿山建设稳步推进，县溪镇阳晚滩满妹冲砖瓦用砂质板岩矿和长界镍矿完成绿色矿山入库公示。推进矿业权出让。陇城镇大地冲建筑石料用灰岩矿和坪坦乡双吉建筑石料用灰岩矿，已纳入县砂石土矿专项规划，矿区已探明资源量分别为715万吨、911.9万吨。完成矿业权出让前期工作，并向省自然资源厅申请矿业权出让。做好生态修复。全面落实在产矿山边生产边修复，依据矿山主体编制生态保护修复方案与矿山年度修复计划，对金通矿业茶溪金矿、满妹冲砂质板岩矿、长界镍矿等3家应开展年度生态修复验收的矿山实施年度生态修复验收。完成生态修复图斑3处，修复面积共3.45公顷，修复率100%，完成污染防治攻坚战“夏季攻势”任务销号。

【**土地储备**】2022年，通道侗族自治县完成2022年国有建设用地供应计划编制工作；将全县城区标定地价、集体建设用地和农用地基准地价最终成果上报省厅验收，集体建设用地通过省厅验收，城区标定地价、农用地基准地价待市局组织验收；开展通道县园地、林地、草地分等定级工作前期工作，制定工作实施方案；批而未供、闲置土地处置量实现零增长。

【**不动产登记**】2022年，通道侗族自治县将不动产登记服务端口延伸至银行网点，实现不动产抵押登记业务线上“一网通办”、线下“一窗办”以及抵押贷款企业和群众“最多跑一次”目标。不动产登记中心完成78宗103.81公顷油茶林的发证工作，发证面积排名怀化市第二，共受理不动产登记各项业务20145件，其中发放不动产权登记证明3061份、不动产权证书17084本，开展不动产登记上门服务32次；通过行政许可事项68个，其中建设用地规划许可17个、工程建设规划许可51个。

【**执法监察**】2022年，通道侗族自治县自然资源局对全县11个乡镇进行深入排查整治，下达停工通知书52份，其中土地违法停工通知书20宗、矿山违法停工通知书3宗、规划违法停工通知书29宗；共取缔非法采挖点4处，拆除5宗，立案33宗；罚没金额164.89万元。开展违法用地“双零”行动。加大矿产资源执法力度。积极协调相关部门开展“超深越界”和“打非治违”专项行动，对无证开采、无证勘查、越界开采、持过期证探矿、采矿等违法行为进行清理和排除，发现一处，及时查处一处。按矿山越深越界三年专项方案，对所有合法矿山进行监督检查、埋设矿区拐点界桩。

【**地灾防治**】2022年，通道侗族自治县在册隐患点总数123处，新增3处、核销37处。开展拉网式隐患排查和工作检查7次，共出动人员616人次。安装15处监测设备，严格执行领导带班、值班人员24小时到岗值班。组织4次专题地质灾害防治专业知识培训视频会，受训800余人次，在全县范围内张挂横幅20余条，发放宣传手册18000余份，汛期中午和下午利用村音响播放地灾防治宣传歌；开展下乡科普讲座，向各乡镇的地质灾害监测员、一线工作人员和广大群众讲解地质灾害的形成机制、灾前征兆、监测预警和避险逃生等内容。实现地灾零伤亡目标。完成三轮乡镇全覆盖的汛中巡查与48次应急处置调查，有效避免次生灾害的人员伤亡。

【党建工作】2022年，通道侗族自治县自然资源局党组坚持把党建工作摆在重要位置，做到与业务工作同部署、同落实、同检查、同考核。开展党史学习教育专题民主生活会、年度组织生活会、“三会一课”“通道发展，我作贡献”主题党日；制订2022年党员教育培训计划；开展清廉文化进家庭工作，印发《通道侗族自治县自然资源局推进“清廉机关”建设工作实施方案》，下发“树清廉家风、创廉洁家庭”倡议书，签订《清廉家风 从我做起——致全局干部职工家属的一封信》《家庭助廉承诺书》；推进“三整顿两提升”干部作风建设专项活动，组织开展作风建设大讨论、“开展一次批评与自我批评”等一系列活动。

（撰稿　何欣洁）

娄底市自然资源和规划工作

娄底市自然资源和规划局

党组书记、局长	刘文伟（2022.02— ）
党组书记	刘新文（ —2022.02）
局长	朱昌美（ —2022.02）
党组成员、副局长	刘志新（ —2022.04）
党组成员、副局长	宗娟娟
党组成员、副局长	谢爱群
党组成员、副局长	谭　军
党组成员	成永胜
党组成员、副局长	颜利军
党组成员、总工程师	李　欢（2022.12— ）

【要素保障】2022年，娄底市上报并经省自然资源厅（以下称省厅）审批项目71个、488.2公顷，其中市本级13个、122.6公顷，保障涟钢硅钢、重庆硅钢等“材料谷”项目和公共设施、民生实事用地需求。推进“标准地+承诺制”改革，实施“周转用地”“弹性供地”制度，开展自然资源节约集约示范县市创建活动。开展产业园区土地利用专项清理攻坚行动，处置园区“三类土地”482.8公顷，处置率61%，批而未供、闲置土地处置率、低效（空闲）用地盘活率分别为56%、100%和62%。娄底经济技术开发区获评2022年度湖南省“五好”园区创建综合评价先进园区。完成《娄底市集体土地征收及其房屋拆迁补偿安置办法》修订，实施征地拆迁项目23个，征收土地209公顷。确权入储土地32宗、182公顷，其中新征土地13宗、41.2公顷，收回土地2宗、0.87公顷。全市共成交土地145宗、319.78公顷，成交金额45.7亿元。

【耕地保护监督】娄底市有耕地16.79万公顷（251.82万亩），其中水田12.56万公顷（188.45万亩）。恢复耕地2153.33公顷，实现年度耕地“进大于出”。完成14.78万公顷（221.65万亩）永久基本农田划定目标，连续第23年实现耕地占补平衡。2021年耕地保护督察反馈问题整改率100%。按照“先农田、再生态、后城镇”优先序，编制实施《娄底市耕地保护专项规划》，形成耕地保护“一张图”。

【“田长制”改革】2022年6月18日，娄底市印发《娄底市耕地保护田长制工作方案》，设立市县乡村四级田长4447名、网格田长7916名。出台《娄底市耕地保护田长制会议制度》《娄底市耕地保护田长制部门协作制度》等政策，在全省首创出台《娄底市新增耕地后期管护办法》，建立“市级统筹协调、县乡分级负责、村组具体落实”田长责任机制。娄底市田长办联合娄底市人民检察院印发《关于建立“田长+检察长”协作机制的意见》，形成耕地保护部门合力。全市耕地“非农化”“非粮化”问题明显减少，冷水江市、娄星区违法占用耕地实现“零新增”。

【国土空间规划】2022年，娄底市形成国土空间总体规划初步成果并向社会公开征求意见，完成县市国土空间规划初步方案。9月30日，“三区三线”划定成果通过自然资源部质检、正式启用。基本完成“多规合一”信息平台和国土空间规划“一张图”实施监督信息系统建设。组织召开娄底市国土空间规划委员会专题会议5次，审议片区控规修改、乡镇规划修改等议题42项，为硅钢产业园、新化第二饮水厂等13个项目修改土地利用总体规划。完成娄底市第二社会福利院、娄底市中医医院康复大楼等22个项目建设工程设计方案；完成勤丰路、华星路等11千米道路方案设计、初步设计及施工图设计；完成开发区眼科医院残疾人公交站台、娄底人文科技学院桃圃街下穿隧道等市政项目设计，核发《建设工程规划许可证》35个。孙水涟水两江四岸规划、娄底市中心城区通风廊道专题研究、新化天门娃娃谷温泉健康养生小镇规划获评湖南省2022年度优秀国土空间规划设计三等奖。

【规划编制】2022年，娄底市按照单独编制、合并编制、总规统筹三种类型，全面启动66个乡镇国土空间规划编制。印发《关于加快推进2022年度村庄规划编制工作的通知》，鼓励按照“县乡同步、镇村一体、乡镇连片”的方式统筹加快村庄规划编制工作，2019—2022年全市共编制完成村庄规划1330个。在新化县开展“一师两员”（乡村规划师、规划联络员、规划监督员）制度试点，遴选并培训乡村规划师27名。

【生态保护修复】2022年，娄底市自然资源和规划局完成中央环保生态督察反馈问题、长江经济带警示片披露问题整改销号，编制完成《娄底市生态保护修复规划（2021—2035年）》，制定《娄底市自然资源和规划局巩固深化“洞庭清波”专项监督工作方案》，完成“洞庭清波”专项督查工作。全市完成历史遗留矿山生态修复154公顷。冷水江锑煤矿区山水林田湖草生态保护修复试点工程通过省级总体验收。

【矿产资源保护】2022年，娄底市自然资源和规划局编制完成《娄底市矿产资源总体规划（2021—2025年）》。强化矿产资源动态化监督管理，审查矿产资源储量年报70个，完成92个矿业权出让收益评估报告审查，评估值3.55亿元，退付因政策性关闭煤矿和采石场价款146.2万元。持续推进绿色矿山建设三年行动，全市完成绿色矿山第三方评估27家，申报省级绿色矿山17家，公示15家。截至年底，全市共有74家矿山完成县级验收及三方评估，53家矿山录入国家和省级绿色矿山名录库。

【矿业权管理】2022年，娄底市各县市区编制完成《普通建筑材料用砂石土矿专项规划（2019—2025年）》。娄底市自然资源和规划局出台《娄底市市级发证砂石土矿采矿权出让流程》，进一步优化采矿权出让流程，登记审批从法定20个工作日缩短至11个工作日。公开出让采矿权6宗，其中市级4宗，有偿处置界内资源2宗，收益1.91亿元。转变非煤矿山监督管理方式，联合市应急管理局、市生态环境局、市市场监管局、市卫健委开展全市非煤矿山“双随机、一公开”跨部门联合抽查，缩减监管部门对矿山企业检查频率，提高监督管理效率。按照“分类施策、一矿一策”原则，封堵、整改全市69个金矿废弃矿硐，规范矿产资源开发秩序。

【督察执法】2022年，娄底市持续推进农村乱占耕地建房问题专项整治，查处整改违法乱占耕地问题52个，全面开展“非住宅”类农村乱占耕地建房问题补充摸排，筛查涉及住宅类图斑86477个。推进存量违法用地集中整治攻坚行动，整改全市2018—2021年上半年部卫片执法违法用地问题925个，整改率98.7%。娄底市自然资源和规划局印发《2021年省自然资源例行督察反馈问题整改实施方案》，统筹推进耕地保护、卫片执法、坑塘水面专项整治和国家自然资源督察武汉局反馈问题整改等工作。建立“月调度、月通报”机制，定期通报各县市区工作进展情况，印发督办函、交办函20份，截至年底，共整改2020—2021年省自然资源督察反馈问题1152个，整改率100%。制定并印发《娄底市农村人居环境整治提升五年行动自然资源和规划专项工作方案（2021—2025年）》，建立市县乡三级联动常态化调度制度，按照“谁整治谁获益”原则，建立“空心房”整治奖励激励措施，探索“以奖代投”方式，推进“空心房”整治示范镇、村建设。2021－2022年全市共清查“空心房”50856栋、整治拆除48067栋，拆除率94.5%。联合市公安局开展专项行动，重点打击非法盗采砖瓦用页岩矿、砂石等矿产资源，持证矿山超深越界和以工程建设为名进行非法采矿等违法行为，出动执法人员16000余人，立案查处违法采矿案件32起，没收非法获利84万元，没收违法采矿产品51万吨，罚款22万元。

【不动产登记】2022年，娄底市本级办理登记业务103967件，其中首次登记21086件、转移登记25158件、抵押登记23198件、抵押注销登记11035件、预告（预抵）登记13246件、办理产权变更登记、产权注销、分割合并、产权补换证、产权更正、预告注销、预告更正、预告变更、预告裁定过户、预告转移登记、预告补换证登记、其他预告预抵登记、查解封登记、异议登记共计10244件。发放不动产纸质证书27072本、纸质证明12752本，出具不动产电子证书228626本、电子证明61346本。娄底市自然资源和规划局联合市优化办印发《娄底市优化营商环境“登记财产”攻坚工作方案》，进一步精简审批环节，查封、注销、异议、涉企财产等登记业务实现即办即结，抵押登记实现网上申报、不见面审批。5月20日，娄底市人民政府印发《娄底市加快推进新建商品房“交房即交证”改革实施方案》，截至年底，市本级16个项目实现“交房即交证”，共交付不动产权证书5814本。

【自然资源调查】2022年，娄底市开展2021年度全市土地变更调查，全面掌握2021年度耕地、建设用地等重要地类面积和权属信息变化情况，更新县级国土调查数据库，形成年度国土变更调查成果。推进第三次全国国土调查数据成果分析评价和共享应用，重构县市两级国土调查数据库和共享管理系统，实现数据汇总分析。推进铁塔视频监测系统建设，落实全市铁塔选址点位303个，其中双峰县76个、新化县114个、涟源市82个、娄星区22个、冷水江市9个。娄底市自然资源和规划局构建“1+N”卫星监测体系，动态掌握全市各类自然资源的类型、面积范围、分布等变化情况，开展违法用地、耕地数量、农民建房、耕地使用、无证采矿和生态保护红线监测，强化图斑“快递”，第一时间制止违法行为。

【**地理信息管理**】2022年，娄底市自然资源和规划局构建全覆盖、全要素、全业务国土空间数据体系，建成娄底市国土空间基础信息平台以及智慧娄底时空大数据平台，形成覆盖娄底市、县全域一体的国土空间数据库，包含现状数据123项、规划数据74项、管理数据18项，实现对全市国土空间基础数据的统一管理和共享发布，为全市各行业单位提供地理信息数据73批次，数据量1827GB，图幅数量19477幅，价值3263万元。建立航空航天数据采集、管理、共享服务业务流程，建成市中心城区0.1米分辨率（季度），全市0.5米分辨率（年度）遥感影像数据集。完成国土空间规划“一张图”实施监督系统建设，实现与“多规合一”协同审批平台深度融合，对接省投资项目在线审批监管平台和省工程建设项目审批管理系统，为政府投资类项目快速落地提供数据支撑，同时广泛应用于住建、税务、水务、不动产、乡村振兴、城市规划等领域，成为全市规划编制管理、成果统筹实施、监督评价的核心载体和优化营商环境的重要抓手，该系统获评湖南省2022年“测绘科学技术奖”和“优秀测绘工程奖”一等奖。6月，娄底市“多规合一”信息管理及协同审批平台项目通过省自然资源厅初步评定，形成基础现状、规划成果、规划实施和规划监督四大类数据资源，融入省级数据库。

【**地灾防治**】2022年，娄底市在册地质灾害隐患点1611个，其中中型以上隐患点317个。全市经历10轮强降雨，24小时最大降雨量167毫米，共发生21起小型地质灾害，其中滑坡19起、崩塌1起、地面塌陷1起，紧急转移1601人次，直接经济损失164万元，无人员伤亡。娄底市人民政府印发《娄底市2022年地质灾害防治方案》，组织地质灾害防治知识培训78场，共计10000余人次。组织1490名群测群防员开展“地毯式”排查7100点次，核实切坡建房风险户8526户，发放切坡建房风险防范宣传资料20000余份，检查隐患点普适型监测设备143处，摸排地质灾害重要风险点18处，汛期派出6轮23个督导组对45个乡镇、88个地质灾害隐患点开展督导，压实县乡村点四级防治责任。开展地质灾害防治应急演练20余场，与湖南广播电视台、娄底市广播电视台合作播出50余期地质灾害防治知识短片。建立自然资源、气象、应急等部门监测预警信息共享平台和区域预警系统，发布地质灾害气象风险精细化预警产品11期，累计向隐患点群众发送短信11万余条。实施双峰县台上滑坡、涟源市十甲小学滑坡、新化县文田中学滑坡、新化县碧水村5组滑坡4个地质灾害治理工程。完成地质灾害避险搬迁89户。新建成100处普适型地质灾害监测预警点，实现部、省、市、县四级平台联通，地质灾害隐患全天候、自动化、科技化监测。

【**法治建设**】2022年，娄底市自然资源和规划局组织开展《娄底市山体水体保护条例》立法调研，参与《娄底市涟水河保护条例》等地方性法规调研论证。办理行政诉讼案件37件，审结34件，胜诉率81%，办理复议案件8件，审结率100%。邀请省厅不动产登记局局长梁建东宣传解读《湖南省实施〈中华人民共和国土地管理法〉办法》，深入宣传贯彻土地管理法律法规，举办湖南省土地管理“一法一条例一办法”知识竞赛娄底市选拔赛，在全省决赛中取得普法课堂第一名。

【**“放管服”改革**】2022年，娄底市自然资源和规划局按照“四个一”（一个中心统管、一个窗口办理、一个班子服务、一个方案攻坚）、“四减”（减材料、减程序、减时间、减跑动）、“四零”（服务零距离、办事零延误、环节零空缺、经营零干扰）、“四快”（政策快递、诉求快办、意见快回、问题快处）要求，推进审批服务“三集中三到位”改革，印发《娄底市自然资源和规划局“走流程、解难题、优服务”工作方案》，推进办事流程再造和“一网通办”。建设用地规划许可证办理从10个工作日缩减到1个工作日办结，其余事项办理时限平均压缩86%，实现55项审批服务事项“一窗办理”，共办理业务437件，及时办结率100%。

【**人事教育**】2022年，娄底市自然资源和规划局提拔使用正科级干部2名，晋升四级调研员8名、一级主任科员1名、二级主任科员2名、四级主任科员2名，引进高层次人才8名。组织市规划设计研究院招聘考试，组织2022年度工勤技能考试，15人通过考试，其中工勤二级（技师）6人、工勤三级（高级工）6人、工勤四级（中级工）3人。组织169名副科级以上干部完成干部教育培训网络学院学习，4人参加“提升执法能力专题”公务员网络培训班，8人参加全国自然资源系统综合业务培训班。

【**党的建设**】2022年，娄底市自然资源和规划局实施机关党建“双高”“提质”工程，制定《娄底市自然资源和规划局基层党组织整建提质专项行动的实施方案》，开展“融合聚力　争先创优”实践活动、“党员进基层　情暖微心愿”活动、“送你一朵小红花　献给文明劝导的你”学雷锋青年志愿服务活动。开展“第一议题”专题学习15次，中心组学习12次。制定年度纪检工作要点，抓好监督执纪问责，组织处理24人，党纪政务立案4人。

【**荣誉档案**】2022年，娄底市资源节约集约高效利用工作获得省政府真抓实干督查激励，农村房地一体确权登记受到省政府通报表扬，双峰县被认定为全国自然资源节约集约示范县，冷水江市获得省政府耕地保护方面真抓实干督查激励，实现2019年机构改革以来首次国省获奖破零。

（撰稿　杨小熠）

冷水江市自然资源工作

冷水江市自然资源局

党组书记、局长	黎江东
党组成员、副局长	许龙彪
党组成员、副局长	刘金华
党组成员	卢集锦
党组成员、副局长	谢小军
党组成员、副局长	刘洪波
党组成员、副局长	李柳青
党组成员	易　斌
党组成员	罗　军
党组成员、征拆办主任	谢路斌
一级主任科员	王卫文

【**概况**】2019年5月28日，冷水江市自然资源局由原市国土资源局和原市规划局合并组建而成。截至2022年底，全局干部职工共420人，其中在职283人、退休137人。内设股室共19个、派出机构10个，独立核算二级机构3个。

【**保障发展**】2022年，冷水江市批回建设项目用地5宗，总面积5.41公顷；办理土地出库手续5宗，总面积5.18公顷，收回国有土地使用权共计27532.15平方米；挂牌出让国有土地6宗，协议出让国有土地使用权230宗，承办国有土地使用权转让审批3宗，实现土地出让金入库共计11110.76万元；征收土地10.33公顷，协议拆迁房屋17栋；处置批而未供土地12.3公顷，处置闲置土地19.62公顷。

【**保护耕地**】2022年，冷水江市推进“田长制”全覆盖；持续推进农村“空心房”拆除整治工作，已拆除到位334栋；完成冷水江市2020年度城乡建设用地增减挂钩项目，复垦20.44公顷；申报选址立项土地开发项目6个，可新增水田8.14公顷，改造水田9.22公顷；全面核查2016年以来实施的补充耕地项目，共核查规模面积188公顷；完成耕地恢复面积79.33公顷，完成比率104%。

【**矿政管理**】2022年，冷水江市自然资源局开展矿政管理工作。《冷水江市普通建筑材料用砂石土矿专项规划（2019—2025）》获省自然资源厅批准；协助6家矿山企业办理采矿权延续登记手续，收取县级采矿权出让收益1584万元；对已获得野外验收的石槽矿区水泥用砂岩矿上报现场核查，于4月21日完成核查评审；出台《冷水江市工程建设项目红线范围内开挖砂石资源统筹利用管理办法（试行）》，受理冷水江市城管局垃圾中转站和冷水江市晨峰水泥标准化厂房建设的资源量核查工作；新增完成3家“绿色矿山”建设任务，已进入第三方评估程序。

【**执法监察**】2022年，冷水江市完成城乡居民经营性自建房1511栋合法合规的核查工作，完成率100%，阶段性完成经营性自建房合法合规处置725栋；立案调查自然资源违法案件18宗，拆除违法建设面积237.9平方米，罚款17.85万元；72宗部卫片下发违法用地图斑，已整改到位49宗，阶段性整改23宗，整改率100%；土地例行督察整改到位25宗，盘活闲置土地72.21公顷、复耕耕地2.39公顷、完善审批手续土地面积1.95公顷。

【**服务民生**】2022年，冷水江市完成各类不动产登记5076余宗，完成无籍房建设工程竣工规划条件核实项目20个，化解楼盘转移登记颁发不动产权证2505余宗；农村宅基地和集体建设用地房地一体首次登记发证3055宗，业务落宗38363宗；“互联网＋不动产登记”加快实施，审核、受理环节联动办理，转移登记、变更登记、抵押登记等业务均提速至5个工作日内办结，抵押注销、预告注销、查封受理、解封、登簿等业务现场一次性办结；进一步推进登记信息共享平台建设，完成不动产档案系统建设并投入试运行；全面完成第三次国土调查工作，于3月29日正式对外发布“三调”主要数据；办理群众来信来访61件，化解信访历史积案1宗；帮助5名困难群众争取补助资金6000元，及时拨付乡村振兴帮扶资金18.6万元。

【地灾防治】2022年，冷水江市自然资源局对全市185处地质灾害点进行地毯式巡查，妥善处置31处新增突发性地灾隐患点；完成渣渡镇渣渡居委会不稳定斜坡治理工程、渣渡镇杨新村1组滑坡治理工程、潘桥隧道泥石流治理工程的竣工验收；锡矿山里华崩塌治理工程和中连福元村王家上滑坡治理工程完成全部施工任务；争取省级地质灾害资金600万元，完成100户避险移民搬迁任务；组织开展全市各乡镇、街道分批次开展地灾应急避险演练，发布预警信息55140条。

【生态修复】2022年，冷水江市全面完成大建矿区涌水致污问题专项整治，通过上级验收并销号；17家关闭采石场生态修复工作通过娄底市采（碎）石办验收并销号；拟定《冷水江市历史遗留矿山生态修复实施方案（2022—2025 年）》，争取到省级历史遗留矿山生态修复资金201万元，已完成项目施工图设计及预算；启动《冷水江市国土空间生态修复专项规划》编制，完成招标采购、技术单位入场调查等前期工作。

【规划管控】2022年，冷水江市“三区三线”划定成果得到自然资源部审核通过，划定城镇开发边界规模3985.51公顷，确定稳定耕地面积为5923.41公顷，市域生态保护红线面积1183.76公顷；出具规划条件18份，核发建设工程方案规划审批单22份；城镇开发边界线内办理农村宅基地工程规划许可证58宗，办理集体占用手续11宗，审批临时用地3宗；完成大唐华银光伏发电项目、冷水江市集中110千伏变电站、新化二水厂原水取水工程建设项目选址意见与土地预审意见；配合做好锡矿山重金属污染区光伏发电项目的规划修改工作；完成年产3万吨特优耐火材料生产线等6个项目的规划调整工作。

【疫情防控】2022年，冷水江市自然资源局严格落实抗击新冠疫情各项工作任务，抽调40余名党员干部组成突击队，进驻冷水江市布溪青园社区，协助开展疫情排查、宣传工作；围绕防疫需要，做好疫情防控设备和物资的购置储备工作。

【荣誉档案】2022年，冷水江市自然资源局违法用地“双清零”工作获省自然资源厅通报表扬，耕地保护工作被省政府评为落实最严格的耕地保护制度成效明显的县市区。

（撰稿　曾　森）

涟源市自然资源工作

涟源市自然资源局

党组书记、局长	谢辉明
党组成员、副局长	谢　苏
副局长	梁经验
党组成员、副局长	刘　斌
党组成员、总规划师	李红梅

【概况】2019年4月26日，涟源市自然资源局由原涟源市国土资源局和涟源市规划局合并组建成立。2022年，有干部职工598人，其中在编482人、退休人员116人。编制总额552名，其中行政和全额拨款事业编制426名，在编在岗人员326人；自收自支事业编制126名，在编在岗156人。其中24个内设股室；11个直属二级事业单位（涟源市综合执法大队、征地拆迁事务中心、土地开垦整理中心、自然资源收购储备中心、矿产资源补偿费征收事务所、自然资源事务中心、测绘大队、不动产登记中心、自然资源交易中心、矿业开发服务中心、城建规划与市政勘察设计院），定编295名；22个派出事业单位（1个分局、21个资源所）、定编223名。

【建设用地】2022年，涟源市上报省政府审批建议项目用地18宗，面积36.71公顷；获批共11宗，面积41.51公顷；核发建设项目用地预审与选址意见书7件。上报娄底市政府批准集体占用项目22宗，面积6.35公顷；批准农民个人建房农用地转用共5

批次计313户，批准转用面积4.08公顷，上报省厅一批次计71户，申请转用面积0.91公顷。共审批集体占用项目44个，面积10.44公顷，其中农用地面积4.16公顷。编制《涟源市2022年度土地征收成片开发方案》，并获省人民政府批复实施。

【征地拆迁】2022年，涟源市征收土地2093.33公顷，拆迁集体土地上的房屋88栋、3.66万平方米，为娄底高新区小学、斗笠山化工园、书院路、石马山北路等36个重点项目腾地并交付使用作出应有贡献。尤其是斗笠山化工园，娄底市新增用地规模指标200公顷，涟源市自然资源局仅用1个月便完成项目选址、纳入城镇开发边界、补划基本农田、压矿查询、争取计划指标、发布拟征地公告等相关前期工作，年前已完成第一期土地和房屋征收的实物量丈量。

【土地市场】2022年，涟源市优先保障智慧停车场、德晟机器人、凯越机械等民生基础设施、新兴产业项目用地，发展用地应保尽保。土地供给方面共收缴价款4.1亿元，其中办理出让25宗，面积41.27公顷，实现价款3.95亿元；办理划拨转出让74宗，面积4.06亩，入库价款207万元；办理超（调）容积率补缴土地出让金19宗，入库价款539万元。

【土地管理】2022年，涟源市推进9个产业园区用地调查，形成土地利用现状和效益初步分析；完成闲置土地处置22宗，面积61.97公顷；完成新中物流园项目8.43公顷土地储备；闲置土地处置率79.2%。

【耕地保护】2022年，涟源市耕地保护底线目标为57.85万亩（38566.67公顷），永久基本农田保护目标为52.12万亩（34746.93公顷）。建立智慧田长制，前期开展调研考察，组织相关人员到郴州市北湖区学习“田长制”模式先进经验。5月18日市政府常务会议和6月29日市委常委会专题研究耕地保护工作，出台《涟源市耕地保护智慧田长制实施方案》，全面启动智慧“田长制”。与湖南省测绘二院达成合作同盟，在全省率先启动智慧田长制建设，市财政投入专项资金530万元，完成494个村庄实地调查，划分网格1736个，建立市级、乡镇级、村级、网格长四级“田长制”。各级田长已注册激活“湖南田长”APP，开展巡田监管工作。安装田长制公示牌，全社会可结合“二维码”全时段关注耕地保护责任落实情况。启动恢复耕地任务实施，上级下达涟源市的恢复耕地任务606.67公顷。4月9日，市政府常务会议专题研究，提升涟源市恢复耕地任务至860公顷。根据《涟源市恢复耕地工作方案》，市自然资源局以“三调”成果为基础，在耕地恢复属性标注为“即可恢复”的图斑地块中，选取3753个“近期恢复”图斑下发至各乡镇、街道进行摸排筛选。5月1日，涟源市率先启动耕地恢复任务。全年完成耕地恢复任务共计931.47公顷，其中水田72.81公顷、旱土858.67公顷，超额完成娄底市下达的606.67公顷、市政府下达的860公顷任务。完成部系统举证59.53公顷，省系统举证388.33公顷。严格落实耕地占补平衡，通过补充耕地项目回头看，搞好种植指标报备入库，以指标购买方式，建设项目占用耕地数量指标4.70公顷，水田规模指标3.67公顷，粮食产能指标48383.85公斤；完成新增耕地项目指标确认5宗，完成项目翻耕9宗，新增耕地项目报备入库面积41.11公顷、水田面积9.3公顷；2022年在全国耕地占补平衡动态监管系统指标库中耕地数量指标44.73公顷，水田规模指标10.11公顷，粮食产能指标185.56万公顷，实现耕地指标由负转正，确保全市耕地“占补平衡”并略有节余。

【砂石土矿工作】2022年，涟源市收缴采矿权出让收益0.48亿元（含中央及娄底部分），其中采石场3543.27万元，煤矿1228.26万元，锰矿5.39万元。探索建立《涟源市工程建设项目用地红线范围内开挖砂石资源管理办法（试行）》机制，收缴砂石国有资源处置收入600万元。

推动绿色矿山建设。完成绿色矿山建设第三方评估验收达标9家，分别是杨岭山采石场、石苗采石场、大坪采石场、雷鸣采石场、檀木采石场、红旗采石场、檀山采石场、天雄锰矿、头石煤矿，完成复垦复绿面积7.67公顷。

推动净矿出让。建立联合踏勘审批机制，完成山金、杨岭山等2个矿区建筑石料用灰岩采矿权出让，完成大棚、拖坪等2个矿区建筑石料用灰岩矿采矿权出让前期工作并报省自然资源厅审核，完成到须井、寨子脑、红卫桥、黑山岭等4个矿区建筑石料用灰岩采矿权勘查工作，启动大排垴饰面石材、跑马饰面石材、杉木井熔剂用灰矿勘查工作。

【国土空间规划】2022年，涟源市成立以市委书记为主任的市国土空间规划委员会，召开规委会主任会议3次，提请审议《涟源市人防工程市政设施整改方案》、高新区调区扩区、斗笠山化工园选址等项目20个，审查通过15个；组织专家评审会议17次，审查通过修建性详细规划及调整方案48个、建筑方案18个、其他规划12个，核发规划设计条件通知书120份。全市划定永久基本农田52.10万亩（34736.13公顷）；划定生态保护红线166.74平方千米，避开重点建设项目发展区域；划定城镇开发边界3969.12公顷，新增620.96公顷。国土空间总体规划编制方案及9个专题设计、5个专项规划均已形成，统筹18个乡镇二级国土空间规划，构建国土空间规划和耕地保护“一张图”实施监督系统。全市504个村庄分类和布局规划方案编制完成，18个村完成实用性村庄规划编制，181个村庄规划在编制。

【专项整治】2022年5月，涟源市自然资源局启动自建房调查摸底，共摸排216860栋，排查出存在地质灾害隐患的经营性自建房57栋、非经营性自建房1753栋，对6栋濒危房屋组织实施人员撤离。开展建设合法合规性隐患调查摸底，上传50947栋予以核销隐患。6月17日牵头对石马山街道办事处友谊宾馆两层违建实施拆除。研究制定《涟源市中心城区城镇开发边界内C、D级危房分类处置实施办法（试行）》，并通过司法审查。共拆除“空心房”13698栋、建筑面积318.02万平方米。推动武汉督察局2022耕地保护和矿产资源督察举证工作，武汉督察局下发涟源市耕地保护“非农化”疑似问题图斑68个，审核通过43个，问题交办25个，审核通过率63.2%；矿产资源“非法开采”疑似问题图斑41个，审核通过23个，问题交办18个，通过率56.1%，两项通过率均高于全省平均水平。

【服务民生】2022年，涟源市加快推进不动产登记工作。农村宅基地颁证后发赶超，发放不动产权证11866本；深入推进化解办证难问题，成功化解11个房地产项目，发放不动产权证713本，对12个项目下发催缴函。开展“交房即交证”工作，在金樾府和五江君天举行现场颁证仪式，颁证681本，逐步实现城市规划区内所有新建商品房“交房即交证”。全面落实行政审批“三集中三到位”，实行规划审批清单化和“技审分离”，加快推进“双随机一公开监督”，启动“拿地即开工”改革，入驻中介超市，推广“一件事一次办”APP468个，平台办件13347件。派出40余名工作人员参与“纾困增效”，联系企业266家，解决企业问题70余个。推动地理信息建设。加强测绘资质资格管理，完成全市25个重点测量标志点和35个一般测量标志点的核查，完成16个项目“多测合一”数据录入和倾斜三维数据收集汇交工作。推动建议提案办理。承办市人大代表建议和政协委员提案11件，其中人大代表建议主办7件、会办2件；政协委员提案主办1件、会办1件，内容主要涉及地质灾害治理、空心房治理资金拨付、老城区非控制区房屋翻新建设等，代表和委员满意率均达到100%。全面落实信访责任，实行每周一领导接访日，受理初信初访175件，其中息访息诉未再上访59件，其他106件已出具答复意见，信访人参评度满意度100%。

【地灾防治】2022年主汛期间，涟源市自然资源局对353处地质灾害点建立监测台账、制订应急预案，发动群测群防巡查5260余人次，有效防范处置隐情38起，全市未发生因地质灾害引起的安全生产事故。投入181万元治理湖泉镇古台村和伏口镇新园村地质灾害点，消除和缓解116户居民安全隐患。

【生态修复】2022年，涟源市启动历史遗留矿山生态修复，编制出台《娄底市涟源市历史遗留矿山生态修复实施方案（2022—2025年）》及《涟源市历史遗留矿山2022年度生态修复工程施工图设计》，生态修复13个矿山，修复面积34.23公顷。指导督促26家矿山企业全部编制生态修复保护方案或综合防治方案，其中2家矿山完成年度验收。完成关闭退出29个，采石场“回头看”整改交办问题3个；完成上级生态环境交办整改问题16件；完成“夏季攻势”砂石土矿专项整治交办整改问题13件；完成“洞庭清波”专项行动交办问题1件；完成“蓝田保卫战”交办问题15件。

【违法用地治理】2022年，涟源市自然资源局利用卫星遥感、铁塔视频等监测手段，全面开展动态巡查，做到“早发现、早制止、早整改”。深入推进农村乱占耕地建房和违规占用永久基本农田发展林果业、挖塘养鱼、挖湖造景等专项整治，对新增农村乱占耕地建房“零容忍”。立案查处自然资源违法案件101宗，收缴罚没款289万元，其中规划类违法案件15宗，收缴罚没款42万元；土地类违法案件72宗，收缴罚没款165万元；矿产类违法案件14宗，收缴罚没款82万元。申请提级办理违法案件2宗，移送人民法院申请强制执行案件4宗，移送公安机关立案侦查案件5宗，拆除违法建筑55处，复耕复垦46处，问责4人，免职1人。全市部、省卫片和月清“三地两矿”执法整改任务共计541宗，已整改到位427宗，持续整改114宗，整改率为78.93%，且连续4个月实现新增违法用地为零。整改工作在娄底各县市区排名第二，在全省排名第30名，进入全省一类地区行列。

【基层基础工作】2022年，涟源市自然资源局坚决落实国务院联防联控第九版方案、“二十条”和“新十条”，做好疫情防控。推动干部职工下沉基层一线，把疫情防控落实到最小单元，落实“场所码”，组织干部进湄江镇6个乡村振兴驻点村、机关院落开展“敲门行动”。组织108名干部分A、B组下沉七星街镇基层一线，组织55名基干民兵在牛角石社区和机关院落开展“足不出户”管控。把平安建设和社会综合治理与其他业务工作同部署、同推进。开展常态化扫黑除恶，系统学习《反有组织犯罪法》，对52件案件开展“回头看”，核查案件线索10件，发动安装反诈APP 660人（次）。开展打击整治养老诈骗专项行动，核查3宗养老设施场地，无集资建设。派出6个驻村工作队18人常驻湄江镇6村，协助湖泉镇5村，派出94人参与全城行动，助力驻点村开展疫情防控、人居环境整治、秀美屋场建设、持续巩固拓展脱贫攻坚成果等行动。利用“4·22地球日”“5·12防灾减灾日”“6·5环境日”“6·25土地日”集中宣传自然资源知识，发放知识手册8500本，悬挂宣传横幅260条，发送宣传短信30000余条。在高速出入口、交通干线、商业中心设置11处大型广告牌宣传耕地保护、地质灾害等知识。在新湖南、娄底新闻网、涟源在线等媒体发表报道21篇。

（撰稿　阳自立）

双峰县自然资源工作

双峰县自然资源局

党组书记、局长、四级调研员	彭　亮
党组成员、副局长、二级主任科员	王拱良
党组成员、副局长、二级主任科员	朱汉奇
党组成员、副局长	黄志勇
党组成员、总工程师	朱领辉（2022.06—　）
二级主任科员	曹卫南（　—2022.06）
三级调研员	朱泽强
三级调研员	凌岳超（2022.05改为非领导职务）
四级调研员	王明建（2022.05改为非领导职务）
四级调研员	王　牧
一级主任科员	肖保初
二级主任科员	郭永鑫
二级主任科员	戴明辉
二级主任科员	杨永军（2022.05改为非领导职务）

【概况】2019年3月，双峰县自然资源局成立，是县人民政府工作部门，为正科级，由原双峰县国土资源局、原双峰县规划局合并组建而成，内设1个办公室、1个信访室、21个职能股室、10个直属事业单位，辖1个高新区窗口办、16个自然资源所。

【耕地保护】2022年，双峰县全面完成年度耕地补充任务88.93公顷；采取工程措施超额完成年度耕地恢复任务338.67公顷；落实耕地转为林地、园地、草地等其它农用地进出平衡7.21公顷；落实经批准建设占用耕地占补平衡12.87公顷，严守耕地底线目标，做到“先补后占、占优补优、占水田补水田”。出台《双峰县全面推行田长制严格耕地保护实施方案》，建立县田长制委员会领导下的县、乡镇（街道）、村三级田长和网格田长组成的“3+1”田长制，并对村以下划分网格田长1957个。配套建立“县级田长+县级田长监督长+县级田长督察长+县级耕地保护警长+县级耕地保护检察长”五长共治机制。推广使用湖南田长APP进行巡田、管地，对耕地违法行为做到“早发现、早制止、早处理”。争取到铁塔视频耕地监测先行县试点，安装76个视频监测系统，及时发现制止疑似地块42处，其中推填土告警9条，工程机械告警14条，坑塘水面告警19条。常态化开展卫星监测、图斑快递工作，分类推送任务清单，共推送图斑快递568条、常规监测图斑1613个，及时完成实地举证、上传。

【要素保障】2022年，双峰县严把土地新增报批管理关，从产业发展、生态环境、投资规模、税收贡献、项目整体评价等方面对新增项目进行评估，保障土地资源的合理供应。上报省市级项目用地35个，总面积45.23公顷；取得省市级批准的用地审批单项目23个，面积26公顷；取得省人民政府农用地转用、土地征收审批单项目12个，批准土地面积21.09公顷；办理集体占用项目16个，面积8.93公顷；办理农村村民建房批次项目14个，批准农用地转用8.30公顷，办理农用地转用面积4.77公顷。办理土地出库72宗，面积203.19公顷；发布国有土地使用权招拍挂出让公告43个，成交27宗，出让面积12.80公顷，成交金额40449.82万元；划拨土地28宗，面积33.26公顷。

【规划编制】2022年，双峰县坚持规划引领，依法规划许可。经批准正式启用“三区三线”划定成果，完成国土空间总体规划大纲和5个专题研究及5个专项规划的专家评审，完成193个普通村和112个镇村一体类村庄规划初步方案和3个试点村的村民集中建房点设计方案。共核发建设用地规划许可证94宗，面积55.05公顷；核发建设工程规划许可证68宗，面积61.90万平方米；核发规划条件核实证明42宗；设置规划条件38个；办理建设用地预审和规划选址24宗，面积31.80公顷。

【节约集约】2022年，双峰县制定《双峰县自然资源节约集约利用暂行管理办法》，将自然资源节约集约利用列入双峰县委、县人民政府重要工作日程，纳入党政领导班子政绩考核内容。结合工作实际全面开展存量土地的实地核查，出台闲置、低效及批而未供土地调查处理工作机制。闲置、低效及批而未供土地处置和“五好”园区建设工作排名全省前列。推广工业地产标准厂房产业集聚模式、探索“飞地经济”模式、推进公共技术服务资源配套共享模式、开展挖潜盘活存量土地模式、推进工业用地弹性供应模式等符合经济发展的地方特色节地模式。

【生态修复】2022年，双峰县推动绿色矿山建设和历史遗留矿山生态修复。根据绿色矿山建设三年行动要求，已建成国家级绿色矿山1家、已录入省级绿色矿山名录11家、已通过第三方评估矿山2家。编制完成《湖南省娄底市双峰县历史遗留矿山生态修复实施方案（2022—2025）》和《矿山生态保护方案》，2022年争取省级资金435万元，修复12座矿山18个图斑，修复面积40公顷。2023年历史遗留矿山生态修复工程通过竞争性审查并立项，投资估算2676万元，修复面积可达118公顷，项目已经财政评审并上报湖南省自然资源厅。组织矿山生态修复年度验收，制定年度修复计划，加强矿山生态修复基金管理和使用。根据长江经济带“举一反三”自查情况以及污染防治攻坚战“夏季攻势”工作的要求，开展整改，并编制资料向娄底市人民政府申请验收销号，完成初验和市级验收。

【民生服务】2022年，双峰县自然资源局152项申请类政务服务事项，100%窗口进驻，100%审批授权。全面梳理“一件事一次办”清单，实现群众办事“最多跑一次”，推进“互联网+政务服务”。完成办理事项942件次，完成双峰县政务服务一体化平台数据录入12341件，咨询事项826人次。推进“区块链+不动产电子证照共享平台”，开发不动产登记系统、税务缴税系统及商品房合同网签备案系统接口，通过区块链实现不动产登记、契税缴纳、预售商品房合同备案线上推送，信息互联互通。实行不动产抵押登记“全流程无纸化”网上办理新模式，抵押登记全流程网上办、无纸化办理。互联网预约数15宗，申请业务数量581宗。设置综合受理窗口，统一受理登记、缴税、交易资料，实现网上缴费，并提供证书免费邮寄业务。全面压缩不动产登记时限，不动产查封、注销、异议登记、涉企财产办理不动产登记即办即结，抵押登记2个工作日办结，转移登记、变更登记、补换证3个工作日内办结。推进信息共享机制，不动产登记系统集成民政婚姻信息、营业执照信息等17个共享信息接口。共减免小微企业及个体工商户登记费3.83万元。成立自然资源领域安全生产专项行动领导小组，制定行动方案，开展七个方面的潜在风险隐患大排查。编制完成并组织实施《双峰县“十四五”地质灾害防治规划》，制定地质灾害防治和督查方案。强化汛期值班值守，实行领导干部带班制，坚持24小时值班值守，及时发布预警信息17200条。对全县333个地质灾害隐患点以及1784处切坡建房隐患户进行汛期排查、汛中巡查，对微小型地质灾害全部安排技术单位到现场进行排险避险指导。向上争取重点隐患立项治理。

【执法监察】2022年，双峰县自然资源局建立健全并落实动态巡查与监管制度，开展日常土地资源执法检查800余人次，开展矿产资源执法检查、日常规划执法检查各100余人次，及时发现并制止各类自然资源违法行为89宗，依法收缴违反自然资源管理行为罚款500余万元。其中共查处矿产资源违法案件7起，依法查封非法开采24处，扣押非法开采工程机械30台次，移送公安部门刑事立案1宗，移送人民法院强制执行9宗。共立案查处土地违法用地案件52宗，移送公安部门刑事立案1宗，移送人民法院强制执行40宗，移送纪监委追责8起，拆除违法建筑5起，拆除违法建筑面积9000余平方米，复耕15.73公顷。共立案查处规划违法案件30宗，移送人民法院强制执行2宗，移送纪监委追责2起，没收违法建筑2起，拆除违法建筑10起，拆除违法建筑面积6000余平方米。开展卫片执法，共甄别上级下发卫片疑似违法图斑5589处，并对涉嫌违法开采的3家矿山企业和68宗涉嫌土地违法的项目用地予以立案查处并办结。

【法治建设】2022年，双峰县自然资源局推进法治建设，办理应诉、应复案件53起,胜诉率96.5%。严格落实《最高人民法院关于行政机关负责人出庭应诉若干问题的规定》，负责人出庭应当出庭应诉率100%。充分利用“4·22”世界地球日、“6·25”全国土地日、“8·29”测绘日、“12·4”宪法日等，采取办简报、发宣传资料、设立咨询服务台等方式宣传。成立人大建议、政协提案办理工作领导小组，2件主办件和9件会办件均严格办理，按时答复，办结率100%，代表满意率100%。开展法治学习和学法考试，采用集中学习、邀请专家授课，参加培训等方式，学法考试通过率100%，法律知识竞赛取得较好的成绩。

【基层党建】2022年，双峰县自然资源局制定党建工作要点，将党建工作列入年终绩效考核，做到党建工作与业务工作同安排、同部署、同考核。制定党风廉政建设工作方案，签订责任书，梳理党风廉政风险点并制定工作任务清单。加强纪检监督执纪，第一种形态处理形式6人，第二种形态处理形式13人，第三种形态处理形式2人。制定党员干部理论学习计划，落实“第一议题”制度，中心组理论学习研讨13次，党员干部理论学习50余次。制定完善意识形态系列制度，将意识形态工作纳入重要议事日程和年度工作要点，纳入党建工作责任制，纳入年度目标管理考核。开展二十大精神学习讨论，召开全局干部职工大会并邀请双峰县委宣讲团上党课。

【荣誉档案】2022年，双峰县自然资源局获首批全国自然资源节约集约利用示范县、双峰县政府重点工作真抓实干先进集体、双峰县重点项目建设要素服务保障单位和“项目建设效率提升年”活动立功先进集体、双峰县优化营商环境先进集体、双峰县争资争项先进集体。

（撰稿　王政伟）

新化县自然资源工作

新化县自然资源局

党组书记、局长	刘新民
党组副书记、副局长	陈远义
党组副书记、副局长	曹泽辉
党组副书记、副局长	刘自忠
党组成员、副局长	周　良
党组成员、副局长	唐建高
党组成员、副局长	罗向凯
党组成员	伍学宗
党组成员、副局长	肖利春
党组成员、总规划师	刘卫安
党组成员	曾令国

【概况】新化县自然资源局是新化县人民政府工作部门，为正科级，内设办公室、法规股（自然资源督察股）、自然资源调查监测股、自然资源确权登记股、自然资源所有者权益股（自然开发利用股）、国土空间规划股、建设工程项目管理股、村镇规划股、国土空间用途管制股、国土空间生态修复股、耕地保护监督股、矿产资源保护股（地质勘查管理股）、矿业权管理股、自然测绘和地理信息管理股、财务股、人事股、行政审批服务股、信访股、执法监察大队、不动产登记中心、测绘服务中心、土地开发整理中心、矿产资源补偿费征收中心、离退休人员管理服务等股室。下属8个二级机构，在职干部职工460人。

【用地保障】2022年，新化县共招拍挂土地32宗，面积66.21万平方米，成交价款82706万元。开展用地报批工作，共取回G59呼北高速新化至新宁段工程项目（新化段）、游家镇污水处理厂、石冲口镇污水处理厂、桑梓镇污水处理厂等24个项目的农用地转用、土地征收审批单，总用地面积为256.90公顷。共办理天门乡中心学校异地新建、文田社区文化广场等39个项目的集体占用手续，总用地面积为27.27公顷。共办理新化县二水厂球溪取水及原水输水工程等11个项目临时用地手续，总用地面积为13.45公顷。完成闲置土地处置任务12.48公顷，处置率79%，居全市第一。

【耕地保护】2022年，新化县推进耕地保护田长制工作，建立县、乡、村和网格四级田长制，明确各级田长的工作职责和任务。完成210.07公顷的年度变更调查净减少耕地的整改补足任务。完成娄底市政府下达的年度恢复耕地任务450公顷。累计恢复耕地660.07公顷。立项实施11个补充耕地项目，总面积116公顷。共计完成26个建设用地项目的耕地占补平衡，补充耕地数量21.70公顷，水田规模10.87公顷，粮食产能指标21万公斤。

【不动产登记】2022年，新化县自然资源局发放证书证明共计45262本，其中证书38979本，抵押登记6583本，查封、解封登记200多宗。各类不动产档案查询业务约600余次。推进农村宅基地及集体建设用地房地一体不动产权登记工作，全县共完成32.4万宗农村宅基地的测量和权籍调查，完成发证187596宗。

【规划编制】2022年，新化县自然资源局组织编制完成《新化县城西片区控制性详细规划B3-02/B3-04地块调整评估及论证》《新化县花山片区控规整合调整评估及论证》；完成50个单独编制类、提升完善类村庄规划和125个“镇村一体类”村庄规划的初步方案编制；针对新化县花山片区控制性详细规划整合调整、资江二桥西南端控制性详细规划B-1、B-2、B-3、B-4地块用地性质调整论证、新化县河西城北片区控规C-04-04/C-04-06地块调整、新化县电力设施布局规划（2021—2035年）等5个项目进行现场和网络公示，并妥善处理反馈意见；1月，新化县自然资源局组织省内规划专家对新化县国土空间总体规划的国土空间规划实施评估、总体城市设计、城镇开发边界、战略定位和产业发展规划等专题进行专家函审。7月，形成新化县国土空间总体规划初步成果，并向县委、县政府进行专题汇报。8月，完成“一张图”建设系统的开发及部署，并通过娄底市自然资源和规划局的初步评定。8月，向湖南省自然资源厅递交新化县“三区三线”最终划定成果。

【地灾防治】2022年，新化县自然资源局部署汛前排查工作，组织各乡镇对全县所有地质灾害隐患点和临坡切坡建房户进行实地排查，完善隐患点监测预警防灾处置措施，发放“一案两卡”，对各隐患点群测群防人员信息进行更新。汛期值班从4月1日开始至10月31日结束，其中4月30日至8月30日为重点防范期，局机关和各自然资源所实行双人双岗24小时值班值守，汛期地质灾害巡排查车辆行程15000千米，实地排查1000余处、应急调查100余处、应急处置60余处、地灾监测48处，应急调查报告15份，向相关单位发放督办函15份。主汛期结束后，开展汛后核查工作，对已稳定、不再有安全隐患的地质灾害隐患点按程序上报核销，对新发生的地质灾害安全隐患进行全面调查，并登记造册，按程序上报入库，同时对各隐患的群测群防人员及各级责任人信息进行核对和更新，实现地质灾害人员“零伤亡”。

【矿政管理】2022年，新化县自然资源局加快推进绿色矿山建设工作，完成8家绿色矿山第三方评估，完成全县30家露天矿山情况的全面摸底，包括矿山开发利用情况、环境保护、矿山生态环境恢复、绿色矿山建设等情况；进一步加强矿产资源开发利用监督管理，督促43个持证矿山于3月31日前完成2021年度采矿权人开采信息公示填报工作，并完成10家矿山的实地核查和抽查工作，加强对持证矿山的监管；完成天马采石场、木子湾采石场、盛鹏采石场、龙祥采石场、白石岭采石场、金星厚皮岭采石场、胜利煤矿、玉坤金矿等8家矿山的采矿延续登记的初审和资料上报，完成1家长锑矿探转采的资料初审工作；在《娄底市矿产资源总体规划（2021—2025年）》中拟新设开采条件较好的一二类矿产规划区块四个：游家上马村饰面用灰岩矿、温塘神仙岭饰面用灰岩矿、油溪乡伍家冲矿区方解石矿、槎溪镇乐柏冶金用石英岩矿；探转采规划区五个：新化县古台山矿区鸟坳段金锑多金属矿、西河矿区地下热水、月光矿区金矿、玉横塘矿区大尖岭矿段金矿和长新矿区锑矿。

【自然资源执法】2022年，新化县自然资源局共查处违占违法案件147宗，其中非法占地案件47宗，信访案件23宗，竣工项目65宗，走拆除程序的违法建设12宗，共处罚款340万余元。移送公安2宗，移送县纪委监委3宗，移送法院14宗。制止整改违法用地88起，督促整改复耕土地面积33200平方米。共下达停工通知书88份（规划区内72份、规划区外16份），下达改正违法行为通知书37份。加强对无证非法露天开采易发频发区域巡查，对矿山共立案2宗，非法采矿立案4起，罚没收入37.42万元，非法占地立案查处9起，罚款16.26万元，规划验收立案查处2起，罚款55.15万元，扣押非法采矿的挖掘机12台，移送公安机关2起。向桑梓、石冲口、文田、温塘、炉观等乡镇人民政府送达《告知函》，共出动巡查人员550余人次，出动8余台次流动宣传车。

【基础测绘】2022年，新化县自然资源局推动信息化建设。完成“数字新化”地理信息基础工程建设，针对新化县地理空间数据现势性不强、坐标不统一、数据覆盖不全的短板进行一次全方位的补充与更新，形成现势性强、精度高的基础地理信息数据库，搭建“数字新化图”“领导用图”等示范应用系统，实现与公安局警用地理信息系统、县林业局林业调查系统等应用系统数据共享，建设成果将广泛应用于新化县国土空间规划、智慧城市、自然资源确权、实景三维等重点工程。开展地理信息示范县建设工作，于2021年开展高分辨率、高精度的新化县城市实景三维模型建设，并进行单体化处理，丰富地理信息数据体系，最终成果可纳入“数字新化”数据体系中，从而为政府、企业和公众提供三维GIS应用服务。开展1∶500地形图测绘更新工作。通过倾斜航空摄影生产实景三维模型的方式，实现1∶500数字线划图高效制作，建立覆盖全县城、镇开发边界内实景三维模型、1∶500地形图数据库，完成地形图采集、1∶500数字线划图（DLG）建设、技术验收与行政验收工作。

【信访工作】2022年，新化县自然资源局共处理群众来电来信来访事项184件，其中自然资源部网上信访系统事项25件，湖南省网上信访信息系统事项33件，12345市民服务热线事项75件，网络舆情事项40件，接待群众来访来信事项11件。从内容上看，涉及征地拆迁的事项占比41.8%，违法用地违建事项占比29.2%，矿业权属方面的事项占比11.2%，土地权属纠纷事项占比12%，其它问题事项占比5.8%。

【党的建设】2022年，新化县自然资源局共开展集中学习72次，领导干部讲党课25次，每名党员撰写党的二十大精神学习心得体会1篇。为全局256名党员征订《习近平谈治国理政》（第四卷）、《习近平足迹》、《百年初心成大道》、《百年大党面对面》等系列辅导书2000余册，还邀请县委讲师团讲师作党的二十大精神宣讲报告。党组班子成员全部完成湖南省干部教育网络学院、《乡村振兴金秋五课》等培训任务。所有事业单位人员按要求完成每年30学时的政治培训，督促全局干部职工利用“学习强国”学习平台等平台加强政治学习，前30名学员积分均超过67000分。

（撰稿　吴强生）

湘西土家族苗族自治州自然资源和规划工作

湘西土家族苗族自治州自然资源和规划局

党组书记、局长	隆立新
党组副书记、副局长	彭英彪
党组成员、副局长	彭　华
党组成员、副局长	王申强
总规划师	吴春明
总工程师	杨　舟
一级调研员	袁昌全
二级调研员	李生岩
州不动产登记中心主任	黄智勇
州土地开发整理中心主任	石常春
州自然资源和规划行政执法支队长	葛　伟

【保障发展】2022年，湘西土家族苗族自治州“三区三线”成果获自然资源部批复，全州共划定永久基本农田154860公顷，占州域国土面积10.01%；划定生态保护红线371519.32公顷，占州域国土面积24.01%；划定城镇开发边界（集中建设区）24011.22公顷，占州域国土面积1.55%。共核发用地预审与选址意见书4件（州本级），核发建设用地规划许可181件（公建）；核发建设工程规划许可254件（公建）；核发乡村建设规划许可证4171份。加强“土地全生命周期”管理，全州完成新增和控制储备土地695.57公顷。国有建设用地出让369.26公顷，成交合同价款36.52亿元，全部为土地净地供应。全州增减挂钩项目实施方案批复及变更批复20期，复垦面积514.4公顷，可实现交易价款19亿元以上。

【国土空间规划】2022年，湘西自治州自然资源和规划局修改完善湘西州国土空间总体规划成果，州级23项国土空间专项规划、7县1市1区国土空间总体规划根据州级国土空间总体规划工作进度同步有序推进。耕地保护、矿产资源、生态修复、钒矿绿色发展、基础测绘、地灾防治等自然资源领域规划基本编制完成。保靖县阳朝乡溪州村村庄规划被省厅评为优秀案例一等奖。召开专题会议2次、专家审查会6次，审议重点工作、重大项目47个；用好土地利用总体规划修改阶段性政策，完成乡镇污水处理厂、垃圾中转站等41个项目的修改土地利用总体规划。

【耕地保护】2022年，湘西自治州自然资源和规划局探索建立基层田长、林长、河湖长经济补偿统筹机制，优化落实网格田长。严格落实政府耕地保护目标责任，完成永久基本农田储备区划定成果核查修改、全州永久基本农田保护潜力测算、永久基本农田补划（内业）等工作，全州现有耕地17.935万公顷（269.025万亩），“三区三线”划定落实耕地保有量17.38万公顷（260.74万亩），永久基本农田保护面积15.49万公顷（232.31万亩）。

【矿政管理】2022年，湘西自治州自然资源和规划局推进矿业综合整治，花垣县锰矿山开采企业整合为1个，完成铅锌矿老矿区6个铅锌采矿权整治退出，大脑坡铅锌矿新矿区只设置1个采矿权。开展全州矿产资源领域安全生产“回头看”专项检查行动，所有非煤矿山硐口全部封堵到位。出动巡查2500余人次，对全州非法盗采矿产资源等违法行为进行全面排查，查处案件37宗，以线索形式移交公安机关追究刑事责任15起。《湘西自治州矿产资源总体规划（2021—2025年）》通过省级审查，全州金属矿山减少到21个以内，其中铅锌矿由45个减少到4个，锰矿由17个减少到10个，钒矿维持3个；砂石土矿专项规划开采区块共97个，其中直接保留、扩界保留区块50个，新设区块47个。8县市砂石土矿专项规划均获省厅批复并启动实施，获得勘查批复21个，凤凰县帮东绣矿区建筑石料用灰岩矿、保靖县溪洲村建筑用白云岩矿分别以2.47亿元、0.37亿元出让。绿色矿山建设加快推进，全州实际完成绿色矿山建设23家（含通过第三方评估5家，完成建设因关闭退出不再评估入库1家），绿色矿山建设三年行动目标任务完成。

【生态保护与修复】2022年，湘西自治州自然资源和规划局深入推进“三废”综合治理和生态修复，完成整治481个，累计投入资金1.76亿元，修复面积865.75公顷，历史遗留矿山生态修复完成率居全省前列。《湘西州国土空间生态修复专项规划（2021—2035年）》经州人民政府批复同意后印发。污染防治攻坚战“夏季攻势”历史遗留矿山生态修复、“洞庭清波”专项行动废弃矿山生态修复完成整改销号。2个项目入选2023年省级历史遗留矿山生态修复项目库，总投资5046.3万元，总修复面积228.23公顷，投资额及修复面积均创全州历史之最。矿山生态修复验收工作有序推进。深入推进污染防治攻坚战及防范化解重大生态环境风险隐患“利剑”行动，中央第二轮环保督察反馈问题2个均已完成整改，省环保督察“回头看”反馈问题整改基本完成。长江经济带生态环境警示片披露问题举一反三排查整治完成整改销号2个。推进生态损害赔偿，摸排案件线索29件，全部启动索赔程序，赔偿金额160余万元。

【地灾防治】2022年，湘西自治州自然资源和规划局落实汛前排查、汛中巡查、汛后核查“三查”制度和24小时双人值班值守制度，有效应对18轮强降雨，成功避险地质灾害34起，直接避免412人伤亡。对1272处地质灾害隐患纳入群测群防管理，出动7361个工作组29784人次开展地灾隐患排查和再巡查，紧急组织32505人次群众避险转移，开展避险演练76场、地质灾害培训会76场次。建立健全强降雨期间地质灾害风险月分析、周预测、日会商及短临时预警信息“6小时预报、3小时预警、1小时叫应”预警预报机制，发布预警信息32期，短临预警信息761批次120余万条，点对点精准发送监测预警信息650批次。投入地灾防治资金4915万元，对8处中型地质灾害隐患进行工程治理、50处小型地质灾害隐患进行排危除险处置、100处地灾隐患安装普适型监测设备，消除地质灾害隐患70处。保靖县比耳镇双福村突发泥石流灾害成功避险案例入选全国地质灾害成功避险十大案例。2022年6月4—5日，自然资源部地质勘查管理司副司长熊自力、湖南省自然资源厅总规划师申志军一行到吉首市、泸溪县调研地质灾害防治工作。

【增减挂钩】2022年，湘西自治州自然资源和规划局共实施完成22期增减挂钩项目，新增耕地573.33公顷，其中20期增减挂钩项目通过省厅确认，确认新增耕地面积514.4公顷，在逐步开展日常变更和报部核查。“十三五”期间共新增农用地4573.33公顷，累计交易节余指标2033.33公顷，交易价款82.48亿元，其中跨省交易节余指标1066.67公顷，交易价款48.51亿元。2022年7月27日，全省增减挂钩节余指标跨省域调剂工作推进会在湘西州召开。

【不动产登记】2022年，湘西自治州自然资源和规划局持续深化不动产登记改革，不动产一般登记业务办理时间统一压缩至5个工作日内，转移登记等业务在资料齐全、缴清税费的情况下实现1个工作日办结，查封、注销、异议等登记业务即来即办，全州平均办理时间0.42天/件，较2021年同期缩短0.38天，全州颁发不动产证书证明130584本，抵押融资432亿元。湖南省不动产登记网上“一窗办事”平台、电子证照全面推广运用，“智慧湘西+不动产交易税费管理”系统全面上线运行，共办理业务14454笔，征收税费1.5亿元，不动产登记与水电气联动过户全面实行。

【测绘地理信息】2022年，湘西自治州自然资源和规划局推动“多测合一”国家改革工作，创新性开展1：500地形图动态更新系统建设和应用，开展实景三维湘西建设，健全应急测绘保障机制，加强防灾减灾救灾、重大项目建设等地理信息服务，有序推进北斗卫星导航推广及应用，不断提升地理信息公共服务能力和水平。持续推进州、县两级卫星应用技术中心体系建设，提高自然资源为经济社会发展服务的基础数据和信息化应用保障。纵深推进“多测合一”改革，在全省率先出台《湘西州工程建设项目“多测合一”技术规定》，改革成效获州工改办通报表扬。

【民生实事】2022年，湘西自治州自然资源和规划局排查居民自建房611375栋，纳入建设合法合规性问题整治库336120栋，已整治到位3395栋。开展集中化解房地产信访突出问题办证专项行动，全州纳入房地产办证难问题项目218个，已销号166个，其中一期116个化解率100%，二期102个化解率60%，为2.77万余名业主办理不动产权证，追缴税费2.39亿元。“交房即交证”改革全面推行。完成《湘西自治州集体土地征收与房屋拆迁补偿安置办法》修订。接待来访30批次110人次，受理各类信件10封，下发交办函、通知书23份，来信来访办结率100%。

【荣誉档案】2022年，湘西自治州自然资源和规划局“三调”、地质灾害避险等工作获自然资源部表彰，获评《湖南自然资源年鉴（2022卷）》先进单位；3月21日，湘西州、吉首市、凤凰县被评为全省第三次国土调查工作典型市县；12月7日，州自然资源和规划局被授予“第三次全国国土调查先进集体”称号；12月16日，凤凰县自然资源局、永顺县自然资源局被评为湖南省第三次国土调查先进集体。永顺县耕地保护工作获省政府真抓实干督查激励奖励。平安建设、信访工作、安全生产和消防工作、建设美丽湘西工作被州委州政府评为优秀州直单位。

（撰稿　田　粒　胡　艳）

吉首市自然资源工作

吉首市自然资源局

党组书记	田军文（　—2022.06）
	张自南（2022.06—　）
党组书记、局长	田军文（　—2022.06）
	张自南（2022.07—　）
党组成员、副局长	陈国军
党组成员、副局长	陈丽军（　—2022.04）
党组成员、副局长	王国栋
党组成员、副局长	谭　超（　—2022.03）
党组成员、市城市规划信息技术服务中心主任	黄　奕（2022.05—　）
总工程师	张言波（　—2022.10）
党组成员、副局长	张言波（2022.10—　）

【概况】吉首市自然资源局成立于2019年3月18日，2021年11月24日林业局独立设置后，全局有下属单位21个、在职人员314人。

【保护耕地】2022年，吉首市委常委会、市政府常务会议上专题学习新《土地管理法》、《省自然资源厅关于严格落实耕地进出平衡的通知》等文件精神7次，与乡镇（街道）逐级签订《耕地保护目标管理责任书》。编制完成2021年度国土变更调查流出耕地永久基本农田补划方案，全面完成2022年度恢复耕地任务140公顷、2021年国家耕地保护督察反馈问题整改工作及永久基本农田保护目标。下发《吉首市全面推行田长制工作实施方案》，全面建成市、乡镇（街道）、村（社区）、网格田长的四级“田长制”，划定乡级田长11个、村级田长144个、网格田长352个。

【保障项目用地】2022年，吉首市上报省厅审查项目共计12个，用地总面积合47.63公顷，取回批文项目10个，批准用地总面积合41.23公顷，建立项目用地需求摸底、年度计划指标分配、全市占补平衡指标调剂和重大项目用地保障服务等机制，开辟报批绿色通道，主动做好服务保障工作，实现土地使用权出让价款收入11.6亿元。

【矿产资源管理】2022年，吉首市持证矿山12家，10家在州级第四轮矿产资源规划中均不予保留，全部完成关闭。省级发证2家，均纳入州级第四轮矿产资源规划保留矿山。开展有偿处置工程建设项目富余砂石资源工作，完成湘西众鑫职业技术学校、吉首市武陵绿色食品产业园两个项目红线富余砂石资源有偿处置，开展腾达公司富余砂石出让前期工作。完成矿山生态修复7处，3处在施工中，11处“三废”处置任务全面完成。

【地灾防治】2022年，吉首市建立健全群测群防体系，编制下发《吉首市地质灾害防治方案》《吉首市地质灾害应急预案》，对全市32个严重隐患点逐一进行排查，4—9月，实行汛期防治24小时值班制度，成立60余人的汛期应急值班队伍，累计出动600人次做好汛前排查、汛中排查，配合组织转移30余次，累计疏散1000余户、6000余人次，完成云华、健身坡地质灾害治理，实现地质灾害“零伤亡”。

【依法行政】2022年，吉首市自然资源例行督察反馈问题整改任务127个，完成整改到位71个、持续整改21个，整改完成率56%；2017－2019年存量违法用地任务完成整改26个，面积11.88公顷；做好卫片图斑整改工作，完成整改26个，面积11.26公顷；推进“月清三地”违法图斑整改工作，完成问题整改31个，面积34.4公顷；做好新增违法图斑整改工作，完成整改6个。开展新增乱占耕地建房问题摸排、加大违建别墅问题清查专项整治、“大棚房”专项整治“回头看”工作，全市无新增乱占耕地建房、违法别墅、违法大棚房发生。

【不动产登记】2022年，吉首市共受理不动产登记业务24981笔，发放不动产登记证15806本、不动产登记证明12428本，出具不动产登记查询证明25940份。红旗门湘西州政务中心第二办税服务大厅正式启用市不动产登记中心老城区办理窗口，开通不动产+水电气联动过户业务，市民在不动产综合受理窗口申请不动产登记时，可根据个人意愿同时申请水电气过户。开展吉首市集中化解房地产办证信访突出问题再排查再深入专项行动，全市73个新纳入项目共化解完成18个，办理不动产权证1216本，省考核55个项目共化解29个，化解率52.7%。

【空间规划】2022年，吉首市全面完成“三区三线”划定工作，并正式启用划定成果。空间规划编制在逐步完善中，吉首市国土空间总体规划共设置资源环境承载能力和国土空间开发适宜性评价、国土空间规划实施评估等10个重大研究专题，均已形成初步成果，在深化完善中。同步推进乡村规划，2022年省自然资源厅下达的48个编制任务，12个村已于2021年完成初步设计方案，36个村已全部完成入村调研、基础资料收集、现场踏勘等前期工作，在开展内业规划编制设计工作。各乡镇国土空间总体规划同步启动。

（撰稿　龙　华　邹连喜）

泸溪县自然资源工作

泸溪县自然资源局

党组书记、局　长　　谢伯清
党组成员、副局长　　毛应刚
党组成员、副局长　　黄始发
党组成员、副局长　　李隽华
总规划师（非党）　　李　静

【概况】2022年，泸溪县自然资源局机关13个股室共71人（包括临聘人员），二级机构4个共43人（包括临聘人员），11个乡镇自然资源所共45人（包括临聘人员），全局（包括二级机构、基层站所）所有临聘人员共52人。直属单位及二级机构11个。

【保障发展】2022年，泸溪县国土空间规划“三区三线”划定成果获批复，共划定永久基本农田16461.41公顷，占全县耕地面积18564.58公顷的88.67%，占县域国土面积12.01%；划定生态保护红线31575.18公顷，占县域国土面积20.15%；划定城镇开发边界（集中建设区）2035.45公顷，增量约325公顷。完成耕地进出平衡恢复任务，将其他农用地整治为耕地151.33公顷，开展耕地后备资源调查，开垦类占补平衡耕地后备资源7986.67公顷，恢复类进出平衡耕地后备资源3306.67公顷；完成第六批次建设用地项目、县辰州烟花爆竹仓库、县浦市预拌混凝土搅拌站等8个项目的用地报批，用地项目申报10个批次，总面积17.84公顷。完成县职教中心新建项目、县气象站搬迁项目、县公墓山殡仪馆项目等20个项目的征地拆迁工作，各类供地总计258宗，面积26.32公顷，土地成交价款2.03亿元，全年向上争资2100余万元；配合高新区调区扩区、化工园申报工作，总体发展规划、控制性详细规划、土地集约利用评价等相关前期工作已完成。开展园区土地利用清理专项行动，通过开发建设、土地租赁、挂牌出让等方式配合高新区处置低效用地24.79公顷。

【服务民生】2022年，泸溪县不动产登记中心推动优化营商环境工作，实现“交房即交证”、水电气联动过户业务“一窗受理”“一网通办”“一站式办结”。落实“互联网+不动产登记”工作要求，加强与各部门的数据对接建设，不动产抵押登记全程网上办，一般登记、抵押登记时间压缩到5个工作日内办结。

【增减挂钩】2022年，泸溪县自然资源局完成2022年跨省域调剂项目面积73.24公顷的实施及耕种、年度变更，以及耕地恢复任务151.33公顷的选址、施工、整改、耕种、举证工作。

【地灾防治】2022年，泸溪县已知地灾隐患点100处（其中州级20处）和2067处切坡建房，按照年度防治工作要求，泸溪县自然资源局加强汛期值班值守，开展灾后重建，强降雨期间紧急派驻工作组到各乡镇251人次，配合转移受灾群众509户1501人；加大全县重大地灾隐患点工程治理，完成施工3个，在实施2个，投入资金共计2251万元；制定全县地质灾害搬迁避让实施方案，启动白羊溪搬迁避让集中安置区试点建设工作，前期93户共计587万资金已获省自然资源厅批复。

【矿政管理】2022年，泸溪县自然资源局全面完成“三废”综合治理和历史遗留矿山生态修复整治任务，全力推进《泸溪县建筑石料用砂石土矿专项规划（2019—2025年）》第一批次洗溪镇打岩冲、合水镇长冲陇、马龙口3个矿区前期勘探和出让前期准备工作。

【执法监察】2022年，泸溪县自然资源局完成交办问题核实整改。其中上级自然资源例行督察图斑数共57个，已完成整改48个，月清“三地两矿”中违法用地和非法露天采矿处置率分别为71.53%、100%，农村乱占耕地建房处置到位91.17%，整改处置完成率在全州综合排名第三；获批全省自然资源铁塔视频监测试点“先行县”，成为全州利用视频开展耕地保护、规划管控、用途管制、督察执法的两个县级单位之一。

【信访维稳】2022年，泸溪县自然资源局接信访交办件4件，其中州信访局交办1件、本局接办3件。信访立案4件，结案3件，结案率75%。

（撰稿　任文劼）

凤凰县自然资源工作

凤凰县自然资源局

党组书记、局　长　　左玉平
党组成员、副局长　　廖志军
党组成员、副局长　　阙成龙
党组成员、副局长　　张建军
党组成员、副局长　　彭小林

【要素保障】2022年，凤凰县上报并取回用地批单9个，总面积12.93公顷；取回村级服务平台等只转不征用地批单3个，总面积0.43公顷；下达缴款通知单用地批单1个，总面积6.03公顷；组卷完成报省项目并进窗审查2个，总面积2.19公顷；乡镇加油站、领创等10个经营性项目在组卷中，涉及用地面积25.33公顷。完成新增建设用地26.82公顷（402.30亩）、控制储备土地11.42公顷（171.43亩）入库；完成土地供应68宗，面积183.07公顷。追缴历年土地出让价款2.69亿元；2022年度城乡建设用地增减挂钩项目（一、二、三期）完成州、省验收复核，确认农用地108.38公顷，其中耕地88.53公顷，可实现收入3.3亿元以上。全县共审核征地拆迁补偿项目15个，征地面积13.63公顷，迁坟41冢，审核征地拆迁补偿款1506.77万元。

【国土空间规划】2022年，凤凰县统筹推进永久基本农田核实整改、生态保护红线优化、城镇开发边界线划定工作，总体规划的核心内容“三区三线”成果已通过自然资源部和省自然资源厅的审核认定。强化总体规划中关于风貌管控的指导性内容，进一步优化总体规划成果（含中心城区规划）。交通、水利、文旅、农业等237个重大项目纳入总体规划重点工程项目列表，总体规划成果已通过专家和部门的联合审查，在面向社会开展公示公告，广泛征求公众意见。开展“多规合一”实用性村庄规划编制工作，已完成247个村庄规划编制，实现村庄规划覆盖率97%。根据部、省建设规划“一张图”实施监督信息系统的相关要求，已按时保质完成系统建设，将“三调”变更调查、双评估双评价、“三区三线”等成果数据纳入系统，通过州级初步评定。加强规划支撑服务，县国土空间规划委员会召开专题会议3次、专家审查会7次，审议项目选址7个，项目方案18个。严格核发“一书两证”、乡村建设规划许可证，共发放建设项目用地预审与选址意见书7件、建设用地规划许可证90本、核发项目工程规划许可证116本，乡村建设规划许可证314件。

【资源保护】2021年末，凤凰县耕地面积33563.63公顷，补足后永久基本农田面积28378.4公顷。恢复耕地面积34.73公顷，超额完成州级下达恢复耕地33.33公顷（500亩）的任务。全面落实“两个平衡”，出台《凤凰县2022年度耕地“进出平衡”总体方案》，实现耕地“进出平衡”17.51公顷，取得新增耕地数量指标405.09公顷（占补平衡）。全面完成凤凰县千工坪镇官上坪村等7个历史遗留和自然灾害损毁土地复垦项目，建设规模43.85公顷。制定《凤凰县全面推行田长制实施方案》，将田长制执行情况纳入县政府对乡镇耕地保护责任目标考核、绩效评估、领导干部考核和自然资源资产离任审计范围。建立县、乡（镇）、村、网格四级田长制，划定1009个田长网格，设立1057位田长，通过县与乡，乡与村、网格田长签订耕地与基本农田保护目标管理责任书，明确主体，落实责任，将耕地保护数量和永久基本农田保护面积，定额带位置下达到乡、村、组、户；投入使用巡田APP，实现耕地保护“人防+技防”目标，守住耕地保护红线和粮食安全底线。完成凤凰县砂石土矿数量专项整治工作，凤凰县千工坪镇帮东绣建筑石灰岩矿以2.47亿元完成挂拍工作，全面完成50家“三废”整治行动。持续推进增减挂钩工作。2022年度城乡建设用地增减挂钩项目（一、二、三期）完成州、省验收复核，确认农用地108.38公顷，可实现收入

3.3亿元以上。

【执法监察】2022年，凤凰县共收到自然资源例行督察反馈交办各类问题643个，已整改到位563个，整改率为87.56%。其中国家自然资源督察武汉局10月底下发2022年国家耕地保护督察疑似违法违规问题共94个，确认为无问题的51个，确认为问题的19个，可以进行重新举证的问题18个，已全部重新举证，武汉局需进一步核实问题6个。省级例行督察反馈问题共87个，经过整改举证，已整改到位78个，阶段性到位6个，在整改3个，整改率89.65%。国家耕地保护督察反馈问题66个，武汉局重点督办问题1个，共67个问题。整改销号55个，整改率82.09%，例行督察整改率均达到省厅要求。完成2022年自然资源部下发的346个图斑外业核查、收集资料、内业审查、图斑判定和数据上报等工作。通过及时整改、积极举证和主动汇报，全县判定违法图斑3个，面积3.23亩，其中耕地0.05亩。完成77.19公顷存量批而未供土地的供应任务和27.51公顷新增批而未供土地的处置任务，完成整改25宗闲置土地，面积50.45公顷，完成3宗违法用地的整改任务，完成2家废弃砂石场、废弃矿区、废弃作业区生态修复任务。立案查处案件16起，参与联合执法整治行动40余次，工作中下达停止和整改违法行为通知书62份，下达整改督办函46份。开展规划监管巡查563次，下达责令停止违法行为通知书35份、限期整改通知书36份；私人建筑放线37宗、验线24宗；公共建筑放线18宗、验线13宗；参与自建房专项整治排查行动，经排查发现公共建筑在建12宗、停工3宗；古城建筑动工建设的7宗。

【地灾防治】2022年，凤凰县自然资源局制定年度地质灾害防治方案，健全地质灾害值班制度，每天24小时值班值守。开展“以村为主”的地质灾害防治演练2次，与电视台达成协议利用电视新闻插播地质灾害防治宣传片。利用“4·22”地球日、“5·12”防灾减灾日、“6·25”土地日、“5—6月”安全生产月、赶集日深入乡镇村开展宣传活动20次，动员社会力量参与地质灾害防治工作。宣传活动中共展示宣传展板10块、悬挂横幅20余条，发放宣传手册20000余本、宣传单10000余份。投入资金127万元，完成8个应急治理工程项目和11个普适化设备安装。消除地质灾害安全隐患点7个，地质灾害防治进入“人防+技防”双重保障时代。成功应对15轮汛期强降雨天气，共接到地质灾害报告169起，汛期转移人民群众841户2512人，实现地质灾害“零伤亡”。

【“放管服”改革】2022年，凤凰县持续深化不动产登记改革，不动产一般登记业务办理时间压缩至5个工作日内，推进“一窗办事”平台系统的运用全覆盖，实现房产开发企业线上办证服务，每笔业务办结时限缩短到1个工作日，全面推进“交房即交证”工作。共办理不动产登记6532笔，其中办理证书2961本、面积165.69万平方米；办理证明4182份，实现自然资源、住建、税务等部门间不动产数据信息共享，设立苗语服务专岗，推出不动产登记“帮办、代办、登门办”服务模式，开展免费邮寄不动产权证服务，提供自助服务端“自助打证”，率先在全州实现移动缴费和水电气网联动过户。推进不动产登记业务“三开放”（开放现房抵押、开放开发企业、开放缮证职能），实现不动产登记金融端和企业端的不见面审批。

【测绘服务】2022年，凤凰县开展城镇开发边界内1：500地形图基础测绘的范围更新，“多测合一”平台共办理160项测绘业务。

【民生实事】2022年，凤凰县共完成全域房地一体内业入库宗地84927宗，其中应登记发证宗地72111宗，暂不具备登记发证条件宗地12816宗。做好“两房”问题化解工作，解决10多家县直单位240户“两房”办证问题，化解信访楼盘12个，办理不动产证3400余户。

【信访维稳】2022年，凤凰县自然资源局接待群众来信来访90余人次，排查矛盾纠纷37起，处理网上系统信访件共65起，办理率100%，化解信访积案1宗。共开展乡镇信访宣传活动9场，赶集发放宣传单共计5600余份。

【乡村振兴】2022年，凤凰县自然资源局负责联系千工坪镇关田山村、柳甲村、柳甄村3个村，共有脱贫户344户，重点监测户21 户。要求全局干部职工每月一走访，确保各帮扶联系人实时知晓脱贫户基本情况。全力支持千工坪柳甄、关田山、柳甲等19个乡村振兴工作，全年统筹安排项目资金292.54万元，切实改善当地群众的生产生活条件。开展“爱心助学，你我同行”活动。

【疫情防控】2022年，凤凰县自然资源局落实疫情防控责任，及时研究部署疫情防控工作，组建凤凰县自然资源局疫情防控志愿服务队177人3000余人次，深入三王阁社区，千工坪镇关田山村、柳甲村、柳甄村开展常态化疫情防控，并及时排查干部职工及家属涉中高风险地区情况。

【队伍建设】2022年，凤凰县自然资源局每月固定两个周五下午为集中学习日，开展主题党日活动10余次，专题研究意识形态工作6次，干部职工专题学习16次。开展违规收送红包礼金整治和公职人员涉矿涉砂清理专项整治，不定时开展相关纪律检查。开展清廉凤凰、清廉机关创建。开展《习近平谈治国理政》、“一法一条例一办法”等集中宣讲，发放宣传资料和法律手册4000余份，接受群众咨询1000余人次。

（撰稿　田沙沙）

古丈县自然资源工作

古丈县自然资源局

党组书记、局长　　宋健宏
党组成员、副局长　　赵子群
党组成员、副局长
　　罗振燕（　—2022.11）
党组成员、副局长　　石金凤（　—2022.11）
党组成员、副局长　　向少常
（2022.12任，2022.11免总规划师）
党组成员、副局长　　陈春花（2022.06—　）
党组成员、副局长　　宋秋萍（2022.12—　）
总工程师　　尹功奇（2022.11—　）

【概况】古丈县自然资源局是县人民政府工作部门，为正科级。共有编制128个，2022年实有118人，设23个内设股室（办公室、财务与资金运用股、人事股、自然资源调查监测股、测绘地理信息管理股、城乡规划管理股、国土空间用途管理股、国土空间规划股、地质勘查管理股、矿业权管理股、矿产资源保护监督股、国土空间生态修复股、政策法规股、自然资源确权登记股、资源保护监督管理股、自然资源督察办公室、政务服务股、信访室、自然资源确权登记股、自然资源开发利用股、自然资源所有者权益股、耕地保护监督股、离退休人员管理股），设7个自然资源服务站，二级机构4个，自然资源行政执法大队、土地收购储备中心、土地开发整理中心、古丈县不动产登记中心。

【用地保障】2022年，古丈县农转征报批完成组卷共23个建设项目，上报进窗受理的共7个建设用地项目，未进窗16个建设项目手续在完成林地占用手续和缴纳失地农民保证金，农转用报批完成农用地转用审批用地一宗，全县43个村部在组卷。办理国有土地使用权审批133宗，土地面积30.88公顷。出让审批国有土地使用权124宗，土地面积18.24公顷，实际缴纳入库8896.09万元，其中挂牌出让2宗，土地面积8.53公顷，收取土地价款8396.6万元。划拨审批土地使用权审批9宗，土地面积12.64公顷。完成控制性储备23.01公顷，完成新增储备土地0.73公顷，其他国有建设用地收储1.18公顷，控制储备土地23.01公顷；完成征收土地面积共计16.91公顷、迁坟共计181座、房屋及水池共计2个，征收金额1836.83万元。实施6个土地开发项目，其中2个项目通过州和省验收复核，2个项目省厅确认新增耕地11.6公顷，其中旱地3.84公顷、水田6.76公顷。另外4个项目已完成县级验收，新增耕地近4.67公顷。耕地恢复33.33公顷，政府安排专项资金5000元/亩用于恢复耕地，申报土地开发项目共18个，建设总规模为17.24公顷，涉及项目资金2353.94万元。

【耕地保护】2022年，古丈县召开耕地保护专题会议，集中签订2022年度耕地和永久基本农田保护目标管理责任书，全县103个行政村签订耕地保护责任书。出台《古丈县全面推行田长制实施方案》。全县共明确镇级田长、副田长80名，镇级督察长7名，村级田长103名及网格田长897名。设立县级、镇级督察长，由县委常委、县纪委书记监委主任和镇纪委书记担任，对田长制工作的落实和推动进行督察。创新建立“一长两网三员七机制”的村级网格化管理体系，制定印刷《古丈县田长巡田记录本》。补充耕地项目“回头看”自查整改检查工作涉及古丈县补充耕地项目共12个，其中通过部监管的项目10个，新增耕地面积57.81公顷（水田41.86公顷，旱地15.94公顷）。通过部监管的10个项目全部完成整改，省厅已全部确认，部已通过审核6个。部下发进出平衡耕地流向其他农用地图斑共51

个，外业现场核实举证全部完成，其中38个已完成县级内业举证和审核。耕地流出图斑共24个，面积共计3.55公顷。完成“三区三线”划定相关工作，完成永久基本农田核实，古丈县原永久基本保护面积共7642.26公顷，经国土变更调查成果套合分析，原永久基本农田保护范围内耕地面积为4863.53公顷，继续保留的永久基本农田面积为4749.9公顷，原永久基本农田现状为非耕地的面积为2892.36公顷。完成永久基本农田补划工作，应划定永久基本农田7974.67公顷，在原保留的永久基本农田面积4749.9公顷的基础上，还需补划3224.77公顷，本次补划永久基本农田3225.03公顷。实施完成的4个补充耕地项目已完成县级验收。

【规划编制】2022年，古丈县统筹做好耕地（永久性基本农田）、生态红线、城镇开发边界“三线”划定工作，正式启用“三区三线”成果。完成村庄规划编制18个，全面完成村庄规划编制和审批工作，健全配套政策，纳入国土空间规划“一张图”管理。

【增减挂钩】2022年，古丈县做好增减挂钩工作。州级验收复核情况：增减挂钩项目经过州级验收复核新增农用地面积72.55公顷，净增耕地面积53.59公顷。省级复核确认情况：增减挂钩项目合计新增农用地节余指标66.77公顷。省级复核确认调出及核减地块情况：2022年度增减挂钩项目（共三期），古丈县共有15个地块，总面积5.3公顷、耕地面积4公顷。

【矿产资源管理】2022年，古丈县有采矿权51个（过期45个），其中省级登记发证12个，过期8个（锰矿9个、磷矿1个、水泥用灰岩1个、钒矿1个）；州级登记发证12个，过期10个（水泥配料用页岩1个、建筑用辉绿岩1个、饰面用大理石2个、重晶石1个、方解石4个、磷矿3个）；县级发证27个（过期27个），其中建筑石料用灰岩14个（均已关闭注销）。编制《古丈县普通建筑材料用砂石土矿专项规划（2019—2025）》，并获得省厅批复。对红石林矿区方解石矿进行详查，探获方解石资源量226万吨。办理晓光新材料科技（湘西）有限公司转让、延续、变更盛华隆公司八铁帽方解石矿采矿权。矿山生态修复：完成红石林镇团结村历史遗留矿山的修复省州备案销号；已治理废弃矿山生态修复项目34个，其中废弃采石场29个；废弃作业区5个，已全部到州局备案销号；完成洞庭清波、利剑行动、夏季攻势、涉及国土空间生态修复的销号备案。

【地灾防治】2022年，古丈县在册地质灾害隐患点148处，其中大型1处、中型17处、小型130处，潜在威胁5649人，潜在经济损失561.54万元，全县地质灾害隐患点都落实以村组干部为主要力量的监测人员，开展监测工作，汛期内各灾害点监测员必须做好监测记录，编制县、镇两级防灾和避灾预案。实施地质灾害气象预警。将省、州发布的地质灾害气象预警消息，在第一时间内以手机短信和电话方式及时传达到各镇及隐患点。落实好汛期值班制度。采取领导带班双人双岗严格做好24小时值班做好值班记录。结合县政府组织的“减灾日”“安全生产月”等活动进行地质灾害防治知识宣传，组织人员在街头设立咨询点，向群众发放地质灾害防灾避灾宣传挂图等宣传资料2000余份。2022年湘西州地质灾害应急避险和应急测绘演练在古丈县默戎镇中寨村举行，同时县自然资源局还组织古阳镇、高峰镇、红石林镇、断龙山镇、岩头寨镇进行应急演练。古丈县岩头寨镇草潭村不稳定斜坡治理项目、古丈县默戎镇万岩花园8组地质灾害治理项目均已竣工验收；古丈县古阳镇崩岩山二期治理项目已完工。

【执法监察】2022年，古丈县自然资源局共巡查230余次，出动880人次，发现自然资源违法行为50件，立案查处35件。“月清三地”违法用地项目共68宗，其中已整改到位37宗，未整改到位31宗；2022年新增7宗，完成整改5宗。完成批而未供处置37.54公顷，完成批而未供处置14.46公顷，处置率38%。0.34亩闲置土地处置完成，并在土地市场监测监管系统中销号，处置率100%。

【不动产登记】2022年，古丈县共受理不动产证书2632宗，办结2632宗；办理不动产证书1230本、证明1402份。充分利用“一窗办事”平台，企业、个人的不动产抵押和商品房预告、抵押等业务向46个金融网点、17家房地产开发企业延伸。完成房地产信访一、二期楼盘的不动产化解办证工作和高速公路古丈段的财产登记工作，在全州均列第一。农村宅基地符合发证总户数23485户，已完成证书打印8321本（包含古丈县易地扶贫搬迁发证数681户）。

【**精准扶贫**】2022年，古丈县自然资源局对接2个扶贫村，即岩头寨镇洞溪村、老寨村。每个村安排一名领导带队开展驻村扶贫工作，并成立驻村工作队。通过开展主题党日、下乡助农等多种方式对扶贫村进行走访和帮扶。共下村走访800余人次，发放各类宣传资料手册5000余份。

【**荣誉档案**】2022年，古丈县自然资源局获评省文明单位、全省国土资源系统纪检监察先进集体、州级园林式单位、全州耕地保护责任目标管理先进单位、全州维护矿产资源管理秩序工作先进单位、全县政府目标管理先进单位、全县重点项目工作先进单位、全县招商引资工作先进单位、全县安全生产工作先进单位、全县依法行政先进单位。

（撰稿　龙启程）

花垣县自然资源工作

花垣县自然资源局

党组书记、局长　　龙江福
党组成员、副局长　　龙继永
党组成员、副局长　　李林涛
党组成员、副局长　　麻吉兵
党组成员、副局长　　田红勇
总规划师　　龙　睿
原党组书记、局长　　龙江涛（　—2022.06）
党组成员、副局长　　王大军（　—2022.06）
原总规划师　　余荣辉（　—2022.03）

【**概况**】2019年3月20日，因机构改革，原县国土资源局、县林业局、县城乡规划局合并，新组建花垣县自然资源局并正式挂牌，对外加挂县林业局牌子，属县人民政府工作部门，机构级别为正科级，承担引领城市科学发展、优化国土空间管理格局、推进自然资源综合保护利用等重要职责。2021年12月22日，花垣县林业局独立设置，花垣县自然资源局不再加挂花垣县林业局牌子。2022年，有干部职工236人（实有在编220人、退休54人、临时58人）。机关行政编制9名（其中局长1名、副局长4名、总规划师1名），机关事业编制15人。内设办公室、综合调研室、政策法规股、财务股、自然资源调查监测股、自然资源确权登记股、自然资源所有者权益股、自然资源开发利用股、国土空间规划股、城镇规划管理股、乡村规划管理股、建设工程规划管理股、国土空间用途管制股、国土空间生态修复股、耕地保护监督股、地质勘查管理股、矿业权管理股、矿产资源保护监督股、国土测绘管理股、地理信息管理股、信访室、政工股、政务服务股、不动产权属纠纷调处股、离退休人管理服务股、党风政风室、自然资源执法监察股共27个职能股室。设自然资源行政执法大队、土地开发整理中心、土地收购储备交易中心、自然资源信息中心、花垣县不动产登记中心、花垣镇自然资源所、民乐镇自然资源所、龙潭镇自然资源所、边城镇自然资源所、吉卫镇自然资源所、双龙镇自然资源所、麻栗场镇自然资源所、石栏镇自然资源所、雅酉镇自然资源所、猫儿乡自然资源所、补抽乡自然资源所、长乐乡自然资源所、国土资源测绘队、矿产资源管理站、农业区划事务所、测绘行业管理办公室，共21个二级机构。

【**城乡规划**】2022年，花垣县抓好国土空间规划编制。投入1600万元，开展现状调查、资料收集、项目征集、规划构思，完成国土空间规划编制前期工作，9月30日“三区三线”成果划定获自然资源部同意启用。共上图入库项目108个（图斑948个），占用耕地751.44公顷。全面开展“多规合一”村规编制和“一师两员”试点。全县73个村庄规划编制年度任务全面完成，其中十八洞村村庄规划入选自然资源部优秀案例。9月21日县人民政府第25次常务会议研究通过《花垣县乡村规划“一师两员”制度实施方案（试行）》。做好规划编制过渡期要素保障。及时组建专班，用活用足政策，完成芙蓉学校、气象观测站、农业园红枫路、五龙茶叶等20余个项目的规划调整。

【**土地资源保护**】2022年，花垣县全面推进田长制。印发《关于全面推行耕地保护田长制的实施意见》《花垣县全面推行田长制工作实施方案》，田长制实现全县覆盖。县、乡（镇）、村、网格四级田长耕地保护网格化监管体系逐步建立。通过田长制网格人员选拔，全县落实田长及网格员380人。全县12个乡镇制定田长制实施方案，完成田长制网格划分。田长制网格足额带位置坐标分级下达到乡（镇）、村、承包人。县乡村逐级签订《粮食安全和耕地保护目标责任书》，全面压实耕地保护党政同责。严格落实耕地进出两个平衡。加快补充耕地项目整改攻坚，完成补充耕地项目整改销号1个，完成3个批次项目补充耕地验收，出台《花垣县耕地进出平衡工作实施方案》。全面完成并申报验收20公顷全州耕地补齐恢复耕地任务，全县解冻解扣耕地规模指标26.06公顷、水田指标13.14公顷、粮食产能72527.01公斤。

【自然资源执法】2022年，花垣县组建“双零”行动工作领导小组，实行一天一调度一通报制度。通过底数清理，全县共有491宗违法图斑，严格按照“一宗一策”分类整改销号的要求，加快推进违法图斑组卷报批、资料补充、拆除覆土、整改举证等工作。共下发交办函369份，下发工作提示函186份，开展矿山执法巡查210余次，立案查处自然资源违法案件9宗，及时整改后撤销立案5宗，行政处罚4宗，全县执法实现罚没收入100多万元。

【用地保障】2022年，花垣县共上报建设用地项目6个共5.70公顷，获批建设用地项目4个共1.50公顷。共供应土地54.85公顷，实现土地交易5269.5万元。全面完成全县自然资源资产清查和闲置资源资产初步清查。牵头出台全县招商引资供地优惠政策——《花垣县稳经济大盘用地优惠政策六条》，创新工业用地弹性供应方式，每亩为企业减少用地投资成本8万元以上，累计为各类工业企业降低用地成本6600万元以上，吸引花垣县及县外共7家企业进驻投资。开辟重点项目用地审批“绿色通道”，组建要素保障服务队，实行挂图作战、定期调度，为十八洞集团、湘西国家农业科技园、花垣产业开发区等企事业单位共60余批次用地项目开展全流程、全链条、全周期服务。完成花垣县产业开发区及园区配套服务区部分地块的控制性详细规划调整论证。对16个项目开展技术联合审查并出具技术审查意见。对“乐府住宅小区”“烈士陵园”“猫儿乡公租房”等16个项目和70余户居民自建房进行审批。为21宗用地出具用地规划条件。完成团结中心幼儿园、学府雅苑等7个项目竣工验收和工改系统“多测合一”“多验合一”联合验收。对涉及现状永久基本农田、生态保护红线的紫霞大道、“两溪”治理等20多个违法用地项目，集中组织用地报批。制定《花垣县农村新增建设用地保障措施》，实现乡村振兴发展用地应报尽报、应用尽用。全县共完成设施农用地项目上图入库9宗、面积13.70公顷，完成省级建设项目用地预审1个、面积11.59公顷，完成县级建设项目用地预审11个、面积10.83公顷，为县级37个项目出具用地审查意见。向上对接花垣县猴儿洞（檀木冲）水库工程项目压覆矿权情况。推进批而未供和低效闲置土地处置。

【绿色矿山建设】2022年，花垣县仅保留湘西福阳锰业有限责任公司一家锰矿权，在抓紧办理相关证照。全县有6个铅锌矿采矿权，在按程序关闭退出，仅保留湖南志弘矿业开发有限责任公司的大脑坡铅锌矿采矿权。5月以来，花垣县出台《花垣县矿硐封堵方案》，共排查出矿硐硐口1195个，完成封堵1195个，完成率100%。全县有7个矿山启动绿色矿山建设工作。其中猪圈坪铅锌矿已完成绿色矿山建设，待评估。钰沣锰矿、李梅22采区铅锌矿、芭茅寨6采区铅锌矿、阿陀铅锌矿、大脑坡铅锌矿绿色矿山建设方案已通过评审。全县39个“三废”治理任务通过州级验收销号，完成率100%，修复面积30.82公顷。“三废”综合治理的“花垣模式”在全州推广。投入资金38万元，完成2022年度7个历史遗留矿山修复任务，修复面积4.48公顷。完成2023—2024年度22个历史遗留矿山修复任务的现场核实，修复设计方案与预算编制在推进。完成有责任主体的13个遗留矿山修复，修复面积3.75公顷。对13个采矿权人下达《履行生态修复义务通知书》。全面完成“洞庭清波”专项行动交办的3个采石场整治任务，并通过州级验收销号。《花垣县国土空间生态修复专项规划》于12月31日报请县政府常务会议审议，并按程序报批。花垣县被纳入全国绿色矿业发展示范区。

【增减挂钩】2022年，花垣县完成129.2公顷增减挂钩耕地跨省交易指标确认，签订《2022年度城乡建设用地增减挂钩结余指标跨省域调剂合作协议》。

【不动产登记】2022年，花垣县办结各类不动产登记业务65425件，其中不动产权证书42142本、证明23283份，办理抵押登记18542宗，实现办证收费创收600多万元。完成宅基地和集体建设用地外业调查、建库61067户，完成登记48203宗、缮证36158户，并通过省级验收。农村不动产确权登记发证率达到应登尽登的90%以上。出台《花垣县不动产登记水电气网有线电视联动过户实施方案》，实现水、电、气、网及有线电视一窗式办理。印发《花垣县“交房即交证”改革实施方案》，全县共有2

个商住项目实现“交房即交证”，发放不动产权证200余本。出台《关于解决不动产统一登记历史遗留问题的意见》，对全县房地产领域信访突出问题“再排查”，对排查出的9个房地产领域信访突出问题项目实行“一化解方案”“一化解措施”，已化解6个。全年共处理土地权属纠纷5起、信访件30余件（次），为企事业单位和其他部门提供信息查询服务835次，为县人民政府归集国有资产67处。

【地灾防治】2022年4月1日至9月30日，花垣县自然资源局严格落实局领导班子成员带队，24小时值班巡查制度，开展汛前、汛中、汛后地灾点巡查、排查，完成全县83处地灾点警示牌面板内容的更换，补充安装警示牌19块、撤退路线牌300块，为全县观测员配置地灾监测包，开展地质灾害防治宣传，共计发放各类宣传资料3.7万份，开展全县切坡自建房摸排，地质灾害防治培训演练。完成8处应急工程治理，组织地灾搬迁7户28人。完成部下达的17处地灾疑似图斑核查。完成《花垣县“十四五”地灾防治5年规划》编制。全年未出现人员伤亡及重大财产损失事件。

【乡村振兴】2022年，花垣县自然资源局对8个乡村振兴联系村派出驻村工作人员20人，安排资料员各1名，长期开展驻村帮扶。全局183名干部分别一对一结对联系8个村88户监测户和626户脱贫户。全年共投入65万元，为8个联系村解决道路拓宽升级、水渠维修、改厕、抗旱、安全护栏等基础设施建设。落实消费扶贫，与各村联合开展党建1+1，协调解决信贷资金150万余元发展产业。8个村集体经济总收入108.9万元，村平13.6万元，人均纯收入同比增长12%以上。

【环境整治】2022年，花垣县自然资源局负责牵头县城第二片区文明创建和人居环境综合整治工作。全年共出动干部4000余人次，投入60余万元，发放宣传单18000份。拆除乱搭乱建50处705平方米、“空心房”25处约3360余平方米、违规设置广告牌31处600平方米，清理楼顶乱象65处，清乱整平废弃地改建停车场3处7800余平方米，清运垃圾180车600余吨，规范杂物堆放200多处，劝导出店经营400次、车辆违停600起，维护市政设施173处，修复房屋5栋，盘活闲置房1处300余平方米，整治管线22个网格10000多米，修缮亮化围墙30余处2000多米。

【党建工作】2022年，花垣县自然资源局制定年度党建工作要点，明确党建工作目标任务，形成党组书记亲自抓、党组成员配合抓、党务工作人员具体干的齐抓共管局面。对直属机关党委委员、副书记进行届中补选，重新调整4个党支部书记，除离退休干部党支部外，所有在职党支部书记均由党组书记和党组成员担任，充分强化党组织带头人作用。全面完成5个党支部“五化”建设。学习机关、效能机关、清廉机关、文明机关建设成效明显。7月20日，花垣县自然资源局为全县230余名党支部书记开展村级田长业务培训。

【荣誉档案】2022年，花垣县自然资源局被国家机关事务局、中央直属机关、国家发改委、财政部评为“节约型机关”，被省信访局评为全省自然资源信访工作业绩突出单位，巾帼心向党·喜迎“二十大”花垣县庆“三·八”国际劳动妇女民族趣味运动会“民族文化表演二等奖”，人大工作评议满意专项工作，花垣县招商引资服务先进单位，城乡人居环境综合整治工作优秀单位，花垣县委全面深化改革工作先进单位，花垣县网格化社会服务管理工作先进单位。被湖南省高速公路集团有限公司湘西分公司授予“担当奉献 热情服务”锦旗，2022年“三废”综合治理的“花垣模式”在全州推荐。

（撰稿　麻　俊）

保靖县自然资源工作

保靖县自然资源局

党组书记、局长　王　伟
党组副书记、副局长　贾柠骏
党组成员、总工程师　林　峰
党组成员、副局长　贾智鸿
党组成员、副局长　龙　睿
党组成员、总规划师　洪黎希（2022.11—　）

【用地报批】2022年，在省自然资源厅、州自然资源和规划局的支持下，保靖县获批新增建设用地批文共24个，涉及项目38个，其中乡村振兴项目17个，批准用地面积118.08公顷，已上报待审批项目10个批次，涉及项目15个，申请用地面积19.3公顷（289.5亩）。迁夯公路等一批重大项目用地获批，保障乡村振兴一二三产业融合发展用地。

【规划管控】2022年，保靖县共召开国土空间规划委员会会议16次，审议议题18项。完成《现行国土空间规划实施评估》《国土空间发展与战略定位》《县域村庄分类与布局》《国土空间规划开发保护现状评估》四个专题研究；形成《耕地保护专项规划》《生态修复专项规划》等专项规划征求意见稿；编制完成县级总体规划文本、说明、图件等初步成果。9月30日，湖南省“生态保护红线”“永久基本农田保护线”“城镇开发边界线”划定成果已获自然资源部批复，以自然资源部反馈数据作为最终成果，保靖县“三区三线”划定工作全面完成。保靖县共需编制159个行政村，已全部完成村庄规划初步成果。

【耕地保护】2022年3月，保靖县出台田长制实施方案，确立省自然资源厅所驻的阳朝乡溪州村为试点，同时在全县铺开。建立县、乡、村、网格四级田长制。除县委书记和县长外，还明确7名县级副田长、12名乡级田长、12名乡级副田长、160名村级田长，并详细拟定各级田长职能。5月底，全县862名网格田长基本确定，已纳入省田长制信息系统。对全县1.91万公顷耕地的权属、面积、类型、利用现状等实际情况进行全面调查，共制作调查底图159张、明确调查单元2.7万个、开展培训700余人次。全面完成耕地保护图斑外业调查及外业调查成果建库。通过签订责任书、发放明白卡、建立耕地保护台账等方式，层层分解落实耕地保护责任。立足于省第一测绘院在耕地“一张图”和田长体系建成的基础上，共同研发保靖县“智慧管田”APP，建立红、黄、蓝、绿“耕地健康码”，利用铁塔视频监测巡田等方式，实现一个田长一本账。

【城乡规划】2022年，保靖县自然资源局重点落实项目前置审查工作，组织召开专家审查会20次，前置审查项目28项，承办县国土空间规划委员会6次，审议议题18项。审批《建设工程规划许可证》53项；出具《建设用地规划设计条件》125项；实施规划条件核实与土地校验，共核发意见书36项；指导乡镇审批乡村建设规划许可387次；办结《建设项目用地预审与选址意见书》15项、《建设用地规划许可证》34项；审查设施农用地备案21宗。

【执法监察】2022年，保靖县经上级审核认定违法用地图斑3个，整改3个，整改完成率100%；保靖县存量违法用地“清零”工作整改率82%，同时实现新增违法用地“零”增长和违法用地占用耕地“零”增长，于9月24日获省自然资源厅通报表扬。实现批而未供土地“零新增”，闲置土地“零新增”；砂石土矿“三到位”综合完成率100%。

【矿山整治】2022年，保靖县自然资源局对全县16处矿山进行安全生产风险隐患大排查，动态巡查累计170余次。按照《保靖县普通建筑材料用砂石土矿专项规划（2019—2025年）》控制要求，全县砂石土矿采矿权数已控制在10个以内。在湖南省自然资源厅印发的《关于2022年一季度月清“三地两矿”有关情况的通报》中，保靖县一季度砂石土矿“三到位”情况排名全省第一。12月30日，保靖县溪洲矿区建筑用白云岩矿采矿权以3700万元的成交价成功出让，成为保靖县首家“净矿”出让的采矿权。

【地灾防治】2022年，保靖县在汛前编制印发《保靖县2022年度地质灾害防治方案》，各乡镇立足实际完善各自的防治方案和应急预案。坚持雨前排查、雨中巡查、雨后核查，累计排查隐患点326个、巡查隐患点245个、核查隐患点181个。对181处隐患点落实防灾责任人和监测责任人，发放工作明白卡和避险明白卡，设立安全警示标志，农村切坡建房张贴“风险告知书”，31个重要地灾隐患点布设监测设备。坚持24小时值班和领导带班制度，加强预警信息发布，联合县气象部门制作预警产品120期，收发省级预警信息39份，州级32份，发布手机预警短信6230人次。组织受威胁群众转移避让316人次，实现预案点“零伤亡”。创造比耳镇双福村和清水坪镇客寨村两个成功避险经验。

【生态修复】2022年，保靖县自然资源局完成9个图斑4.55公顷的历史遗留矿山生态修复工作，并在省自然资源厅销号备案；完成“洞庭清波”行动治理工作，并通过州级验收销号；“三废”整治任务全部完成，并通过州级验收及销号。

【增减挂钩】2022年，保靖县自然资源局开展全县范围内可利用资源的摸排、核实工作，尤其是对废弃矿山、易地搬迁、地灾搬迁、空心房整治等重点区域，逐块核实、一块不漏，6月开展全面摸底工作，共计摸排93.33公顷可利用资源。根据省自然资源厅《关于组织申报2022年第一批次增减挂钩节余指标跨省域调剂项目的通知》要求，2022年在实施增减挂钩项目两期，均已完成施工复垦工作（555个地块，63.33公顷），省级复核于10月上旬通过，日常地籍变更工作于10月16日完成。

【不动产登记】2022年，保靖县办理线上“互联网+抵押登记”业务共102件，发出电子证明102张。全县一般登记、抵押登记业务从原来的30个工作日压缩到现在初始登记、转移登记等一般登记业务1-3个工作日，押抵登记0.5—1个工作日，查封登记、注销登记、信息查询当即办结。根据省自然资源厅通报，保靖县不动产登记所有业务5天内办结率为100%。保靖县自然资源局受理各类登记业务10947件，其中颁发不动产权证书3949本、不动产登记证明2498份，办理产权查询、查封登记、注销登记、预告登记等其他各类登记业务4012件，完成交房即交证408户，协调处理好各类历史遗留问题36件。完成农村“房地一体”不动产确权登记发证工作。

【乡村振兴】2022年，保靖县自然资源局负责3个村的乡村振兴工作，安排9人脱产开展工作。全局干部每人联系3—6户脱贫户，实现四方城、新印、那铁3个村结对帮扶全覆盖。同时协助省自然资源厅、州自然资源和规划局所驻3个村开展乡村振兴工作。

【信访维稳】2022年，保靖县自然资源局推动“信访问题源头治理”和“信访积案清零”专项行动落实落地，共办理信访事项27件，接待群众来访30余人次，现场接访12件，成功调解息访息诉2起。各级交办信访件按期办结率100%、录入率100%。

【党建工作】2022年，保靖县自然资源局4个党支部共开展集中学习50余次，党委书记、党支部书记、党员上党课90余次，党员个人撰写心得体会2篇以上，观看教育片4次。

【荣誉档案】2022年5月12日，2021年度全国地质灾害成功避险十大案例揭晓，保靖县比耳镇双福村突发泥石流灾害成功避险案例入选全国十大案例榜首。《保靖县阳朝乡溪洲村村庄规划（2021—2035）》获评“2022年优秀国土空间规划设计和案例展评活动”一等奖。3月，保靖县房地一体确权登记工作获评全省农村房地一体确权登记工作表扬激励市县。6月，保靖县推荐的溪洲村耕地保护事迹入选《湖南省耕地保护典型案例》；9月24日，湖南卫视新闻联播对保靖县耕地保护工作进行报道。全县“一师两员”工作经验经“湖南自然资源”公众号在全省宣传推广。

（撰稿　张　芳）

永顺县自然资源工作

永顺县自然资源局

党组书记、局长　　　肖家红
党组成员、副局长　　秦长清
（2022.08任非领导职务）
党组成员、副局长　　刘　剑
（2022.08起，任党组副书记）
党组成员、副局长　　周　刚
党组成员　　　　　　彭　辉
总工程师　　　　　　彭海红
总规划师　　　　　　陈　刚
副局长（挂职）　　　甘明超　（2022.07—　）
副局长（挂职）　　　邹永鸿　（　—2022.07）
工会主席、纪检监察室主任　宋移贵

【概况】永顺县自然资源局系县人民政府组成部门，为正科级行政单位。统一行使全民所有的自然资源资产所有者职责，统一行使所有国土空间用途管制和生态环境保护修复职责。2022年，内设股室22个，下辖5个二级机构、23个乡镇自然资源所。在职211人。

【要素保障】2022年，永顺县上报新增建设用地项目34个，总用地面积157.76公顷。已领取批文项目28个，面积66.53公顷。完成新增和控制性储备土地面积129.24公顷，其中完成新增已获批省级批复储备土地项目23个面积65.24公顷，完成控制性储备土地项目1个面积64公顷；收回国有土地14宗，面积12.58公顷。土地出让总收入为1.63亿元，其中挂牌成交14宗10.33公顷，成交价款3703.4万元；拍卖成交12宗12个门面，成交价1729万元；补交土地出让金和矿业权出让收入总计247.60万元；

追缴2021年以前挂牌出让土地价款欠款10609.93万元；挂牌出让土地流标3宗10.29公顷，挂牌价8357.5万元；拍卖出让土地流标15宗0.34亩，拍卖起始价2103万元；土地划拨42宗413.6公顷；出让土地挂牌中3宗5.79公顷，挂牌起始价1531.7万元。

【规划编制】2022年，永顺县完成《永顺县国土空间总体规划（2020—2035年）》初步方案的编制，梳理确定县级国土空间专项规划编制目录清单，涉及永顺县资源利用类、公共安全类、公共设施类等重点领域16个相关单位共27个专项规划。完成“三区三线”划定工作任务，共划定永久基本农田面积31725.2公顷（47.59万亩），生态保护红线面积为1206.48平方千米，城镇开发边界规模4187.75公顷。进一步完成117个村庄规划任务。

【耕地保护】2022年4月15日，永顺县在湘西自治州率先出台“田长制”实施方案，在全县范围内建立县、乡（镇）、村(社区)、组(网格)、户五级耕地保护“田长制”体系，由县委书记彭军担任总田长，县长向加茂担任第一副田长，建立一级抓一级、层层抓落实的耕地保护机制。全县耕地保护底线目标35286.67公顷（52.93万亩），耕地恢复任务200公顷，均完成任务并进行省级验收；净增耕地605.77公顷，全省排名第一。共实施6期增减挂钩项目，复垦总规模166.87公顷，其中4期项目完成省级确认，确认增减挂钩指标131.17公顷（耕地面积110.9公顷，其他农用地20.27公顷），居全省11个原深度贫困县第一。

【真抓实干督查激励】2022年，永顺县委、县政府从责任、数量、质量、效益、意识五个方面提升耕地保护力度，形成五级田长五管齐下抓耕地保护的工作模式，该项工作排名全州第一。推进土地节约集约利用。做好建设用地批后全过程监管，按照省自然资源厅下发的闲置土地任务数0.06公顷，进行处置整改，处置率100%；2022年省自然资源厅下发永顺县存量批而未供面积77.99公顷，要求处置率35%以上，实际处置率46%；2022年省自然资源厅要求闲置土地处置率60%以上，实际处置率100%。连续多次在省自然资源厅通报中受到“闲置土地零新增县市区”表彰；园区低效用地清理整治处置到位，矢量数据准确率100%，土地得到高效利用，永顺县排名全州第一。

【地灾防治】2022年，永顺县自然资源局制定年度地灾防治方案，执行汛期24小时值班制度，加强汛期值班值守和灾情速报，入汛以来共发布、发送预警、预报信息30次15000余条，深入地灾隐患点开展地灾巡查50余次。利用“4·22”地球日、“5·12”减灾日等宣传日，开展《地质灾害防治条例》的知识宣传和科学普及活动，发放宣传资料4000余份。共有4个项目工程，投入1620万元，其中灵溪镇鲁纳村滑坡应急治理工程、灵溪镇岩板村安置点综合治理工程、灵溪镇南山社区雷打岩滑坡应急治理工程完成施工；灵溪镇城东社区茶园坳地质灾害项目治理工程完成一期工程施工。

【矿产资源管理和生态修复】2022年，永顺县开展长江经济带生态环境警示片披露问题整改。7月收到生态环境部华东督察局移交的长江经济带生态环境警示片披露问题清单，涉及永顺县 25家采石场存在无序开采、非法破坏公益林、非法侵占基本农田问题，此后开展全面整改工作。开展砂石土矿专项规划批复实施和矿权投放。2月永顺县《永顺县普通建筑材料用砂石土矿专项规划（2019—2025年）》得到省自然资源厅批复，规划区块25个，根据《湘西自治州人民政府办公室〈关于做好县级砂石土矿专项规划实施有关工作的通知〉》文件精神，分三批进行矿权投放，第一批投放的7个矿权已启动地质勘查前期工作。开展绿色矿山建设工作。根据《永顺县绿色矿山建设三年行动方案（2020—2022）》要求，永顺县已完成建设任务，年底全县生产矿山全部达到绿色矿山标准。开展国土空间生态修复。全面完成2022年度历史遗留矿山生态修复项目16.76公顷。同时，落实矿山生态修复“边生产、边治理”管理制度，缴存生态修复基金577.2万元。

【执法监察】2022年，永顺县自然资源局出动巡查人员1000余人次，出动巡查车辆500余台次。做好跨部门、跨领域案件联合办理和执法取缔的工作机制，对“月清三地”问题、卫片执法、违建别墅问题、“大棚房”问题、乱占耕地建房问题等实施打击，形成横向联合、上下联动、齐抓共管的综合行政执法机制。永顺县月清“三地两矿”违法用地任务清单共有46宗，全部整改完成，整改到位率100%；永顺县存量违法用地整改100%，新增违法用地全面查处整改到位，执法案件评查获州表彰1次。国家、省级自然资源例行督察反馈问题共83

个，经县长亲自调度、10月29日县政府第23次常务委员会专题研究，全部完成整改，整改到位率为100%，位列全州第一。5月13日，县自然资源局组织相关部门对灵溪镇城东社区茶园坳滑坡地灾隐患点一栋自建危房进行拆除。将居民自建房安全隐患专项排查与自然资源相关工作有序衔接起来，起草并出台《永顺县城规划区居民自建房管理暂行办法》，按照审批程序，对居民自建房进行审验。

【优化营商环境】2022年，永顺县自然资源局持续推进“放管服”改革。全面推行“一窗办事”平台、不动产登记电子证照，实现房地产开发企业、银行不动产登记外网申请、内网受理与审核，做到“一窗受理、并行办理、数据互认、信息共享”。共颁发不动产登记证书3759本、证明4687份，完成宅基地和集体建设用地房地一体权籍调查11.28万宗，办理银行电子证照抵押登记5183件。优化“互联网+政务服务”平台。在政务服务大厅设立“建设规划许可”和“多规合一”办理窗口，抓好湖南省网上中介超市的机构资格审核督办和“帮代办”工作，涉及的43项政务服务事项均可在“互联网+政务服务”一体化平台办理，共办理政务服务事项154项，在“好差评”系统中达到100%好评，未出现逾期办件。

【法规信访】2022年，永顺县自然资源局共接待上级交办、群众来信来访共计62件，所有信访事项均得到及时、有效化解，包括解决9起信访历史积案。

【乡村振兴】2022年，永顺县自然资源局认领乡村振兴联系村4个，即永顺县砂坝镇彭溪峪村、中立村、爱民村和砂坝社区，派驻乡村振兴工作队队员12名，投入工作经费40余万，项目整治费用约180万元。开展防返贫监测帮扶集中排查，逐户建立排查信息档案，持续分类做好结对帮扶和政策扶持。

【基础工作】2022年，永顺县自然资源局开展各类宣传活动10余次，摆放宣传展板42块，悬挂横幅58条，新闻媒体投稿25篇，发放宣传资料8000余份。配合县委参加省级文明城市迎检工作，并按时完成州里下达的文明创建工作。制定《永顺县自然资源局平安建设工作方案》，法治建设、信访维稳、扫黑除恶、禁毒禁赌、专项整治养老诈骗、疫情防控、安全生产等平安创建工作得到县委县人民政府好评。抓实疫苗接种工作，全局实现疫苗接种清零；完成核酸检测点任务，共完成8次核酸检测，投入资金约10万元，核酸检测完成20000余人次。

【组织建设】2022年，永顺县自然资源局采取集中学习和自学形式，共学习习近平总书记关于自然资源管理的重要论述24篇，业务集中培训5次。组织开展2022年度领导班子民主生活会和各支部的组织生活会，有入党积极分子11名，发展对象1名，预备党员3名，到期转正党员4名。提拔党组副书记一名；完成事业单位管理岗位职员等级晋升工作；完成自然资源行政执法队伍改革方案编制。

【党风廉政建设】2022年，永顺县自然资源局党组以创建清廉机关示范单位为目标，多次召开党组专题会议进行研究，7月14日成立以党组书记、局长为组长的清廉机关建设领导小组，并制定《永顺县自然资源局清廉机关建设工作方案》。5月开始，持续深化国家公职人员违规参与涉矿涉砂问题专项整治、违规收送红包礼金问题专项整治工作，签订承诺书400余份，并进行自查自纠以及全面整治。对自然资源部门各项制度进行修订和完善，形成《永顺县自然资源局制度汇编（修订）》，重点推动清廉土地出让、清廉行政审批、清廉执法等7个清廉单元培树示范。

【荣誉档案】2022年，永顺县自然资源局获评全省违法用地“零增长”县市区、违法占用耕地“零新增”县市区、闲置土地零新增县市区；全省第三次国土调查先进集体；2022年湖南省土地工程优秀成果奖二等奖；2022年省政府真抓实干耕地保护类先进；落实最严格的耕地保护制度成效明显的县市区、高标准农田建设成效明显的县市、全省信访工作示范县市区；湘西州土地管理“一法一条例一办法”知识竞赛集体三等奖；2022年度清廉永顺建设优秀单位、全县落实意识形态工作责任制工作先进单位、全县平安建设工作先进单位、全县信访工作先进单位、全县安全生产和消防工作先进单位、优化营商环境工作三等奖、全县优秀重点项目（城乡建设用地增减挂钩项目）、重点项目协调服务先进单位、争筹资先进单位、全县建设美丽湘西优秀单位。

（撰稿　时梦瑶）

龙山县自然资源工作

龙山县自然资源局

党组书记、局长	向承斌
党组成员、副局长（挂职）	鱼　磊
党组成员、副局长（挂职）	陈亦达
党组成员、副局长	田　斌
党组成员、副局长	尚光东
党组成员、副局长	贯美亮
党组成员、执法监察大队队长	姚元松
总工程师	彭晓群
总规划师	彭成刚

【耕地保护】2022年，龙山县出台《中共龙山县委龙山县人民政府印发〈关于全面推行田长制严格耕地保护的实施方案〉的通知》，县人民政府与21个乡镇（街道）主要负责人签订《龙山县耕地保护与基本农田目标管理责任书》，落实耕地保护“党政同责、刚性考核、终身追责、一票否决”的责任体系。增减挂钩节余指标177.47公顷，新增耕地选址166.67公顷。整改撂荒耕地113.33公顷，实现指标库耕地数量指标和粮食产能指标两项指标由负转正。内溪乡五官村、茨岩塘镇比溪村等两个土地开发项目完成竣工备案，4个历史遗留及自然灾害损毁土地复垦项目实施完成50%。完成建设用地增减挂钩项目三期任务，新增耕地66.67公顷。

【用地保障】2022年，龙山县完成土地报批12个项目，总面积17.84公顷，其中农转用项目5个、土地征收项目7个。完成土地征收24.34公顷，拆迁房屋47栋，迁移坟墓332座，签订个案征拆协议55宗，新增储备土地17.89公顷，控制储备土地24.8公顷。完成土地出让74.97公顷，实现出让价款入库10.60亿元。

【月清“三地两矿”】2022年，龙山县处置2009—2019年存量批而未供土地54.09公顷，处置率28.28%；2020—2022年批而未供面积17.27公顷，已处置8.95公顷，供应土地均为“净地”供应。2022年省厅下发4宗疑似闲置土地，均已处置完成，无新增批而未供土地。整改完成历年国家例行督察整改图斑、2021年国家耕地保护督察整改图斑、2021年国家矿产督察通报整改图斑、2020年省级例行督察整改图斑、2021年省级例行督察整改图斑、卫片执法下发违法图斑、存量违法用地整改图斑110个。推进绿色矿山建设，完成26家剩余废弃矿山生态修复销号，完成7个历史遗留矿山图斑生态修复治理及销号，完成34家关闭退出的矿山企业生态修复方案编制工作，并启动生态修复工程。乌龙山富硒土地获中国地质学会认定，并颁发认定证书。完成2家省定绿色矿山建设任务。

【国土空间规划】2022年，龙山县出台《进一步加强乡（镇）规划管理的通知》（修订稿）和《龙山县城乡居民建房管理办法》。完成223个村庄规划方案编制工作，县级国土空间总体规划初稿编制完成。龙山县国土空间规划“一张图”实施监督信息系统建设工作通过州级评定。完成省级工业集中区发展方向区的划定，完成“三区三线”划定工作。完成21个乡镇（街道）“3+N”主体功能区细化工作。完成城镇开发边界新增规模507公顷划定。开展耕地保护专项规划编制工作。

【规划管理】2022年，龙山县私建项目核发建设用地许可证563份、建设工程规划许可证563份、乡村建设规划许可证1207份，规划核实109份。公建项目核发建设用地规划许可证24份、建设工程规划许可证31份、规划验收核实26份、提出规划设计条件38份。

【地灾防治】2022年，龙山县核销8处地质灾害隐患点，核销18处切坡建房户。投入省、州、县地灾防治项目资金1253万元，完成3处重大地灾治理项目、3处中小型工程治理项目和10处地质灾害应急治理工程。完成地质灾害搬迁87户，争取搬迁避让项目资金66万元。开展50余次灾险情应急调查，出具调查报告50份。完成54套普适化监测设备安装，累计发放群测群防补助38余万元。开展专题宣传活动4次，发放地质灾害宣传手册10000余份、地灾防治知识读本500本、《湘湘历险记》图画故事读本40本。组织召开5次地质灾害工作人员专题培训和视频培训会议，培训2589人。以村为单位开展地质灾害应急演练21次，参演人员2300余人。成功组织红岩溪镇头车村村民避险转移，被省厅作为先进典型在湖南经视台进行宣传推荐。

【政务服务】2022年，龙山县完成房地一体确权登记数据入库101017宗；公告合法合规宅基地86914

宗；补办审批单30613宗。办理不动产登记业务25229件，其中证书14516本，抵押证明10713张，抵押登记累计债权数额172亿元。房地产历史遗留问题36个，完成34个，整改率94.44%。启动棚户区改造项目办证程序11个。建立“多测合一”成果共享机制，120件工改项目完成平台录入，其中在办63件，办结项目57件，全流程办理项目3件，工改事项办理率100%。与来凤县实现不动产登记高频事项“跨省通办”，开发上线掌上办事大厅，全面启用电子证照，常态化开展“交房即交证”工作。

【测绘地理信息】2022年，龙山县完成1∶500地形图联动更新，组织专业测绘技术人员对“诚信华府”等7个房地产开发项目测绘成果进行核查。完善测量标志保护责任制，巡查县城内水准点、卫星等级点43个，并设立保护站牌。在“8·29”测绘法宣传日，开展测绘法律法规宣传推广活动。开展测绘应急演练，树立防范意识。对地图与涉密成果开展“双随机 一公开”监督抽查工作，每月定期开展测绘安全生产和保密工作检查。

【荣誉档案】2022年，龙山县自然资源局不动产“跨省通办”作为省政府2022年综合大督查典型经验通报表扬，获评全省砂石土矿专项整治工作成绩突出单位，优化营商环境财产登记指标评价考核排名全州第一，全省排名位列第一梯队。河长制、路长制、生态环境保护、政务公开、教育督导、人大建议政协提案等工作获评优秀单位。在深化“放管服”改革、湖南省第三次国土调查、地质灾害防治、“两违”整治、新闻宣传等工作中，11人次被省厅、县委、县政府评为先进个人。

（撰稿　满江威）

湖南省自然资源厅
直属单位工作

湖南省自然资源事务中心

党委书记、主任　　　　夏卫平
党委副书记、副主任　　张永忠
党委委员、副主任　　　胡能勇（ —2022.07）
党委委员、副主任　　　孙铁军
党委委员、副主任　　　吕永清
党委委员、副主任　　　罗伟奇
党委委员、副主任　　　唐　晖（2022.07— ）

【概况】湖南省自然资源事务中心系中编办和湖南省编委批准成立的湖南省自然资源厅管理的副厅级公益一类事业单位。主要为省自然资源厅履行“两统一”职责提供智力支持、技术支撑和服务保障，为社会提供自然资源公益服务。2022年，内设12个副处级机构：综合部、党群人事部、宣教事务部、发展事务部、自然生态保护事务部、督察事务部、地质环境监测部、科技事务部、档案资料部（湖南省地质资料馆）、征用地事务部、地质灾害防治技术部（对外加挂湖南省地质灾害应急中心牌子）、机关党委机关纪委。核定事业编制171名，实有在编人员158人，职工总人数316人。

【政治建设】2022年，湖南省自然资源事务中心把学习宣传贯彻党的二十大精神作为首要政治任务，通过集中收看开幕会直播、聆听党的二十大精神宣讲、召开党委扩大会议开展学习交流、举办专题读书班暨务虚会、开展专题党课、撰写心得体会等，全面深入学习党的二十大精神；组织开展“喜迎二十大　寄语新征程”“党的二十大精神大家谈”“争做岗位‘尖兵’PPT制作风采展示暨党的二十大精神知识抢答赛”等主题活动，推动党的二十大精神走深走实。全面落实管党治党的主体责任，严格落实“第一议题”和“同主题同步学”制度，积极创建“三表率一模范”机关和“五化”“四强”支部。推进党史学习教育常态化，持续开展“我为群众办实事”和“四微”调研等实践活动。推进党建与业务深度融合，组织开展“干实事、求创新、做自然资源‘尖兵’”征文活动、“走进一线”特色主题党日活动，成立“绿色矿山志愿者服务队”，调整充实“地质灾害防治青年突击队”。纵深推进全面从严治党，制定责任清单，持续开展各类正风肃纪专项整治，聚焦廉政风险点强化防控落实。创建2022届省级文明单位。

【内部管理】2022年，湖南省自然资源事务中心做好巡视、审计、绩效考评等反馈问题整改落实，坚持“当下改”和“长久立”相结合，针对性开展制度建设“回头看”活动，推动建立长效机制。以财务为核心抓严内部控制，建设优化办公系统和财务内控平台，建立健全内部控制体系，进一步防控财务资金风险。健全督办落实机制，健全“月调度、季点评、年考核”机制和“三重”台账，强化督查考核、跟踪问效。以服务为根本抓强综合管理，稳步提升“三服务”工作水平。以安全为底线抓牢运行保障，一体推进安全生产、平安建设、保密、网信等工作，持续保持安全稳定发展局面。

【人才队伍建设】2022年，湖南省自然资源事务中心着眼长远发展和当前需要，编制单位未来五年人才队伍建设规划。引进7名高层次和紧缺型专业技术人员，6人获评享受特殊薪酬人才，8人获评“科技之星”。发现、培养一批优秀年轻干部，安排人员到基层一线、艰苦地区历练。推进高水平人才发展，争取获批1个正高和5个副高职数；制定专业技术岗位内部等级晋升实施方案，36名符合条件的同志实现岗位等级晋升。实施全员专业素养提升工程，开展部门月度“靶向”培训，开展各类文化活动和技能竞赛。

【自然资源监测保护技术支撑】2022年，湖南省自然资源事务中心强化省级“一站式”综合核查，推进信息系统建设，建设指挥调度室，实现卫星监测全流程信息化管理。建立分级把关和责任追究制度，全面提升外业核查成果质量，完成外业核查卫星监测变化图斑18.8万个。综合分析研判外业核查信息及市县举证资料，确认违法用地清单2039个，非法露天采矿图斑69宗，新增耕地数量变化图斑30942个。着力发挥外业核查监测“五员”作用，构建违法行为“早发现、早制止”机制，在外业核查中及时提醒告知疑似违法违规用地主体，下发《卫星监测重要变化情况现场告知单》5200余份，分发耕地保护宣传手册5500余份，向市县自然资源部门推送立行立改任务3400余个，实现“变化图斑”向“问题清单”精准转化。制定、修订相关工作方案及技术规范，进一步规范内外业工作标准、流程。开展微调研，按月编报卫星监测外业核查报告，加强趋势分析研判，为决策部署提供参考。

【督察执法一体化技术支撑】2022年，湖南省自然资源事务中心持续完善督察执法工作机制，成立卫片执法审核专班，实行审核责任制和“优进劣出”人员动态管理。编制《督察执法技术支撑工作细则》，开展“点对点”技术支撑，落实“周汇报、月专报”机制，协同解决重点问题。完成自然资源部土地、矿产卫片执法“月清”“年度评估”任务，审核下发至湖南省的土地卫片图斑62417个、矿产卫片图斑省级1074个，完善逐图斑审核机制，审核质量大幅提升。协同省自然资源厅完成新增建构筑物占耕地面积50亩以上大图斑实地核查、湖南省2021年耕地流向建设用地排查、违法案件信访件处理等13项专项工作，配合做好国家历年督察发现问题整改核查、2022年国家耕地保护督察和矿产资源督察，支撑2022年省级例行督察等各类督察督导工作。

【用地支撑保障服务】2022年，湖南省自然资源事务中心协助省自然资源厅保障重点项目用地7.14万亩（4760公顷），开展967个重点建设项目用地信息上图入库，纳入“一张图”平台管理，为决策提供基础数据。常益长与武广高铁直通线项目用地报批刷新最短时间纪录。参与起草的全省重点项目用地保障情况报告得到毛伟明省长肯定性批示。强力推进基金项目建设，得到省政府致函省自然资源厅点名表扬。按照“担责任、消积案、开新局”的思路，全面梳理14条铁路遗留问题，突出重点，靶向施策，实行打卡推进，顺利完成全年目标任务。完成常益长铁路征地拆迁工作，确保益长段按时顺利通车，助力湖南省实现14个市州“市市通高铁”。完成拟新建铁路项目前期准备工作，创新优化征拆模式，确保拟开工铁路项目征地拆迁工作顺利实施。发挥省级储备机构职责，落实30.18万亩（20120公顷）储备土地规模控制机制，促进批而未供土地处置。对537亿专项支持的738个土地储备项目进行全面梳理，助力地方政府债务风险防范化解。统筹推进自然资源产权制度改革，探索性开展全省储备土地资产清查，查明全省在库储备土地1148宗，面积总计3748.41公顷。

【地质灾害防治技术支撑】2022年，湖南省自然资源事务中心有序推进1：10000地质灾害调查和风险评价项目，在全国率先完成首次地质灾害风险普查。指导布设全省900处地质灾害普适型监测预警点，4009台（套）设备并网运行，协助出台《地质灾害防治项目管理办法》《湖南省汛期地质灾害防御工作要求》《滑坡崩塌泥石流治理工程勘查规范》等文件及行业标准，建立地质灾害防治专家库，强化培训演练，做好防灾避险知识普及宣传，综防能力进一步提升。创新地灾防治工作方法，在解决“隐患在哪里”“灾害何时发生”的关键问题上有突破：探索“早发现”“早预警”机制，通过“地质+遥感”识别潜在地质灾害隐患新思路，识别准确率提高38.8%，近两年发灾率约72%落在中等及以上风险斜坡单元内；加密布设村镇自动雨量监测站网，地质灾害监测预警覆盖面和精准度大幅提升；加强部门联动协作应对，严格落实“6小时预报、3小时预警、1小时叫应、半小时再呼应”机制，开展“半夜敲门行动”和临近预警信息精准靶向发布试点探索，有效形成工作闭环。承担省自然资源厅地灾总值班室职责，开展值班值守与监测预警工作248天，多渠道及时向社会公众发布地质灾害气象风险预警。做好省长灾害应急基金地灾避险搬迁（2058户、5778人）治理工程技术支撑。牵头开展新田“10.17”森林大火后地质灾害排查，及时查清灾情并提出防治建议。安排技术专家参加相关事故现场调查，为应急处置和灾害性质判定提供科学依据。

【生态文明建设支撑保障】2022年，湖南省自然资源事务中心全力配合省自然资源厅成功申报“十四五”期间第二批山水林田湖草沙一体化保护和修复工程项目，助力湘桂岩溶地沅江、资江上游历史遗留废弃矿山生态修复项目入选国家级示范工程，获23亿元中央财政资金支持。完成湘江流域和洞庭湖生态保护修复工程试点后续工作，五大矿区已获竣工验收批复。协助省自然资源厅建立省级矿山生态修复项目储备库，组织开展118个省级发证矿山生态保护修复方案审查和85个公示备案，完成66家生产矿山监管抽查、16次专项调度督导，强化对生产和在建矿山的动态监管。协同推进生态文明建设，完成24项突出生态环境问题整改销号台账审核或现场核查，扎实推进历史遗留矿山生态修复，协助完成核查并纳入“污染防治攻坚战”、月清“三地两矿”专项工作，编制四年行动方案，做好2022、2023年省级修复项目申报和实施。探索利用市场化方式推进历史遗留矿山生态修复，指导华容县蛋子山矿区、郴州市桂阳县荷叶—太清矿区、郴州苏仙区良田矿区结合当地实际，采取“生态修复+X”模式推进矿山修复治理工作。配合建立常态化生态环境损害赔偿机制，指导市县工作开展，年内全省自然资源系统共筛查上报生态环境损害赔偿案件线索167个，启动索赔164个，办结案件108个，已办结案件赔偿金额8900余万元（含追偿），该机制由试点转入全面推进阶段。

【矿业转型绿色发展技术支撑】2022年，湖南省自然资源事务中心推进绿色矿山建设，协助编制绿色矿山系列标准指南，组建专家技术团和志愿者服务队，下基层、赴矿山，点对点为企业精准把脉、排忧解难，完成210家绿色矿山建设任务，建成数量为近三年之最。协同编制湖南省找矿实施方案，提出锂矿资源找矿突破建议，建立2023年储备项目库，有效保障能源资源要素供应。落实2022年度省级财政出资地质勘查项目7个，锂矿调查项目找矿靶区5处。完成全省矿产资源国情调查，工作进度和质量位于全国前列，调查成果获部专家组高度认可。矿业权设置范围和建设项目压覆矿产资源自动查询系统全面上线运行。完成铜等12个单矿种和163家单矿山开发利用水平调查评价成果编制。做好矿业权人勘查开采信息公示，年度信息填报率、公示率和实地核查完成率均为100%。协同落实矿产资源领域安全生产监管，安排专人配合开展全省安全生产检查督查、全省安全生产重点联系督导和“洗洞”盗采金矿专项整治行动等，完成2022年卫星监测疑似非法采矿图斑比对，逐宗出具处置建议。完成湖南省地下水资源周期评价，全省计划布设国家地下水监测工程二期站点1464个，实现省内重要区域全面覆盖。助力全省抗旱找水工作，取得积极成效。

【咨询研究决策服务】2022年，湖南省自然资源事务中心开展统计分析和综合研究，协同推进自然资源辅助决策分析系统建设，编印自然资源公报、统计月报和形势分析报告，多渠道提升自然资源决策科学化水平。强化省自然资源厅财务支撑服务，主要支撑服务的全省自然资源资金监测监管工作得到自然资源部财务司充分肯定并向全国推介，通过自然资源部内部要情呈报部领导；全程参与编写财源建设年度实施方案、年度绩效自评报告，助力省自然资源厅2021年财源建设工作年度考核获评A类，获省财源办通报表扬。完成53批次188个项目的预算内审，累计节约财政资金7200余万元。配合开展土地管理“一法一条例一办法”宣传解读工作，开展送法下乡活动，助力省自然资源厅法规处荣获全国普法工作先进单位，湖南省自然资源事务中心获2022年湖南省“最美公益普法集体”提名。编印省自然资源法规手册和行政复议行政诉讼案例汇编，协助做好省自然资源资产行政争议协调化解和信访工作，累计接访278批401人，处理自然资源部信访系统转送件768件。着眼长远发展，协助省自然资源厅人事处编制《厅直系统人才工作规划（2022—2026年）》。优质保障省自然资源咨询和研究委员会日常工作。

【自然资源宣传培训】2022年，湖南省自然资源系统开展党的二十大宣传，在省自然资源厅公众号、门户网站开设专栏，推出文稿30余篇和6组系列报道；推出系列图解、短视频解读二十大精神。新闻媒体刊发稿件946篇，同比增加17%。中央和省内各大主流媒体大量、密集宣传展示湖南省耕地保护、地灾防治等工作，受到省委宣传部领导肯定。探索并建成“自然资源视界”传播平台，推出14篇深度文章，解读自然资源政策与成效。围绕自然资源重点工作，提请并协助举办全面推行田长制等5场新闻发布会，组织完成3场媒体通气会，《人民日报》等近80家次媒体参与新闻发布。依托自然资源主题日等重要活动节点打造湖湘品牌，3个年度主题日宣传活动获自然资源部优秀宣传项目。加强网络舆情常态化和监测力度，编送舆情专报、快报23期，其中第4期受到省自然资源厅主要领导高度肯定。组织完成全省系统培训班12期，参训人员3000余人次，完成10个精品课件剪辑。编辑出版《湖南自然资源年鉴（2022）》。

【自然资源科技管理服务及科研工作】2022年，湖南省自然资源事务中心组织开展科技项目立项审查、结题验收及成果档案数字化工作，编写自然资源标准类项目管理办法，优化标准项目的管理流程，参与研究拟定自然资源联合基金合作框架，助推省自然资源厅与省自然科学基金签订自然资源联合基金协议，争取到5年2250万元的自然资源科研经费。成功申报自然资源部洞庭湖流域生态保护修复工程技术创新中心，自主筹建洞庭湖铁塔视频监测网络，并整合洞庭湖省重点实验室、部冷水江野外科学观测站等科研平台的技术力量，推进多项重大课题研究和应用，部分项目成果整体达到国际先进水平。《一种河岸岸坡的稳定性分析系统》获国家发明专利，《一种湖水水质采样装置》获实用新型专利。分析党的十八大以来洞庭湖生态环境整治成效，编制《洞庭湖区生态环境综合整治成效遥感评估报告（2012—2022）》，献礼党的二十大胜利召开。

【自然资源档案管理服务】2022年，湖南省自然资源事务中心持续推进湖南省自然资源厅机关档案整理，加速省厅自然资源数字档案室建设，提供优质到馆借阅服务，做好“省特级馆”复评迎检准备。承办“喜迎二十大·档案颂辉煌”国际档案日系列活动，反响强烈。夯实地质资料管理基础，开展地质资料汇交与监管，馆藏量居全国第四，化探样品藏量、岩心馆馆藏量分居全国第六、第七；优化完善汇交工作机制，2022年汇交资料一次性合格率由2021年的13.5%提高至27.6%；助力省自然资源厅在全国地质资料工作会议上做典型发言。协同加强储量管理，做好各项评审评估。编制2021年度矿产资源储量年度统计报表、储量简表和年报，开展14个市州矿产资源储量统计质量监控，建成部、省、市三级矿产资源储量数据库，实现矿种全覆盖。省实物地质资料库建设采取专班协调、专人对接等方式，办理国有建设用地划拨、不动产权变更及各项规划许可审批，顺利完成项目奠基和施工总承包合同签订，进入实质施工阶段，同步做好配套专业设施设备招标采购工作，确保与主体工程建设无缝衔接，努力把项目打造成经得起检验的廉政工程和精品工程。

【荣誉档案】2022年，湖南省自然资源事务中心被自然资源部评为“地质资料管理工作表现突出单位”，被中国自然资源报社评为“2022年度读报用刊工作先进单位”，被湖南省自然资源厅评为“2022年全省自然资源系统政务信息先进单位”，被天心区公安局评为“2021年度全区单位内部治安保卫工作先进集体”。湖南省自然资源事务中心宣教事务部被自然资源部评为“2021年度宣传工作业绩突出单位”，被中国自然资源报社评为“2021年度宣传报道先进单位”；档案资料部（湖南省地质资料馆）被自然资源部评为“2021年度全国地质资料信息报送与年报编报评比优秀单位”。湖南省自然资源事务中心承担的《基于多源时空地理数据的洞庭湖百年演变与国土空间生态监管》项目获中国地理信息产业协会“地理信息科技进步二等奖”，《洞庭湖区近现代江湖格局演化与国土空间生态遥感监管》项目获中国测绘学会“测绘科学技术奖二等奖”，《东北—华北地区矿山开发状况遥感调查》和《2020年度卫星监测外业核查》获中国测绘学会“全国优秀测绘工程银奖”。

职工所获荣誉：梅金华被中国地质学会评为“第三届优秀女地质科技工作者”。黄树春获中国地质学会“第五届野外青年地质贡献奖——金罗盘奖”。刘小娥、贾盼盼被自然资源部评为“地质资料管理工作表现突出个人”，贾盼盼被评为“全国地质资料信息报送与年报编报评比优秀信息员”。姜端午被评为“第三次国土调查省级先进工作者”。邱业惠被中国矿业报社评为“2021—2022年度新闻宣传先进个人”。周昌琪、罗文清被中国自然资源报社评为“2022年度自然资源报刊读报用刊工作优秀个人”，王丽容、彭小云被评为“2021年度宣传报道先进个人”，刘泉子被评为“2021年度宣传报道通报表扬个人”。彭小云文稿《湖南邵阳：为耕地保护注入司法动能》获自然资源部“2021年度‘自然资源好新闻’贡献奖”，文稿《这里的矿业缘何脱胎换骨》获中国矿业报社“2021年度好新闻二等奖”。许清、李非池论文《深入贯彻依法治国理念　推进自然资源事业发展行稳致远》获“湖南省干部教育培训网络学院‘学习二十大　奋进新征程’主题征文活动二等奖”。周翔论文《全域土地综合整治的困境与思考》获“自然资源部‘更好按经济规律办事　自然资源青年怎么办’征文比赛优秀奖”。

（撰稿　欧　婷）

湖南省第一测绘院

党委副书记、院长	雷宇斌
党委书记	陈　新
党委副书记、副院长	伍百发
党委委员、副院长	黄　磊
党委委员、纪委书记兼工会主席	李君洲
党委委员、总工程师	刘天清（　—2022.07）
党委委员、副院长	刘天清（2022.07—　）
党委委员、副院长	田永雨
正处级干部	周振明
副处级干部	何立夫

【测绘事业转型升级】2022年，湖南省第一测绘院牵头建设实景三维张家界，突破多项关键技术，克服地形复杂、地磁影响、海量数据等难题，“百人百天攻坚”完成过去1年才能完成的任务；创新开

发系列产品，创新实景三维“XR互动”“元宇宙虚拟大片”“云上张家界VR地图”“景区扫码瞰”等；优质服务地方管理，成果有力夯实景城一体数据底座，为智慧文旅、地灾防治、风貌改造、国土空间规划等重点工作提供支撑。应急测绘保障队伍持续开展24小时值班，为4.29望城自建房垮塌、6.2麻阳山体滑坡、10.17新田森林火灾等重大突发事件提供应急测绘保障服务17余次，牢牢扛起了应急测绘保障责任；完善“省市县乡”四级应急测绘指挥体系，在郴州、株洲、长沙、益阳等地开展应急演练14次；提升应急测绘保障能力；围绕“全灾种、大应急”要求，制定《湖南省自然资源厅应急测绘保障预案》，运用卫星云遥、贴近摄影测量完善“空天地网”技术手段；增强军民协同创新，为天心区武装部民兵预备役组建无人机侦察排和测绘导航排，在国防建设中发挥积极作用。开展湖南田长APP“两端”（一码管田、一码管地）研发，为耕地赋“健康二维码”，支撑15万余名田长日常巡田、任务交办。时隔15年，再启湖南省似大地水准面精化提升工程，攻克复杂地形条件下大面积区域似大地水准面精度提升技术难题，将整体精度提升至优于2厘米，动态维持国家测绘基准。

【服务“两统一”职能职责】2022年，湖南省第一测绘院协助湖南省自然资源厅编制《湖南省测量标志分类保护方案》，牵头完成全国测量标志管理信息系统录入，为各市县提供培训和答疑200余次；管护3411个省级测量标志，整理完善全省委托保管书，迁建10个测量标志点，目前3290座省级测量标志保存完好。编制《实景三维湖南建设实施方案（2023—2025）》，将新型基础测绘产品相关内容纳入新修订的《省测绘地理信息管理条例》，制定省级测绘技术规范3项，湖南省2米格网数字高程模型项目通过验收，累计提供约2.9万幅成果给26个行业使用。完成覆盖全省地形级实景三维和框架地理实体建设；完成湘西片区17532个卫星监测图斑实体测绘；汇聚3700平方千米存量三维模型，为三年建成首版实景三维湖南打下了良好基础。以长株潭绿心中央公园实景三维、实景三维张家界等落地项目开展产品生产和应用验证，编制《绿心区域实景三维及综合监测实施方案》，及时开展45.6平方千米三维模型更新和外扩，接入82个铁塔物联感知数据，持续为长株潭绿心中央公园总体规划和奥体小镇等重点项目规划提供最新的地理信息数据支撑，助力智慧规划能力提升。院干部在新疆吐鲁番市挂职期间，完成《吐鲁番市多测合一现实性研究》《吐鲁番多尺度基础测绘成果联动更新研究》及市本级、湘吐火焰山“热经济”产业园61.8平方千米1：500地形图生产，制作市、县行政区划挂图，城区影像挂图，编制湘吐经济园相关规划，服务当地管理，助推“热经济”新发展。湖南省第一测绘院从单一到综合，在督察执法、空间规划、生态修复、不动产登记等新领域全方位服务自然资源管理。

【科技创新】2022年，湖南省第一测绘院自主研发软件、小工具等79个，获得专利1个、软件著作权8个。与武汉大学、中南大学以及国内同行在似大地水准面精化、大数据建设等方面进行百余次的线上线下学习与交流；联合院士团队，在全国开展贴近摄影测量技术大面积山水复刻，以及实景三维信息模型、产品及服务模式等设计。成功申报省厅重大科研课题，《新型基础地理信息资源获取与应用关键技术研究》从4个方向共14个子课题展开研究，贯通地理实体生产技术流程，实景三维海量数据轻量化、高逼真可视化、实体结构化提取、植被结构反演等形成初步成果。自主研发13项关键技术，形成8项技术创新成果和4个突破纪录，培养一批高水平飞手和建模人员，打造“实景三维湖南厅驾驶舱”，提供可观赏、可调度、可感知的展示窗口、体验基地和调度中心。

【编制制度】2022年，湖南省第一测绘院与涉密部门与相关人员签订责任书与承诺书，采购正版操作系统、国产杀毒软件。开展安全生产宣传、保密培训，做好异地备份机房运行维护工作，推进“季度定期检查+专项检查+随机抽查”的“三查”机制，开展保密检查工作16次。按部门职责分工，采用综合管理和项目管理全程OA内控，定期召开院务会，及时发现、解决问题，保障日常运行有序、风险控制有力。完善财务规章制度，通过近20次面对面基层座谈，梳理报账难点与堵点，出台《关于报账流程释疑及相关改进措施》，强化事前审批，避免重复审核，优化报账流程，缩短报账周期。顺利完成7大国标管理体系复审。修订《测绘成果质量管理规定》，保障质检监理工作顺利开展。落实《科研项目绩效及职务科技成果转化管理办法》，进一步激发人才创新活力、内生潜力。启动省市联动自然资源异地容灾备份试点。制定并落实《深入排查潜在风险隐患确保安全稳定行动实施方案》。

【培训竞赛】2022年，湖南省第一测绘院邀请行业专家授课13次，举办测绘地理信息大讲堂8期，各类培训班约40期，选派100余人次参加院外培训。落实“技能中国行动”，将具有丰富实战与带教经验的技术骨干组成培训团队，开展自然资源调查监测、摄影测量与遥感实操技能竞赛，牵头组队参加数字化应用（无人机）技术技能大赛等。荣获“南方测绘杯”第七届全国测绘地理信息行业职业技能竞赛团体二等奖，院职工王星星被全国测绘地理信息行业职业技能竞赛组委会评为“全国测绘地理信息技术能手”，曾军、潘紫阳荣获湖南省第一届职业技能大赛工程测量员金奖，郭静在湖南省自然资源厅“守护耕地·担当有我”主题演讲比赛中荣获一等奖，班超、田婉怡荣获优胜奖。

【廉政建设】2022年，湖南省第一测绘院召开25次党委会，研究三重一大事项。完成党委换届工作，修订《党委会议事工作规则》，严格执行《关于新形势下党内政治生活的若干准则》。完成第五届团总支委员会换届，选优配强一批“90后”优秀青年作为团总支委员。以省委巡视反馈的3方面11个问题和厅党组巡察反馈的6项立行立改问题整改为契机，以巡促改、以巡促建，落实管党治党实际成效。开展领导班子“廉政画像”，建立科级干部廉政档案；印发党风廉政建设责任制考核办法、清廉一院实施方案等制度文件；党建负责人、纪委书记、各支部纪检员分别在全院和支部讲授廉政党课，筑牢“不敢腐、不能腐、不想腐”的思想防线。压实“一岗双责”，对照“四风”问题开展违规收送红包礼金、公款吃喝、发放津补贴、收发评审费、报销费用以及私车公养等专项检查，严防“微腐败”。

【测绘宣传】2022年，湖南省第一测绘院挖掘身边的红色资源，以原国家测绘总局第九地形测量队（以下简称“原国测九队”）驻湘60周年为契机，结合党史学习教育，开展了“五个一”（建一个馆、出一本书、拍一个宣传片、办一场纪念活动、组一支宣传队）活动。以院前身——原国测九队的历史为原型，整合实景三维湖南创新产品，打造原国测九队展厅和多功能厅；在测绘法宣传日主题活动暨《寸土寸心》新书发布会上，自然资源部总规划师武文忠，省政协原副主席、党组成员葛洪元，厅党组书记、厅长陈仲伯莅临指导，特邀九队28名老队员代表参会；以“支部+宣讲团+九队故事”宣传模式，打造高水平金牌讲解团队，开展青年讲解大赛，将丰富的思政元素有机融入“以文化人、以文兴业”全过程，为湖南省政府办公厅、湖南省总工会等开展宣讲30余次。实景三维湖南成果被自然资源部转发7次，亮相《人民日报》精选、学习强国、新湖南头条等部省市媒体100余期，浏览量超800万、单个视频点击量112万。跟踪宣传优秀成果和应用推广，累计向省自然资源厅网站投稿146篇，院公众号发稿450余篇，并在湖南省自然资源宣传工作会议上做典型发言。

【荣誉档案】2022年，湖南省第一测绘院承担的项目获得中国测绘地理信息学会测绘工程金奖、银奖各1项，省级科技进步奖4项，省级优秀工程奖5项（一等奖2项、二等奖3项），青年创新成果9项（一等奖2项、二等奖2项和三等奖5项），省国土空间规划优秀案例、土地工程优秀成果5项（一等奖2项、二等奖1项和三等奖5项）。被湖南省自然资源厅评为绩效考核先进单位。在中国测绘学会“实景三维大咖秀”和省厅“青年创新秀”分享经验。

（撰稿　仇　俊　谢　理）

湖南省第二测绘院

党委副书记、院长	谢优平
党委书记、副院长	王本礼（2022.03— ）
党委委员、副院长	谢玲琳
党委委员、副院长	雷　云
党委委员、副院长	陈根良
党委委员、总工程师	肖　海
党委委员、纪委书记、工会主席	刘仁峰

【服务支撑】2022年，湖南省第二测绘院调查工作进一步向智能化综合化升级。牵头完成全省年度变更调查，开展全省基本库建设，承担40个县市区具体调查，为自然资源管理提供统一底图、底版、底数，在此基础上构建省市县三级快速联动的统一外业举证平台和日常变更工作平台，实现自然资源综合监测与日常变更调查工作协同联动，大幅节约地方成本，为耕地保护、国土空间用途管制、督查执法等工作及时提供实时监管信息和“精细化”服

务。组织完成全省耕地后备资源调查、标注“恢复属性”地类分析评价、油茶种植细化调查，开展常德市全民所有自然资源资产清查试点、洞庭湖区域水资源专项调查试点、湘西州三维立体时空数据库建设试点。自然资源监测由试点晋级示范。持续推进自然资源“1+N”卫星监测，专题监测内容由上一年度“1+12”拓展至“1+16”，年内实施月度监测7次、季度监测3次，提取监测图斑85.33万个，推送监测图斑16.49万个。大力推进全省铁塔视频监测统筹，已安装10121个摄像头，推动全省自然资源监测能力再上新台阶。完成长沙、株洲、湘潭和衡阳的城市国土空间监测。完成全国自然资源调查监测技术体系建设首批试点，成功申报自然生态系统碳汇监测和南方丘陵区典型粮食作物种植监测两项技术体系试点。运用“卫星遥感监测+无人机航飞+铁塔视频监测+人工现场核查”模式，采用智能识别、光谱分析等技术，补充使用人工核实、舆情监测等手段，探索开展罂粟监测和市级河流、县级河流监测工作。深入开展调查监测成果分析评价。结合管理数据，围绕耕地、耕地后备资源、恢复地类、三区三线划定等中心工作，开展常态化的统计服务，编制三调成果分析、卫星监测季度和年度分析、耕地后备资源和恢复地类分析、耕地“非农化”“非粮化”分析等报告40多项。遥感影像统筹“一张底图”服务效能持续领跑全国，实现2米月度最大覆盖、1米季度覆盖、0.5米年度覆盖总体目标，新增0.3米级影像重点区覆盖，卫星影像分辨率迈入超高分辨率时代。向社会发布湖南省典型地物光谱库，有力支撑全省智能解译发展。入库2009—2018历年全省整版镶嵌图影像。推进“卫星云遥”升级工作，在轨道预测功能中增加28颗卫星，累计向各厅局推送卫星影像40余万景，数据推送价值量近53亿元。全方位支撑全省耕地保护，参与耕地保护“田长制”“耕地进出平衡”等政策文件起草；推进全省耕地保护国土空间专项规划编制；完成全省耕地保护一张图建设；完成长沙机场改扩建工程占用耕地耕作层剥离再利用可行性研究报告编制；自主研发“湖南田长”系统，为每一块耕地赋予“空间身份”。全面参与全省国土空间规划，持续支撑国土空间“三条控制线”划定，牵头完成全省耕地与永久基本农田、生态保护红线技术指导与成果汇总工作，负责7个市州的“三条控制线”技术指导及成果审核、3个市州国土空间规划现状底图制作及现状基数转换成果核查。承担18个县级国土空间规划及部分镇（乡）村规划编制，选派3支村庄规划服务团助力全省村庄空间规划工作推进。全力服务支撑执法督察，完成7个市州的存量违法问题督察、“非农化”“非粮化”问题调研督导、卫片重点图斑实地核查、省政府部分重点问题督察“回头看”“整改类”高尔夫球场遥感监测等。全面助力国土空间生态修复，参与全域土地综合整治试点、洞庭湖山水工程“天空地网”监测体系构建，主要承担碳汇监测、监测系统研发等任务。开展政务服务技术支撑，参与政务审批改革方案编制，承担土地征收转用卷宗审查，完成湖南省建设用地审批改革方案涉及土地征收部分材料整理和方案编写。

【科技创新】2022年，湖南省第二测绘院深入实施“333”创新工程，已完成253项创新成果，其中专利与计算机软件著作权　17项，《自然资源卫星遥感监测关键技术与应用研究》获中国测绘学会“科技进步二等奖”，《中部地区自然资源监测卫星云遥系统建设及应用》获中国地理信息产业协会“科技进步二等奖”，自然资源调查监测“智慧大脑”获全省测绘地理信息青年创新成果一等奖，其余成果奖26项。自主研发了全省“铁塔哨兵”系统，年内发现耕地“非农化”“非粮化”问题15227个，发现普通火情信息42371条、重大山体明火信息109条。在国内率先探索建立国土变更调查日常变更工作机制，实现举证成果在自然资源综合监测、国土利用变更调查等多项工作“一举多用”。研发“图斑快递”系统，第一时间将变化图斑直接推送至乡镇、村组负责人手中，将违法行为制止在萌芽状态。“智慧大脑”实现五个“升级”成“最强大脑”，实现外业举证照片、云遥日新图、铁塔视频等外网数据动态进内网，与业务管理数据形成聚合效应，支撑城市国土空间监测等多个项目高效实施，大幅节省数据存储和流转拷贝所耗费成本。研发国内首个省市县乡村网格五级连通的田长制信息管理平台，通过该系统构建全省“5+1”责任体系，为全省14.54万名田长注册账户，将全省5431.71万亩（362.11万公顷）的耕地保护底线目标和4812万亩（320.8万公顷）永久基本农田保护任务带位置逐级分解下达到105072个网格，对耕地实行红、橙、绿码动态监测，实时查看每块耕地历年影像和土地利用情况，实现“一码管田”全闭环管理，让耕地保护“有图可依”。完成全国自然资源调查监测技术体系建设首批试点，形成系列具有应用推广价值的技术成果和工作经验，推进《湖南省自然资源“天空地网”一体化监测体系探索与实践》专著出版。持续推进湖南省卫星应用技术体系构建，编制《自然资源湖南省卫星应用技术体系运行管理办法》（修订稿），开展多颗新型卫星在轨应用测试，进行立体卫星地形图更新、土壤生态评价等关键技术攻关，开展油茶种植监测、沙洲村规划实施监测等8项应用。支撑市州卫星应用技术中心建设，湘西州等6市州已通过市级编办批复并明确“市级卫星遥感应用”职能，向8家市级中心开放市级典型遥感应用课题，指导长沙、永州等市级中心建立第一批遥感应用县级节点。扎实推进自然资源部南方丘陵区自然资源监测监管重点实验室建设，完成实验室挂牌及成立学术委员会。联合申报生态系统碳监测空天技术研究湖南省重点实验室等，大力推进长株潭绿心区碳汇监测试点，在国内率先开展生态修复工程碳汇监测成效评估，自然资源部已将湖南省碳汇监测列为国家自然资源调查监测第二批技术体系试点。

【内部管理】2022年，湖南省第二测绘院推进“信息化年”建设，完成全院数据资产清查，包括建院以来党建、行政、人事、财务、业务数据等共计20.82万件、4242卷档案资料的信息化整理，建立“数据银行”“照片银行”，建成“数据信息管理系统”，通过数据仓库和检索链彻底联通内部数据信息“孤岛”。加强机房管理，实现资源动态调度；强化信息安全管理，制定《院微信等新媒体平台使用保密工作规定》《院网络安全责任制实施细则》《院网络安全应急预案》《院网络安全应急演练方案》等制度，制作保密知识1000题读本，自主研发保密知识考试系统。平安建设方面，强化组织领导，层层压实责任，印发《内部控制规范》《全员安全生产责任制》《院网络安全工作责任制实施细则》等文件，实行“周检查+月检查+测区定期检查”制度。参与驻地平安建设，为南托街道、欣南社区疫情防控工作捐款捐物12万元。持续绷紧疫情防控之弦，常态化做好卫生消杀、体温监测、双码查验、核酸检测等。巩固升级“三防”体系建设，投入100万余元用于基础安防、网络安防升级。聚焦重点风险管控，加强机房、档案室、财务室等重点部位安全巡查。宣传方面，《人民日报》、新华社、《中国自然资源报》等国家级媒体采用14篇，衔接湖南卫视、湖南经视等媒体进行4次影响力较大的新闻发布，《湖南日报》、红网等省级平台采用42篇，省厅公众号采用36篇，省自然资源厅门户网采用45篇。打造“调查监测”系列特色宣传活动，从“卫星天眼”“变更调查”到“铁塔哨兵”“河湖监测”等，调查监测系列宣传稿已在省自然资源厅及主流媒体发布14篇，调查监测品牌宣传效应良好。遥感统筹“统”效益宣传已深入人心，《4年节省51亿！》相关报道在国家级、省级平台得到大力推广，对云遥赋能智慧商务建设、社区“现代化治理”、守护绿心生态文明等进行宣传报道。策划耕地保护宣传系列宣传报道42篇，选送的文字类作品参加省耕地保护宣传标语征集获得一等奖。做好党的二十大系列宣传营造浓厚学习氛围。创新开展“4·22”世界地球日公益跑暨科普宣传周、“6·25”全国土地日有奖征文、“8·29”测绘法宣传日少儿版图拼图等活动。整体人才队伍素质进一步提升，制定《院人才发展5年规划》，出台干部选拔任用、职称评审、科研绩效、特殊薪酬、野外津贴等一批政策文件。引进博士3人，公开招聘2名研究生，11人被评为全省自然资源2022年度“科技之星”，4人被评为“自然资源好青年”，1人被评为全省碳达峰碳中和专家咨询委员会专家，1人获“第三次全国国土调查先进工作者”，选派2名科级干部参加乡村振兴服务团。选派30余名技术骨干组成调查监测“帮帮团”、恢复耕地“服务团”，助推14个市州县自然资源技术能力提升。开展“30师徒工程”，选树30名各专业领域技术骨干担任师傅，61名徒弟“拜师学技”。

【党群建设】2022年，湖南省第二测绘院党委出台学习宣传实施方案，开展集中学习5次、集中研讨3次、专题宣讲2次，各党支部开展学习研讨40余次，撰写热议文章60多份、心得体会200余篇，发放学习书籍300余册。组织“礼赞二十大，奋进新征程”书画摄影展、“党建工作书记谈”“党建与业务工作深度融合大家谈”主题征文活动、“支部书记党课展示暨第三届PPT风采大赛”等活动。深入实施作风建设攻坚年工作，成立院工作作风巡回督导组开展常态化作风纪律监督，出台《干部职工纪律“十准则”》《关于规范项目评审管理工作的通知》等系列文件。加固中央八项规定及其实施细则堤坝，做好费用报销、津补贴发放、政府采购等监督，排查违规公款吃喝、违规公务用车等。将正科级干部纳入个人有关事项填报范围。厚植“清廉二院”建设，突出开展廉政党课、警示教育、廉政践诺、廉政风险点排查等工作，严肃整治违规收送红包礼金，构建“一专三查”立体网络，紧盯“三重一大”事项，建设“廉政文化走廊”。群团工作亮点纷呈。2022年湖南省第二测绘院获得“全国绿化先进集体”，院“智绘星廊”文化科普走廊获批“省级科普基地”，院工会获“湖南省模范职工之家”，院团总支获“湖南省五四红旗团总支”，代表省自然资源厅参加省直单位第二届“健康湖南”全民运动会省直选拔赛取得广播体操比赛三等奖，承办省自然资源厅“巩固脱贫攻坚•服务乡村振兴”自然资源青年说反响热烈。职工运动会、定向越野、“卫星科普”青少年假期实践、职工PPT比赛、书画摄影、诗词文学、舞蹈健身等各类文体活动蓬勃发展。协助承办“调查监测”“摄影测量与遥感”两项全省二类技能竞赛，参与全省无人机技能竞赛。精心组织爱心助学、环保科普、疫情防控、乡村振兴等各类志愿服务活动，获得“爱心天心”公益慈善企业称号，10名同志获得“天心区志愿者服务联合会”表彰。

【荣誉档案】2022年，湖南省第二测绘院获评“第三次全国国土调查先进集体”、“全国绿化先进集体”、“2022年中国测绘科技创新优秀单位”、“2022—2025年中国地理信息产业协会常务理事单位”、“2022年度厅平安建设先进单位”、“全省自然资源系统新闻宣传先进单位”、2022年度省级科学技术普及基地、“湖南省模范职工之家”、“湖南省五四红旗团支部（团总支）”等称号，地理国情部分工会获“省直模范职工小家”。承担项目获国家、省部级奖项40个，其中，湖南省水利工程管理与保护范围线图上标绘及现场核实勘定（邵阳市、怀化市、娄底市、永州市）获得中国地理信息产业协会“优秀工程银奖”，湖南省遥感影像统筹及卫星应用系统成功入选工信部“大数据重点产品和服务试点示范——大数据重点产品方向”项目名单等。132人次分别获得国家级、省部级、省厅级各项荣誉，其中1人获评第三次全国国土调查先进工作者；6人获评湖南省第三次国土调查省级先进工作者；2人获湖南省第一届职业技能大赛无人机技术应用项目优胜奖；1人被聘为湖南省碳达峰碳中和专家咨询委员会减污降碳专业委员会专家。收到省厅、市、县等自然资源管理部门感谢信13封。

（撰稿　邓　敏）

湖南省第三测绘院

党委副书记、院长	赵　强
党委书记、副院长	蒋星祥
党委副书记、副院长	陈松林
党委委员、副院长	汤仲安
党委委员、副院长、工会主席	王　伟
党委委员、副院长	彭海波
党委委员、副院长	孙　华
党委委员、纪委书记	雷志刚

【数据要素保障】2022年，湖南省第三测绘院分析研判发展形势，扭转“重管理轻应用”固有观念，在全院形成“管用相长”工作共识，做好大数据管理的同时，加快数据应用场景构建，挖掘和释放“数据金矿”价值。抓实数据治理，年内完成新增60类150项数据的治理入库，总计已入库152个项目552项数据，数据量达280TB，约23亿个要素。协助湖南省自然资源厅起草《地理空间数据全流程管理工作规则》，规范数据汇交、治理等程序。联合院校和科研机构开展脱敏脱密软件的研发，提高离线数据脱密效率。做好数据资源管理的支撑服务，配合起草《湖南省自然资源厅地理空间数据全流程管理工作规则》，规范数据汇交、治理归集、服务发布等流程。支撑数据分类分级管理，开展数据资产清查，初步制定数据分类分级目录清单。做好数据安全技术防控，引进部署全套数据安全管理系统，实现数据管理可追溯，保障全年数据零失泄密。年内累计接收地理信息数据120TB，分发数据115TB，支撑湖南省自然资源厅通过2022年湖南省保密局组织的“春雷行动”和“夏季攻势”专项保密检查。

【地图综合保障服务】2022年，湖南省第三测绘院为湖南省领导考察调研、出行拜访提供政务地图保障服务30次，涉及地图产品33种，共计单张地图63幅。累计提供政务（应急）保障服务81次，地图448幅。编制的《洞庭湖历史地图册》，丰富《洞庭湖志》丛书；编制的《湖南省情地图（2022版）》《湖南廉洁文化地图》获得领导肯定。发布四种格式的省市县三级标准地图，年度浏览下载量突破10.5万次。设计研发“自然有为”系列地图文创产品，形成“茶湘绘”“麓湘书”等多个产品系列。技术支撑湖南省自然资源厅依法开展地图审核、拓展互联网地图监管、全国测绘法宣传日暨国家版图知识宣传等工作。

【地理信息公共服务】2022年，湖南省第三测绘院累计为20多个厅（局）部门、50余个应用系统提供地理信息公共服务。开展新一代平台试点建设，全年累计用户访问量约70万次。基于“天地图·湖南”发布湖南省疫情防控三区图、学区分布图等特色专题服务，广受媒体和公众好评。“天地图·湖南”在全国2022年地理信息公共服务平台综合评估中获“五星”好评。

【援疆项目】2022年，湖南省第三测绘院根据湖南省自然资源厅的安排，完成吐鲁番市本级高昌区18.6平方千米1∶500航测成图、吐鲁番市空地一体展示系统建设。

【其他项目】2022年，湖南省第三测绘院做好不动产统一登记基础数据更新完善缩编1∶2000地形图；安化、通道等十一个县（市区）2021年度国土变更调查项目，张家界、常德、冷水江等6个市县的1∶500地形图更新，张家界市、沅江、安化等5个市县的国土空间规划，安化县、慈利县、泸溪县等7个市县不同标段的“多规合一”村庄规划编制项目，平江、江永、绥宁等县6个产业园区的土地利用清理，水利工程、确权登记、灾害防御等5类地图图集编制。

【人才队伍建设】2022年，湖南省第三测绘院编制《院2022年—2026年人才发展规划》，通过提拔重用、参加湖南省自然资源厅乡村振兴服务团、开展“十佳青年”评选等方式助力干部成长成才，按程序提拔正科级干部6名、副科级干部11名。年内，干部职工获部级先进个人2人，参加全国技能竞赛获团体二等奖，获评湖南省自然资源厅自然资源“科技之星”5人，“特殊薪酬高层次人才”7人。引进大数据和信息化专业博士研究生1人、高级职称人才2人，大数据建设和政务服务技术人员2人。开展自然资源业务培训12期。

【科技创新】2022年，“地理信息安全与应用湖南省工程研究中心”申报成功。湖南省第三测绘院与中南大学共建的“湖南省地理空间信息工程技术研究中心”在定期评估中获评“优秀”，设立院级科研项目33个，申请湖南省科技厅省自然科学联合基金3项、湖南省自然资源厅重大科研项目1项、其他科技项目5项。获2022年湖南省科技厅创新型省份建设专项技术交易和技术转移服务补助。获软著证书18项，专利申请11项、授权7项，获国家行业学会协会优秀工程奖6项，湖南省级学会协会科技进步奖3项、优秀工程奖14项，湖南省测绘学会青年创新成果奖5项，湖南省优秀国土空间规划设计和案例3项。

【内部管理】2022年，湖南省第三测绘院以巡视巡察整改为契机，全面梳理全院规章制度，修订完善公务租车、公务接待、预算决算、专项经费管理等办法，规范内部管理。利用院内控系统落实省厅内控任务，加大院重点工作内控管理，每月对各部门履职情况进行通报，实现高效运行。成立院安全生产委员会、平安建设领导小组，层层压实安全责任，围绕安全生产、保密安全等开展专题知识讲座，提高全院干部职工安全意识，落实常态化疫情防控，每季度开展安全卫生检查，不定期开展消防安全隐患排查和消防应急演练。

【文化建设】2022年，湖南省第三测绘院开展学习型单位建设，增强干部职工在政策法规、业务管理、前沿技术方面的知识水平。制作自然资源信息化建设宣传片、精神文明建设宣传片，加强正面典型宣传，引导全院干部职工树立忠诚、干净、担当的“大情怀”。开展“攻难关、补短板、强弱项、抓落实”专项行动，查摆形成问题清单169项，并稳步推进整改。召开院第五届三次职工（会员）代表大会，收集到32件提案，其中23件立案并落实到位。做好工会日常工作，将院党委的关心关怀落到实处。承办第二届“健康湖南”全民运动会省直选拔赛暨省直单位第六届干部职工运动会乒乓球、拔河项目海选赛，参加湖南省自然资源厅开展的各类活动，打造“湘地信”杯活动品牌。成功创建2022届省直机关文明标兵单位，获评全省第三次国土调查先进集体、全省自然资源系统政务信息先进单位，数据应用部获评“湖南省巾帼文明岗”。

【党建工作】2022年，湖南省第三测绘院印发《学习宣传贯彻党的二十大精神工作方案》，开展集中学习、专题党课、专题宣讲、交流研讨、主题党日活动等，学习宣传贯彻党的二十大精神。制定《贯彻落实2022年全省自然资源工作任务分解方案》，落实全省自然资源工作会议精神。完成院党委、院纪委换届。

抓好巡视巡察问题整改落实。制定党建工作要点、中心组学习计划，落实“第一议题”“同主题同步学”制度，开展党史学习教育、党建知识应知应会测试等提升党员理论学习成效。制定《院贯彻落实意识形态工作责任制实施方案》《院信息宣传工作制度》，抓好宣传思想和意识形态工作。新设1个党支部，完成12个党支部支委补选，发展预备党员3名。巩固深化“五型”团组织建设。制定《院落实全面从严治党主体责任任务分工及责任清单》，落实全面从严治党主体责任。通过抓政治监督、学习教育、日常监督和专项治理、持续纠“四风”等，加强党风廉政建设。印发《关于推进清廉三院建设的实施方案》，推进清廉三院建设。编制《湖南廉洁文化地图》，构建清廉的文化氛围。

【荣誉档案】2022年，湖南省第三测绘院获评“湖南省第三次国土调查先进集体”“2022届湖南省直机关文明标兵单位”“平安建设考评先进单位”“2021年度村庄规划综合服务工作先进单位”“2022年度自然资源报刊读报用刊工作先进单位”“2022年全省自然资源系统政务信息先进单位”、“2022年度‘爱心天心’公益慈善爱心企业”。数据应用部获评“湖南省巾帼文明岗”。土地数据部党支部、地图服务部党支部获评“湖南省自然资源厅直系统先进基层党组织”。团总支获评湖南省自然资源厅直系统“五四”红旗团总支。读书创作兴趣小组获评湖南省“优秀职工阅读团队”。湖南省地理空间信息工程技术研究中心在湖南省科技厅省重点实验室和工程技术研究中心定期评估中获评优秀。“天地图·湖南”在自然资源部组织的全国2022年地理信息公共服务平台综合评估中获“五星”好评。承担的“数字安乡地理信息基础工程建设项目”获2022年全国优秀测绘工程奖银奖。“湖南省水利工程管理与保护范围线图上标绘及现场核实勘定（长沙市、衡阳市、益阳市）项目”获2022年全国地理信息产业优秀工程银奖。“湖南省国土空间规划基础信息平台建设”获2022年全国优秀测绘工程奖铜奖。“湖南党史学习教育系列电子地图”获2022年全国优秀地图装秀奖铜奖。“湖南省建设用地批后综合监管系统建设项目”“智慧常德时空大数据平台—基础时空数据包”获2022年全国地理信息产业优秀工程铜奖。“一种棱镜及测量方法”获国家发明专利。“一种计算机网络安全路由设备”获国家实用新型专利。麓湘书地图文创产品书签、包装盒、笔袋获五项国家外观设计专利。“湖南省土地供应配号审核系统”“湖南省农村宅基地和集体建设用地房地一体权籍数据管理系统”“湖南省全域土地综合整治实施方案综合审批系统”“湖南省‘多测合一’信息管理平台”“湖南省第三次国土调查数据应用平台共享服务系统”“湖南省自然资源确权登记系统”“湖南省自然资源督查工作管理信息系统”“湖南省自然资源厅指标调剂信息发布系统”“湖南省用地预审与选址审查报批系统”“湖南省违法用地监管系统”“不动产登记数据标准化治理软件”“湖南省村庄规划地理信息安全控制系”“湖南省自然资源与地理空间数据库数据治理工具”“湖南省自然资源与地理空间数据库服务产品加工工具”“湖南省自然资源与地理空间数据库数据质检工具”“湖南省自然资源与地理空间数据库综合管理平台”“田长制综合管理系统（WEB端）”“田长制巡查监管APP”18项系统软件获国家软件著作权。“面向全域数据与场景的湖南水利一张图关键技术研究与应用”获2022年湖南省地理信息产业科技进步一等奖。“湖南省1：2000基础数据库动态更新技术研究”获2022年湖南省地理信息产业科技进步二等奖。“面向全流程管理的‘多测合一’信息平台关键技术研究及应用”获2022年湖南省测绘科学技术奖二等奖。“湖南省基础地理信息数据协同更新系统”获湖南省测绘地理信息学会2022年青年创新秀创新成果一等奖。“湖南党史学习教育系列地图”“图库一体智慧制图系统”“湖南省1：2000基础数据库动态更新方法”获湖南省测绘地理信息学会2022年青年创新秀创新成果二等奖。“自然资源调查与监测内外业一体化系统设计与实现”获湖南省测绘地理信息学会2022年青年创新秀创新成果三等奖。“湖南省市县城镇开发边界内1：500缩编1：2000地形图试点”“冷水江市：1500地形图更新与汇交”获2022年湖南省优秀测绘工程奖一等奖。“智慧长沙时空信息云平台监理项目”“数字湘阴地理空间框架建设项目”获2022年湖南省地理信息产业优秀工程奖金奖。“湖南省国土空间规划‘一张图’实施监督信息系统”“湖南省村庄规划编制技术标准体系研究与应用”“慈利县苗市镇黄花溪村村庄规划”获2022年湖南省优秀国土空间规划设计和案例一等奖。“安化县第三次国土调查”“慈利县第三次国土调查项目”“浏阳市第三次国土调查技术服务项目”《湖南省高等级航道航行参考图》获2022年湖南省优秀测绘工程奖二等奖。“数字冷水江地理信息基础工程建设项目”“沅江市农村宅基地和集体建设用地房地一体确权登记项目（一标段）”获2022年湖南省地理信息产业优秀工程奖银奖。“南县河湖和水利工程划界确权方案服务项目”“湖南省矿产资源综合管理系统”“华容县不动产存量数据整合建设项目”获2022年湖南省优秀测绘工程奖三等奖。“数字岳阳县地理信息基础工程建设项目”获2022年湖南省地理信息产业优秀工程奖铜奖。“安化县农村宅基地和集体建设用地确权登记颁证项目”“茶陵县农村宅基地和集体建设用地确权登记颁证项目”获湖南省农村宅基地和集体建设用地房地一体确权登记优秀成果二等奖。

（撰稿　胡　婷）

湖南省国土资源规划院

党委书记、院　长　　　文　宁
党委委员、工会主席　　胡义萍
党委委员、副院长　　　麻战洪
党委委员、副院长　　　李亚涛

【省级国土空间规划编制】2022年，湖南省国土资源规划院做好省级国土空间总体规划编制工作，实时对接国家最新成果、省委、省政府最新战略精神，14轮次征求部门、地方政府、专家和公众意见，充分吸纳49个省直部门、行业专项规划成果，提出构建农业、生态、城镇“三大基本空间”和美丽乡村、内陆开放、魅力人文“三大特色空间”格局，为湖南未来十五年国土空间的保护与发展做好顶层设计。11月上旬，规划成果通过省人民政府常务会议、省人大常委会审议并获得高度评价。根据省人大常委会和自然资源部反馈意见进行修改完善，提请省人民政府上报国务院审批。

【“三条控制线”划定】2022年，湖南省国土资源规划院做好全省“三区三线”划定技术统筹工作，牵头拟定技术方案、组织技术培训、解读技术细则、定期调度指导，“两上两下”开展技术审查汇总。历经5个月的艰苦奋战，成功保障全省9311个重点项目（4042个省级重大项目，5269个确需落地的市县重大项目）的用地需求，为落实“三高四新”战略定位和使命任务、全面建设现代化新湖南提供了空间保障。9月底，划定成果通过自然资源部审定并正式启用，省长毛伟明批示要求“充分利用好划定成果，提高重大项目落地的前瞻性、精准性和实效性，为经济社会发展作出贡献”。

【湘江科学城概念规划】2022年，湖南省国土资源规划院研究确定选址范围、功能布局、空间策略等相关内容，先后向湖南省委常委、省人民政府副省长张迎春，湖南省委副书记、省长毛伟明汇报规划编制成果。项目已通过省长专题会审议，毛伟明评价具有“前瞻性、引领性、可行性，实现湘江科学城从最初设想到方案落地的工作目标”。

【覆盖全域全要素的国土空间规划“一张图”】2022年，湖南省国土资源规划院全面接入湖南自然资源智慧平台，为调查、规划、用地、执法、登记等自然资源全链条、全过程管理提供数据支撑。有效支撑工程建设项目立项前的合规性检测、用地预审和规划选址，已累计为3600余个工程建设项目提供规划信息服务，大幅提高项目立项效率。已通过自然资源部初步评定，专家组认为湖南省系统建设成果“达到全国一流水平，部分做法在全国起到引领作用”。

【重大专项规划编制】2022年，湖南省国土资源规划院研究起草湖南省《国土空间专项规划编审导则》《区域性国土空间专项规划编制指南及审查要点》《市县自然保护地国土空间专项规划技术指南》等技术规范，牵头编制国土空间生态修复、矿产资源、林草地和湿地保护、产业园区、自然保护地、江河湖岸线、综合交通物流能源政法基础设施、全民健身基础设施、洞庭湖生态经济区等省级国土空间专项规划，支撑完成14个市州矿产资源总体规划和100个县级砂石土矿专项规划省级审查工作。

【规划技术支撑】2022年，湖南省国土资源规划院完成《城镇开发边界内详细规划编制技术导则》《详细规划分类管理操作规程》《详细规划实施细则与标准》《国土空间规划管理技术规定》《产业园区国土空间规划编制技术指南及审查要点》等技术规范编制，协助起草《关于加强过渡期生态保护红线管理有关事项的通知》《关于开展详细规划编制试点的通知》《关于开展城镇开发边界内控制性详细规划实施评估工作的通知》等文件，开展宁乡金洲新城起步区、益阳龙岭工业园区等详细规划试点工作。

【乡村规划管理依据全覆盖工程】2022年，湖南省国土资源规划院完成《关于全面开展乡镇国土空间规划编制的通知》《乡镇国土空间规划编制指南》《村庄规划工作实务》《关于“未来乡村”建设试点的工作建议》《村庄规划成果入库指南（试行版）》等文件规范的起草和修改工作，完成全省24331个村庄规划底图更新、2072个乡镇国土空间规划底图生产，完成25个省领导联点县乡村振兴示范村、36个涉及自然保护地村庄规划成果技术核查以及4个全域土地综合整治试点项目合规性审查工作。

【主体功能区战略和制度建设】2022年，湖南省国土资源规划院研究起草《关于做好主体功能区优化细化工作的通知》《湖南省主体功能区优化细化工作方案》《县级主体功能定位优化技术指南（试行）》《乡镇主体功能定位细化技术指南（试行）》《湖南省重点生态功能区产业准入负面清单评估工作方案》等多个政策规范文件，编制《湖南省县级主体功能定位调整优化报告》，推动主体功能区战略精准落地。

【国土空间用途管制试点研究】2022年，湖南省国土资源规划院以湘潭县为试点深入探索，研究形成《国土空间用途管制学习资料》《湘潭县国土空间用途管制试点实施方案》《湘潭县村庄内部建设用地增减挂钩试点工作方案》《国土空间用途管制试点研究报告》《国土空间用途管制试点工作报告》等系列成果，为构建全省用途管制体系提供了试点经验。以湖南省国土空间用途管制数据规范试点为依托，形成全省用途管制数据规范，推动土地资源全生命周期管理。

【农村土地管理】2022年，湖南省国土资源规划院围绕农村土地管理热点难点问题开展调查研究，积极建言献策，其中农村一二三产业融合发展用地保障做法被《中国土地》刊载推介、张家界“点状用地”实施试点研究成果被省厅《支持十五个乡村振兴重点帮扶县跨越式发展的若干举措》收录印发。全力支撑临时用地、设施农业用地上图入库和日常管理，推进实现全省122个县市区、1700余个乡镇农村村民建房平台审批全覆盖。统筹设施农业发展、宅基地管理和耕地保护。

【建设用地安全利用监管】2022年，湖南省国土资源规划院配合省生态环境厅开展建设用地污染地块风险评估、修复效果评估30余次，受理符合条件的建设用地污染地块风险评估报告、修复效果评估报告备案36个。11月底，首次实现全国污染地块土壤环境管理信息系统与国土空间规划一张图的信息共享和联动监管。

【生态保护红线监管】2022年，湖南省国土资源规划院协助起草《关于加强全省生态保护红线管理工作的通知（试行）》，完成全省1—12月份生态保护红线内变化图斑核实整改工作，按月度编写提交全省生态保护红线监测报告，协助厅空间规划局做好规划要素保障及重大项目占用生态保护红线不可避让性论证审查工作。

【开发区用地调查与监管】2022年，湖南省国土资源规划院协助完成全省补充产业园用地总调查，共上报二类、三类园区275个，土地总面积2.2万公顷。协助完成全省产业园区土地清理专项行动，对湖南省144个省级以上园区的实际建成区范围、批而未供土地、闲置土地、低效（空闲）用地等各类情况进行了梳理统计。协助开展全省2022年度开发区土地集约利用监测统计工作，协助开展化工园区申报技术指导和审查工作。

【地价公示体系建设及估价行业监管】2022年，湖南省国土资源规划院协助开展全省园地、林地、草地分等定级工作，协助起草《关于进一步规范公示地价更新成果审查验收的通知》《土地估价行业“双随机、一公开”监督检查方案》《关于进一步规范土地估价机构备案工作的通知》等政策文件。

【土地节约集约利用】2022年，湖南省国土资源规划院协助组织开展国家级自然资源节约集约示范县（市）创建工作，对县市申报材料开展技术性审查。协助编制完成《湖南省节约集约用地模式集》两册，其中5个优秀案例被纳入国家级优秀案例。协助省厅对无标准、超标准的建设项目（在用地审批阶段）进行技术性审查论证，完成40个节地评价报告审查。

【技术支撑重点项目用地报批】2022年，湖南省国土资源规划院支撑土地征收成片开发。协助起草《土地征收成片开发方案编制指南》，引导市县合理划片安排土地报批、储备和供应，完成295个土地征收成片开发方案技术审查。支撑省重点项目服务专班。规划院对口服务省级重点项目52个，其中基金项目23个，涉及益阳、郴州、邵阳3个市州。工作中实行每日一调度，及时跟进掌握各重点项目的用地需求，督促项目单位加快推进各重点项目。支撑省建设项目用地报卷审查。为确保各地用地要素保障取得实效，政务服务处规划院设有2个专用审批岗，负责审查政务服务处每日分发的用地报批卷，严格落实当日下发当日审完的工作要求，年内共计完成案卷审查200余个。

【**科技创新**】2022年，湖南省国土资源规划院持续开展关键技术研发。推进国土资源评价与利用湖南省重点实验室、自然资源部土地利用重点实验室科研基地、自然资源部南方丘陵区自然资源监测监管重点实验室、湖南省国土空间规划发展研究中心等平台建设，围绕国土空间规划、自然资源资产调查与监测、生态保护与修复等领域，系统开展“村镇土地智能调查关键技术研究”“智慧湖南国土空间规划关键技术研究与示范”等一批国家级、省部级重点课题的研发攻关与成果转化工作，获得湖南省高新技术企业认定。

【**能力平台建设**】2022年，湖南省国土资源规划院推进院智慧国土空间规划信息平台优化完善，探索建设基于智能感应和面向未来的城市感知评估平台，提升智能分析、研判、决策能力，辅助国土空间规划全时全域全生命周期的智慧编制、实施、评估、管控，助力治理体系和治理能力现代化。

【**荣誉档案**】2022年，湖南省国土资源规划院获评“第三次全国国土调查先进集体”“测绘科技创新优秀单位”“全国工会职工书屋示范点”“省直母婴关爱室”“五四红旗团总支”，继续保持“全国五一巾帼标兵岗”“全国巾帼文明岗”“湖南省文明单位”“湖南省模范职工之家”“全省绿化先进集体”“省直机关先进党组织”“省直职工书屋示范点”等荣誉称号，麻战洪团队获评自然资源部科技创新团队，唐铁入选省科技人才托举工程项目“年轻优秀科技人才培养计划”、省直青年岗位能手，多人荣获自然资源“科技之星”、特殊薪酬高层次人才、自然资源好青年、优秀国土空间规划师等称号，多项成果荣获全国优秀测绘工程以及省优秀国土空间规划设计案例论文、省优秀测绘工程、省地理信息产业优秀工程一、二、三等奖，多项重点技术支撑工作获得省领导肯定性批示。

（撰稿　郭姝静）

湖南省不动产登记中心

党总支书记、主　任　　罗　瑜
党总支委员、副主任　　郭利华
党总支委员、副主任　　郭学松
党总支委员、副主任　　李海军

【**强化政治引领**】2022年，湖南省不动产登记中心党总支多次召开会议对巡视反馈的问题进行专题研究，完成整改任务，并把巡视整改融入日常工作、融入深化改革、融入全面从严治党、融入班子队伍建设，全面加强党的建设和干部队伍建设。将党建工作纳入年度工作计划，制定年度党建工作要点。坚持党建例会制度，每月召开一次党建工作会议。进一步优化基层组织设置，将中心党支部由7个调整为4个。深入推进标准化规范化提质工程，制定《深入推进“三表率一模范”机关和“四强”支部建设2022年度实施方案》，严格落实“三会一课”制度，全面推广“三有五个一”工作法。组织建党101周年庆祝、“七一”表彰慰问、“光荣在党50年”纪念章发放以及喜迎党的二十大和学习贯彻党的二十大精神等系列主题活动，充分利用中心“一网一刊一号”阵地，开展全省“寻找最美登记人”等先进单位、个人及典型经验的系列宣传。

【**学习贯彻党的二十大精神**】2022年，湖南省不动产登记中心党总支把学习贯彻党的二十大精神作为首要政治任务，组织全体党员集中收听收看中国共产党第二十次全国代表大会开幕实况，多次开展党的二十大精神专题学习研讨，以及“喜迎二十大　红心永向党”“学习贯彻党的二十大精神　踔厉奋发开新局”“总支书记学报告讲党课”“离退休老党员学报告忆初心”“青年党员干部学报告话心声”等系列主题党日活动。利用湖南不动产“一网一号一刊”，打造党的二十大宣传专栏，发布《湖南不动产这十年》《请人民见证》，特别策划“登记这十年·奋斗正当时”主题征文活动。利用单位文化走廊，打造党的二十大宣传专展，制作“湖南不动产这十年”专题成果展板、喜迎党的二十大宣传海报、党的二十大报告金句展板、学习手册及“喜迎二十大　强国复兴有我”感言心声墙等系列宣传展板和资料。

【**意识形态工作**】2022年，湖南省不动产登记中心成立意识形态工作领导小组，编制《落实意识形态工作责任制实施方案》。中心党总支多次召开工作（扩大）会议，专题传达学习习近平总书记关于意识形态工作的重要论述等，研究部署年度宣传、“一网一号一刊一平台”、微信群和QQ 群等意识形态阵地建设和管控工作。党总支组织全体干部职工专题学习《党委(党组)意识形态工作责任制实施办法》。部署开展“4·15”全国第七个全民国家安全教育日宣传系列活动，举办网络安全保密专题讲座，制作国家安全宣传微视频、海报和图册。

【**民生服务**】2022年，湖南省不动产登记中心全面参与化解房地产办证信访突出问题行动的政策难点制定及工作督导，核实问题楼盘颁证情况，一期化解率98%。制定“交房即交证”改革实施导引，指导地方制定改革实施方案，深度参与“交房即交证”信息化调度模块开发，全省636个楼盘实现“交房即交证”，惠及29万余户家庭。就易地扶贫搬迁安置住房不动产登记登簿数、颁证数、实际颁证数、未颁证情形、群众满意度等情况配合开展暗访检查和抽查，指导市县全部完成易地扶贫搬迁安置户颁证。

【**推进“智慧自然”**】2022年，湖南省不动产登记中心完善“湖南不动产”网站功能，打造全省不动产登记预约、申请、查询的 “一站式”便民服务，查询、预告、抵押等功能实现全省“一网通办”“跨省通办”。向民众提供湖南不动产支付宝、微信和网站三种不动产登记的查询渠道，湖南省成为全国率先将不动产登记查询入驻支付宝小程序的省份，访问量突破380万。开展不动产登记无纸化办理试点，衡阳、张家界实现网上申请不动产抵押登记贷款秒批。加快推动全省不动产登记统一平台前期准备工作，将全省统一的不动产登记业务标准和数据库标准在试点地进行全流程测试。通过省级“总对总”和省级总代理方式，建立健全与12个省直部门业务协同、信息共享机制。

【**拓展农村不动产登记工作**】2022年，湖南省不动产登记中心开展农村房地一体不动产登记情况监测与周报调度，规范日常登记工作，逐步提升登记颁证率。登记量908.97万户，占应登记的88.69%。推进集体土地所有权登记成果更新汇交，起草技术指南、登记操作细则、转换方案等，指导凤凰县、长沙县等地开展成果更新汇交试点。推进林权登记和纠纷调处工作，梳理林权法规政策和权属纠纷调处案例，编制林权不动产权籍和登记操作规范，指导株洲市开展国家清理规范林权确权登记历史遗留问题试点工作。开展农村土地承包经营权过渡政策技术研究，研发数据转换软件，配合省厅对接农业农村厅，共同指导长沙县的部试点工作。

【**推进自然资源统一确权登记**】2022年，湖南省不动产登记中心研究划分全省确权登记的重点区域，开展湘资沅澧“四水”干流自然资源确权登记，组织开展全省业务培训，指导、督促各标段在13个市州62个县实施确权登记技术工作。编制完成湖南省地方标准《湖南省自然资源确权登记技术规范（自然保护地）》，作为联合起草单位，与自然资源部登记中心编制行业标准《自然资源确权登记规程》。

【**开展省直管土地资产处置事务性工作**】2022年，湖南省不动产登记中心分类制定处置方案，有效盘活存量土地资产。受理48家企事业单位处置申请，完成27家省属企事业单位共计52宗土地资产的处置，面积346.87公顷，盘活土地资产约67亿元。协调地市开展国家铁路公司653宗土地资产授权经营处置，提高价值约231亿元的资产利用效率。继续深化以地改促企改，深度参与湘煤集团、湘水集团、高速公路集团盘活存量土地，支持产业发展。加强制度顶层设计，研究创新支持政策。草拟《湖南省省属国有企业原划拨土地作价出资（入股）管理办法》《国有建设用地作价出资（入股）合同（试行）》模板、合同备案及不动产登记等相关配套注意事项。研究省直管土地资产处置综合性政策。

【**文明创建和平安建设工作**】2022年，湖南省不动产登记中心更新打造文化走廊，进一步美化和改善职工日常办公和文化生活环境。开展“大家谈”主题讲座。成立兴趣小组，组织开展铲雪、植树、关爱折翼天使、微宣讲、月圆庆中秋、科普向未来等多种形式的志愿服务，以及三八妇女节、春游、篮球赛、足球赛等文体活动。完善平安建设和疫情防控工作机制，开展健康讲座、职工体检、新冠疫苗接种及核酸检测等工作，组织消防安全培训和例行安全生产巡查，开展保密自查和问题整改，完善管理制度和机制。组织对困难老职工上门慰问和帮扶，探视安抚住院职工，组织老干部座谈。组织离退休同志开展春游、党建及重阳节等活动。

【不动产登记中心系统建设】2022年，湖南省不动产登记中心依托“湖南不动产”网站、公众号及内刊，构建形成覆盖省市县乡镇窗口的多级宣传网络体系和工作机制，以“湘小登”动漫形象制作3集动漫宣传片，并联合支付宝制作宣传海报全省宣传。两月一期出版《湖南不动产》杂志，成为全国为数不多拥有自己独立业务内刊的省份。人社厅发文同意单独设立自然资源确权登记专业技术职称，并启动首批自然资源确权登记高级职称序列评审。筹备全省第二届不动产登记行业职业技能竞赛。举办线上、线下培训7期，共7000余人次。建立省市县中心、企业参与房地产办证突出问题化解、全省不动产统一平台和统一数据库、自然资源确权登记等重大专项任务的长效工作机制。建立涵盖市县一线登记人员、高校专家、法官、律师、企业技术人员等广泛参与的咨询机制，相关内容不定期在内刊发布。形成各级中心、相关部门、社会在不动产流程标准、信息化、房地产、宅基地、林权、自然资源确权等业务板块的人才广泛参与机制。

【推进全面从严治党】2022年，湖南省不动产登记中心党总支制定年度纪检工作要点，层层签订党风廉政责任书。进一步完善内部管理控制制度，上线内部控制软件，用制度管人、事、钱。严格落实对领导班子和一把手监督要求，不断完善“三重一大”集体决策、“一把手”末位发言或末位表态、决策全程纪实、任职回避、主要领导“五个不直接分管”、谈心谈话、提醒督办等政治监督、日常监督机制制度。持续深入纠治“四风”，紧盯重要节点，对违反作风纪律规定的易发“节日病”逐项开展对照检查，全中心领导干部职工没有发现违纪违规现象和行为。班子带头签署拒收红包礼金承诺书。推进清廉单元建设，将清廉单元建设与党建和业务工作有机结合，立足“小单元”，推动全省不动产登记中心系统“大融合”。制定《湖南省不动产登记领域廉政风险点及预防措施》，协助开展不动产登记廉政风险点排查、“回头看”行动。

【荣誉档案】2022年，湖南省不动产登记中心“湘登记·暖民心”志愿服务队获评2022年湖南省直机关最佳志愿服务组织、2022年度全省自然资源系统政务信息先进单位。

（撰稿　邓新忠　廖玉姣）

湖南省测绘科技研究所

所　长	何　庆
副所长	华亮春
总工程师	尹昊华
副所长	敖敏思

【HNCORS运行维护】2022年，湖南省测绘科技研究所完成湘西古丈站等5座基准站搬迁和怀化麻阳站等3座基准站加密，完成1座第三代多功能综合北斗卫星导航定位基准站新建。进一步优化HNCORS（全省卫星定位连续运行基准站）网型结构，优化基准站观测环境，提升基准站观测数据质量。按照国家标准完成数据日检查、月备份、年解算的相关工作。HNCORS用户770余家，发放账号3550余个，日均服务146万次。省内外“双联盟”建设工作取得新进展。省际方面，持续推进九省一区CORS服务互联互通，为全国基准服务“一张网”建设探索经验；省内方面，牵头组建湖南省北斗卫星导航定位高精度应用服务联盟，整合全省北斗产业上、中、下游资源，推动北斗产业规模化应用。举办全省的HNCORS应用技术培训与学术研讨会1次。

【科技创新与平台建设】2022年，湖南省测绘科技研究所推进《基于高分七号卫星进行基础测绘快速更新的关键技术研究》等5个项目的技术攻关；谋划推动北斗高精度卫星导航与位置服务湖南省工程研究中心的组建工作；参与《卫星导航定位基准站网终端定位服务安全技术规范》等2项国家标准编制。推进“易测App”研发应用和村镇级自动雨量监测预警系统的前期研发。

【测绘地理信息】2022年，湖南省测绘科技研究所协助完成《湖南省测绘地理信息条例》立法前期工作。编制完成《湖南省卫星导航定位基准站布局国土空间专项规划》《湖南省“多测合一”生产技术规定（试行版）》。完成年度测绘地理信息发展报告编制。完成吐鲁番市、常德市等市级地理空间数据2000坐标系转换、GNSS数据处理和三维地理场景建设等项目。

【自然资源技术服务】2022年，湖南省测绘科技研究所完成衡阳县、古丈县等91个村庄规划和古丈县、雨花区、宁远县等县区耕地保护项目。稳步推进宁远县农村房地一体确权发证工作。

【人才培养】2022年，湖南省测绘科技研究所开展自然资源领域法律、法规学习；组织100余人次参加测绘地理信息、国土空间规划、党建、保密等方面的培训和学习。公开招聘高素质人才2人，引进博士后1人，8人入选省自然资源厅自然资源“科技之星”。职称评审通过高级工程师1人、工程师1人。

【党建工作】2022年，湖南省测绘科技研究所党总支部共召开总支会议19次，中心组理论学习18次，集体讲党课5次，开展主题党日活动12次。年内转正党员2名。把第一议题制度、党总支领学、“同主题同步学”、专题培训等学习机制贯通起来，推进理论学习全覆盖。参加省厅“两优一先”评选活动，优秀党员4名，优秀党务工作者1名，优秀党支部1个受到省厅表彰。

【工会工作】2022年，湖南省测绘科技研究所工会探望干部职工8次，组织全所干部职工进行1次健康体检；依托篮球、书法等兴趣小组，以工会小组为单元开展多项文体活动；参加“世界地球日”“测绘法宣传日”等志愿者服务活动。定期对职工进行安全生产教育，严格作业操作规程，实现生产安全“零事故”。

【荣誉档案】2022年，湖南省测绘科技研究所获批“国家高新技术企业”。“格网化HNCORS网络RTK服务关键技术研究”项目获评省测绘科学技术奖二等奖。“宁远县农村宅基地和集体建设用地房地一体确权登记工作（二标）”项目获评省房地一体确权登记颁证优秀成果奖二等奖。获得计算机软件著作权4项，申请发明专利2项，授权发明专利1项。1人获评“湖南省第三次国土调查先进工作者”。

（撰稿　申海建）

湖南省土地综合整治局

局　长	张　涛
副局长（正处级）	谢　晖
副局长	周　翔
副局长	李孝弟
正处级干部	张惠萍
副处级干部	陈　刚
副处级干部	杨益民

【概况】2022年，湖南省土地综合整治局有人员35名，其中在编人员24名、聘用人员11名。内设办公室、党总支办公室（纪检监察室）、财务科、耕地监测科、耕地评价科、土地整治科、规划与科技科、土地复垦科8个部门。

【田长制工作服务支撑】2022年，湖南省土地综合整治局全面服务支撑全省田长制工作。配合启动田长制工作，组建省田长制办公室工作保障专班，制定工作职能职责，启动最美田园创建、最美田长评选和田长应知应会百题竞答等活动。编印田长制工作周报简报，统一设计田长制公示牌等。协助开展田长制“一平台、三终端”信息化建设。广泛开展调研学习，开展田长制工作经验交流。

【耕地保护服务支撑】2022年，湖南省土地综合整治局开展新增耕地项目实地核实。建立健全技术标准，开展新增耕地内业、外业审核工作。运用国土调查云平台、铁塔视频、卫星影像等技术手段逐项目逐地块实地核实，完成新增耕地项目实地核实680个。着力服务支撑补充耕地整改专项攻坚行动，攻坚整改销号率56%；协助开展补充耕地项目督察，协助做好省级指标库管理。开展全省耕地资源质量分类年度更新与监测，以及各类新增耕地项目耕地质量等别评定。配合开展全省耕地保护责任目标考核和全省粮食安全考核工作。

【全域土地综合整治试点】2022年，湖南省土地综合整治局配合省自然资源厅推进全域土地综合整治试点相关工作。指导并督促各试点编制实施方案，制定试点审查方案及审查要点。配合维护试点实施方案综合审批系统运行。加强工作调度，协助组织召开试点推进座谈会。协助组织试点永久基本农田调整方案和实施方案审查。组织开展试点实施调研，及时总结、分享各地经验，推进试点实施工作。浏阳市永安镇全域土地综合整治试点成为全国第4个通过部备案的试点。

【城乡建设用地增减挂钩项目】2022年，湖南省土地综合整治局开展城乡建设用地增减挂钩项目指标确认核实和选址复核，完成项目指标确认核实43

个、项目选址复核70个。配合开展城乡建设用地增减挂钩项目“回头看”检查工作。配合开展城乡建设用地增减挂钩项目跨省域调剂，完成2022年度增减挂钩节余指标跨省域调剂项目确认指标1万亩（666.67公顷），实现收益近30亿元，助力乡村振兴战略。

【基础能力建设】2022年，湖南省土地综合整治局适应单位从项目监管向技术支撑转型发展，不断加强基础能力建设。组织开展调研活动，开展加强补充耕地项目全过程管理、耕地“进出平衡”、恢复耕地、耕地破坏程度鉴定及技术规程、土地复垦费缴存使用管理等研究。选派3名优秀干部参与厅内控、内审及专项工作。全面贯彻落实“30、40、50人才工程”，引进2名高层次人才，招聘2名专业技术人员，有3人获评“青年科技之星”、2人享受“特殊薪酬待遇”、4人获评副高级职称。编制《湖南省土地综合整治局人才工作规划（2022—2026年）》。修订完善内部管理制度。承担耕地保护应用服务系统建设等信息化建设。推进常态化的学习制度，不定期邀请专家开展综合业务讲座。申报测绘资质。开展耕地保护宣传，印发《新增耕地实地核实宣传册》。编排《耕地保护组歌——守护红线，青春无憾》，在《人民日报》、人民视频、华声在线等多家国家级和省级媒体推介。

【党的建设】2022年，湖南省土地综合整治局落实全面从严治党主体责任，落实第一议题制度和“同主题同步学”机制，组织党总支会议19次、中心组学习13次。深入学习贯彻党的二十大精神，局党总支多次专题学习传达，采取“理论学习+现场体悟+研讨感悟”方式，开展专题学习研讨。组织党员干部集中学习，开展“学习贯彻党的二十大 踔厉奋进新征程”主题征文活动。围绕耕地保护、服务乡村振兴战略、关心关爱职工等方面，开展“我为群众办实事”实践活动。定期开展党建督查，推进“四强”党支部建设。鼓励党员干部用好“学习强国”等平台。从严落实中央八项规定精神，组织党风廉政专题集中学习、廉政警示教育专题会、党风廉政专题讲座等活动，推进清廉单位建设。结合新增耕地项目实地核实，开展经常性党风廉政教育和警示教育，持续改善工作作风。支持配合省委巡视工作，接受湖南省自然资源厅党组巡察和政治建设考察，全面落实反馈问题整改。坚持将意识形态工作与业务工作同部署、同落实，全面落实意识形态工作责任制。推进文明创建工作，充分发挥工会、团总支等的桥梁纽带作用，开展青年学习、志愿服务和文体活动。坚持以人为本，落实落细疫情防控工作。

【年度荣誉】2022年，湖南省土地综合整治局继续保持省直文明标兵单位称号。

（撰稿　王　奥　徐　炜）

湖南省地质博物馆

馆长、党支部书记　黄远峰（　—2022.11）
馆长、党支部书记　李　倩（2022.11—　）
副馆长　高少文
副馆长　刘　立
副馆长　钟　琦

【平安建设工作】2022年，湖南省地质博物馆获评“2022年度厅直系统平安建设先进单位”，平安开馆290天，疫情期间未发生疫情病例扩散。开展反恐、消防演练，加强场馆设施设备安全运行管理，构建人防、物防、技防“三位一体”安全保障体系。有针对性地开发建设藏品管理系统，同时官网建立临展特展VR全景式平台，游客可通过线上模式观展。加装一键报警系统、访客系统和24小时全覆盖高清摄像头，完善消防设施和消防智能联动功能和内部道路、地下车库改造、车辆门禁系统加装以及广场节能路灯安装。严格落实节假日值班值守，加强场馆设施设备安全运行管理，设置党员示范岗和青年志愿者服务岗，完善讲解员培训和管理制度，每天定时为游客提供免费人工讲解服务。

【科普工作】2022年，湖南省地质博物馆持续提升科技创新能力和研究水平。出版《大问地球》科普读物，与湖南师范大学合作的《红色文化与地学科普融合》《宝石文化科普传播与文创设计》等8个创新创业科普研究项目通过结题验收并完成《湖南省自然资源科普课程研究》科研项目；开展藏品体系研究和建设，逐步增加典型矿物标本采集，加快推进展品信息化管理，构建现代化的库房管理系统；连续第九年举办湖南省科技周重大示范项目“全国科普讲解大赛预选赛暨湖南省科普讲解大赛总决赛”，吸引83万余人通过网络观看比赛，8.2万人参与网上投票。举办“湖南省青少年天文科学大赛”；打造“地小博宣讲团”“地小博实验站”“地小博奇妙夜”等多个品牌活动以及“地小博系列探究课程”“5G应用主题课程”等特色科普课程，共组织开展各类科普教育课程386场，参与青少年超过3.4万人。举办“重逢——湖南省地质博物馆宝石文创首展”，传递“保持地球原本姿态，人类与自然友好共存”的价值观，参观人数突破40万人，学习强国、湖南经视、中新网、红网等主流媒体连续推出专题报道28篇，宣传覆盖量1000万人次；举办“地球‘碳’秘”主题展览，并配套开展“地博森友会”与“和ta一起，过刚刚好的生活”等相关活动；承担2022年国土空间规划优秀案例展评活动，10余家国内主流媒体参与宣传报道。组织策划“人间最美是稻田”系列展陈宣传活动；运营微信公众号、抖音号、微博等自媒体，微信粉丝数60万人，全年图文阅读量近114万次，多次居湖南省自然资源政务微信排行榜第一。以科普漫画等形式打造“二十四节气”等短视频，与芒果TV等平台合作推出一系列自然资源科普教育短视频，与红网战略合作打造一系列主题宣传活动，省内各大主流媒体发稿近200篇。

【古生物化石保护】2022年，湖南省地质博物馆履行古生物化石保护委员会办公室职责。开展湘西地区古生物化石产地保护现状调查，并在《自然资源动态》刊发以“湘西古生物化石产地亟待加强管理”为题的调查报告，引发相关部门重视，对湘西部分地区违法发掘化石现象进行整治；完成湖南省地质遗迹（古生物化石）保护领导小组和专家委员会换届调整工作；组织开展张家界、益阳地区古生物化石产地保护现状调查；出版《湖南古生物化石研究进展——寒武系》一书；采集、整理龙山八面山洞穴大熊猫化石并开展形态学与DNA初步研究，研究成果经中国自然资源报社报道后，南方都市报、红星新闻、天目新闻、湖南公共频道等多家省内外权威媒体对此事件进行跟进报道，在“新浪微博”平台一度冲上热搜第13名，该话题24小时内有62家媒体转发，阅读量逾7300万。

【队伍建设】2022年，湖南省地质博物馆依托省厅的30、40、50人才工程，培养和引进地层古生物学、矿物岩石学、博物馆学、新媒体及信息技术领域的复合型专业人才；依托省自然资源科普工作办公室，搭建自然资源科普学术交流平台；坚持开放办馆，吸引和培育社会资源，充分发挥直属单位、离退休老同志、社会各界的力量，探索建立科研科普专家工作室，建设一支知识层次丰富、专业结构全面、工作质量过硬的自然资源志愿者队伍。

【党建工作】2022年，湖南省地质博物馆深入学习贯彻党的二十大，组织全体职工同步收看党的二十大开幕会实况，召开三次专题会议，对如何学习宣传贯彻党的二十大进行研讨，并开展“学习二十大精神”心得体会评选活动；宣传推广党的二十大，与驻厅纪检监察组党支部联合开展“学习二十大奋进新征程”主题党日活动；制定《湖南省地质博物馆学习宣传贯彻党的二十大精神工作方案》，印制《党的二十大报告学习手册》分发给全体职工和参观群众；持续开展“自然资源送科普进老区”“一张红图讲党史”“我为群众办实事”等系列活动。自然资源“送科普进老区”活动分多条线路深入全省19个革命老区，总行程超过7200千米，学习强国、中国自然资源报、红网等国内主流媒体连续刊发专题报道35篇。

【荣誉档案】2022年，湖南省地质博物馆获评全国科普教育基地、“第22届湖南省青年文明号集体”、厅直系统平安建设先进单位；馆党支部获得“厅直先进基层党组织”；团支部获评“厅直五四红旗团支部”；刘立获中国测绘学会优秀工程银奖；钟琦获评“湖南省三八红旗手标兵”，钟琦、龚淼获评厅“科技之星”。

（撰稿　文圣博）

湖南省测绘局大院管理所

所　长　　文　锋
副所长　　陈衡莎

【党建工作】2022年，中共湖南省测绘局大院管理所支部委员会，制定《2022年支部年度工作计划》《纪检工作要求》，严把党风廉政建设质量关；坚决贯彻“同主题同步学”机制，召开12次支委会、14次主题党日、2次党员大会、2次党课、1次民主评议党员，购置党建书籍4次；召开党员大会完成新一届党支部委员会委员换届选举，配齐配强支委班子；设立兼职纪检委员。

【基础工作】2022年，湖南省测绘局大院管理所聚焦主业主责，在财务管理方面，配合做好2021年财务收支情况内部审计工作，完成湖南财政信息一体化信息系统内授权支付电子化，完成2022年度部门决算、内控报告、政府财报以及2022年度部门预算；队伍建设方面，完成选人用人和机构编制专项检查和人事档案专项审核，完成管理干部档案“入口”材料清查，完成厅人事决策系统信息完善，组织事业单位人员线上培训12人次及工勤技能考核4人次等；保障服务方面，落实党的二十大安全维稳工作，按照三级带班值班制度要求，严格执行24小时专人值班、领导干部在岗带班和电话报平安机制，及时组织大院和乔庄检修、维修，完成安全风险隐患排查、复查等工作；落实乡村振兴战略部署，认购乡村振兴农副产品；落实省委第一巡视组反馈的问题清单，协调处理好历史遗留问题。

【平安单位建设】2022年，湖南省测绘局大院管理所围绕两个院子院内维稳、常态化疫情防控、消防安全、网络安全、生产安全、文明创建等事宜召开工作会议10次，其中两个院子各单位主要负责同志参与工作会议2次；开展2022年度职工安全教育培训暨消防灭火演练活动；组织院内5栋办公楼安全隐患和各类消防及安全设施专人专检，定期更新更换和维修维护重要设备设施；深化辖区整体联防工作，持续推进“雪亮工程”建设，加入长沙市公安局群防群治快速反应支援平台，联合桔园社区打造意识形态宣传墙，配合辖区落实平安建设。

【文明单位创建】2022年，湖南省测绘局大院管理所关注疫情防控和社会稳定，聚焦“四德”养成，结合党建、工会工作组织多项文体活动及意识形态宣传教育；开展“国家安全日”宣传，开展节能、绿化宣传周活动，常态化组织“四文明”活动，并参与省厅和事务中心举办的各项活动。

【我为群众办实事】2022年，湖南省测绘局大院管理所组织走访慰问和扶危帮困2次（慰问退休党员3人次，扶危帮困退休职工2人次）；开展12栋429户室外公共区域消防隐患排除，开展1号办公楼卫生间集中整治，2号办公楼部分房屋整修，4号办公楼卫生间集中整治，完成两院子绿化整治问题，完成职工食堂菜品、服务优化。

【疫情防控】2022年，湖南省测绘局大院管理所成立2022年疫情防控工作领导小组，配合省厅和所在辖区开展一系列防控工作，做好两个院内公共区域消杀，疫情常态化防控知识宣传，发布《关于进一步做好常态化疫情防控工作的通知》《关于集中休假期间疫情防控相关要求的提示》，严格出行管理和日常防护要求，主动进行日查日报，持续有序推进新冠疫苗“应接尽接”、加强针接种和常态化核酸检测工作，组织统一核酸检测16次（231人次）；组织门面工作人员双码检查1次；集中为职工集中发放一次性医用口罩4次，为办公楼消杀配备酒精、消毒液等2次。

（撰稿　舒　曼）

专题专页

长沙市自然

一、落实省委书记张庆伟调研长沙讲话精神，出台“强省会20条”。2022年3月17日，省委书记、省人大常委会主任张庆伟深入湖南自贸试验区长沙片区、湖南湘江新区调研。在长沙规划展示馆，张庆伟详细了解长沙规划情况，要求着重做好控制性详细规划，提升城市风貌管理水平。2022年是实施强省会战略开局之年，市自然资源和规划局坚决对标张庆伟书记调研讲话指示精神，出台《贯彻落实强省会战略的二十条措施》。

二、长沙市国土空间规划委员会第一次全体会议召开。2022年7月29日，省委常委、长沙市委书记、长沙市国土空间规划委员会主任吴桂英主持召开市国土空间规划委员会2022年第一次全体会议，深入学习贯彻习近平总书记关于国土空间规划的重要论述精神，全面落实中央、省有关决策部署，听取情况汇报，审议有关文件，部署下阶段工作。

三、长沙市全面推行田长制，建立五级田长体系。省委常委、市委书记吴桂英多次主持研究调度。将耕地保护工作纳入市政府真抓实干督查激励和绩效评估内容。2022年9月28日，市委市政府召开田长制工作部署大会，将田长制工作目标任务、职责分工压实压细到市直田长制责任单位、各区县（市）人民政府。全面建立市、县、乡、村田长及网格田长五级田长体系，配备各级田长7365名。

四、湖南省自然资源厅调研长沙市自然资源和规划工作。2022年12月1日，湖南省自然资源厅党组书记、厅长陈仲伯一行赴长沙市自然资源和规划局开展调研。陈仲伯一行来到长沙市规划信息服务中心，深入了解信息化建设和数字政府建设的最新成果。实地调研结束后，陈仲伯一行召开座谈会，听取长沙市自然资源和规划局重点工作情况和《长沙市国土空间总体规划（2021—2035年）》的成果汇报并讲话。

五、全市自然资源和规划系统迅速掀起学习贯彻党的二十大精神热潮。长沙市自然资源和规划局自觉把学习宣传贯彻党的二十大精神作为首要政治任务，摆在全局工作的最突出位置。第一时间组织全系统干部职工集中收看收听大会开幕会实况直播，认真聆听学习习近平总书记在大会上所作的报告。召开党组（扩大）会议，读原文、悟原理。结合自然资源和规划工作实际，制定落实全员学习方案，把学习宣传贯彻党的二十大精神纳入“三会一课”、主题党日和资规“青年说”的重要内容。举办年轻干部座谈会、主题征文比赛等学习活动，及时开展学习成果交流。

六、严格市委第三巡察组巡察市自然资源和规划局党组问题整改，全面加强干部队伍建设。2022年3月18日至5月27日，中共长沙市委第三巡察组围绕“三个聚焦”，对长沙市自然资源和规划局党组开展巡察。8月5日，市委第三巡察组反馈巡察意见。市自然资源规划局党组第一时间制定《中共长沙市自然资源和规划局党组关于市委第三巡察组反馈意见的整改落实方案》，成立以党组书记为组长、

▲ 2022年3月17日，湖南省委书记、省人大常委会主任张庆伟考察长沙规划展示馆

▲ 2022年7月29日，省委常委、长沙市委书记、市国土空间规划委员会主任吴桂英主持召开市国土空间规划委员会2022年第一次全体会议

▲ 2022年9月28日，长沙市召开全面推行田长制工作部署大会。省委常委、长沙市委书记、市田长吴桂英出席会议

▲ 2022年12月1日，省自然资源厅党组书记、厅长，省自然资源总督察陈仲伯一行赴长沙市自然资源和规划局开展调研

其他班子成员为副组长的巡察反馈意见整改工作领导小组，召开2022年度领导班子巡察整改专题民主生活会，全力推进巡察反馈意见整改落实。截至12月31日，巡察反馈的三个方面42个具体问题，已完成整改27个，基本完成整改5个，长期整改8个，正在加快整改2个，巡察交办的89件信访件办理情况已全部反馈上报。

七、长沙市"三区三线"划定获得国家批复，《长沙市国土空间总体规划（2021—2035年）》成果上报。长沙市自然资源和规划局就"三区三线"划定工作先后7次请示上报市委、市政府，2022年9月19日，正式上报"三区三线"划定成果。9月30日，湖南省"三区三线"划定成果获得自然资源部函告正式作为建设项目用地报批的依据。长沙市自然资源和规划局加速推动《长沙市国土空间总体规划（2021—2035年）》报批审查。12月6日，长沙市政府正式向省政府行文上报总规成果。12月13日，受毛伟明省长委托，省委常委、副省长、省规委会副主任张迎春主持召开省规委会，会议审议通过长沙市总规送审成果。

八、长沙市自然资源和规划局统筹推进"十个重大城市片区"规划建设，推动城市能级和品质提升。为深入落实长沙市第十四次党代会关于建设"十个重大城市片区"的部署，长沙市自然资源和规划局牵头成立长沙市2022年"十个重大城市片区"规划统筹工作专班。2022年7月12日，市国土空间规划委员会第一次全体会议听取十大片区规划统筹情况和金阳新城、国际会展、大泽湖、南部融城等片区规划工作情况汇报。高标准谋划打造长沙南中心和北中心，启动南、北中心的战略研究暨空间发展总体规划和总体城市设计方案国际征集，以国际视野高起点谋划南北中心发展。

九、强化要素精准保障，全力服务省市发展大局。全市获批建设用地261宗，面积1482.83公顷，有力保障岳麓山实验室农科院片区、大泽湖海归人才创园配套用地、暮坪湘江特大桥河西段等一批省市重点项目落地。全年开展集中供地5批次，成交74宗，成交金额513.84亿元。全市土地收入共计924.26亿元，其中市本级500.04亿元。

十、以"双零行动"和自建房安全整治为抓手，筑牢自然资源管理底线。出台全市违法用地"双零"行动工作方案，长沙市连续6个月实现违法用地"零新增"。在全省月清"三地两矿"工作通报排名中，长沙市立行立改任务完成率连续6个月稳居全省前列，全年立行立改率达90%以上。牵头推进自建房合法合规性整治，初判存在合法合规性隐患的自建房约55万栋；推动望城区在全省率先探索将自建房审批工作纳入基本建设程序管理，核发全省第一份自建房"一书三证"。启动临时建设、临时用地、地质灾害隐患点等资规领域六类安全隐患大排查大整治，建立资规领域安全底线"一张图"。

▲ 2022年5月30日，长沙市人民政府副市长周志凯调研长沙市地质灾害防治工作

▲ 2022年1月20日，长沙市自然资源和规划局召开干部大会。段宁任长沙市自然资源和规划局党组书记、提名局长

▲ 2022年6月24日，长沙市第32个全国土地日主题宣传活动在浏阳市永安镇举行，局长、市长、专家到百姓家"串门"，与当地百姓共话"耕地保护"

▲ 2022年10月25日，长沙市自然资源和规划局召开党组（扩大）会议，传达学习党的二十大精神

衡阳市自然

▲ 2022年3月22日，衡阳市召开"田长制"动员部署大会。衡阳市委书记秦国文，湖南省自然资源厅厅党组成员、副厅长李全胜出席会议，衡阳市委副书记赖馨正主持会议

▲ 2022年4月14日，衡阳市委书记秦国文在衡阳市自然资源和规划局调研

▲ 2022年6月24日，在湖南省土地管理"一法一条例一办法"知识竞赛中，衡阳市代表队从十四个市州代表队中脱颖而出，荣获团体第一名

▲ 2022年9月2日，以"喜迎二十大、奋进新征程"为主题的湖南省自然资源系统第二届"自然资源·绿色发展杯"羽毛球比赛在衡阳市隆重举行

▲ 2022年8月8日，湖南省人民政府副省长、衡阳市委书记秦国文调度全市国土空间总体规划及"三区三线"划定工作，听取相关情况汇报

▲ 2022年7月15日，衡阳市召开落实耕地保护责任确保粮食安全推进会暨警示约谈会。衡阳市委常委、副市长黄立出席会议

资源和规划局

2022年，衡阳市资规系统全力践行“三高四新”战略定位和使命任务，推进“三强一化”建设目标，认真履行“两统一”职责，“促发展、保资源、惠民生、强基础”各项工作取得明显成效。

一、坚持服务中心，在服务发展、服从大局中展现责任担当。挂牌出让土地成交937宗，其中市本级成交105宗。采矿权挂牌出让9宗，延续、变更矿权登记12宗。省政府批复市本级2个片区开发方案；全市共领取用地批文118个，其中市本级领取25个用地批文。全市矿产资源总体规划和7个县市砂石土矿专项规划全部获得省厅批复，设置采矿权277个，确保砂石保供。

二、坚持规划引领，为衡阳高质量发展奠定坚实基础。科学编制《衡阳市国土空间总体规划（2021—2035年）》，基本形成“1+1+4+9”成果体系，“三区三线”划定获得自然资源部批准并正式启用。《衡阳市“十四五”自然资源发展规划》已批复实施。打破行政区划束缚，在全市域内科学布局“一核两电三色四新”十大主导产业集群，最大限度严守耕地红线，最大范围优化生态格局，最大程度保障服务发展。

三、坚持奋楫争先，争当践行数字衡阳和深化改革的排头兵。“三调”工作完成，荣获国省通报表彰。在全省率先推行市县一体整体推进模式，完成铁塔哨兵一期共316个视频监测点布设，实现对12个县市区重点区域的耕地、林地、水域、矿区全覆盖，为防灾救灾、社会治理、基层执法等工作提供有力支撑。“多审合一”改革、产业用地市场化配置改革、城区事权体制改革、产权制度改革取得突破性进展。

四、坚持底线思维，在安全和绿色发展大考中经受住严峻考验。在全省第一个以市委、市政府名义召开“田长制”动员部署大会，出台田长制方案，市委、市政府和两办3次出台文件支持田长制的落实，并从市长基金解决落实田长制和耕地恢复行动专项奖励资金1530万元。历史遗留矿山生态修复项目主体工程全部完工并通过销号验收。建成绿色矿山64家。监测预警点建设工作和自建房安全隐患排查工作排名全省第一，连续五年实现地质灾害防治“零伤亡”。

五、坚持人民立场，全力解决好群众急难愁盼问题。不动产登记中心荣获全省营商环境考核“第一名”。全国首创“智慧抵押”登记，抵押融资625.31亿元，同比增加17.27%。启动第7次大提速行动，不动产登记实现最多跑一次，不超过3个工作日。化解遗留问题项目127个4.46万户，超额完成2022年12件民生实事考核任务，化解总量和化解率排全省第2。推动全市80个项目70543套房屋实现“交房即交证”。

▲ 2022年4月21日，衡阳市举行第53个“世界地球日主题宣传活动”启动仪式。衡阳市委常委、副市长黄立出席活动并讲话

▲ 2022年5月19日，省自然资源厅党组成员、副厅长谢文一行到衡南县调研耕地保护有关工作

◀ 2022年5月6日，衡阳市自然资源和规划局党组书记、局长王湘淮带领办公室、矿权、矿保和执法支队相关人员到耒阳市伍家冲煤矿和铜锣坪煤矿下井检查煤矿安全工作

株　洲　市　自　然

2022年，株洲市自然资源和规划局坚持党建统领，全面肃清蒋开建等流毒影响，坚持“第一议题”制度，充分发挥“党组决策、支部牵头、党员带头”先锋模范作用，高度重视巡视整改，全面创新工作机制，科学厘清职能职责，做到勇担当、善作为、做表率，多项工作取得较好成绩：“工作项目化”改革实践获中国改革2022年度地方全面深化改革典型案例和全市2022年度十大改革案例，并在湖南日报专版报道推介；《株洲市产业用地高效利用实践分析报告》在《中国自然资源报》进行专版报道；渌口区、石峰区分别获得2022年省政府真抓实干督查集约高效利用、耕地保护方面激励名额；“三调”成果质量居全省前列，获省政府通报表彰和80万元省级财政资金奖励；闲置土地处置面积和园区“三类地”处置进度位列全省第一；“首问责任制”“增存挂钩”联动机制、商住用地出让片区指导价、《抗疫地形图》助力精准防疫等创新举措得到《中国自然资源报》重点推介；渌口区、醴陵市成功入围全国自然资源节约集约示范县（市）；渌口区新增耕地全过程监管典型经验入选省耕地保护十大典型案例；茶陵县、天元区农房一体确权登记发证工作获省政府表彰；株洲市作为全省唯一国家清理规范林权确权登记历史遗留问题试点城市和省内首个国家新型基础测绘建设试点地级城市，顺利通过部省审核验收，成果在全省推广。

▲ 2022年5月13日，省自然资源厅党组书记、厅长，省自然资源总督察陈仲伯赴株洲调研“三区三线”划定工作

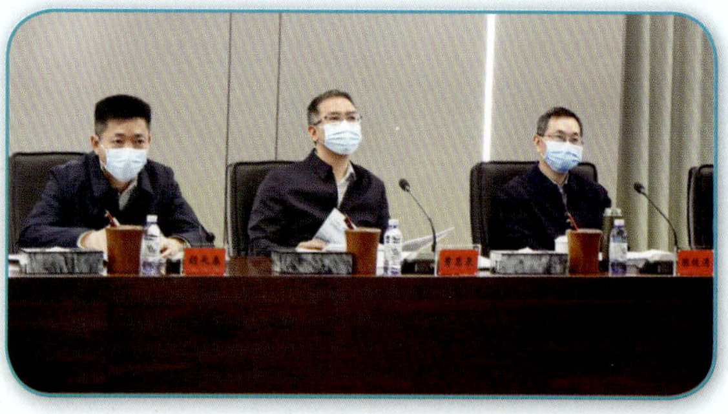

▲ 2022年3月25日，株洲市国土空间规划委员会第一次会议召开，市委书记、市国土空间规划委员会主任曹慧泉主持会议，市长陈恢清参加会议

▲ 2022年7月25日，株洲市资规局聚焦重点工作，坚持最严格的耕地保护制度，以长牙齿的硬措施，坚决遏制耕地“非农化”、基本农田“非粮化”。图为省自然资源厅党组副书记、副厅长张皓调研

▲ 2022年2月11日，省自然资源厅党组成员、副厅长李全胜率队到株洲调研园区节约集约用地和规划建设等工作

▲ 2022年3月11日，株洲市召开全市资源规划和建设管理工作会议

▲ 株洲市资规局召开工作项目化推进会，稳步推进工作项目化改革，密聚组织各业务团队重构管理模式、厘清职责边界、疏理完善制度、优化行政审批事项

资　源　和　规　划　局

▲ 2022 年 4 月 22 日，株洲市资规局举办“牢记殷殷嘱托　守护一江碧水”第 53 个世界地球日湘江毅行活动

▲ 2022 年 10 月 16 日，株洲市资规局集中收看收听党的二十大开幕盛况

▲ 株洲市资规局创新推出“科长讲坛”，延伸开展“青年论坛”，提升干部开拓创新的能力，培养“工作项目化”新模式下担当作为、开拓创新的先进队伍

▲ 2022 年 8 月 27 日，“交房即交证”改革步入常态化。图为株洲金茂悦项目三期“交房即交证”现场仪式活动现场

▲ 株洲市资规局倡导“幸福工作，快乐生活”氛围，开展“资习堂”寒暑假托管活动，为干部职工解决后顾之忧

▲ 2022 年 6 月 9 日，株洲市资规局举办一法一条例知识竞赛

▲ 2022 年 6 月 24 日，全国土地日“节约集约用地 严守耕地红线”市资规局老干湘江健步行活动

湘 潭 市 自 然

▲ 2022 年 8 月 25 日，湘潭市委书记刘志仁带队到湘潭县河口镇莲托村巡田

▲ 2022 年 8 月 9 日，湘潭市委副书记、市长胡贺波在易俗河镇赤湖村杨家湾调研耕地恢复情况

▲ 2022 年 6 月 21 日，湘潭市田长制动员会暨粮食安全工作和省委巩固脱贫攻坚成果同乡村振兴有效衔接专项督查相关工作推进会召开

▲ 2022 年 7 月 4 日，央视新闻报道湘潭市耕地保护田长制

▲ 2022 年 7 月 8 日，“百名浙商进湘潭”招商引资推介会上，湘潭市自然资源和规划局专题推介城市更新及综合片区开发项目

▲ 2022 年 5 月 15 日，湘潭市土地管理“一法一条例一办法”知识竞赛

▲ 2022 年 6 月 17 日，湘乡市金石镇文星村立新组滑坡地质灾害治理项目完成主体工程施工

▲ 湘潭市自然资源和规划局大力推进地质灾害防治宣传进学校、进企业、进农村、进社区

资源和规划局

▲ 湘潭市自然资源和规划局全面推进“交房即交证”改革

▲ 2022年12月2日，湘潭市不动产“智慧抵押”暨“房e贷”签约上线

▲ 2022年8月30日，组织编排情景剧《有我》参加市直机关“学习新思想·喜迎二十大”主题宣讲活动

▲ 湘潭市自然资源和规划局通过理论书籍进社区、“心连心走基层 面对面解难题”、与社区党组织联合开展主题党日活动等系列举措，深入开展“党建＋共建”活动

谭家山煤矿区山水林田湖草生态保护修复项目

邵　阳　市　自　然

2022 年，邵阳市自然资源和规划系统以习近平新时代中国特色社会主义思想和习近平生态文明思想为指引，在邵阳市委、市政府和省自然资源厅的坚强领导和倾心关怀下，认真履行“两统一”核心职责，加强改进自然资源保护和利用，全力服务稳经济大盘，各项工作取得新进展。联合怀化成功申报全国历史遗留废弃矿山生态修复示范工程，房地产办证历史遗留问题化解案例获自然资源部发文全国推介，城区农房一体确权登记颁证成果获评全省一等奖，建成中国遥感应用协会邵阳市学会服务站，为中国遥感应用协会成立以来第一个在地级市授牌成立的学会服务站点。市自然资源和规划局、城步县自然资源局、邵阳县自然资源局、新宁县自然资源局获评湖南省第三次国土调查先进集体。武冈市获评全国自然资源节约集约示范县市，耕地保护督察执法先进典型做法获评全省耕地保护十大典型案例。洞口县自然资源管理工作获省政府真抓实干督查奖励。

◀ 邵阳市“交房即交证”改革常态化

▶ 邵阳市自然资源和规划局干部职工前往市廉政警示教育中心参加“坚守廉心·建设清廉单位”主题教育活动

资　源　和　规　划　局

▲ 湖南省政协来邵调研矿山修复工作

▲ 湖南省自然资源厅党组副书记、副厅长张皓赴邵阳市督查

◀ 邵阳市自然资源和规划局建党100周年之际颁发“光荣在党50年”纪念奖章

▶ 邵阳市人民政府市长华学健推进全市“月清三地”工作

岳阳市自然

2022年岳阳市自然资源和规划局以“时时放心不下，事事常抓不懈，人人笃行不怠”的责任感和紧迫感，知责于心、担责于身、履责于行，取得优异成绩，岳阳耕地保护工作连续两年获省政府真抓实干督查激励表扬，先后荣获全国自然资源信访工作先进集体、全省第三次国土调查先进集体等20余项各级荣誉和称号，连续4年荣获全市综合绩效考评市直先进单位，开创全市自然资源和规划事业的崭新篇章。

坚持政治统领，强化一个党建核。始终将党的政治建设摆在首位，坚定落实“第一议题”制度，创建“五心”党建品牌，引领党员干部树牢“四个意识”，坚定“四个自信”，拥护“两个确立”，做到“两个维护”。积极打造以学廉、践廉、评廉、悟廉、守廉为支撑的“五廉一体”廉政文化发展新格局，“清廉资规”作为市纪委监委培树的第一批市级清廉单元样本。

聚焦规划引领，擘画一张愿景图。统筹划定“三区三线”，实现耕地和永久基本农田应保尽保、生态保护红线全面优化、城镇开发边界聚焦重点。编制500个村庄规划方案，在全省优秀国土空间规划设计和案例展评活动中，岳阳市获得一等奖3个、二等奖1个、优胜奖3个。

强化要素支撑，保障一块发展地。用足用活政策“工具箱”，出台十条“硬措施”，专班服务重大项目、重点工程落地开工。深化“三资”运作改革，盘活利用106.4公顷存量土地，实现土地收益49.83亿元，出让采矿权4宗，创收3.51亿元；争资争项到位资金3943万元；荣获全市争资争项工作优胜单位和全市“三资”运作改革工作优胜单位。土地节约集约利用效率不断提升，市本级自然资源节约高效利用工作在全省排名第二。

牢记国之大者，守护一片责任田。坚持以“长牙齿”的硬措施保护耕地，创新“三员”（即农技员、执法员和

▲ 2022年4月21日，省自然资源厅党组书记、厅长，省自然资源总督察陈仲伯在岳阳调研耕地保护工作

▲ 2022年4月22日上午，全省第53个世界地球日活动在君山区“守护好一江碧水”首倡地展陈馆广场举行。省自然资源厅党组书记、厅长，省自然资源总督察陈仲伯宣布“爱地球·看我的”公益活动启动

▲ 2022年5月18日上午，全市召开全面推行田长制暨违法建设常态化治理工作部署大会。岳阳市委书记曹普华出席会议并讲话，市委副书记、市长李挚主持并宣读一号田长令

▲ 2022年6月15日下午，岳阳市委副书记、市长李挚赴岳阳县新墙镇清水村高标准农田建设和中稻秧插现场、详细了解田长制落实情况

监管员）联农户工作机制，市纪委监委专门成立耕地保护专项监督工作领导小组，建立严格耕地保护案件移送的责任追究机制和“田长＋检察长”协作机制，全市占补平衡在库耕地数量、水田规模、粮食产能三大指标排名全省第一。

牢记殷殷嘱托，建设一条绿色路。成功获批总投资23.49亿元的洞庭湖区域山水林田湖草沙一体化保护和修复工程，争取中央、省级资金10.41亿元。成功举办全省“4·22”世界地球日活动，向社会各界充分展示岳阳生态文明建设的丰硕成果，取得良好的社会反响和舆论效果。

坚守为民情怀，维护一方水土安。在临湘市羊楼司镇开展的精准预警和避险转移试点，成效获自然资源部、中国气象局联合调研组充分肯定，典型经验在中国自然资源报刊发推介。推行“互联网＋不动产智能秒批”“无纸化登记”“网上办、掌上办”“交房即交证”、抵押登记“商转公”等举措，登记效能不断攀升；大力化解房地产办证问题楼盘112个。以安全隐患排查推进违法建设治理，以违法建设治理真正消除安全隐患，拆除各类违法建设4593处61.3万平方米，人民群众安全感、幸福感不断提升。

深化改革赋权，创优一条服务链。坚持放权不失管、监管不缺位原则，向各区政府（管委会）放权赋权112项，出台《损害营商环境行为责任追究实施细则》，倒逼责任落实、服务更优。“最多跑一次”“多审合一”“多测合一”“多验合一”等多项改革取得实效，一大批工业项目“拿地即开工”，我局荣获全市惠企政策兑现“审批即享”改革、“无证明城市”建设优秀单位和2022年度全市工程建设项目审批制度改革工作突出单位，自然资源窗口获评2022年度先锋窗口。

▲ 2022年7月15日，自然资源部、中国气象局联合调研组赴岳阳临湘市羊楼司镇黄沙村实地调研雨量监测及隐患点风险区“双防双控”试点工作

▲ 2022年5月10日下午，岳阳市自然资源和规划局党组书记、局长许淞一行走进市政务服务中心，开展“走流程、解难题、优服务”主题活动。在资规窗口，许淞为企业现场申办工程报建手续，真实体验办事流程

▶ 2022年6月17日，岳阳市自然资源和规划局组织近200名党员干部赴岳阳县毛田镇开展“以‘四亮’为抓手，落实“田长制”，推进乡村振兴，助力消费帮扶”主题活动

常　德　市　自　然

▲ 2022 年 8 月 17 日，常德市委书记曹志强（左二）在津市市巡田，详细了解“田长制”推进情况

▲ 2022 年 7 月 2 日，常德市委副书记、市长周振宇（左二）在柳叶湖旅游度假区郑家河社区巡田，详细了解“田长制”推进情况

▲ 2022 年 5 月 13 日，“高铁之上 宜居之城”2022 常德地产招商推介会暨房地产展示交易会举行（刘颂 摄）

2022 年，常德市自然资源和规划局紧紧围绕中央、省市决策部署，对标省自然资源厅重点工作要求，切实抓好抓实自然资源管理各项工作，取得较好成效。

一是发展保障更加有力。高质量完成“三区三线”划定，耕地底线、生态红线、发展蓝线划实划足，“十四五”927 个重点项目全部纳入空间规划。强化重大项目土地要素保障，实行一对一、点对点、面对面服务，批回土地 1000 公顷，其中园区用地 573.33 公顷。闲置低效土地处置有力有效，处置闲置土地 489.27 公顷，盘活园区低效用地 705.53 公顷。

二是资源保护更加有效。全面推行田长制，创新构建“田长制 + 数字赋能、综合治理、基层党建”模式，牢牢守住 434666.67 公顷耕地底线，工作经验被《中国自然资源报》头版头条推介；制作耕地保护系列方言情景剧和常德丝弦，被人民日报、新华网宣传推介。创新建立耕地保护“3521”问责机制，强化执纪问责，进一步压紧压实乡镇（街道）、村（社区）的工作责任，耕地保护工作荣获省政府真抓实干激励表扬。建立执纪问责、联合督导、协同执法、常态巡查、公开曝光“五项”机制，扎实推动月清“三地两矿”工作，率先启动“双零”行动，新增违法用地处置月清月结，存量违法用地基本销号。成功申报洞庭湖区域山水林田湖草沙一体化保护修复项目，争取中央、省财政资金 9.15 亿元。实施“砂石保供”专项行动，开展矿产资源治理整顿，166 家矿山完成生态修复，43 家矿山建成绿色矿山，17 个突出环境问题全部整改销号。大力推进耕地整改恢复，2021 年净减少需整改恢复任务完成 1680 公顷，整改率 120%；2022 年恢复耕地任务实际恢复入库 6526.67 公顷，完成率 125%。

三是民生服务更加有为。统筹发展与安全，建立地质灾害防治“叫应机制”“转移机制”，临澧县刻木山乡黄鳌村地面塌陷大型地质灾害成功避险。“多测合一”试点高效完成，改革经验全省推广。不动产登记“交房即交证”形成常态，问题楼盘办证成效明显，“洽谈即服务、签约即供地”落实落地，行政审批事项各个要素排名全省系统前列。

资 源 和 规 划 局

▲ 2022年4月19日，省自然资源厅党组成员、副厅长李全胜（左三）一行现场督导临澧县刻木山乡黄鳌村高庙桥地面塌陷事故处置

▲ 2022年5月31日，常德市委理论学习中心组（扩大）举行2022年第5次集体学习，深入学习习近平总书记关于耕地保护的系列重要论述。省自然资源厅党组副书记、副厅长张皓作辅导报告

▲ 2022年8月29日，湖南省"8·29"测绘法宣传日主场活动在常德举行。活动发布了湖南省新版标准地图，省自然资源厅党组成员、副厅长邓建华（左二），常德市人民政府副秘书长郭劲夫（右二）现场向学校、社区代表赠图

▲ 2022年9月26日，湖南省耕地"零违法"卫片执法工作座谈会在常德（桃源）召开。省自然资源厅党组成员、省自然资源副总督察林目轩出席会议并讲话

▲ 2022年5月24日，省自然资源厅总规划师申志军在常开展"走流程、解难题、优服务"活动，以办事群众和工作人员两种身份，体验二手房转移登记工作流程

▲ 2022年6月7日，常德市自然资源和规划局举办全市自然资源规划系统土地管理"一法一条例一办法"知识竞赛总决赛

张家界市自然

▲ 2022 年 3 月 29 日，省自然资源厅党组书记、厅长，省自然资源总督察陈仲伯（右二）赴张家界市调研自然资源和规划工作，并召开座谈会

▲ 2022 年 11 月 19 日至 20 日，省自然资源厅党组书记、厅长，省自然资源总督察陈仲伯（右三）实地调研“实景三维张家界”项目（一期）服务首届湖南旅游发展大会相关情况

▲ 2022 年 9 月 3 日，省自然资源厅党组成员、副厅长李全胜（左三）在张家界七十二奇楼调研旅发会项目建设情况

▲ 2022 年 11 月 7 日下午，张家界市人民政府副市长赵云海（右四）在尹家溪镇马儿山村、瓦窑岗村（远方的家），调研城乡居民合作建房改革工作

2022 年，张家界市自然资源和规划系统认真贯彻落实上级决策部署，紧紧围绕中心工作，精心谋划、履职尽责，迎难而上、苦干实干、团结奋进，扛起服务发展、防范风险重担，沉着应对大战大考，过程艰辛曲折，结果精彩圆满，为稳住经济大盘、稳定社会大局做出自然资源和规划贡献。

政治引领达到新高度。深入学习贯彻党的二十大精神，坚持把习近平总书记系列重要讲话作为“第一议题”学习、“第一遵循”贯彻、“第一要务”落实，忠诚捍卫“两个确立”、坚决践行“两个维护”。国土空间规划体系初步形成，“三区三线”成果体现高站位、高标准、高品质。始终牢记耕地保护是“国之大者”，全面推行田长制，桑植县获省政府真抓实干督查激励，武陵源区耕地保护督察反馈问题整改率居全省首位，慈利县实现违法占用耕地“零新增”。奋力践行绿色发展理念，矿山数量减少近四成，生态修复规划正式实施，永定区在产矿山全部建成绿色矿山。坚决贯彻人民至上理念，地质灾害防治再次赢得胜利，“交房即交证”改革全面推进，问题楼盘化解率居全省第三位，农房一体确权登记获省政府表彰奖励。

服务大局彰显新作为。以最大努力服务全省首届旅发大会，获省政策支持、资金支持均创历史新高，联系的七十二奇楼观摩项目获省委书记点赞，“实景三维张家界”收获各方好评。以最大努力强化资源支撑，“精准招商”模式得到肯定，重点项目用地实现应保尽保。强力推进控违治违，实现违法建设“零新增”。矿山“三净五统一”改革取得突破，城乡居民合作建房改革、文旅项目用地改革有序推进。测绘地理信息支撑能力不断增强。以最大努力优化营商环境，“互联网 + 政务服务”提质升级，小微企业一律免收不动产登记费用，妥善解决多家企业反映的用地、办证等难题，在市人大组织的监督评议中排名第一。

团结奋进展现新气象。不断健全从严治党责任体系，出台领导班子建设“十条规定”，坚持自我净化、自我完善、自我革新，面对责任主动向前敢担当，面对困难凝心聚力抓攻坚，全市系统政治生态持续向好，团结奋进、争先领优成为主流。坚持高定位、高标准抓巡察整改，反馈问题全部按要求整改落实，建立完善一批切实管用的工作制度，巡察整改成果得到肯定。全面推行“党建 +”模式，创建“爱红土 守红线 四看四比做贡献”党建品牌，同省厅、乡村振兴联系村等多个党支部结对共建，“五化”支部建设成效明显，党建与业务实现双融双促。“学习强国”追赶比超学习热潮持续升温，荣获全省“一法一条例一办法”知识竞赛团体二等奖，打造的《我的田园我的家》《这里的稻田会唱歌》等宣传视频被《人民日报》、“学习强国”学习平台、新湖南、省自然资源厅等主流媒体转发。

资 源 和 规 划 局

▲ 2022年5月6日至7日，张家界市自然资源和规划局主要负责人开展“走流程、解难题、优服务”现场代办、帮办活动。图为局党组书记舒洪波（右二）为办事群众办理不动产登记业务

▲ 张家界市自然资源和规划局党组书记舒洪波（左二）现场为办事群众发放不动产登记证书

▲ 2022年10月20日，张家界市政协副主席、市自然资源和规划局局长赵旭（右二）在慈利县二坊坪镇二坊坪村调研乡村振兴工作

▲ 2022年4月18日，市自然资源和规划局组织召开服务首届湖南旅游发展大会动员会

▲ 2022年3月8日，全省“点状用地”改革试点何家界文旅项目集体土地入股签约仪式举行

▲ 张家界市自然资源和规划局机关一支部在慈利县通津铺镇长峪铺村开展志愿巡田

益 阳 市 自 然

▲ 2022 年 5 月 9 日，益阳市委副书记、市长陈竞在市不动产登记中心开展“走流程、解难题、优服务”活动

▲ 2022 年 5 月 15 日，“生命至上”2022 年湖南省地质灾害避险演练活动在益阳市举行

▲ 2022 年 6 月 18 日，在恒丰华庭项目现场，举办 2022 年益阳市首个“交房即交证”项目现场交证仪式

▲ 2022 年 7 月 3 日，2022 年上半年全市自然资源月清“三地两矿”暨耕地保护工作专题调度会

▲ 2022 年 9 月 1 日，益阳市召开田长制工作现场推进暨洞庭湖区山水生态修复项目实施部署会。图为现场观摩（郭强 摄）

◀ 2022 年 11 月 11 日，益阳市人民政府与湖南省地质院签订战略合作框架协议

▲ 2022 年 10 月 31 日，益阳市自然资源和规划局举办自然资源抗旱找水打井志愿服务队出征仪式，助力重灾区抗旱救灾

▲ 2022 年 12 月 6 日，益阳市人民政协听取国土空间规划编制工作情况汇报

▲ 2022 年 12 月 15 日，省自然资源厅在桃江县高桥镇罗溪村举行全国地质文化村授牌仪式

永　州　市　自　然

2022年是党的二十大胜利召开之年，永州市自然资源和规划局在市委、市政府的坚强领导和省自然资源厅的关心指导下，围绕中心、服务大局，坚持“转作风、提效能、优服务、树形象、创一流”，推动各项工作迈上新台阶。

重点工作有声有色。田长制实现全市覆盖，耕地总量取得“进大于出”的历史性突破；耕地净增加、工业用地“弹性供地”、历史遗留矿山生态修复、不动产登记“一库一平台”建设等工作走在全省前列。

服务大局成效显著。“三区三线”划定成果正式启用，重点项目用地实现“应保尽保”；全市实现新建商品房“交房即交证”，办证难题有效化解；服务推进湘江东路湘江西路建设、砂石资源统筹开发工作获得市政府通报表扬，安全生产实现“零事故”，地质灾害防治实现“零伤亡”。

创先争优捷报频传。永州市自然资源和规划局获得湖南省第三次国土调查先进集体、湖南省自然资源信访工作业绩突出单位、湖南省网民留言办理工作成绩突出单位、湖南省网络安全应急演练优秀防守单位、《湖南自然资源年鉴》（2022卷）先进单位、永州市意识形态责任制考核工作优秀单位、永州市人才工作先进单位、永州市人大代表建议政协提案办理工作先进单位、永州市安全生产工作考核优秀单位、永州市污染防治攻坚战“夏季攻势”先进单位荣誉称号，服务推进湘江东路湘江西路建设、砂石资源统筹开发工作获得永州市政府通报表扬，持续保持市级文明标兵单位并获得湖南省文明单位公示。

▲ 2022年9月6日，湖南省自然资源厅党组书记、厅长，省自然资源总督察陈仲伯在永州市调研

▲ 2022年3月8日，永州市国土空间规划和自然资源保护利用专题培训班在湖南省党员教育培训示范基地永州工贸学校开班

资源和规划局

◀ 2022 年 11 月 11 日，永州市自然资源和规划局党组书记、局长陈雄带队赴新田县门楼下乡里北坑村 1 组泥石流隐患点，调研地质灾害防治工作

▶ 2022 年 11 月 10 日，永州市自然资源和规划局党组书记、局长陈雄带队赴蓝山县南风坳村，调研乡村振兴工作

▲ 2022 年 11 月 21 日，国家自然资源督察武汉局督察组来永开展 2022 年国家耕地保护督察和矿产资源督察，并召开督察对接会

怀　化　市　自　然

2022 年，怀化市自然资源系统深入学习贯彻习近平新时代中国特色社会主义思想和党的二十大精神，忠诚拥护“两个确立”、做到“两个维护”。耕地保护首获省政府真抓实干督查激励；全市第三次国土调查荣获国省级 5 个先进集体、3 个先进个人；“签约即供地”等“四即”改革助力“五好”园区建设成效明显；联合邵阳市成功申报国家首批历史遗留废弃矿山生态修复示范项目；地灾防治“三防＋三实”先进经验做法全国推介；不动产登记实现“全市通办”；“铁塔哨兵”监测走在全省前列。

全面深化改革走深走实。第三次国土调查成果正式启用，全市成果质量和更新进度位居国省前列。农村宅基地和集体建设用地房地一体确权登记顺利通过省级验收。启动城市实景三维建设，完成 82 平方公里中心城区 1 ∶ 500 地形图修补测。全市“三区三线”成果正式启用，“鹤—中”城市空间发展规模扩展到 142.1 平方公里，国际陆港新增建设用地 15.6 平方公里。

要素保障力度不断加大。获批新增建设用地 95 宗 326.4 公顷，其中市本级 39.18 公顷，保障主城区应急水源建设工程、包茂高速（怀化段）等一批重点、民生项目落地。全市招拍挂供地 322.03 公顷，成交价款 60.37 亿元，有效提高政府防范化解债务风险能力。

耕地保护责任压茬落实。市委书记、市长“双挂帅”聚力攻坚耕地保护工作。“4+1”级田长制体系实现全市域覆盖。牢牢守住全市 285313.33 公顷耕地底线目标和 250766.67 公顷永久基本农田保护底线目标。累计恢复耕地 4426.67 公顷，超年度目标 23.42%。持续高位压实耕地“占补平衡”，全市净增加耕地 176.06 公顷，首次迎来耕地数量“进大于出”历史性拐点。新增补充耕地数量指标 1441.98 公顷、水田规模指标 745.83 公顷。整治违法占用耕地 9.99 公顷。耕地保护专项规划及“一张图”编制基本完成，耕地资源监测监管平台建成使用。

生态文明建设加速推进。完成“十四五”矿产资源规划编制报批，建成绿色矿山 26 家。联合邵阳市成功申报国家首批历史遗留废弃矿山生态修复示范项目。完成历史遗留矿山生态修复 86.26 公顷。大力开展矿产资源“打非治违”等专项整治行动，4561 个废弃矿洞全部实施有效封堵。

行政执法监督持续加强。全年查处土地违法案件 199 起，收缴罚没款 259.49 万元，没收和拆除地上建筑面积 6.6 万平方米，恢复土地原状 9.43 公顷。查处矿产违法案件 35 起，收缴罚没款 55.8 万元。市本级查处规划违法案件 15 起，收缴罚没款 828 万元，其中金时花园幼儿园违规建设进行重点查处整改到位，行政罚款 13.19 万元。

民生服务保障有力有效。市县新建商品房“交房即交证”改革全面推行，26 个项目实现“交房即交证”。“签约即供地”“竣工即办证”等“四即”改革成效显著，12 家园区企业享受改革红利。有效化解 56 个烂尾楼盘，累计办理不动产权证 4.2 万本。地灾防治出台“八条硬措施”，新安装地灾专业监测站点 80 处，“631”呼应和半小时再叫应机制运行良好。

▲ 2022 年 3 月 10 日，怀化市自然资源和规划局在迎丰公园开展全民义务植树活动

▲ 2022 年 3 月 14 日，怀化市自然资源和规划局召开 2022 年全市耕地保护工作会议

▲ 2022 年 5 月 13 日，怀化市自然资源和规划局在易烊千玺图书馆开展“阔步新征程 奋力闯创干 喜迎二十大”主题演讲比赛

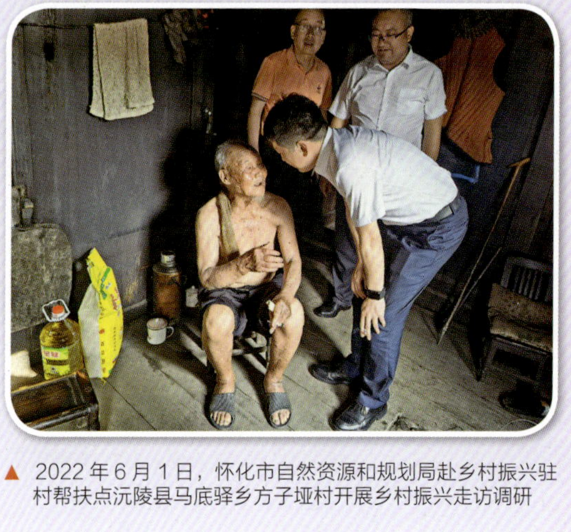

▲ 2022 年 6 月 1 日，怀化市自然资源和规划局赴乡村振兴驻村帮扶点沅陵县马底驿乡方子垭村开展乡村振兴走访调研

资　源　和　规　划　局

▲ 2022 年 6 月 28 日，怀化市自然资源和规划局在铁树湾社区开展文明城市创建宣传工作

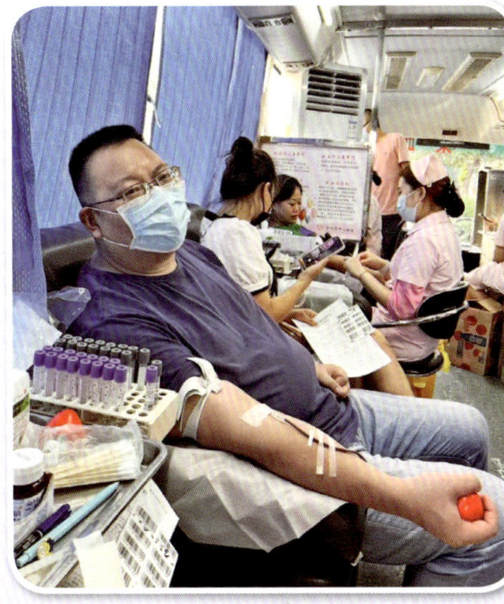

▶ 2022 年 8 月 26 日，在怀化市自然资源和规划局机关门口开展无偿献血活动

▲ 2022 年 6 月 30 日，怀化市自然资源和规划局召开“七一”党员代表大会

▶ 2022 年 9 月 8 日，怀化市自然资源和规划局在洪江区古商城清廉文化教育基地开展“古城商道话廉政”主题党日活动

▲ 2022 年 7 月 11 日，怀化市自然资源系统新时代基层干部培训班在怀化市委党校开班

▲ 2022 年 7 月 29 日，怀化市自然资源和规划局党支部在安江农校纪念园学习袁隆平“种子精神”

▶ 2022 年 10 月 17 日到 11 月中旬，怀化市自然资源和规划局组建 228 人疫情防控志愿者队伍，先后投身铁树湾社区、西冲社区疫情防控一线，勇做疫情防控的“逆行者”

娄 底 市 自 然

▲ 2022 年 4 月 11 日，娄底市自然资源和规划局在花山街道办事处山塘社区开展疫情防控志愿服务活动

▲ 2022 年 4 月 22 日，娄底市自然资源和规划局党组书记、局长刘文伟赴市政务服务办事大厅，帮助娄底市第五中学办理教学区公厕项目建设工程规划许可证，亲身体验窗口办事流程，要求进一步细化办事指南，坚持一次性告知，真正做到办事群众“只跑一次”

▲ 2022 年 4 月 30 日，娄底市自然资源和规划局党组书记、局长刘文伟带队深入娄星区、娄底经开区开展地灾防治督导

▲ 2022 年 5 月 12 日，湘潭市自然资源和规划局副局长陈剑儒一行到娄底市自然资源和规划局考察交流实景三维建设工作

▲ 2022 年 5 月 13 日，娄底市自然资源和规划局在娄星区蛇形山镇南塘村村委会，开展“5·12”地质灾害防治知识科普周宣讲和轮训活动

资　源　和　规　划　局

▲ 2022 年 5 月 18 日，国家自然资源督察武汉局来娄底市实地督导汇报会召开。娄底市委副书记、市长曾超群作表态发言，国家自然资源督察武汉局副局长石一连讲话

▲ 2022 年 8 月 30 日，“智慧娄底市县一体化时空大数据平台项目”通过验收

▲ 2022 年 9 月 6 日，省自然资源厅党组成员、副厅长谢文带队督导双峰县耕地保护工作

▲ 2022 年 9 月 19 日，娄底市不动产登记中心工作人员深入中心城区老旧小区开展现场换证活动

▲ 2022 年 11 月 23 日，娄底市自然资源和规划局举行学习贯彻党的二十大精神市委宣讲团报告会

湘西土家族苗族自治

▲ 2022年3月10—11日，湖南省自然资源厅厅长、省自然资源总督察陈仲伯一行赴保靖县调研耕地保护、国土空间规划和村庄规划编制、地灾搬迁集中安置、人居环境整治、生态修复、绿色矿山建设等工作

▲ 2022年4月8日，湘西土家族苗族自治州委书记虢正贵带队赴吉首市调研地质灾害防治工作

▲ 2022年5月9日，湘西土家族苗族自治州地质灾害应急避险演练活动在古丈县默戎镇中寨村举行，湘西州人民政府副州长周亮出席并讲话

▲ 2022年5月19日，湘西土家族苗族自治州委书记虢正贵赴州自然资源和规划局调研自然资源资产管理、国土空间规划、耕地保护、要素保障、绿色矿山建设、地质灾害防治、不动产登记等重点工作

▲ 2022年6月4日，湘西土家族苗族自治州委书记虢正贵带队到泸溪县调研地灾防治工作

▲ 2022年6月5日，自然资源部地质勘查管理司副司长熊自立、湖南省自然资源厅总规划师申志军一行赴泸溪县调研汛期地质灾害防治工作

州自然资源和规划局

2022 年 6 月 23 日，湘西土家族苗族自治州自然资源和规划局党组书记、局长隆立新在湘西高新区和吉首市开展“走流程、解难题、优服务”活动

▲ 2022 年 7 月 30 日，湘西土家族苗族自治州自然资源和规划局党组书记、局长隆立新带领全体干部职工赴龙山县苗儿滩镇召开了以“传承好家风，建设清廉家庭”为主题的院坝会

2022 年 11 月 4 日，自然资源部、省自然资源厅来湘西挂职干部座谈会在湘西土家族苗族自治州永顺县芙蓉镇召开。会前，与会人员参观了湘西世界地质公园博物馆，并与驻村工作队、乡村振兴服务团合影

▲ 2022 年 9 月 14 日，湘西土家族苗族自治州自然资源和规划局党组书记、局长隆立新赴保靖县普溪村调研防火抗旱、巩固脱贫攻坚成果等工作

湘西土家族苗族自治州人民政府副州长周亮主持召开全州自然资源重点业务工作讲评电视电话会议

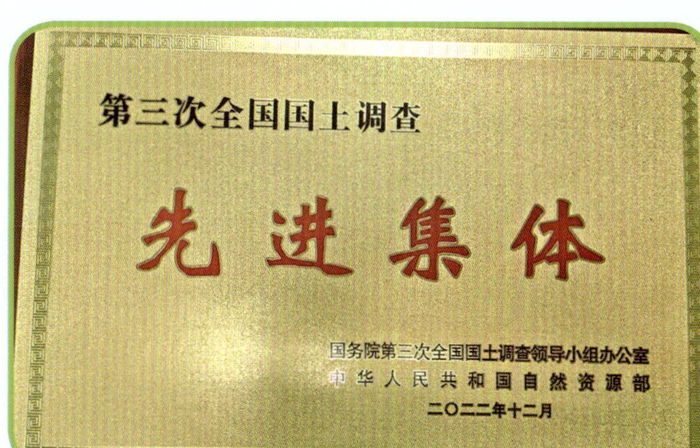

▲ 2022 年 12 月，湘西土家族苗族自治州自然资源和规划局获全国国土调查表彰

长沙市自然资源和规划局雨花区分局

▲ 2022 年 2 月 23 日上午，自然资源部国土空间生态修复司副司长王磊（左七）率队到长沙市雨花区跳马镇调研露天矿山生态修复矿点生态修复工作

◀ 2022 年 4 月 7 日，雨花区委副书记、区长黄军其赴长沙市自然资源和规划局雨花区分局调研资规工作

▶ 2022 年 4 月 29 日，组织开展全区地质灾害防治宣传培训会

2022 年，长沙市自然资源和规划局雨花区分局在市自然资源和规划局党组的领导下，紧紧围绕区委、区政府决策意图，奋力实施强省会战略、推动高质量发展，谱写了“奋进资规，绽放雨花”精美篇章。

一是提升执行力，强化干部队伍建设。坚持强化执行力，全力提升党建水平，强化党风廉政建设，坚持学在深处，干在实处，参与疫情防控、乡村振兴、清廉资规建设等方面担当作为，在干部队伍建设上展现新貌。

二是强化规划引领 优化国土空间布局。强化顶层设计，做精做细国土空间规划，科学划定“三区三线”，坚持生态优先、保护优先，在推动区域协调发展上培育新机。

三是突出土地执法，实行最严格的土地管理。抓实抓牢土地管理，开展卫片执法检查，严格土地监管，坚持督促整改、全省存量违法用地清零试点卓有成效，在维护用地秩序上书写新篇。

四是服务高质量发展，全面彰显工作担当。突出精准服务，推进征地拆迁，盘活存量用地，做好土地出让，坚持担当作为，保障发展，在推动高质量发展上打开新局。

五是实施监测保护，守护生态文明底线。实现实施监测保护，严格落实耕地保护，推进废弃矿山生态修复，坚持耕地和生态优先，引领绿色发展，在加快推动绿色崛起上闯出新路。

六是扎牢安全链条，安全生产持续向好。打好安全生产“百日攻坚”战，组织资规领域强执法防事故和打非治违行动，开展自建房、过期临建等安全专项整治，全力夯实地质灾害防治基础，在安全防治上推出新招。

◀ 2022年6月30日，雨花区一处 2 万平方米的过期临时建筑顺利拆除，得到央广网、省、市多家媒体的关注报道

▶ 2022 年 11 月 29 日，分局党组书记、局长周远宏陪同雨花区委副书记、区长黄军其调研废弃矿山生态修复工作

◀ 2022 年 6 月 20 日，组织开展消防安全演练活动

长沙市自然资源和规划局望城分局

2022 年，长沙市自然资源和规划局望城分局立足“强要素、保民生、促发展”，全年获批建设用地 118.2 公顷，拆迁腾地 538.73 公顷，出让土地 399.42 公顷，划拨土地 366.01 公顷。完成入库国土基金收入 165 亿元，超额完成望城区年初目标任务（90 亿元），占比达 183.3%。第三次国土调查工作得到省政府办公厅通报表扬（湘政办函〔2022〕31 号）。获评湖南省 2021—2022 年度松材线虫病疫情防控成效评估优秀单位、2022 年全省自然资源信访工作业绩突出单位、2022 年长沙市政府耕地保护真抓实干督查激励以及望城区财税、招商引资、优化营商环境、征地拆迁和信访工作先进单位。

▲ 2022 年 10 月 24 日，长沙市现代商贸中等职业学校为长沙市自然资源和规划局望城分局送锦旗

▲ 2022 年 4 月 11 日，金山桥街道及金山桥社区给防疫后盾单位长沙市自然资源和规划局望城分局送来一面写有“不忘初心担使命　众志成城抗疫情”的锦旗

▲ 2022 年 12 月，湖南兆星房地产有限公司给望城区不动产登记中心赠送锦旗

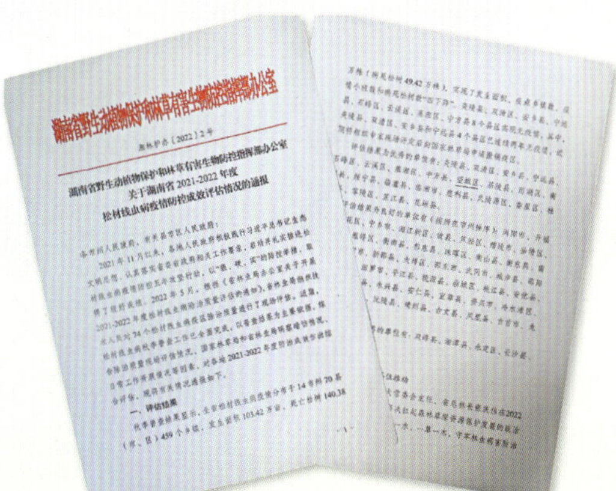
湖南省野生动植物保护和林草有害生物防控指挥部办公室

湖南省野生动植物保护和林草有害生物防控指挥部办公室关于湖南省 2021-2022 年度松材线虫病疫情防控成效评估情况的通报

▲ 2022 年 12 月 27 日，长沙市自然资源和规划局望城分局获评湖南省 2021-2022 年度松材线虫病疫情防控成效评估优秀单位

湖南省自然资源厅办公室文件

关于表扬 2022 年度全省自然资源信访工作业绩突出单位和个人的通报

全省自然资源信访工作业绩突出单位和个人名单

▲ 2022 年 11 月 29 日，长沙市自然资源和规划局望城分局获评 2022 年全省自然资源信访工作业绩突出单位

▲ 2022 年 3 月 10 日上午，长沙市自然资源和规划局望城分局 130 名党员在望城区茶亭镇西湖寺村油茶基地开展“植树护绿学雷锋”活动

宁 乡 市

▲ 省委常委、长沙市委书记吴桂英一行到宁乡市调研指导地质灾害防治工作

▲ 省自然资源厅党组书记、厅长，省自然资源总督察陈仲伯一行到宁乡市调研指导园区用地保障工作

▲ 省自然资源厅党组成员、副厅长谢文一行到宁乡市调研指导耕地恢复工作

▲ 省自然资源厅党组成员、省自然资源副总督察林目轩一行到宁乡市就耕地保护和自然资源督察执法工作进行专题授课

▲ 省自然资源厅总规划师申志军到宁乡市调研指导1：1万地质灾害调查和风险评价工作

▲ 长沙市自然资源和规划局党组书记、局长段宁到宁乡市调研指导土地管理暨安全生产工作

自　然　资　源　局

▲ 宁乡市委书记张作林调研自然资源工作

▲ 宁乡市委副书记、市长黄滔督导耕地恢复工作

▲ 宁乡市副市长孙勇督导自然资源重点工作

▲ 宁乡市自然资源局党组副书记、局长彭海华督导地灾防治工作

▲ 宁乡市自然资源局党组书记李命文督导规划编制工作

▲ 宁乡市自然资源局受邀作为湖南两个代表之一在国家自然资源节约集约示范县（市）创建工作推进会上作交流发言

▲ 长沙地区挖塘养鱼破坏耕地案首次在宁乡市历经铺街道历经铺社区广场进行现场开庭审判

▲ 宁乡市自然资源局扎实开展第 32 个全国土地日主题宣传活动

长沙县自然资源局

▲ 2022 年 6 月 29 日上午，“智慧星沙　云惠万家”—长沙县智慧抵押合作协议签约仪式暨“星云 · 房抵快贷”发布会在长沙县举行，全省首个县级城市不动产“智慧抵押登记”平台正式上线，该平台可实现全程线上办理，从贷款申请到抵押登记到放款，快至 10 分钟办结

▲ 2022 年 6 月 23 日，长沙县举办“我想有个家　最好在星沙”宜居星沙城市品牌推介会，吸引来自全国的 50 余家知名房地产开发企业参加

▲ 长沙县自然资源局 20 多位志愿者赴龙山县开展“大手拉小手　爱心助学行”志愿者服务活动，本次活动希望能帮助更多的贫困学子解决生活困难，让他们可以没有后顾之忧地完成学业，将来再回来建设更加美丽的家乡

▲ 2022 年 5 月 12 日是第 14 个全国防灾减灾日，长沙县自然资源局以“减轻灾害风险　守护美好家园”为主题，开展了一系列丰富多彩的活动，将防灾减灾的各种知识传达给居民群众

▲ 长沙县自然资源局组织全局开展 2022 年度“践初心　强素质”理论知识大测试系列活动，真抓实干，夯实基层党务工作，形成“比学赶超”的良好氛围

▲ 长沙县自然资源局举办“一法一条例一办法”知识竞赛，来自局机关各科室、直属单位和自然资源所共 7 支代表队 42 人参加

▲ 长沙县自然资源局开展“节约集约用地　严守耕地红线”第 32 个全国土地日宣传活动

浏阳市自然资源局

▲ 2022 年 2 月 26 日，自然资源部开发利用司来浏调研土地利用工作

► 2022 年 5 月 12 日，第 14 个 5·12 全国防灾减灾日活动暨湖南省第六届地质灾害防治红背包公益行动在浏阳举行

◄ 2022 年 5 月 30 日，湖南省补充耕地项目整改专项攻坚现场推进会在浏阳召开

▲ 2022 年 6 月 24 日晚，长沙市第 32 个全国土地日主题宣传活动在浏阳市永安镇举行

◄ 2022 年 7 月 22 日上午，浏阳市自然资源局组织开展“重温红色家书 传承红色信仰”主题诵读活动

▲ 2022 年 10 月 16 日上午，中国共产党第二十次全国代表大会在北京隆重召开。浏阳市自然资源局组织广大党员同志集中收看党的二十大开幕会

▲ 2022 年，浏阳市自然资源局被评为“首批湖南省党史学习教育创新案例评选先进工作单位”。“红色传承 砥砺前行”党史学习教育被评为浏阳市“机关党建特色工作十佳经典案例”

▲ 浏阳市积极开展耕作层剥离再利用试点探索，长沙机场改扩建工程耕作层剥离再利用项目荣获 2022 年湖南省耕地保护典型案例

衡南县自然资源局

▲ 省自然资源厅党组成员、副厅长谢文，厅党组成员、总工程师欧阳志军（时任厅耕地保护监督处处长）率调研组一行对衡南县土地开发、耕地整改恢复、水田开发、“占补平衡”任务等工作进行调研。2022 年，衡南县推进耕地整改恢复，全县落实耕地保有量 102.47 万亩、永久基本农田 80.21 万亩

▲ 省自然资源厅党组成员、副总督察林目轩率督导组一行到车江街道白水村现场察看衡南耕地保护田长制工作及梦东方旅游度假区一临时用地现场

▲ 2022 年 10 月 13 日下午，省自然资源厅党组成员、省自然资源副总督察林目轩率督导组来衡南县督导耕地保护工作。衡南县委书记胡果雄参加督导

▲ 衡南县咸塘镇夏家湾组地质灾害防治工作：坚持“生命至上、人民至上”，确保群众生命安全，坚决杜绝撤离群众返流；做好临时过渡安置工作，妥善安置转移出来的老百姓的生活，做到“五有”，即“有饭吃、有衣穿、有地方住、有干净水喝、有病能医”，尽快恢复生活正常；做好工程测量和地质勘查基础工作，科学论证搬迁避让和地质灾害工程治理方案，切实维护群众利益

▲ 衡南县自然资源局召开 2022 年度乡村振兴驻村工作总结会（局党组书记、局长谢秋生指出：一要提高政治站位，深化思想认识，推动乡村振兴工作不断取得新成效；二要突出自然资源工作行业特点，紧盯关键环节，助推耕地保护和耕地恢复行动工作在基层落实；三要坚决守住安全这条底线，加强摸排走访困难群众慰问等工作，保障农村群众过一个平安祥和的春节）

▲ 2022 年 6 月 25 日，衡南县自然资源局围绕“节约集约用地，严守耕地红线”土地日宣传主题，开展宣传咨询活动，向广大群众宣传土地方面的相关知识

衡阳县自然资源局

▲ 2022 年，团结奋进的衡阳县自然资源局党组成员

▲ 2022 年 4 月 24 日，衡阳县自然资源局“一法一条例一办法”法律知识考试

▲ 2022 年 5 月 13 日，衡阳县“田长制”动员部署大会在县夏明翰中心会议厅召开

▲ 2022 年 5 月 27 日，衡阳县自然资源局到界江村宣传科普知识

▲ 2022 年 7 月 26 日，省自然资源厅执法局局长李建国率队到衡阳县督导耕地保护工作。现场察看了净减少耕地整改补足恢复的图斑 20 亩，恢复前地类为其他林地，且已苗木成林。现已恢复成水田并种植了水稻

▲ 2022 年 10 月 30 日，衡阳县自然资源局召开优化干部作风暨营商环境真抓实干工作推进会

衡山县自然资源局

▲ 2022年4月20日，衡山县委、政府组织相关成员单位和各乡镇召开“田长制”动员部署大会

▲ 2022年6月18日，衡山县委副书记、县长、总田长段晓赛进行全县巡田工作

▲ 2022年6月24日，衡山县田长办副主任、县自然资源局局长刘望在党校全县青年干部培训班上进行田长制的政策宣讲

▲ 衡山县2022年度地质灾害防治工作业务培训会

▲ 衡山县2022年度地质灾害应急避险演练

株洲市荷塘区自然资源局

▲ 2022年2月22日凌晨，除雪开路为群众，荷塘区自然资源局在行动，为周边数千名群众的出行安全保驾护航

▲ 2022年3月3日，荷塘区副区长向前进组织召开月清“三地两矿”工作调度会，会议由区自然资源局局长熊昕主持

▲ 2022年5月20日上午，荷塘区自然资源局全程参与了区人民政府组织的违法自建房集中拆除行动

▲ 2022年9月16日，荷塘区委副书记、区政府党组书记、区长罗鹏程带队赴金山街道、月塘街道、明照街道现场调度项目“净地”攻坚情况。荷塘区自然资源局党组书记、局长刘超参加调研

2022年荷塘区自然资源工作大事记

1.2月22日，荷塘区自然资源局18名党员干部在新塘路东部美的城沿线进行人行道扫雪，为周边数千名群众的出行安全保驾护航。

2.3月3日，荷塘区副区长向前进组织召开月清“三地两矿”工作调度会。

3.3月25日，市自然资源和规划局分管领导丁桂云一行来荷塘区就国家、省级例行督察反馈问题整改情况及月清“三地两矿”工作进行督察，荷塘区副区长向前进、荷塘区自然资源局党组书记、副局长李荣参加督察。

4.4月14日，荷塘区自然资源局牵头组织在区政府召开了韵达湖南智能物流产业园一期项目涉及《荷塘区土地利用总体规划（2016–2020年）》修改工作听证会。

5.4月15日，荷塘区自然资源局在园区组织开展“一法一条例一办法”主题活动，副局长周辉到园区进行法规政策宣讲和业务交流。

6.4月24日，区政府第六届第七次常务会议通过关于启动仙庾镇国土空间规划编制工作的专题汇报，同意启动仙庾镇国土空间规划和徐家塘村、黄塘村村庄规划编制。

7.5月16日，荷塘区自然资源局在仙庾镇政府召开2022年度地质灾害防治工作知识培训会。

8.5月9日，荷塘区自然资源局党组书记、副局长李荣带队对辖区内在册地质灾害隐患点开展汛期现场巡查。

9.5月20日上午，荷塘区自然资源局全程参与区人民政府组织的违法自建房集中拆除行动。在前期摸排认定的基础上，共计将拆除月塘街道办事处富家垅区域违法自建房14处，面积约1111平方米。

10.9月16日，荷塘区委副书记、区政府党组书记、区长罗鹏程带队赴金山街道、月塘街道、明照街道现场调度项目“净地”攻坚情况。

11.9月29日，市自然资源和规划局副局长陈佳赴荷塘区检查安全生产工作，对辖区内重要矿山安全生产情况进行全面检查。

12.9月29日，市自然资源和规划局土地管理团队团长蔡勇带队赴荷塘区开展批而未供土地、闲置土地、园区"三类地"处置专项督查。

13.2022年10月9日，荷塘区委常委、区人民政府副区长、仙庾镇党委书记刘定光在区自然资源局10楼会议室组织召开仙庾镇国土空间规划编制工作座谈会。

14.10月17日，荷塘区区长罗鹏程带队到仙庾镇督促耕地恢复工作。

15.10月19日，荷塘区委书记方靖主持召开荷塘区月清三地、耕地恢复调度会议。

16.10月20日，荷塘区自然资源局在仙庾镇组织召开仙庾镇国土空间规划编制工作动员会。

株洲市芦淞区自然资源局

一、住房排查有成效。根据区委区政府安排，及时成立局自建房安全专项整治暨拆违保安行动工作专班，制订详细工作方案。通过房地一体系统核实经营性自建房 3556 户，非经营性自建房 17311 户；在住建系统进行合法合规认定经营性自建房 2195 户，非经营性自建房 12184 户。

二、要素支撑有落实。芦淞区村庄规划编制工作的前期摸底调查和区国土空间规划现状基数调查 2022 年已完成，工业用地全部实行“标准地”出让，新增批而未供土地和存量闲置土地处置均居全市前列，全面完成园区批而未供土地、闲置土地和低效用地处置年度任务。服务重点工程项目建设，为山河科技、高精传动等 10 个建设项目办理建设工程规划方案审查，涉及建筑面积 9.08 万平方米，有力推动芦淞航空城产业项目发展。2022 年 11 月株洲疫情封控期间，严格落实“疫情要防住，经济要稳住”双稳目标，1 日内完成芦淞区白关镇时尚产业智慧园项目《出让方案》的审核和公示，用实际行动践行“保项目、保发展”诺言。

三、耕地保护有实招。开展耕地保护专项行动，多措并举，狠抓耕地保护目标实现和责任保护责任制落实。加快全面建立“田长制”，召开全面推行耕地保护田长制工作动员大会，立足政策宣传、巡查监督、整改督查三个“全覆盖”，抓实耕地保护、严格耕地用途管制，确保“进出平衡”，按时完成 2021 年变更调查净减少耕地整改补足 22.52 公顷和年度耕地恢复任务 33.33 公顷。

▲ 2022 年 7 月 27 日，芦淞区自然资源局党组书记、局长周润泉赴白关镇线江村督导耕地恢复工作

▲ 2022 年 11 月 16 日，芦淞区自然资源局副局长陈坝舒在芦淞区防疫卡口完成芦淞区白关镇时尚产业智慧园项目《出让方案》资料交接和初审

▲ 2022 年 6 月 29 日，芦淞区自然资源局工作人员进行自建房合法合规性认定

▲ 2022 年 12 月 14 日，芦淞区召开全面推行耕地保护田长制工作动员大会

株洲市渌口区自然资源局

▲ 2022 年 4 月 25 日，省自然资源厅总规划师申志军在渌口区调研耕地保护和地灾防治工作

▲ 2022 年 6 月 20 日，渌口区委书记、渌口经开区党工委第一书记李晓彤到渌口镇、南洲镇调研督导 2021 年度卫片执法补充图斑整改工作

▲ 2022 年 12 月 20 日，省自然资源厅党组成员、省自然资源副总督察林目轩在渌口区指导自然资源和规划工作

▲ 2022 年 6 月 25 日上午，渌口区自然资源局在渌口镇中央时代广场开展以“节约集约用地、严守耕地红线”为主题的第 32 个“全国土地日”宣传活动

▲ 2022 年度渌口区自然资源局庆七一活动

▲ 株洲市渌口区自然资源局被湖南省自然资源厅评选为 2022 年度“湖南省耕地保护典型案例”

醴陵市自然资源局

2022 年醴陵市自然资源局围绕“节约集约用地、严守耕地红线”的主题开展全年工作，有效形成了守土有责、守土尽责的社会氛围。

醴陵市自然资源局“6.25 全国土地日”自编自导自演自拍宣传视频
《自然资源版本草纲目》歌词

自然资源卫士
就是我的样子
森林河流耕地
遍布了 我的影子
绘蓝线 守红线
明底线 走对路线
强底子 谋路子
迈步子 不做样子
用我的方式
书写奋斗历史
没什么别的事
跟着我念几个字
山水林田湖草 go
山水林田湖草 go
看我高举起利剑
守卫一方土地
我青春澎湃 心中有爱
认真专注姿态 你学不来
自然的招牌 调整好状态
为美丽的城市 描绘未来
我青春澎湃 心中有爱
用画笔画蓝图 火力全开
工匠的精神 是我告白
城乡美丽画卷 为你展开
守住我的山 守住我的水
违法用地 都别想逃
老祖宗的耕地不能随便乱抛
稻谷和小麦玉米
棉油糖和蔬菜
自己的饭碗 自己的粮
必须端牢
听我说执法苦
违法应该更苦
快翻开法律法规
多看些普法书
十八亿亩的耕地红线
这些老祖宗的财富
我们一定不能输
就是这么干
就是这么干 一起唱
就是这么干
就是这么干 嘿
让我来乘风破浪
守护这华夏的一方
已沉淀千年的黄土
有别人不知道的力量
我青春澎湃 心中有爱
认真专注姿态 你学不来
自然的招牌 调整状态
为美丽的城市 描绘未来
我青春澎湃 心中有爱
用画笔画蓝图 火力全开
工匠的精神 是我告白
城乡美丽画卷 为你展开

◀ 2022年3月1日，醴陵市株醴新城规划建设专家座谈会召开，市委书记王利波为6位规划领域的知名校企专家颁发醴陵市国土空间规划委员会特邀专家聘书

▲ 2022 年 5 月 12 日，醴陵市自然资源局党组书记、局长高开军在市民中心，开展“走流程、解难题、优服务”活动

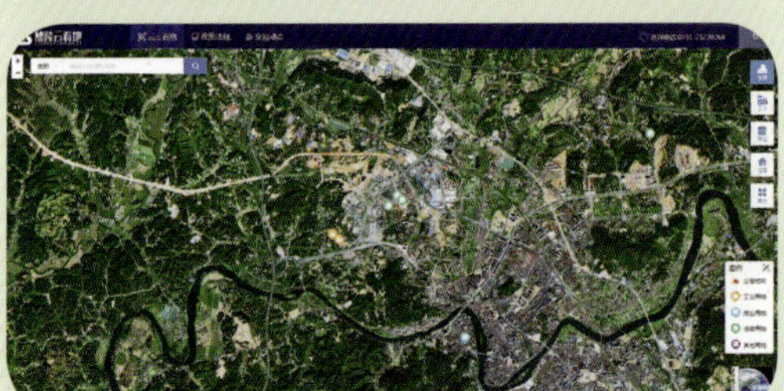

▲ 2022 年 6 月 8 日，醴陵“云看地”系统正式上线

▶ 2022 年 6 月 20 日，醴陵市自然资源局联合明月镇人民政府、公安局、法院、司法局、国家电网醴陵公司对一处非法占地泳池实施强制拆除

▲ 2022 年 8 月 17 日，醴陵市自然资源局志愿服务队到“湖南好人”李舒尤授课的东富镇枧头洲村少儿民族乐团，开展“关爱留守儿童 助飞音乐之梦”志愿服务活动

▶ 2022 年 10 月 11 日，醴陵市规划设计院通过城乡规划编制单位资质审查认定，成功升级城乡规划编制甲级资质，成为全国第四家、湖南首家县级规划甲级院

城乡规划编制资质证书

证书编号：自资规甲字 22430626　　证书等级：甲级
单位名称：醴陵市规划设计院
承担业务范围：业务范围不受限制
有效期限：自2022 年 10 月 10日至 2022 年 12 月 31日
发证机关
中华人民共和国自然资源部印制

攸县自然资源局

▲ 2022年4月24日，攸县召开“全县自然资源重点工作调度会议”，安排部署补充耕地项目“回头看”整改、坑塘水面占用耕地行为专项整治、省动态监测占用耕地图斑整改、加强占补平衡项目后续管护和违法用地整改等自然资源工作

▲ 2022 年 8 月 29 日，攸县自然资源局开展国家测绘法宣传

▲ 2022 年 5 月 12 日，攸县自然资源局开展全国防灾减灾宣传活动

▲ 2022 年 10 月 20 日，株洲市自然资源和规划局来攸县督导自然资源重点工作

▲ 2022 年 6 月 25 日，攸县自然资源局开展全国土地日宣传活动

▲ 2023 年 1 月 19 日，攸县自然资源局组织学习贯彻党的二十大精神宣讲报告会

炎陵县自然资源局

一、执法监察有亮点。动态巡查发现违法违规用地9宗，面积5.29公顷。向各乡镇人民政府发送《违法违规用地整改告知函》4批次。立案查处各类自然资源违法行为5起；规划建设类案件17宗，涉及建筑面积3000平方米，结案3宗，正在处理14宗。2020年省自然资源例行督察问题整改率100%，排名全市第一。2020年至2021年存量违法用地问题整改率81.8%，排名全市第三。2022年坑塘水面占用耕地专项整治处置率100%，排名全市第一。

二、要素保障有突破。全年共批回建设用地5个，面积2.97公顷；组卷7个，面积23.96公顷。完成增减挂钩项目选址42公顷。盘活国有闲置资产28宗，收入9524.87万元；招拍挂出让储备土地5宗，面积9.87公顷，收入9694万元；协议出让土地14宗，面积1.95亩，收入51.81万元。全年土地供应收入（含地上建筑物）共计3.24亿元。处置批而未供土地19.14公顷，盘活闲置土地1.88公顷，处置园区低效土地21.34公顷。园区三类地处置“低效（空闲）用地”完成率73.85%，排名全市第一。园区闲置土地处置率100%，排名全市第一。

三、地灾防治有保障。2022年，发生地质灾害灾险情17起，达到地灾标准有3处，均无人员伤亡。发布地质灾害预警信息21次，8400人/次，发送防灾小知识1.5万余条，上门张贴村民切坡建房警示标牌6000块。霞阳镇草坪村新屋组（县气象观测站）滑坡地质灾害治理项目一期工程已完成。

四、耕地保护有实招。全年恢复耕地418.87公顷，全面推进落实“田长制”，坚持和贯彻最严格的耕地保护制度，守住15.81万亩（10540公顷）的耕地目标。全年开展100余场耕地保护送宣传下乡活动，制定与安装120个行政村的网格化田长制标识牌，6个镇级田长制公示牌，120条耕地保护地横幅。确立炎陵县级田长5人，乡级田长38人，村级田长120人（不包括副田长），网格长355人，各级田长518人，田长制App各级田长及管理人员注册在册619人。开展了县级、局级、镇级巡田活动。2022年度市对县市区落实粮食安全责任制考核中，自然资源部门“零扣分”，全市排名第三。

五、矿业管理有实效。完成“十四五”期间全县历史遗留矿山生态修复方案编制专家评审与备案；实施自我加压，将2022年上级下达的年度恢复任务7.95公顷的绩效目标提高到9.58公顷。全面完成历史遗留矿山生态修复治理9.58公顷。结合2022年污染防治攻坚战“夏季攻势”行动，多措并举建成绿色矿山3家。

六、精神文明建设有硕果。广泛开展志愿服务活动。连续三年获评株洲市文明标兵单位。2022年成功创建省文明单位。

▲ 炎陵县自然资源局党组书记、局长张爱军深入园区企业开展一线调研，助力企业发展

▲ 炎陵县自然资源局党组书记、局长张爱军开展“一把手走流程”与“一件事一次办”体验调研活动

▲ 天杰房地产开发商与业主给不动产登记中心赠送锦旗

▲ 近年来，炎陵县持续加大土地开发与耕地恢复项目实施，让耕地成良田，图为鹿原镇现状

邵东市自然资源局

▲ 2022 年 7 月 21 日，邵东市召开全面落实田长制强化耕地保护工作会议，邵东市委副书记、市长李国军出席会议并讲话

▲ 2022 年 8 月 24 日， 邵东市人大常委会党组书记、主任候选人提名人选黄负平带队到九龙岭镇调处信访老案暨代表建议督办工作，邵东市自然资源局党组书记、局长谢先勇，副局长禹轩秋参加会议

▲ 2022 年 5 月 11 日， 邵东市自然资源局副局长曾友军带队陪同邵阳市委、邵东市委领导检查省委巡视整改情况

▲ 2022 年 11 月 12 日， 邵阳市自然资源和规划局副局长蒋卓斌调度邵东市石膏采空区应急处置工作，邵东市自然资源局党组书记、局长谢先勇，副局长吕向华陪同

▲ 2022 年 12 月 7 日， 邵东市自然资源局党组书记、局长谢先勇带队陪同省自然资源厅、邵阳市自然资源和规划局领导督导废旧矿山生态修复工作

新邵县自然资源局

▲ 重温入党誓词。抓党建，重温入党誓词凝神铸魂。新邵县自然资源局党组书记、局长周玉光领读，重温入党誓词

▲ 2022 年国庆前夕，新邵县自然资源局组织党员干部赴张家界桑植县中国工农红军第二方面军长征出发地纪念馆、贺龙元帅故居、贺龙纪念馆等红色教育基地，开展以“重温红色经典 共抒爱国情怀”为主题的参观学习教育活动

▲ 2022 年 3 月 18 日，新邵县自然资源局党组书记、局长周玉光率领“红马甲工作队”深入酿溪镇柘溪村有效衔接“星期五大扫除”，聚焦耕地保护宣贯扎实开展“红旋风活动”

▲ 2022 年 6 月 25 日是第 32 个全国土地日，在前期充分准备下，2022 年 6 月 24 日，新邵县自然资源局组织相关股室走上街道广场、走进社区村组、走入校门家门广泛开展“6 · 25”全国土地日主题宣传活动

▲ 通过耕地保护宣传和执法监管同步发力，细耕“责任田”，牵住“牛鼻子”，打好“组合拳”，有力落实“长牙齿”耕地保护硬措施，坚决遏制耕地“非农化”，防止“非粮化”。图为新邵县陈家坊镇强力在整治占用耕地挖塘养鱼违法行为

▲ 2022 年 3 月 7 日上午，新邵县自然资源局组织召开矿山生态修复综合整治大会，对矿山生态修复工作进行全面安排部署

▲ 2022 年 6 月 20 日晚，新邵县自然资源局“星期一夜校”走进联点村柘溪村组院落，局党组书记、局长欧阳鸥和村民面对面探讨乡村振兴、发展大计

▲ 新邵县 15 个乡镇自然资源所自然资源执法执勤车辆使用年限达报废年限，存在很大安全隐患。通过积极对接，严格按照相关程序，2022 年 7 月，为自然资源所更换配发新车，助力自然资源一线工作全面发展

隆回县自然资源局

▲ 2022 年 5 月 28 日，隆回县委书记刘军在高平镇富延村巡田

▲ 2022 年 3 月 18 日，隆回县人民政府县长杨韶辉在羊古坳镇雷锋村巡田

▲ 2022 年 5 月 18 日，隆回县自然资源局党组书记、局长李金平主持月清“三地两矿工作会议”

▲ 2022 年 5 月 10 日，隆回县自然资源局党组书记、局长李金平带队在荷香桥镇建桥村、七江镇建华村检查地质灾害隐患点

▲ 2022 年 7 月 1 日，隆回县自然资源局开展喜迎党的二十大系列活动，局党组书记、局长李金平组织全体党员重温入党誓词

◀ 2022 年 7 月 7 日，《隆回县国土空间总体规划 2020—2035》面向社会公众公开征询意见

城步苗族自治县自然资源局

▲ 2022年5月24—25日，省政府督查组在城步督导违法用地和土地节约集约利用低效率问题等工作

▲ 2022年5月9日，城步苗族自治县委书记余勋伟检查耕地保护工作

▲ 2022年4月14日，城步苗族自治县委副书记、县长王慧敏检查重点项目用地保障工作

▲ 2022年11月9日，城步苗族自治县县委常委、常务副县长殷继东检查土地出让工作

▲ 2022年7月12日，城步苗族自治县人民政府副县长周祖德检查耕地保护工作

▲ 2022年11月10日，城步苗族自治县自然资源局党组书记、局长李志栋检查土地开发整治项目

▲ 2022年4月29日，城步苗族自治县召开“田长制”“恢复耕地”工作部署会

▲ 2022年2月28日，城步苗族自治县自然资源局进行地质灾害隐患点排查

武冈市自然资源局

▲ 2022 年 4 月，武冈市自然资源局党组书记、局长黄剑波陪同市领导现场踏看水浸坪乡村民集中建房点

▲ 2022 年 5 月，武冈市自然资源局党组书记、局长黄剑波检查驻村帮扶工作

▲ 2022 年 6 月，武冈市自然资源局党组书记、局长黄剑波调度田长制工作

▲ 2022 年 8 月，武冈市自然资源局党组书记、局长黄剑波在邓元泰镇实地调研“多规合一”村庄规划编制工作

▲ 2022 年 12 月，武冈市自然资源局党组书记、局长黄剑波会同相关部门领导检查郝水防洪堤加固工作

新 宁 县 自 然 资 源 局

▲ 新宁县新建商品房交房即交证工作推进会议

▲ 新宁县自然资源局召开干部作风警示教育会

▲ 推进历史遗留矿山矿山生态修复

▲ 土地整治现场

▲ 生态修复

岳阳市南湖新区自然资源局

2022 年，岳阳市南湖新区自然资源局深入贯彻习近平总书记关于耕地保护的重要讲话和指示批示精神，紧紧围绕“保障粮食安全是实施乡村振兴战略的首要任务。”这一战略基点，织密织牢耕地保护治理体系，一层一级党员干部下到田坎，牢牢守住辖区 233.33 公顷耕地红线。

党政同责，压实田长主体责任。全面实施区、街道（管理处）、社区（村）田长体系及“三员”（协管员、农技员、执法员）联农户机制。层层签订耕地保护责任状，构建“区级统筹协调、街道（管理处）分级负责、社区（村）具体落实”的田长制责任机制，形成覆盖全域、责任到人、监管到位的耕地保护监管网络。集中开展土地管理“一法一条例一办法”学习热潮，为田长体系干部打下扎实的理论基础。一年来，区、街道、村三级田长分别遵照一季一巡、一月一巡、一周一巡的规定严格落实巡田制度，让党员干部们成为田埂上的常客。

先锋集结，开展全域耕保宣传。组织全区田长体系党员干部组成土地保护党员先锋队深入开展田长制宣传“群众大走访”活动，通过村村到、户户进、人人访，主动宣导广泛凝聚耕地保护和田长制的社会共识。在炎炎烈日之下，党员干部充分发挥先锋精神，主动迎上向路过的居民发放田长制宣传单，耐心讲解保护耕地和全面实行田长制的重要意义，赢得了群众的认同和支持。全区各级通过多种形式开展耕地保护和田长制宣传共 7 次，发放宣传手册 3000 余份，进一步提升了全社会耕地保护意识。

党员巡查，推进耕地流出整治。全面落实长牙齿的耕地保护硬措施，充分发挥村（社区）党小组长基层一线触角作用。安排党小组长与“三员”一道对一般耕地流出的图斑实地进行了全面摸排和不定期巡查。建立巡查台账，巡查情况向村（社区）级田长一周一报，对违法用地行为“早发现、早制止、严处理”，坚决遏制耕地“非农化”、防止耕地“非粮化”。集中整治图斑 28 个，恢复耕地面积 2.01 公顷，耕保工作形势积极向好。2022 年，全区耕地面积与 2020 年耕地调查数据保持基本一致。

▲ 局长做“头雁”充分示范不顾危险踏勘地灾隐患现场，心系群众安全

▲ 党员干部积极参加党的二十大报告精神专题党课学习

▲ 党员先锋服务项目在现场办公简化工程审批流程，优化营商环境

▲ “护田卫士”严抓严管坚决杜绝耕地“非农化”“非粮化”，牢记“守土有责”

岳阳市君山区自然资源局

▲ 2022 年 12 月 14 日，君山区委书记、区级田长雷欣深入芦花洲村田间地头开展巡田工作

◀ 2022 年 12 月 12 日，区委副书记、区长，区级田长陈淼来到广兴洲镇六支村、团湖村等地开展巡田工作

▶ 君山区自然资源局联合岳阳监狱现场核实图斑

建立健全田长制工作体系。2022 年，君山区各镇（街道）、场相继出台全面推行田长制的实施方案，签订耕地保护目标责任书，建立田长体系及“三员”（协管员、农技员、执法员）联农户机制，成立田长制工作机构，争取田长制专项资金。全区已确定镇级田长 49 人，村级田长 92 人，网格田长 347 人，将底线目标和水田管护责任落实到网格田长 347 人，“三员”所联的农户个数 43601 个（不含岳阳监狱）。

◀ 君山区自然资源局执法监察大队在广兴洲镇督促问题图斑整改

项目建设有序推进。2022 年，君山区自然资源局密切关注重点项目建设情况，做到主动对接，跟踪服务，共受理建设项目用地预审 3 宗，办理建设用地规划许可证 11 宗，组卷报批农转用建设项目 11 个，用地面积 61.73 公顷，供应各类建设用地 24 宗（其中划拨 8 宗），面积 69.4 公顷（其中划拨 10.13 公顷），成交金额 61870 万元。

强化国土空间规划引领作用。君山区逐步完善国土空间规划决策机制，2022 年 1 月成立由区委书记任主任、区人民政府区长任第一副主任的国土空间规划委员会。全力推进君山区“三区三线”划定工作，初步完成上交生态保护红线、耕地和永久基本农田保护红线、城镇开发边界划定成果。村庄规划编制紧锣密鼓，2021 年启动编制的 39 个村庄已完成初步规划方案评审。

▶ 君山区自然资源局召开 2022 年拟出让土地工作推进会

从严执法扎紧耕保“藩篱”。君山区充分发挥自然资源系统基层所“前沿阵地”作用，与村、组联动，对耕地实行划片巡查，强化耕地执法责任，建立耕地及永久基本农田信息系统和巡查网络，完善土地执法联动机制，严肃查处土地违法违规行为，坚决遏制耕地“非农化”、防止“非粮化”现象。1—9 月，共开展自然资源动态巡查 280 次，发现违法违规线索 113 个，涉及土地面积 89.8 公顷，制止到位 42 个，对 924 个卫片遥感监测图斑开展内外业核查工作，查处 4 宗土地违法案件，涉及用地面积 2.46 公顷，其中耕地 10.2 亩，基本农田 0 亩，没收建筑物 17333 平方米。

◀ 2022 年 5 月 17 日，岳阳市君山区自然资源局发放全市首本水域滩涂养殖权登记证。图为岳阳市君山区领丰养殖有限公司负责人涂齐拿到了君山第一本水域滩涂养殖权登记证书

华 容 县 自 然 资 源 局

▲ 2022 年 2 月 15 日，华容县自然资源局举办元宵猜灯谜活动

▲ 2022 年 4 月 19 日，省自然资源厅二级调研员柳杏辉一行调研华容县腌菜土窖整治工作

2022 年，华容县坚决落实“党政同责、严格考核、一票否决、终身追责”最严耕地保护要求，全面推行田长制。向省、市签订耕地保护目标 113.55 万亩 (75700 公顷），年度耕地保护率达到 97.2%；设置村级田长 148 名、“三员”296 名、网格田长 1763 名，开展田长制宣传活动、发放田长制宣传手册 5 万份。全面完成 7753.33 公顷储备补充耕地核查分类整改工作，华容县三类耕地指标已全部由负转正，作为全省实施面积最大、投入资金最多、指标重新入库最快的整改项目，华容县的经验做法在 6 月 8 日的浏阳现场会上做典型发言。有效盘活存量建设用地，60.4 公顷存量批而未供土地处置任务已处置、销号 32.01 公顷，处置率 53%。用好用足用地报批新政策，全力保障重点项目用地需求，其中铁水联运项目用地面积 136.91 公顷、禹山镇 500KV 变电站项目用地面积 6.38 公顷。累计创收政府性基金 6.4 亿元，其中收缴土地出让金 4.4 亿元，指标交易 2 亿元。农村宅基地房地一体确权登记工作累计发证 12 万余本，获评省级先进单位。不断强化“长牙齿”的硬措施，强力推进自然资源执法工作。共拆除存量违建 185 处 13000 平方米，年度任务完成率 100%；拆除新增违法建设 75 处 7966 平方米，做到新增违建零增长；完成自建房合法合规性审查 10.78 万栋，累计查封、关停、整改违建自建房 50 处，拆除存在重大安全隐患的自建房 75 栋 8886.94 平方米。立案查处自然资源违法行为 12 起，其中非法占地 10 宗，非法开采案件 2 宗；实施农村乱占耕地建房整改 17 宗，整改到位率 100%。如期完成南岸口采石场、鑫盛石化、天井山村砂场等 3 个历史遗留矿山生态修复任务，修复面积 18.1 公顷，超出绩效面积 3.59 公顷。

▲ 2022 年 6 月 24 日，华容县自然资源局在人民广场开展“田长制”守护耕地“红线”宣传

▲ 2022 年 9 月 6 日，华容县自然资源局组织开展“关爱员工 夏送清凉”活动

▶ 2022 年 9 月 30 日，华容县自然资源局前往新河乡新合村开展党员干部下基层大走访活动

平江县自然资源局

▲ 2022年4月21日，省自然资源厅党组书记、厅长陈仲伯赴平江县调研耕地保护工作。岳阳市人民政府副市长李美云，岳阳市自然资源和规划局党组书记、局长许淞，平江县委书记李勇等参加调研

► 2022年5月25日，平江县自然资源局党组书记、局长余刚要到不动产登记中心体验业务办理流程，疏导工作堵点，助力不动产登记工作高效推进

▲ 2022年11月28日，平江县自然资源局召开学习贯彻党的二十大精神县委宣讲团报告会，会议邀请了县委宣传部副部长余庆东进行宣讲

◄ 2022年10月12日，平江县委常委、常务副县长李适时调研自然资源工作

2022年，平江县自然资源局紧紧围绕省、市、县委、县政府关于自然资源工作的决策部署，锐意进取、奋楫争先，将“保护资源、保障发展”贯穿工作始终。

一年来，我们脚踏实地，多手段助推发展。全年供应土地255宗，面积375.26公顷，土地价款39.79亿元；拿回用地批文65个，为亚投行、余梅工业园等重点项目提供有力保障；依法收回国有闲置土地13宗，面积56.21公顷；切实履行放管服的“走、改、优”行动，解决企业发展存在的问题83个。

一年来，我们投身大局，高标准持续发力。“一江两岸规划”编制如期完成，荣获2022年湖南省国土空间规划设计和案例“一等奖”；村庄规划有力推进，共计完成编制156个；“三区三线”划定成果，按时如质提交；黄金矿业转型绿色发展改革工作打造“平江样板”。

一年来，我们恪尽职守，严要求守好红线。全年立案查处土地、矿产、规划违法案件105宗，查处土地面积113.43公顷；组织拆违行动185次；出动执法人员1643人次，拆除违法建筑物208处。

一年来，我们不忘初心，以行动为民惠民。受理不动产登记业务24828件。全年成功化解爱琴海岸小区、原本山水房地产白鹭湖、安佳房地产天美城办证难的问题；申报核销地灾隐患点52个，安装普适化设备162套，发布防灾预警信息15000余条，成功避让地质灾害2起。

一年来，我们功不唐捐，用成绩灌注荣誉。2022年，平江县自然资源局获评全国自然资源节约集约示范县、湖南省第三次国土调查工作典型市县，三年两次获湖南省真抓实干奖，获得平江县年度综合绩效考核突出贡献奖，基层组织建设、争资争项、优化营商环境等20多项工作先进。

2022年6月30日，平江县自然资源局召开庆祝中国共产党成立101周年大会，全体干部职工及退休干部代表参加。随后，举行了“讲规矩、守底线、履职责”主题演讲比赛

汨罗市自然资源局

▲ 汨罗市委书记朱平波（左一）、副市长曹陶（右二）率队巡田

◀ 汨罗市人民政府副市长曹陶赴屈子祠镇巡田

2022年，在上级主管部门和汨罗市委、市政府的正确领导下，汨罗市自然资源局认真践行生态文明发展理念，扎实抓好耕地保护和自然资源节约高效利用工作。汨罗连续两年获省政府自然资源真抓实干督查激励奖励，成功入选首批全国自然资源节约集约示范县（市）。

在“耕地保护”方面主动作为，汨罗市高丰村“小田改大田”创新耕地保护模式被省自然资源厅重点推介，并入选湖南省首届耕地保护“十大典型案例”；编排以耕地保护为主题的花鼓戏《饭碗》，送戏下乡巡回演出，得到省、市领导高度评价；在全省自然资源宣传工作、土地协会及田长制工作座谈会上，汨罗作为岳阳唯一县级代表作典型发言；国家、省市级媒体多次刊发汨罗耕地保护典型工作经验做法；积极创新以“四级田长＋民间田长”“打造智慧天眼系统”为主要做法的耕保模式，实现违法占用耕地早发现、早制止、早处理，全市连续12个月违法用地、违法占用耕地“零增长”。在“自然资源节约高效利用方面”实干担当，高质量完成全市“三区三线”划定工作，划定成果符合质检要求并正式启用，作为建设项目用地用海组卷报批的依据。全年拿回建设用地批单35宗、面积100.33公顷，解决了一大批重点项目用地需求。出让土地35宗，面积133.33公顷，为汨罗市财政创收9.45亿元。颁发全市首张设施农业用地抵押权不动产登记证明，在全省率先出台《设施农业用地及农业生产设施权属登记暂行办法》《地下停车位（库）销售登记管理暂行办法》，全市新建商品住房全部纳入“交房即交证”范畴。牵头争取山水林田湖草沙一体化保护和修复工程项目，乐福田、凤形、协盛三家已经建成省级绿色矿山，汉山矿山采矿权拍出6.12亿元高价，汨罗“7.5”八景村崩塌避险事迹成功入选全国精细化防灾典型案例。

▶ 汨罗市自然资源局党组书记、局长陶文轩带队上门服务园区企业项目

◀ 汨罗市自然资源局党组书记、局长陶文轩带队上门服务园区企业项目

▶ 汨罗花鼓小戏《饭碗》送戏下乡巡演

◀ 汨罗市桃林寺镇高丰村“小田改大田”现场（改造后）

常德市武陵区自然资源局

▶ 2022年3月4日，东江街道新坪社区邀请市、区五大家工作人员开展义务植树节活动，共栽植10余种1000余株各色树木（刘雅琴 摄）

◀ 2022年7月8日，常德市委、市政府来武陵区芦荻山乡玉带桥村开展耕地保护工作专项督查（万娟 摄）

▶ 2022年7月18日，武陵区副区长、副田长陈维到芦荻山乡台家铺村开展第三季度巡田工作（万娟 摄）

◀ 2022年9月20日，武陵区委书记康少中到河洑镇白鹤庵村调研田长制工作：强化底线思维 守好耕地资源（王平 摄）

澧 县 自 然 资 源 局

▲ 2022 年 6 月 8 日，常德市自然资源规划系统土地管理“一法一条例一办法”知识竞赛澧县获得优秀团体一等奖，常德市人民政府副市长郭碧勋（左一）为澧县代表队颁奖

▲ 2022 年 3 月 2 日，澧县人民政府县长王启武（左二）带队对澧县地质灾害点进行调研

▲ 2022 年 4 月 14 日，澧县自然资源局召开全局工作大会，党组书记、局长赵新春作工作报告

▲ 2022 年 4 月 12 日，澧县自然资源行政执法局挂牌成立

▲ 2022 年 7 月 15 日，澧县与湖北省松滋县签订不动产登记“跨省通办”合作协议

▲ 2022 年 7 月 25 日，澧县召开耕地保护遏制“非农化”防止“非粮化”专项整治动员大会

汉寿县自然资源局

▲ 2022 年 3 月 14 日，汉寿县自然资源局被授予“湖南省巾帼建功先进集体”

▲ 2022 年 6 月 24 日，汉寿县自然资源局在县政务中心大楼旁开展第 32 个全国“土地日”宣传活动

▲ 2022 年 4 月 19 日，省自然资源厅党组成员、副厅长李全胜一行到汉寿县，调研基层自然资源管理工作

▲ 2022 年 9 月 22 日，汉寿县副县长吕孝胜到洲口镇东风村督导检查田长制落实情况并开展巡田

▲ 2022 年 4 月 26 日，汉寿县丰家铺镇檀木村举行地质灾害避险处置应急演练

▲ 2022 年 10 月 21 日，汉寿县委理论学习中心组（扩大）举行 2022 年第十一次集中学习，省自然资源厅党组成员、省自然资源副总督察林目轩应邀讲授土地管理课

▲ 2022 年 5 月 27 日，汉寿县自然资源局“一法一条例一办法”知识竞赛活动

▲ 2022 年 11 月 9 号，汉寿县自然资源局党组书记、局长陈精忠到坡头镇督导耕地“非农化”“非粮化”整改工作

安乡县自然资源局

▲ 2022 年 7 月 27 日，安乡县自然资源局与国府大院楼盘举行新建商品房“交房即交证”颁证仪式，共同见证“一手拿钥匙、一手拿房本”的不动产登记改革成果

▲ 2022 年 5 月 12 日，安乡县自然资源局在城市广场开展地灾防治宣传

◀ 2022 年 4 月 11 日，安乡县耕地保护“春雷行动”领导小组办公室揭牌仪式暨第一次办公会

▶ 2022 年 4 月 11 日，安乡县举行耕地保护“春雷行动”领导小组办公室揭牌仪式

▲ 2022 年 7 月 19 日，安乡县自然资源局大鲸港自然资源所陪同省测绘二院技术人员进行图斑验收和可恢复性图斑核查

▲ 2022 年 7 月 25 日，对深柳镇占农田挖渔池养鱼户填鱼池进行复耕

慈利县自然资源局

▲ 2022 年 7 月 15 日，省自然资源厅党组成员、副厅长邓建华（左三）调研慈利县关闭矿山生态修复工作（李卫平　摄）

2022 年，慈利县自然资源局坚持以国土空间规划为引领，以耕地保护为主线，以贯彻实施土地管理“一法一条例一办法”为抓手，全面加强自然资源管理，严格落实耕地全程一体化监督保护、落实耕地“占补平衡”和“进出平衡”；月清“三地两矿”、砂石土矿、洞庭清波等专项清理整治及时开展，自然资源执法监察、国土空间规划编制、地质灾害防治、不动产确权登记等工作有力推进；“拿地即开工”“交房即交证”“多测合一”等改革事项不断深入。全年招拍挂土地 15 宗，面积 23.03 公顷。修复有责任主体废弃矿山图斑 5 个、面积 8.37 公顷。组织实施 2022 年历史遗留矿山生态修复项目，修复图斑 16 个，面积 13.73 公顷。17 家关闭矿山完成“三到位”生态修复 9 家，部分修复 5 家。执法巡查 1184 次，查处非法占地案件 33 宗，非法转让案件 1 宗，非法采矿案件 5 宗，打击非法开采点 24 处，理生态环境损害赔偿案件 2 宗。全年违法占用耕地实现“零增长”，受到省自然资源厅通报表扬。处理土地卫片图斑执法 357 个。排查隐患点 328 个，查明受地质灾害人员 2078 户 7871 人。组织县、乡地质灾害应急演练 27 次，参加演练人数 1839 人。多措并举打造节约型机关，健全管理制度，推行绿色办公，提高能源资源利用效率，在干部职工中营造争做厉行勤俭节约、反对铺张浪费、推行绿色办公的倡导者、践行者和示范者的氛围，切实发挥节约型机关示范引领作用。2022 年 10 月，慈利县局被国家机关事务管理局、中共中央直属机关事务管理局、国家发展和改革委员会、财政部联合授予“节约型机关”称号。2022 年度，慈利县自然资源局被评为全国“节约型机关”。慈利县落实国家历年来自然资源督察反馈问题整改，受到省自然资源厅通报表扬。

▲ 2022 年 5 月 2 日。中共慈利县委书记侯铁夫调研县自然资源局行政审批、登记发证工作（黄民波　摄）

▲ 2022 年 4 月 14 日，慈利县人民政府副县长杜修勇（右三）带队到通津铺等镇着力解决自然资源、林业、环保领域存在的难题（黄民波　摄）

▲ 2022 年 5 月 26 日，开展全县地质灾害应急演练（唐熙清　摄）

▲ 2022 年 12 月 8 日，县人大常委会召开县自然资源局履职评议座谈会（黄民波　摄）

桑植县自然资源局

▲ 桑植县瑞塔铺镇东旺坪村开展巡田

▲ 桑植县瑞塔铺镇东旺坪村开展巡田

▲ 桑植县官地坪镇铜矿村、富平村开展巡田

▲ 桑植县官地坪镇铜矿村、富平村开展巡田

▲ 桑植县官地坪镇铜矿村、富平村开展巡田

张家界市永定区自然资源局

▲ 2022 年 5 月 20 日，永定区委书记朱法栋（中）、区委副书记、区长王学军（左）一行到西溪坪街道杨家溪村、官黎坪街道白杨坡社区调研建设项目用地及土地开发利用工作，永定区自然资源局党组书记、局长陈初英（右）参加调研（图片来源：微观永定公众号）

▲ 2022 年 11 月 4 日，永定区委书记朱法栋，区委副书记、区长王学军一行在南庄坪街道机场社区储备地块、大庸桥街道小河坎社区储备地块实地调研（图片来源：微观永定公众号）

2022 年，张家界市永定区自然资源局与市自然资源和规划局完成管理职能职权划分，对标新设 15 个内设股室和机关党委，承接各项职能职权。3 月 31 日，永定区成立张家界市永定区国土空间规划委员会，负责统一领导、指导、协调永定区自然资源资产利用和国土空间规划工作。下设张家界市永定区国土空间规划委员会办公室（以下简称“区空委办”），区空委办设在永定区自然资源局，负责承担各项日常工作职责。

2022 年 11 月 5 日，“三区三线”划定成果正式启用，永定区划定永久基本农田 26.6951 万亩（17796.73 公顷），生态保护红线 533.16 平方公里，城镇开发边界 66.91 平方公里，新增城镇建设用地规模 3.65 平方公里。

2022 年，永定区报省、市审批通过各类建设用地项目 8 宗，面积 162.03 公顷，土地供应 10 宗，面积 225.37 公顷，征收土地 170.73 公顷，征拆房屋 92165.64 平方米，消化批而未供土地 10.53 公顷，盘活存量闲置土地 4.93 公顷，备案设施农用地 32.73 公顷，土地出让收入 9377 万元。。

2022 年，永定区自然资源局获评湖南省第三次国土调查工作、信访工作先进单位；机关阵地被评为“2022 届省级文明单位”；高质量发展、生态文明建设、信访维稳、招商引资、违法建设整治、教育工作等 6 项工作获永定区委、区政府表彰。

▲ 2022 年 8 月 4 日，尹家溪镇瓦窑岗村远方的家会议室，召开《永定区瓦窑岗村村庄规划（2021—2035 年）》汇报会，覃志齐等 4 名区人大代表现场督查村庄规划编制情况（高杰 摄）

▲ 2022 年 9 月 7 日，张家界市自然资源和规划局党组书记舒洪波到试点村天门山镇土木溪村督查耕地保护田长制和恢复属性工作情况，永定区自然资源局党组书记、局长陈初英参加督查（刘海波 摄）

▲ 2022 年 9 月 7 日，张家界市自然资源和规划局党组书记舒洪波到试点村天门山镇土木溪村督查耕地保护田长制和恢复属性工作情况，永定区自然资源局党组书记、局长陈初英参加督查（刘海波 摄）

安化县自然资源局

▲ 2022年4月11日，安化县人民政府副县长瞿永红、安化县自然资源局党组书记、局长吴立新现场勘察麻溪桥地灾点

▲ 2022年5月6日，安化县自然资源局党组书记、局长吴立新陪同益阳市委书记、安化县委书记查看马路镇黄金村陈家组泥石流地质灾害点情况

▲ 2022年5月16日，湖南省核地质调查所莅临安化县自然资源局指导工作

▲ 2022年7月9日，安化县人民政府副县长瞿永红、安化县自然资源局党组书记、局长吴立新局长现场勘察

▲ 2022年10月19日，安化县自然资源局党组书记、局长刘卫方，党组成员、副局长肖业伟陪同县人大常委会副主任龙要平到张家仙湖村巡山，检查森林防火工作

▲ 2022年10月25日，安化县人民政府副县长瞿永红、安化县自然资源局党组书记、局长刘卫方陪同长江办督察杨林石煤矿治理工程

▲ 2022年10月28日，由安化县人民政府主办的紫薇谷项目“交房即交证”现场颁证仪式在“紫薇谷”举行。图为“交房即交证”办证现场

郴州市北湖区自然资源局

▲ 2022 年 11 月 18 日，北湖区自然资源局主要负责人到华塘镇大泉头村查看耕地恢复情况（曹熙智 摄）

▲ 涟源市自然资源局，凤凰县自然资源局同行来北湖区交流田长制工作（曹建云 摄）

▲ 参加“一法一条例一办法”知识竞赛（谢自由 摄）

◀ 2022 年 3 月 29 日，赠送锦旗（张麦 摄）

2022 年，北湖区自然资源局加压奋进、奋力拼搏，不断提升自然资源管理水平，各项工作取得显著成效。全面深化提升耕地保护“田长制”。承办湖南省纪念全国土地日活动暨湖南省全面推行“田长制”公开宣传活动；推进国家自然资源督察整改，获评全省耕地保护十大典型案例；恢复耕地 309.87 公顷，超额完成上级部门下达的工作任务。因耕地保护成效显著，受到省政府真抓实干督查激励表扬，连续两年获此殊荣。坚持规划引领，全面推进各项规划编制工作。初步完成“百福溪谷”等 9 个片区规划编制工作。在全市率先完成“多规合一”村庄规划编制全覆盖。乡村规划“一师两员”试点工作在全省做典型发言。强化要素保障，全力保障重点项目建设用地。全区建设用地项目获省政府批准 19 个，获批面积 112.51 公顷，获得省政府批准项目数量及面积继续保持市本级排名双第一。完成集体土地征地拆迁项目 24 个 201.52 公顷。完成土地挂牌出让 24 宗，出让总面积 89.56 公顷，成交金额 12.52 亿元，协议出让土地 25 宗，成交金额 0.67 亿元。全面推动绿色矿山建设。完成全区 2022 年历史遗留矿山修复任务 6.56 公顷。鲁塘矿区生态修复深入推进。坚持以人民为中心的发展理念。摸排上报集中化解房地产办证信访突出问题 26 个，为 3007 户群众解决办证的难题。全年发布地质灾害预警信息 76 次累计 24.43 万条，累计转移地质灾害隐患点受威胁群众 218 户 346 人，转移中高风险切坡建房户共计 78 户 154 人，有力保障人民群众生命财产安全。

▲ 北湖区自然资源局 2022 年所获荣誉（王维宪 摄）

郴州市苏仙区自然资源局

▲ 2022 年 7 月 7 日，省自然资源厅党组书记、厅长，省自然资源总督察陈仲伯一行赴苏仙区飞天山镇石河村实地调研，考察“退草还耕”现场，并与当地的田长和农户进行交心交谈

▲ 2022 年 7 月 8 日，苏仙区委副书记、代区长吴文明主持召开苏仙区 2022 年土地和矿权出让工作调度会议

一、第三次国土调查工作获省政府通报表扬。2022 年 5 月 13 日，省政府办公厅发文，对第三次国土调查与农村房地一体确权登记工作情况进行通报，苏仙区“三调”工作获表扬。苏仙区查清全区 1339.85 平方公里内 89000 余个地块的地类、面积、分布和权属；掌握了耕地、湿地等 13 个一级类、56 个二级类土地利用状况；完成耕地后备资源、耕地资源质量分类、农村空心房、城镇低效用地等专项调查。

二、苏仙区“退草还耕”获中央电视台报道。苏仙区 2020 年 5 月启动“退草还耕”工作，至 2022 年初，退草还耕面积共约 32000 亩（2133.33 公顷），其中飞天山镇约 26000 亩（1733.33 公顷）。6 月 21 日，中央台 CCTV2 介绍飞天山镇“退草还耕”的典型经验。主要做法是：一是广泛宣传、以点带面。二是精准突破、先易后难。三是以奖代补、落实耕种。

三、矿业转型绿色发展在全省县市区位居前列。全区共建成绿色矿山 15 家，其中国家级绿色矿山 3 家，在全省县市区位居前列，在全省作先进典型发言，苏仙区矿业绿色转型发展改革获评郴州市全市自然资源系统改革创新优秀案例。主要做法是：一是整治整合做“减法”，大力推进安全发展。二是转型升级做“乘法”，大力推进高质发展。三是严格标准做“加法”，大力推进绿色发展。

▲ 2022 年 8 月 29 日，自然资源部空间规划研究中心副主任门晓莹来郴州市苏仙区调研自然资源工作

资兴市自然资源局

▲ 2022 年 4 月 19 日，郴州市融城办领导、市自然资源和规划局局长张万冬一行来资调研融城项目

▲ 资兴市自然资源局党组书记、局长蒋勇光参加资兴棚改土地收回合同签订仪式

资兴市地处湘江流域耒水的上游，在罗霄山脉西麓、茶永盆地南端，为湘、粤、赣三省交汇处。东邻桂东县、株洲市炎陵县，南接汝城县、宜章县，西连苏仙区，北抵永兴、安仁县。行政区划面积 2730.38 平方公里。

资兴市矿产资源丰富，煤炭、水泥用灰岩、萤石矿、石英岩为优势矿产，煤炭开发利用程度高，水泥用灰岩资源储量丰富，钾长石、石英岩等均具有良好的资源潜力。全市已发现固体矿产 33 种，已查明资源储量的矿产 17 种。其中建筑石料用灰岩、水泥用灰岩、萤石矿、石英岩为优势矿产。七宝玉、七彩石为特色矿产。

2022 年，资兴市自然资源局在省自然资源厅、郴州市自然资源和规划局以及资兴市委市政府的坚强领导下，深入学习贯彻习近平新时代中国特色社会主义思想，全面履行自然资源“两统一”职责，抢抓发展机遇，坚持问题导向，紧紧围绕全市十大重点工作，以高质量自然资源要素保障推动资兴经济社会高质量发展，彰显自然资源担当。2022 年完成项目用地预审 23 宗，总用地面积 29.38 公顷；共组卷上报省政府审批项目 9 个，已取得批准项目 8 个，批准面积 35.04 公顷。2022 年度，高质量推进《资兴市国土空间总体规划（2021—2035 年）》以及“多规合一”村庄规划编制工作，实现规划“一张蓝图”。资兴市率先启动的融城项目共计 17 个，总投资额约 350 亿元，本年度计划投资约 18.95 亿元，年度实际完成投资约 20.28 亿元（含前期征拆安置、设备采购等费用），投资完成率达 107%，超额完成年度任务。

▲ 2022 年 2 月 10 日，资兴市委副书记、市长陈占华主持召开资兴市城市规划座谈会

▲ 资兴市不动产登记中心工作人员到白廊镇布田村上门面签

◀ 资兴市人民政府办公室党组书记、主任李宁带队开展汛期地质灾害隐患排查工作

▶ 资兴市自然资源局领导带队开展汛期地质灾害隐患排查工作

永兴县自然资源局

▲ 2022 年 5 月 18 日，永兴县自然资源局党组书记、局长侯蕊健陪同省政府领导下乡（ 李锋 摄）

▲ 2022 年 5 月 19 日，永兴县自然资源局党组书记、局长侯蕊健陪同中共永兴县委书记刘朝辉到县政务服务中心开展“走流程、解难题、优服务”体验办事活动（李锋 摄）

▲ 2022 年 5 月 26 日，永兴县自然资源局党组书记、局长侯蕊健陪同永兴县人民政府副县长范洪水到便江街道便江村督导违法建筑拆除（李锋 摄）

► 2022 年 7 月 27 日，省纪委省监委驻省自然资源厅纪检监察组到黄泥镇督查耕地保护工作（ 李锋 摄）

◄ 2022 年 8 月 23 日，永兴县自然资源局党组书记、局长侯蕊健陪同永兴县政协主席李玲华到湘阴渡街道办大寺村开展人居环境整治美丽乡村建设专题调研（李锋 摄）

桂阳县自然资源局

2022年，桂阳县自然资源局踔厉奋发、攻坚克难，各项工作成绩突出。被评为全国自然资源节约集约示范县荣誉称号、郴州市自然资源执法模范县和郴州市自然资源工作绩效考核优秀等次。主要特色亮点工作如下：

一、引入市场化方式，对历史遗留矿山废弃矸石堆实施综合利用。桂阳县的荷叶—太清矿区历史遗留矿山生态修复项目，通过公开招投标引入社会资本方投资5000多万元建成1座煤矸石加工厂，使一座座矸石场“由黑变绿”“变废为宝”，探索出废物综合利用、土地复垦、清洁能源开发、“碳中和”并举的实践新模式，实现经济效益、社会效益和生态效益的有机统一。湖南经视对该项目作了标题为废弃矿山的绿色蝶变之三——地平线下的“经济奇迹”的专题报道，中国自然资源报和学习强国平台刊登《桂阳县用市场化方式修复“生态伤疤”》文章。

二、全市率先采用铁塔视频监管耕地保护。为更好的监管自然资源，将违法行为解决在萌芽状态，桂阳县充分发挥铁塔公司资源优势，加强与铁塔公司的合作，将“通信塔”变“数字塔”，建设桂阳县自然资源铁塔视频智慧监管平台，现已安装部署铁塔视频监测点136个，覆盖面积1708平方公里，监测全县耕地面积为5.032万公顷，覆盖全县90%以上的耕地范围。实现自然资源监测监管由“静态”向“动态”，由“人工”向“智能”的转变。属郴州市首个采用铁塔视频监管耕地保护的试点县，成为首批全省20个先行县中建设铁塔监测点最多的县。该项工作得到省市的肯定和表扬，并作为典型进行推广应用。

▲ 2022年1月5日，桂阳县委书记巫初华主持召开国土空间规划会议

▲ 2022年2月13日，桂阳县委副书记、县长李志强组织调研县朝阳广场片区、临空经济区国土空间规划、土地开发利用工作

▲ 2022年5月18日，桂阳县委书记巫初华深入县青兰矿区督导矿山安全生产工作

▲ 2022年3月15日，桂阳县自然资源局开展联合执法行动，对一宗村集体违法占用耕地的案件进行强制拆除并复垦

▲ 2022年9月15日，桂阳县自然资源局党组书记、局长肖晓飞（左一）深入村组开展耕地“非农化、非粮化”专项整治工作

▲ 2022年6月25日，桂阳县自然资源局开展第32个全国“土地日”宣传活动

宜 章 县 自 然 资 源 局

2022年，在郴州市自然资源和规划局的指导下，宜章县自然资源局紧紧围绕各项重大决策部署，牢固树立工作理念，让党的二十大精神落地生根，全年取得优异的成绩。在6月份，宜章县自然资源局因耕地保护成绩突出获得国务院真抓实干表彰激励，主要做法被央视《新闻联播》、湖南卫视《新闻联播》推介，《光明日报》《潇湘晨报》等主流媒体均转载报道，并被省自然资源厅确定为“田长制”先驱县。

一是提升思想高位，跟准党的路线。坚持把深入学习贯彻习近平新时代中国特色社会主义思想摆在政治理论学习的首位，认真落实集中学习制度。2022年完成局党组理论中心组专题学习9期，发放《习近平谈治国理政》（第四卷）等学习资料692套，充分利用党课培训和参观红色教育基地，开展红色文化教育和党性观念教育，让党员的思想受到洗礼，党性得到加强。

二是严守耕地红线，保护粮食安全。全面推进“田长制”工作开展，修改完善“宜章县田长制综合应用管理APP”，明确“田长制”工作标准要求。2022年全县已完成全县网格田长划定，督促乡镇落实开展“田长制”各项工作。同时开展广泛宣传，大力开展耕地保护政策法规宣传工作，对在实施田长制过程中各乡镇各单位好的做法、好的经验，及时予以推介，播出宜章“田长”好声音。

三是做好便民服务，提高行政效能。全年完成不动产登簿量15958件，查解封、抵押、注销等业务2354件，完成商品房网签合同备案1871件，提供登记信息查询利用48586人次，免费提供个人不动产登记晒图6000余张；顺利推进“交房即交证”改革1个项目，颁证254户。同时，加快推进平台改造和“三网迁移”，实现“三网迁移”资兴东江大数据中心托管。

▲ 2022年1月6日，宜章县人民政府县长县委副书记、县长邓生华调研选矿厂项目，宜章县自然资源局局长李潇、副局长李四秀参加调研

▲ 2022年1月29日，宜章县自然资源局局长李潇到瑶岗仙矿业有限公司指导矿山复绿工作

▲ 宜章县自然资源局局长李潇到瑶岗仙矿业有限公司指导矿山复绿工作

▲ 2022年11月8日，宜章县自然资源局调研耕地保护工作

汝城县自然资源局

2022年，汝城县自然资源局深入学习贯彻落实党的二十大精神，在省自然资源厅、市自然资源和规划局的指导下，在汝城县委、县政府的领导下，全面落实“三高四新”战略定位和使命任务，围绕市委、县委经济工作会议精神，以“闯”的精神，“创”的劲头，“干”的作风，对标全市十大重点工作，为“红色沙洲，温泉之都；中国汝城，幸福边城”提供有力的要素支撑。汝城县《湖南(沙洲)红色文旅特色产业园发展规划(2021—2035年)——红色文旅助力乡村振兴的典范》《汝城县文明瑶族乡、延寿瑶族乡(沙洲)国土空间规划(2021—2035年)》分别荣获2022年湖南省国土空间规划优秀案例一等奖、三等奖。守住耕地保护底线，超额完成恢复耕地任务31.29公顷。被评为全省自然资源领域信访突出业绩先进单位。汝城县“防大汛、抗大险、救大灾”地质灾害防汛救援的经验做法在中央电视台予以报道。

▲ 2022年2月10日，汝城县委副书记、县长周小阳调研县自然资源局工作

▲ 2022年6月13日，汝城县自然资源局下沉到受灾严重的乡镇开展转移群众

▲ 2022年10月10日，汝城县自然资源局组织干部职工参观禁毒教育基地活动

▲ 2022年7月12日，汝城县自然资源局党支部到“一张借据”发生地开展主题党日活动

祁阳市自然资源局

一、国土空间规划体系健全有为。科学划定启用“三区三线”，按时完成国土空间规划和“一县一策”城镇建设规划，全国第三次国土调查成果获评湖南省金奖。

二、耕地保护与违法用地整治有力有效。以“长牙齿”硬措施全面落实最严格的耕地保护制度，出台实施《祁阳市全面推行田长制严格耕地保护实施方案》《关于进一步落实田长制严格耕地保护责任追究若干规定》，引入社会资本开发新增耕地，推动“两个平衡”落到实处。全年完成粮食播种面 90533.33 公顷，粮食总产 58.7 万吨，均超额完成计划任务，获评全省粮食生产先进县市。

三、矿业绿色发展和生态修复成效明显。编制完《祁阳市普通建筑材料用砂石土矿专项规划》，设置16个砂石土矿规划区块；依法关闭注销砂石土矿45个，合理有序投放矿业权，全年设置砂石土矿采矿权2宗，成功挂牌出让采矿权1宗。完成7个有责任主体矿山、31个关闭退出矿山生态修复任务，成功申报2023年度历史遗留矿山生态修复项目。

▲ 省自然资源厅对祁阳市国家自然资源督察反馈问题整改开展专项督导

▲ 开展“建设新祁阳，挺进省十强”思想大讨论

▲ 祁阳市调度推进自然资源重点工作

▲ 祁阳市召开耕地保护和自然资源工作会议

▲ 提级调度月清“三地两矿”工作

▲ 进宝塘自然资源所开展植树活动

江华瑶族自治县自然资源局

2019 年 3 月 21 日，江华瑶族自治县自然资源局成立，其前身是原县国土资源局，2018 年机构改革以来，县自然资源局整合了县发改局、县林业局、县住建局等部门职责，特别是原隶属于县住建局的规划职能划转至县自然资源局，有利于县自然资源局统一行使全民所有自然资源资产所有者职责、国土空间用途管制和生态保护修复职责。机构职能整合后的江华瑶族自治县自然资源局属县政府工作部门，机构级别正科，下设 18 个内设股室和 16 个乡镇国土资源所，现有在编人员 120 人，是市级文明单位、市级文明窗口单位。局址位于湖南省永州市江华瑶族自治县沱江镇江华大道。

2022 年，江华县被评为全国首批“自然资源节约集约示范县”、全市地质灾害防治工作先进单位；县自然资源局荣获全市“一法一条例一办法”学法比赛最佳组织奖及团体二等奖、全县高质量发展标兵单位以及乡村振兴、信访维稳、控违拆违、文生旅融合发展、人大代表建议政协委员提案办理等先进单位。1 人获省自然资源厅通报表彰，1 人获专项三等功，7 人获全县先进个人，15 人被县委县政府嘉奖表彰。

▲ 2022 年 7 月 3 日，县自然资源局支持码市镇西流村受灾户共建家园，图为江华瑶族自治县政府副县长李新建、县自然资源局局长魏远明看望受灾群众

▲ 2022 年 10 月 10 日，县政府与中铁签订全域土地综合整治项目合作框架协议

▲ 2022 年 5 月 5 日，县自然资源局局长魏远明检查耕地保护和春耕生产工作

▲ 2022 年 2 月 16 日，舜盈医疗科技公司送上锦旗点赞江华瑶族自治县自然资源局优质服务

▲ 2022 年 3 月 11 日，县自然资源局机关支部开展义务植树主题党日活动

▲ 2022 年 4 月 27 日，县自然资源局开展疫情防控核酸检测采样应急演练

江永县自然资源局

▲ 省委第九巡视组下沉江永调研耕地非农化、非粮化、粮食播种面积、违法用地情况

江永县自然资源局为县政府组成部门，内设股室 24 个，二级机构 16 个（含 9 个基层自然资源所），2022 年末在编在职人员 138 人，退休人员 28 人，临聘人员 23 人。

2020 年全县土地总面积 162932.01 公顷，其中：耕地面积 24850.13 公顷，林地 105387.29 公顷，居民点及工矿用地 3947.62 公顷，交通运输用地 38.45 公顷，水域面积 3566.41 公顷，未利用土地 2449.9 公顷。

2022 年在上级自然资源部门的关心指导下，县委县政府的坚强领导下，紧紧围绕工作部署目标任务，克难攻坚，创新举措，齐心协力，取得较好的成绩，获国务院 2022 年度真抓实干督查激励表彰，被评为 2022 年度全省自然资源信访工作业绩突出单位、2022 年度全市自然资源重点业务优秀单位、全市 2022 年度地质灾害防治工作优秀单位。

▲ 永州市人民政府副市长肖扬来江永调研督导新增耕地"春苗"行动、地质灾害防治、市级田长巡田工作

▲ 江永县"田长制"总田长、县委书记唐德荣开展例行巡田

▲ 江永县组织召开不动产登记"一窗办事"及"无纸化"平台培训会，金融机构、房地产开发商、公积积金中心等单位 50 多人参加

▲ 江永县举行"不动产 + 互联网"服务网点签约授牌仪式

◀ 江永县检察院、县自然资源局深入矿山开展生态修复协商，探索建立生态环境公益诉讼机制

蓝山县自然资源局

▲ 2022 年 3 月 14 日，蓝山县召开 2022 年自然资源工作会议

◀ 2022 年 5 月 29 日，省体育局局长罗双全带队到蓝山县考察调研云冰山冰雪运动项目用地情况。省体育局二级巡视员傅黎明，永州市副市长肖扬，蓝山县县委书记龙向洋，县委副书记、县长邓群，副县长黄正军等参加调研

▶ 2022 年 7 月 30 日，蓝山县召开耕地保护暨田长制工作推进会议，县委、县人大常委会、县政府、县政协领导班子成员出席会议

2022 年，蓝山县自然资源局发扬“大地情怀、泥土精神”，坚持“转作风、提效能、优服务、树形象、创一流”，推动各项工作迈上新台阶。2022 年 9 月 26 日，蓝山县耕地“零违法”卫片执法在全省耕地“零违法”卫片执法工作座谈会上作典型发言；蓝山县自然资源局被评为 2022 年度永州市自然资源和规划系统执法监察工作先进单位，2022 年度蓝山县绩效考核优秀单位。

截至 2022 年底，蓝山县恢复耕地 98 公顷，耕地保有量为 17561.8 公顷（目标任务 17561.8 公顷），基本农田保护面积为 16184.2 公顷（目标任务 16126.7 公顷）。完成县域村庄分类和布局规划，完成 75 个村庄多规合一实用性村庄规划编制，启动 107 个村庄多规合一实用性村庄规划编制。征收土地 45 公顷；收储入库可供应土地 75 公顷；供应土地 340 宗，面积 104.14 公顷，实现土地收入 105346.93 万元。蓝山县 2019—2025 年砂石土矿专项规划获省自然资源厅批准。立案查处自然资源违法案件 46 件，其中土地违法案 36 件，矿产违法案 10 件。完成 85 处地质灾害隐患点汛前排查，联合乡镇开展地质灾害应急演练 12 场，组织地质灾害专题培训及防灾宣传活动 14 场次。实施地质环境治理项目 13 个，实施地质灾害治理项目 2 个，地质灾害治理项目保护避险居民 146 人次。全面实施不动产登记“交房即交证”“拿地即开工”改革新模式，新建商品房“交房即交证”发放不动产权证 794 户。不动产登记发证 4689 本。进一步落实便民惠企措施，减免登记费业务 251 件，减免登记费用 12.3 万元。开通企业绿色通道，企业首次登记 1 个工作日内办结，为企业群众提供更加便捷、高效、优质的服务。

（撰稿及摄影：陈志佳）

◀ 2022 年 4 月 30 日，蓝山县委组织部、蓝山县自然资源局督导楠市镇耕地恢复情况

▶ 2022 年 4 月 26 日，蓝山县自然资源局联合地质灾害防治技术支撑单位巡查排查土市镇南岭村坪石头 2 组杨柳冲不稳定斜坡隐患点

◀ 2022 年 6 月 24 日，蓝山县自然资源局围绕“节约集约用地，严守耕地红线”的活动主题，在县城塔峰中路开展第 32 个全国土地日宣传活动

▶ 2022 年 12 月 5 日，蓝山县自然资源局参加国家宪法日集中宣传活动

溆浦县自然资源局

▲ 省自然资源厅领导在观音阁镇丁家冲调研指导坑塘水面专项整治

▲ 省自然资源厅督察四处领导到溆浦县调研指导自然资源督察工作

2022年，溆浦县自然资源局投入800万元用于全县耕地保护工作，制定《溆浦县“田长制”工作实施方案》，对耕地和永久基本农田定位、定量、定人管理，做到一田一牌、一牌一人和网格化巡查监管。设立乡镇级田长50个、村级田长412个、网格田长1660个，制作田长制公示牌437块，全面建立“县、乡、村、组”四级田长机制，划定永久基本农田面积39480公顷，整治耕地恢复和净减少耕地整改面积761.75公顷，位居全市第一，超额完成省自然资源厅下达的任务。在全省率先安装79个铁塔监测摄像头对县域耕地、林地、水域、矿区等自然资源全覆盖监测管理。，预警“非农化”22起、“非粮化”1起、疑似违法建设3起、森林火情5起，2022年违法用地实现“零”增长，实现“人防”向“技防”的转变，连续第17年实现耕地占补平衡和基本农田不减少。

完成“十四五”地质灾害防治规划编制，扎实开展汛前排除、汛中巡查、汛后复查，摸排临坡切坡建房2789户、地灾隐患点302处，验收地灾应急工程28处，处置灾险情35次，紧急避险转移群众30317人次。投入专项资金267.26万元，修建截排水沟14949米、挡土墙523.1立方米，受益住户1143户，受益人口6454人。精准实施“小边沟”工程在2022年6月多轮洪灾中发挥防御作用，连续多年实现地质灾害“零伤亡”，副县长张勤焕在2022年全省地质灾害防治工作会议作典型经验发言，并获全省推广。

▲ 怀化市土地开发整理中心主任文延伟在葛竹坪镇横路村验收

▲ 溆浦县自然资源局局长谢正德在水东镇刘家渡村指导耕地恢复工作

◀ 溆浦县人民政府副县长张勤焕在“小边沟”防治地质灾害工程现场

新晃侗族自治县自然资源局

▲ 2022 年 12 月 15 日，怀化市自然资源和规划局党组书记、局长李慎鹏（左二）来新晃侗族自治县检查指导自然资源工作（杨臻远　摄）

▲ 2022 年 6 月 17 日，新晃侗族自治县委副书记、县长杨鹏（前排左二）主持召开新晃县田长制推进视频会（杨晓琼　摄）

▲ 2022 年 10 月 21 日，新晃侗族自治县分管副县长吴晓萌（左一）到凉伞镇巡田（蒲麒蔚　摄）

► 2022 年 9 月 5 日，新晃侗族自治县自然资源行政执法局挂牌成立。新晃侗族自治县分管副县长吴晓萌（右一）参加揭牌仪式（余辉　摄）

▲ 2022 年 12 月 12 日，新晃侗族自治县自然资源局联合晃州镇、县城管执法局等部门强制拆除晃州镇一违规搭建仓库（余辉　摄）

吉首市自然资源局

2022 年，吉首市自然资源局始终贯彻执行中央、省、州、市关于自然资源管理工作的方针政策和部署，认真贯彻落实市委市政府工作要求，围绕中心，服务大局，迎难而上，扎实工作，努力提高自然资源管理能力和水平，为全市经济社会更好更快发展提供持续有力的资源保障和优质高效的服务。一年来，全市自然资源管理工作取得一定的成效，但也存在着一些问题：一是建设用地的需求将快速增长，空间规划调整难度大。二是用地报批前置条件较多，报批时间长、成本费用增加、取回速度慢等因素，用地报批压力大。三是乡村振兴项目实际落地和耕地保护矛盾大。

土地资源。吉首市土地总面积 1078.32 平方公里。2022 年，吉首市农用地 97524.79 公顷，占土地总面积的 90.44%，其中耕地为 6683.18 公顷，园地为 8341.19 公顷，林地为 80147.10 公顷，其他农用地 2353.32 公顷；建设用地 7890.18 公顷，占土地总面积的 7.32%，其中城市用地 3741.53 公顷，建制镇用地 315.54 公顷，村庄用地 2123.80 公顷，采矿用地与风景名胜及特殊用地 214.50 公顷，交通用地 1476.66 公顷，水工建筑用地 18.15 公顷；未利用地面积为 2416.85 公顷，占土地总面积的 2.24%。

矿产资源。全市已发现矿产 26 种，区内已发现矿产种数 26 种，矿产地 62 处（水泥用灰岩、水泥配料用粘土、建筑石料用灰岩、白云岩、饰面用石料（大理石）、石煤、钒、含钾页岩、汞、重晶石、磷、矿泉水、铅、锌、钨、镍、钴、金、银、铷、煤、石墨（碳沥青）、方解石、黄铁矿、陶土、岩肥）。已探明资源储量的矿产 7 种，其中钒矿、水泥用灰岩、水泥配料用粘土等 3 种矿产纳入湖南省矿产资源储量表。现已开发利用的矿产有水泥用灰岩、建筑石料、重晶石、饰面用石料（大理石）、碳沥青、钒矿等。根据湘西州第四轮矿规和吉首市砂石土矿专项规划，吉首市矿业权设置指标共 9 个，其中地热 2 个，饰面材料 1 个，2 个规划保留矿山，砂石土矿 4 个。

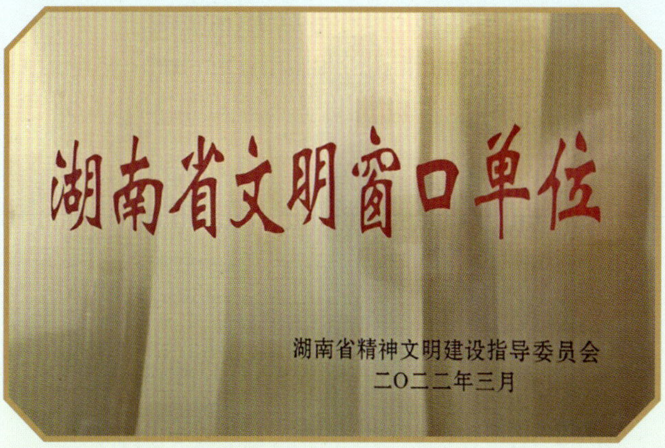

▲ 2022 年 3 月　湖南省精神文明建设指导委员会授予吉首市不动产登记中心“湖南省文明窗口单位”称号

▲ 2022 年 3 月 18 日，吉首市举行不动产登记中心老城区办理窗口启用仪式

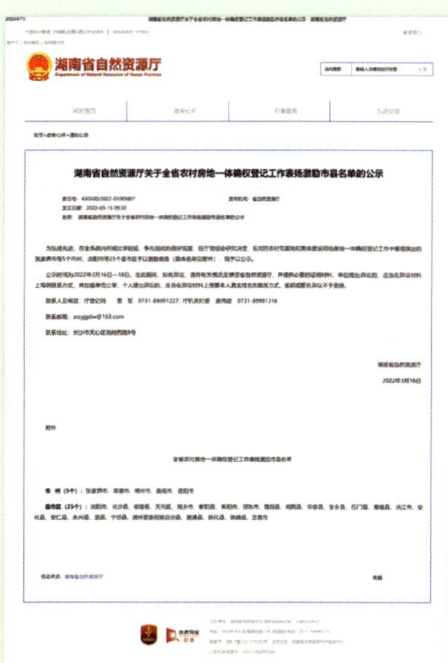

湖南省自然资源厅

湖南省自然资源厅关于全省农村房地一体确权登记工作表扬激励市县名单的公示

◀ 2022 年 3 月 16 日　吉首市农村房地一体确权登记工作获湖南省自然资源厅表扬激励

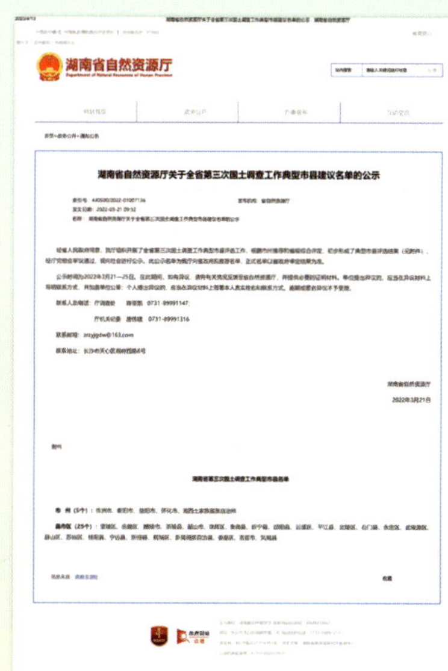

湖南省自然资源厅

湖南省自然资源厅关于全省第三次国土调查工作典型市县建议名单的公示

▶ 2022 年 3 月 21 日　吉首市进入全省第三次国土调查工作典型市县名单

泸溪县自然资源局

2022年，泸溪县自然资源局以习近平新时代中国特色社会主义思想为指导，深入学习贯彻落实党的二十大精神，在省自然资源厅、州自然资源和规划局的悉心指导下，在县委、县政府的正确领导下，认真履行自然资源保护职责，各项工作稳步推进，有序开展。

一是获批全省自然资源铁塔视频监测试点“先行县”，成为全州唯一利用视频开展耕地保护、规划管控、用途管制、督察执法的县级单位。利用铁塔视频站高望远、实时高清等特点，共预警疑似违法破坏耕地14起，重大火情6条，疑似河湖划界范围内新增构筑物4起。特别是10月3日下午兴隆场镇五德村森林火灾预警，为及时灭火赢得时间，避免山火蔓延。考虑到耕地保护、旱情下森林防火等严峻形势，全县铁塔视频监测作用将愈发明显。

二是构建规范有序信访维稳机制，始终坚持“三到位一处理”工作原则，注重源头治理，依法依规治理，进一步加大化解工作力度，及时化解矛盾纠纷，全年无一起上访事件，被省自然资源厅评为2022年度信访工作业绩突出单位。

▲ 2022年4月1日，泸溪县自然资源局局长谢伯清、副局长毛应刚带领土地整理中心一行前往潭溪镇检查“春苗行动”耕种情况

三是第三次国土调查各项任务圆满完成，杨晓红被省第三次国土调查领导小组办公室、省自然资源厅评为第三次国土调查“先进工作者”。

▲ 2022年3月10日，泸溪县自然资源局副局长李隽华带领执法大队、矿管股一行进行矿山安全生产隐患排查

▲ 2022年3月4日，泸溪县自然资源局局长谢伯清、副局长李隽华一行到白羊溪乡马王溪村地灾点指导工作

▲ 2022年3月16日，泸溪县自然资源局地灾股股长石海波一行前往石榴坪乡检查地质灾害

▲ 2022年3月21日，泸溪县自然资源局副局长毛应刚、浦市镇自然资源所所长邓文付一行前往育苗基地查看育苗情况

凤凰县自然资源局

2022 年，凤凰县自然资源局围绕全县发展大局，紧扣自然资源工作，为推进县域经济发展作出贡献。一是土地收储成效明显。2022 年上报并取回用地批单 9 个，总面积 12.93 公顷；取回村级服务平台等只转不征用地批单 3 个，总面积 0.43 公顷；已下达缴款通知单用地批单 1 个，总面积 6.03 公顷；已组卷完成报省项目并进窗审查 2 个，总面积 2.19 公顷。完成新增建设用地 26.82 公顷、控制储备土地入库 11.42 公顷；全年共完成土地供应 68 宗，面积 183.07 公顷。2022 年共计追缴土地价款 2.69 亿元。二是规划工作稳步推进。统筹推进永久基本农田核实整改、生态保护红线优化、城镇开发边界线划定工作，总体规划的核心内容“三区三线”成果已通过自然资源部和省自然资源厅的审核认定。开展“多规合一”实用性村庄规划编制工作，完成 247 个村庄规划编制，实现村庄规划覆盖率达 97%。严格核发“一书两证”、乡村建设规划许可证，共发放建设项目用地预审与选址意见书 7 件、建设用地规划许可 90 本、核发项目工程规划许可证 116 本，乡村建设规划许可证 314 件。三是资源保护成效明显。恢复耕地面积 34.73 公顷，超额完成州级下达恢复耕地任务 500 亩（33.33 公顷）的任务。实现本县区域耕地“进出平衡”17.51 公顷，取得新增耕地数量指标 405.09 公顷（占补平衡）。建立县、乡（镇）、村、网格四级田长制，划定 1009 个田长网格，设立 1057 位田长。完成凤凰县砂石土矿数量专项整治工作，凤凰县千工坪镇帮东绣建筑石灰岩矿已以 2.47 亿元完成挂拍工作，全面完成 50 家“三废”整治行动。2022 年度城乡建设用地增减挂钩项目（一、二、三期）完成州、省验收复核，确认农用地 108.38 公顷。四是民生民利硕果累累。不动产一般登记业务办理时间压缩至 5 个工作日内，推进“一窗办事”平台系统的运用全覆盖，实现房产开发企业线上办证服务，每笔业务办结时限缩短到 1 个工作日。全年共办理不动产登记 6532 笔，其中办理证书 2961 本、面积 165.69 万平方米；办理证明 4182 份。全域房地一体内业入库宗地 84927 宗，其中应登记发证宗地 72111 宗，暂不具备登记发证条件宗地 12816 宗。成功应对 15 轮汛期强降雨天气，共接到地质灾害报告 169 起，汛期转移人民群众 841 户 2512 人，实现地质灾害“零伤亡”，切实保障群众的生命财产安全。

▲ 2022 年 10 月 27 日，省人大常委会副主任陈文浩，省自然资源厅、省住建厅、相关州局领导到凤凰县调研历史文化名城保护等相关工作

▲ 2022 年 10 月 28 日，省人大常委会副主任陈文浩调研凤凰规划管控和历史文化名城保护相关工作座谈会

▲ 2022 年 6 月 17 日，凤凰县自然资源局与中国地质调查局长沙自然资源综合调查中心联合在从文广场开展“遵守安全生产法，当好第一责任人”安全生产宣传活动

▲ 2022 年 7 月 1 日，凤凰县自然资源局在湘西自治州博物馆开展“七一”建党活动

▲ 2022 年 7 月 25 日，省自然资源厅调查监测处副处长向贤敏带领督导组到凤凰县督导耕地保护工作

保靖县自然资源局

▲ 保靖县自然资源局局长王伟（右）走访村民

▲ 保靖县自然资源局局长王伟（左）、总工程师林峰（右）实地勘查绿色矿山建设

▲ 保靖县谢家湾绿色矿山建设一角

▲ 保靖县地质灾害防指挥部署

▲ 2022 年 4 月，保靖县自然资源局执法人员现场查处阳朝乡溪洲村挖塘养鱼破坏耕地案

永顺县自然资源局

▲ 2022 年 4 月 7 日，永顺县自然资源局党组书记、局长肖家红在政务大厅窗口检查、指导不动产登记、自然资源行政审批工作

▲ 2022 年 6 月 25 日，永顺县自然资源局党组书记、局长肖家红在砂坝镇中立村调度乡村振兴工作

2022 年，永顺县自然资源局坚持规划引领，突出月清“三地两矿”、耕地保护等工作重点，各项工作争先进，整体工作创一流，荣获省政府 2022 年真抓实干督查激励耕地保护先进。

一是强化规划编制管控，优化城乡建设发展。编制完成《永顺县国土空间总体规划（2020—2035 年）》初步方案，高效完成“三区三线”划定工作任务，共划定永久基本农田面积 47.5878 万亩（31725.2 公顷），生态保护红线面积为 1206.48 平方公里，城镇开发边界规模 4187.75 公顷；全面完成 117 个村庄的规划编制任务。

二是强化“田长制”工作落实，严守耕地保护红线。全面推行“田长制”，在全州率先出台永顺县“田长制”实施方案，建立县、乡镇、村（社区）、组（网格）、户五级耕地保护“田长制”体系。2022 年，完成耕地保护底线 52.93 万亩（35286.67 公顷）、耕地恢复 200 公顷的目标任务并通过省级验收；净增耕地 605.77 公顷，有效落实耕地“进出平衡”。

三是强化矿业权管理，助推矿业绿色发展。出台《永顺县普通建筑材料用砂石土矿专项规划（2019—2025 年）》，规划区块 25 个，分三批进行矿权投放；按照《永顺县绿色矿山建设三年行动方案（2020—2022）》要求，全面完成绿色矿山建设任务，并将历史遗留矿山生态修复项目与增减挂钩项目一体结合推进，生态修复 16.76 公顷；按照“严肃处罚一批，整改提高一批”的原则，对存在生态环保突出问题的 18 家采石场予以关闭注销。

四是全面优化营商环境，持续打造惠民利民幸福工程。全面推行“一窗办事”平台、不动产登记电子证照，实现房地产开发企业、银行不动产登记外网申请、内网受理与审核，做到“一窗受理、并行办理、数据互认、信息共享”。2022 年共颁发不动产登记证 3759 本，颁发不动产登记证明 4687 份，已完成宅基地和集体建设用地房地一体权籍调查 11.28 万宗，办理银行电子证照抵押登记 5183 件。

▲ 2022 年 5 月 13 日，永顺县自然资源局党组副书记、副局长刘剑在车坪乡进行地灾巡查

▲ 2022 年 2 月 24 日，永顺县自然资源局总工程师彭海红、工会主席宋移贵在泽家镇检查指导增减挂钩项目整改和调查摸底工作

◀ 2022 年 3 月 12 日，在永顺土司大营万马归朝举行庆“三八”妇女节活动暨机关党支部主题党日活动

龙山县自然资源局

2022 年，龙山县自然资源局坚持生态优先、绿色发展理念，立足土地、矿产等资源监管，突出耕地保护、生态修复，强化规划引领、要素保障，优化营商环境、提供便民利企服务。完成土地报批项目 12 个，总面积 17.84 公顷，其中包含农转用项目 5 个，土地征收项目 7 个。完成土地征收 24.34 公顷，拆迁房屋 47 栋，迁移坟墓 332 座，签订个案征拆协议 55 宗，新增储备土地 17.89 公顷，控制储备土地 24.8 公顷。完成土地出让 74.97 公顷，实现出让价款入库 10.5972 亿元。获评全省砂石土矿专项整治工作成绩突出单位，不动产“跨省通办”作为省政府 2022 年综合大督查典型经验通报表扬，优化营商环境财产登记指标年度评价考核排名全州第一，全省排名位列第一梯队。河长制、路长制、生态环境保护、政务公开、教育督导、人大建议政协提案等工作获评县优秀单位。深化“放管服”改革、湖南省第三次国土调查、地质灾害防治、“两违”整治、新闻宣传等工作中，共 11 人次被省、州、县评为先进个人。

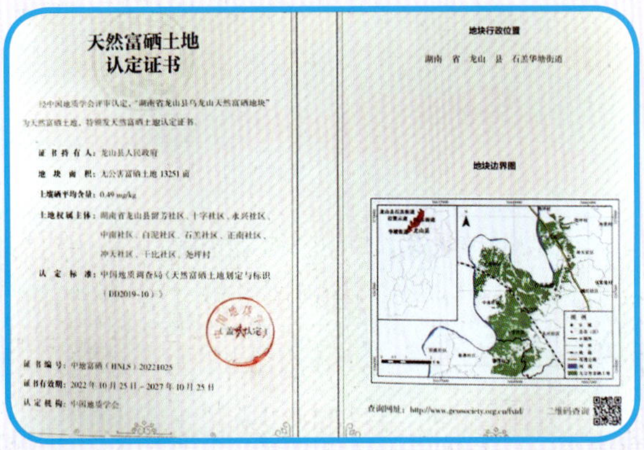

▲ 2022 年，龙山县自然资源局完成乌龙山富硒土地认定工作

▲ 2022 年 6 月 22 日，龙山县自然资源局利用安全生产月开展地质灾害防治知识宣传（沈世钰 摄）

▲ 2022 年 4 月 22 日，龙山县自然资源局开展 4 · 22“世界地球日宣传活动”（刘芳 摄）

► 2022 年 4 月 16 日，龙山县自然资源局组织红岩溪镇头车村村民避险转移，省自然资源厅作为先进典型在湖南经视台进行宣传推荐

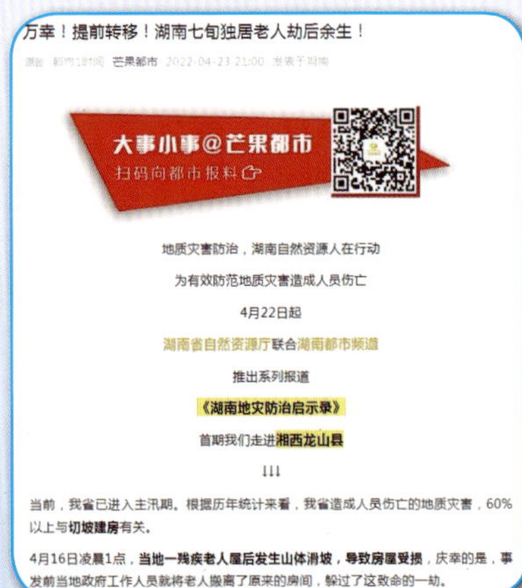

万幸！提前转移！湖南七旬独居老人劫后余生！

芒果都市 2022-04-23 21:00

大事小事@芒果都市

扫码向都市报料

地质灾害防治，湖南自然资源人在行动

为有效防范地质灾害造成人员伤亡

4月22日起

湖南省自然资源厅联合湖南都市频道

推出系列报道

《湖南地灾防治启示录》

首期我们走进湘西龙山县

↓↓↓

当前，我省已进入主汛期。根据历年统计来看，我省造成人员伤亡的地质灾害，60%以上与切坡建房有关。

4月16日凌晨1点，当地一残疾老人屋后发生山体滑坡，导致房屋受损，庆幸的是，事发前当地政府工作人员就将老人搬离了原来的房间，躲过了这致命的一劫。

▲ 2022 年 11 月 23 日，龙山县自然资源局开展地质灾害巡排查工作（沈世钰 摄）

▲ 2022 年 8 月 24 日，在龙山县市民之家举行龙山县、来凤县不动产登记高频事项“跨省通办”启动仪式（程远军 摄）

地质勘查行业工作

湖南省地质院

党委书记、副院长	谈文胜
院长	何寄华
党委副书记、副院长	李定桥
党委委员、副院长	刘向明
党委委员、纪委书记	王惜珍
党委委员、副院长	蒋年生
党委委员、总工程师	曹幼元
党委委员、副院长	全铁军
党委委员、副院长	刘凤娟
一级巡视员	王晓敏
一级巡视员	王伟华
一级巡视员	吴宏斌

【地质调查】2022年，湖南省地质院完成“湖南省大义山地区高岭土（锂）矿靶区优选”等19项地质调查项目，其中“资兴市鳌鱼塘矿区玻璃用脉石英矿普查勘探”项目完成审查备案，提交一处大型玻璃用脉石英矿床，总资源量2763.2万吨，平江永享矿区锂、硅石钽矿详查项目年内完成钻探工作量20000米，钻孔见矿率89.0%，“湖南省桂阳县宝山矿区铅锌银矿-400米标高以下深部详查”项目探获大型多金属伴生工业矿体，新增铜铅锌银矿资源金属量超80万吨，其中铅锌矿达中型规模，银达大型规模，经济价值超过200亿元，可延续矿山服务年限超30年。收集2021年度储量库，系统梳理存在问题，并上报至国情调查项目办公室。

【地质勘查】2022年，湖南省地质院实施矿产勘查大中型项目67个，砂石矿勘查项目近300个，提交大型矿产地6处、中型9处，新增资源量金16吨、锡8.7万吨、铅4.2万吨、锌1.5万吨、锰290.4万吨、铜5.1万吨、锂591.3万吨、萤石414万吨、重晶石66万吨、砂石15亿吨以上，创潜在经济价值超2000亿元。协助申报环洞庭湖山水生态工程和邵怀废弃矿山生态修复工程等2项国家重点项目落地，发布省级绿色勘查技术规范。参与益阳、岳阳等6个市州33家矿山超深越界的监督测量工作。完成全省30余宗非法开采矿产资源案件的价值评估工作。

【地灾防治】2022年，湖南省地质院组织承担87个县市区1：1万地质灾害调查和风险评价项目，为119个行政区划县（市、区）提供汛期地质灾害防治技术支撑服务，累计安排1400余人，实地排查隐患点8.3万多个，应急处置近3千多处，协助地方政府转移群众27万余人，避免直接经济损失4.2亿元。实施高精度地质灾害调查与风险评价示范项目88个，承担地质灾害隐患点普适化监测项目66个、地质灾害风险普查项目106个、各类治理项目330余个。配合省自然资源厅组织29家院属单位开展地质灾害防治知识“进山区”活动，作为指导单位参加首届全省地质灾害调查员职业技能竞赛。

【水工环地质调查】2022年，湖南省地质院参与打好湖南省历史罕见旱灾阻击战，共实施116个抗旱找水项目，累计成井242口，探得日可采水量近8万立方米，共解决15万余人生活饮水和近2000公顷农田生产用水难题。就湘西州锰三角矿山环境整治及矿涌水等问题进行现场考察与深入交流。实施中南地区第一口中深层地热资源探采项目——长沙黄花机场中深层地热探采结合井项目，终孔孔深2611米，测得孔底温度82.8℃，为湖南乃至中南地区中深层地热能勘查开发和综合利用提供参数。

【地质科技合作】2022年，湖南省地质院与5家省直单位联合举办“科普湖南”大讲堂活动，制作推出地学科普教育直播精品课程，覆盖全省646所乡村学校，吸引560余万名师生在线收看。申报2022年度国家重点研发计划、国家自科基金各2项，省自科基金22项，3家省重点实验室申报完成线上答辩。第二家国家级博士后科研工作站正式落户，省地质灾害监测预警与应急救援工程技术研究中心成功挂牌。6个项目获评省科技进步三等奖，在SCI、EI、中文核心期刊上发表论文59篇，获得专利35项、软件著作权11项。省重点研发计划项目“湖南省锂铌钽等稀有金属资源高效勘查与开发”成果实现产业链转化。长沙机场中深层地热探采结合及换热测试项目成果突出。省地球物理地球化学调查所与湖南科技大学首个国家级科研创新平台签订战略合作协议。省地质调查所举行国家级博士后科研工作站揭牌仪式。省地质院与湖南省社会科学院(湖南省人民政府发展研究中心)、益阳市人民政府举行战略合作框架协议签订仪式。

【服务自然资源管理】2022年，湖南省地质院完成全省14个市州18万多个卫星监测外业核查工作。完成《湖南省全民所有制自然资源资产权益委托代理实施方案》编制、试点项目清单等工作；承担郴州、衡阳、常德、南山国家公园局的委托代理试点工作，指导岳阳、南山国家草原自然公园委托代理试点。抽调300余名技术骨干参与核查工作。共上报自然资源部图斑数量36066个，总面积56712.12公顷。

【服务生态文明建设】2022年，湖南省地质院负责实施的全省历史遗留矿山图斑核查工作总体通过率96.34%，位列全国第六。编制的全省12个市州105个县市区2022—2025年历史遗留矿山生态修复方案全部完成。设立绿色矿山建设专家服务团，参与绿色矿山建设评估督查，完成绿色矿山评估报告50多个。编制的2项省级地方标准《绿色勘查钻井（深孔钻探）技术规范》《绿色勘查地质钻探技术规范》获准发布。

【服务重大战略实施】2022年，湖南省地质院围绕有色金属行业发展、矿涌水污染治理、“锰三角”综合整治、锂矿资源开发等问题，分别设立重点课题专班，提出一批建议方案。完成4个锂矿资源示范区块快速评价。协助有关省人大代表和政协委员在全国和全省两会期间提交“一提案两建议”，编制《湖南省战略性矿产找矿突破战略行动实施方案（2021—2035年）》《湖南省有色金属勘查专项实施方案（2021—2030年）》《湖南省战略性新兴产业矿产目录及湖南资源情况》等建议方案与项目清单，推动国家新一轮找矿突破战略行动在湘部署找矿区域及任务数量位居全国第二。指导支持乡村振兴工作队安排500余村民就业。

【全面从严治党】2022年，湖南省地质院党委研究党建和意识形态工作13次，专题听取情况汇报2次，党委班子成员开展全面从严治党专题调研，基层党组织书记“双述双评”实现全覆盖。专题重点学习二十大精神、习近平总书记给山东地矿局第六地质大队回信精神，策划开展“喜迎二十大•强国复兴有我”群众性主题活动，完成“我为群众办实事”200多件民生项目。持续深化“三表率一模范”机关建设。完成院属单位党委、纪委、工会班子选举和院属单位党委及其班子政治建设考察，对部分院机关部门负责人和院管企业班子进行调整，初步提出“企业揭榜挂帅制度”和“事业单位末位调整机制”。部署“以案促改”8项行动，推出改进作风建设20条，筹划启动巡察工作，全面启动清廉湖南地质建设。

【地勘单位改革】2022年，湖南省地质院完成院属15家事业单位登记注册、班子配备、岗位设置、“三定”批复等工作，新机构挂牌运行。对接省地勘单位改革协调办和省委编办、省财政厅、省人社厅等省直部门，相关改革政策等得到进一步明确，有关具体问题得到妥善解决。按照经营性国有资产集中统一监管思路，进一步细化明确院系统事企分开改革实施方案，调整院管企业职责定位、管理体制和领导班子，启动16家所属企业组建工作。出台《综合绩效考核办法》及其实施细则。加强与有关央企对接协商，探索部分院管企业市场化处置。开展地质强院建设和院属单位转型发展、“一所一品牌”建设专项调研，研究出台《推进院属单位协同发展指导意见》《一所一品牌建设工作方案》，推动院属单位有序竞争和主责主业“归位”。加大开放合作，与11家省直厅局、5家市州政府和近10家央企省企会商构建战略合作关系。修订《法律事务管理办法》，设立法律事务机构动态备选库，推动重大事项决策前法律审查把关。湘核投资佰利公司债转股仲裁案和工程款回收取得进展，所属文化公司破产清算基本完成。妥善处理事业单位社会保险参保及缴费问题，为院系统34家企业3500余名职工参与市场经营投标创造条件。

【产业经济】2022年，湖南省地质院实现经营收入80.2亿元，实现净利润0.91亿元。其中大地质主业经营收入41.3亿元，占全院经营收入的51.5%，同比增长3.2%，生态环境业新签合同额连续保持同比大幅增长，地质找矿核心主业新增合同额超15亿元，完成产值超5亿元。开展项目资金专项检查，12个涉税问题妥善解决，银行贷款平均利率由4.24%降至3.85%，全院资产负债率降至61%。实施项目建设“十百千”工程，争取省财政追加发展资金8676万元，参与推动设立省级地勘基金，全院储备项目总数超万个，累计合同额超112亿元，全年新签合同额超50亿元。

【队伍建设】2022年，湖南省地质院全面落实国务院安全生产十五条硬措施，完成安全生产专项整治三年行动，开展自建房安全专项整治与百日攻坚行动，深入排查重点行业领域潜在风险隐患，未发生安全事故和生产事故。开展信访积案“百日攻坚”行动，国家信访局转来的两批共11件次信访积案全部息访息诉。投入3834万元，完成32个老基地隐患整改和维修改造工程，拆除危房116栋。坚持常态防控和重点管控，未发生聚集性疫情。出台《关于进一步加强困难职工帮扶的意见》，构建针对性更强、覆盖面更准的济困体系。组织汇编《湖南地质百年成果》。启动湖南地质70年展厅建设。举办“地质大讲堂”“书香地质”等活动，全方位宣讲湖南地质故事。开展全院首届劳动模范和先进工作者评选表彰。

【荣誉档案】2022年，湖南省地质院获评全省安全生产和消防工作优秀单位、全省平安建设（综治工作）先进单位，保持全国文明单位、全省平安单位、全省文明行业称号，参与打井抗旱找水事迹被《湖南日报》宣传报道。省核地质调查所、省生态地质调查监测所、省地质地理信息所多项成果获得2022年度核工业工程建设行业(勘察设计)质量管理成果奖，多个课题获一、二等奖。省地质灾害调查监测所“湖南长江经济带重点生态区洞庭湖区域山水林田湖草沙一体化保护和修复工程”入选国家重点生态保护修复治理项目。省地质院代表团在湖南省第一届职业技能大赛中收获工程测量银牌、化学实验室技术优胜奖、团队优秀组织奖三项荣誉。省地质调查所《湘西沃溪金-锑-钨矿床构造变形、成矿时代及成因机制》在《中国科学:地球科学》上发表。2022年工程建设质量管理小组QC成果(部级)获奖名单公布，中南建设集团有限公司申报的3项成果全部获奖。1人获省五一劳动奖章，1人获评感动湖南十佳人物。省地质调查所与中南大学联合培养的地质资源与地质工程博士后陈旭喜获中国博士后科学基金第71批面上资助，成为此批湖南省获此资助的2人之一。省地质调查所博士后曹创华到天津参加“领航计划”首期青年科技领军人才国情研修活动，并作专题成果汇报。省地球物理地球化学调查所洪俊展获得湖南省“青年岗位能手”称号。省遥感地质调查监测所肖松春入选中国地质灾害防治与生态修复协会生态修复专业委员会专家名单。省地质院曹创华、黄宝亮获得中国地质学会“第五届野外青年地质贡献奖—金罗盘奖”。

（撰稿　谷文昌 审核　周　畅）

研究委员会
学会　协会

湖南省自然资源咨询研究委员会

咨询委总顾问	葛洪元
咨询委主任	尹学朗
咨询委专职副主任、综合委主任	王先佑
咨询委副主任、规划委主任	刘　斌
咨询委副主任、能力委主任	贺安生
咨询委副主任、生态委主任	陈　平
咨询委资产委副主任	余春秋
咨询委地矿委副主任	戴长华
咨询委办公室代理主任	龙　云
咨询委办公室专职副主任	李　华

【概况】2019年12月5日，湖南省自然资源咨询研究委员会（以下简称“咨询委”）挂牌成立内设6个专业委员会和办公室，6个专业委员会包括：综合研究专业委员会（以下简称“综合委”）、自然资源资产专业委员会（以下简称“资产委”）、能力建设与测绘地理信息专业委员会（以下简称“能力委”）、国土空间生态保护修复专业委员会（以下简称“生态委”）、国土空间规划和用途管制专业委员会（以下简称“规划委”）、地质矿产专业委员会（以下简称“地矿委”）。截至2022年12月31日，咨询委有1名总顾问，1名主任，4名副主任，2名专业委员会副主任，1名办公室主任，1名办公室副主任，2名办公室成员，6名专业委员会联络员。咨询委的主要职能职责是紧紧围绕省委、省政府的决策部署，在省自然资源厅党组的领导下，切实发挥自然资源政策研究和决策咨询职能作用。

【基础工作】2022年，湖南省自然资源咨询研究委员会从决策咨询、课题研究、对口业务三项主业着手，先后完成13个跨年度课题研究，新立项7个跨年度课题研究，服务对口处室局8项业务，向省自然资源厅党组报送9份“自然资源研究与咨询”。13个结题项目为：“湖南省自然资源非工程类项目预算定额标准研究”“湖南省开发园区低效用地现状及对策研究”“‘数字政府’建设中自然资源大数据应用研究”“湖南省地质灾害防治风险管控研究”“湖南省生产建设项目占用生态红线管理研究”“湖南省耕地指标交易制度研究”“湖南省地方政府投资公司闲置土地现状调查与对策建议”“湖南省跨区域保有耕地经济补偿研究”“湖南省公示地价更新研究”“自然资源大数据助力税收征管研究”“湖南省耕地‘非粮化’现象剖析与对策研究”“建设用地规模趋势分析”“湖南省‘净矿’出让政策研究”“湖南省矿泉水产业发展研究”。7个新立项研究课题为：“土地‘四税’与土地收入增长对策研究”“新增耕地来源途径研究”“河湖管理范围划界后对自然资源管理的影响与对策研究”“湖南省砂石矿采矿权出让收益评估参数研究”“‘实景三维湖南’建设与应用研究”“多规合一背景下主体功能区战略实施研究”“湖南省地质矿产领域政策供给研究”。向厅党组报送的9份“自然资源研究与咨询”包括“2021年预算内审发现的主要问题及改进建议”“加快制定区片综合地价体系”“促进黄金产业发展壮大”“延伸锑产业链助力矿业转型发展”“加强建设项目占用生态保护红线管理”“促进自然资源大数据在‘数字政府’建设中应用”“对《自然资源部等八部门关于推进‘净矿’出让工作的通知（试行）（征求意见稿）》的修改建议”“加快我省锂矿资源勘查”。7月，咨询委向自然资源部咨询研究中心提交《湖南省即可恢复、工程恢复园地管控规则研究报告》，并获得部咨询研究中心的好评。在湖南省政协十二届五次会议上，生态专委提交了关于“地灾风险管控”提案和“防止耕地非粮化的建议”提案，此两项提案于5月得到省厅和省农业农村厅答复意见。服务8项对口业务包括做好预算内审、矿业权出让收益评估、职称评审、占用生态保护红线不可避让性论证、基准地价成果审核、矿业权申请范围实地核查、城乡增减挂钩项目审查、耕地破坏程度鉴定。其中，预算内审全年共审查66批次228个项目，审减资金合计1.06亿元，有效节约财政投资，被省财政厅和省厅高度肯定；矿业权出让收益评估技术把关，全年完成81个矿业权出让收益评估，涉及金额85.14亿元，通过审查增加出让收益3.8亿元，审增率4.5%，有效保障国家自然资源所有者权益，并针对审核过程中发现的问题，提出对策建议；占用生态保护红线不可避让性论证审查对犬木塘水库、宁电入湘项目、桂新高速等29个国省重点项目进行了现场踏勘及专家评审，召开各类会议21次，赴永州、湘西、衡阳等30余个县市区进行了现场踏勘，在保障重点项目用地的同时确保省生态保护红线的数量不减少、功能不降低、结构有优化，取得对口处室及各县市政府的一致好评。

【行政管理】2022年，湖南省自然资源咨询研究委员会按照统一管理、咨询研究、日常运行三大功能模块，建立以咨询委为统一管理机构，6个专业委员会为咨询研究机构，以办公室（湖南省自然资源事务中心发展事务部）为日常运行机构的组织架构。

【专家库建设】2022年，湖南省自然资源咨询研究委员会同厅综合处推进省自然资源评审专家库建设各项工作。通过广泛开展调研、印发征集通知、推荐入库专家、申报资料初审等流程，完成专家库建设前期准备工作，并将初审后的608名专家名单和“关于省自然资源专家库建设工作情况汇报”材料报送省自然资源厅综合处审定。

【服务重大专项】2022年，湖南省自然资源咨询研究委员会团队充分发挥在各自领域的专家优势，有力支撑省自然资源厅各大专项。协同厅地勘处，起草向省政府汇报的《加快地质找矿增强我省矿产资源保障能力的情况报告》材料，以贯彻落实党中央、国务院重大决策部署、稳产业保供给保运行、变资源为财源为立足点，坚持问题为导向，提出四点增强省矿产资源保障能力的建议。在厅地勘处组织下，参与《湖南省战略性矿产找矿突破行动实施方案》编制，负责重大意义、总体要求、科技创新工程部署、保障措施等章节内容的编写，获得专家高度认可，方案即将通过省政府审批。参与地质灾害督查指导工作。2022年上半年，省内地质灾害防治工作形势严峻，咨询委参与永州、邵阳组的地质灾害督查工作，指导地方做好防御响应技术支撑工作，并多次前往地勘处对接工作、协商沟通，通过与相关单位配合，进行摸底调查，跟踪实际情况，对地灾防治工作提出指导性建议。加入违法用地“双零”行动。为落实耕地保护制度“严起来”的总要求和“五抓五早五协同”的工作机制，按照省厅安排部署，赴耒阳、祁阳、道县参与违法用地“双零”行动；参与省厅组织的自建房安全专项整治行动，赴安化、益阳对房屋安全进行检查，重点排查房屋安全建设合法合规性；为加强矿产资源管理，维护矿业秩序，保护矿产资源，促进矿业发展，参与省厅赴张家界、石门的矿产资源执法、矿产资源管理情况调研。针对上述督察、调研中存在的问题、取得的成效及工作建议听取汇报，参与推动“不敢违法、不能违法、不想违法”的自然资源长效机制建立。

（撰稿　李　华　单群惠）

湖南省土地学会

湖南省土地学会第四届理事会

理事长	刘星辉
副理事长	张　涛（2022年6月调整）
副理事长	余庆平
副理事长兼秘书长	张惠萍
副理事长	李忠武
副理事长	谭雪兰（2022年6月调整）
副理事长	陈翼翔（2022年6月调整）
副理事长	王志成
副理事长	刘天清（2022年6月增补）
副理事长	王国文
副理事长	罗士军
副理事长	王宋辉
副秘书长	杨益民

【学术建设】2022年6月24日，湖南省土地学会以“牢记国之大者　严守耕地红线”为主题，在长沙召开2022年学术年会暨“6·25”土地日耕地保护论坛，全省200余名土地科技工作者及会员单位的相关人员参会，会议邀请了省自然资源厅耕地保护监督处处长欧阳志军，汨罗市自然资源局副局长吴冬，洞庭湖区生态环境遥感监测湖南省重点实验室、科技部国家遥感中心长沙遥感部主任、省自然资源事务中心原总工程师余德清等专家作专题学术报告，会议表彰了2021年度优秀会员单位、2022年湖南省土地工程优秀成果奖、学术年会优秀论文奖。学会开展2022年学术年会主题征文活动，共征集学术论文80篇，经专家盲审、查重检测后评选出一等奖6篇、二等奖12篇、三等奖19篇，共计37篇，将获奖论文汇编成册形成《湖南省土地学会2022年学术年会论文集》，作为湖南省自然资源类学会论文集丛书之一，由湖南地图出版社正式出版发行。9月27日，湖南省土地学会农村土地与乡村振兴专业委员会暨省土地学会博士工作站成立大会在长沙召开，会议举行土地与乡村振兴专业委员会主任委员单位、副主任委员单位和博士工作站授牌仪式，为主任委员、副主任委员、委员、首批入站博士颁发证书，入站博士同时增补为湖南省土地学会专家库成员，并围绕“农村土地与乡村振兴”进行学术研讨，湖南师范大学中国乡村振兴研究院副

院长瞿理铜，省土地学会副理事长、湖南新禹规划设计有限公司董事长王宋辉，湖南中规设计院规划院副院长、副总规划师蒋伟，湖南虹康规划勘测咨询有限公司总工陈进良分别作学术报告，各位专家结合各自的实践案例，分享了对乡村振兴的思考与探索。学会秘书处联合相关技术单位，在2020年《湖南省城乡建设用地增减挂钩等九项土地设计咨询技术服务费参考方案》的基础上，补充制定《湖南省全域土地综合整治等土地设计咨询技术服务费参考方案》，经第四届第九次常务理事会审议通过，于12月26日正式发布。

【科普工作】2022年，湖南省土地学会开展相关科普工作，利用学会网站、微信公众号、微信群等平台，在“4·22”地球日、“6·25”土地日、“全国土地科技活动周”等活动中，做好土地科学科普宣传工作，向社会宣传土地管理法、耕地保护、全域土地整治等土地科普知识，促进土地科技知识的传播和应用。学会联合长沙市自然资源学会、永州市自然资源学会，开展以“节约集约用地　严守耕地红线”为主题的第32个“全国土地日”科普宣传活动。6月24日，省土地学会、长沙市自然资源学会走进望城区铜官街道书堂山村，向村民代表发放农村乱占耕地建房“八不准”、湖南省实施《中华人民共和国土地管理法》办法等宣传资料，并围绕村民关心的热点、难点进行现场答疑释惑；永州市自然资源学会向参加“永州市2022年矿山安全暨生态修复培训班”的全体学员发放耕地保护政策宣传资料，并请他们扩大宣传；6月25日，在省地质博物馆、长沙规划展示馆和永州409科普园分别开展科普宣传，摆放自然资源政策宣传展板和宣传标语、循环播放土地日宣传视频、分发宣传资料4000余份。

【会员服务】2022年5月，湖南省土地学会制定并出台《湖南省土地工程优秀成果奖评选办法》，组织开展2022年湖南省土地工程优秀成果奖评比工作，经形式审查、主审专家初评及评选委员会会审，共评选出土地工程优秀成果奖31个，其中特等奖1个，一等奖6个，二等奖10个，三等奖14个。学会组织开展了“2021年度优秀会员单位”评选活动。经会员单位申报、材料审核和评比、理事长办公会议审定及网上公示等阶段工作，长沙佳源土地规划咨询有限责任公司等11家单位被评为2021年度优秀会员单位。6月，学会制定并出台《湖南省土地科学技术奖评选办法（试行）》。8月，学会理事长刘星辉、秘书长张惠萍、副秘书长杨益民一行赴长沙、株洲、衡阳等会员单位进行实地走访和调研座谈，明确了学会要在团体凝聚、保护权益、内涵建设、加强服务等方面多做工作，进一步发挥学会作为会员单位、土地科技工作者和政府管理部门之间的桥梁和纽带作用。9月，为会员单位取得的《土地规划机构等级证书》进行延续，为部分会员单位开展相关业务活动提供便利。向湖南省科协科学家精神宣讲团推荐省自然资源事务中心教授级高级工程师余德清为宣讲团成员。11月，举办2022年土地管理专业技术人员培训班，首次采用线上线下相结合的方式举行，线下参会70余人，线上参会人数累计4100余人次，培训内容涵盖耕地保护相关政策、自然资源调查监测工作要求、补充耕地项目管理技术要求、土地行业未来业务走向趋势、科技论文写作与发表、合同法律风险防控及操作实务等。

【学会建设】2022年，湖南省土地学会举办1次理事会和4次常务理事会议，调整理事会部分理事。学会重大事务均提交常务理事会或理事长办公会审议通过，与会员单位切身利益紧密相关的重要事项均坚持公开办事程序、严格办事纪律，网上公示结果，主动接受全体会员以及社会各界的监督。3—4月，学会秘书处面向会员单位公开征集湖南省土地学会LOGO。确定汇中设计工作室夏兵的设计作为学会LOGO。该设计以汉字“地”艺术化，巧妙地融合翱翔飞鸟、字母H、叶子、飘带元素，整体构图简洁、色彩鲜明、寓意深刻，较好地表达了湖南省土地学会的人文内涵。5月，省土地学会秘书长张惠萍、副秘书长杨益民一行到湖南省建设工程质量安全协会学习考察。双方就会员单位资信等级管理、会员服务、业务培训、继续教育、职业技能竞赛以及评优评奖等工作进行了深入交流。9月，省科协学会学术工作部部长喻泽红一行来学会调研考察。

【党建工作】2022年，湖南省土地学会党支部组织收看党的二十大开幕会，组织收听省科协主题宣讲《学习党的二十大精神　牢科技创新责任》，开展党的二十大精神集中学习3次，围绕“贯彻落实全面从严治党新要求　抓实基层党建工作”开展支部书记讲党课，组织观看党员教育片《榜样6》，围绕“学习贯彻党的二十大　踔厉奋进新征程”撰写主题征文，推动学习教育走深走实。严格落实意识形态工作责任制，确保学会网站、公众号、微信工作群和学会举办的会议、讲座、论坛等意识形态阵地内容始终坚持正确方向和导向。落实“三会一课”制度，开展支部集中学习研讨共14次、主题党日活动共12次，召开党员大会共8次，开展党员谈话谈心共6次、支部书记讲党课共2次活动。支部建设 “三有五个一”，围绕组织建设有目标、党建活动有品位、党建引领有特色“三有”开展党建工作，推进基层党组织标准化、规范化、制度化建设，着力打造特色党建品牌。开展红色传统教育，赴醴陵耿飚故居开展“传承红色精神 践行初心使命”主题教育，参观醴陵陶瓷博物馆，深刻感悟湖湘千年优秀传统文化的历史传承，切身领略革命先驱的精神力量，赓续红色血脉，传承红色基因；弘扬科学家精神，赴省展览馆开展“众心向党 自立自强——党领导下的科学家”党性教育活动，重温老科学家们初心卫国、科研报国的科学故事，感悟新时代科学家精神；践行习近平生态文明思想，在省地质博物馆开展“节约集约用地 严守耕地红线”主题党日活动，调研长沙县黄花机场扩建项目耕作层剥离现场及黄花镇火炬村恢复耕地项目；联合欣南社区、省土地综合整治局开展“抗疫有我”“移风易俗”“情满月圆、欣南同庆”中秋游园会等志愿服务活动，党员干部们用实际行动，传播文明正能量；组织党员干部、青年团员积极利用“学习强国”“青年大学习”等在线平台进行学习；“七一”推荐支部书记张惠萍为省自然资源厅优秀共产党员、推荐彭澜为省科协优秀党务工作者和省自然资源厅优秀共青团员，向局党总支推荐文明职工、文明家庭名单，同时配合好省自然资源厅党组、省科协社会组织行业党委、省土地综合整治局党总支组织，开展各类党建活动。

（撰稿　欧阳芳辉）

湖南省地质学会

理 事 长	陈松岭
副理事长	蒋年生
副理事长	沈慧明
副理事长	张新念
副理事长	胡能勇
副理事长	李贵仁
副理事长	徐宏根
副理事长	刘衍林
副理事长	戴前伟
副理事长	庄石云
副理事长	何建泽
副理事长	游国均
副理事长	谭静强
副理事长	李建科
秘 书 长	李贵仁

【学术交流】2022年，湖南省地质学会在全国科普日，学会联合省地质博物馆举办2场“湖南古生物大讲坛”，中国地调局专家领导开展多场讲座，省自然资源厅、全省地质系统、湘西世界地质公园管理处等120余人参会，腾讯会议同步线上直播。学会还组织专业委员会开展多种形式的学术活动。基础地质、矿床地质专业委员会认真开展地质论文评比特色学术活动，16名青年地质工作者在大会上分享学术成果，探矿工程、能源地质专业委员会召开学术研讨会，分享“大直径中深井多工艺钻井技术”“湖南省中深层地热资源潜力及应用”“三一能源装备”等三个专题报告，并在“长沙黄花机场中深层地热探采结合井施工项目”现场研讨交流。组织会员线上观看中国地质学会成立百周年学术研讨会。聆听毛景文、吴福元等五位院士学术报告。办好地学新进展论文集征集与出版工作。因疫情原因延期举办2022年学术年会。

【地质科普】2022年，湖南省地质学会参与组织第53个世界地球日系列活动。相关专业委员会积极开展自然科普魅力讲课、地质讲堂等科普宣传；基础专业委员会走进天心龙湾小学，开展“地球科普进校园”“逐梦地质、用爱护航”科普活动，科普视频获省科技厅第十一届湖南优秀科普作品，选送的优秀科普文章获中国地质调查局“地球科学科普作品大赛”二等奖。青年工作委员会与中南大学合办全国地球知识线上竞赛活动，在中南大学及附小开展“科学赤子心—记陈国达先生”系列课程讲座，中南大学在建地质博物馆以地层、矿物和古生物为科普展示核心，科普工作委员会积极发挥省地质博物馆品牌优势，利用节假日开展了丰富的科普活动，以及矿物宝石科普展览。长沙市21中是学会地质科普基地，开展科普小论文竞赛活动和线上地质科普研学活动。通过基地教学、科普讲座等形式为中学生传播地质科学知识。

【深化改革】2022年，湖南省地质学会推进学会内部体系建设。学会发展新会员480人，在册会员突破7000人。学会共计拥有73个团体会员、7642名个人会员、20个专业委员会。学会挂牌“中国地质学会湖南会员服务中心”，在省地质院机构改革完成后，学会理事长带队赴省地质院开展工作对接交流，4月召开的学会常务理事会，结合省地质院15家二级单位专业类型调整了学会专业委员会，更新调整一批学会副理事长、常务理事、理事。先后调研了中钨高新集团、湖南有色产业投资发展集团、湖南省城市地质调查所、湖南省地质调查所、湖南省地质灾害调查所、湖南砂石协会等一批会员单位。组织技术专家分别赴岳阳平江、汨罗，娄底，长沙，张家界，湘西等地矿山实地调研。

【人才和技术成果推荐】2022年，湖南省地质学会向中国地质学会推荐优秀地质科技人才和先进地勘单位。中南大学谭静强获中国地质学会第十八届青年地质科技奖—金锤奖，省自然资源事务中心梅金华获中国地质学会第三届优秀女地质科技工作者奖，曹创华等3人获中国地质学会第五届野外青年地质贡献奖—金罗盘奖。学会推荐的湖南省地质调查所、湖南省地质灾害调查监测所获“中国地质学会首批地质工作诚信单位”称号。学会向科技厅、省科协申请备案设置“湖南省青年地质科技奖”“湖南省地质科技进步奖”，共评选湖南省地质科技进步奖一等奖5个、二等奖18个，湖南省青年地质科技奖30人，在会员单位中评选出一批优秀地质科技成果和地质科技人才，为申报2023年国家自然资源科技奖、金罗盘奖、金银奖等奖项储备优秀成果和优质人才。学会推荐会员参与中国科协2022年领航计划、2022年人才推举计划、青托工程等，文春华获湖南省首届“卓越工程师”。

【科技成果转化】2022年，湖南省地质学会组织会员单位，配合地方政府开展中国地质学会组织的富硒土地和地质文化村镇申报工作。学会组织申报的2处地质文化村（镇）和4块富硒土地全部认定挂牌。

【技术转化服务】2022年，湖南省地质学会发挥学会技术人才优势，做好服务政府职能技术工作。参与技术采购服务，继续承担非法采矿技术服务支撑工作。与省自然资源厅对接，承接全省非法采矿价值评估和超深越界测量报告评审组织、野外核查等工作，开展非法采矿、绿色矿山建设、生态修复等方面存在问题征集、分析和汇总工作，适时向省厅提供建议和意见。开展地质科学研究工作。学会联合会员单位在省自然资源厅成功申报“湖南省绿色示范矿山遴选”“湖南地质文化村镇和富硒土地调查评价”“湖南省富硒土地划定与标识”等科研专项。开展各项技术培训工作。2021年以来，学会理事长带队开展全省矿业绿色发展和绿色矿山建设宣讲活动，并亲自授课，开展绿色矿山建设和生态修复等技术培训，参加培训人数近5000人，开展绿色矿山建设第三方评估、技术方案编制等技术培训。

【开展纪念“中国地质学会成立100周年”暨“湖南地质百年”宣传活动】2022年，是中国地质学会100周年诞辰。湖南省地质学会开展瞻祭地质科学家丁文江的活动。召开图书编辑推进会8次、反复改稿36次，完成“湖南地质百年”图书编写出版工作。

【党的建设】2022年，湖南省地质学会党支部通过湖南省自然资源事务中心官网、学会官网、微信公众号平台深层次解读党的二十大精神，开展 “不忘初心、牢记使命”主题活动，制定以“使命愿景、文化理念、议事规则”为核心内容的三有学会制度。邀请上级党组织到学会党支部讲党课，指导政治学习。

【荣誉档案】2022年，湖南省地质学会获得中国地质学会工作优秀奖和省自然科学学会研究会先进单位。

（撰稿　宋艳秋）

湖南省测绘地理信息学会

湖南省测绘地理信息学会
第十一届理事会

理事长	王善明
副理事长兼秘书长	邓　玲
副理事长	杨炳炎
副理事长	董明旭
副理事长	秦建新
副理事长	邹　滨
副理事长	杨厚波
副理事长	傅正华

副秘书长　史与正
副秘书长　沈绍罗
副理事长　向继甲
副理事长　陈　飞

【为科技创新服务】2022年3—5月，湖南省测绘地理信息学会开展测绘地理信息行业青年创新秀系列活动，组织会员单位对近5年的创新成果进行总结、提炼、申报和推荐，评选出优秀创新成果43个，一等奖10个，二等奖13个，三等奖20个。其中，8个有特色、有亮点、有代表性的优秀创新成果进行了集中展示。6—8月，开展“变形监测技术”青年科技沙龙和“实景三维湖南建设”青年科技沙龙，组织科技工作者赴深圳大学与郭仁忠院士团队开展“院士面对面”交流活动。评选“测绘科学技术奖”12个，“优秀测绘工程奖”108个，优秀学术论文67篇，出版《湖南省测绘地理信息论文集》（2021年度）1册。

【为会员和科技工作者服务】2022年，湖南省测绘地理信息学会开展多层次学术技术交流活动。学会及各专委会先后组织卫星导航定位学术研讨会、自然资源数据治理交流会、新型基础测绘技术培训班、不动产测绘及数据整合汇交技术培训会、测绘地理信息信用与质量培训班等10余场线上/线下报告会、交流会和培训会。各专业（工作）委员会开展多项交流活动，其中新型测绘、测绘科普与咨询、摄影测量与遥感监测、地图大数据与地理信息系统、卫星导航定位、产品质量、不动产测量、工程测量、地下管网与矿山测量等专委会举办的学术交流活动有亮点、有特色、有实效，在学会组织的年度考评中获得优秀等级。向省科协、中国测绘学会推荐各类优秀人才和创新团队，其中省国土资源规划院唐铁成功入选湖南省年轻优秀科技人才培养计划，省第二测绘院、省国土资源规划院荣获科技创新型优秀单位。牵头完成《挑战环境下GNSS/INS动态定位技术研究》，为产学研用搭建平台。

【为自然资源管理工作服务】2022年，湖南省测绘地理信息学会开展测绘地理信息行业信用信息维护、管理与评价相关技术性和事务性工作。每季度对全省600多家测绘资质单位信用情况进行复核；征集填报省级（含）以上政府及相关部门和社会信用信息共享平台公开（共享）的信用信息；及时对“省测绘地理信息综合监管平台—信用评价”模块进行优化升级；组织测绘地理信息行业信用工作交流会、信用与质量培训班等。

【为科学普及服务】2022年，湖南省测绘地理信息学会结合“8.29”测绘法宣传日、“全国科普日”等重要时间节点，组织专委会和会员单位走进校园开展科普活动。在“全国科普日”期间，开展“喜迎二十大　科普向未来”系列宣传活动，举办新型测绘技术人才培养教学模式交流会，全省近40所高校、120名老师参加。组织科技志愿服务队走进湖南师大附中星沙实验学校，开展“测绘新技术，服务新高地”主题科普宣讲活动。7月中旬，组织科技志愿服务队深入湘西州保靖县开展了“测绘科普三下乡”活动，为山区老百姓科普国家版图知识、无人机测量知识等。按时出版并免费向会员单位寄送《湖南测绘》（双月刊）。征集、推介“科学也偶像”（测绘地理信息篇）系列短视频。在中国测绘学会宣传平台、湖南测绘地理信息网和微信公众号上宣传报道科技创新成果、学术交流活动及会员工作动态，宣传普及测绘法律法规、国家版图知识及测绘新技术、新发展。

【学会建设】2022年，湖南省测绘地理信息学会在中国测绘学会、省科协对上年度的绩效考评中，均获得“优秀”等次。坚持依法依规办会，完善和规范各项管理制度和工作流程。坚持目标导向，制定学会及专委会“年度工作要点”和“重点任务分解表”、秘书处月度“重点工作分解表”。严格财务管理，支出主要用于学会举办青年创新秀、科技沙龙、交流会、研讨会，开展科普活动以及用于表彰奖励、秘书处办公经费、聘用人员的工资、福利和保险等。公职人员、兼职人员均未在学会领取任何报酬或津补贴。全年未发生任何违法违纪现象。履行桥梁纽带职责，通过学术会议、技术交流活动和网站、微信群、公众号、刊物等媒介，做好党和政府关于科技创新、人才培养等工作部署的传达宣传，测绘地理信息新技术、新发展的推广推介。

【党建工作】2022年，湖南省测绘地理信息学会组织召开党的工作领导小组会议，专题学习党的二十大精神，领会二十大报告中关于完善科技创新体系、加快实施创新驱动发展战略、深入实施人才强国战略等内涵。坚持学用结合，努力把党的二十大提出的科技创新、人才工作等战略部署贯彻落实到学会工作中，提升学会的工作能力和水平。加强党建标准化建设，按照“两个覆盖”要求，全面履行党组织的主体责任。党建与会建融合发展，党组织按要求全程参与理事会各类工作会议、学会各项学术活动等。秘书处党支部先后与省科协办公室党支部、省土壤肥料学会党支部、省第一测绘院实景三维党支部、浏阳市勘察测绘院党支部等开展主题党日活动。学会秘书处党支部被省科协评为“2021—2022年度先进基层党组织”。

（撰稿　张　弦）

湖南省土地估价师与土地登记代理人协会

会　长	吴跃民
副会长	王良健
副会长兼秘书长	黎普新
副会长	周季平
副会长	侯利初
副会长	陈明扬
副会长	陈小文
副会长	王智娟
监事长	曹　勇

【协会建设】2022年，湖南省土地估价师与土地登记代理人协会制定并出台《会员代表大会制度》等24个工作制度参与2022年度社会组织等级评定工作，10月20日接受民政厅社会组织管理局领导和专家一行的现场检查。协会开展评先评优活动，评选出15家优秀单位，10名优秀专家，20名优秀土地估价师，10名优秀联络员。定期召开会长办公会，对各项工作进行集中审议。全年共召开会长办公会8次。召开常务理事会5次，召开会员代表大会和理事会各1次，分别审议通过修改《诚信公约》和协会购买办公用房两项事宜，对实现行业健康稳定发展和协会长足发展具有重要意义。

【服务会员】2022年，湖南省土地估价师与土地登记代理人协会开具土地估价机构无不良执业记录证明231份，受省厅委托为土地估价机构开具50余份备案证明、延期使用证明和正在办理备案的证明。完成16名土地估价师和4名土地登记代理人的初始执业登记、68名土地估价师和1名土地登记代理人的转移登记，10名土地估价师和2名土地登记代理人的注销登记。6月和12月分别召开技术培训班、高级研讨班。两次培训班都邀请省自然资源厅开发利用处领导现场指导。协会共培训近1100余人。8月，中国土地估价师与土地登记代理人协会开展2022年人民法院涉执财产处置司法评估机构名单库（土地）机构推选工作，对符合要求的54家土地估价机构予以推荐。11月18日，财政部开展《资产评估法》修订征求意见工作。协会将征求意见的通知转发给全体土地估价机构，并将意见统一汇总反馈至财政部。

【诚信体系建设】2022年，湖南省土地估价师与土地登记代理人协会处理因违背自行签订《行业诚信公约》而被行业自律的事件10余件，其中有6家土地估价机构按新出台《行业自律监查办法》相关程序进行警示通报，1家土地估价机构被通报批评。每季度开展一次土地估价报告抽查评审工作。共进行三次报告抽查，抽查报告384份。完成全省145家已备案土地估价机构的资信评级工作。对全省已登记的33家土地登记代理机构进行年检考评。修订《行业诚信公约》并由会员代表大会表决通过。针对长沙市经开区自然资源和规划建设局和宁乡市城发投资控股集团有限公司开展的两个公开招标项目要求严重违背各单位自行签订《行业诚信公约》的事宜，协会予以提醒。督促各土地估价机构自觉遵守《行业诚信公约》，接受全行业监督。

【日常工作】2022年，湖南省土地估价师与土地登记代理人协会协助省厅对土地估价机构备案资料进行收集、核实、汇总。共协助省厅完成3家土地估价机构初始备案、54家土地估价机构变更备案及122家土地估价机构备案函重新核发工作。协助省厅开展“双随机、一公开”检查工作，完成16家被检查土地估价机构资料收集、核实，并协助省厅组织专家开展资料审查会，完成意见汇总。会同省房地产业协会对考试成绩达到合格线的参考人员开展考后现场人工核查工作。会同省房地产业协会协调委托省人事考试院承接房地产估价师考务工作事宜。协助中估协完成湖南省A级资信土地估价机构、资深土地估价师等的推荐工作。按照中估协对《园地估价规程》《林地分等定级规程》《林地估价规程》《草地分等定级规程》《草地估价规程》征集修改意见的要求，组织专家对此5项规程提出修改意见并汇总报送。为长沙市中级人民法院提供其所需要的

23家土地估价机构近两年诚信执业情况。对该院因办案需要所咨询的土地评估机构分公司是否具有出具土地估价报告资格及总公司出具土地估价报告合法性等问题进行书面回复。为湖南省高级人民法院提供全省土地估价机构诚信执业情况及2021年行业评先情况、2022年土地估价机构资信评级结果，以供其遴选土地评估业务委托单位。

【交流与宣传】2022年，湖南省土地估价师与土地登记代理人协会组织部分专家座谈会，以主题演讲和自由讨论相结合的方式围绕四个主题展开座谈。开展省内交流座谈活动。先后与湖南省水文化研究会、湖南省国土空间规划学会、湖南省水利工程协会进行座谈交流。通过协会网站、微信、QQ等信息平台，做好宣传教育，贯彻落实好省政府和中估协各项决策部署。及时更新协会官网、微信公众号和各工作群中信息，将最新行业动态和政策等对外发布。全方位公布备案土地估价机构资信评级结果，并将资信评级结果以函件形式邮寄至全省各市、县（市、区）人民政府、财政局、税务局、自然资源局、国资委、法院、开发区及银行等。

【党的建设】2022年，湖南省土地估价师与土地登记代理人协会党支部出台党建工作专项经费使用管理规定，并召开党员大会、组织生活会和专题培训会等二十余次支部会议。10月15日，党支部组织秘书处全体工作人员开展助力“疫情防控”为主题的党建活动，秘书处工作人员协助社区工作人员开展核酸检测工作，并向桔园社区捐赠口罩、酒精等防疫物资。参与乡村振兴建设。通过购买龙山县农产品，实现消费助农，参与省民政厅社会组织管理局开展的“爱心小屋”行动。12月8日赴长沙市第一社会福利院捐赠米粮等物资。

湖南省地质灾害防治学会

湖南省地质灾害防治学会
第二届理事会

理事长	申志军
常务副理事长	张永忠
副理事长	谭译林
副理事长	李　力
副理事长兼秘书长（专职）	赵世华
副理事长	刘拥军
副理事长	于辉胜
副理事长	梁昕晔
副理事长	彭春雷
副理事长	杜年春
副理事长	廖凤初
副理事长	姜必广
副理事长	胡　俊
副秘书长（专职）	周含川
副秘书长	肖光明

【学会治理】2022年，湖南省地质灾害防治学会开展学会治理工作。结构治理方面，8月5日，学会二届二次理事会议召开，表彰2021年度先进会员单位15家、首届全省地质灾害调查员职业技能竞赛、2021年度湖南省地质灾害防治工程优秀勘察设计奖、2021年度湖南省地质灾害防治科学技术奖的获奖单位和个人；审议通过关于更名为“湖南省地质灾害防治与生态修复学会”的提案和关于成立第二届科学技术奖励委员会的提案；审议通过《湖南省地质灾害防治学会团体标准制（修）订管理办法》和《湖南省地质灾害防治学会分支机构管理办法》《湖南省地质灾害防治科学技术奖励办法》《湖南省地质灾害防治学会固定资产管理办法》等文件修改稿；举行学会科技志愿者支队所属大队授旗仪式，成立13个市州大队和塌陷灾害应急、应急监测2个专业大队，增补3家副理事长单位、1家常务理事单位、1家理事单位、3家会员单位，增补3名副理事长、8名常务理事、36名理事。党建方面，巩固党史学习教育成果，开展学习贯彻落实党的二十大精神系列活动，组织参加省自然资源厅“学习贯彻党的二十大精神省委宣讲团报告会”、省自然资源事务中心“学习贯彻党的二十大精神宣讲会暨专题党课”、省政协科技界别“学习党的二十大精神座谈会”、省科学技术协会“学习党的二十大精神、扛牢科技创新责任”专题党课。共开展主题党日活动12次、廉政警示教育2次，召开党员大会6次、组织生活会2次，完成省委巡视整改工作，落实意识形态工作责任制，规范网络宣传与舆情监管。

【科技交流】2022年，湖南省地质灾害防治学会开展地质灾害防治学术交流活动。专家队伍建设方面，1月18日召开学会第二届专家委员会第一次全体会议，中国工程院院士、学会名誉理事长郑健龙等出席会议。会议期间，举行第二届专家委员会成员聘任仪式，向以郑健龙院士为首的37名省内外专家学者颁发聘任书。会议审议通过成立第二届科学技术奖励委员会的建议，审议通过专家库建设方案。学术交流方面，8月5日举办2022年地质灾害防治与生态修复专题报告会，中国地质灾害防治与生态修复协会侯金武主讲《国土空间生态修复与全域土地综合整治》、省科技厅奖励办侯峻主讲《企业科创属性培育与科技金融》、浙江省地质环境监测中心张义顺主讲《地质灾害风险防控的浙江探索与实践》，共有200余名参会代表、科技工作者参加交流学习。标准化建设方面，申报的《湖南省地质灾害防治专业技术标准研制项目》获批省科协学会创新发展引导项目。编制《湖南省地质灾害防治标准化建设方案》《湖南省地质灾害防治标准研制清单》，征求专家意见，学习调研省建筑设计协会、省土木工程学会、省气象标准化技术委员会等机构工作经验，向省市场监督管理局提交筹备成立“湖南省地质灾害防治标准化技术委员会”的申报材料。

【科普教育】2022年，湖南省地质灾害防治学会开展地质灾害防治知识科普教育工作。开展科普周活动，受省自然资源厅地质勘查管理处委托，组织专家、科技志愿者到石峰区、桃江县、慈利县、凤凰县等地集中开展省级示范活动，省广播电视台都市频道全程跟拍，摄制新闻短片在专栏报道，收视人数超过300万人。通过收集全省各市州汇交的活动总结，向省自然资源厅编制提交《全省“5·12”地质灾害防治知识科普周活动总结报告》。推动“进教材”活动，与四川省自然资源厅、四川省地质灾害研究会等单位就教材研制过程、审定标准与结果，以及教材的出版与发行等方面进行线上交流，并结合其他省市经验，编制《地质灾害防治知识“进教材”调研报告》，向省自然资源厅提出地质灾害防治知识进湖南省中小学教材的建议。开展科普研学活动，联合湘潭大学、省物勘所、永州市科协等单位在永州409科普园开展地质灾害防治知识科普研学活动，通过布设科普知识展板、发放科普宣传册、播放警示教育片、专家开堂授课、组织学生发起倡议等形式开展面对面科普宣传。推广科普微电影，推广首创的地质灾害防治科普微电影《忏悔》。自然资源部、中国地质灾害防治与生态修复学会在全国范围进行推介，浙江、河南、广西等省级行政区行业协会学会在各省进行推介，学习强国、芒果TV、腾讯视频等媒体竞相转载转映，入选亚洲微电影艺术节展播优秀作品，获评中央组织部第十六届全国党员教育电视片三等奖。

【人才培养】2022年，湖南省地质灾害防治学会开展地质灾害防治人才培养工作。人才评价方面，共举办地质灾害危险性评估、地质灾害防治工程勘查、地质灾害防治工程设计3期水平测试，共318人次参加，合格率较2021年提升约20%。专业培训方面，9月29—30日，举办全省地质灾害危险性评估与地质灾害风险调查评价培训班，邀请中国地质科学院地质力学研究所王涛研究员等专家围绕“《地质灾害危险性评估规范》解读”“危险性报告成果编制中的常见问题”“地质灾害风险调查评价”“地质灾害风险调查要点”等专题开展教学，共有来自全省35家单位的284名专业技术人员参训。11月23—24日，举办地质灾害防治工程勘查与设计培训班，邀请中科院成都山地所陈宁生研究员等专家就勘查与设计规范、技术要求、案例分析展开教学，共有来自全省33家单位的231名专业技术人员参训。职业技能竞赛方面，9月5—7日，承办省自然资源厅、省人社厅、省总工会、省科协、共青团湖南省委五部门联合主办的第二届全省地质灾害调查员职业技能竞赛暨全国地质勘查行业第二届地质调查员（地质灾害方向）职业技能竞赛湖南省选拔赛。竞赛方式采用理论知识考试和技能操作考核相结合，共有来自全省19支队伍95名参赛选手参赛。省生态地质调查监测所获得团体一等奖，湖南中核建设工程有限公司等2支队伍获得团体二等奖，省勘测设计院有限公司等3支队伍获得团体三等奖，省城乡建设勘测院有限公司等4支队伍获得团体优胜奖；王剑获得个人一等奖并获得“湖南省五一劳动奖章”，曹顺红等3人获得个人二等奖，龚飞等6人获得个人三等奖，翟世斌等9人获得个人优胜奖；罗敏等4人获得“优秀指导员奖”；省地质调查所等4家单位获得“突出贡献单位奖”。此次竞赛将省级二类竞赛和国赛选拔赛合并举行，是湖南省地质灾害防治行业历年来层次最高、范围最广、规模最大的一场赛事。

【荣誉档案】2022年，湖南省地质灾害防治学会被评定为省科学技术协会绩效考核“优秀等级”。学会党支部被评为省科协社会组织行业党委2021—2022年度“先进党支部”。

（撰稿　刘丽湘）

湖南省地理信息产业协会

湖南省地理信息产业协会第二届理事会

会长单位　国信军创（岳阳）六九零六科技有限公司
副会长单位　湖南省第一测绘院
副会长单位　湖南省第二测绘院
副会长单位　湖南省第三测绘院
副会长单位　湖南省地质地理信息所
副会长单位　长沙市规划勘测设计研究院
副会长单位　中国电建集团中南勘测设计研究院有限公司
副会长单位　长沙市规划信息服务中心
副会长单位　广东南方数码科技股份有限公司长沙分公司
副会长单位　长沙市中智信息技术开发有限公司
副会长单位　广州南方测绘科技股份有限公司湖南分公司
副会长单位　长沙天心经济开发区管理委员会
副会长单位　邵阳市不动产登记中心
监事长单位　株洲中天高科技勘测工程有限公司
副会长兼秘书长　刘许生

【协会建设】2022年，湖南省地理信息产业协会做好协会各项建设工作。召开会长会议和常务理事会议。3月16日和4月22日，分别召开第二届理事会会长（含监事长）会议和常务理事会议。省自然资源厅地理信息管理处处长罗虹出席常务理事会议并讲话。两次会议表决通过2022年协会工作计划、各工作委员会计划以及奖项评奖办法（2022修订版），商讨如何促进全省地理信息产业发展；9月28日，在长沙召开“2022年会长（含监事长）会议暨省地理信息产业大会筹备工作会”，商讨2022湖南省地理信息产业大会筹备、增设“湖南省地理信息产业最具活力中小企业”奖项等事宜。完善内部管理。每月向省自然资源厅报送月度工作情况，总结经验，反映行业情况和企业诉求。在各类媒体平台共发布消息、政策和文件230余条。完成民政厅年检及科技进步奖年度报告工作。成立质量工作委员会，共设有8个工作委员会。新增会员单位21家，年末共有会员单位213家。配合防疫工作。3月28日，印发《关于做好新冠肺炎疫情防控工作的倡议书》，得到湖南省第一测绘院、湖南省第二测绘院、长沙市鸿林测绘有限公司等会员单位响应，捐款捐物、组织报名参加志愿者等；12月29日，响应湖南省社会组织管理局号召，组织湖南山和勘测设计有限公司、中国电建集团中南勘测设计研究院、株洲中天高科技勘测工程有限公司、湖南中云图地理信息科技有限公司、湖南天湘和信息科技有限公司等会员单位向福利院、敬老院捐赠价值人民币3万余元的防疫物资。发挥党支部政治引领作用，9月13－14日，参加省工信厅社会组织行业党委举办的“行业党委党建工作会议暨社会组织党支部书记培训”。10月16日，组织全体工作人员收看党的二十大开幕会。

【协会服务】2022年，湖南省地理信息产业协会做好各项服务工作。做实交流平台。承办展览和论坛。9月1－4日，承办“2022湖南（国际）通用航空产业博览会自然资源展览”，展区设长沙国际会展中心E3展馆，面积2000平方米，共有省内外29家优秀测绘地理信息企事业单位和1家园区管委会参展。中国人民解放军空军副司令员董立，省委副书记、省长毛伟明，省厅党组书记、厅长、省自然资源总督察陈仲伯，省厅党组成员、副厅长邓建华，中国科学院院士、中国工程院院士李德仁巡观该展区，吸引行业精英、社会观众约6万余人观展；9月1日，承办“通航空间地理信息产业发展论坛”，省自然资源厅党组成员、副厅长邓建华出席论坛并致辞。中国科学院院士、中国工程院院士李德仁，国际欧亚科学院院士、深圳大学党委书记李清泉教授，中国科学院无人机应用与管控研究中心执行秘书长谭翔教授，武汉大学测绘学院副院长闫利为论坛作主旨报告，吸引业内精英、技术骨干和管理者近300人参加。实地调研产业园区。4月18日，特邀省自然资源厅党组成员、副厅长邓建华一行到湖南地理信息产业园部分企业实地调研，深入了解企业发展现状、难点和需求，并就如何促进园区及全省地理信息产业发展组织召开园区企业家座谈会，听取相关意见和建议。开展专题交流会。3月11日，与胡梁云服集团联合举办“2022年地理信息行业新业态技术服务交流会暨‘胡梁云服App’线下分享会”，吸引全省行业精英100余人参会，会议聚焦测绘仪器租赁、人才服务、项目服务、设备品质保障服务等地理信息新业态模式，结合实际案例，分享成果经验；9月2日，与超图集团联合举办“2022 GIS软件技术与应用研讨会（长沙站）”，来自全省地理信息企事业单位代表200余人参会，会议紧跟当下地理信息发展的两大趋势——“国产化、三维化”，号召国产地理信息软件企业把握自主化发展和从二维向三维全面升级的新机遇；11月17日，与深圳市大疆创新科技有限公司、长沙群力测绘科技有限公司联合举办“2022年无人机航测新技术交流会”，探讨无人机航测新技术在多行业应用，吸引来自全省测绘地理信息企事业单位负责人、主要技术骨干约400人参会。

动态监测产业，把握行业发展方向。落实重点企业联系制度。将重点联系企业从2021年的7家增加到17家，均为经济规模较大、经营发展较好、示范引领较强的本土地信企业，将其经营状况按季度报送至自然资源部。编写《2021湖南省地理信息产业蓝皮书》。组织召开编辑会，明确编撰内容、撰稿作者及指导专家等，编写《2021湖南省地理信息产业蓝皮书》。该书分为十个篇章，基本囊括2021年全省地理信息产业各领域发展状况，并分析问题、提出举措。到部分会员单位实地调研。到省地球物理地球化学调查所409基地、南方数码长沙分公司、长沙市中智信息技术开发有限公司、湖南优图信息技术有限公司等会员单位进行实地调研，深入了解经营状况、管理经验和实际困难，听取意见和建议，向主管部门反映，有针对性地开展相关活动。配合调研企业应收账款问题。面对世界百年变局和疫情交织叠加的新形势，全省地理信息行业面临较大发展困难，应收账款数额巨大。国务院、自然资源部和省厅均印发相关文件督促收款，为企业纾难解困。配合省自然资源厅和中国地理信息产业协会深入调研湖南省地理信息企业应收账款问题，并如实反映情况，争取相关支持。

强化专业技术培训。举办“湖南省测绘成果质量检验培训班”。6月，在长沙举办两期“湖南省测绘成果质量检验培训班”，吸引全省测绘地理信息企事业单位质检员、技术骨干和管理精英700余人参培。持续举办无人机航测培训班。与株洲、衡阳、湘西、湘潭、怀化、岳阳、永州等市州自然资源和规划局联合举办“无人机航测驾驶航空器系统操作手（UTC）培训班”，培训专技学员300余人。

【评奖评优】2022年，湖南省地理信息产业协会做好评奖评优工作。全面修订评选办法。特邀省厅相关领导，组织协会专家委员会多次召开专题会议对湖南省地理信息产业十佳单位、十强企业、优秀工程和湖南省地理信息科技进步奖的评选办法进行全面修订，并在会长会议和常务理事会议上表决通过。组织科技成果评价。组织专家对“面向污水治理提质增效的关键技术研究及应用”作科技成果评价，助力会员单位申报国家级奖项。应多家会员单位邀请，组织专家对“林火卫星遥感监测与预警关键技术”等5项科技成果进行评价，从形式到内容提出有建设性、可操作性强的意见和建议，帮助其提炼科技成果亮点、科学组织材料，提高奖项申报材料质量。公平公开公正评奖。湖南省地理信息科技进步奖吸引15家单位报送19份评选材料，同比增加26%；优秀工程吸引54家单位报送97份项目材料，同比增加15%。共评选出13个科技进步奖，其中特等奖2个、一等奖5个、二等奖6个；共评选出74个优秀工程，其中金奖20个、银奖26个、铜奖28个。

（撰稿　刘许生）

湖南省国土空间规划学会

理事长　　　　　　金勇章

副理事长、秘书长　谢光辉

【组织机构改革】2022年5月22日，湖南省国土空间规划学会与湖南省城乡规划学会正式融合，合并后名称仍为湖南省国土空间规划学会，并对学会秘书处人员进行合并调整。

【国土空间规划资质认证】2022年，湖南省国土空间规划学会受理新申报乙级资质资料89家，乙级资质延续资料22家，取得乙级资质单位共69家。完成5个批次94家资质单位的过渡期资质认证工作。完成19家外省单位在湘备案工作。

【注册城乡规划师】2022年，湖南省国土空间规划学会上报和审核注册人员信息，共计取得注册城乡规划师电子证书738本，其中初始注册214本、注册类型转换7本、变更注册226本、延续注册289本，更正补办2本，办理单位注册及更名业务78起。

【学会会刊】2022年，湖南省国土空间规划学会将原城乡规划学会《湖南城乡规划》和空间规划学会《国土空间规划》两份内刊进行并刊。及时报道行业发展的重大政策信息、技术规范、时政要闻、行业热点，刊登学术研究成果。

【专工委设置】2022年5月26日，湖南省国土空间规划学会对原有的专业和工作委员会进行梳理调整，并根据当前国土空间规划体系构建和工作重点增设4个专（工）委，共有20个专业和工作委员会。11月23日，所属专（工）委进行年度述职考核，其中详细规划等6个专工委被评为学会优秀专工委。

【市州学会建设】2022年，湖南省国土空间规划学会到益阳、湘西、湘潭、株洲、永州、衡阳、岳阳、郴州等市州走访调研，并在永州召开全省市州规划学会筹建专题座谈会，协调促进市级学会的筹备成立。长沙、常德、张家界、邵阳、永州、岳阳、益阳已成立市级规划学会。

【开展活动】2022年9月20日，湖南省国土空间规划学会在岳阳举办以“新形势　新使命　新作为—规划院动能转换的高质量发展”为主题的湖南省第八届规划院院长论坛。邀请12位规划院院长代表作论坛交流，探讨规划院在各种变化和转型时期，如何奋发开拓、转型升级、动能转换，走向转型之路。学会会员单位共计4200多人次线上参加论坛活动。12月18日，在永州市召开2022年学术年会。学会及下属专（工）委全年共举办各种大型学术活动53场次，线下线上参加总人数超过5000人次。

【组织培训】2022年6月25日，湖南省国土空间规划学会举办全省村庄规划工作实践与学术交流会。邀请12个综合服务单位进行经验分享交流，自然资源厅空间规划局对村庄规划综合服务团的工作进行整体调整部署，全省各市州自然资源和规划部门分管领导及86个综合服务团代表共130人参加。7月和9月，经自然资源部空间规划局和中国城市规划协会核准，学会组织举办两期湖南省2022年注册城乡规划师继续教育培训，来自全国14个省市的近800名注册城乡规划师参训。

【为行业改革发展出谋划策】2022年，湖南省国土空间规划学会多次到会员单位、市州自然资源和规划主管部门以及部分高校职院进行现场调研，总计走访32家单位，听取调研单位发展现状和面临的困难问题报告，征求行业管理部门和相关单位对规划行业发展的意见建议。针对原土地规划资质过期失效问题，学会向省自然资源厅递交《关于过渡期土地规划资质单位行业资质有关问题的报告》。

【助力规划学科建设和课程改革】2022年，湖南省国土空间规划学会依托规划教育和学术专工委，组织省内高校、规划编制技术单位主办规划教育培训、规划人才培养、国土空间规划专业职称改革等多场次专题研讨和沙龙活动。学会副理事长单位湖南城市学院承办全省第八届大学生城乡规划设计竞赛，省内20所高校参加。围绕规划课程改革，学会教育工委联合青年委、乡规委等单位开展“疫情下的课程教学探索”研讨以及“政—产—学—研”乡村规划设计课程&竞赛活动、“政—产—学—研”城乡规划专业学术讲座、“政—产—学—研”专业启蒙教育调研&论坛等系列主题活动。

【组织人才奖励和优秀成果系列评选】2022年4月，湖南省国土空间规划学会组织开展优秀论文征集活动，共征集论文600篇。共评选出获奖论文272篇，其中一等奖20篇、二等奖45篇、三等奖74篇、优胜奖133篇。9－11月，组织开展“优秀国土空间规划师”评选活动，选出20名优秀国土空间规划师；9－11月，与省地质博物馆联合主办“国土空间规划优秀案例”展评活动，超过107万人次参与投票，累计投出243万余票，最终评选出98个优秀案例。

【推进行业诚信体系建设】2022年，湖南省国土空间规划学会组织会员单位开展相关课题研究，初步拟定《湖南省规划资质单位信用考核评价系统设计方案》，并向省自然资源厅领导进行专题汇报。该系统开发项目已列入省自然资源厅政府采购项目清单。

【向行业主管部门推先荐优】2022年，湖南省国土空间规划学会在2021年配合省自然资源厅做好自然资源部高层次科技创新人才工程（国土空间规划行业）推荐工作基础上，组织会员单位向中国城市规划学会、省科协等单位做好全省“卓越工程师”、中国城市规划学会科技进步奖等先进个人和项目的申报工作。学会所荐人才被评选为“卓越工程师”。

【学会制度建设】2022年，湖南省国土空间规划学会制定学会财务管理制度、考核奖惩制度、档案管理制度、民主决策制度、重大事项报告制度、接受捐赠制度等管理办法，衔接省自然资源厅、省科协、规划局和规划院，做好政务信息报送工作。为全省400多家会员单位1200余名会员提供学术、咨询、科技、科普服务。

【党建工作】2022年，湖南省国土空间规划学会发挥功能性党支部的政治功能，将支部建设与日常工作有机融合，开展一系列主题党日及学习活动，6月14日“众心向党　自立自强—党领导下的科学家主题展”、7月1日与浏阳市规划设计院“迎七一支部结对共建”、10月18日省科协行业组织党委新时代文明中心实践中心建设调研、11月25日党的二十大精神宣讲报告座谈，持续巩固“五化”支部建设成果。

（撰稿　易小波）

湖南省自然资源资产学会

湖南省自然资源资产学会
第一届理事会

副理事长、秘书长	王宽苏
副理事长	王修林
副理事长	钟美瑞
副理事长	陈翼翔
副理事长	周新章
副理事长	王珍英
副理事长	瞿跃辉
副理事长	夏春生
副理事长	杨青松
副理事长	李庆红
副理事长	邓凌云
副理事长	赖继文
副理事长	尹长林
副理事长	覃昌淼
副理事长	刘震宇
副理事长	吕永清（ —2022.10）
副理事长	罗　瑜（ —2022.10）
副理事长	谢优平（ —2022.10）
副理事长	李亚涛（ —2022.10）
副理事长	陈松林（ —2022.10）
副理事长	田永雨（ —2022.10）
副理事长	谢优平（ —2022.10）
副秘书长	李晓艳

【学术交流】2022年，湖南省自然资源资产学会召开2021年度学术年会暨第一届理事会第三次理事会议。7月20日召开学术年会，邀请湖南省不动产登记中心研究员级高级工程师严洪亮作题为《自然资源确权登记地籍调查技术解读》的报告，长沙永信土地房地产评估测绘有限公司、长沙永信土地规划咨询有限责任公司总裁，高级工程师刘震宇作题为《全民所有自然资源资产清查工作思路——以长沙市内五区储备土地为例》的报告。组织考察交流活动。4月29日学会领导与省厅、省不动产登记中心、省空间规划学会到省建设人力资源协会调研职称评审工作。9月21日，省自然资源资产学会副秘书长到湖南师范大学资源与环境科学学院开展交流会商。参观学院教学、科研环境及地理科学创新创业教育基地，双方就合作开展学术研讨活动、组织自然资源资产领域学者专家进行理论研究，形成优秀论文成果，提供会员单位就业、实习岗位信息，推荐优秀学生就业等深入交流，达成合作共享的意向。举办年度优秀论文征集评选。开展优秀论文征集评选活动，共征集稿件45篇，共评选出一等奖3篇，二等奖6篇，三等奖13篇，优秀奖9篇，并出版论文集。

【课题研究】2022年，湖南省自然资源资产学会与长沙永信土地房地产评估测绘有限公司联合完成课题《长沙市“标准地”改革研究——以长沙市浏阳经开区为例》，9月7日通过项目验收，为在湖南省范围内推广工业“标准地”供应提供经验。

【业务培训】2022年，湖南省自然资源资产学会举办湖南省土地复垦方案编制培训班。线上线下共计350余人参培，专家授课得到线上学员点赞4869次。

【科普活动】2022年，湖南省自然资源资产学会开展法制科普宣传。6月24日，承办由省自然资源厅主办的湖南省土地管理“一法一条例一办法”知识竞赛。省自然资源厅党组书记、厅长，省自然资源总督察陈仲伯出席并致辞。历经市州选拔赛、省级预赛多场角逐，共有全省14个市州28支参赛队、84名队员进入决赛。“专家进单位”科普志愿服务活动。9月15日，湖南省自然资源资产学会秘书长王宽苏带领专家到邵阳开展“专家进单位”科普志愿服务活动。邀请省农村不动产工作组专家现场为邵阳农村宅基地和集体建设用地房地一体确权登记成果入库、成果验收等工作进行技术指导，指出问题和不足，解读登记成果检查验收办法，辅导操作规范入库，补充和完善验收材料。此次科普活动是学会助力“稳经济、提技能、促就业”行动的首站。编印科普资料。组织编印《珍惜资源 政策下乡》《“四水”干流自然资源确权登记》，进行科普宣传。

【提供政府购买服务】2022年，湖南省自然资源资产学会为全省自然资源执法查处案卷评查工作提供技术服务。组织专家对2022年已结案的土地、矿产、测绘、规划执法案卷开展三次集中评查。共评查案卷144宗，并完成季度评查通报及《全省自然资源执法查处案卷评查操作指南》《2022年全省自然资源执法查处案卷评查资料汇编》《2022年度自然资源执法查处案卷评查年度报告》。

【推优评奖】2022年，湖南省自然资源资产学会开展湖南省农村宅基地和集体建设用地房地一体确权登记颁证优秀成果奖评选工作。经过初评、复评、终评，共评选出一等奖10个，二等奖14个，三等奖22个。向省科协推优举能，共推荐湖南省“卓越工程师”2人，推荐中国科协科技人才奖评审专家1人。

【自身建设】2022年，湖南省自然资源资产学会安排专人负责会员单位档案管理，建立沟通联络机制，对会员单位的需求及时响应。新增团体会员3家。学会的不动产专业委员会、调查专业委员会均召开成立大会，并向学会秘书处提交职能职责和组织构成情况备案。进一步加强学会内控管理，经第一届理事会第三次理事会议讨论通过《湖南省自然资源资产学会财务管理制度》《湖南省自然资源资产学会会员管理办法》《湖南省自然资源资产学会资产管理制度》等八项制度。制定《湖南省自然资源资产学会重大事项请示汇报制度》，学会开展重大活动，均向省科协、省民政厅请示。完成省科协交办的各项工作，按时报送各类总结、表格材料，参加省科协安排的所有会议和活动，并转发通知号召会员单位参与省科协开展的各项活动和学习。

【廉洁自律】2022年，湖南省自然资源资产学会多次开展廉政教育。5月9日，学会秘书处召开2022年度党风廉政建设工作会议。传达学习全省自然资源系统党风廉政建设工作会议精神。支部书记讲授《谈谈共产党人的信仰》《持续深化纠“四风”树新风》专题党课。省厅派来的工作人员不在学会领取任何的福利和报酬。学会专职、兼职工作人员严格按照省厅规定和有关财务规定发放工资福利、购买社会保险。学会严格落实上级党组织和省科协社会组织行业党委工作要求，没有无故缺席有关会议。支部成员、秘书处工作人员均无违纪违规行为。

【党建工作】2022年，湖南省自然资源资产学会制定《支部2022年工作要点》。完成5次党员大会、集体学习，3次党课，3次主题党日活动。支部书记上题为《谈谈共产党人的信仰》《持续深化纠“四风 树新风”》《以党的二十大精神为指引，奋力开创工作新局面》的3节党课；组织全体党员收看《不忘百年奋斗史 阔步新的赶考路——学习贯彻党的十九届六中全会精神》课程、党的二十大开幕会、党员教育片《榜样6》；与会员单位省不动产登记中心党员到刘少奇故居开展主题党日活动；学会组织秘书处党员干部及团体会员单位党员代表到湖南省展览馆参观中国科学家精神主题展厅，开展“众心向党 自立自强”主题党日活动；参加省科协党组成员、副主席张辉学《党的二十大精神宣讲报告会》；学会秘书处全体党员线上收看省科协党组成员、副主席陈松的主题宣讲《学习党的二十大精神 扛牢科技创新责任》。

（撰稿 刘 佩）

自然资源统计

2022年湖南省国有

湖南省		建设用地供应总量			划拨							协议		
								合计						
		宗地数	面积		宗地数	面积		宗地数	面积		成交价款	宗地数		面积
				新增			新增			新增				新增
合计		16685	26383.75	4925.66	4152	14443.73	2666.59	12450	11474.34	2233.44	23209835.21	7608	1121.84	89.95
1.商服用地		2743	1753.76	261.99	9	8.10	0.00	2734	1745.65	261.99	5466947.75	1010	173.77	6.80
2.工矿仓储用地	工业、仓储用地	1509	5637.35	1181.21	6	12.82	0.03	1423	5170.22	1155.55	2069080.26	178	396.90	4.96
	盐田	0	0.00	0.00	0	0.00	0.00	0	0.00	0.00	0.00	0	0.00	0.00
	采矿用地	10	16.88	0.00	0	0.00	0.00	10	16.88	0.00	3292.14	3	2.65	0.00
3.住宅用地	普通商品住房用地	7502	3442.97	510.81	31	2.16	0.00	7471	3440.81	510.81	14553862.82	5827	175.21	10.77
	普通商品住房用地 中低价位、中小套型	0	0.00	0.00	0	0.00	0.00	0	0.00	0.00	0.00	0	0.00	0.00
	经济适用住房用地	530	633.71	64.56	379	623.72	64.04	151	9.99	0.52	14458.88	149	3.37	0.52
	公共租赁住房用地	61	128.64	19.03	46	103.86	18.80	15	24.78	0.24	20061.16	14	24.54	0.00
	高档住宅用地	0	0.00	0.00	0	0.00	0.00	0	0.00	0.00	0.00	0	0.00	0.00
	廉租住房	0	0.00	0.00	0	0.00	0.00	0	0.00	0.00	0.00	0	0.00	0.00
	租赁型商品房	2	3.55	3.02	0	0.00	0.00	2	3.55	3.02	19461.78	0	0.00	0.00
	共有产权住房	163	5.50	0.00	1	4.95	0.00	162	0.54	0.00	207.92	162	0.54	0.00
	公共租赁住房	78	287.29	173.80	71	276.79	170.18	7	10.50	3.62	28347.78	4	4.65	0.00
	用于安置的商品住房用地	77	103.24	13.24	43	96.08	13.24	34	7.15	0.00	60725.93	32	2.03	0.00
4.其他	公共管理与公共服务用地	2151	4932.56	954.69	1795	4214.79	811.24	354	707.33	143.45	694000.29	193	316.20	63.96
	特殊用地	52	132.89	20.20	42	106.19	20.20	10	26.70	0.00	34779.50	0	0.00	0.00
	交通运输用地	1794	9261.69	1699.33	1717	8950.54	1545.09	76	310.23	154.24	244605.35	35	21.97	2.95
	水域及水利设施用地	12	43.72	23.77	12	43.72	23.77	0	0.00	0.00	0.00	0	0.00	0.00
	其他土地	1	0.00	0.00	0	0.00	0.00	1	0.00	0.00	3.65	1	0.00	0.00

建设用地供应情况表

单位：宗、万平方米、万元

	出让															
	招拍挂合计				招标				拍卖				挂牌			
成交价款	宗地数	面积		成交价款	宗地数	面积		成交价款	宗地数	面积		成交价款	宗地数	面积		成交价款
			新增				新增				新增				新增	
887871.73	4842	10352.50	2143.49	22321963.47	18	0.78	0.56	6611.80	873	554.86	59.33	958563.85	3951	9796.86	2083.60	21356787.82
273175.70	1724	1571.88	255.19	5193772.05	4	0.03	0.01	366.02	372	116.09	13.46	285617.49	1348	1455.76	241.73	4907788.53
58396.04	1245	4773.32	1150.60	2010684.22	0	0.00	0.00	0.00	74	200.74	24.01	71686.33	1171	4572.58	1126.59	1938997.89
0.00	0	0.00	0.00	0.00	0	0.00	0.00	0.00	0	0.00	0.00	0.00	0	0.00	0.00	0.00
989.14	7	14.23	0.00	2303.00	0	0.00	0.00	0.00	0	0.00	0.00	0.00	7	14.23	0.00	2303.00
268487.18	1644	3265.60	500.04	14285375.64	14	0.75	0.55	6245.78	410	163.40	21.86	480736.90	1220	3101.45	477.62	13798392.96
0.00	0	0.00	0.00	0.00	0	0.00	0.00	0.00	0	0.00	0.00	0.00	0	0.00	0.00	0.00
3819.38	2	6.62	0.00	10639.50	0	0.00	0.00	0.00	1	5.52	0.00	9845.50	1	1.10	0.00	794.00
19799.16	1	0.24	0.24	262.00	0	0.00	0.00	0.00	0	0.00	0.00	0.00	1	0.24	0.24	262.00
0.00	0	0.00	0.00	0.00	0	0.00	0.00	0.00	0	0.00	0.00	0.00	0	0.00	0.00	0.00
0.00	0	0.00	0.00	0.00	0	0.00	0.00	0.00	0	0.00	0.00	0.00	0	0.00	0.00	0.00
0.00	2	3.55	3.02	19461.78	0	0.00	0.00	0.00	0	0.00	0.00	0.00	2	3.55	3.02	19461.78
207.92	0	0.00	0.00	0.00	0	0.00	0.00	0.00	0	0.00	0.00	0.00	0	0.00	0.00	0.00
4141.78	3	5.85	3.62	24206.00	0	0.00	0.00	0.00	0	0.00	0.00	0.00	3	5.85	3.62	24206.00
2753.42	2	5.13	0.00	57972.51	0	0.00	0.00	0.00	0	0.00	0.00	0.00	2	5.13	0.00	57972.51
236362.96	161	391.13	79.50	457637.33	0	0.00	0.00	0.00	13	28.06	0.00	24777.62	148	363.07	79.50	432859.71
0.00	10	26.70	0.00	34779.50	0	0.00	0.00	0.00	0	0.00	0.00	0.00	10	26.70	0.00	34779.50
19735.41	41	288.26	151.29	224869.95	0	0.00	0.00	0.00	3	41.05	0.00	85900.00	38	247.20	151.29	138969.94
0.00	0	0.00	0.00	0.00	0	0.00	0.00	0.00	0	0.00	0.00	0.00	0	0.00	0.00	0.00
3.65	0	0.00	0.00	0.00	0	0.00	0.00	0.00	0	0.00	0.00	0.00	0	0.00	0.00	0.00

2022年湖南省各市州

<table>
<tr><th rowspan="3">市（州）</th><th colspan="3" rowspan="2">建设用地供应总量</th><th colspan="7">出让</th></tr>
<tr><th colspan="2"></th><th colspan="3"></th><th></th></tr>
<tr><th>宗地数</th><th>面积(不含代征)</th><th>存量</th><th>宗地数</th><th>招拍挂</th><th>面积</th><th>存量</th><th>招拍挂</th><th>成交价款</th></tr>
<tr><td>长沙市</td><td>1520</td><td>5870.52</td><td>1348.27</td><td>714</td><td>471</td><td>2253.14</td><td>715.03</td><td>2008.58</td><td>8737678.37</td></tr>
<tr><td>株洲市</td><td>656</td><td>1541.52</td><td>442.40</td><td>443</td><td>417</td><td>1091.56</td><td>304.44</td><td>1071.07</td><td>2772426.51</td></tr>
<tr><td>湘潭市</td><td>266</td><td>837.54</td><td>186.05</td><td>141</td><td>112</td><td>449.26</td><td>143.66</td><td>445.05</td><td>950130.98</td></tr>
<tr><td>衡阳市</td><td>885</td><td>1800.94</td><td>351.57</td><td>520</td><td>306</td><td>632.71</td><td>212.27</td><td>624.14</td><td>1102215.51</td></tr>
<tr><td>邵阳市</td><td>1029</td><td>1853.48</td><td>698.96</td><td>633</td><td>203</td><td>517.19</td><td>126.37</td><td>478.14</td><td>756172.47</td></tr>
<tr><td>岳阳市</td><td>938</td><td>2309.79</td><td>752.40</td><td>553</td><td>364</td><td>1610.76</td><td>653.25</td><td>1241.33</td><td>2030800.88</td></tr>
<tr><td>常德市</td><td>1342</td><td>1595.80</td><td>461.32</td><td>1072</td><td>284</td><td>724.53</td><td>282.18</td><td>688.38</td><td>1107094.44</td></tr>
<tr><td>张家界市</td><td>374</td><td>518.68</td><td>243.22</td><td>317</td><td>59</td><td>256.21</td><td>51.46</td><td>250.10</td><td>695131.18</td></tr>
<tr><td>益阳市</td><td>1485</td><td>1304.93</td><td>433.26</td><td>1211</td><td>225</td><td>465.89</td><td>158.09</td><td>418.77</td><td>433464.09</td></tr>
<tr><td>郴州市</td><td>2118</td><td>1631.22</td><td>616.49</td><td>1854</td><td>321</td><td>1052.69</td><td>362.16</td><td>845.22</td><td>1182639.24</td></tr>
<tr><td>永州市</td><td>1041</td><td>2127.39</td><td>362.93</td><td>774</td><td>392</td><td>1068.22</td><td>263.48</td><td>1030.46</td><td>1858284.76</td></tr>
<tr><td>怀化市</td><td>1744</td><td>2207.51</td><td>647.23</td><td>1461</td><td>359</td><td>569.35</td><td>226.24</td><td>533.16</td><td>573504.70</td></tr>
<tr><td>娄底市</td><td>729</td><td>1458.92</td><td>98.87</td><td>496</td><td>154</td><td>426.33</td><td>65.00</td><td>413.88</td><td>659689.52</td></tr>
<tr><td>湘西土家族苗族自治州</td><td>1095</td><td>1325.50</td><td>698.85</td><td>880</td><td>204</td><td>356.49</td><td>96.35</td><td>304.22</td><td>350602.56</td></tr>
<tr><td>合 计</td><td>15222</td><td>26383.75</td><td>7341.82</td><td>11069</td><td>3871</td><td>11474.34</td><td>3659.97</td><td>10352.50</td><td>23209835.21</td></tr>
</table>

土地供应情况表（按方式）

单位：宗、万平方米、万元

按供应方式										
	划拨			租赁				其他供地方式		
招拍挂	宗地数	面积	存量	宗地数	面积	存量	租金	宗地数	面积	收入
8339000.39	802	3605.37	621.23	0	0.00	0.00	0.00	4	12	31514
2751706.40	213	449.97	137.96	0	0.00	0.00	0.00	0	0	0
942661.32	119	361.85	42.39	6	26.43	0.00	181.55	0	0	0
1093075.85	365	1168.23	139.30	0	0.00	0.00	0.00	0	0.00	0.00
702774.60	394	1332.37	572.58	2	3.92	0.00	94.05	0	0.00	0.00
1953146.80	385	699.02	99.15	0	0.00	0.00	0.00	0	0.00	0.00
1084127.42	245	776.37	173.53	25	94.90	5.61	9206.45	0	0.00	0.00
690864.12	57	262.47	191.76	0	0.00	0.00	0.00	0	0.00	0.00
404946.42	274	839.04	275.17	0	0.00	0.00	0.00	0	0.00	0.00
1009895.89	234	325.26	37.71	16	36.66	0.00	416.00	14	216.62	70660.09
1828949.42	267	1059.17	99.45	0	0.00	0.00	0.00	0	0.00	0.00
558980.10	279	1626.58	417.08	4	11.59	3.91	1351.08	0	0.00	0.00
652004.02	233	1032.60	33.87	0	0.00	0.00	0.00	0	0.00	0.00
309830.72	203	905.46	600.49	12	63.55	2.01	1520.83	0	0.00	0.00
22321963.47	4070	14443.73	3441.69	65	237.05	11.53	12769.95	18	228.63	102174.20

2022年省级人民政府批准建设用地情况表

地区	总面积（公顷）	同比（%）	占比（%）	排名
全省	5324.53	−26.29	100.00	
长沙市	936.97	−27.79	17.60	1
株洲市	214.80	−1.47	4.03	11
湘潭市	173.88	−14.99	3.27	10
衡阳市	334.12	−40.37	6.28	5
邵阳市	337.83	−40.59	6.34	8
岳阳市	637.27	−36.25	11.97	2
常德市	472.30	−36.89	8.87	6
张家界市	62.00	−59.09	1.16	14
益阳市	426.45	−7.99	8.01	7
郴州市	546.26	12.11	10.26	3
永州市	547.43	−20.45	10.28	4
怀化市	325.52	17.55	6.11	9
娄底市	194.48	−23.67	3.65	12
湘西土家族苗族自治州	115.21	−62.84	2.16	13

2022年湖南省采矿权出让情况表（按行政区）

计量单位：个、万元、平方千米

所在行政区	采矿权出让						
	合计		探矿权转采矿权	协议出让		招拍挂出让	
	个数	价款金额	个数	个数	价款金额	个数	价款金额
合 计	62	878278.14		1	901	61	877377.14
长沙市	1	113200				1	113200
株洲市	3	23667				3	23667
湘潭市							
衡阳市	3	8671.85				3	8671.85
邵阳市	3	70600				3	70600
岳阳市	4	107265.6				4	107265.6
常德市	12	184910				12	184910
张家界市	2	49600				2	49600
益阳市	3	67730				3	67730
郴州市	10	63840.54				10	63840.54
永州市	5	46400				5	46400
怀化市	6	85802				6	85802
娄底市	8	28191.15		1	901	7	27290.15
湘西土家族苗族自治州	2	28400				2	28400

2022年湖南省测绘资质

名称	合计	按测绘资质等级分			按财务核算类型分		
		甲级	乙级	甲乙双资质	主要业务活动为测绘业务财务独立核算	主要业务活动不是测绘业务但测绘业务财务收支独立核算	主要业务活动不是测绘业务但测绘业务财务收支未独立核算
湖南省	622	4	552	66	368	17	237
长沙市	264	4	219	41	120	8	136
株洲市	34		28	6	25		9
湘潭市	18		17	1	13		5
衡阳市	25		22	3	16	2	7
邵阳市	34		32	2	22	2	10
岳阳市	48		44	4	30	3	15
常德市	35		34	1	24		11
张家界市	10		9	1	10		
益阳市	22		19	3	13		9
郴州市	35		35		22		13
永州市	34		32	2	26		8
怀化市	26		26		20		6
娄底市	20		18	2	15	1	4
湘西土家族苗族自治州	17		17		12	1	4

单位数量情况表（按市州分）

按单位性质分			其中：高新技术企业	其中：通过“双软”认证企业	按上市情况分			
事业单位	企业单位	事业单位（执行企业会计制度）			境内上市	境外上市	境内和境外上市	拟上市（境内、境外）
131	468	23	124	40	4			9
21	235	8	91	28	2			7
6	27	1	3	1				
4	13	1	3					
7	16	2	4	1				1
12	21	1	3	2	1			
12	33	3	5	3				1
10	24	1	2					
2	6	2						
9	13		3	1	1			
12	22	1	4	1				
16	17	1	2	1				
14	12		3	1				
4	14	2		1				
2	15		1					

2022年湖南省重要矿产勘查

项目名称	整装勘查区	投资额度（万元）				主要实物工作量				规模	新增查明矿		
		合计	中央财政投入	地方财政投入	社会资金投入	钻探（万米）	坑探（万米）	槽探（万立方米）	浅井（万米）		矿种	计量单位	合计
湖南省娄底市新化县乐柏矿区冶金用石英岩详查		76	0	76	0	0.02		0.04		中型	冶金用脉石英	冶金用脉石英矿石万吨	496
湖南省永州市冷水滩区石山岭矿区建筑石料用灰岩矿勘查		78.4	0	78.4	0	0.05		0.12		中型	建筑用灰岩	建筑用灰岩矿石万立方米	1113.6
湖南省永州市冷水滩区陡石山矿区建筑石料用灰岩矿勘查		63.56	0	63.56	0	0.03		0.13		小型	建筑用灰岩	建筑用灰岩矿石万立方米	592.76
湖南省永州市冷水滩区长冲刘家矿区建筑石料用灰岩矿勘查		104.34	0	104.34	0	0.09		0.22		小型	建筑用灰岩	建筑用灰岩矿石万立方米	443.16
湖南省永州市冷水滩区大树山矿区建筑石料用灰岩矿勘查		54.88	0	54.88	0	0.03		0.07		小型	建筑用灰岩	建筑用灰岩矿石万立方米	144.25
湖南省郴州市资兴市鳌鱼塘矿区玻璃用脉石英矿勘探		0	0	0	0					大型	玻璃用脉石英	玻璃用脉石英矿石万吨	2163.2
湖南省桂阳县桥市矿区玻璃用白云岩矿勘探		522	0	522	0	0.36		0.58	0.027	大型	玻璃用白云岩	玻璃用白云岩矿石万吨	4165.18
湖南省郴州市桂阳县宝山–大坊矿区铅锌银多金属矿勘查		473.81	0	0	473.81	0.48				小型	岩金	岩金 金属吨	2.699

重要成果汇总表（按项目所在地）

源储量			规模	累计查明矿产资源储量					备注	附件	推断资源量
探明资源量	控制资源量	推断资源量		矿种	计量单位	合计	探明资源量	控制资源量			
0	328	168	中型	冶金用脉石英	冶金用脉石英 矿石万吨	496	0	328	168	本项目为县级财政勘查项目，无探矿权。	新化乐柏冶金用石英岩矿详查项目简介.docx
1113.6			中型	建筑用灰岩	建筑用灰岩 矿石万立方米	1113.6	1113.6				湖南省永州市冷水滩区石山岭矿区建筑石料用灰岩矿勘查简报.doc
592.76			小型	建筑用灰岩	建筑用灰岩 矿石万立方米	592.76	592.76				湖南省永州市冷水滩区陡石山矿区建筑石料用灰岩矿勘查简报.doc
443.16			小型	建筑用灰岩	建筑用灰岩 矿石万立方米	443.16	443.16				湖南省永州市冷水滩区长冲刘家矿区建筑石料用灰岩矿勘查简报.doc
144.25			小型	建筑用灰岩	建筑用灰岩 矿石万立方米	144.25	144.25				湖南省永州市冷水滩区大树山矿区建筑石料用灰岩矿勘查简报.doc
314.9	1032.9	815.4	大型	玻璃用脉石英	玻璃用脉石英 矿石万吨	2164.2	314.9	1033	816.3	新区，财政出资项目，尚无矿业权。	附件4 鳌鱼塘勘探简报.docx
0	2323.75	1841.43	其它	玻璃用白云岩	玻璃用白云岩 矿石万吨	4165.18		2323.75	1841.43	截至2022年8月底，玻璃用白云岩矿保有矿石量（KZ+TD）4165.18万吨。其中，控制类型矿石量（KZ）2323.75万吨，推断类型矿石量（TD）1841.43万吨。	（2003版本）湖南省桂阳县桐林矿区玻璃用白云岩矿（成果简报）.doc
0	0	2.699	小型	岩金	岩金 金属吨	4.202		1.50	2.70	还没有写报告，没有正式提交资源量	大坊阶段小结12.09.doc

2022年湖南省探矿权许可证发证情况表（按矿种）

单位：个、万元、平方千米

主要矿种	探矿许可证发证							
	许可证数				登记面积			
	总数	有效	新立	注销	总面积	有效面积	新立面积	注销面积
合计	569	198		31	3958.94	997.71		364.31
煤	15			3	144.81			22.11
石煤	3				85.85			
地热	2			2	31.85			14.4
铁矿	33	7		1	141.89	54.12		6.9
锰矿	35	15		2	158.61	70.68		21.26
钒矿	12	6		1	124.37	45.83		13.99
铜矿	34	12		1	219.44	63.83		39.76
铅矿	74	30		3	435.24	110.37		61.49
锌矿	15	2			281.02	16.10		
镍矿	1				1.94			
钨矿	15	4			137.24	24.23		
锡矿	16	8			138.11	52.55		
钼矿	7	1			29.72	1.13		
锑矿	41	9			158.62	26.53		
多金属	46	19		3	300.18	81.07		26.84
金矿	181	78		7	1223.67	416.09		100.97
银矿	1	1			2.15	2.15		
铌钽矿	1				24.02			
锂矿	1				15.70			
重稀土矿	1				54.92			
萤石(普通)	3	2			14.07	7.09		
硫铁矿	3				9.48			
芒硝(含钙芒硝)	1				24.23			
重晶石	5			1	14.89			2.31
岩盐				1				21.77
磷矿	3				34.64			
金刚石	1	1			9.57	9.57		
硅灰石	1				4.31			
滑石				1				2.05
长石	1				3.05			
石膏	3	1		1	16.93	7.47		2.9
方解石	4	1		1	29.39	4.03		3.02
水泥用石灰岩	2				7.01			
脉石英	1	1			4.88	4.88		
高岭土	3			1	24.69			16.81
海泡石粘土	1				33.81			
玄武岩	1				2.31			
饰面用板岩				1				4.89
矿泉水	1				11.19			
地下水	1			1	5.15			2.84

2022年湖南省各市州地质灾害灾情情况表

单位：处、人、万元、起

地区	发生地质灾害数量							造成伤亡人数				造成直接经济损失	地质灾害预报预警		
		滑坡	崩塌	泥石流	地面塌陷	地裂缝	地面沉降		死亡	失踪	受伤		成功避让地质灾害	避免人员伤亡	避免直接经济损失
全省	2884	2561	247	34	25	4	13	13	12	1	0	34155.68	149	1631	15858
长沙市	21	17	3		1							42	1	5	30
株洲市	20	19	1									22			
湘潭市	261	255	6									498.85			
衡阳市	269	183	80	3	3							1153.9	2	49	1
邵阳市	18	13	3		2							137.7			
岳阳市	50	41	7	1		1						295.9	7	16	561
常德市	134	105	15	7	7			3	3			2310.85	22	95	870
张家界市	6	5	1									209			
益阳市	743	725	8	10								3772.6	4	20	200
郴州市	28	1	27									1450.7	2	138	500
永州市	33	26	2	2	1		2					189.5			
怀化市	881	805	59	5	3	1	8	6	6			14290.6	77	968	6065
娄底市	26	20		1	4		1					272.5	1	0	2
湘西州	394	346	35	5	4	2	2	4	3	1		9509.58	33	340	7629

政策　法规
规范性文件选登

湖南省实施《中华人民共和国土地管理法》办法

（2022年1月19日湖南省第十三届人民代表大会第五次会议通过）

第一章　总 则

第一条　根据《中华人民共和国土地管理法》《中华人民共和国土地管理法实施条例》和其他有关法律、行政法规的规定，结合本省实际，制定本办法。

第二条　本省行政区域内的土地保护、开发、利用及相关管理活动，适用本办法。

第三条　土地管理应当贯彻十分珍惜、合理利用土地和切实保护耕地的基本国策；严格执行国土空间用途管制制度；坚持土地节约集约利用；实行土地全生命周期管理，加强生态保护和修复，推动绿色发展。

第四条　县级以上人民政府应当履行耕地保护的主体责任，科学规划，严格管理，保护和合理开发利用土地资源；依法查处各类非法占用土地和破坏土地资源的行为；在人才、技术、资金等方面支持乡（镇）人民政府履行土地管理职责。

县级以上人民政府自然资源主管部门负责本行政区域土地管理和监督工作，农业农村主管部门负责本行政区域耕地质量管理、农村宅基地改革和管理有关工作。

县级以上人民政府发展改革、财政、人力资源和社会保障、生态环境、住房城乡建设、水利、林业、统计等有关部门应当按照各自职责，做好土地管理相关工作。

乡（镇）人民政府按照职责做好本辖区土地监督管理工作，依法行使对土地违法行为的行政处罚权。

第五条　各级人民政府及有关部门应当通过广播、电视、报刊、互联网等传播媒介加强对土地管理有关法律、法规的宣传教育，树立全社会珍惜土地、节约用地、保护耕地的意识。

第二章　国土空间规划

第六条　各级人民政府应当依法编制国土空间规划并向社会公布。经依法批准的国土空间规划是各类开发、保护、建设活动的基本依据，任何组织和个人不得擅自修改。

国土空间规划包括总体规划、详细规划、相关专项规划。

第七条　省级国土空间总体规划经省人民代表大会常务委员会审议后，由省人民政府报国务院批准。长沙市及国务院指定城市的国土空间总体规划经同级人民代表大会常务委员会审议后，由省人民政府报国务院批准。

其他设区的市、自治州国土空间总体规划经同级人民代表大会常务委员会审议后，由设区的市、自治州人民政府报省人民政府批准。县（市）国土空间总体规划经同级人民代表大会常务委员会审议后，报设区的市、自治州人民政府初审，再由设区的市、自治州人民政府报省人民政府批准。

乡（镇）国土空间规划由县级人民政府报设区的市、自治州人民政府批准。

第八条　详细规划包括城镇开发边界内的详细规划和城镇开发边界外的村庄规划以及其他详细规划。

城镇开发边界内的详细规划，由设区的市（自治州）、县（市）人民政府自然资源主管部门组织编制，报同级人民政府批准；村庄规划由乡（镇）人民政府组织编制，报上一级人民政府批准；城镇开发边界外特殊单元的详细规划，由设区的市（自治州）、县（市）人民政府自然资源主管部门会同相关部门组织编制，报同级人民政府批准。

编制村庄规划应当依据村庄功能分类，统筹耕地和永久基本农田保护、农村居民点布局、基础设施和公共服务设施布局、乡村产业用地布局、村庄安全和防灾减灾、生态保护修复和全域土地综合整治等，注重红色资源、历史文化传承与保护，并充分听取村民意见。各级人民政府应当明确部门职责、保障工作经费，加强乡村规划人才队伍建设，建立村庄规划综合服务机制，统一部署和推进村庄规划编制和实施监督工作。

第九条 县级以上人民政府自然资源主管部门会同发展改革等相关部门制定国土空间专项规划编制目录清单，报同级人民政府批准实施。

耕地保护、生态保护和修复等专项规划及跨行政区域（流域）的国土空间规划，由所在区域或者上一级自然资源主管部门牵头组织编制，报同级人民政府审批；其他涉及空间利用的专项规划，由相关主管部门组织编制，经自然资源主管部门组织符合性审查后，报同级人民政府批准。

第十条 土地利用年度计划应当符合国土空间规划，严格控制建设用地总量，优先保障国家和省重大能源、交通、水利、信息网络、国防等基础设施用地，教育、医疗等重大民生项目用地，先进制造业等重大产业用地，科技创新、对外开放、乡村振兴等方面重大项目建设用地，并按照国家和本省有关规定对农村宅基地和集体经营性建设用地作出合理安排。

第十一条 县级以上人民政府自然资源主管部门应当会同相关部门组织开展土地调查和监测。土地所有者或者使用者应当配合并提供相关资料。

建立土地调查和监测成果汇交制度。土地调查和监测成果应当按照国家和本省有关规定向社会公布。

土地调查成果是编制国民经济和社会发展规划、国土空间规划以及实施自然资源管理、保护和利用的重要依据。土地监测成果应当作为耕地保护责任目标考核的重要依据。

第三章 耕地保护

第十二条 县级以上人民政府对本行政区域耕地保护负总责，其主要负责人是耕地保护的第一责任人。

县级以上人民政府应当严格执行耕地保护专项规划，全面落实耕地占补平衡，加强耕地保护执法监督检查，确保本行政区域内耕地数量不减少、质量不降低。

设区的市、自治州当年耕地总量减少或者质量降低的，由省人民政府责令设区的市、自治州人民政府限期组织开垦或者整理数量和质量相当的耕地，或者通过调剂使用补充耕地指标的方式补足；逾期未补足的，由省人民政府自然资源主管部门冻结其农用地转用计划指标，暂停其涉及耕地的农用地转用报批。

省、设区的市（自治州）人民政府应当按照规定制定考核办法，对下一级人民政府耕地保护责任目标落实情况进行考核，包括耕地保有量、永久基本农田保护面积、耕地占补平衡、永久基本农田补划、高标准农田建设、耕地质量保护与提升等主要内容。耕地保护责任目标考核结果作为县级以上人民政府主要负责人自然资源资产离任审计和相关考核评价的重要依据。

第十三条 省人民政府应当根据国家下达的永久基本农田保护目标任务和本省国土空间规划，逐级分解下达各设区的市（自治州）、县（市、区）永久基本农田保护目标和任务。

县级以上人民政府自然资源主管部门应当会同同级农业农村主管部门按照有关规定依法划定永久基本农田，落实保护责任。永久基本农田应当落实到地块，纳入永久基本农田数据库严格管理，保证数据与实地相一致。

第十四条 非农业建设经依法批准占用耕地的，必须按照规定开垦、整理与所占耕地数量和质量相当的耕地：

（一）在国土空间规划确定的城市建设用地范围内依法批准占用耕地的，由设区的市（自治州）、县（市）人民政府负责；

（二）在国土空间规划确定的村庄和集镇建设用地范围内依法批准占用耕地的，由县级人民政府、农村集体经济组织负责；

（三）在国土空间规划确定的城市和村庄、集镇建设用地范围以外，因能源、交通、水利、矿山、军事设施等建设项目占用耕地的，由建设单位负责。

没有条件开垦耕地或者开垦的耕地不符合要求，可以在所在地县级行政区域内实现占补平衡的，由建设单位按照省人民政府规定的标准缴纳耕地开垦费，其中，对依法批准占用永久基本农田的，耕地开垦费按照对应耕地类别最高标准的两倍执行；需要跨县域补充耕地的，由建设单位向所在地县级人民政府自然资源主管部门缴纳调剂补充耕地指标费。耕地开垦、调剂补充耕地指标等所需费用作为建设项目成本列入建设项目总投资。

第十五条 县级以上人民政府应当建立耕地占

补平衡部门协调机制，科学划定耕地后备资源，并纳入国土空间规划；编制土地开垦和整理计划，组织土地开垦、全域土地综合整治和高标准农田建设等，提高土地利用率，改善农业生态环境，增加有效耕地面积。

土地开垦整理项目由县级以上人民政府自然资源主管部门会同农业农村主管部门按照规定职责组织验收。新增加的耕地，经省人民政府自然资源主管部门确认，向国家报备入库后，可以用于耕地占补平衡。县级人民政府应当督促乡（镇）人民政府加强新增耕地的后期管护，确定土地使用权人，按照耕地利用优先序落实耕种。

第十六条 因挖损、压占、临时使用土地等造成土地破坏以及地下采矿等造成地表塌陷的，用地单位和个人应当按照国家有关规定承担复垦责任。复垦的土地应当优先用于农业。

有条件复垦的，用地单位或者个人应当按照规定编制土地复垦方案，安排土地复垦费，接受自然资源主管部门监管；没有条件复垦或者复垦不符合要求的，用地单位或者个人应当缴纳土地复垦费，由县级人民政府自然资源主管部门组织复垦。

土地复垦费应当列入生产成本或者建设项目总投资，专项用于土地复垦。土地复垦费的缴纳标准和管理办法由省人民政府财政主管部门会同自然资源等主管部门制定。

第十七条 非农业建设经依法批准占用永久基本农田的，县级人民政府自然资源、农业农村主管部门应当组织编制耕地耕作层土壤再利用方案。

建设单位应当按照耕地耕作层土壤再利用方案，在规定期限内将耕地耕作层土壤用于改良新开垦耕地、劣质地或者其他耕地。耕地耕作层剥离等费用列入建设项目总投资。

第十八条 各级人民政府应当建立耕地保护网格化监管机制，推行田长制，实现耕地保护责任全覆盖；采取措施防止耕地闲置、荒芜，严格控制耕地转为林地、草地、园地等其他农用地。

县级以上人民政府应当建立耕地保护补偿制度，将耕地保护补偿资金列入本级财政预算，根据当地经济社会发展状况及耕地面积、质量、利用状况制定耕地保护补偿标准并适时调整。耕地保护补偿资金的分配应当向种植粮食的耕地倾斜。

县级以上人民政府应当根据耕地保护责任目标考核结果，按照有关规定对耕地保护工作突出的单位和个人进行奖励。省人民政府应当根据耕地保护责任目标考核结果，对耕地保护成效突出的设区的市（自治州）、县（市、区）人民政府给予一定规模的建设用地指标奖励。

第十九条 移送涉嫌破坏耕地犯罪案件，需要对耕地破坏程度进行鉴定的，县级以上人民政府自然资源、农业农村主管部门应当依法组织鉴定。

第二十条 禁止任何组织和个人闲置、荒芜耕地。

县级以上人民政府农业农村主管部门应当采取措施引导农村集体经济组织及其成员，通过全程托管、联耕联种、代耕代种等模式，恢复闲置、荒芜耕地耕种。

土地经营权人闲置、荒芜耕地的处理，依照有关法律法规的规定执行。

第二十一条 设施农业用地包括农业生产中直接用于作物种植和畜禽水产养殖的设施用地。设施农业用地由农村集体经济组织或者经营者向乡（镇）人民政府备案，乡（镇）人民政府定期汇总情况报送县（市、区）人民政府自然资源、农业农村主管部门。

县级以上人民政府自然资源主管部门应当会同农业农村主管部门按照国家和本省有关规定，支持设施农业发展，加强设施农业用地管理。

第二十二条 各级人民政府应当加强国土空间生态保护和修复，统筹山水林田湖草沙综合治理，落实生态保护补偿机制。

由于历史原因无法确定土地复垦义务人的生产建设活动或者自然灾害造成耕地损毁的，县（市、区）人民政府应当及时组织耕地复垦或者修复。

县级以上人民政府可以统筹多层级、多领域资金，用于本行政区域重要生态系统保护和修复重大工程。鼓励社会主体依法投资或者参与国土空间生态保护、修复和土地综合整治。

第四章　农用地转用及土地征收

第二十三条 依照《中华人民共和国土地管理法》第四十四条规定，将永久基本农田以外的农用地转为建设用地的，由设区的市（自治州）、县（市）人民政府自然资源主管部门实地勘察，拟订农用地转用方案，经同级人民政府审核同意后报有批准权的人民政府批准：

（一）在国务院批准的国土空间规划确定的城市和村庄、集镇建设用地规模范围内，为实施规划，按照土地利用年度计划将农用地分批次转为建设用地的，由省人民政府按照国务院授权批准；

（二）在省人民政府批准的国土空间规划确定

的城市和村庄、集镇建设用地规模范围内，为实施规划，按照土地利用年度计划将农用地分批次转为建设用地的，报省人民政府批准；

（三）在设区的市、自治州人民政府批准的国土空间规划确定的村庄、集镇建设用地规模范围内，按照土地利用年度计划将农用地分批次转为建设用地的，报设区的市、自治州人民政府批准；涉及将耕地转为建设用地的，报省人民政府批准；

（四）国土空间规划确定的城市和村庄、集镇建设用地规模范围外的农用地转用，由省人民政府按照国务院授权批准。

建设项目占用未利用地的，应当纳入土地利用年度计划，参照农用地转用的规定办理审批手续。

第二十四条　设区的市（自治州）、县（市、区）人民政府负责本行政区域土地征收工作，发布征收土地预公告，组织开展拟征收土地现状调查、社会稳定风险评估、听证，确定并公告征地补偿安置方案，发布征收土地公告，作出征地补偿安置决定等；设区的市（自治州）、县（市、区）人民政府确定的土地征收实施机构负责做好土地征收具体工作。

第二十五条　征收土地预公告由设区的市（自治州）、县（市、区）人民政府在拟征收土地所在的乡（镇）政务公开栏和村务公开栏以及村民小组显著位置公开。

拟征收土地现状调查结果由被征收土地所有权人盖章确认及三名以上被征地农民签字见证；拟征收土地上农村住宅、青苗和其他地上附着物调查结果由附着物所有权人、使用权人签字确认。不同意签字或者因客观原因无法签字的，可以对调查结果予以公证或者采取摄影、摄像等方式固定相关证据。拟征收土地现状调查结果公示应当不少于五个工作日。

社会稳定风险评估报告应当载明拟征收土地概况、用途、所在村组和其他利害关系人的意见等，明确社会稳定风险点和风险等级，提出风险防范措施和处置预案。

第二十六条　征地补偿安置方案拟定后，应当在拟征收土地所在的乡（镇）政务公开栏和村务公开栏以及村民小组显著位置予以公告，公告时间不少于三十日。

在征地补偿安置方案公告期内，有下列情形之一的，设区的市（自治州）、县（市、区）人民政府应当在公告期满后十五日内组织听证，认为确需修改的，应当组织修改，并重新公布，公布时间不少于五个工作日：

（一）二分之一以上被征地的农村集体经济组织成员认为征地补偿安置方案不符合法律、法规规定的；

（二）被征地农村集体经济组织或者被征地农村集体经济组织成员或者利害关系人申请听证且符合听证相关规定的。

第二十七条　拟征收土地的所有权人、使用权人应当在征地补偿安置方案公告规定期限内进行补偿登记。未在规定期限内登记的，以公示的土地现状调查结果作为征地补偿安置依据。

征地补偿安置协议应当依法约定征地补偿费用的支付期限、方式，交付土地的期限、条件等。

第二十八条　征收土地预公告发布之日起一年内，设区的市（自治州）、县（市）人民政府应当依照《中华人民共和国土地管理法》第四十六条的规定向有批准权的人民政府申请征收土地。申请报批资料应当合法、真实、准确。

第二十九条　设区的市（自治州）、县（市、区）人民政府应当自收到征地批准文件之日起十五个工作日内，在拟征收土地所在的乡（镇）政务公开栏和村务公开栏以及村民小组显著位置发布征收土地公告。公告应当载明批准征地机关、批准文号、征收土地的批准用途、权属、范围、面积以及征地补偿标准、征收时间等。

设区的市（自治州）、县（市、区）人民政府应当自发布征收土地公告后三个月内，对已经签订征地补偿安置协议的，将征地补偿费用足额支付到位；对未签订征地补偿安置协议的，应当作出征地补偿安置决定并依法送达后，将所涉及的征地补偿费用存入指定银行账户。

发布征收土地公告前，不得动工建设。

第三十条　省人民政府根据经济社会发展水平制定公布征收农用地的区片综合地价，以县（市、区）为单位划分区片，并明确其补偿标准和地类系数。设区的市、自治州人民政府可以根据当地实际制定具体实施细则，但不得低于省人民政府确定的补偿标准和地类系数。未利用地的区片综合地价参照农用地的有关规定执行。

征收集体建设用地、青苗和地上附着物的具体补偿标准由设区的市、自治州人民政府根据省人民政府有关规定制定。

第三十一条　设区的市（自治州）、县（市、区）人民政府应当按照谁征地谁负责、先保后征、应保尽保、逐步提高的原则，筹集使用社会保障资金，将被征地农民纳入现行社会保险制度，保障社会保险费用足额到位，并按照规定单独列支。

设区的市（自治州）、县（市、区）人民政府人力资源社会保障、自然资源主管部门在征地报批时应当审查被征地农民社会保障对象、保障费用等落实情况。禁止以任何理由减免、缓缴被征地农民社会保障费用。未落实被征地农民社会保障费用的，不得批准征收土地。

省人民政府建立被征地农民社会保障标准的动态调整机制。省人民政府人力资源社会保障主管部门会同财政、自然资源等主管部门拟订被征地农民社会保障费用的筹集、管理和使用具体办法，报省人民政府批准后执行。

第三十二条 征收国土空间规划确定的城市建设用地范围内的农村住宅，应当尊重被征地农民意愿，采取提供安置房或者货币补偿等方式给予公平、合理的安置补偿。

第三十三条 建设项目征收土地涉及占用河道、湖泊、水库、林地、草地、湿地以及公路两旁等用地的，除按照本办法的规定办理手续外，还应当依照有关法律、法规的规定办理相应手续。

第三十四条 县级以上人民政府及其自然资源主管部门、土地征收实施机构、乡（镇）人民政府等应当主动及时公开涉及土地征收的相关政府信息，将土地征收报批材料、征地批准文件、征地补偿费用情况等信息在政府网站、征地信息公开平台、乡（镇）政务公开栏和村务公开栏以及村民小组显著位置主动公开，接受群众监督。

被征地的农村集体经济组织、村民委员会或者村民小组应当将征地补偿费用收支状况向全体成员公布，接受监督。

第三十五条 非农业建设经依法批准使用国有农场、林场、牧场、渔场土地，以及乡（镇）村公共设施、公益事业建设使用本集体经济组织以外的集体所有土地，可以参照征收农村集体所有土地补偿标准执行。

第五章　建设用地使用与管理

第三十六条 设区的市（自治州）、县（市）人民政府应当建立以基准地价、标定地价为主体，城乡统一的建设用地地价体系和地价定期更新制度。

基准地价、标定地价由设区的市（自治州）、县（市）人民政府自然资源主管部门会同发展改革、财政、住房城乡建设等部门制定，报同级人民政府批准；其中，城镇建设用地、集体建设用地基准地价应当经省人民政府自然资源主管部门批准。经批准的基准地价、标定地价应当向社会公布，并按照规定备案。

土地评估机构及其评估专业人员应当遵守法律、行政法规和评估准则、估价规程，以基准地价、标定地价为基础，独立、客观、公正开展土地价格评估。

第三十七条 土地储备机构实行名录制管理，未纳入名录的单位不得从事土地储备工作。

土地储备机构应当根据政府确定的储备规模统筹土地收储，优先储备空闲、低效的存量建设用地，负责储备土地必要的前期开发和管护，为政府供应土地提供保障。

土地储备机构根据产业园区土地集约利用全面评价情况，可以在省级以上产业园区储备周转用地，用于产业项目建设。

农村集体经济组织可以委托土地储备机构承担集体经营性建设用地前期开发、管护等工作。

第三十八条 建设用地供应应当符合下列要求：

（一）土地权利清晰；

（二）安置补偿到位；

（三）地块位置、使用性质、开发强度等规划条件明确；

（四）土壤环境质量符合法定要求；

（五）动工开发所必须具备的其他基本条件。

第三十九条 出让国有建设用地使用权，由设区的市（自治州）、县（市）人民政府自然资源主管部门会同相关部门根据规划条件、评估结果拟定宗地出让方案，明确出让底价和出让条件，报同级人民政府批准后实施。出让条件不得影响公平竞争。

工业、商业、旅游、娱乐和商品住宅等经营性用地，或者同一土地有两个以上意向用地者，或者采用租让结合方式供应工业用地的，应当采取招标、拍卖、挂牌等公开竞价的方式。

申请协议出让国有建设用地使用权的，应当符合法律法规规定，经自然资源主管部门审查，并会同相关部门报同级人民政府批准。协议出让合同签订后七日内应当予以公布，公布时间不得少于十五日。

禁止违法低价出让国有建设用地使用权。禁止以零地价、负地价等名义减免土地使用权出让收入或者以土地换项目、先征后返、补贴等形式变相减免土地使用权出让收入。

第四十条 以国有土地使用权作价出资或者入

股形成的股权，可以委托有资格的国有股权管理单位持有，所得收益应当缴入同级财政。

以出让或者划拨方式取得的国有土地使用权转让时，转让价格低于标定地价百分之八十的，设区的市（自治州）、县（市）人民政府有权优先购买。

第四十一条 县级以上人民政府自然资源主管部门应当及时督促、调查和核实国有建设用地的开发与利用。经调查认定不属于不可抗力或者政府、政府有关部门的行为或者动工开发必需的前期工作造成动工开发迟延等原因造成闲置，超过国有建设用地使用权有偿使用合同约定或者划拨决定书规定的动工开发日期满一年未动工开发的，依法征收土地闲置费；连续满二年未动工开发的，依法收回国有建设用地使用权。

土地闲置费的征收标准由省人民政府财政主管部门会同自然资源等主管部门制定。

第四十二条 县级以上人民政府对集体建设用地实行总量控制，依法完善农村新增建设用地保障机制，满足乡村产业、公共服务设施和农村村民住宅用地合理需求。

使用乡（镇）国土空间规划确定的建设用地用于乡（镇）村公共设施、公益事业建设，兴办企业或者与其他单位、个人以土地使用权入股、联营等形式共同举办企业的，应当持有关批准文件向县级人民政府自然资源主管部门提出申请，报县级人民政府批准。涉及占用农用地的，应当依照本办法第二十三条的规定办理农用地转用审批手续。

第四十三条 在充分尊重农村村民意愿的前提下，可以依据国土空间规划，以乡（镇）或者村为单位开展全域土地综合整治，盘活农村存量建设用地，腾挪空间用于支持农村产业融合发展和乡村振兴。

符合法律法规规定的集体经营性建设用地，土地所有权人可以通过出让、出租、作价出资（入股）等方式交由单位或者个人在一定年限内有偿使用。

第四十四条 农村村民建住宅，应当符合乡（镇）国土空间规划、村庄规划，严格按照一户一宅和批准面积建设，尽量利用原有宅基地、村内空闲地和其他未利用地，少占耕地，禁止占用永久基本农田。

农村村民住宅建设占用农用地的，省人民政府或者设区的市、自治州人民政府可以将农用地转用审批委托县级人民政府行使，纳入省级农用地转用审批监管。

农村村民每户宅基地面积标准涉及占用耕地的，最高不超过一百三十平方米；使用耕地以外其他土地的，最高不超过一百八十平方米；全部使用村内空闲地和原有宅基地的，最高不超过二百一十平方米。设区的市（自治州）、县（市、区）人民政府可以在标准范围内制定宅基地户的认定及具体使用标准。

农村村民异地新建住宅，应当与乡（镇）人民政府签订协议，按照承诺建新拆旧，乡（镇）人民政府、村民委员会或者农村集体经济组织应当进行监督。逾期不拆除的，由乡（镇）人民政府依法处理。

宅基地和农村村民建房的具体管理办法，由省人民政府、设区的市（自治州）人民代表大会常务委员会制定。

第四十五条 非农建设依法申请临时使用土地的，由土地所在地设区的市（自治州）、县（市）人民政府自然资源主管部门批准并实施全过程监管；涉及占用永久基本农田和其他耕地的，由土地所在地设区的市、自治州人民政府自然资源主管部门批准并实施全过程监管。

第四十六条 鼓励合理利用地下空间，统筹地上地下开发利用，促进城镇土地复合利用、立体利用、综合利用。

开发利用地下空间，应当符合国土空间规划要求，依法取得地下空间建设用地使用权。为提供公共服务使用地下空间的，同等条件下可以优先享有地下空间建设用地使用权。

第六章 监督检查

第四十七条 县级以上人民政府自然资源、农业农村主管部门和乡（镇）人民政府按照各自职责，建立土地巡查、违法信息共享、违法案件查处和举报等制度，及时发现、依法制止和查处土地违法行为。

第四十八条 对土地违法行为，县级以上人民政府自然资源、农业农村主管部门和乡（镇）人民政府应当按照各自职责责令停止违法行为、限期改正；逾期不改正的，应当依法查处，同时按照规定向本级人民政府或者上级主管部门报告；必要时，应当通知其他有关部门和单位予以协助、配合。

第四十九条 省人民政府自然资源主管部门根据授权对设区的市（自治州）、县（市、区）人民政府及其有关部门下列土地利用和土地管理情况进行督察：

（一）耕地保护情况；

（二）土地节约集约利用情况；

（三）国土空间规划编制和实施情况；

（四）国家和本省有关土地管理重大决策落实情况；

（五）土地管理法律、法规执行情况；

（六）其他土地利用和土地管理情况。

第五十条 省人民政府自然资源主管部门进行督察时，设区的市（自治州）、县（市、区）人民政府及其有关部门应当配合；有关单位和个人应当协助，如实反映情况，提供有关材料。

第五十一条 省人民政府自然资源主管部门对督察发现的设区的市（自治州）、县（市、区）人民政府及其有关部门违反土地管理法律法规，或者落实国家和本省有关土地管理、国土空间规划的重大决策不力的，可以下达督察意见书，采取函告、通报、约谈等措施，督促整改，并依法向监察机关、任免机关等提出责任追究的建议。

设区的市（自治州）、县（市、区）人民政府及其有关部门应当认真组织整改，并及时报告整改情况。

第五十二条 县级以上人民政府应当将国土空间规划和土地利用年度计划执行、永久基本农田和耕地保护、土地有偿使用费的收缴和使用等情况，定期向同级人民代表大会或者其常务委员会报告。

第七章 法律责任

第五十三条 各级人民政府和自然资源、农业农村等有关部门及其工作人员有下列行为之一的，对直接负责的主管人员和其他直接责任人员依法给予处分：

（一）违反法定权限、条件和程序批准或者修改国土空间规划；

（二）违反法定权限、条件和程序批准农用地转用、批准和实施土地征收；

（三）违反法定权限、条件和程序批准划拨、出让、出租等方式使用国有建设用地；

（四）违反法定权限、条件和程序批准使用农村集体建设用地；

（五）违法减免耕地开垦费、被征地农民社会保障费、土地复垦费、土地有偿使用费等费用；

（六）拒绝、阻碍自然资源督察；

（七）因故意或者重大过失造成新增耕地不符合质量要求、土地闲置；

（八）未依法全面履行土地监督检查职责；

（九）其他玩忽职守、滥用职权、徇私舞弊的行为。

第五十四条 发布征收土地公告并依法足额支付征地补偿费用后，被征收土地所有权人、使用权人在规定或者约定的期限内拒不交出土地、腾地的，由设区的市（自治州）、县（市、区）人民政府责令限期交出土地、腾地；逾期不交出土地、腾地的，依法申请人民法院强制执行。

第五十五条 未经批准或者采取欺骗手段骗取批准，非法占用土地，依照《中华人民共和国土地管理法》《中华人民共和国土地管理法实施条例》给予罚款处罚的，按照下列标准执行：

（一）占用永久基本农田的，处每平方米五百元以上一千元以下罚款；

（二）占用永久基本农田以外的耕地的，处每平方米三百元以上五百元以下罚款；

（三）占用其他土地的，处每平方米一百元以上三百元以下罚款。

第五十六条 违法占用耕地建窑、建坟或者擅自在耕地上建房、挖砂、采石、采矿、取土等，破坏种植条件，依照《中华人民共和国土地管理法》《中华人民共和国土地管理法实施条例》给予罚款处罚的，按照下列标准执行：

（一）破坏永久基本农田的，处耕地开垦费的七倍以上十倍以下罚款；

（二）破坏永久基本农田以外的耕地的，处耕地开垦费的五倍以上七倍以下罚款。

第五十七条 对土地违法行为作出的行政处罚决定涉及没收新建的建筑物和其他设施的，由作出行政处罚决定的机关移交不动产所在地的县级人民政府或者其指定的部门依法管理和处置。

第八章 附则

第五十八条 国有农场、牧场、渔场职工在场内建住宅，参照本办法农村村民申请建住宅的有关规定执行。

第五十九条 街道办事处履行土地管理相关职责的，适用本办法关于乡（镇）人民政府的有关规定。

第六十条 本办法自2022年3月1日起施行，1987年5月17日湖南省第六届人民代表大会第五次会议通过的《湖南省土地管理实施办法》、2000年3月31日湖南省第九届人民代表大会常务委员会第十四次会议通过的《湖南省实施〈中华人民共和国土地管理法〉办法》同时废止。

湖南省测量标志保护办法

湖南省人民政府令第48号

（1995年10月8日湖南省人民政府令第48号公布 2011年1月30日湖南省人民政府令第251号修改 2022年9月26日湖南省人民政府令第310号修改）

第一条 为了加强对测量标志的保护，保障测绘工作的顺利进行，根据国家有关法律、法规，结合本省实际，制定本办法。

第二条 凡设立在本省境内的地上、地下和建筑物上的三角点、基线点、导线点、卫星定位点、军用控制点、重力点、天文点、水准点、界碑点、界址点的觇标、标石等永久性测量标志的标桩、标旗等临时性测量标志，均属于本办法的保护范围。

第三条 县级以上人民政府应当加强对测量标志保护工作的领导。乡镇人民政府、街道办事处应当加强对测量标志保护的宣传教育，并定期进行督促、检查。

县级以上人民政府主管测绘工作的部门负责本行政区域内测量标志的保护工作。

凡建有测量标志的其他有关部门应当加强对本系统、本部门测量标志的保护，督促所属单位做好经常性的检查和维护工作。

第四条 测量标志受法律保护，不得损毁和擅自移动。

任何单位和个人都有保护测量标志的义务，对损毁、擅自移动测量标志的行为，有权制止并向有关部门检举、揭发。

第五条 设立永久性测量标志，应当选择有利于长期保护的地点，执行国家统一的技术标准。

埋设在地下的永久性测量标志，应当在地上设立明显的标记，明确保护范围。

第六条 对永久性测量标志，按照国家规定划分等级。

凡设立一、二等的三角点、重力点、水准点、天文点、卫星定位点等，建造单位应当在设立永久性测量标志后，将有关标志点位资料报省测绘行政主管部门备案，其他永久性测量标志的点位资料，应当按照管辖权限报设区的市、自治州、县（市、区）主管测绘工作的部门备案。

第七条 设立永久性测量标志的单位，应当委托当地有关单位负责该测量标志的保护工作。被委托的单位应当指派专人负责保护。

委托方与被委托方应当签订《测量标志委托保护书》，明确双方权利、义务关系。委托保护书一式4份，委托方与被委托方各持1份，保护人1份，当地主管测绘工作的部门1份。

第八条 测量标志保护人员应当履行保管义务，对测量标志进行经常性的检查和维护。不得将测量标志提供给未取得测绘工作证件和未进行测绘任务登记的单位或者个人使用。发现损毁或者擅自移动测量标志的行为，应当及时报告。

第九条 永久性测量标志的安全控制范围，由县级人民政府主管测绘工作的部门会同有关部门和建造单位按照国家规定划定，并予以公告。

第十条 在永久性测量标志安全控制范围内，未经主管测绘工作的部门批准，不得采矿、取土、挖砂、采石、爆破、射击以及进行其他危害测量标志安全和使用效能的活动。

在地上的永久性测量标志安全控制范围内，未经主管测绘工作的部门批准，不得架设高压电线、建立微波站、雷达站、广播电视台（站）等影响其使用效能的建筑物、构筑物。

在地下的永久性测量标志安全控制范围内，未经主管测绘工作的部门批准，不得埋设管道、电缆或者堆土等。

第十一条 进行工程建设，应当避开永久性测量标志；确实无法避开，需要拆迁永久性测量标志或者使该测量标志失去效能的，建设单位应当取得建造单位的同意，并报省测绘行政主管部门批准。其中属水准基岩点标志的，应当报请国家测绘局批准。建设单位应当按照国家规定的收费标准支付迁建费用。

第十二条 各级财政部门每年应当根据本行政区域内测量标志的维护任务，拨出专项经费，用于测量标志的维护。

第十三条 对遵守本办法规定，在保护测量标志工作中作出突出贡献的单位和个人，由人民政府或者主管测绘工作的部门给予表彰、奖励。

第十四条 测量标志保护人员将测量标志提供给未取得测绘工作证件和未进行测绘任务登记的单位或者个人使用的，由县级以上人民政府主管测绘工作的部门给予批评教育，责令改正，造成严重后果的要追究责任。

第十五条 损毁、擅自移动临时性测量标志的，由县级以上人民政府主管测绘工作的部门给予批评教育，责令改正；造成损失的，责令赔偿损失。

第十六条 阻挠测绘人员依法进行测绘的，损毁、擅自移动永久性测量标志或者进行其他危害永久性测量标志安全和使用效能活动的，依照《中华人民共和国治安管理处罚法》的规定予以处罚。

故意破坏永久性测量标志的，依照《刑法》第三百二十三条的规定，追究刑事责任。

第十七条 本办法自发布之日起施行。

湖南省实施《国有土地上房屋征收与补偿条例》办法

（2014年2月22日湖南省人民政府令第268号公布 2022年10月8日湖南省人民政府令第310号修改 自2014年4月1日起施行）

第一条 根据国务院《国有土地上房屋征收与补偿条例》，结合本省实际，制定本办法。

第二条 在本省行政区域内，为了公共利益需要，实施国有土地上房屋征收与补偿，适用本办法。

第三条 设区的市（自治州）、县市区人民政府负责本行政区域的房屋征收与补偿工作。

设区的市（自治州）、县市区人民政府确定的房屋征收部门组织实施本行政区域的房屋征收与补偿工作。房屋征收部门可以委托房屋征收实施单位承担房屋征收与补偿的具体工作。

设区的市（自治州）、县市区人民政府住房城乡建设、自然资源、发展改革、财政等有关部门和单位，按照各自职责做好房屋征收与补偿工作。

被征收房屋所在地的乡镇人民政府、街道办事处、社区居民委员会配合房屋征收部门做好房屋征收与补偿工作。

第四条 上级人民政府应当加强对下级人民政府房屋征收与补偿工作的监督。

省人民政府住房城乡建设主管部门负责指导全省房屋征收与补偿工作。省人民政府发改、财政、自然资源、市场监督管理、税务等有关部门按照各自职责，协助指导房屋征收与补偿实施工作。

设区的市（自治州）人民政府房屋征收部门应当对县市人民政府房屋征收部门房屋征收与补偿工作予以指导，对区人民政府房屋征收部门征收补偿方案拟定、征收补偿资金使用、征收成本核算等工作予以监督。

第五条 房屋征收部门应当对被征收房屋的权属、区位、用途、建筑面积等情况进行调查登记。

房屋征收部门可以采取入户调查等方式收集被征收房屋基本情况，被征收人应当配合并提供房屋权属证书、国有土地使用权证、户籍证明或者组织机构代码证、营业执照等材料。

房屋征收部门需要调查被征收房屋相关信息的，住房城乡建设、自然资源等部门应当予以协助。

第六条 设区的市（自治州）、县市区人民政府在作出房屋征收决定前，应当组织有关部门对下列事项进行社会稳定风险评估，作出预警评价：

（一）房屋征收事项是否经过合法性和可行性论证；

（二）实施房屋征收是否产生行政争议和具有化解的可能；

（三）征收补偿资金和产权调换房源能否筹措到位；

（四）拟定的征收补偿方案是否公平、合理。

社会稳定风险评估预警评价应当提出可实施、暂缓实施或者不可实施的意见。对可实施房屋征收的项目，设区的市（自治州）、县市区人民政府应当制定社会稳定风险因素的防范、化解和处置预案。

第七条 房屋征收部门拟定征收补偿方案，报设区的市（自治州）或者县市区人民政府。

征收补偿方案应当包括房屋征收范围、补偿方式、补偿补助标准、产权调换房源、实施步骤、签约期限和奖励等事项。

设区的市（自治州）、县市区人民政府应当组织有关部门对征收补偿方案进行论证并予以公布，征求被征收人意见，及时公布征求的意见和修改情况，再按照国家规定的相关事项作出房屋征收决定。

第八条 设区的市（自治州）人民政府房屋征收部门建立健全房地产价格评估机构备选库，根据房地产价格评估机构的申请，将其中依法登记注册、具有三级以上资质和良好执业信用记录的房地产价格评估机构纳入备选库，并向社会公布。

第九条 房地产价格评估机构由被征收人协商选定；协商不成的，通过多数决定、随机选定等方式确定，并按照下列规定执行：

（一）房屋征收部门向社会发布征收评估信息；

（二）房地产价格评估机构备选库中具有相应资质的房地产价格评估机构报名；

（三）房屋征收部门在征收范围内公布已经报名并符合资质条件的房地产价格评估机构名单，供被征收人协商选定。被征收人协商选定房地产价格评估机构的期限应当不少于5个工作日；

（四）供被征收人选择的房地产价格评估机构不得少于3家；少于3家的，房屋征收部门应当从房地产价格评估机构备选库中邀请；

（五）被征收人在规定时间内就选定房地产价格评估机构协商达成一致意见的，将协商结果书面告知房屋征收部门；

（六）协商不成的，由房屋征收部门组织不少于三分之二的被征收人按照少数服从多数的原则投票决定，或者通过摇号、抽签等随机选定方式确定；

（七）房屋征收部门公布被征收人选定或者确定的房地产价格评估机构名单。

被征收人协商选定房地产价格评估机构的，协商过程应当公开。房屋征收部门组织被征收人通过投票决定或者随机选定方式确定房地产价格评估机构的，应当由公证机构依法公证。

第十条 房地产价格评估机构和房地产估价师应当独立、客观、公正地开展房屋征收评估工作，不得出具虚假或者有重大差错的评估报告。

第十一条 房地产价格评估机构依照国家的规定评估被征收房屋价值，应当遵循先整体评估、后分户评估的原则，并考虑被征收房屋的区位、用途、建筑结构、新旧程度、建筑面积以及占地面积、土地使用权等影响被征收房屋价值的因素。

第十二条 征收房屋需搬迁机器设备和其他物资的，搬迁费由房屋征收部门与被征收人参照相关行业标准协商确定；协商不成的，应当评估确定。

机器设备和其他物资因搬迁丧失使用价值的，其损失补偿评估按照前款的规定办理。

第十三条 被征收房屋的室内装饰装修价值由房屋征收部门与被征收人协商给予补偿；协商不成的，应当评估确定补偿。

因被征收人原因无法确定室内装饰装修价值，相关机构在人民法院根据补偿决定依法强制执行时，应当按照下列规定执行：

（一）房屋征收部门对室内装饰装修进行勘察记录；

（二）公证机构办理证据保全；

（三）房地产价格评估机构评估确定室内装饰装修价值。

第十四条 征收生产、经营性用房，造成被征收人停产停业直接损失的，每月按照被征收房屋评估价值的7‰给予补偿。停产停业期限，按照实际停产停业的月数计算确定。

被征收人认为停产停业损失超过前款规定标准的，应当向房屋征收部门提供房屋被征收前上一年度实际经营效益，以及相关证据材料，由房地产价格评估机构进行评估，并按照评估结果给予补偿。

被征收人擅自将住宅房屋改变为经营性用房的，征收时不给予停产停业损失补偿；擅自改变非住宅房屋用途的，按照原用途计算停产停业损失。

第十五条 除设区的市（自治州）、县市区人民政府对产权调换房的价格有特别规定外，产权调换房的市场价值应当评估确定。

第十六条 机器设备和其他物资的搬迁费及损失补偿费、室内装饰装修价值、停产停业损失和产权调换房的市场价值需要评估的，由房屋征收部门委托评估房屋价值的同一房地产价格评估机构进行评估。

第十七条 被征收人或者房屋征收部门对房屋价值、机器设备和其他物资的搬迁费及损失补偿费、室内装饰装修价值、停产停业损失和产权调换房的市场价值评估有异议的，可以自收到评估报告之日起10日内向出具评估结果的房地产价格评估机构申请复核。对复核结果有异议的，可以自收到复核结果之日起10日内向被征收房屋所在地的房地产价格评估专家委员会申请鉴定。

第十八条 省人民政府住房城乡建设主管部门、设区的市（自治州）人民政府住房城乡建设主管部门应当组织成立房地产价格评估专家委员会。

房地产价格评估专家委员会由房地产估价师以及价格、土地、房地产、城乡规划、法律等方面的专家组成。

第十九条 被征收人符合住房保障条件的，设区的市（自治州）、县市区人民政府应当优先给予住房保障：

（一）申请公共租赁住房租赁补贴的，自被征收人签订补偿协议的当月起发放；

（二）申请购买经济适用房或者申请提供公共租赁住房的，保障次序列同期申请的非被征收人之前。

对被征收人提供保障性住房的次序，按照订立补偿协议后实际搬迁的先后顺序确定。

第二十条 采取产权调换并实行过渡安置方式的，在过渡安置期间，对自行解决周转用房的被征收人，应当按照设区的市（自治州）、县市人民政府制定的标准支付临时安置费。

房屋征收部门应当与被征收人按照产权调换房建设、搬迁日期约定过渡期限。

第二十一条 房屋征收部门未按期交付产权调换房，延长过渡期限的，自逾期之月起，应当按照下列规定每月向被征收人支付临时安置费：

（一）被征收人自行解决周转用房，过渡期限延期12个月以内的，按照标准的150%支付；过渡期限延期超过12个月的，按照标准的200%支付；

（二）向被征收人提供周转用房，除继续提供周转用房外，过渡期限延期12个月以内的，按照标准的50%支付；过渡期限延期超过12个月的，按照标准的100%支付。

第二十二条 在征收补偿方案确定的签约期限内，房屋征收部门与被征收人依照国家的规定订立补偿协议。在签约期限内达不成补偿协议，或者被征收房屋所有权人不明确的，设区的市（自治州）、县市区人民政府应当作出补偿决定。

补偿决定应当公平，明确规定补偿方式、补偿金额、用于产权调换房屋的地点和面积、搬迁费、临时安置费或者周转用房、停产停业损失、搬迁期限等事项，并在房屋征收范围内公告。

第二十三条 下列房屋征收与补偿信息，设区的市（自治州）、县市区人民政府或者房屋征收部门应当予以公布：

（一）房屋征收与补偿相关法规和政策；

（二）房屋征收决定；

（三）征收补偿方案；

（四）补助、奖励政策和标准；

（五）房屋征收范围内调查结果；

（六）被征收房屋分户的初步评估结果；

（七）被征收房屋分户补偿情况。

前款规定的房屋征收与补偿信息，第（一）项应当向社会公布；第（二）至（七）项应当在征收范围内公布。

第二十四条 本办法自2014年4月1日起施行。2002年9月1日起施行的《湖南省实施〈城市房屋拆迁管理条例〉办法》（湖南省人民政府令第157号）同时废止。

湖南省自然资源厅
关于印发《自然资源行政处罚裁量权办法》的通知

湘自资规〔2022〕1号

各市州、县市区自然资源主管部门，厅机关各处室局，厅直属各单位：

现将新修订的《自然资源行政处罚裁量权办法》印发给你们，请遵照执行。

湖南省自然资源厅

2022年3月1日

自然资源行政处罚裁量权办法

第一章 总则

第一条 为规范自然资源行政处罚行为，确保各级自然资源主管部门正确行使行政处罚裁量权，维护公民、法人或者其他组织的合法权益，根据《中华人民共和国行政处罚法》（以下简称《行政处罚法》）、《湖南省规范行政裁量权办法》以及相关法律法规规章的规定，结合我省自然资源行政执法实际，制定本办法。

第二条 全省各级自然资源主管部门（含依据《行政处罚法》第十八条、第十九条、第二十条、第二十四条有关规定依法行使自然资源行政处罚权的单位或组织）办理行政处罚案件，行使行政处罚裁量权，应当遵守本办法。

第三条 本办法所称行政处罚裁量权，是指自然资源主管部门在实施行政处罚时，依据有关法律、法规和规章，遵循合法性和合理性原则，对违法行为做出是否给予行政处罚、给予何种行政处罚和何种幅度的行政处罚决定的权限。

第四条 实施自然资源行政处罚，应当与违法行为的事实、性质、情节以及社会危害程度相当，应以事实为依据，遵循合法、合理、公开、公正的原则，坚持处罚与教育相结合、教育先行的原则。

对违法事实、性质、情节及社会危害程度等因素基本相同的同类违法行为，行使行政处罚裁量权时，所适用的处罚种类和幅度应当基本相同。

对违反不同法律的同一违法行为，不得给予两次或者两次以上罚款的行政处罚。

第五条 实施自然资源行政处罚不得有下列情形：

（一）行政违法行为和情节与行为人受到的行政处罚相比，畸轻或者畸重的；

（二）在同一案件中，不同行为人的行政违法行为和情节基本相同，但是受到的行政处罚差异较大的；

（三）依据同一法律、法规、规章的规定办理的同类案件中，违法行为人的行政违法行为和情节基本相同，但是受到的行政处罚差异较大的。

第二章 裁量规则

第六条 各级自然资源主管部门实施行政处罚应当按照以下原则进行量罚：

（一）同时具有两个或两个以上从重处罚情节，并且不具有从轻或减轻处罚情节的，应当按最高幅度予以处罚；同时具有两个或两个以上从轻处罚情节的，应当按最低处罚幅度予以处罚；同时具有一个或多个从重、从轻、减轻处罚情节的，应当综合考虑，根据其主要情节作出具体处罚决定；

（二）法律、法规规定的处罚种类可以单处或者可以并处的，可以选择适用；规定应当并处的，不得选择适用。

第七条 有下列情形之一的，依法不予行政处罚：

（一）超过法定追诉时效的；

（二）违法行为情节轻微并及时纠正，没有造成危害性后果，或者行政处罚告知书下发前主动消除违法状态的；

（三）当事人有证据足以证明没有主观过错的；

（四）其他依法不予行政处罚的。

第八条 有下列情形之一的，应当从轻或者减轻行政处罚：

（一）行政处罚决定下达前，主动采取措施减轻违法后果的；

（二）积极主动配合调查处理且未造成严重后果的；

（三）其他依法应当或者可以从轻、减轻行政处罚的。

第九条 有下列情形之一的，可以从重处罚：

（一）被处罚后两年内又实施同一性质违法行为或同一当事人被处罚两次以上，或者经教育后仍不改正的；

（二）违法行为侵害国家利益、社会公共利益或造成较大社会负面影响的；

（三）违法行为对他人人身、财产造成严重损害的；

（四）以暴力或其他方式抗拒、阻扰执法的；

（五）故意毁灭、转移或藏匿证据，无理拒绝、拖延提供证据或提供虚假材料以逃避处罚的；

（六）隐匿、转移、变卖、损毁被依法查封（封存）的物品的；

（七）在调查期间通过转移财产、停业或以其他方式故意逃避承担法律责任的；

（八）经责令停止违法行为仍拒不停止致使违法后果进一步扩大的；

（九）虽不属上述行为，但性质恶劣，造成严重危害后果或恶劣社会影响的。

第三章 监督管理

第十条 以下行为可以认定为行使裁量权不当：

（一）根据相关法律规定可以确定合理整改期限而未确定的；

（二）确定的整改期限明显不合理的；

（三）处罚的幅度超越规定的裁量权限的。

第十一条 因行使裁量权不当，构成执法过错，有下列情形之一的，应当依照相关规定追究有关人员的过错责任：

（一）造成行政处罚决定被复议机关变更的；

（二）造成行政处罚决定被人民法院终审裁判变更、撤销的；

（三）行政处罚决定在上级部门执法监督检查中被确认为行使裁量权不当的；

（四）引起当事人投诉，投诉情况查证属实，且在社会上造成恶劣社会影响的。

第十二条 上级自然资源主管部门应当采取考核、检查、行政复议、行政执法案卷评查等形式定期或不定期对下级自然资源主管部门作出的行政处罚案件进行复查，发现裁量权行使不当的，责令纠正，可并予以通报。

第十三条 自然资源行政执法人员徇私舞弊、滥用裁量权的，由有处分权的部门依法对主要负责人和直接责任人员视情节给予处分；涉嫌犯罪的，依法移送司法机关处理。

第四章 附则

第十四条 省自然资源厅按照本办法对法律、法规、规章规定中可以量化和细化的行政处罚裁量权的内容进行梳理，制定《湖南省自然资源行政处罚裁量权基准》（以下简称《裁量权基准》，见附件），供各级自然资源主管部门予以参考适用。《裁量权基准》中没有规定的情形，应当根据相应法律、法规、规章及本办法确定的原则行使行政处罚裁量权。

自然资源行政处罚以外的其他自然资源行政执法行为的裁量参照本办法的原则执行。

第十五条 各市州自然资源主管部门可以根据本办法和《裁量权基准》，并结合本行政区域经济社会发展水平制定本行政区域的行政处罚裁量权基准。

第十六条 本办法中所称“从重处罚”，是指在法定处罚种类和幅度或者《裁量权基准》规定幅度以内，对行政违法相对人适用相对较重的处罚；所称“从轻处罚”，是指在法定处罚种类和幅度或者《裁量权基准》规定幅度以内，对行政违法相对人适用相对较轻的处罚；所称“减轻处罚”，是指在法定处罚幅度或者《裁量权基准》规定幅度以下给予处罚。

第十七条　本办法自2022年3月1日起施行，有效期五年。《湖南省自然资源厅关于印发〈规范自然资源行政处罚裁量权办法〉的通知》（湘自然资规〔2019〕5号）同时废止。有效期内，处罚依据的法律法规有修订的，按照新修订的法律法规执行。

附件：湖南省自然资源行政处罚裁量权基准

附件

湖南省自然资源行政处罚裁量权基准

第一部分　土地行政处罚

一、非法占用土地

（一）处罚依据

1.《中华人民共和国土地管理法》（以下简称《土地管理法》）第七十七条：未经批准或者采取欺骗手段骗取批准，非法占用土地的，由县级以上人民政府自然资源主管部门责令退还非法占用的土地，对违反土地利用总体规划擅自将农用地改为建设用地的，限期拆除在非法占用的土地上新建的建筑物和其他设施，恢复土地原状，对符合土地利用总体规划的，没收在非法占用的土地上新建的建筑物和其他设施，可以并处罚款；对非法占用土地单位的直接负责的主管人员和其他直接责任人员，依法给予行政处分；构成犯罪的，依法追究刑事责任。

超过批准的数量占用土地，多占的土地以非法占用土地论处。

2.《土地管理法》第七十九条第一款：非法批准、使用的土地应当收回，有关当事人拒不归还的，以非法占用土地论处。

3.《中华人民共和国土地管理法实施条例》（以下简称《土地管理法实施条例》）第五十七条第一款：依照《土地管理法》第七十七条的规定处以罚款的，罚款额为非法占用土地每平方米100元以上1000元以下。

4.《湖南省实施〈中华人民共和国土地管理法〉办法》（以下简称《湖南省实施〈土地管理法〉办法》）第五十五条：未经批准或者采取欺骗手段骗取批准，非法占用土地，依照《土地管理法》《土地管理法实施条例》给予罚款处罚的，按照下列标准执行：（一）占用永久基本农田的，处每平方米五百元以上一千元以下罚款；（二）占用永久基本农田以外的耕地的，处每平方米三百元以上五百元以下罚款；（三）占用其他土地的，处每平方米一百元以上三百元以下罚款。

（二）违法行为情形和处罚基准

决定并处罚款的，按下列标准执行：

1.因公益项目建设非法占地，占用耕地以外的其他土地的，可以并处每平方米100元以上200元以下的罚款；占用永久基本农田以外的耕地的，可以并处每平方米300元以上400元以下的罚款；占用永久基本农田的，可以并处每平方米500元以上600元以下的罚款。

2.因非公益项目建设非法占地，占用耕地以外的其他土地的，可以并处每平方米200元以上300元以下的罚款；占用永久基本农田以外的耕地的，可以并处每平方米400元以上500元以下的罚款；占用永久基本农田的，可以并处每平方米600元以上1000元以下的罚款，其中，低等处600元以上700元以下罚款，中等处700元以上800元以下罚款，高等处800元以上900元以下罚款，优等处900元以上1000元以下罚款。其中，1—4等为优等、5—8等为高等、9—12等为中等、13—15等为低等（下同）。

二、非法占用永久基本农田发展林果业或者挖塘养鱼

（一）处罚依据

《土地管理法实施条例》第五十一条：违反《土地管理法》第三十七条的规定，非法占用永久基本农田发展林果业或者挖塘养鱼的，由县级以上人民政府自然资源主管部门责令限期改正；逾期不改正的，按占用面积处耕地开垦费2倍以上5倍以下的罚款；破坏种植条件的，依照《土地管理法》第

七十五条的规定处罚。

（二）违法行为情形和处罚基准

决定并处罚款的，按下列标准执行：

1. 在自然资源主管部门规定的期限内改正的，不予处罚。

2. 非法占用永久基本农田的，按占用面积处耕地开垦费2倍以上5倍以下的罚款，其中，低等处2倍以上2.75倍以下罚款，中等处2.75倍以上3.5倍以下罚款，高等处3.5倍以上4.25倍以下罚款，优等处4.25倍以上5倍以下罚款。

三、破坏耕地

（一）处罚依据

1.《土地管理法》第七十五条：违反本法规定，占用耕地建窑、建坟或者擅自在耕地上建房、挖砂、采石、采矿、取土等，破坏种植条件的，或者因开发土地造成土地荒漠化、盐渍化的，由县级以上人民政府自然资源主管部门、农业农村主管部门等按照职责责令限期改正或者治理，可以并处罚款；构成犯罪的，依法追究刑事责任。

2.《土地管理法实施条例》第五十五条：依照《土地管理法》第七十五条的规定处以罚款的，罚款额为耕地开垦费的5倍以上10倍以下；破坏黑土地等优质耕地的，从重处罚。

3.《湖南省实施〈土地管理法〉办法》第五十六条：违法占用耕地建窑、建坟或者擅自在耕地上建房、挖砂、采石、采矿、取土等，破坏种植条件，依照《土地管理法》《土地管理法实施条例》给予罚款处罚的，按照下列标准执行：（一）破坏永久基本农田的，处耕地开垦费的七倍以上十倍以下罚款；（二）破坏永久基本农田以外的耕地的，处耕地开垦费的五倍以上七倍以下罚款。

（二）违法行为情形和处罚基准

决定并处罚款的，按下列标准执行：

1. 非法占用永久基本农田以外的耕地，破坏种植条件的，可以并处耕地开垦费5倍以上7倍以下的罚款，其中，低等处5倍以上5.5倍以下罚款，中等处5.5倍以上6倍以下罚款，高等处6倍以上6.5倍以下罚款，优等处6.5倍以上7倍以下罚款。

2. 非法占用永久基本农田，破坏种植条件的，可以并处耕地开垦费7倍以上10倍以下的罚款，其中，低等处7倍以上7.75倍以下罚款，中等处7.75倍以上8.5倍以下罚款，高等处8.5倍以上9.25倍以下罚款，优等处9.25倍以上10倍以下罚款。

四、在临时使用的土地上修建永久性建筑物

（一）处罚依据

《土地管理法实施条例》第五十二条：违反《土地管理法》第五十七条的规定，在临时使用的土地上修建永久性建筑物的，由县级以上人民政府自然资源主管部门责令限期拆除，按占用面积处土地复垦费5倍以上10倍以下的罚款；逾期不拆除的，由作出行政决定的机关依法申请人民法院强制执行。

（二）违法行为情形和处罚基准

决定并处罚款的，按下列标准执行：

1. 临时使用的土地为耕地以外的其他土地的，按占用面积处土地复垦费5倍以上6倍以下的罚款。

2. 临时使用的土地为永久基本农田以外的耕地的，按占用面积处土地复垦费6倍以上8倍以下的罚款，其中，低等处6倍以上6.5倍以下罚款，中等处6.5倍以上7倍以下罚款，高等处7倍以上7.5倍以下罚款，优等处7.5倍以上8倍以下罚款。

3. 临时使用的土地为永久基本农田的，按占用面积处土地复垦费8倍以上10倍以下的罚款，其中，低等处8倍以上8.5倍以下罚款，中等处8.5倍以上9倍以下罚款，高等处9倍以上9.5倍以下罚款，优等处9.5倍以上10倍以下罚款。

五、拒不履行土地复垦义务、未在法定期限内完成复垦或者未恢复种植条件

（一）处罚依据

1.《土地管理法》第七十六条：违反本法规定，拒不履行土地复垦义务的，由县级以上人民政府自然资源主管部门责令限期改正；逾期不改正的，责令缴纳复垦费，专项用于土地复垦，可以处以罚款。

2.《土地管理法实施条例》第五十六条：依照《土地管理法》第七十六条的规定处以罚款的，罚款额为土地复垦费的2倍以上5倍以下。

违反本条例规定，临时用地期满之日起一年内未完成复垦或者未恢复种植条件的，由县级以上人民政府自然资源主管部门责令限期改正，依照《土地管理法》第七十六条的规定处罚，并由县级以上人民政府自然资源主管部门会同农业农村主管部门代为完成复垦或者恢复种植条件。

（二）违法行为情形和处罚基准

决定并处罚款的，按下列标准执行：

1. 在自然资源主管部门规定的期限内改正的，不予处罚。

2. 破坏或者临时使用的土地为耕地以外的其他土地的，按破坏或者未恢复面积处土地复垦费2倍以上3倍以下的罚款。

3. 破坏或者临时使用的土地为永久基本农田以外的耕地的，按破坏或者未恢复面积处土地复垦费3倍以上4倍以下的罚款，其中，低等、中等处3倍以上3.5倍以下罚款，高等、优等处3.5倍以上4倍以下罚款。

4. 破坏或者临时使用的土地为永久基本农田的，按破坏或者未恢复面积处土地复垦费4倍以上5倍以下的罚款，其中，低等、中等处4倍以上4.5倍以下罚款，高等、优等处4.5倍以上5倍以下罚款。

六、收回国有土地当事人拒不交出、临时用地期满拒不归还、不按批准用途使用土地

（一）处罚依据

1.《土地管理法》第八十一条：依法收回国有土地使用权当事人拒不交出土地的，临时使用土地期满拒不归还的，或者不按照批准的用途使用国有土地的，由县级以上人民政府自然资源主管部门责令交还土地，处以罚款。

2.《土地管理法实施条例》第五十九条：依照《土地管理法》第八十一条的规定处以罚款的，罚款额为非法占用土地每平方米100元以上500元以下。

（二）违法行为情形和处罚基准

决定处以罚款的，按下列标准执行：

1. 依法收回国有土地使用权当事人拒不交出土地，涉及国有土地10亩以下的；临时用地期满不归还，非法占用建设用地、未利用地或者耕地以外的其他农用地的，处以每平方米100元以上300元以下的罚款。

2. 依法收回国有土地使用权当事人拒不交出土地，涉及国有土地10亩以上的；临时用地期满不归还，非法占用耕地的，处以每平方米300元以上500元以下的罚款。

3. 不按批准用途使用国有土地，用于非经营性用地的，处以每平方米100元以上300元以下的罚款。

4. 不按批准用途使用国有土地，用于经营性用地的，处以每平方米300元以上500元以下的罚款。

七、买卖或者以其他形式非法转让土地

（一）处罚依据

1.《土地管理法》第七十四条：买卖或者以其他形式非法转让土地的，由县级以上人民政府自然资源主管部门没收违法所得；对违反土地利用总体规划擅自将农用地改为建设用地的，限期拆除在非法转让的土地上新建的建筑物和其他设施，恢复土地原状，对符合土地利用总体规划的，没收在非法转让的土地上新建的建筑物和其他设施；可以并处罚款；对直接负责的主管人员和其他直接责任人员，依法给予处分；构成犯罪的，依法追究刑事责任。

2.《土地管理法实施条例》第五十四条：依照《土地管理法》第七十四条的规定处以罚款的，罚款额为违法所得的10%以上50%以下。

（二）违法行为情形和处罚基准

决定并处罚款的，按下列标准执行：

1. 用于非经营性用地的，处以违法所得10%以上20%以下的罚款。

2. 用于工业用地的，处以违法所得20%以上30%以下的罚款。

3. 用于工业以外的经营性用地的，处以违法所得30%以上50%以下的罚款。

八、擅自出让、转让、出租集体土地用于非农业建设，违反规定出让、出租集体经营性建设用地

（一）处罚依据

1.《土地管理法》第八十二条：擅自将农民集体所有的土地通过出让、转让使用权或者出租等方式用于非农业建设，或者违反本法规定，将集体经营性建设用地通过出让、出租等方式交由单位或者个人使用的，由县级以上人民政府自然资源主管部门责令限期改正，没收违法所得，并处罚款。

2.《土地管理法实施条例》第六十条：依照《土地管理法》第八十二条的规定处以罚款的，罚款额为违法所得的10%以上30%以下。

（二）违法行为情形和处罚基准

决定并处罚款的，按下列标准执行：

1. 非法出让、转让、出租集体土地用于非农业建设，违反规定出让、出租集体经营性建设用地，涉及建设用地、未利用地或者耕地以外的其他农用地的，处以违法所得10%以上20%以下的罚款。

2. 非法出让、转让、出租集体土地用于非农业建设，违反规定出让、出租集体经营性建设用地，涉及耕地的，处以违法所得20%以上30%以下的罚款。

九、擅自转让、出租、抵押划拨土地使用权

（一）处罚依据

1.《城镇国有土地使用权出让和转让暂行条例》第四十六条：对未经批准擅自转让、出租、抵押划拨土地使用权的单位和个人，市、县人民政府土地管理部门应当没收其非法收入，并根据情节处以罚款。

2.《湖南省人大常委会关于政府规章设定罚款

限额的决定》第二条：对经营活动中违反行政管理秩序的行为设定罚款处罚，不得超过五万元；有违法所得的，不得超过十五万元。

3.《湖南省城镇国有土地使用权出让和转让实施办法》第四十九条：有《城镇国有土地使用权出让和转让暂行条例》第四十六条规定的行为，应当给予罚款处罚的，罚款额度为非法收入总额的20%—50%的罚款。

（二）违法行为情形和处罚基准

决定并处罚款的，按下列标准执行：

1.非法收入在10万元以下的，并处非法所得20%以上30%以下的罚款。

2.非法收入在10万元以上30万元以下的，并处非法所得30%以上40%以下的罚款。

3.非法收入在 30 万元以上的，并处 40%以上50%以下的罚款，但不得超过15万元。

第二部分　地质矿产行政处罚

一、无证采矿

（一）处罚依据

1.《中华人民共和国矿产资源法》（以下简称《矿产资源法》）第三十九条：违反本法规定，未取得采矿许可证擅自采矿的，擅自进入国家规划矿区、对国民经济具有重要价值的矿区范围采矿的，擅自开采国家规定实行保护性开采的特定矿种的，责令停止开采、赔偿损失，没收采出的矿产品和违法所得，可以并处罚款。

2.《中华人民共和国矿产资源法实施细则》（以下简称《矿产资源法实施细则》）第四十二条：依照《矿产资源法》第三十九条、第四十条、第四十二条、第四十三条、第四十四条规定处以罚款的，分别按照下列规定执行：（一）未取得采矿许可证擅自采矿的，擅自进入国家规划矿区、对国民经济具有重要价值的矿区范围和他人矿区范围采矿的，擅自开采国家规定实行保护性开采的特定矿种的，处以违法所得百分之五十以下的罚款。

3.《湖南省矿产资源管理条例》第三十七条：违反本条例规定，未取得采矿许可证擅自采矿的，擅自进入他人依法设立的矿区范围内采矿的，责令停止开采、赔偿损失，没收采出的矿产品和违法所得，可以并处二十万元以下的罚款。

（二）违法行为情形和处罚基准

能够计量违法开采矿产品的价值或违法所得的，决定并处罚款的，按下列标准执行：

1.违法开采矿产品的价值或违法所得10万元以下的，处以违法所得10%以上25%以下的罚款。

2.违法开采矿产品的价值或违法所得10万元以上50万元以下的，处以违法所得25%以上40%以下的罚款。

3.违法开采矿产品的价值或违法所得50万元以上的，处以违法所得40%以上50%以下的罚款。

违法开采矿产品的价值或违法所得经调查取证认证后无法计量的，处以罚款按下列标准执行：

1.露天开采面积不足200平方米的或地下开采采空区面积不足100平方米的，处10万元以下的罚款。

2.露天开采面积超过200平方米的或地下开采采空区面积100平方米以上的，处10万元以上20万元以下的罚款。

二、越界采矿

（一）处罚依据

1.《矿产资源法》第四十条：超越批准的矿区范围采矿的，责令退回本矿区范围内开采、赔偿损失，没收越界开采的矿产品和违法所得，可以并处罚款；拒不退回本矿区范围内开采，造成矿产资源破坏的，吊销采矿许可证。

2.《矿产资源法实施细则》第四十二条：依照《矿产资源法》第三十九条、第四十条、第四十二条、第四十三条、第四十四条规定处以罚款的，分别按照下列规定执行：（二）超越批准的矿区范围采矿的，处以违法所得百分之三十以下的罚款。

3.《矿产资源开采登记管理办法》第十七条：任何单位和个人未领取采矿许可证擅自采矿的，擅自进入国家规划矿区和对国民经济具有重要价值的矿区范围采矿的，擅自开采国家规定实行保护性开采的特定矿种的；超越批准的矿区范围采矿的，由登记管理机关依照有关法律、行政法规的规定予以处罚。

4.《湖南省矿产资源管理条例》第三十八条：违反本条例规定，超越批准的矿区范围采矿的，责令退回本矿区范围内开采、赔偿损失，没收越界开采的矿产品和违法所得，可以并处十万元以下的罚款。拒不退回本矿区范围内开采，造成矿产资源破坏的，吊销采矿许可证。

（二）违法行为情形和处罚基准

能够计量越界开采矿产品的价值或违法所得的，决定并处罚款的，按下列标准执行：

1.越界开采的矿产品价值和违法所得在10万元以下的，并处越界开采的矿产品价值或违法所得

10%以下的罚款。

2. 越界开采的矿产品价值和违法所得在10万元以上50万元以下的，并处越界开采的矿产品价值或违法所得10%以上20%以下的罚款。

3. 越界开采的矿产品价值和违法所得在50万元以上的，并处越界开采的矿产品价值或违法所得20%以上30%以下的罚款。

4. 两年内因超越批准矿区范围采矿受过两次行政处罚，再次超越批准矿区范围采矿的，吊销采矿许可证。

越界开采矿产品的价值或违法所得经调查取证认证后无法计量的，处以罚款按下列标准执行：

1. 对实行巷道开采，越界巷道在50米以内的，可以并处3万元以下的罚款；越界巷道在50米以上200米以下的，可以并处3万元以上6万元以下的罚款；越界巷道在200米以上的，可以并处6万元以上10万元以下的罚款。

2. 对实行露天开采，越界开采的面积在1000平方米以下的，可以并处5万元以下的罚款；越界开采的面积在1000平方米以上的，可以并处5万元以上10万元以下的罚款。

三、破坏性采矿

（一）处罚依据

1. 《矿产资源法》第四十四条：违反本法规定，采取破坏性的开采方法开采矿产资源的，处以罚款，可以吊销采矿许可证。

2. 《矿产资源法实施细则》第四十二条：依照《矿产资源法》第三十九条、第四十条、第四十二条、第四十三条、第四十四条规定处以罚款的，分别按照下列规定执行：（六）采取破坏性的开采方法开采矿产资源，造成矿产资源严重破坏的，处以相当于矿产资源损失价值百分之五十以下的罚款。

3. 《湖南省矿产资源管理条例》第四十条：违反本规定，采取破坏性的开采方法开采矿产资源的，处相当于矿产资源损失价值百分之五十以下的罚款，可以吊销采矿许可证。

（二）违法行为情形和处罚基准

1. 破坏的价值在10万元以下的，处相当于矿产资源损失价值10%—25%的罚款。

2. 破坏的价值在10万元以上50万元以下的，处相当于矿产资源损失价值25%—50%的罚款。

3. 破坏的价值在50万元以上的，处相当于矿产资源损失价值50%的罚款，并吊销采矿许可证。

四、无证勘查和越界勘查

（一）处罚依据

1. 《矿产资源勘查区块登记管理办法》第二十六条：违反本办法规定，未取得勘查许可证擅自进行勘查工作的，超越批准的勘查区块范围进行勘查工作的，由县级以上人民政府负责地质矿产管理工作的部门按照国务院地质矿产主管部门规定的权限，责令停止违法行为，予以警告，可以并处10万元以下的罚款。

2. 《湖南省矿产资源管理条例》第三十六条：违反本条例规定，未取得勘查许可证擅自进行勘查工作的，超越批准的勘查区块范围进行勘查工作的，责令停止违法行为，予以警告，可以并处十万元以下的罚款。

（二）违法行为情形和处罚基准

决定并处罚款的，按下列标准执行：

1. 未取得勘查许可证擅自进行勘查，勘查工作区范围在1平方千米以下的，可以并处5万元以下的罚款。

2. 未取得勘查许可证擅自进行勘查，勘查工作区范围在1平方千米以上的，可以并处5万元以上10万元以下的罚款。

3. 首次超越批准的勘查区块范围进行勘查，可以并处5万元以下的罚款。

4. 2次以上超越批准的勘查区块范围进行勘查，可以并处5万元以上10万元以下的罚款。

五、擅自进行滚动勘探开发、边探边采或者试采

（一）处罚依据

《矿产资源勘查区块登记管理办法》第二十七条：违反本办法规定，未经批准，擅自进行滚动勘探开发、边探边采或者试采的，由县级以上人民政府负责地质矿产管理工作的部门按照国务院地质矿产主管部门规定的权限，责令停止违法行为，没收违法所得，可以并处10万元以下的罚款。

（二）违法行为情形和处罚基准

决定并处罚款的，按下列标准执行：

1. 没有进行实质性采矿的，可以并处5万元以下的罚款。

2. 已进行实质性采矿的，可以并处5万元以上10万元以下的罚款。

六、不按照规定备案、报告有关情况、拒绝接受监督检查或者弄虚作假；未完成最低勘查投入；已经领取勘查许可证的勘查项目，满6个月未开始施工，或者施工后无故停止勘查工作满6个月

（一）处罚依据

《矿产资源勘查区块登记管理办法》第二十九

条：违反本办法规定，有下列行为之一的，由县级以上人民政府负责地质矿产管理工作的部门按照国务院地质矿产主管部门规定的权限，责令限期改正；逾期不改正的，处5万元以下的罚款；情节严重的，原发证机关可以吊销勘查许可证：（一）不按照本办法规定备案、报告有关情况、拒绝接受监督检查或者弄虚作假的；（二）未完成最低勘查投入的；（三）已经领取勘查许可证的勘查项目，满6个月未开始施工，或者施工后无故停止勘查工作满6个月的。

（二）违法行为情形和处罚基准

1. 不按照规定备案、报告有关情况、拒绝接受监督检查或者弄虚作假，初次违法的，予以警告，处1万元以下的罚款，二次违法的，责令停止违法行为，予以警告，并处1万元以上3万元以下的罚款，三次违法的，责令停止违法行为，予以警告，并处3万元以上5万元以下的罚款，由原发证机关吊销勘查许可证。

2. 实际投入不到规定的最低勘查投入50%的，处3万元以上5万元以下的罚款；实际投入达到规定的最低勘查投入50%但不到100%的，处3万元以下的罚款。

3. 已经领取勘查许可证的勘查项目，满6个月未开始施工，或者施工后无故停止勘查工作满6个月，经责令限期改正而逾期3个月内不改正的，处3万元以下的罚款；逾期3个月后仍不改正的，处3万元以上5万元以下的罚款。

七、不按照规定提交年度报告、拒绝接受监督检查或者弄虚作假

（一）处罚依据

1.《矿产资源开采登记管理办法》第十八条：不依照本办法规定提交年度报告、拒绝接受监督检查或者弄虚作假的，由县级以上人民政府负责地质矿产管理工作的部门按照国务院地质矿产主管部门规定的权限，责令停止违法行为，予以警告，可以并处5万元以下的罚款；情节严重的，由原发证机关吊销采矿许可证。

2.《湖南省矿产资源管理条例》第四十一条：不依照本条例规定提交年度报告、拒绝接受监督检查或者弄虚作假的，责令停止违法行为，予以警告，可以并处五万元以下的罚款；情节严重的，吊销勘查许可证、采矿许可证。

（二）违法行为情形和处罚基准

决定并处罚款的，按下列标准执行：

1. 未造成不良影响的，可以并处1万元以下的罚款。

2. 造成不良影响的，可以并处1万元以上3万元以下的罚款。

3. 造成恶劣影响或经责令改正而拒不改正的，可以并处3万元以上5万元以下的罚款。

八、破坏或者擅自移动矿区范围界桩或者地面标志

（一）处罚依据

《矿产资源开采登记管理办法》第十九条：破坏或者擅自移动矿区范围界桩或者地面标志的，由县级以上人民政府负责地质矿产管理工作的部门按照国务院地质矿产主管部门规定的权限，责令限期恢复；情节严重的，处3万元以下的罚款。

（二）违法行为情形和处罚基准

1. 导致矿区范围界桩或者地面标识的使用效能受到影响的，责令限期恢复，处1万元以下的罚款。

2. 导致矿区范围界桩或者地面标识的使用效能完全受到破坏的，责令限期恢复，处1万元以上3万元以下的罚款。

九、未按照规定对地质灾害易发区内的建设工程进行地质灾害危险性评估；配套的地质灾害治理工程未经验收或者经验收不合格，主体工程即投入生产或者使用

（一）处罚依据

《地质灾害防治条例》第四十一条：违反本条例规定，建设单位有下列行为之一的，由县级以上地方人民政府国土资源主管部门责令限期改正；逾期不改正的，责令停止生产、施工或者使用，处10万元以上50万元以下的罚款；构成犯罪的，依法追究刑事责任：（一）未按照规定对地质灾害易发区内的建设工程进行地质灾害危险性评估的；（二）配套的地质灾害治理工程未经验收或者经验收不合格，主体工程即投入生产或者使用的。

（二）违法行为情形和处罚基准

1. 经责令限期改正，逾期1个月内改正的，处10万元以上20万元以下的罚款。

2. 经责令限期改正，逾期2个月内改正的，处20万元以上30万元以下的罚款。

3. 经责令限期改正，逾期2个月以上不改正的，处30万元以上50万元以下的罚款。

十、对工程建设等人为活动引发的地质灾害不予治理

（一）处罚依据

《地质灾害防治条例》第四十二条：违反本

条例规定，对工程建设等人为活动引发的地质灾害不予治理的，由县级以上人民政府国土资源主管部门责令限期治理；逾期不治理或者治理不符合要求的，由责令限期治理的国土资源主管部门组织治理，所需费用由责任单位承担，处10万元以上50万元以下的罚款。

（二）违法行为情形和处罚基准

1. 治理所需费用在20万元以内的，处以10万元以上20万元以下罚款。

2. 治理所需费用在20万元以上50万元以下的，处以20万元以上30万元以下罚款。

3. 治理所需费用在50万元以上的，处以30万元以上50万元以下罚款。

十一、违反规定在地质灾害危险区内爆破、削坡、进行工程建设以及从事其他可能引发地质灾害活动

（一）处罚依据

《地质灾害防治条例》第四十三条：违反本条例规定，在地质灾害危险区内爆破、削坡、进行工程建设以及从事其他可能引发地质灾害活动的，由县级以上地方人民政府国土资源主管部门责令停止违法行为，对单位处5万元以上20万元以下的罚款，对个人处1万元以上5万元以下的罚款。

（二）违法行为情形和处罚基准

1. 未经批准，在地质灾害危险区内削坡、爆破、进行工程建设及其他活动，经制止，立即停止工程建设，及时整改的，对单位处5万元以上8万元以下罚款，个人处1万元以上2万元以下罚款。

2. 未经批准，在地质灾害危险区内削坡、爆破、进行工程建设及其他活动，诱发了地质灾害，造成一定损失，责令停止违法违规行为，对单位处8万元以上15万元以下、个人处2万元以上4万元以下的罚款。

3. 未经批准，在地质灾害危险区内削坡、爆破、进行工程建设及其他活动，经制止，拒不停止，造成地质灾害，后果严重的，责令停止违法违规行为，对单位处15万元以上20万元以下、个人处4万元以上5万元以下的罚款。

第三部分　测绘行政处罚

一、未经批准，擅自建立相对独立的平面坐标系统

（一）处罚依据

《中华人民共和国测绘法》（以下简称《测绘法》）第五十二条：违反本法规定，未经批准擅自建立相对独立的平面坐标系统，或者采用不符合国家标准的基础地理信息数据建立地理信息系统的，给予警告，责令改正，可以并处五十万元以下的罚款；对直接负责的主管人员和其他直接责任人员，依法给予处分。

（二）违法行为情形和处罚基准

1. 未经批准，擅自建立相对独立的平面坐标系统，与国家坐标系统相联系，不属于重复建立的，责令限期补办审批手续，能够在限期内补办审批手续的，免予经济处罚；逾期拒不补办的，可以并处15万元以下的罚款。

2. 未经批准，擅自建立相对独立的平面坐标系统，未与国家坐标系统相联系，不属于重复建立的，责令采取有效措施与国家坐标系统相联系，并限期补办审批手续，可以并处15万元以上30万元以下的罚款。

3. 未经批准，擅自建立相对独立的平面坐标系统，与国家坐标系统相联系，属于重复建立的，责令停止建立，可以并处30万元以上40万元以下的罚款。

4. 未经批准，擅自建立相对独立的平面坐标系统，未与国家坐标系统相联系，属于重复建立的，责令停止建立，可以并处40万元以上50万元以下的罚款。

二、建立地理信息系统，采用不符合国家标准的基础地理信息数据

（一）处罚依据

《测绘法》第五十二条：违反本法规定，未经批准擅自建立相对独立的平面坐标系统，或者采用不符合国家标准的基础地理信息数据建立地理信息系统的，给予警告，责令改正，可以并处五十万元以下的罚款；对直接负责的主管人员和其他直接责任人员，依法给予处分。

（二）违法行为情形和处罚基准

决定并处罚款的，按下列标准执行：

1. 建立地理信息系统，采用不符合国家标准的基础地理信息数据，造成轻微危害后果的，可以并处15万元以下的罚款。

2. 建立地理信息系统，采用不符合国家标准的基础地理信息数据，造成较大危害后果的，可以并处15万元以上30万元以下的罚款。

3. 建立地理信息系统，采用不符合国家标准的基础地理信息数据，造成严重危害后果的，可以并处30万元以上50万元以下的罚款。

三、未取得测绘资质证书或以欺骗手段取得测绘资质证书从事测绘活动

（一）处罚依据

1.《测绘法》第五十五条：违反本法规定，未取得测绘资质证书，擅自从事测绘活动的，责令停止违法行为，没收违法所得和测绘成果，并处测绘约定报酬一倍以上二倍以下的罚款；情节严重的，没收测绘工具。

2.《基础测绘条例》第二十九条：违反本条例规定，未取得测绘资质证书从事基础测绘活动的，责令停止违法行为，没收违法所得和测绘成果，并处测绘约定报酬1倍以上2倍以下的罚款。

（二）违法行为情形和处罚基准

并处罚款的，按下列标准执行：

1.违法所得在0.5万元以下的，并处以测绘约定报酬1倍至1.2倍的罚款。

2.违法所得在0.5万元以上5万元以下的，并处以测绘约定报酬1.2倍至1.5倍罚款。

3.违法所得在5万元以上25万元以下的，并处以测绘约定报酬1.5倍至1.8倍的罚款。

4.违法所得在25万元以上的，并处以测绘约定报酬1.8倍至2倍的罚款。

四、测绘单位将测绘项目违法转包

（一）处罚依据

《测绘法》第五十八条：违反本法规定，中标的测绘单位向他人转让测绘项目的，责令改正，没收违法所得，处测绘约定报酬一倍以上二倍以下的罚款，并可以责令停业整顿或者降低测绘资质等级；情节严重的，吊销测绘资质证书。

（二）违法行为情形和处罚基准

并处罚款的，按下列标准执行：

1.约定报酬在1万元以下的，并处以测绘约定报酬1倍至1.2倍罚款。

2.约定报酬在1万元以上5万元以下的，并处以测绘约定报酬1.2倍至1.5倍的罚款。

3.约定报酬在5万元以上10万元以下的，并处以测绘约定报酬1.5倍至1.8倍的罚款。

4.约定报酬在10万元以上的，并处以测绘约定报酬1.8倍至2倍的罚款。

五、卫星导航定位基准站建设单位未报备案

（一）处罚依据

《测绘法》第五十三条：违反本法规定，卫星导航定位基准站建设单位未报备案的，给予警告，责令限期改正；逾期不改正的，处十万元以上三十万元以下的罚款；对直接负责的主管人员和其他直接责任人员，依法给予处分。

（二）违法行为情形和处罚基准

卫星导航定位基准站建设单位未报备案的且逾期不改正的，决定处以罚款的，按下列标准执行：

1.涉及1个基准站，处以10万元罚款。

2.涉及2—3个基准站，处以20万元罚款。

3.涉及3个以上基准站，处以30万元罚款。

六、卫星导航定位基准站的建设和运行维护不符合国家标准、要求

（一）处罚依据

《测绘法》第五十四条：违反本法规定，卫星导航定位基准站的建设和运行维护不符合国家标准、要求的，给予警告，责令限期改正，没收违法所得和测绘成果，并处三十万元以上五十万元以下的罚款；逾期不改正的，没收相关设备；对直接负责的主管人员和其他直接责任人员，依法给予处分；构成犯罪的，依法追究刑事责任。

（二）违法行为情形和处罚基准

卫星导航定位基准站的建设和运行维护不符合国家标准、要求，决定处以罚款的，按下列标准执行：

1.未实际使用的，处以30万元罚款。

2.仅内部使用未向社会提供服务的，处以40万元罚款。

3.向社会提供服务的，处以50万元罚款。

七、擅自发布中华人民共和国领域和管辖的其他海域的重要地理信息数据，或者在对社会公众有影响的活动中使用未经依法公布的重要地理信息数据

（一）处罚依据

1.《测绘法》第六十一条：违反本法规定，擅自发布中华人民共和国领域和中华人民共和国管辖的其他海域的重要地理信息数据的，给予警告，责令改正，可以并处五十万元以下的罚款；对直接负责的主管人员和其他直接责任人员，依法给予处分；构成犯罪的，依法追究刑事责任。

2.《测绘成果管理条例》第二十九条：违反本条例规定，有下列行为之一的，由测绘行政主管部门或者其他有关部门依据职责责令改正，给予警告，可以处10万元以下的罚款；对直接负责的主管人员和其他直接责任人员，依法给予处分：（二）擅自公布重要地理信息数据的；（三）在对社会公众有影响的活动中使用未经依法公布的重要地理信息数据的。

（二）违法行为情形和处罚基准

1. 有上述违法行为，情节轻微或者对社会公众造成较小影响的，责令停止违法行为，限期采取有效措施在造成影响的范围内消除影响。能够在限期内按照要求办理的，免予经济处罚；逾期拒不按照要求办理的，可以并处15万元以下的罚款。

2. 有上述违法行为，情节较重或者对社会公众造成较大影响的，责令停止违法行为，限期采取有效措施在造成影响的范围内消除影响，可以并处15万元以上30万元以下的罚款。

3. 有上述违法行为，情节严重或者对社会公众造成重大影响的，责令停止违法行为，限期采取有效措施在造成影响的范围内消除影响，可以并处30万元以上50万元以下的罚款。

八、不汇交测绘成果资料

（一）处罚依据

《测绘法》第六十条：违反本法规定，不汇交测绘成果资料的，责令限期汇交；测绘项目出资人逾期不汇交的，处重测所需费用一倍以上二倍以下的罚款；承担国家投资的测绘项目的单位逾期不汇交的，处五万元以上二十万元以下的罚款，并处暂扣测绘资质证书，自暂扣测绘资质证书之日起六个月内仍不汇交的，吊销测绘资质证书；对直接负责的主管人员和其他直接责任人员，依法给予处分。

（二）违法行为情形和处罚基准

并处罚款的，按下列标准执行：

1. 承担国家投资的测绘项目的单位逾期拒不汇交测绘成果资料，测绘项目金额在30万元以下的，处5万元以上15万元以下的罚款。

2. 承担国家投资的测绘项目的单位逾期拒不汇交测绘成果资料，测绘项目金额在30万元以上的，处15万元以上20万元以下的罚款。

九、损毁测量标志、危害测量标志安全或者影响使用效能、侵占永久性测量标志用地、拒不支付永久性测量标志迁建费

（一）处罚依据

《测绘法》第六十四条：违反本法规定，有下列行为之一的，给予警告，责令改正，可以并处二十万元以下的罚款；对直接负责的主管人员和其他直接责任人员，依法给予处分；造成损失的，依法承担赔偿责任；构成犯罪的，依法追究刑事责任：（一）损毁、擅自移动永久性测量标志或者正在使用中的临时性测量标志；（二）侵占永久性测量标志用地；（三）在永久性测量标志安全控制范围内从事危害测量标志安全和使用效能的活动；（四）擅自拆迁永久性测量标志或者使永久性测量标志失去使用效能，或者拒绝支付迁建费用；（五）违反操作规程使用永久性测量标志，造成永久性测量标志毁损。

（二）违法行为情形和处罚基准

1. 有上述违法行为之一，对测量标志（含卫星导航定位基准站）安全和使用效能造成轻微影响的，责令停止违法行为，限期采取补救措施，能够在限期内按照要求整改的，免予经济处罚；逾期拒不按照要求整改的，可以并处4万元以下的罚款。

2. 有上述违法行为之一，造成永久性测量标志完全损毁或者失去使用效能，特别是造成卫星导航定位基准站设施损坏的，或者拒绝支付永久性测量标志迁建费用，属于国家等级以下永久性测量标志的，可以并处4万元以上12万元以下的罚款。

3. 有上述违法行为之一，造成永久性测量标志完全损毁或者失去使用效能，擅自拆迁卫星导航定位基准站设施等测量标志，或者拒绝支付永久性测量标志迁建费用，属于国家等级以上永久性测量标志的，可以并处12万元以上20万元以下的罚款。

第四部分　规划行政处罚

一、未取得建设工程规划许可证或者未按照建设工程规划许可证的规定进行建设

（一）处罚依据

1.《中华人民共和国城乡规划法》（以下简称《城乡规划法》）第六十四条：未取得建设工程规划许可证或者未按照建设工程规划许可证的规定进行建设的，由县级以上地方人民政府城乡规划主管部门责令停止建设；尚可采取改正措施消除对规划实施的影响的，限期改正，处建设工程造价百分之五以上百分之十以下的罚款；无法采取改正措施消除影响的，限期拆除，不能拆除的，没收实物或者违法收入，可以并处建设工程造价百分之十以下的罚款。

2.《湖南省实施〈中华人民共和国城乡规划法〉办法》（以下简称《湖南省实施〈城乡规划法〉办法》）第四十七条：违反本办法规定，未取得建设工程规划许可证或者未按照建设工程规划许可证的规定进行建设的，由城市、县人民政府城乡规划主管部门或者镇、乡人民政府责令停止建设，当事人应当自接到停止建设通知书之日起立即停止建设；尚可采取改正措施消除对规划实施影响的，限期改正，处建设工程造价百分之五以上百分之十以下的罚款；无法采取改正措施消除影响的，限期

拆除，不能拆除的，没收实物或者违法收入，可以并处建设工程造价百分之十以下的罚款。

有下列情形之一的，属于前款规定的无法采取改正措施消除影响的情形：

1. 未依法取得建设工程规划许可证，且不符合控制性详细规划的强制性内容或者超过建设用地规划条件确定的容积率、建筑高度、建筑密度的；

2. 超过建设工程规划许可证确定的建筑面积（计算容积率部分）或者建筑高度，且超出合理误差范围的；

3. 在已竣工验收的建设项目用地范围内擅自新（改、扩）建，或者利用建设项目擅自新（改、扩）建的；

4. 存在建筑安全隐患、影响相邻建筑安全，或者导致相邻建筑的通风、采光、日照无法满足国家和省有关强制性标准的；

5. 侵占现状以及规划确定的道路、消防通道、广场、公共绿地、河湖水面、地下工程、轨道交通设施、通信设施或者压占城市管线、永久性测量标志等公共设施、公共场所用地的；

6. 其他应当认定为无法采取改正措施消除影响的。

（二）违法行为情形和处罚基准

1. 不属于无法采取改正措施消除对规划实施的影响的，责令限期改正，在规定期限内，经改正或变更符合规划和相关技术规范要求的，处建设工程造价5%的罚款；逾期不改正的，处建设工程造价10%的罚款。

2. 无法采取改正措施消除影响，但不能拆除的，没收实物或者违法收入，可以并处建设工程造价5%以上10%以下的罚款。

3. 无法采取改正措施消除影响，可以拆除但逾期不拆除的，可以并处建设工程造价10%的罚款。

二、未经批准进行临时建设、未按照批准内容进行临时建设、临时建筑物、构筑物超过批准期限不拆除

（一）处罚依据

1.《城乡规划法》第六十六条：建设单位或者个人有下列行为之一的，由所在地城市、县人民政府城乡规划主管部门责令限期拆除，可以并处临时建设工程造价一倍以下的罚款：（一）未经批准进行临时建设的；（二）未按照批准内容进行临时建设的；（三）临时建筑物、构筑物超过批准期限不拆除的。

2.《湖南省实施〈城乡规划法〉办法》第四十九条：违反本办法规定，单位或者个人未经批准或者未按照批准内容进行临时建设的，由城市、县人民政府城乡规划主管部门发出责令停止建设通知书，当事人应当自接到停止建设通知书之日起立即停止建设，并在十五日内自行拆除；临时建设超过批准使用期限不自行拆除的，责令当事人自接到拆除通知书之日起十五日内自行拆除。在十五日内不自行拆除的，可以并处临时建设工程造价的百分之三十以上一倍以下的罚款。

（二）违法行为情形和处罚基准

1. 对规划实施未造成影响的，责令限期拆除，可并处临时建设工程造价0.3倍以上0.6倍以下罚款。

2. 对规划实施造成影响的，责令限期拆除，可并处临时建设工程造价0.6倍以上1倍以下罚款。

三、未在规定期限内报送竣工验收资料

（一）处罚依据

《城乡规划法》第六十七条：建设单位未在建设工程竣工验收后六个月内向城乡规划主管部门报送有关竣工验收资料的，由所在地城市、县人民政府城乡规划主管部门责令限期补报；逾期不补报的，处一万元以上五万元以下的罚款。

（二）违法行为情形和处罚基准

1. 逾期未达到一个月未补报的，处1万元以上3万元以下罚款。

2. 逾期超过一个月及以上未补报的，处3万元以上5万元以下罚款。

湖南省自然资源厅
关于印发征地补偿安置协议示范文本的通知

湘自资规〔2022〕2号

各市州、县市区人民政府：

为规范全省集体土地征收和房屋补偿安置工作，依法保护被征收集体土地及房屋、地上附着物、青苗等所有者的合法权益，根据《中华人民共和国土地管理法实施条例》第二十九条规定，经省人民政府同意，现将我省《土地征收补偿安置协议》《房屋拆迁补偿安置协议》《地上附着物及青苗补偿协议》三个示范文本予以印发，请遵照执行。

湖南省自然资源厅

2022年6月10日

土地征收补偿安置协议
（示范文本）

甲方：______________________________________

乙方：______________________________________

__________政府因___________________建设（开发）需要，于______年______月______日发布征收土地预公告，拟征收______________乡镇（街道）___________村（社区）集体土地________亩。现已公示拟征收土地现状调查结果、公告征地补偿安置方案，乙方所有土地在本次征地范围内，需拆迁腾地。根据《中华人民共和国民法典》《中华人民共和国土地管理法》《中华人民共和国土地管理法实施条例》《湖南省实施〈中华人民共和国土地管理法〉办法》等规定，双方经协商一致，就土地补偿费和安置补助费事宜达成如下协议。

一、拟征收土地

根据拟征收土地现状调查公示结果，拟征收乙方集体土地基本情况：

（一）拟征收土地总面积___________亩。

（二）根据国家土地利用现状分类标准，其中农用地_____亩，建设用地_____亩，未利用地_____亩。

（三）经套合国家永久基本农田数据库，拟征收土地中永久基本农田_______亩。

二、土地补偿费、安置补助费标准

征收农用地和未利用地的土地补偿费、安置补助费标准按照湖南省人民政府发布的区片综合地价和市（州）人民政府制定的具体实施细则执行，具体文件为：____。

征收集体建设用地的土地补偿费、安置补助费标准按照________市（州）人民政府有关规定执行，具体文件为：____。

三、土地补偿费、安置补助费总额

土地补偿费和安置补助费（明细见附件）共计人民币（大写）：_______________元（￥________）。其中土地补偿费（大写）____________元（￥________），安置补助费（大写）_________元（￥________）。

四、支付方式和期限

（一）土地补偿费、安置补助费以货币方式支付。根据湖南省人民政府有关集体土地征收社会保障费用规定，提取征地补偿费______%作为社会保障费，金额（大写）_________________元（￥_________）。甲方最迟应在本协议生效后三个月内将上述费用全部支付至乙方指定账户和社会保障费用专项资金账户。

乙方户名：___________；开户行：_________________；账号：____________________________。

（二）土地补偿费、安置补助费（扣除代缴社会保障费用后）（大写）____________________________元（￥_______），双方同意选择按如下第______种方式支付：

1.选择一次性支付的，本协议签订后___日内或于____年____月____日前一次性支付至乙方指定账户。

2.选择分期支付的，分期支付至乙方指定账户，其中：

第一期______%________元，本协议签订后______日内或于_______年____月____日前支付。

第二期______%________元，本协议签订后______日内或于_______年____月____日前支付。

第三期______%________元，本协议签订后______日内或于_______年____月____日前付清。

五、双方权利与义务

（一）甲方应当依法做好征收土地补偿安置有关法律政策宣传工作。

（二）甲方应当依照本协议约定依法及时支付全部土地征收补偿安置费用。

（三）甲方应当依照法律法规规定及时申请土地征收报批。

（四）乙方阻碍甲方依法开展土地征收的，甲方所属的县级以上人民政府有权依照法律法规规定，责令乙方限期交出土地，拒不交出土地的，依法申请人民法院强制执行。

（五）甲方有权依法变更、终止本协议。

（六）乙方应妥善解决与第三方在拟征收土地范围内的土地纠纷。

（七）征收土地预公告发布后，乙方不得在拟征收土地上抢栽抢种抢建。凡在拟征收土地上抢栽抢种抢建的，甲方一律不予补偿。

（八）甲方按照本协议支付土地征收补偿安置费用后，乙方应于______年_____月____日前交出土地，并申请土地所有权注销登记，逾期未办理注销登记的，甲方有权依照法律规定处理。

（九）乙方应依照有关规定和程序合理分配土地征收补偿安置费用，并在集体经济组织内部予以公示。

六、违约责任

甲方逾期支付本协议约定土地征收补偿安置费用的，以未付金额为基数按照人民银行同期同类定期存款基准利率向乙方支付违约金。

七、争议解决方式

履行本协议发生争议的，由双方当事人协商解决。协商不成的，乙方可以向有管辖权的人民法院提起诉讼。

八、协议生效

本协议自甲乙双方签字盖章之日起成立。土地征收经依法批准并发布征收土地公告后，协议生效。

九、其他

（一）征收土地面积以经批准的征收土地公告面积为准。

（二）拟征收土地上房屋、地上附着物及青苗等的补偿，另行签订协议约定。

（三）本协议签订后至征收土地公告发布时，征地补偿标准调整的，以征收土地公告发布时实施的征地补偿标准为准，不足部分应当补足。

（四）本协议未尽事宜，双方可协商另行签订补充协议，补充协议与本协议具有同等法律效力。

（五）本协议一式_____份，甲乙双方各执_____份，具有同等法律效力。

附件：征地补偿安置费用明细表（略）

甲方（盖章）：	乙方（盖章）：
法定代表人（签名）：	负责人（签名）：
委托代理人（签名）：	委托代理人（签名）：
日期：	日期：

见证方（盖章或签名）：
日期：

《土地征收补偿安置协议（示范文本）》填报说明

一、协议制定。本协议为示范文本，由湖南省自然资源厅拟定，经湖南省人民政府同意发布。

二、协议内容。县级以上地方人民政府实施征地时，应当按照本示范文本，与被征收土地房屋所有权人签订土地征收补偿安置协议。本协议条款为必备内容，未尽事宜，双方可以依照有关规定，结合征收工作实际需要，协议补充相应条款内容。

三、协议双方。甲方应为县级以上地方人民政府或同级自然资源主管部门或者经县级以上人民政府确定的土地征收实施机构。乙方为拟征收土地的所有权人，可以是乡集体、村集体或组集体。

四、关于建设项目。应当填写符合《中华人民共和国土地管理法》第四十五条规定的公共利益建设项目或成片开发项目名称。

五、关于征收范围。填写拟征收土地所在的乡镇（街道）、村（社区）的准确名称。根据实际情况需要填写“组”的，可以增加“组”的名称。

六、关于拟征收土地类别。本协议土地类别依据国家标准确定。各地可以根据拟征收土地补偿标准政策，在附件征地补偿费用明细表中，依照有关规定补充明确相关土地类别。

七、关于补偿标准。农用地和未利用地的补偿标准按照湖南省人民政府公布的区片综合地价和各市州人民政府有关征地补偿具体实施细则执行；集体建设用地补偿标准由市州人民政府制定的集体土地征收补偿标准文件确定。

八、关于补偿费用。补偿费用包括土地补偿费和安置补助费，土地补偿费和安置补助费的比例以及土地补偿费用中社会保障费用提取比例按照湖南省人民政府有关规定确定。甲方应根据实际情况自行制作《征地补偿安置费用明细表》，作为本协议附件，并由甲乙双方签字确认。

九、关于支付方式和期限。甲乙双方应当根据协商的支付方式和期限进行相应的填写或勾选，分期支付的，可协商增减分期支付期数。除法律法规另有规定外，所有费用支付最迟不得超过征收土地公告发布后三个月。

十、关于合同签章等。协议末尾签字及盖章名称应与协议之首甲乙双方名称保持一致。若乙方为乡集体或村集体的，乙方应由乡集体或村集体负责人签字并加盖乡、村集体公章；若乙方为组集体的，由组集体负责人签字盖章，若无公章的，由村集体代盖公章。

协议及附件为多页的，应加盖骑缝章。

协议需由三名以上被征地农民签字见证。经双方同意，还可邀请公证员、律师或乙方所在地的乡（镇）人民政府等作为本协议见证方签字或盖章。

十一、其他。建设项目经批准使用国有农场、林场、渔场土地，可参照本协议示范文本签订使用国有土地补偿安置协议。

房屋拆迁补偿安置协议
（示范文本）

甲方：____

乙方：____

________政府因____________________建设（开发）需要，发布征收土地预公告，拟征收乡镇（街道）________村（社区）________组集体土地_____亩。现已公示拟征收土地现状调查结果、公告征地补偿安置方案，乙方房屋属本次拆迁范围。根据《中华人民共和国民法典》《中华人民共和国土地管理法》《中华人民共和国土地管理法实施条例》《湖南省实施〈中华人民共和国土地管理法〉办法》等规定，双方经协商一致，就拟征收房屋补偿安置事宜达成如下协议。

一、拟征收房屋

根据公示的拟征收土地现状调查结果：

（一）拟征收房屋位于______乡镇（街道）_______村（社区）_________组______号。

（二）拟征收房屋总面积为__________平方米，其中：产权面积__________平方米，其他面积平方米，违章违法建设面积_______平方米。

二、征收房屋补偿安置标准

征收农村集体土地房屋补偿标准按________市（州）或________县（市、区）人民政府关于集体土地征收房屋补偿安置文件执行，具体文件为____。

三、安置方式

（一）经调查公示确认，征收乙方房屋需安置_____人，具体人员见《安置人员表》。

（二）乙方选择按照本协议第四条第（二）款第______项确定的方式予以安置。

四、补偿安置费用

（一）房屋补偿费（附相关明细表）（大写）________________________元（￥________），相关奖励费用（大写）________________________________元（￥_________）。

（二）安置补助费用

1.采用货币安置的，安置补助费用（大写）________________________元（￥________）。

2.采用安置房安置的，由甲乙双方另行签订协议，作为本协议附件。

3.采用宅基地安置的，乙方有权依法申请宅基地。涉及补偿的，由甲乙双方另行签订协议，作为本协议附件。

五、支付方式和期限

（一）房屋补偿费和货币安置补助费用以货币方式支付。甲方最迟应在本协议生效后三个月内全部支付至乙方指定账户。乙方户名：____________；开户行：___________；账号：______________________。

（二）房屋补偿费和货币安置补助费用（大写）____________________元（￥________），双方同意选择按如下第____种方式支付：

1.选择一次性支付的，本协议签订后____日内或于______年_____月_____日前一次性支付至乙方指定账户。

2.选择分期支付的，分期支付至乙方指定账户，其中：

第一期______%_______元，本协议签订后_____日内或于_____年____月____日前支付。

第二期_____ % ______元，本协议签订后_____日内或于_____年____月____日前支付。

第三期______%_______元，本协议签订后_____日内或于_____年____月____日前付清。

（三）相关奖励费用______元，乙方选择按如下第______种方式支付：

1. 选择一次性支付的，本协议签订后____日内或房屋腾空验收单签订后______日内一次性支付至乙方指定账户。

2. 选择分期支付的，分期支付至乙方指定账户，其中：

第一期______%_______元，本协议签订后_____日内或于_____年____月____日前支付。

第二期______%_______元，房屋腾空验收单签订后_____日内或于_____年____月____日前付清。

六、腾地期限

甲方按本协议第五条第（二）项约定，将房屋补偿费和货币安置补助费用支付到位后，乙方应于年___月____日前腾空房屋及附属设施设备，并签署《房屋腾空验收单》（见附件），同时申请注销房屋产权登记。

七、双方权利与义务

（一）甲方应当依法做好征收土地补偿安置有关法律政策宣传工作。

（二）甲方应当依照本协议约定依法及时支付房屋补偿费、货币安置补助费用及相关奖励费用。

（三）甲方应当依照法律法规规定及时申请征收土地报批。

（四）乙方阻碍甲方依法开展土地征收的，甲方所属的县级以上人民政府有权依照法律法规规定，责令乙方限期交出土地，拒不交出土地的，依法申请人民法院强制执行。

（五）甲方有权依法变更、终止本协议。

（六）乙方应当及时提交与征收房屋有关的资料，并保证其真实性。本协议约定的补偿费用支付完毕后，乙方再提出与本次征收房屋有关的补偿事宜，甲方有权拒绝处理；对乙方因弄虚作假等所取得的补偿费用，甲方有权予以追回。

（七）乙方应妥善解决与第三方关于拟征收房屋的权属纠纷，妥善处理内部补偿分配事宜。

（八）征收土地预公告发布后，乙方不得在拟征收土地范围内抢搭抢建。凡在拟征收土地范围内抢搭抢建的，甲方一律不予补偿。

（九）乙方取得房屋补偿、安置补助费用后，未按照本协议约定申请注销房屋产权的，甲方有权依照法律规定处理。

八、违约责任

甲方逾期支付本协议约定房屋补偿费、货币安置补助费用及相关奖励费用的，以未付金额为基数按照人民银行同期同类定期存款基准利率向乙方支付违约金。

九、争议解决方式

履行本协议发生争议的，由双方当事人协商解决。协商不成的，乙方可以向有管辖权的人民法院提起诉讼。

十、协议生效

本协议自甲乙双方签字盖章之日起成立。土地征收经依法批准并发布征收土地公告后，协议生效。

十一、其他

（一）本协议签订后至征收土地公告发布时，房屋补偿安置标准调整的，以征收土地公告发布时实施的房屋补偿安置标准为准，不足部分应当补足。

（二）本协议未尽事宜，双方可协商另行签订补充协议，补充协议与本协议具有同等法律效力。

（三）本协议一式____份，甲乙双方各执____份，具有同等法律效力。

附件：房屋腾空验收单

甲方（盖章）： 乙方（签名）：

法定代表人（签名）：

委托代理人（签名）： 委托代理人（签名）：

日期： 日期：

见证方（盖章或签名）：

日期：

附件

房屋腾空验收单
（范本）

编号：

经验收，______（姓名）坐落于______________________的房屋已于_____年____月____日腾空。房屋内物品已全部搬迁，房屋腾空，水电气已销户，若有未搬迁的物品、设备、设施，视为遗弃物。

房屋所有权人（签字）：　　　　现场勘验人员（签字）：

年　月　日　　　　年　月　日

（注：本验收单一式两份，双方各执一份）

《房屋拆迁补偿安置协议（示范文本）》
填写说明

一、协议制定。本协议为示范文本，由湖南省自然资源厅拟定，经湖南省人民政府同意发布。

二、协议内容。县级以上地方人民政府实施征地时，应当按照本示范文本，与被征收土地房屋所有权人签订房屋拆迁补偿安置协议。本协议条款为必备内容，未尽事宜，双方可以依照有关规定，结合征收工作实际需要，协议补充相应条款内容。

三、关于协议双方。甲方应为县级以上地方人民政府或同级自然资源主管部门或者经县级以上人民政府确定的土地征收实施机构。乙方为不动产登记证上确认的所有权人，未取得房屋产权的，为拟征收土地现状调查公示的房屋户主。房屋产权多个人共有的，应当完整填写所有权人；产权为集体经济组织的，应当由集体经济组织负责人或委托代理人签名，并附授权委托书作为本协议附件。

乙方为自然人的，建议注明身份证号码和电话号码；为法人及其他组织的，建议注明统一社会信用代码和负责人电话号码。

四、关于建设项目。应当填写符合《中华人民共和国土地管理法》第四十五条规定的公共利益建设项目或成片开发项目名称。

五、关于征收范围。填写拟征收土地所在的乡镇（街道）、村（社区）的准确名称。根据实际情况需要填写“组”的，可以增加“组”的名称。

六、关于拟征收房屋面积规定。产权面积是指不动产登记权证中记载的合法面积；其他面积为市州人民政府有关集体土地征收补偿标准文件确定的补偿面积；违章违法建设面积是指不符合法律法规规定建设的面积。

七、关于安置方式。拆迁房屋位于城市建设用地规模范围内的，不得采用宅基地安置方式。采取货币补偿的，不再享有宅基地资格权；采用安置房安置的，双方需另行签订有关协议。采取宅基地安置方式的，由乙方依法提出宅基地申请，如涉及补偿的，由双方另行签订协议。甲乙双方根据协商的安置方式进行相应的填写或勾选。

八、关于安置人员和房屋补偿费、货币安置补助费用及相关奖励费明细。安置人员只能是被征地集体经济组织成员。甲方根据被征收房屋所在地市（州）或县（市、区）经依法批准的征地补偿安置文件，自行制作《安置人员表》《房屋补偿费明细表》《货币安置补助费用明细表》《奖励费明细表》，也可合并制作《安置人员表》《房屋补偿和货币安置补助费用及奖励费明细表》，由甲乙双方签字确认作为本协议附件。

九、关于支付方式和期限。甲乙双方应当根据协商的支付方式和期限进行相应的填写或勾选，分期支付的，可协商增减分期支付期数。除法律法规另有规定外，所有费用支付最迟不得超过征收土地公告发布后三个月。

十、关于合同签章等。协议末尾签字及盖章名称应与协议之首甲乙双方名称保持一致。若乙方为乡集体或村集体的，乙方应由乡集体或村集体负责人签字并加盖乡、村集体公章；若乙方为组集体的，由组集体负责人签字盖章，若无公章的，由村集体代盖公章。

协议及附件为多页的，应加盖骑缝章。

经双方同意，可邀请公证员、律师或乙方所在地的乡（镇）人民政府等作为本协议见证方签字或盖章。

地上附着物及青苗补偿协议
（示范文本）

甲方：____

乙方：____

________政府因________________建设（开发）需要，于____年____月____日发布征收土地预公告，拟征收____________乡镇（街道）________村（社区）集体土地________亩。双方经协商一致，现就拟征收土地范围内乙方地上附着物及青苗补偿达成如下协议。

一、补偿标的

根据拟征收土地现状调查公示结果，本协议补偿标的为乙方在________乡镇（街道）________村（社区）征收土地预公告范围内的地上附着物及青苗。

二、补偿范围和补偿标准

地上附着物及青苗的补偿范围和补偿标准按照____________市（州）及 ___________县（市、区）经依法批准的集体土地征收政策文件执行，补偿标准文件为____。

三、补偿金额

补偿费用（详见《地上附着物及青苗补偿费明细表》）共计人民币（大写）_________￥_________。

四、支付方式和期限

地上附着物及青苗补偿费以货币方式支付。

甲方应在_____年___月____日前或本协议签订后____日内一次性支付至乙方指定账户。

乙方户名：_____________________；开户行：___________________；账号：___________________。

五、权利与义务

（一）征收土地预公告发布后，乙方不得在拟征收土地上抢栽抢种抢建。凡在拟征收土地上抢栽抢种抢建的，甲方一律不予补偿。

（二）乙方应妥善解决与第三方在拟征收土地范围内的地上附着物及青苗纠纷。

（三）甲方按照本协议约定支付全部地上附着物及青苗补偿费用后，乙方应在______日内或于______年月____日前完成地上附着物及青苗清理。否则，甲方有权自行处理。

六、违约责任

甲方逾期支付本协议约定的地上附着物及青苗补偿费的，以未付金额为基数按照人民银行同期同类定期存款基准利率向乙方支付违约金。

七、纠纷解决方式

本协议履行过程产生的争议，双方应协商解决。协商不成，乙方可向有管辖权的人民法院提起诉讼。

八、协议生效

本协议自甲乙双方签字（盖章）之日起成立，土地征收经依法批准并发布征收土地公告后，协议生效。

九、其他事宜

（一）本协议签订后至征收土地公告依法发布时，地上附着物及青苗补偿标准调整的，按照征收土地公告发布时实施的补偿标准予以补偿，不足部分应当补足。

（二）本协议未尽事宜，双方可协商另行签订补充协议，补充协议与本协议具有同等法律效力。

（三）本协议一式____份，甲乙双方各执____份，具有同等法律效力。

附件：地上附着物及青苗补偿费明细表

甲方（盖章）：	乙方（签名或盖章）：
法定代表人（签名）：	
委托代理人（签名）：	委托代理人（签名）：
日期：	日期：

见证方（盖章或签名）：

日期：

《地上附着物及青苗补偿协议》填报说明

一、协议制定。本协议为示范文本，由湖南省自然资源厅拟定，经湖南省人民政府同意发布。

二、协议内容。县级以上人民政府实施征地时，应当参照本示范文本，与被征收土地地上附着物（不含房屋）及青苗所有权人签订补偿协议。本协议条款为必备内容，未尽事宜，双方可以依照有关规定，结合征收工作实际需要，协议补充相应条款内容。

三、协议双方。甲方应为县级以上地方人民政府或同级自然资源主管部门或者经县级以上人民政府确定的土地征收实施机构。乙方为拟征收土地地上附着物及青苗的所有权人，可以是集体经济组织、承包权人或经营权人等。

四、关于建设项目。应当填写符合《中华人民共和国土地管理法》第四十五条规定的公共利益建设项目或成片开发项目名称。

五、关于征收范围。填写征收土地预公告中拟征收土地所在的乡镇（街道）、村（社区）准确名称。根据实际情况需要填写“组”的，可以增加“组”的名称。

六、关于地上附着物和青苗的补偿范围和补偿标准。地上附着物及青苗的补偿范围和补偿标准按照征收所在地市（州）及县（市、区）经依法批准的征收政策文件执行。甲方应根据上述文件自行制作《地上附着物及青苗补偿费明细表》，经甲乙双方签字确认作为本协议附件。

七、关于支付期限。甲乙双方应当协商确定支付期限。除法律法规另有规定外，所有费用支付最迟不得超过征收土地公告发布后三个月。

八、关于合同签章等。协议末尾签字及盖章名称应与协议之首甲乙双方名称保持一致。若乙方为乡集体或村集体的，乙方应由乡集体或村集体负责人签字并加盖乡、村集体公章；若乙方为组集体的，由组集体负责人签字盖章，若无公章的，由村集体代盖公章。

协议及附件为多页的，应加盖骑缝章。

经双方同意，可邀请公证员、律师或乙方所在地的乡（镇）人民政府等作为本协议见证方签字或盖章。

九、其他。建设项目经批准使用国有农场、林场、渔场土地，可参照本协议示范文本签订地上附着物及青苗补偿协议。

湖南省自然资源厅
关于进一步加强临时用地管理有关问题的通知

湘自资规〔2022〕4号

各市州、县市区自然资源主管部门：

为贯彻落实中央和省稳住经济一揽子政策措施，配合做好用地要素保障服务工作，规范临时用地管理，现就有关事项通知如下。

一、进一步明确临时用地申请条件

临时用地使用范围、使用期限和基本选址要求严格按照《自然资源部关于规范临时用地管理的通知》（自然资规〔2021〕2号）执行。结合我省实际，对临时用地申请条件补充规定如下：

（一）申请人范围。临时用地申请人应为项目建设依据文件明确的项目业主，铁路、高速公路工程项目可由项目业主书面委托施工单位申请办理。项目业主是土地复垦的义务人，其临时用地复垦义务不因委托他人申请办理和使用临时用地而转移。

（二）选址要求。临时用地选址应以最新年度国土变更调查成果为地类认定依据，优先使用建设用地和未利用地。鼓励使用主体项目已批准用地，尽量减少使用临时用地。生态保护红线内允许的有限人为活动和国家重大项目占用生态保护红线涉及临时用地的，主体项目应已取得省人民政府出具的有关认定意见或不可避让论证意见，临时用地审批参照临时占用永久基本农田规定办理。

（三）临时用地合同签订要求。临时使用未确定使用权的国有土地的，由申请人与县级自然资源主管部门签订，其中临时使用已纳入土地储备的国有土地的，由申请人与土地储备机构签订；临时使用已确定使用权的国有土地的，由申请人与国有土地使用权人签订；临时使用农民集体所有土地的，由申请人与土地所属的农村集体经济组织或村民委员会签订。涉及承包土地（包括国家所有和集体所有）的，应先征得承包权人书面同意。临时使用未确定使用权的国有土地的，土地租金收入纳入土地出让收入管理，全额缴纳同级国库。

二、优化临时用地审批

（一）申请与受理。临时用地申请由所在地县市自然资源主管部门受理。不符合申请条件或需要补正资料的，有关自然资源主管部门应当场或在3个工作日内一次性书面告知。城镇开发边界内使用临时用地的，可一并申请临时建设用地规划许可和临时用地审批，具备条件的还可以同时申请临时建设工程规划许可，一并出具相关批准文件，许可的期限应当与临时用地期限相衔接。

（二）审查。有关自然资源主管部门应当自受理之日起5个工作日内形成审查结论；涉及占用耕地和永久基本农田的，县市自然资源主管部门应将申请资料和初审意见报市州自然资源主管部门，市州自然资源主管部门应自收到材料之日起5个工作日内形成审查结论。临时用地申请范围涉及自然保护地等特殊管控区域的，应当征求相关部门意见。资料补正、征求意见所需时间不计入审查期限。审查不通过的，应书面告知申请人并说明理由。

（三）资金预存。经审查通过的，有关自然资源主管部门应通知临时用地申请人，按照土地复垦方案确定的资金数额，将复垦所需资金预存入双方约定银行的“土地复垦费用专门账户”，并与自然资源主管部门、银行签订土地复垦费用使用监管协议。土地复垦方案应综合考虑损毁前的土地类型、实际损毁面积、损毁程度、复垦标准、复垦用途和完成复垦任务所需的工程量等因素确定复垦费用金额，确保耕地面积不减少、质量不降低。

建设周期较长的能源、交通、水利等基础设施建设项目可分期预存土地复垦费用，但第一次预存的数额不得少于总金额的20%，余额按照土地复垦方案确定的土地复垦费用预存计划预存，在临时用地使用期限届满前一年预存完毕。列入国家和省重大建设项目清单的，可以由项目业主办理银行担保函代替预存土地复垦费，担保函应载明银行担保责任，担保期与土地复垦义务存续期相同，不得附加限制期限。

临时用地需要缴纳耕地占用税的，同步推送同级税务部门，由临时用地申请人办理完税手续。

（四）核发批准文件。自然资源主管部门收到土地复垦费预存及完税凭证后，即时核发临时用地批准文件。

三、加强临时用地使用管理

（一）严格落实批准内容。临时用地使用期限内，应当在显著位置设置标牌，载明批准机关、批准用途和使用期限。临时用地使用人应当按照批准文件使用土地，不得擅自更换位置、扩大面积、改变用途，不得转让、出租、抵押临时用地，不得对外销售利用临时用地加工生产的混凝土、预制件等建筑材料。

（二）加强土地生态保护。在生产建设活动中应采取预防保护措施，严格控制土地损毁的面积和程度。对可能被损毁的耕地、林地、园地等农用地，应当进行表土剥离，分层存放，分层回填，用于被损毁土地的复垦。生产建设应与复垦相结合，对使用完毕的部分临时用地及时实施土地复垦，尽早恢复农业生产条件。要优化施工作业方式，严格控制废气、废水、废渣、粉灰、废油等污染物排放。

（三）做好建设安全防控。在临时用地边缘应建立围挡。施工作业区、材料存放区与办公、生活区应当分开设置，并保持安全距离。如非工程必需，建造临时建（构）筑物原则上不得深挖地基和深打桩基，且结构不得超出二层，材料上无特殊要求的，不得采用现浇钢筋混凝土等耐久性材料，办公用房、生活用房等临时建筑物应采用活动板房。

四、从严落实临时用地恢复责任

（一）编制复垦方案。临时用地使用人应当编制土地复垦方案，其中由省级以上人民政府审批建设用地项目，编制土地复垦方案报告书，其他项目可以编制土地复垦方案报告表。市州、县市自然资源主管部门在收到土地复垦方案后，应采取会议或函审等形式组织专家论证，并参考专家评审意见进行审查，对符合《土地复垦条例实施办法》第十一条规定的，应当向申请人出具审查意见书。土地复垦方案审查期限不超过15个工作日，经审查通过的土地复垦方案及审查意见书（含专家评审意见）为申请临时用地的必备材料。

因生产建设项目的用地位置、规模等发生变化的，使用人应当在三个月内对原土地复垦方案进行修改，并报原审查的自然资源主管部门审查。

（二）明确复垦要求。临时用地使用人应当自临时用地期满之日起1年内完成土地复垦，因气候、灾害等不可抗力因素影响复垦的，经原审批机关批准可延长1年。临时用地使用人可按照土地复垦方案确定的工作计划分期支取预存的土地复垦费。

因城市建设、国家重点工程建设等征收土地涉及已批准的临时用地，在临时用地使用人拆除临时建（构）筑物并清运建筑垃圾后，报原批准使用临时用地的自然资源主管部门同意，可不再实施后续土地复垦工程。临时用地期满后，经临时用地使用人和集体经济组织共同申请，在不涉及永久基本农田、落实耕地保护以及符合设施农用地、农村道路标准等有关要求的前提下，报原批准临时用地的自然资源部门同意，符合安全条件的办公用房、施工便道等临时建（构）筑物可保留转为种植养殖用房、农村道路等。

（三）规范复垦验收。临时用地使用人应在复垦期限届满60日以前完成土地复垦施工，向批准临时用地或受委托负责复垦验收的自然资源主管部门提出书面验收申请；不能在规定期限内申请验收的，经批准可以适当延长，但延长期限不得超过30天。有关自然资源主管部门应当组织相关部门、专家、土地权利人或其代表进行现场踏勘，按照《土地复垦控制质量标准》等规范严格验收。受委托负责复垦验收的县级自然资源主管部门，要在验收合格后及时将土地复垦完成情况报告市州自然资源主管部门。

（四）强化激励约束。临时用地使用人取得土地复垦验收合格确认书后，可凭自然资源主管部门出具的土地复垦费用支取通知书和退还耕地占用税意见，分别向银行和税务部门申请支取预存土地复垦费结余费用和退还耕地占用税。

鼓励按照土地整治有关政策、规划和土地复垦方案，将符合条件的建设用地、非耕地复垦为农用地、耕地，按程序报省自然资源厅同意后，作为城乡建设用地增减挂钩指标和耕地占补平衡指标，市县可对临时用地使用人进行合理补偿和奖励。

因情势变化导致复垦后耕地数量、水田面积减少或质量等别显著下降，确实难以恢复的，临时用地使用人应缴纳与损失的耕地生产能力对应的土地复垦费，专项用于历史遗留损毁土地和自然灾害损毁土地的复垦，特别是损毁耕地的复垦。土地复垦费由批准临时用地的自然资源主管部门依据耕地开垦费收费标准收取。

五、构建临时用地常态化监管机制

（一）全面落实系统配号。受理临时用地申请的自然资源主管部门应当在临时用地批准后20个工作日内，在自然资源部临时用地信息系统（https://lsyd.mnr.gov.cn）完成系统配号，并向社会公开临时用地批准信息，临时用地复垦完成或经批准延期的，应及时按要求填报有关信息。从2022年起，新审批的临时用地，在国土变更调查、土地卫片执法检查中的图斑合法性判定，均以自然资源部临时用地信息系统中填报的信息为准。

（二）建立定期抽查通报制度。市州、县市自然资源主管部门对已获批准正在使用的临时用地进行全程监管，至少每半年例行巡查一次。省自然资源厅每半年抽查一次各地临时用地审批、使用、复垦和系统填报情况，下发不符合用地要求和超期未完成复垦的临时用地问题清单，对问题突出的市县和临时用地案例，予以公开通报并限期整改，限期整改仍达不到要求的，责令所在县市暂停审批新的临时用地。

（三）严格行政执法。各级自然资源主管部门要加强临时用地监督检查，利用遥感监测、抽查巡查、视频监控、公众监督等早发现工作机制，严肃查处违法违规审批、使用临时用地，未按照批准内容进行临时建设，以及临时用地超出复垦期限未完成复垦等行为，涉及违法违纪或构成犯罪的，依法依规向有关部门移送问题线索。省自然资源厅将对重大临时用地违法案件实行挂牌督办。

（四）强化惩戒措施。临时用地使用人不依法履行土地复垦义务，且拒不缴纳土地复垦费和罚款的，在申请新的建设用地、临时用地、采矿许可证或者申请采矿许可证延续、变更、注销时，未经省自然资源厅同意，有关自然资源主管部门不得批准或审核同意。

本通知自印发之日起施行，有效期2年。

附件：临时用地申请材料清单及要求

湖南省自然资源厅

2022年10月28日

附件

临时用地申请材料清单及要求

序号	材料名称	要求
1	临时用地申请书	应包含申请人基本信息、主体项目概况、拟用地现状、拟安排用途、临时用地合同签订及土地复垦方案编制情况等。
2	申请人身份证明材料	申请人为自然人的，提供身份证复印件；申请人为单位的，提供组织机构代码证书复印件。
3	主体项目建设依据文件	主体项目为工程建设项目的，提供投资主管部门核发的项目审批（核准、备案）文件；主体项目为地质勘查项目的，提供自然资源部门核发的勘查许可证。申请临时占用生态保护红线的，补充提供省人民政府出具的主体项目生态保护红线准入意见；申请临时占用永久基本农田的，补充提供主体项目属基础设施建设、公益性地质勘查的证明（可从项目类型、投资主体、征地情况等方面予以佐证）。
4	临时使用土地合同	合同内容应包括临时用地的地点、四至范围、面积和现状地类，以及临时使用土地的用途、使用期限、土地复垦标准、补偿费用和支付方式、违约责任等。提供临时用地的合同当事人应与临时用地土地权属材料载明的土地权利人一致。
5	土地复垦方案报告书（报告表）及审查意见	土地复垦方案参照《土地复垦方案编制规程》和《湖南省建设项目临时用地土地复垦方案编制指南（试行）》编制。
6	土地权属材料	包括临时用地土地权属材料和主体项目建设用地手续证明，受理机关应优先通过内部数据共享获取。
7	勘测定界技术报告书	应由测绘资质单位编制，采用2000国家大地坐标系，同步提供电子版。
8	有关部门审查意见	临时使用林地的，应取得林业行政主管部门审查同意的文件；涉及自然保护区、风景名胜区、饮用水水源保护区等区域，应提供有关主管部门或管理机构的审查意见，也可由自然资源部门在审查时依职权征求。
9	其他必要的材料	各地可结合实际，进一步完善申请材料清单及要求，但不得要求申请人提交与临时用地申请无关的材料。

湖南省自然资源厅 湖南省生态环境厅 关于印发《湖南省矿山生态修复基金管理办法》的通知

湘自资规〔2022〕3号

各市州、县市区自然资源主管部门、生态环境主管部门：

现将《湖南省矿山生态修复基金管理办法》印发给你们，请认真贯彻执行。

湖南省自然资源厅　湖南省生态环境厅

2022年8月29日

湖南省矿山生态修复基金管理办法

第一章　总则

第一条　为规范矿山生态修复基金管理，督促采矿权人履行矿山生态保护修复义务，根据《国务院关于印发矿产资源权益金制度改革方案的通知》（国发〔2017〕29号）、《财政部 国土资源部 环境保护部关于取消矿山地质环境治理恢复保证金建立矿山地质环境治理恢复基金的指导意见》（财建〔2017〕638号）、《土地复垦条例实施办法》、《矿山地质环境保护规定》和《湖南省地质环境保护条例》等有关规定，结合我省实际，制定本办法。

第二条　本办法适用于湖南省行政区域内的新建矿山、生产矿山及有责任主体的关闭矿山。

第三条　本办法所称矿山生态修复基金（以下简称基金），是指采矿权人履行矿山生态保护修复义务，根据自然资源主管部门审查通过的《矿山地质环境保护与土地复垦方案》或《矿山生态保护修复方案》（以下均简称《方案》），自行预先计提并专项用于矿山生态保护修复的资金。

第四条　采矿权人应当在银行设立基金专户，足额存入基金，并实行专账核算，单独、据实反映基金的计提和使用情况，按照“企业所有、确保需求、规范计提、依规使用、三方监管”的原则进行管理。

第五条　采矿权人是矿山生态保护修复的责任主体，必须坚持“在保护中开发，在开发中保护”的原则，落实边生产、边治理、边修复，履行矿山生态保护修复义务。

第六条　采矿权人应当遵循山水林田湖草沙生命共同体的理念，在矿山开发利用全生命周期统筹开展矿山生态保护修复工作。鼓励采矿权人采取“责任者付费，专业化治理”的方式，将矿山生态保护修复工作委托第三方专业机构实施。

第二章　基金计提

第七条　采矿权人应按照《矿山生态保护修复方案编制规范》（DB43/T 2298-2022）等相应规范编制《方案》，将《方案》适用年限内矿山生态保护保育、生态修复、监测与后期管护等费用足额列入经费估算，以此核定需计提基金总额，确保满足矿山生态保护修复需求。当年发生的费用计入企业生产成本。

第八条 基金计提实行一次性计提和分年计提两种方式。

矿山剩余服务年限不足3年（含3年）的，应当一次性完成基金总额计提。

矿山剩余服务年限3年以上的，可以分年完成基金总额计提。

第九条 采矿权人应将采矿许可证有效期限起始日至次年当日作为一个周期，自发证之日起一个月内按照《方案》，根据实际情况，制定矿山生态保护修复年度计划，结合本办法第八条规定，按照确保可满足当年矿山生态保护修复年度任务的原则，明确基金年度拟计提额，报矿山所在地县级自然资源主管部门审核通过后，一个月内完成当年度基金计提，今后每年依此类推。

第十条 采矿权发生转让或整合时，矿山生态保护修复义务同时转移。受让人或整合主体应承担矿山生态保护修复主体责任与义务，重新设立基金专户，按照本办法规定计提、使用和管理基金。原采矿权人已计提基金由其与受让人或整合主体双方协商处置。

第十一条 采矿权人原《方案》超过适用年限，变更开采矿种、开采方式、开采规模或开采范围，以及矿山实际开采和生态修复情况发生较大变化的，应当根据实际情况重新编制《方案》，重新核定需计提基金总额，并根据经审查通过的新《方案》，按照本办法规定计提基金。

第三章 基金使用

第十二条 基金由采矿权人专项用于矿业活动产生的地形地貌景观破坏、土地资源占损、水资源水生态破坏、矿山地质灾害、生物多样性破坏等生态问题的修复治理，以及矿山生态保护保育、监测与后期管护等。矿井涌水及采矿地下水影响环境的按生态环境主管部门要求执行。

第十三条 采矿权人应当按照《方案》落实矿山生态保护修复任务，按有关规定适时向自然资源主管部门申请矿山生态保护修复验收。验收合格的，采矿权人向所在地县级自然资源主管部门提出资金划转申请。县级自然资源主管部门出具基金划转通知书，并明确可划转基金额。专户银行凭基金划转通知书划转基金。

经年度、分期验收合格的，可划转基金额不得高于采矿权人年度计提额和验收意见书中当年度矿山生态保护修复工程投资额。

经关闭验收合格的，县级自然资源主管部门在确定划转基金额时，应按照《方案》留足基金余额，以满足矿山关闭后仍可能产生的生态问题修复与后期管护。管护期满并经验收合格后，采矿权人按本条第一款划转基金。

第十四条 因破产、违法被吊销生产经营资质等自身原因终止采矿行为的采矿权人，应当依法履行矿山生态保护修复义务，所需费用从采矿权人已计提的基金中列支，不足部分由采矿权人补足。

第十五条 基金被人民法院执行清偿债务时，采矿权人应当及时补足被划转的基金。基金被人民法院查封时，采矿权人应及时提供相应数额的担保。

第四章 监督管理

第十六条 自然资源主管部门负责组织本级发证矿山《方案》审查；按职责对辖区内采矿权人履行矿山生态保护修复义务情况，以及矿山生态修复基金计提、使用和管理工作进行指导和监管。《方案》审查及矿山生态保护修复验收专家费用列入部门预算，不得向采矿权人和编制单位收取。

（一）县级自然资源主管部门负责与采矿权人及基金专户开户银行签订三方监管协议，按照本办法规定明确基金计提与使用的程序、条件和违约责任等；负责组织矿山生态保护修复年度验收工作；负责县级发证矿山生态保护修复分期验收和关闭验收工作。

（二）市级自然资源主管部门负责辖区内市级以上发证矿山生态保护修复分期验收和关闭验收工作，负责对县级自然资源主管部门矿山生态保护修复年度验收工作进行监督检查。

（三）省自然资源厅适时对全省矿山生态保护修复工作进行抽查。

第十七条 生态环境主管部门按职责对采矿权人履行矿山生态保护修复义务时涉及的生态环境保护工作进行指导和监管，根据需要适时配合自然资源主管部门开展矿山生态保护修复验收、抽查等相关工作。

第十八条 采矿权人应按照《方案》有序开展矿山生态保护修复工作，在采矿许可证有效期限内按周期申请矿山生态保护修复年度验收；在办理采矿许可证延续、变更、注销登记时，申请矿山生态保护修复分期或关闭验收；在矿山生态保护修复验收过程中，如实提供基金提取、使用的相关凭据、资料。采矿权人应当按要求将《方案》执行、基金计提和使用情况录入矿业权人勘查开采信息公示系统，及时向社会公示，接受社会监督。

第十九条 采矿权人未履行矿山生态保护修复责任或履行不到位的，按下列规定处理：

（一）未按本办法规定计提基金，由县级以上自然资源主管部门责令限期计提；逾期不计提的，依据《矿山地质环境保护规定》，处3万元以下的罚款，不受理其采矿权延续变更申请。

（二）未按《方案》或矿山生态保护修复年度计划开展矿山生态保护修复的，由矿山所在地自然资源主管部门责令限期改正；拒不整改或整改不到位的，依据《矿山地质环境保护规定》，处3万元以下罚款，不受理其申请新的采矿权许可证或者申请采矿许可证延续、变更、注销。

（三）拒不履行矿山生态保护修复义务或履行不到位的，由县级自然资源主管部门根据《湖南省地质环境保护条例》第三十七条规定，责令限期恢复治理；逾期不恢复治理的，按照职责权限组织恢复治理，所需经费由采矿权人承担；对采矿权人处十万元以上五十万元以下罚款，造成严重后果的，吊销其采矿许可证。

（四）自然资源主管部门不得通过其矿山生态保护修复年度、分期、关闭验收，应当将其相关信息在矿业权人勘查开采信息公示系统中予以公示，并依法列入异常名录或严重违法名录，责令其限期整改。

（五）对经责令限期整改仍拒不及时全面履行矿山生态保护修复义务的，可将其违法违规情况建立信用记录，纳入全国信用信息共享平台，通过“信用湖南”“信用中国”网站、国家企业信用信息公示系统等向社会公布，为相关行业、部门实施联合惩戒提供信息；情节严重的，属地自然资源主管部门应当衔接相关部门启动公益诉讼。

第五章　附则

第二十条 本办法自发布之日起施行，有效期5年，《湖南省自然资源厅 湖南省生态环境厅关于印发〈湖南省矿山地质环境治理恢复基金管理办法〉的通知》（湘自然资规〔2019〕2号）同时废止。

附件1

矿山生态修复基金划转通知书（模板）

________________________银行：

____________（采矿权人）___________（采矿许可证号____________），于_______年_____月_____日完成了矿山生态保护修复（_______年度/分期/关闭）验收工作，验收结论为合格，同意将金额（大写）___________________________万元（小写____________________万元）从其在你行设立的矿山生态修复基金专户（账号______________________________）划转到其非专项账户。

自然资源主管部门（公章）
年　　月　　日

附件2

矿山生态修复基金使用监管协议（模板）

编号：

甲方（自然资源主管部门）：____
单位地址：____
法定代表人（负责人）：____

乙方（采矿权人）：____
单位地址：____
法定代表人（负责人）：____

丙方（银行）：____
单位地址：____
法定代表人（负责人）：____

第一条 根据《中华人民共和国民法典》《湖南省矿山生态修复基金管理办法》（以下简称《办法》）等有关规定，为加强矿山生态修复基金（以下简称基金）使用监管，甲乙丙三方本着平等、自愿、诚实守信的原则，签订本协议。

第二条 甲方有权监督乙方按照《办法》规定计提、使用基金。

第三条 丙方应按照本协议约定，协助甲方对乙方基金计提、使用进行监督管理。

第四条 本协议在乙方设立专项基金账户后五个工作日内签订。

第五条 矿山生态保护修复基本信息：

矿山名称：____________________________，

采矿许可证号：____________________________。

第六条 甲乙双方根据《办法》第七条规定，确定基金计提总额人民币：大写__________元（小写________元）。

第七条 乙方应按《办法》第九条规定，将基金存入乙方在丙方开设的基金专用账户：

开户行：________________________，

账　号：________________________。

第八条 若乙方未能按照本协议第七条规定及时足额存入基金的，按《办法》第十九条第（一）项规定执行。

第九条 乙方应当在存储基金后五个工作日内向甲方报备银行专户基金存款入账凭证等有关材料。

第十条 乙方应按《办法》第十二条规定使用基金，不得挪用。乙方经矿山生态保护修复验收合格的，可按《办法》第十三条规定，进行基金划转。

第十一条 丙方应在收到基金划转通知书后五个工作日内，按照基金划转通知书要求，将基金划转给乙方。基金划转不及时，或未经甲方授权向乙方划转基金，或数据存在错误、缺失等原因以致结算不成功的，丙方应当及时采取补救、纠正措施，赔偿由此造成的损失，并承担相应的法律责任。

第十二条 丙方应在每年1月31日前，将乙方上年度（1月1日至12月31日）所有基金账户存款变化信息送达甲方。

第十三条 基金账户被司法机关采取停止支付、查封冻结等措施的，丙方应当及时通知甲乙双方，乙方应当在接到通知后五个工作日内向司法机关提供相应担保，以便及时解除上述措施。否则乙方应当按照第八条规定，承担相应的违约责任。

第十四条 本协议对各方及经许可的受让人具有同等约束力。

第十五条 本协议签订后，未经各方共同协商确认，不得修订或补充。

第十六条 根据《办法》第十一条规定，乙方基金计提总额发生较大变化时，需重新签订基金使用监管协议。

第十七条 乙方采矿权发生转让或整合时，当受让方或整合主体与甲方和银行重新签订书面协议，承担乙方在本协议中规定的义务和责任后，本协议终止。

第十八条 本协议自各方签字、盖章之日起生效，至各方义务履行完毕后失效。

第十九条 若乙方丧失履约能力或被宣告破产的，已计提的基金按照《办法》第十四条、第十五条规定处理。

第二十条 本协议要求或允许的通知和通讯，不论以何种方式传递，均自实际收到时起生效。

第二十一条 协议任何一方变更通知、通讯地址或开户银行、账号的，应在变更后五个工作日内，将新的地址或开户银行、账号通知协议相对方。因迟延通知而造成的损失，由过错方承担责任。

第二十二条 本协议订立、效力、解释、履行及争议的解决均适用中华人民共和国法律。

第二十三条 如有争议，三方可协商解决，协商不成的，任何一方可向甲方所在地的人民法院提起诉讼。争议解决期间，除争议事项外，协议各方应继续行使各自在本协议中规定的其他权利，并应继续履行各自在本协议中规定的其他义务。

第二十四条 本协议一式三份，甲、乙、丙三方各持一份，具有同等法律效力。

第二十五条 本协议未尽事宜，可由三方商定后以书面形式作为本协议附件，与本协议具有同等法律效力。

甲方（公章）
地址：
邮编：
电话：
法定代表人（委托代理人）
（签字）：
年　　月　　日

乙方（公章）
地址：
邮编：
电话：
法定代表人（委托代理人）
（签字）：
年　　月　　日

丙方（公章）
地址：
邮编：
电话：
法定代表人（委托代理人）
（签字）：
年　　月　　日

湖南省自然资源厅 湖南省公共资源交易中心关于印发《湖南省城乡建设用地增减挂钩节余指标交易管理办法》的通知

湘自资规〔2022〕5号

各市州、县市区自然资源主管部门，各市州公共资源交易中心：

现将《湖南省城乡建设用地增减挂钩节余指标交易管理办法》印发给你们，请遵照执行。

湖南省自然资源厅　湖南省公共资源交易中心

2022年12月8日

湖南省城乡建设用地增减挂钩节余指标交易管理办法

第一条 为进一步规范全省城乡建设用地增减挂钩（以下简称增减挂钩）节余指标交易活动，充分发挥市场资源配置作用和更好发挥政府作用，根据《湖南省公共资源交易监督管理办法》（湖南省人民政府令第295号）、《湖南省发展和改革委员会 湖南省公共资源交易管理委员会办公室关于印发〈湖南省公共资源交易目录（2019年本）〉的通知》（湘发改公管〔2019〕679号）等有关规定，制定本办法。

第二条 本办法适用于在本省范围内跨县市区行政区域转让和受让增减挂钩节余指标活动的监督管理。

第三条 本办法所称增减挂钩节余指标包括增减挂钩节余建设用地指标和增减挂钩节余耕地指标。

增减挂钩节余建设用地指标是指增减挂钩项目拆旧复垦与安置建新相抵后净减少的建设用地面积，数值上等于增减挂钩项目净增加耕地、林地、其他农用地面积之和。

增减挂钩节余耕地指标是指增减挂钩项目拆旧复垦与安置建新相抵后净增加的耕地面积，但按照有关规定转为耕地占补平衡指标的新增耕地除外。

第四条 符合下列情形之一的增减挂钩项目，其节余指标可按本办法规定流转交易：

（一）原国家扶贫开发工作重点县（市）、省扶贫开发工作重点县（市、区）实施的增减挂钩项目；

（二）湘鄂渝黔、湘赣边革命老区县（市、区）实施的增减挂钩项目；

（三）结合矿山生态修复实施的增减挂钩项目；

（四）结合全域土地综合整治试点实施的增减挂钩项目。

前款第（一）（三）项规定的增减挂钩项目，实施方案于2020年12月18日以后批准的，批准主体为省人民政府，节余指标方可交易；第（二）项规定的增减挂钩项目，实施方案于2021年1月24日以后经省人民政府批准的，节余指标方可交易。

省自然资源厅根据政策变化对可交易节余指标的增减挂钩项目范围相应调整。

第五条 增减挂钩节余指标交易原则上纳入省公共资源交易平台体系，采取公开挂牌竞价的方式进行，由省公共资源交易中心具体承担相关技术性和事务性工作。

因交通、能源、水利等国家、省级重大建设项目用地报批及省人民政府确定的市县间乡村振兴结对帮扶等特殊需要，可采取协议交易方式。

第六条 指标转让人应为县市区人民政府。

指标受让人包括市州、县市区人民政府及经省人民政府批准设立的县级管理区管委会、省级以上开发园区管委会。

交易主体间开展的相关工作可委托或授权同级自然资源主管部门负责。

第七条 转让人拟交易增减挂钩节余指标的，应向省自然资源厅提出转让申请，经批准后才可启动交易活动。

省自然资源厅通过套合最新国土变更调查成果、遥感影像等方式，对转让涉及增减挂钩项目拆旧复垦和管护利用情况进行审核，扣除“非农化”“非粮化”问题图斑面积后，核定可交易指标数量。

有下列情形之一的，不予批准转让：

（一）转让涉及增减挂钩项目不符合第四条规定的可交易项目范围的；

（二）申请转让指标数量大于所属增减挂钩项目可交易指标数量的；

（三）转让后剩余的增减挂钩节余建设用地指标少于本行政区域前三年年均新增建设用地规模的；

（四）申请转让增减挂钩节余耕地指标但未完成上年度耕地恢复任务的；

（五）申请协议转让不符合第五条第二款规定的协议转让条件的。

第八条 省自然资源厅可根据增减挂钩节余指标交易市场运行情况制定交易限价并适时调整。

第九条 采取挂牌方式转让的，由省公共资源交易中心依据省自然资源厅批准文件安排分批进行。

挂牌转让成交后，省公共资源交易中心向受让人（竞得人）发送竞得通知书，确认成交结果。

第十条 指标转让人与指标受让人应根据竞得通知书或协商合意，签订《增减挂钩节余指标转让合同书》。

第十一条 指标受让人应按照《增减挂钩节余指标转让合同书》约定的期限和金额，将指标转让款支付到指标转让人财政非税收入汇缴结算户。

第十二条 采取挂牌方式转让的，指标受让人应按照省价格主管部门规定的土地指标交易服务收费标准，负担全部交易服务费。

第十三条 采取挂牌方式转让的，受让人凭省公共资源交易中心出具的交易完成证明，向省自然资源厅申请办理指标划转手续。

采取协议方式转让的，省自然资源厅根据转让人申请，划转指标给受让人。

第十四条 受让的增减挂钩节余指标只能用于受让人本辖区内建设用地报批，不得再度进行转让。

第十五条 未按照本办法开展的增减挂钩节余指标省内交易行为无效，省自然资源厅不予办理指标划转手续。

第十六条 发现存在徇私舞弊、弄虚作假等违法违纪行为的，按相关规定追究违法违纪责任。

第十七条 省自然资源厅会同省公共资源交易中心根据本办法规定，另行制定增减挂钩节余指标挂牌转让交易规则。

第十八条 本办法自发布之日起施行，有效期5年。

附 录

2022年湖南省自然资源厅厅领导名单

姓名	性别	现任职务（职级）
陈仲伯	男	党组书记 厅长 省自然资源总督察
张　皓	女	党组副书记 副厅长 厅直属机关委员会书记
邓建华	男	党组成员 副厅长
路卫华	男	党组成员 省纪委省监委驻省自然资源厅纪检监察组组长
李全胜	男	党组成员 副厅长
谢　文	男	党组成员 副厅长
林目轩	男	党组成员 省自然资源副总督察
覃佐彦	男	党组成员 副厅长
欧阳志军	男	党组成员 总工程师
申志军	男	总规划师
唐新民	男	二级巡视员
汪泽秋	男	二级巡视员
余少华	男	二级巡视员

2022年湖南省自然资源厅副处长以上干部名单

姓名	性别	现任职务（职级）
邹国清	男	办公室主任
曾振华	男	办公室副主任
刘　双	女	办公室副主任
艾林书	男	综合规划处处长
夏依宁	男	综合规划处副处长
唐洪滨	男	综合规划处副处长
梁建东	男	法规处处长
江祖平	男	法规处副处长
张琳琳	女	自然资源调查监测处处长
向贤敏	男	自然资源调查监测处副处长
黄运茂	男	自然资源确权登记局局长
彭艳波	女	自然资源确权登记局副局长
王　群	男	自然资源所有者权益处处长
易梦佳	女	自然资源所有者权益处副处长
贺　正	男	自然资源开发利用处处长
郭　宏	男	自然资源开发利用处副处长
黎文君	女	国土空间规划局局长
朱　辉	男	国土空间规划局副局长
罗铁军	男	国土空间用途管制处处长
楚　琳	女	国土空间用途管制处副处长
董振亚	女	国土空间生态修复处处长
黄　鹏	男	国土空间生态修复处副处长
李建国	男	耕地保护监督处处长
周小玲	女	耕地保护监督处副处长
谭泽林	男	地质勘查管理处处长
熊益沙	男	地质勘查管理处副处长
刘细红	女	矿业权管理处处长
潘君庆	男	矿业权管理处副处长
刘　豪	男	矿产资源保护监督处处长
叶庆华	男	矿产资源保护监督处副处长

续表

姓名	性别	现任职务（职级）
宋　琤	女	国土测绘处处长 一级调研员
成勇翔	男	国土测绘处副处长
罗　虹	女	地理信息管理处处长
汤竞煌	男	地理信息管理处副处长
姚　专	男	自然资源督察办公室（自然资源督察一处）主任（处长）
王　楚	男	自然资源督察办公室（自然资源督察一处）副主任（副处长）
刘先刚	男	执法局（自然资源督察二处）局长（处长）
龙　舟	男	执法局（自然资源督察二处）副局长（副处长）
刘　琰	女	执法局（自然资源督察二处）副局长（副处长）
黄远峰	男	自然资源督察三处主持工作
高兵武	男	自然资源督察三处副处长
郭峰濂	男	自然资源督察四处处长
陈亚赞	男	自然资源督察四处副处长
贺龙泉	男	改革发展与科技处处长
杨　琼	女	改革发展与科技处副处长
苏向荣	男	财务与资金运用处处长
钟　宏	男	财务与资金运用处副处长
向　艳	女	人事处处长
唐智华	女	人事处副处长
谢潇波	男	政务服务处处长
袁　莹	女	政务服务处副处长
李　俊	男	政务服务处副处长
申小军	男	直属机关党委常务副书记、机关纪委书记
刘海雁	女	直属机关党委副书记、机关纪委副书记
张予蓉	女	离退休人员管理服务处处长
徐　焕	男	离退休人员管理服务处副处长
杨　帆	男	机关后勤服务中心主任
李　兰	女	机关后勤服务中心副主任
张志芳	女	机关后勤服务中心副主任
胡新华	男	机关后勤服务中心副主任

2022年省自然资源厅机关厅级干部职务任免情况表

序号	姓名	原任职务	提任（转任、免任）职务	任免类别	任(免)职文号	任(免)职时间	试用期（一年）	省委、省政府发文文号
1	刘星辉	湖南省自然资源厅总工程师		退休	湘自资人发〔2021〕6号	2022.03.25		湘委干〔2022〕191号
2	陈志军	省第三测绘院党委副书记、院长	任湖南工程职业技术学院党委副书记，免去其省第三测绘院党委副书记、院长职务	提任	湘自资党发〔2022〕31号	2022.06.01		
3	陈建军	湖南工程职业技术学院党委副书记、院长	免去其湖南工程职业技术学院党委副书记、院长职务	免职	湘自资党发〔2022〕31号	2022.06.01		
4	路卫华	湖南省交通运输厅党组成员、省纪委省监委驻厅纪检监察组组长	任湖南省自然资源厅党组成员、省纪委省监委驻厅纪检监察组组长，免原职	调任	湘委干〔2022〕372号	2022.07.01		

2022年省自然资源厅机关厅级干部职级任免情况表

序号	姓名	原任职务	提任（转任、免任）职务	任免类别	任(免)职文号	任(免)职时间	省委、省政府发文文号
1	金勇章	湖南省自然资源厅一级巡视员		退休	湘自资人发〔2022〕6号	2022.03.25	湘委干〔2022〕191号
2	黄海淞	湖南省自然资源厅二级巡视员		退休	湘自资人发〔2022〕6号	2022.03.25	湘委干〔2022〕191号
3	唐新民	湖南省自然资源厅党组成员、省纪委省监委驻厅纪检监察组组长	任省纪委省监委派驻机构二级巡视员，免去其湖南省自然资源厅党组成员、省纪委省监委驻厅纪检监察组组长职务	职务调整	湘委干〔2022〕372号	2022.07.01	
4	陈松岭	湖南省自然资源厅一级巡视员		退休	湘组干〔2022〕341号	2022.06.28	

2022年省自然资源厅机关处级干部任免情况表

序号	姓名	原单位及职务	任（免）职务	职级	任免类别	任免文号	任免时间（试用期时间）
1	朱启明	自然资源所有者权益处副处长	免去其厅自然资源所有者权益处副处长职务，另有任用		职务调整	湘自资人发〔2022〕4号	2022.02.16
2	吴方兴	省第二测绘院党委书记、副院长	任厅财务与资金运用处副处长、二级调研员，免去其省第二测绘院党委书记、副院长职务		调任交流	湘自资人发〔2022〕5号	2022.02.25
3	王本礼	厅自然资源确权登记局副局长	任省第二测绘院党委书记、院长；免去其厅自然资源确权登记局副局长职务		职务调整	湘自资人发〔2022〕5号	2022.02.25
4	艾林书	厅办公室副主任	任厅综合规划处处长（试用期一年），免去其厅办公室副主任职务	正处级	提任	湘自资人发〔2022〕23号	2022.06.01
5	罗铁军	省土地综合整治局	任厅国土空间用途管制处处长，免去其省土地综合整治局局长职务		调任交流	湘自资人发〔2022〕28号（任） 湘自资人发〔2022〕29号（免）	2022.07.19 2022.06.01
6	贺　正	厅直属机关委员会专职副书记、直属机关纪律检查委员会书记	任厅自然资源开发利用处处长，免去其厅直属机关委员会专职副书记、直属机关纪律检查委员会书记职务		职务调整	湘自资人发〔2022〕25号 湘自资党发〔2022〕36号	2022.06.01
7	贺龙泉	厅综合规划处处长	任厅改革发展与科技处处长，免去其厅综合处处长职务		职务调整	湘自资人发〔2022〕23号	2022.06.01
8	申小军	厅综合规划处二级调研员	任厅直属机关委员会专职副书记、直属机关纪律检查委员会书记（试用期一年），免去其厅综合处二级调研员职级	正处级	提任	湘自资人发〔2022〕25号 湘自资党发〔2022〕36号	2022.06.01
9	王礼尧	厅改革发展与科技处处长、一级调研员	免去其厅改革发展与科技处处长职务		职务调整	湘自资人发〔2022〕23号	2022.06.01
10	夏依宁	厅国土空间规划局副局长	任厅综合规划处副处长，免去其厅国土空间规划局副局长职务		职务调整	湘自资人发〔2022〕23号	2022.06.01
11	唐洪滨	厅离退休人员管理服务处副处长	任厅综合规划处副处长，免去其厅离退休人员管理服务处副处长职务		职务调整	湘自资人发〔2022〕23号	2022.06.01

续表

序号	姓名	原单位及职务	任(免)职务	职级	任免类别	任免文号	任免时间（试用期时间）
12	吴方兴	厅财务与资金运用处副处长、二级调研员	免去其厅财务与资金运用处副处长职务		职务调整	湘自资人发〔2022〕23号	2022.06.01
13	于　闽	省自然资源事务中心发展事务部部长	任厅国土空间生态修复处副处长，免去其省自然资源事务中心发展事务部部长		调任交流	湘自资人发〔2022〕31号	2022.08.10
14	欧阳志军	厅耕地保护监督处处长	任厅党组成员、总工程师		职务调整	湘组干〔2022〕167号	2022.07.07
15	唐　晖	厅国土空间生态修复处副处长	任省自然资源事务中心党委委员、副主任（试用期一年），免去其厅国土空间生态修复处副处长职务		职务调整	湘组干〔2022〕173号 湘自资人发〔2022〕32号 湘自资党发〔2022〕44号	2022.07.07
16	欧阳志军	厅党组成员、总工程师、耕地保护监督处处长	免去其厅耕地保护监督处处长职务		职务调整	湘自资人发〔2022〕41号	2022.10.28
17	李元卓	厅一级调研员、矿业权管理处处长	免去其厅矿业权管理处处长职务		职务调整	湘自资人发〔2022〕41号	2022.10.28
18	余建华	厅一级调研员、自然资源督察办公室（自然资源督察一处）主任（处长）	免去其厅自然资源督察办公室（自然资源督察一处）主任（处长）职务		职务调整	湘自资人发〔2022〕41号	2022.10.28
19	梁建东	厅自然资源确权登记局局长	任厅法规处处长，免去其厅自然资源确权登记局局长职务		职务调整	湘自资人发〔2022〕41号	2022.10.28
20	黄运茂	厅地质勘查管理处副处长	任厅自然资源确权登记局局长（试用期一年），免去其厅地质勘查管理处副处长职务	正处级	提任	湘自资人发〔2022〕41号	2022.10.28
21	李建国	厅执法局（自然资源督察二处）局长（处长）	任厅耕地保护监督处处长，免去其厅执法局（自然资源督察二处）局长（处长）职务		职务调整	湘自资人发〔2022〕41号	2022.10.28
22	刘细红	厅法规处处长	任厅矿业权管理处处长，免去其厅法规处处长职务		职务调整	湘自资人发〔2022〕41号	2022.10.28
23	姚　专	厅自然资源督察三处处长	任厅自然资源督察办公室（自然资源督察一处）主任（处长），免去其厅自然资源督察三处处长职务		职务调整	湘自资人发〔2022〕41号	2022.10.28
24	刘先刚	厅耕地保护监督处副处长	任厅自然资源督察二处处长（试用期一年），免去其厅耕地保护监督处副处长职务	正处级	提任	湘自资人发〔2022〕41号	2022.10.28

续表

序号	姓名	原单位及职务	任(免)职务	职级	任免类别	任免文号	任免时间（试用期时间）
25	李　倩	厅直属机关委员会副书记、直属机关纪律检查委员会副书记	任省地质博物馆馆长，免去其中共湖南省自然资源厅直属机关委员会副书记、直属机关纪律检查委员会副书记职务		职务调整	湘自资人发〔2022〕44号 湘自资党发〔2022〕47号	2022.10.28
26	刘　双	厅自然资源调查监测处四级调研员	任厅办公室副主任（试用期一年），免去其厅自然资源调查监测处四级调研员职级	副处级	提任	湘自资人发〔2022〕41号	2022.10.28
27	黄　鹏	厅办公室四级调研员	任厅国土空间生态修复处副处长（试用期一年），免去其厅办公室四级调研员职级	副处级	提任	湘自资人发〔2022〕41号	2022.10.28
28	周小玲	厅执法局（自然资源督察二处）四级调研员	任厅耕地保护监督处副处长（试用期一年），免去其厅执法局（自然资源督察二处）四级调研员职级	副处级	提任	湘自资人发〔2022〕41号	2022.10.28
29	熊益沙	厅自然资源督察办公室（自然资源督察一处）四级调研员	任厅地质勘查管理处副处长（试用期一年），免去其厅自然资源督察办公室（自然资源督察一处）四级调研员职级	副处级	提任	湘自资人发〔2022〕41号	2022.10.28
30	刘海雁	厅财务与资金运用处四级调研员	任中共湖南省自然资源厅直属机关委员会副书记、直属机关纪律检查委员会副书记（试用期一年），免去其厅财务与资金运用处四级调研员职级	副处级	提任	湘自资党发〔2022〕47号 湘自资人发〔2022〕44号	2022.10.28 2022.10.28
31	徐　焕	省纪委监委驻省水利厅纪检监察组纪律审查处处长	任厅离退休人员管理服务处副处长	副处级	转任交流	湘自资人发〔2022〕47号	2022.12.23

2022年省自然资源厅机关干部职级晋升及调整情况表

序号	姓名	原单位及职务	任（免）职务	职级	任免类别	任免文号	任免时间（试用期时间）
1	吴方兴	省第二测绘院党委书记、副院长	任厅财务与资金运用处副处长、二级调研员，免去其省第二测绘院党委书记、副院长职务	二级调研员	调任	湘自资人发〔2022〕5号	2022.02.25
2	廖　珊	省自然资源事务中心档案资料部（省地质资料馆）部长（馆长）	任厅国土测绘处四级调研员，免去其省自然资源事务中心档案资料部（省地质资料馆）部长（馆长）职务	四级调研员	调任交流	湘自资人发〔2022〕5号	2022.02.25
3	何　荣	厅矿产资源保护监督处二级调研员	任厅矿产资源保护监督处一级调研员	一级调研员	职级晋升	湘自资人发〔2022〕8号	2022.03.25
4	朱启明	厅自然资源所有者权益处原副处长	任厅自然资源所有者权益处三级调研员	三级调研员	职级晋升	湘自资人发〔2022〕8号	2022.03.25
5	廖　珊	厅国土测绘处四级调研员	任厅国土测绘处三级调研员	三级调研员	职级晋升	湘自资人发〔2022〕8号	2022.03.25
6	刘红沙	厅办公室二级主任科员	任厅办公室一级主任科员，任职时间从2022年1月起计算	一级主任科员	职级晋升	湘自资人发〔2022〕8号	2022.03.25
7	刘　顿	厅综合规划处二级主任科员	任厅综合规划处一级主任科员，任职时间从2022年1月起计算	一级主任科员	职级晋升	湘自资人发〔2022〕8号	2022.03.25
8	姚新涛	厅综合规划处二级主任科员	任厅综合规划处一级主任科员，任职时间从2022年1月起计算	一级主任科员	职级晋升	湘自资人发〔2022〕8号	2022.03.25
9	李昕岳	厅法规处二级主任科员	任厅法规处一级主任科员，任职时间从2022年1月起计算	一级主任科员	职级晋升	湘自资人发〔2022〕8号	2022.03.25
10	陶　霁	厅矿业权管理处二级主任科员	任厅矿业权管理处一级主任科员，任职时间从2022年1月起计算	一级主任科员	职级晋升	湘自资人发〔2022〕8号	2022.03.25
11	李巧玲	厅自然资源所有者权益处三级主任科员	任厅自然资源所有者权益处二级主任科员，任职时间从2022年1月起计算	二级主任科员	职级晋升	湘自资人发〔2022〕8号	2022.03.25
12	黄　赞	厅办公室四级主任科员	任厅办公室三级主任科员，任职时间从2022年1月起计算	三级主任科员	职级晋升	湘自资人发〔2022〕8号	2022.03.25
13	袁　野	厅人事处四级主任科员	任厅人事处三级主任科员，任职时间从2022年1月起计算	三级主任科员	职级晋升	湘自资人发〔2022〕8号	2022.03.25

续表

序号	姓名	原单位及职务	任(免)职务	职级	任免类别	任免文号	任免时间（试用期时间）
14	田毅龙	厅地理信息管理处二级主任科员	任厅地理信息管理处一级主任科员，任职时间从2022年3月起计算	一级主任科员	职级晋升	湘自资人发〔2022〕8号	2022.03.25
15	廖　镇	厅机关党委（机关纪委）二级主任科员	任厅机关党委（机关纪委）一级主任科员，任职时间从2022年3月起计算	一级主任科员	职级晋升	湘自资人发〔2022〕8号	2022.03.25
16	李晓蓉	厅利用处一级调研员			到龄退休	湘自资人发〔2022〕12号	2022.04.12
17	刘五一	厅地质勘查管理处一级调研员	任厅二级巡视员	二级巡视员	职级晋升	湘自资人发〔2022〕16号	2022.04.28
18	王礼尧	厅改革发展与科技处处长	任厅科技发展处一级调研员	一级调研员	职级晋升	湘自资人发〔2022〕15号	2022.04.28
19	向异怀	厅综合规划处三级调研员	任厅综合处二级调研员	二级调研员	职级晋升	湘自资人发〔2022〕15号	2022.04.28
20	李邵辉	厅综合规划处三级调研员	任厅综合处二级调研员	二级调研员	职级晋升	湘自资人发〔2022〕15号	2022.04.28
21	赵勇辉	厅办公室四级调研员	任厅办公室三级调研员	三级调研员	职级晋升	湘自资人发〔2022〕15号	2022.04.28
22	廖虎雄	厅自然资源确权登记局四级调研员	任厅自然资源确权登记局三级调研员	三级调研员	职级晋升	湘自资人发〔2022〕15号	2022.04.28
23	张香玲	厅自然资源开发利用处四级调研员	任厅自然资源开发利用处三级调研员	三级调研员	职级晋升	湘自资人发〔2022〕15号	2022.04.28
24	唐少刚	厅自然资源调查监测处一级主任科员	任厅自然资源调查监测处四级调研员	四级调研员	职级晋升	湘自资人发〔2022〕15号	2022.04.28
25	吕军峰	厅自然资源确权登记局一级主任科员	任厅自然资源确权登记局四级调研员	四级调研员	职级晋升	湘自资人发〔2022〕15号	2022.04.28
26	魏军才	厅自然资源确权登记局二级调研员	任厅耕地保护处二级调研员，免去其厅自然资源确权登记局二级调研员职务		职务调整	湘自资人发〔2022〕15号	2022.04.28
27	贺国伟	厅国土空间用途管制处处长	任厅国土空间用途管制处二级调研员，免去其厅国土空间用途管制处处长职务		职务调整	湘自资人发〔2022〕11号	2022.04.28
28	朱尧求	厅二级巡视员	政策性提前退休		提前退休	湘自资人发〔2022〕17号	2022.04.28
29	余少华	厅自然资源督察四处一级调研员	任厅二级巡视员	二级巡视员	职级晋升	湘自资人发〔2022〕20号	2022.06.01
30	张　涛	厅自然资源开发利用处二级调研员	任省土地综合整治局局长（试用期一年），免去其厅自然资源开发利用处二级调研员职级		职务调整	湘自资人发〔2022〕29号	2022.06.01
31	李邵辉	厅综合规划处二级调研员	政策性提前退休		提前退休	湘自资人发〔2022〕18号	2022.06.08

续表

序号	姓名	原单位及职务	任(免)职务	职级	任免类别	任免文号	任免时间（试用期时间）
32	刘 顿	厅综合规划处一级主任科员	任厅改革发展与科技处一级主任科员，免去其厅综合处一级主任科员职级		职务调整	湘自资人发〔2022〕23号	2022.06.01
33	王礼尧	厅改革发展与科技处处长、一级调研员	任厅改革发展与科技处一级调研员，免去其厅科技发展处处长职务		职务调整	湘自资人发〔2022〕23号	2022.06.01
34	杨 琼	厅改革发展与科技处副处长	厅改革发展与科技处副处长		职务调整	湘自资人发〔2022〕23号	2022.06.01
35	沈 阳	厅改革发展与科技处四级调研员	厅改革发展与科技处四级调研员		职务调整	湘自资人发〔2022〕23号	2022.06.01
36	向异怀	厅综合规划处二级调研员	厅综合规划处二级调研员		职务调整	湘自资人发〔2022〕23号	2022.06.01
37	姚新涛	厅综合规划处一级主任科员	厅综合规划处一级主任科员		职务调整	湘自资人发〔2022〕23号	2022.06.01
38	律 穹	厅综合规划处三级主任科员	厅综合规划处三级主任科员		职务调整	湘自资人发〔2022〕23号	2022.06.01
39	罗曼娟	厅自然资源调查监测处二级调研员	厅自然资源调查监测处一级调研员	一级调研员	职级晋升	湘自资人发〔2022〕26号	2022.07.08
40	汤跃喜	厅离退休人员管理服务处二级调研员	厅离退休人员管理服务处一级调研员	一级调研员	职级晋升	湘自资人发〔2022〕26号	2022.07.08
41	刘大荣	厅自然资源所有者权益处四级调研员	厅自然资源所有者权益处三级调研员	三级调研员	职级晋升	湘自资人发〔2022〕26号	2022.07.08
42	聂祝良	厅地理信息管理处四级调研员	厅地理信息管理处三级调研员	三级调研员	职级晋升	湘自资人发〔2022〕26号	2022.07.08
43	王永红	厅自然资源督察三处四级调研员	厅自然资源督察三处三级调研员	三级调研员	职级晋升	湘自资人发〔2022〕26号	2022.07.08
44	王 宁	厅办公室二级主任科员	任厅办公室一级主任科员，任职时间从2022年6月份起算	一级主任科员	职级晋升	湘自资人发〔2022〕26号	2022.07.08
45	左进府	厅国土空间用途管制处二级主任科员	厅国土空间用途管制处一级主任科员，任职时间从2022年6月份起算	一级主任科员	职级晋升	湘自资人发〔2022〕26号	2022.07.08
46	王阿汯	厅政务服务处二级调研员	厅自然资源开发利用处二级调研员，免去其厅政务服务处二级调研员职级		职务调整	湘自资人发〔2022〕26号	2022.07.08
47	柳杏辉	厅耕地保护监督处二级调研员	任厅自然资源督察三处二级调研员，免去其厅耕地保护监督处二级调研员职级		职务调整	湘自资人发〔2022〕26号	2022.07.08
48	彭 祥	厅国土空间用途管制处四级调研员	任厅国土空间规划局四级调研员，免去其厅国土空间用途管制处四级调研员职级		职务调整	湘自资人发〔2022〕26号	2022.07.08

续表

序号	姓名	原单位及职务	任(免)职务	职级	任免类别	任免文号	任免时间（试用期时间）
49	罗昌武	厅自然资源督察四处四级调研员	任厅耕地保护监督处四级调研员，免去其厅自然资源督察四处四级调研员职级		职务调整	湘自资人发〔2022〕26号	2022.07.08
50	李红兵	厅自然资源督察三处三级调研员	任厅矿业权管理处三级调研员，免去其厅自然资源督察三处三级调研员职级		职务调整	湘自资人发〔2022〕26号	2022.07.08
51	雷　军	厅自然资源确权登记局四级调研员	任厅自然资源督察四处四级调研员，免去其厅自然资源确权登记局四级调研员职级		职务调整	湘自资人发〔2022〕26号	2022.07.08
52	陶　霁	厅矿业权管理处一级主任科员	任厅自然资源督察四处一级主任科员，免去其厅矿业权管理处一级主任科员职级		职务调整	湘自资人发〔2022〕26号	2022.07.08
53	何　荣	厅矿产资源保护监督处二级调研员			到龄退休	湘自资人发〔2022〕24号	2022.07.04
54	刘　斌	厅二级巡视员	政策性提前退休		提前退休	湘自资人发〔2022〕33号	2022.09.22
55	李元卓	厅矿业权管理处处长	厅矿业权管理处一级调研员	一级调研员	职级晋升	湘自资人发〔2022〕34号	2022.09.02
56	宋　琤	厅国土测绘处处长	厅国土测绘处一级调研员	一级调研员	职级晋升	湘自资人发〔2022〕34号	2022.09.02
57	佘建华	厅自然资源督察办公室（自然资源督察一处）主任（处长）	厅自然资源督察办公室（自然资源督察一处）一级调研员	一级调研员	职级晋升	湘自资人发〔2022〕34号	2022.09.02
58	易利国	厅国土空间用途管制处二级调研员	厅国土空间用途管制处一级调研员	一级调研员	职级晋升	湘自资人发〔2022〕34号	2022.09.02
59	杨水冰	厅地理信息管理处二级调研员	厅地理信息管理处一级调研员	一级调研员	职级晋升	湘自资人发〔2022〕34号	2022.09.02
60	梁祖海	厅执法局（自然资源督察二处）二级调研员	厅执法局（自然资源督察二处）一级调研员	一级调研员	职级晋升	湘自资人发〔2022〕34号	2022.09.02
61	魏军才	厅耕地保护监督处二级调研员	厅耕地保护监督处一级调研员	一级调研员	职级晋升	湘自资人发〔2022〕34号	2022.09.02
62	律　穹	厅综合规划处三级主任科员	厅综合规划处二级主任科员，任职时间从2022.08起算	二级主任科员	职级晋升	湘自资人发〔2022〕34号	2022.09.02
63	贺国伟	厅国土空间用途管制处二级调研员			开除	湘自资人发〔2022〕36号 湘自资党发〔2022〕45号	2022.10.26
64	孟　昌	厅办公室副主任	任厅办公室三级调研员，免去其厅办公室副主任职务	三级调研员	职级晋升	湘自资人发〔2022〕41号	2022.10.28

续表

序号	姓名	原单位及职务	任（免）职务	职级	任免类别	任免文号	任免时间（试用期时间）
65	于 闽	厅国土空间生态修复处副处长	任厅国土空间生态修复处三级调研员，免去其厅国土空间生态修复处副处长职务	三级调研员	职级晋升	湘自资人发〔2022〕41号	2022.10.28
66	杨利民	厅自然资源开发利用处二级调研员	任厅自然资源开发利用处一级调研员，免去其厅自然资源开发利用处二级调研员职级	一级调研员	职级晋升	湘自资人发〔2022〕41号	2022.10.28
67	曾旷遥	厅耕地保护监督处一级主任科员	任厅耕地保护监督处四级调研员	四级调研员	职级晋升	湘自资人发〔2022〕41号	2022.10.28
68	张 丽	厅国土空间规划局一级主任科员	任厅国土空间规划局四级调研员	四级调研员	职级晋升	湘自资人发〔2022〕41号	2022.10.28
69	倪 凌	厅办公室二级主任科员	任厅办公室一级主任科员	一级主任科员	职级晋升	湘自资人发〔2022〕41号	2022.10.28
70	乔艳军	厅离退休人员管理服务处一级主任科员	任执法局（自然资源督察二处）一级主任科员，免去其厅离退休人员管理服务处一级主任科员职级		职务调整	湘自资人发〔2022〕41号	2022.10.28
71	孙清宇	厅自然资源督察三处四级调研员	任自然资源督察办公室（自然资源督察一处）四级调研员，免去其厅自然资源督察三处四级调研员职级		职务调整	湘自资人发〔2022〕41号	2022.10.28
72	沈 阳	厅改革发展与科技处四级调研员	任自然资源督察三处四级调研员，免去其厅改革发展与科技处四级调研员职级		职务调整	湘自资人发〔2022〕41号	2022.10.28
73	胡 斌	2022年军转干部	任厅自然资源督察办（自然资源督察一处）二级调研员		新定职	湘自资人发〔2022〕37号	2022.10.31
74	黎小渝	2022年军转干部	任厅离退休人员管理服务处二级主任科员		新定职	湘自资人发〔2022〕37号	2022.10.31
75	文 波	厅自然资源督察办公室（自然资源督察一处）一级调研员			到龄退休	湘自资人发〔2022〕39号	2022.10.31
76	罗曼娟	厅自然资源调查监测处一级调研员			到龄退休	湘自资人发〔2022〕43号	2022.11.25
77	李梦瑶	厅机关党委（机关纪委）四级主任科员	厅机关党委（机关纪委）三级主任科员		职级晋升	湘自资人发〔2022〕49号	2022.12.23
78	汤跃喜	厅离退休人员管理服务处一级调研员			到龄退休	湘自资人发〔2022〕45号	2022.12.23

2022年省自然资源厅直属单位处级干部任免情况表

序号	姓名	原单位及职务	任（免）职务	职级	任免类别	任免文号	任免时间（试用期时间）
1	文　宁	省国土资源规划院党委委员、院长	任省国土资源规划院党委书记		职务调整	湘自资党发〔2022〕5号	2022.02.16
2	胡承建	湖南工程职业技术学院教学督导（原党委副书记、纪委书记）			到龄退休	湘自资人发〔2022〕2号	2022.02.09
3	陈　平	省自然资源事务中心正处级干部（原省地质环境监测总站副站长、省地质灾害应急中心专职副主任）			到龄退休	湘自资人发〔2022〕3号	2022.02.13
4	李小慧	省土地综合整治局副处级纪检员			到龄退休	湘自资人发〔2022〕3号	2022.02.13
5	王本礼	厅自然资源确权登记局副局长	任省第二测绘院党委书记（试用期一年）、副院长，免去其厅自然资源确权登记局副局长职务	正处级	提任交流	湘自资党发〔2022〕11号 湘自资人发〔2022〕5号	2022.02.25
6	吴方兴	省第二测绘院党委书记、副院长	免去其省第二测绘院党委书记、副院长职务		职务调整	湘自资党发〔2022〕11号 湘自资人发〔2022〕5号	2022.02.25
7	刘筱舟	省土地综合整治局耕地监测科科长	任省自然资源事务中心档案资料部（省地质资料馆）部长（馆长）（试用期一年）	副处级	提任交流	湘自资党发〔2022〕11号 湘自资人发〔2022〕5号	2022.02.25
8	廖　珊	省自然资源事务中心档案资料部（省地质资料馆）部长（馆长）	任厅国土测绘处四级调研员，免去其省自然资源事务中心档案资料部（省地质资料馆）部长（馆长）职务		职务调整	湘自资人发〔2022〕5号	2022.02.25
9	陈翼祥	湖南工程职业技术学院工程管理学院院长	任湖南工程职业技术学院党委委员、副院长	正处级	提任	湘自资党发〔2022〕13号 湘自资人发〔2022〕9号	2022.03.25
10	罗铁军	省土地综合整治局局长	任厅国土空间用途管制处处长，免去其省土地综合整治局局长职务		职务调整	湘自资人发〔2022〕29号	2022.06.01
11	赵　强	省第三测绘院党委书记、副院长	任省第三测绘院党委副书记、院长，免去其省第三测绘院党委书记、副院长		职务调整	湘自资党发〔2022〕31号 湘自资人发〔2022〕22号	2022.06.01

续表

序号	姓名	原单位及职务	任（免）职务	职级	任免类别	任免文号	任免时间（试用期时间）
12	蒋星祥	省国土资源规划院（省地质科学研究院、省矿产资源储量评审中心）党委委员、院长（副主任）	任省第三测绘院党委书记（试用期一年）、副院长，免去其省国土资源规划院（省地质科学研究院、省矿产资源储量评审中心）党委委员、院长（副主任）	正处级	提任交流	湘自资党发〔2022〕31号 湘自资人发〔2022〕22号	2022.06.01
13	张　涛	厅自然资源开发利用处二级调研员	任省土地综合整治局局长（试用期一年），免去其厅自然资源开发利用处二级调研员职级	正处级	提任交流	湘自资人发〔2022〕29号	2022.06.01
14	陈志军	省第三测绘院党委副书记、院长	任湖南工程职业技术学院党委副书记，免去其省第三测绘院党委副书记、院长职务	副厅级	职务调整	湘自资党发〔2022〕31号 湘自资人发〔2022〕22号	2022.06.01
15	陈文光	省自然资源事务中心（原省地质环境监测总站副站长、党委委员）	到龄退休		到龄退休	湘自资人发〔2022〕21号	2022.06.15
16	于　闽	省自然资源事务中心发展事务部部长	任厅国土空间用途管制处处长，免去其省自然资源事务中心发展事务部部长职务		职务调整	湘自资人发〔2022〕31号	2022.08.10
17	刘天清	省第一测绘院党委委员、总工程师	任省第一测绘院副院长，免去其省第一测绘院总工程师职务		职务调整	湘自资人发〔2022〕27号	2022.07.08
18	李亚涛	省国土资源规划院党委委员、总工程师	任省国土资源规划院副院长职务，免去其省国土资源规划院总工程师职务		职务调整	湘自资人发〔2022〕27号	2022.07.08
19	唐　晖	厅国土空间生态修复处副处长	任省自然资源事务中心党委委员、副主任（试用期一年），免去其厅国土空间生态修复处副处长职务	正处级	提任交流	湘组干〔2022〕173号	2022.07.07
20	胡能勇	省自然资源事务中心党委委员、副主任	免去其省自然资源事务中心党委委员、副主任职务		免职	湘组干〔2022〕173号	2022.07.07
21	宋艳秋	省自然资源事务中心（省地质学会副处级干部）			到龄退休	湘自资人发〔2022〕35号	2022.09.26
22	黄远峰	省地质博物馆馆长	免去其省地质博物馆馆长职务		职务调整	湘自资人发〔2022〕44号	2022.10.28

续表

序号	姓名	原单位及职务	任（免）职务	职级	任免类别	任免文号	任免时间（试用期时间）
23	李　倩	厅直属机关委员会副书记、直属机关纪律检查委员会副书记	任省地质博物馆馆长（试用期一年），免去其厅直属机关委员会副书记、直属机关纪律检查委员会副书记职务	正处级	提任交流	湘自资人发〔2022〕44号	2022.10.28
24	李贵仁	省自然资源事务中心（原湖南省地质环境监测总站党委书记、站长）			到龄退休	湘自资人发〔2022〕47号	2022.12.22
25	戴长华	省自然资源事务中心（原湖南省地质环境监测总站党委委员、工会主席）退休			到龄退休	湘自资人发〔2022〕47号	2022.12.22
26	王志成	省第二测绘院原党委委员、副院长			到龄退休	湘自资人发〔2022〕47号	2022.12.22
27	余春秋	省自然资源事务中心（原省国土资源厅征用地事务中心副主任、总工程师）			到龄退休	湘自资人发〔2022〕40号	2022.11.04

关于表彰2022年度厅机关及直属单位绩效考核先进集体和先进个人的通报

厅机关各处室局，厅直属各单位：

2022年，在省委、省政府坚强领导和自然资源部的关心指导下，厅机关和直属单位坚持以习近平新时代中国特色社会主义思想为指导，深入学习贯彻党的二十大精神和习近平生态文明思想，全面落实省委、省政府和自然资源部重大决策部署，按照“干在实处、走在前列”的要求，发扬“闯创干”精神，认真履行“两统一”核心职责，统筹安全与发展，统筹高水平保护和高效率保障，主动服务经济社会高质量发展，大力促进人与自然和谐共生，自然资源各项重点工作成效显著，涌现出了一批表现突出的先进集体和个人。

为总结成绩、表彰先进，形成创先争优的良好氛围，经厅党组研究，决定授予厅办公室等7个处室局“2022年度厅机关绩效考核先进集体”称号，授予厅调查处等4个处室局“2022年度厅机关绩效考核嘉奖集体”称号；授予省自然资源事务中心等4个单位“2022年度厅直属单位绩效考核先进单位”称号；授予厅机关倪凌等7名同志记三等功，授予孟昌等36名同志“优秀公务员”称号；授予厅直属单位张永忠等16名同志“先进个人”称号。2022年还有厅机关处室局和个人受到部、省及有关部门表彰通报，在此一并表扬。

希望受表彰的单位和个人珍惜荣誉、戒骄戒躁，担当作为、再创佳绩。2023年是全面贯彻落实党的二十大精神的开局之年，厅机关各处室局、直属各单位要更加紧密团结在以习近平同志为核心的党中央周围，以党的二十大精神为指引，坚决贯彻落实习近平生态文明思想和省委十二届三次全会重大决策部署，着眼建设人与自然和谐共生的现代化，按照“稳进高新”要求，着力实现“双保三优”，进一步推动全省自然资源事业高质量发展，为建设现代化新湖南作出新的更大贡献！

附件：1．2022年度厅机关受上级及相关部门表彰的集体和个人名单

2．2022年度厅机关绩效考核先进集体和先进个人名单

3．2022年度厅直属单位绩效考核先进单位和先进个人名单

湖南省自然资源厅办公室

2023年1月16日

附件1

2022 年度厅机关受上级及相关部门表彰的集体和个人名单

一、受部、省及省直有关部门表彰集体

省自然资源厅被评为“2022年度全省平安建设（综治工作）考核评估先进单位”“政协湖南省第十二届委员会提案办理先进单位”“湖南省生态领域国家安全工作协调机制2022年度考核优秀单位”“2022年度湖南（国际）通用航空产业博览会最佳组织奖、最佳设计奖”“2021年度全省政务信息工作优秀单位”“2021年度建议提案办理工作目标管理优秀单位”“2021年度省直国家机关和中央在湘单位‘谁执法谁普法’考评优秀单位”“2021年度省重点项目建设优秀省直单位”“2021年度财源建设工作突出单位”“2021年度省直部门预算绩效管理工作先进单位”“2021年度省直深化‘放管服’改革工作突出单位”“中国（湖南）自由贸易试验区建设工作优秀单位”，在2022年度省政务服务中心入驻单位考核中被评为“优秀”等次，在2022年度省直机关“喜迎二十大、永远跟党走、奋进新征程”红色微宣讲活动中获评优秀组织奖，在2022年度全省老干部宣传工作人员网络专题培训工作中获评优秀组织奖。

厅调查处被评为“第三次全国国土调查先进集体”。

厅离退休服务处被评为“全省老干部工作先进集体”。

厅办公室被评为“2021年度全省党委信息工作成绩优异单位”。

厅督察办党支部被评为“省直机关示范党支部”。

厅直属机关党委被评为“2022年度湖南机关党建网宣传报道工作先进集体”。

厅离退休服务处在“喜迎二十大·奋进新征程”省直及中央在长单位离退休干部系列主题活动中获评优秀组织奖。

厅乡村振兴驻保靖县溪洲村工作队2022年度考核为“好”等次。

厅妇委会被评为“2021年度省直单位先进妇委会组织”。

厅系统工会联合会获评“2021年度省直单位系统联合会考核优秀单位”。

厅直属机关团委在2021年度省直“五型”团（青）组织标准化建设考核中被评为五星级团（青）组织。

二、个人获奖情况

董振亚同志被评为“全国水土保持工作先进个人”。

倪凌同志被评为“自然资源部宣传工作业绩突出个人”“2021年度全省党委信息工作优秀个人”“2021年度全省政务信息工作优秀个人”。

王宁同志被评为“政协湖南省第十二届委员会提案办理先进个人”。

律穹同志、周杨同志、施华山同志被评为“2021年度建议提案办理工作目标管理先进个人”。

唐少刚同志被评为“2021年度省直河湖长制宣传优秀通讯员”。

郭宏同志被评为“中国（湖南）自由贸易试验区建设工作优秀个人”。

何荣同志被评为“自然资源部地质资料管理工作表现突出个人”。

附件2

2022 年度厅机关绩效考核先进集体和先进个人名单

一、先进集体（7 个）

办公室　　督察办（督察一处）
人事处　　矿业权处
生态修复处　　耕保处
政务服务处

二、嘉奖集体（4 个）

调查处　　财务处
机关党委（机关纪委）　　离退休服务处

三、记三等功人员（连续三年年度考核优秀，7 名）

倪　凌　李昕岳　朱启明　孙　雄　蒋五洲　孙清宇　杨　琼

四、优秀公务员（36 名）

孟　昌　王　宁　律　穹　向贤敏　唐少刚　吕军峰　王　群
李巧玲　贺　正　张香玲　黎文君　刘　祥　楚　琳　于　闽
崔向华　黎职强　曾旷遥　谭译林　唐高峰　潘君庆　彭　杰
宋　琤　王　磊　汤竞煌　王　楚　刘　琰　柳杏辉　陶　霁
钟　宏　吴方兴　袁　野　袁　莹　李　俊　廖　镇　李梦瑶
汤跃喜

五、先进个人（6 名）

李　兰　张志芳　董　力　郭庚红　赵建场　熊瑾兵

附件3

2022年度厅直属单位绩效考核
先进单位和先进个人名单

一、先进单位（4个）

省自然资源事务中心
省不动产登记中心
省第一测绘院
省国土资源规划院

二、先进个人（16名）

省自然资源事务中心：张永忠　许　清　舒　畅　梅金华　毛　硕
省第一测绘院：黄　磊
省第二测绘院：谢优平　雷　云
省第三测绘院：赵　强　孙　华
省国土资源规划院：麻战洪
省不动产登记中心：李海军
省测绘科技研究所：何　庆　华亮春
省土地综合整治局：周　翔
省地质博物馆：高少文

索　引

说明：

一、本索引把年鉴的领导讲话、条目、附录、表格等用主题分析的方法，按汉语拼音字母顺序排列。

二、市州、县市区类目下的条目未作索引。

三、索引名称后的阿拉伯数字表示内容所在的页码，英文字母（a、b）表示栏别（从左至右分a、b栏）。

A

B

C

D

E

F

J

K

L

M

N

P

Q

R

S

T

W

X

Y

Z